MATLAB을 이용한
재무·투자론 실증 사례

계량금융

그·림·이·야·기

엄철준 지음

부산대학교출판부

이 책을 읽기 전에

2013년 여름, 부산대학교 출판부에서 시행하는 '교수저술지원사업'에 응모를 했다.

학부과정과 대학원과정에서 계량금융의 접근법으로 다양한 재무·투자 이론들을 실증적으로 증명하는 '금융통계학', '재무계량분석' 등의 강의과목에서 매트랩(MATLAB) 프로그램으로 코딩된 실증사례들이 몇 년 동안 조금씩 모였기 때문이다. 학생들은 책에서 배우는 재무·투자이론을 이해하는데 어려움을 느끼고, 수리·통계를 바탕으로 이해를 요구하는 이론들에 대해서는 더욱 그러하다. 이런 생각은 내가 학생일 때도 느꼈던 기억이다. 왜 필요한지, 어디에 사용하는지 등에 대한 이해와는 관계없이 암기를 해야만 했던 복잡한 이론들과 공식들. 지금도 여전히 재무·투자, 수리·통계 등은 학생들에게 기피하고 싶은 과목들이다. 그런데 만약 학생들이 시장자료들을 이용하여 계량금융의 접근법으로 이론들을 현실 적용한 사례들을 그림으로 관찰할 수 있다면, 머릿속의 이론과 현실적용 간의 이해의 얽힌 고리를 푸는데 도움을 줄 수 있다고 생각했다. 물론 전공교수로서 욕심을 낸다면, 학생들이 다양한 재무·투자 이론들을 그림으로 관찰함으로서 계량금융의 접근법에 관심과 흥미를 가질 수 있다는 기대도 했다.

나는 재무·투자이론의 실증사례를 그림을 중심으로 학생들이 관찰하고 이해할 수 있도록 내용을 구성하고 디자인하고 싶었다. 그런 후에, 책 제목을 **'MATLAB을 이용한 재무·투자이론의 실증사례 계량금융: 그림이야기'**로 하였다. 다음의 이유들 때문이다.

첫째, 그림은 복잡한 이론을 직관적으로 이해하는데 도움을 준다. 학생들이 재무·투자이론을 그림으로 확인할 수 있다면, 보다 쉽게 이론에 대한 이해의 폭을 넓힐 수 있다고 생각한다. 이런 생각은 2008년 이후 금융통계학, 재무계량분석 등의 강의과목에서 수강생들로부터 확인한 것이다. 그리고 책자를 그림 중심으로 설계 및 디자인을 할 수 있었던 것은 매트랩 프로그램 때문에 가능했다. 매트랩은 다양한 함수를 공개적으로 제공하고 더욱이 간단한 명령어의 조합으로 검증결과를 손쉽게 그림으로 출력할 수 있다. 만약 포트란(Fortran)과 같은 프로그램언어로 재무·투자이론의 검증결과를 그림으로 출력한다면 정말 오랜 시간과 인내가 요구되는 작업을 각오해야만 했을 것이다.

둘째, 그림과 함께 매트랩 코딩의 설명은 재무·투자이론을 검증하는 방법에 대한 이해 및 구현에 도움을 준다. 학생들이 현실 적용을 위하여 재무·투자이론에서 배운 내용을 직접 구현하는 것은 쉽지 않다. 왜냐하면 어떻게 구현해야 할지에 대한 실증설계가 필요하기 때문이다. 만약, 재무·투자이론의 실증사례를 그림과 함께 매트랩 코딩으로 구현한 방법을 함께 제공된다면, 매트랩 코딩에 의하여 구현되는 과정을 그림과 함께 실제적으로 이해하고, 이를 통하여 실증설계의 구상에 도움을 줄 수 있다고 본다. 더욱이, 저자의 생각으로 그림에 함께 설명된 매트랩 코딩을 이해하기 쉬울 것이다. 왜냐하면, 매트랩으로 코딩을 했지만, 프로그램 구조는 포트란 형식을 따르기 때문이다. 나는 1989년 이후 거의 10년 동안 포트란을 분석도구로 사용한 연구자로서 1999년 포항공대의 박사후 연구원 때, 공동연구에 요청된 매트랩을 혼자서 시행착오방법으로 학습했기 때문에, 비록 매트랩으로 코딩된 프로그램이지만 구조는 포트란 형식과 유사하다. 즉, 책에서 제공하는 매트랩 코딩은 매트랩에 전문화된 공학도들의 효율적인 프로그램 코딩이 아니다. 이런 단점 때문에 다행스럽게도 매트랩에 대한 기초지식만 있는 학생들이라면 각 그림별로 소개된 매트랩 코딩의 내용 및 구조를 직관적으로 해석하는데 어렵지 않을 것이다.

셋째, 그림은 연구범위 및 설계에 새로운 시각을 제공할 수 있는 좋은 재료이다. 학생들은 구상하는 연구 아이디어를 현실적용 및 입증할 때, 제한된 범위에서 설계를 하는 경우가 대부분이다. 왜냐하면 다양한 실증사례들을 함께 확인하고 정리하기가 쉽지 않기 때문이다. 만약 계량금융의 접근법으로 재무·투자이론을 검증한 다양한 그림들을 그림책 보듯이 볼 수 있다면, 그림책 속의 다양한 실증사례 그림을 보면서 현실적용의 범위를 넓힐 수 있다고 본다. 더욱이 현실적용에서 어떻게 설계하고 구현할 것인가의 어려움이 있는데, 각 그림별로 구현의 핵심 매트랩 코딩을 설명과 함께 제공했기 때문에 실제적 도움이 될 수 있다. 특히 공학도의 효율적인 매트랩 코딩방법이 아닌 비공학도의 시행착오법에 의해 배운 매트랩 코딩방법이기에, 비공학도들에게 강의하는 형식으로 설명하였기 때문에 다소 이해가 쉬울 것으로 생각된다.

넷째, 실증사례의 그림을 직관적으로 이해할 수 있는 최소한의 내용만을 포함한다. 국내외적으로 재무·투자이론을 설명하는 우수한 책자들은, 그리고 매트랩 프로그램에 대한 좋은 책자들은 매우 많다. 본 책자는 재무·투자이론의 실증사례를 그림 중심으로 학생들이 직관적으로 관찰하고 이해할 수 있도록 디자인하는데 중점을 두었다. 저자의 생각으로 책자에 포함된 100개 이상의 실증사례 그림에 대한 설명을 위하여 기존 책자의 형식과 같이 포함하는 것은 부적절하다고 생각했다. 기존의 우수한 책자들에 수록된 내용을 벗어난 설명을 할 수 없기 때문이다. 그래서 실증사례의 그림을 직관적으로 이해하는데 필요한 최소한의 설명과 핵심적 검증과정의 매트랩 코딩 설명만을 책자에 포함하는 것으로 디자인 했다. 물론, 실증사례 그림을 통해 보다 구체적인 이론 및 구현방법에 대한 학습이 필요하다면, 우수한 책자들을 탐구하는데 중요한 키워드 역할을 할 수 있을 것으로 본다.

2013년 여름, 교수저술지원사업의 공모에 선정된 책자를 1년 내에 부산대학교 출판부에 출판하겠다고 했지만, 불행하게도 약속을 어겼다. 그리고 2015년 여름, 또 다른 1년의 시간이 경과한 후에 비로소 약속을 지키게 되었다. 대학교수로서 생의 첫 번째 출판 책자라는 욕심 때문은 아니었다. 전공서적을 부족한 지식과 엉성한 글재주로 남들에게 드러내는 두려움과 함께, '계량금융: 그림이야기'라는 책 제목과 그 제목에 걸 맞는 형식 및 내용의 디자인에 많은 고민이 필요했기 때문이다. 국내외적으로 재무·투자이론에 대한 이런 형식의 전공서적은 없다. 정확하게는 아직 나는 보지 못했다. 책을 출판하겠다고 생각하기 전, 매년 개설되는 금융통계학, 재무계량분석 등의 과목을 강의하면서 어떻게 하면 수강생들을 보다 잘 이해시킬 수 있을까라는 시행착오적 강의 교수법에서 찾아낸 형식이다. 만약 멀지 않은 미래에 다시 **'계량금융: 두 번째 그림이야기'**의 책자를 출판할 기회가 있다면, 동일한 형식으로 계속 사용할 수 있도록 디자인하고 싶었다.

마지막으로, 이 책을 통해 많은 학생들이 계량금융 접근법에 의한 재무·투자이론을 조금 더 편안하고 쉽게 생각할 수 있는 계기가 되기를 바라며, 재무·투자이론을 학습하는데 작은 보탬이 되었으면 하는 기대를 갖는다. 그리고 약속된 시간을 어겼음에도 불구하고 2년의 시간을 기다려주었고, 비용문제에도 불구하고 책자의 그림형식 때문에 컬러로 인쇄 출판하는데 동의해 주신 부산대학교 출판부 관계자 분들께 감사의 인사를 하고 싶다. 또한 책자를 준비하는데 게으름으로 시간 죽이기를 하는 나를 옆에서 비난하고 자극하며 격려해주고, 그림이야기의 책자 디자인의 아이디어를 얻게 도와준 나의 아내에게 진심으로 감사의 마음을 보낸다.

2015년 8월 15일

엄 철 준 드림

차 례

Topic Ⅰ 금융자료 • 1

금융자료를 이용한 통계분석에서 가장 널리 이용되는 것은 가격자료와 수익률자료이다. 특히 통계적 검증방법에서는 수익률자료가 이용된다. 본 주제의 학습목표는 한국주식시장의 대표적 시장지수 자료들을 이용하여, 시장지수의 시계열 추이, 수익률의 계산방법, 포트폴리오 수익률, 인플레이션을 반영한 수익률 계산, 수익률의 분해 등의 내용을 학습함으로써 분석에 사용될 자료에 대한 이해를 돕는 것이다.

Topic Ⅱ 금융자료의 기초통계량 • 51

금융 시계열자료로부터의 실증적 분포의 관찰은 통계적으로 빈도분포를 이용한다. 즉 금융자료의 빈도분포를 통하여 관찰된 실증적 분포의 속성을 재무이론 및 모형에서 가정하는 이론적 확률분포의 속성과 비교 관찰하는 것이다. 본 주제의 학습목표는 금융자료로부터 빈도분포의 도출 및 해석, 빈도분포 속성에 대한 대표적 측정치인 평균, 분산, 왜도, 첨도 등의 산출 및 그 경제적 의미 등을 이해하는 것이다.

재무이론에서 주식수익률은 일반적으로 정규분포를 따른다고 가정한다. 하지만, 주식수익률의 실증적 분포에서 관찰된 통계적 속성은 이론적 정규분포의 속성과 차이가 있다는 것이 널리 알려져 있다. 여기서, 알려진 주식수익률의 실증적 분포는 급첨도분포이다. 즉, 분포의 중심부분은 정규분포에 비교하여 더욱 뾰쪽하고 비대칭적으로 치우친 꼬리부분은 보다 두꺼운 특징을 갖는다. 본 주제의 학습목표는 주식수익률의 실증적 분포를 통계적으로 관찰하기 위하여 균등분포, 정규분포, 로그정규분포, t-분포 등의 확률분포 속성 관찰, 난수생성 및 활용, 중심극한정리, 실증적 분포의 다양한 관찰방법 등을 학습하는 것이다.

Topic Ⅳ 금융자료의 통계적 가설검증 • 281

통계학은 수집된 표본자료로부터 모집단의 모수 및 그 속성을 신뢰할 수 있게 추론하고 평가하는 방법을 제시한다. 즉, 단 하나뿐인 모집단을 이용하지 않는 한 수집된 표본자료로부터 측정된 통계량들은 분석에 선택 및 사용된 표본자료에 따라 항상 상이한 값을 산출할 수밖에 없다. 따라서 표본자료로부터 측정된 통계량에 대한 신뢰할 수 있는 추론 및 해석을 위한 평가기준이 필요하며, 이를 위한 것이 가설검증이다. 본 주제의 학습목표는 표본자료로부터 측정된 통계량에 대한 가설검증의 개념, 단계 및 방법, 그리고 이를 통한 통계적 추론 등을 학습하는 것이다.

Topic Ⅴ 금융자료의 상관관계분석 • 309

재무 분야에서 다변량통계분석은 다양한 자산들 간의 관계를 규명하는데 이용되며, 특히 포트폴리오관리, 위험관리 등의 연구주제에서 기본적으로 사용된다. 다변량통계분석에 있어서 기초가 되는 측정치로는 공분산과 상관관계가 있으며, 이들 측정치들은 특히, 포트폴리오 이론에서 언급되는 위험과 수익에 직접적 혹은 간접적으로 높은 관련성을 갖는다. 본 주제의 학습목표는 상관관계 측정치에 대한 다양한 통계적 속성 및 경제적 의미를 알아보고, 또한 포트폴리오 이론과의 결합을 통한 적용사례들을 학습하는 것이다.

Topic Ⅵ 금융자료의 회귀분석 • 401

재무 분야에서 주식가격의 변화를 잘 설명할 수 있는 공통요인의 탐색 노력은 중요한 과제이고, 또한 공통요인을 이용한 가격결정모형의 개발도 많은 연구자들의 관심을 갖게 하는 중요한 연구주제이다. 예를 들어 대표적인 가격결정모형과 그 공통요인들로는 자본자산가격결정모형에서의 시장요인, 재정가격결정모형에서의 K개 공통요인 등이 있다. 본 주제의 학습목표는 단순회귀분석, 다중회귀분석 등의 방법에 대한 기본적 이해와 함께 재무이론으로의 적용사례 등을 학습하는 것이다.

매트랩 코딩에 사용된 자료들의 구조

책자의 각 실증사례에 대한 검증결과의 그림을 매트립을 이용하여 구현할 때 매트랩 코딩과정에 사용된 파일들의 자료구조를 간단하게 정리한 것이다.

1. '거래월 달력'의 자료구조에 대한 설명

①	②	③	④	⑤	⑥	⑦
1	198001	19800104	19800131	1	20	20
2	198002	19800201	19800229	21	41	21
3	198003	19800303	19800331	42	61	20
4	198004	19800401	19800430	62	83	22
5	198005	19800501	19800530	84	103	20
6	198006	19800602	19800630	104	123	20
7	198007	19800701	19800731	124	145	22
8	198008	19800801	19800829	146	165	20
9	198009	19800902	19800930	166	185	20
10	198010	19801002	19801031	186	204	19
11	198011	19801103	19801128	205	224	20
12	198012	19801201	19801224	225	242	18
13	198101	19810105	19810130	243	262	20
14	198102	19810202	19810227	263	281	19
15	198103	19810302	19810331	282	300	19
16	198104	19810401	19810430	301	322	22
17	198105	19810501	19810529	323	341	19
			중간생략			
389	201205	20120502	20120531	7940	7960	21
390	201206	20120601	20120629	7961	7980	20
391	201207	20120702	20120731	7981	8002	22
392	201208	20120801	20120831	8003	8024	22
393	201209	20120903	20120928	8025	8044	20
394	201210	20121002	20121031	8045	8065	21
395	201211	20121101	20121130	8066	8087	22
396	201212	20121203	20121228	8088	8105	18

▷ ①, 거래월의 구분자이다. 즉, 자료 거래월의 시작월은 1980년 1월이기 때문에 '1'로 설정하고, 2012년 12월은 '396'으로 설정한다.

▹ ②, 거래월이다. 즉, 자료의 구체적 거래월을 표시한다. 여기서 앞의 ①은 자료의 구성에 따라 변경될 수 있지만, ②의 거래월은 변경할 수 없다. 예를 들어, 자료 거래월의 시작월을 1990년 1월로 한다면, 1990년 1월의 구분자가 '1'이 되고, 2012년 12월은 '299'가 된다.

▹ ③, ④, 앞의 ②에서 설정된 거래월 내에 포함된 거래일의 시작일과 끝일을 표시한다. 즉, 1980년 1월은 1월 4일('19800104')에서 1월 31일('19800131')로 구성되고, 1980년 2월은 2월 1일('19800201')에서 2월 29일('19800229')로 구성된다.

▹ ⑤, ⑥, 앞의 ③과 ④에 설정된 거래일의 자료에 대한 위치정보의 구분자 번호이다. 즉, 1980년 1월 4일은 '1'이고, 1980년 1월 31일은 '20'이다. 이는 1980년 1월의 거래월에서 주말, 공휴일 등의 거래가 없는 날짜를 제외하고, 순수하게 거래 자료를 갖는 거래일에 대한 구분자 번호이다. 동일하게 1980년 2월 1일은 '21'이고 1980년 2월 29일은 '41'이 된다. 결국 특정 거래월의 자료를 추출할 때, 해당 거래일의 시작일(③)과 끝일(④), 혹은 해당 시작번호(⑤)와 끝번호(⑥)를 이용하면 가능하다.

▹ ⑦, 거래월에 포함된 총 자료 숫자이다. 즉, 예를 들어, 1980년 1월은 1월 4일부터 1월 31일까지 거래자료를 갖는 거래일이 총 20일이고, 1980년 2월은 2월 1일에서 2월 29일까지 총 21일이다. 동일한 방법으로 각 거래월별 포함하는 자료 숫자를 표시한 것이다.

2. '시장지수'의 자료구조에 대한 설명

▸ 시장지수자료

①	②	③	④
20000105	986.31	123.86	922.14
20000106	960.79	120.80	900.82
20000107	948.65	119.10	887.78
20000110	987.24	124.11	927.12
20000111	981.33	123.11	918.51
20000112	955.01	119.81	893.84
20000113	951.05	119.22	890.25
20000114	948.03	118.95	889.19
20000117	983.27	123.85	927.02
20000118	981.53	123.82	926.87
20000119	938.78	118.68	889.26
20000120	945.90	120.04	901.12
20000121	925.16	116.93	874.60
20000124	926.77	117.17	875.23
20000125	891.22	112.48	838.54
20000126	885.54	111.68	832.12

▸ 시장지수의 수익률 자료

ⓐ	ⓑ	ⓒ	ⓓ
20000105	-0.071147	-0.076147	0.000000
20000106	-0.026215	-0.025016	-0.023392
20000107	-0.012716	-0.014173	-0.014581
20000110	0.039873	0.041205	0.043359
20000111	-0.006004	-0.008090	-0.009330
20000112	-0.027187	-0.027171	-0.027226
20000113	-0.004155	-0.004937	-0.004024
20000114	-0.003180	-0.002267	-0.001191
20000117	0.036498	0.040368	0.041664
20000118	-0.001771	-0.000242	-0.000162
20000119	-0.044531	-0.042398	-0.041424
20000120	0.007556	0.011394	0.013249
20000121	-0.022170	-0.026250	-0.029872
20000124	0.001739	0.002050	0.000720
20000125	-0.039114	-0.040850	-0.042824
20000126	-0.006394	-0.007138	-0.007686

20000127	909.23	114.47	852.38
20000128	941.67	118.92	886.68
20000131	943.88	119.08	887.88
20000201	928.75	116.75	868.84
20000202	943.59	118.32	878.74
20000203	950.22	119.00	883.91
중간생략			
20121211	1964.62	260.12	1974.07
20121212	1975.44	261.67	1985.58
20121213	2002.77	265.79	2017.26
20121214	1995.04	264.56	2007.24
20121217	1983.07	262.76	1993.85
20121218	1993.09	264.23	2004.72
20121220	1999.50	264.78	2009.95
20121221	1980.42	261.89	1986.35
20121224	1981.82	262.11	1988.39
20121226	1982.25	261.97	1986.86
20121227	1987.35	262.68	1992.45
20121228	1997.05	263.92	2001.68

20000127	0.026400	0.024675	0.024056
20000128	0.035057	0.038138	0.039452
20000131	0.002344	0.001345	0.001352
20000201	-0.016159	-0.019761	-0.021678
20000202	0.015852	0.013358	0.011330
20000203	0.007002	0.005731	0.005866
중간생략			
20121211	0.003672	0.004199	0.004157
20121212	0.005492	0.005941	0.005814
20121213	0.013740	0.015622	0.015829
20121214	-0.003867	-0.004638	-0.004980
20121217	-0.006018	-0.006827	-0.006693
20121218	0.005040	0.005579	0.005437
20121220	0.003211	0.002079	0.002605
20121221	-0.009588	-0.010975	-0.011811
20121224	0.000707	0.000840	0.001026
20121226	0.000217	-0.000534	-0.000770
20121227	0.002570	0.002707	0.002810
20121228	0.004869	0.004709	0.004622

▷ ①, ⓐ, 시장지수의 자료를 갖는 거래일을 표시한 것이다. 즉, 2000년 1월 5일의 자료, 2000년 1월 6일의 자료 등이다.

▷ ②, ⓑ, 해당 거래일에 있어서 KOSPI 시장지수의 지수와 수익률 자료를 나타낸다. 즉, ②는 2000년 1월 5일에 '986. 31'의 지수 값을, ⓑ는 2000년 1월 5일과 직전 거래일인 2000년 1월 4일을 고려하여 산출된 '-0. 071147'의 수익률을 나타낸다.

▷ ③, ⓒ, 해당 거래일에 있어서 KOSPI 200 시장지수의 지수와 수익률 자료를 나타낸다. 즉, ③는 2000년 1월 5일에 '123. 86'의 지수 값을, ⓒ는 2000년 1월 5일과 직전 거래일인 2000년 1월 4일을 고려하여 산출된 '-0. 076147'의 수익률을 나타낸다.

▷ ④, ⓓ, 해당 거래일에 있어서 KOSPI 100 시장지수의 지수와 수익률 자료를 나타낸다. 즉, ④는 2000년 1월 6일에 '900. 82'의 지수 값을, ⓓ는 2000년 1월 6일과 직전 거래일인 2000년 1월 5일을 고려하여 산출된 '-0. 0233927'의 수익률을 나타낸다.

3. '개별주식의 수익률' 자료구조에 대한 설명

①	②	③	④	⑤	⑥	⑦	... Ⓝ
20121101	-0.021774	-0.012762	0.014673	0.026668	0.006969	-0.001552	...
20121102	0.041576	0.001833	0.004847	-0.078673	-0.004175	-0.023567	...
20121105	0.019418	0.000000	-0.019520	0.041818	0.030222	0.057158	...
20121106	-0.017911	0.005479	-0.009899	-0.006849	0.001352	-0.012085	...
20121107	-0.030583	0.014467	-0.025191	-0.027876	-0.012237	-0.034006	...
20121108	0.027567	0.012489	-0.006140	0.017514	-0.008242	0.024846	...
20121109	-0.015221	-0.021506	-0.026003	-0.017514	-0.020907	-0.027996	...
20121112	-0.021706	0.001810	0.004205	-0.017826	0.026409	0.053735	...
20121113	-0.015798	-0.014572	0.027938	0.021353	-0.015204	-0.034985	...
20121114	0.006349	0.001833	-0.001015	-0.021353	0.056849	-0.021910	...
20121115	-0.042009	-0.012903	-0.002045	-0.021819	-0.006601	-0.025642	...
20121116	-0.030153	-0.033966	-0.003081	-0.018553	0.005284	-0.009788	...
20121119	0.043268	0.003831	0.015286	0.022223	0.014389	0.037011	...
20121120	-0.009820	-0.001914	0.003022	0.007299	0.006473	0.026502	...
20121121	-0.028359	-0.003839	0.017990	-0.040822	-0.015605	-0.015504	...
20121122	0.003378	0.000000	0.009850	-0.007605	-0.052467	0.000000	...
20121123	0.026624	-0.015504	0.014601	-0.019268	0.015079	-0.012579	...
20121126	0.017901	0.049534	0.019135	0.011606	-0.015079	-0.032157	...
20121127	-0.024491	-0.041752	0.004733	0.011472	-0.028013	-0.058890	...
20121128	0.001652	-0.003884	0.000000	-0.019194	0.028013	0.047386	...
20121129	0.022839	0.001944	-0.023868	0.007722	0.013718	0.013136	...
20121130	0.008032	0.000000	0.004812	0.007663	0.002721	-0.014791	...
20121203	-0.008032	0.003876	0.000000	-0.027081	-0.027550	-0.021758	...
20121204	0.008032	-0.013632	0.000000	0.011696	-0.001398	0.015114	...
20121205	-0.014505	-0.023811	-0.045241	-0.003884	-0.019775	0.016529	...
20121206	-0.001625	-0.006042	0.011009	0.038173	0.008523	-0.050431	...
20121207	-0.013093	0.004032	-0.022129	0.011173	-0.024339	0.000000	...
20121210	0.022802	-0.006055	-0.003062	-0.026268	-0.016070	0.005159	...
20121211	0.014389	-0.004057	-0.016458	0.062636	0.014620	-0.040250	...
20121212	0.000000	-0.014330	0.034654	-0.051293	0.032837	-0.005372	...
20121213	0.021979	-0.022942	0.001007	-0.018976	0.031793	0.035277	...
20121214	-0.034759	0.002107	0.000000	0.018976	0.010826	-0.015721	...
20121217	-0.027712	-0.021277	0.040218	-0.015152	-0.009466	0.017452	...
20121218	0.006590	0.006431	0.019055	0.030077	0.005420	0.020549	...
20121220	-0.028312	0.037740	-0.004733	0.036368	-0.019100	0.025106	...
20121221	-0.003384	0.016327	0.004733	-0.010772	-0.002759	0.013136	...
20121224	0.016807	0.000000	0.004699	0.000000	-0.016713	-0.006547	...
20121226	0.001665	-0.006091	0.013989	0.021429	0.024967	0.003279	...
20121227	0.004979	-0.006129	0.014310	0.000000	-0.012405	-0.001638	...
20121228	0.000000	0.012220	-0.020984	0.000000	-0.015374	-0.003284	...

▷ ①, 개별주식수익률의 각 거래일을 표시한 것이다. 즉, 2012년 11월 1일 등의 각 거래일에 있어서 주식수익률을 나타낸다.

▷ ②~Ⓝ, 주식시장에서 거래되는 개별주식의 구분자이다. 즉, ②는 동화약품, ③은 S&T모터스, ④는 경방, ⑤는 메리츠화재 등의 순서로 주식시장에서 거래되는 N개의 개별주식들을 나타낸다.

매트랩 코딩에 사용한 명령어들

책자의 각 실증사례에 대한 검증결과의 그림을 매트립을 이용하여 구현할 때 사용된 명령어들을 정리한 것이다. 각 그림별로 제공된 매트랩 코딩의 설명을 이해하기 위해서는 다음의 명령어들에 대한 학습이 필요하다.

1. 파일 읽기와 자료에 관련된 명령어들

▷ **load()**: 분석에 필요한 파일 읽기
▷ **size()**: 파일 혹은 변수에 수록된 자료의 행과 열의 구조 정보
▷ **length()**: 자료의 행과 열의 길이 중에서 긴 길이를 갖는 쪽의 구조 정보
▷ **price2ret()**: 가격자료를 수익률자료로 변환
▷ **find()**: 설정된 조건에 부합하는 변수내 자료 값과 위치정보를 찾음
▷ **zscore()**: 자료를 표준화
▷ **sort()**: 자료의 정렬
▷ **cumsum()**: 자료의 순차적 누적값
▷ **disp()**: 화면상에 설정한 내용을 출력
▷ **clear** : 설정된 변수를 매트랩 윈도우 메모리에서 지움

2. 기초통계량 및 관련 명령어들

▷ **max()**: 자료의 최대값
▷ **min()**: 자료의 최소값
▷ **sum()**: 자료의 합계
▷ **mean()**: 자료의 평균값
▷ **median()**: 자료의 중위수
▷ **var()**: 자료의 분산값
▷ **std()**: 자료의 표준편차값

- ▷ **skewness()**: 자료의 왜도값
- ▷ **kurtosis()**: 자료의 첨도값
- ▷ **abs()**: 자료의 절대값
- ▷ **log()**: 자료의 자연로그값
- ▷ **log2()**: 자료의 로그2의 값
- ▷ **ceil()**: 소수점 반올림 후에 소수점을 지움
- ▷ **exp()**: 지수값
- ▷ **sqrt()**: 제곱근 값

3. 분석에 관련 명령어들

- ▷ **hist()**: 빈도분포(히스토그램)
- ▷ **boxplot()**: Box-plot방법에 의한 그래프 출력
- ▷ **prctile()**: 자료의 백분율 분위수
- ▷ **corrcoef()**: 상관관계행렬의 산출
- ▷ **cov()**: 분산-공분산행렬의 산출
- ▷ **regstats()**: 단순회귀분석 및 다중회귀분석

4. 난수자료 관련 명령어들

- ▷ **normrnd()**: 정규분포의 난수자료
- ▷ **normpdf()**: 정규분포의 확률밀도함수
- ▷ **normcdf()**: 정규분포의 누적분포함수
- ▷ **randn()**: 표준정규분포의 난수자료
- ▷ **unidpdf()**: 이산형 균등분포의 확률밀도함수
- ▷ **unidcdf()**: 연속형 균등분포의 누적분포함수
- ▷ **unifpdf()**: 연속형 균등분포의 확률밀도함수
- ▷ **unifcdf()**: 연속형 균등분포의 누적분포함수
- ▷ **unidrnd()**: 이산형 균등분포의 난수자료
- ▷ **rand()**: 연속형 균등분포의 난수자료
- ▷ **exprnd()**: 지수분포의 난수자료
- ▷ **exppdf()**: 지수분포의 확률밀도함수

▹ **lognpdf()**: 로그정규분포의 확률밀도함수
▹ **logncdf()**: 로그정규분포의 누적분포함수
▹ **tpdf()**: t분포의 확률밀도함수
▹ **tcdf()**: t분포의 누적분포함수
▹ **trnd()**: t분포의 난수자료
▹ **randsample()**: 자료 내에서 이산형 균등분포에 근거한 난수자료의 무작위 추출

5. 반복구문 및 반복실험 시뮬레이션에 관련된 명령어들

▹ **for..end**: 설정한 범위까지 명령어를 반복실행
▹ **if..else..end**: 주어진 조건에 따라 선택적으로 명령어를 실행
▹ **switch..case..end**: 지정된 번호의 해당하는 명령어를 실행
▹ **while..end**: 조건에 부합하는 동안 반복적으로 명령어 실행

6. 그림출력에 관련 명령어들

▹ **figure()**: 그림의 고유번호 설정
▹ **plot()**: 설정된 X축과 Y축의 자료를 이용한 그래프
▹ **loglog()**: X축과 Y축을 모두 자연로그값으로 변환하여 출력
▹ **subplot()**: 그림을 2개 이상으로 분리하여 하위그림으로 출력
▹ **set()**: 그림의 설정 내용을 변경
▹ **xlabel()**: 그림의 X축 이름
▹ **ylabel()**: 그림의 Y축 이름
▹ **title()**: 그림의 제목
▹ **legend()**: 그림의 범례
▹ **hold on/off**: 추가적 그림을 겹쳐 포함하거나 혹은 겹치지 않음
▹ **text()**: 그림 내에 설정된 글을 포함
▹ **num2str()**: 숫자를 문자로 변경
▹ **axis square**: 그림의 X축과 Y축의 길이를 동일하게 변경

TOPIC I

금융자료

학·습·목·표

금융자료를 이용한 통계분석에서 가장 널리 이용되는 것은 가격자료와 수익률자료이다. 특히 통계적 검증방법에서는 수익률자료가 이용된다. 본 주제의 학습목표는 한국주식시장의 대표적 시장지수 자료들을 이용하여, 시장지수의 시계열 추이, 수익률의 계산방법, 포트폴리오 수익률, 인플레이션을 반영한 수익률 계산, 수익률의 분해 등의 내용을 학습함으로써 분석에 사용될 자료에 대한 이해를 돕는 것이다.

학·습·포·인·트

01. 한국종합주가지수(KOSPI)의 추이 [◖ 그림 1-1 ◗] • 4

- 한국주식시장의 대표적 시장지수인 한국종합주가지수(Korea Composite Stock Price Index, KOSPI)의 시계열 추이를 관찰한다.
- [Matlab코드 예제] '파일읽기', '최댓값', '그림 설정'

02. 대표적 시장지수들의 추이 비교 [◖ 그림 1-2 ◗] • 7

- 한국주식시장의 대표적인 4가지 시장지수인 'KOSPI', 'KOSPI 200', 'KOSPI 100', 'KOSPI 50'의 시계열 추이를 비교 관찰한다.
- [Matlab코드 예제] '이중 Y축을 갖는 그림 설정'

03. 수익률의 계산방법 [1]: 이산형 수익률 [◖ 그림 1-3 ◗] • 11

- 이산형 수익률(discrete return)의 계산방법을 알아보고, 시장지수와 이산형 수익률의 추이를 비교 관찰한다.
- [Matlab코드 예제] '이산형 수익률 계산', '하위그림 설정'

04. 수익률의 계산방법 [2]: 연속형 수익률 [◖ 그림 1-4 ◗] • 15

- 연속형 수익률(continuous return)의 계산방법을 알아본 후, 시장지수와 연속형 수익률의 추이를 비교 관찰한다.
- [Matlab코드 예제] '연속형 수익률 계산'

05. 이산형과 연속형 수익률 간의 비교 [1]: 유사점과 차이점 [◖ 그림 1-5 ◗] • 18

- 이산형 수익률과 연속형 수익률간의 차이를 비교 관찰한다. 수익률간의 유사점은 산포도를 이용하고, 수익률간의 차이점은 막대그래프를 이용한다.
- [Matlab코드 예제] '그림 설정'

06. 이산형과 연속형 수익률 간의 비교 [2]: 누적합산을 이용한 기간수익률 [◖ 그림 1-6 ◗] • 22

- 기간수익률의 산출을 위하여 누적합산(cumulative sum)방법을 이용하여, 이산형과 연속형 수익률 각각으로부터 산출된 기간수익률을 비교 관찰한다.
- [Matlab코드 예제] '누적합산 방법'

07. 이산형과 연속형 수익률 간의 비교 [3]: 기하합산을 이용한 기간수익률 [◖ 그림 1-7 ◗] • 27

- 기간수익률의 산출을 위하여, 연속형 수익률은 누적합산방법을 이용하지만, 이산형 수익률은 기하합산(geometric sum)방법을 이용한다. 산출된 이산형과 연속형 수익률 각각으로부터 산출된 기간수익률을 비교 관찰한다.
- [Matlab코드 예제] '기하합산 방법'

08. 이산형과 연속형 수익률 간의 비교 [4]: 포트폴리오 수익률 [◖ 그림 1-8 ◗] • 32

- 이산형과 연속형 수익률을 각각 이용하여 포트폴리오 수익률을 산출하고 이를 비교 관찰한다.
- [Matlab코드 예제] '포트폴리오 수익률'

09. 이산형과 연속형 수익률 간의 비교 [5]: 인플레이션 반영된 수익률 [◖ 그림 1-9 ◗] • 37

- 종합주가지수의 이산형과 연속형 수익률 각각에 인플레이션 변화율을 반영한 후 산출된 실질수익률(real return)의 추이를 비교 관찰한다.
- [Matlab코드 예제] '인플레이션 반영 수익률'

10. 이산형과 연속형 수익률 간의 비교 [6]: 수익률을 가격으로 전환 [◖ 그림 1-10 ◗] • 43

- 종합주가지수로부터 산출된 이산형 수익률과 연속형 수익률 각각을 원래의 가격자료(시장지수)로 전환하는 경우를 비교 관찰한다.
- [Matlab코드 예제] '수익률을 가격으로 전환'

11. 수익률의 분해: 변화의 크기와 방향 [◖ 그림 1-11 ◗] • 47

- 수익률을 변화의 크기와 변화의 방향으로 분해한 후, 각각의 변화 추이를 비교 관찰한다.
- [Matlab코드 예제] '절댓값 산출', '조건문을 이용한 상승과 하락 구분'

그림 1-1 한국종합주가지수(KOSPI)의 추이

그림1-1 ▌ 그림은 1980년 1월 4일부터 2012년 12월 28일까지의 8,105거래일에 있어서 한국주식시장의 대표시장지수인 KOSPI의 추이를 나타낸다. 그림에서 원모양(○)은 1997년 12월의 한국외환위기를, 박스모양(□)은 2008년 9월 미국 신용위기(서브프라임모기지, sub-prime mortgage crisis)를 표시하였다.

1 | 목적

- 한국주식시장의 대표적 시장지수인 한국종합주가지수(Korea Composite Stock Price Index, KOSPI)의 시계열 추이를 관찰한다.

2 | 자료, 기간 및 방법

- 자료: 일별(daily) 한국종합주가지수
- 기간: 1980년 1월 4일 ~ 2012년 12월 28일 (총 8,105 거래일)

3 | Matlab을 이용한 분석팁

■ MATLAB 기본 코드: '파일 읽기'

```
① RFilename = 'C:\DataBank\KOSPI.txt';
② MarketPRC = load(RFilename, '-ascii');
③ [TimeN, DataN] = size(MarketPRC);
```

▷ ①, KOSPI의 자료를 수록하고 있는 파일이름('KOSPI. txt') 및 경로('C:\DataBank\')를 새로운 변수 'RFilename'에 대입한다.

▷ ②, **'명령어, load()'**를 이용하여 설정된 경로의 파일에 수록된 자료를 새로운 변수 'MarketPRC'에 대입한다. 파일의 형식은 text형식으로 '-ascii'의 옵션을 이용한다.

▷ ③, **'명령어, size()'**를 이용하여 변수에 수록된 자료의 행(row)과 열(column)의 구조정보를 확인한다. 즉, 변수 'MarketPRC' 자료의 행 구조정보는 변수 'TimeN'에, 열 구조정보는 변수 'DataN'에 각각 대입한다.

■ MATLAB 기본 코드: '최댓값'

```
① [MaxVALUE, MaxINDEX] = max(MarketPRC(:,2));
```

▷ ①, **'명령어, max()'**를 이용하여 자료내의 최댓값을 찾는다. 즉, 변수 'MarketPRC'의 두 번째 열('(:, 2)')의 모든 자료(':')들 중에서 가장 큰 값을 갖는 자료를 찾은 후, 최댓값을 변수 'MaxVALUE'에, 그 위치정보를 변수 'MaxINDEX'에 각각 대입한다.

■ MATLAB 기본 코드: '그림 설정'

```
① Fig = figure(1);
   set(Fig, 'position', [100,80,800,600],'color','white');
   set(Fig, 'NumberTitle','off','Name','Trend of Market Index');

② plot(1:TimeN, MarketPRC(:,2), 'k-', 'LineWidth', 2);
③ set(gca, 'XLim', [0 TimeN+1]);
④ xlabel('거래일', 'FontSize', 14);
⑤ ylabel('시장지수', 'FontSize', 14);
⑥ title('KOSPI의 시계열추이', 'FontSize', 14);

⑦ hold on;

⑧ plot(Event1, MarketPRC(Event1,2), 'ro', 'MarkerSize', 14, 'LineWidth', 2);
```

```
⑨ text(Event1, MarketPRC(Event1,2), '1997.12 한국외환위기', 'FontSize', 14, 'Color', 'r');

  plot(Event2, MarketPRC(Event2,2), 'bs', 'MarkerSize', 14, 'LineWidth', 2);
  text(Event2, MarketPRC(Event2,2), '2008.09 미국신용위기', 'FontSize', 14, 'Color', 'b');
```

▷ ①, 그림의 장치번호('Fig')를 지정하고, 모니터 화면에서 그림의 위치(''position', [100, 80, 800, 600]')를 지정하며, 그리고 그림의 바탕화면 색상(''color', 'white'')을 지정한다. 그림 창의 기본 제목을 지우고(''NumberTitle', 'off''), 대신에 그림 창의 제목을 사용자가 지정(''Name', 'Trend of Market Index'')한다.

▷ ②, **'명령어, plot()'**를 이용하여 지정된 X축과 Y축 자료를 이용하여 선 그래프(line graph)를 그린다. 즉, X축('1:TimeN')에 대한 Y축 자료값('MarketPRC(:, 2)')을 검정색 실선('k-')과 굵기('LineWidth') '2'로 선 그래프를 출력한다.

▷ ③, **'명령어, set()'**를 이용하여, 그래프의 X축 길이('XLim')를 특정범위('[0 TimeN +1]')로 지정한다.

▷ ④, **'명령어, xlabel()'**를 이용하여, 그래프 X축의 이름('거래일')과 글자 크기('FontSize', 14)를 지정한다.

▷ ⑤, **'명령어, ylabel()'**를 이용하여, 그래프 Y축의 이름('시장지수')과 글자 크기('FontSize', 14)를 지정한다.

▷ ⑥, **'명령어, title()'**를 이용하여, 그래프의 제목('KOSPI의 시계열추이')과 글자 크기('FontSize', 14)를 지정한다.

▷ ⑦, **'명령어, hold()'**를 이용하여, 기존 그래프에 추가적 그래프를 겹칠 수 있도록 설정('on')한다.

▷ ⑧, **'명령어, plot()'**를 이용하여, X축의 특정 위치('Event1')에 해당하는 Y축의 자료값('MarketPRC (Event1, 2)')을 빨강색 원모양('ro')으로 하고 크기('MarkerSize', 14)와 굵기('LineWidth', 2)를 지정한다. 여기서 X축의 변수 'Event1'은 일별 시장지수자료를 기준으로 한국 외환위기의 사건일인 '1997년 12월 1일'에 해당하는 자료의 위치정보(번호)이다. [※ 파랑색 박스모양('bs'), 초록색 박스모양('gs'), 분홍색 별모양('mp')]

▷ ⑨, **'명령어, text'**를 이용하여, X축('Event1')과 Y축('MarketPRC(Event1, 2)')의 위치에 문자 '1997. 12 한국외환위기'를 표시하고 글자 크기('FontSize', 14)와 색상('Color', 'r', 빨강색)을 지정한다.

그림 1-2 대표적 시장지수들의 추이 비교

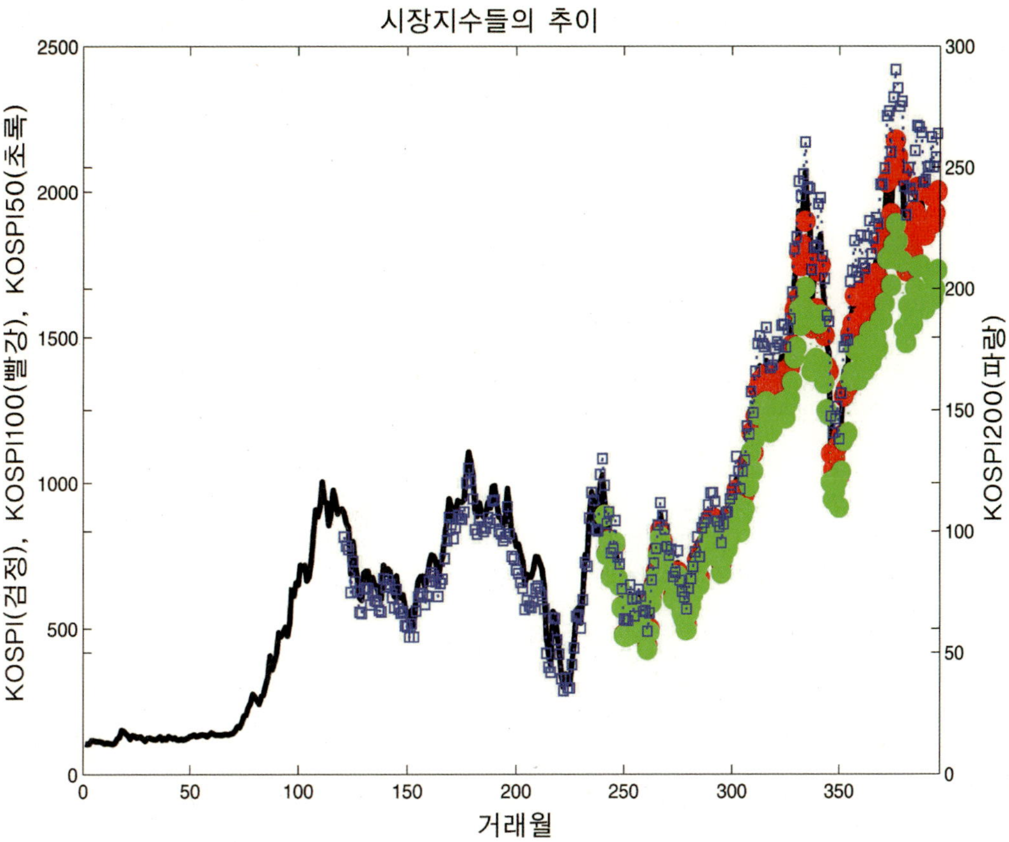

그림1-2 ▌ 그림은 1980년 1월부터 2012년 12월까지의 396개월 기간에 있어서 한국주식시장의 대표시장지수인 KOSPI (1980년 1월부터, 검정색 실선), KOSPI 200 (1990년 1월부터, 파랑색 박스모양(□)), KOSPI 100 (2000년 1월부터, 빨강색 원모양(○)), KOSPI 50 (2000년 1월부터, 초록색 원모양(◎))의 각 추이를 나타낸다.

1 ▌목적

- 한국주식시장의 대표적인 4가지 시장지수들인 'KOSPI', 'KOSPI 200', 'KOSPI 100', 'KOSPI 50'의 시계열 추이를 비교 관찰한다.

2 ▌자료, 기간 및 방법

- 자료: 월별 (monthly) 시장지수
- 기간:

▷ KOSPI: 1980년 1월 ~ 2012년 12월 (총 396 월)

▷ KOSPI 200: 1990년 1월 ~ 2012년 12월 (총 276 월)

▷ KOSPI 100: 2000년 1월 ~ 2012년 12월 (총 156 월)

▷ KOSPI 50 : 2000년 1월 ~ 2012년 12월 (총 156 월)

3 | Matlab을 이용한 분석팁

■ MATLAB 기본 코드: '이중 y축을 갖는 그림 설정'

```
① Fig = figure(1);
   set(Fig, 'position', [100,80,800,600],'color','white');
   set(Fig, 'NumberTitle','off','Name','Trend of Market Index');

   % KOSPI
② plot(1:TimeN, MarketPRC(:,2), 'k-', 'LineWidth', 3);
③ H1 = gca;
④ set(gca, 'XLim', [0 TimeN+1]);
⑤ xlabel('거래월', 'FontSize', 14);
⑥ ylabel('KOSPI(검정), KOSPI100(빨강), KOSPI 50(초록)', 'FontSize', 14);
⑦ title('시장지수들의 추이', 'FontSize', 14);

⑧ hold on;
   % KOSPI100
⑨ plot(DataN2:TimeN, MarketPRC(DataN2:TimeN,4), 'ro:', 'MarkerFaceColor', [1 0 0], ...
        'MarkerSize', 10, 'LineWidth', 1);
   % KOSPI50
⑩ plot(DataN2:TimeN, MarketPRC(DataN2:TimeN,5), 'go:', 'MarkerFaceColor', [0 1 0], ...
        'MarkerSize', 10, 'LineWidth', 1);

⑪ H2 = axes('pos', get(H1, 'pos'));
   % KOSPI200
⑫ plot(DataN1:TimeN, MarketPRC(DataN1:TimeN,3), 'bs:', 'LineWidth', 1);
⑬ ylabel('KOSPI200(파랑)', 'FontSize', 14);
⑭ set(H2, 'YAxisLocation', 'Right', 'Color', 'None', 'XTicklabel', []);
⑮ set(H2, 'XLim', get(H1, 'XLim'), 'Layer', 'Top');
```

▷ ①, 그림의 장치번호('Fig')를 지정하고, 모니터에 있어서 그림의 위치(''position', [100, 80, 800, 600]')를 지정하며, 그리고 그림의 바탕화면 색상(''color', 'white'')을 지정한다. 그림 창의 기본 제목을 지우고(''NumberTitle', 'off'), 대신에 그림 창의 제목을 사용자가 지정('Name', 'Trend of Market Index'')한다.

▷ ②, **'명령어, plot()'**를 이용하여, KOSPI시장지수에 대하여 X축 자료 구분('1:TimeN')에 대한 Y축 자료값('MarketPRC(:, 2)')을 검정색 실선('k-')과 굵기('LineWidth')

'3'로 선 그래프(line graph)를 출력한다.

▷ ③, 앞의 '②'에서 출력한 그림정보('gca')를 새로운 변수 'H1=gca'에 대입한다.

▷ ④, **'명령어, set()'**를 이용하여, 그래프의 X축의 길이를 옵션 'XLim'을 이용하여 특정 범위('[0 TimeN+1]')로 지정한다.

▷ ⑤, **'명령어, xlabel()'**를 이용하여, 그래프 X축의 이름('거래월')과 글자 크기('FontSize', 14)를 지정한다.

▷ ⑥, **'명령어, ylabel()'**를 이용하여, 그래프 Y축의 이름('KOSPI(검정), KOSPI100(빨강), KOSPI 50(초록)')과 글자 크기('FontSize', 14)를 지정한다.

▷ ⑦, **'명령어, title()'**를 이용하여, 그래프의 제목('시장지수들의 추이')과 글자 크기('FontSize', 14)를 지정한다.

▷ ⑧, **'명령어, hold()'**를 이용하여, 기존 그래프에 추가적 그래프를 겹칠 수 있도록 설정('on')한다.

▷ ⑨, **'명령어, plot()'**를 이용하여, KOSPI 100 시장지수에 대하여 X축 자료 구분('DataN2:TimeN')에 대한 Y축 자료값('MarketPRC(DataN2:TimeN, 4)')을 붉은색 원모양('ro')의 점선('ro:')으로 연결하고, 원모양의 내부 색상('MarkerFaceColor')은 붉은 색('[1 0 0]')으로 채우며, 그 크기('MarkerSize')를 '10'으로 한다. 점선의 굵기('LineWidth')는 '1'이다. 여기서, 모양의 내부를 색상으로 채우는 명령어 부분인 'MarkerFaceColor'의 순서는 ['red', 'green', 'blue']의 순서이다. 따라서 '[1 0 0]'는 붉은색(red)으로 내부를 채운다.

KOSPI 100 시장지수는 2000년 1월부터 자료를 이용할 수 있기 때문에, KOSPI 시장지수의 경우와 같이 모든 기간의 설정인 '1:TimeN'을 이용할 수 없다. '2000년 1월'의 시작 자료번호 구분자를 변수 'DataN2'에 입력한 후, 자료 이용기간을 'DataN2:TimeN'으로 설정한 것이다.

▷ ⑩, **'명령어, plot()'**를 이용하여, KOSPI 50 시장지수에 대하여 X축 자료 구분('DataN2:TimeN')에 대한 Y축 자료값('MarketPRC(DataN2:TimeN, 5)')을 녹색 원모양('go')의 점선('go:')으로 연결하고, 원모양의 내부 색상('MarkerFaceColor')은 녹색('[0 1 0]')으로 채우며, 그 크기('MarkerSize')를 '10'으로 한다. 점선의 굵기('LineWidth')는 '1'이다.

KOSPI 50 시장지수는 KOSPI 100 시장지수와 마찬가지로 2000년 1월부터 자료를 이용할 수 있기 때문에, '2000년 1월'의 시장 자료번호 구분자를 변수 'DataN2'에 입력한 후, 자료 이용기간을 'DataN2:TimeN'으로 설정한 것이다.

▷ ⑪, 앞의 KOSPI, KOSPI 100, KOSPI 50의 3가지 시장지수를 그린 그림의 축 정보를 새로운 구분자 'H2'에 입력한다. 즉, 그림의 이중 y축에서 오른쪽 y축을 설정하는데 이용한다.

▷ ⑫, **'명령어, plot()'**를 이용하여, KOSPI 200 시장지수에 대하여 X축 자료 구분('DataN1:TimeN')에 대한 Y축 자료값('MarketPRC(DataN2:TimeN, 3)')을 파란색 박스모양('bs')의 점선('bs:')으로 연결하고, 그 점선의 굵기('LineWidth')는 '1'이다.
KOSPI 200을 이중 y축의 그래프에 적용하는 이유는, KOSPI, KISP 100, KOSPI 50 시장지수에 비교하여 KOSPI 200 시장지수의 값은 매우 작다. 즉, 1000단위의 자료와 100단위의 자료를 동일한 y축에 표시하면, 1000단위의 자료 값의 크기 때문에 100단위의 자료 값들은 충분히 그 추이를 나타낼 수 없다. 따라서 자료 값의 크기 간에 큰 차이를 극복하고, 추이를 비교 관찰 할 수 있는 방법으로 이중 y축을 이용한 그래프이다.

▷ ⑬, **'명령어, ylabel()'**를 이용하여, 그래프 Y축의 이름('KOSPI 200(파랑)')과 글자 크기('FontSize', 14)를 지정한다.

▷ ⑭, 이중 y축과 그래프의 설정이다. 앞의 '⑪'에서 그래프에 대한 정보를 수록한 변수 'H2'의 입력 내용 중에서, 이중 Y축 그래프에 대한 새로운 설정을 추가한다. 여기서, y축의 위치('YAxisLocation')는 오른쪽('right')으로 하고, 색상 및 x축 표기는 변경 없다.

▷ ⑮, 이중 y축과 그래프의 설정이다. 앞의 '⑪'에서 그래프에 대한 정보를 수록한 변수 'H2'의 입력 내용 중에서, 그래프 x축의 구간은 'H1'에서 설정한 범위('XLim', [0 TimeN+1])와 동일하게 'H2'를 설정한다.

그림 1-3 수익률의 계산방법 [1]: 이산형 수익률

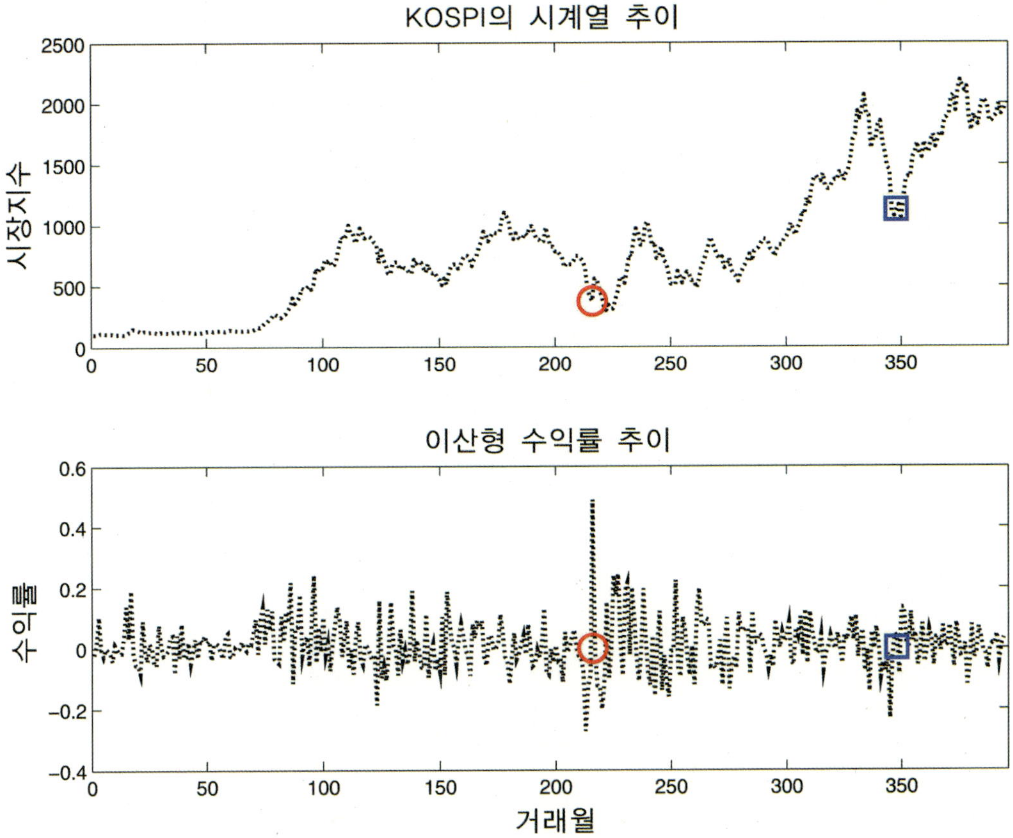

그림1-3 ▌ 그림은 1980년 1월부터 2012년 12월까지의 396개월에 있어서 KOSPI 시장지수(위)와 수익률(아래)의 추이를 나타낸다. 그림에서 원모양(○)은 1997년 12월의 한국외환위기를, 박스모양(□)은 2008년 9월 미국신용위기를 표시하였다.

1 | 목적

- 시장지수로부터 산출된 이산형 수익률(discrete return) 추이를 관찰한다.

2 | 자료, 기간 및 방법

- 자료: 월별 KOSPI 시장지수
- 기간: 1980년 1월 ~ 2012년 12월 (총 396 월)

■ 방법 :

▷ 수익률의 산출방법은 이산형 수익률과 연속형 수익률로 구분

▷ 이산형 수익률, $R_t = \dfrac{P_t - P_{t-1}}{P_{t-1}}$, 여기서 P_t는 t월에서의 시장지수

3 | Excel을 이용한 분석팁

■ KOSPI 월별 시장지수 자료를 이용한 월별 수익률 계산 예제

	A	B	C	D	E	F	G
1		■ 그림1-3					
2			KOSPI				
3		①거래월	②시장지수		③이산형수익률	④연속형수익률	
4		20110131	2069.73		0.000000	0.000000	
5		20110228	1939.30		-0.067256	-0.065091	
6		20110331	2106.70		0.079461	0.082796	
7		20110429	2192.36		0.039072	0.039856	
8		20110531	2142.47		-0.023286	-0.023019	
9		20110630	2100.69		-0.019889	-0.019694	
10		20110729	2133.21		0.015245	0.015362	
11		20110831	1880.11		-0.134620	-0.126298	
12		20110930	1769.65		-0.062419	-0.060548	
13		20111031	1909.03		0.073011	0.075813	
14		20111130	1847.51		-0.033299	-0.032756	
15		20111229	1825.74		-0.011924	-0.011853	
16		20120131	1955.79		0.066495	0.068809	
17		20120229	2030.25		0.036675	0.037365	
18		20120330	2014.04		-0.008048	-0.008016	
19		20120430	1981.99		-0.016171	-0.016041	
20		20120531	1843.47		-0.075141	-0.072452	
21		20120629	1854.01		0.005685	0.005701	
22		20120731	1881.99		0.014867	0.014979	
23		20120831	1905.12		0.012141	0.012215	
24		20120928	1996.21		0.045631	0.046705	
25		20121031	1912.06		-0.044010	-0.043069	
26		20121130	1932.90		0.010782	0.010840	
27		20121228	1997.05		0.032122	0.032650	
28							

▷ ①, KOSPI 시장지수의 거래일자를 나타낸다.

▷ ②, 거래일자별 KOSPI 시장지수 값을 나타낸다.

▷ ③, 이산형 수익률은 '셀E5'의 위치(-0.067256)에서 '=(C5-C4)/C4'의 식(=(1939.30-2069.73)/1939.30)으로 계산한 후에 '셀E5'를 '셀E6'에서 '셀E27'까지 복사한다.

4 Matlab을 이용한 분석팁

■ MATLAB 기본 코드: '수익률 계산'

```
① KeyMETHOD = 'periodic';
② RETURN = price2ret(MarketPRC(:,2), [], KeyMETHOD);
```

▷ ①, 변수 'KeyMETHOD'에 명령어의 옵션인 문자 'periodic'을 대입한다. 명령어 라인에서 문자의 입력은 작은 따옴표(' ')를 사용하고, 숫자의 경우는 사용하지 않는다.

▷ ②, **'명령어, price2ret()'**를 이용하여 수익률을 계산한다. 명령어 구성에서 괄호 속의 첫번째 옵션은 가격자료의 변수 'MarketPRC(:, 2)' 이고, 두번째 옵션은 설정하지 않음 '[]'이며, 세번째 옵션은 앞에서 설정한 수익률 산출방법('periodic')의 변수('Key METHOD')이다.

※ **추가설명1**: 변수 'MarketPRC(:, 2)'은 시장지수 자료를 수록하는 변수 자료구조에서 두 번째 열 '(:, 2)'에 있는 모든(':') 가격자료를 수익률 산출에 이용한다는 것이다.

※ **추가설명2**: 위의 설명에서 수익률계산을 'KeyMETHOD'와 같은 옵션을 수록한 변수를 사용하지 않고, 다음과 같이 'RETURN = price2ret(MarketPRC(:, 2), [], 'periodic');' 직접입력해서 사용할 수도 있다.

■ MATLAB 기본 코드: '그램 내, 하위그림 설정'

```
Fig = figure(1);

<중간 생략>

① subplot(2,1,1)
plot(1:TimeN, MarketPRC(:,2), 'k:', 'LineWidth', 2);

<중간생략>

② subplot(2,1,2)
plot(1:DataN, RETURN, 'k:', 'LineWidth', 2);

<중간생략>
```

▷ ①, **'명령어, subplot()'**를 사용하여 그림을 여러 개의 하위 그림으로 구성한다. 괄호(2, 1, 1)의 의미는, 첫번째('2')와 두번째('1') 숫자는 그림의 구조를 나타내는 것으로

행(2)와 열(1)로 구분 표시된다. 즉, 그림1-3에서 위쪽 그림과 아래쪽 그림은 '2×1 행렬구조'이기 때문에 괄호 속에 '(2, 1, ...)'과 같이 설정한다. 그리고 세번째 숫자('1')은 '2×1 행렬구조'의 첫번째 그림임을 설정한 것이다.

▷ ②, **'명령어, subplot()'**을 이용하여, 두 번째 그림 '(2, 1, 2)'을 설정한다. 즉, 첫번째('2')와 두번째('1') 숫자는 ①과 같이 '2×1 행렬구조'를 설정한 것이고, 세번째 숫자('2')은 '2×1 행렬구조'의 두번째 그림임을 설정한 것이다.

그림 1-4 수익률의 계산방법 [2]: 연속형 수익률

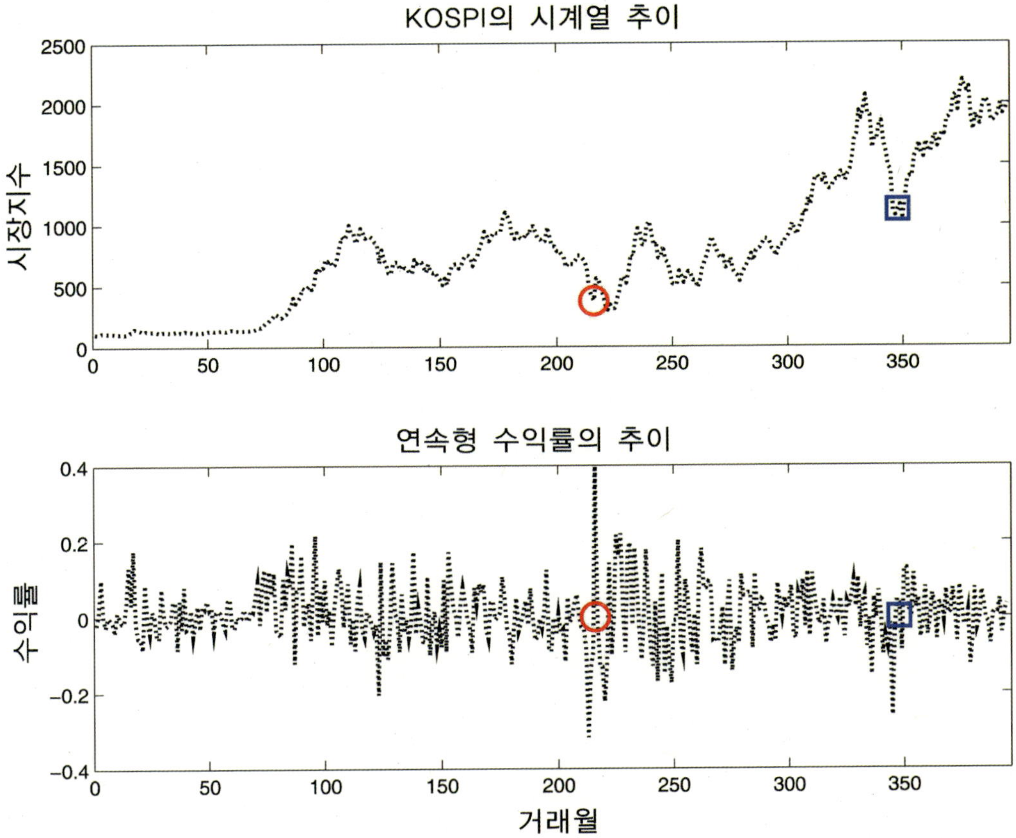

그림1-4 ▌ 위 그림은 1980년 1월부터 2012년 12월까지의 396개월에 있어서 KOSPI 시장지수(위)와 수익률(아래)의 추이를 나타내고, 그리고 수익률은 연속형 수익률을 나타낸다. 그림에서 원모양(○)은 1997년 12월의 한국외환위기를, 박스모양(□)은 2008년 9월 미국신용위기를 표시하였다.

1 | 목적

- 시장지수로부터 산출된 연속형 수익률(continuous return)의 추이를 관찰한다.

2 | 자료, 기간 및 방법

- 자료: 월별 KOSPI 시장지수
- 기간: 1980년 1월 ~ 2012년 12월 (총 396 월)

■ 방법 :

▷ 수익률의 산출방법은 이산형 수익률과 연속형 수익률로 구분

▷ 연속형 수익률, $r_t = \ln(\frac{P_t}{P_{t-1}}) = \ln P_t - \ln P_{t-1}$, 여기서 'ln'은 자연로그를 나타냄

3 | Excel을 이용한 분석팁

■ KOSPI 월별 시장지수 자료를 이용한 월별 수익률 계산 예제

	A	B	C	D	E	F	G
1		■ 그림1-3					
2			KOSPI				
3		①거래월	②시장지수		③이산형수익률	④연속형수익률	
4		20110131	2069.73		0.000000	0.000000	
5		20110228	1939.30		-0.067256	-0.065091	
6		20110331	2106.70		0.079461	0.082796	
7		20110429	2192.36		0.039072	0.039856	
8		20110531	2142.47		-0.023286	-0.023019	
9		20110630	2100.69		-0.019889	-0.019694	
10		20110729	2133.21		0.015245	0.015362	
11		20110831	1880.11		-0.134620	-0.126298	
12		20110930	1769.65		-0.062419	-0.060548	
13		20111031	1909.03		0.073011	0.075813	
14		20111130	1847.51		-0.033299	-0.032756	
15		20111229	1825.74		-0.011924	-0.011853	
16		20120131	1955.79		0.066495	0.068809	
17		20120229	2030.25		0.036675	0.037365	
18		20120330	2014.04		-0.008048	-0.008016	
19		20120430	1981.99		-0.016171	-0.016041	
20		20120531	1843.47		-0.075141	-0.072452	
21		20120629	1854.01		0.005685	0.005701	
22		20120731	1881.99		0.014867	0.014979	
23		20120831	1905.12		0.012141	0.012215	
24		20120928	1996.21		0.045631	0.046705	
25		20121031	1912.06		-0.044010	-0.043069	
26		20121130	1932.90		0.010782	0.010840	
27		20121228	1997.05		0.032122	0.032650	
28							

▷ ①, KOSPI 시장지수의 거래일자를 나타낸다.

▷ ②, 거래일자별 KOSPI 시장지수 값을 나타낸다.

▷ ③, 이산형 수익률은 'E5'의 위치에서 '=(C5-C4)/C4'의 식으로 계산하고, E6에서 E27까지를 복사한다.

▷ ④, 연속형 수익률은 '셀F5'의 위치(-0.06509)에서 '=ln(C5)-ln(C4)'의 식(=ln(1939.30)-ln(2069.73))으로 계산한 후에 '셀F5'를 '셀F6'에서 '셀F27'의 범위까지 복사한다. 여기서 **'함수, ln()'**은 자료를 자연로그값으로 변경한다.

4 Matlab을 이용한 분석팁

- MATLAB 기본 코드: '수익률 계산'

```
① KeyMETHOD = 'continuous';
② RETURN = price2ret(MarketPRC(:,2), [], KeyMETHOD);
```

▷ ①, 변수 'KeyMETHOD'에 명령어의 옵션인 문자 'continuous'를 대입한다.

▷ ②, **'명령어, price2ret()'**를 이용하여 수익률을 계산한다. 명령어 구성에서 괄호 속의 첫번째 옵션은 가격자료의 변수 'MarketPRC(:, 2)'이고, 두번째 옵션은 설정하지 않음 '[]'이며, 세번째 옵션은 앞에서 설정한 수익률 산출방법('continuous')의 변수 'KeyMETHOD'이다.

※ **추가설명1**: 변수 'MarketPRC(:, 2)'은 시장지수 자료를 수록하는 변수 자료구조에서 두 번째 열 '(:, 2)'에 있는 모든(':') 가격자료를 수익률 산출에 이용한다는 것이다.

※ **추가설명2**: 위의 설명에서 수익률계산을 'KeyMETHOD'와 같은 임의변수를 사용하지 않고, 다음과 같이 'RETURN = price2ret(MarketPRC(:, 2), [], 'continuous');' 직접입력해서 사용할 수도 있다.

그림 1-5 이산형과 연속형 수익률 간의 비교 [1]: 유사점과 차이점

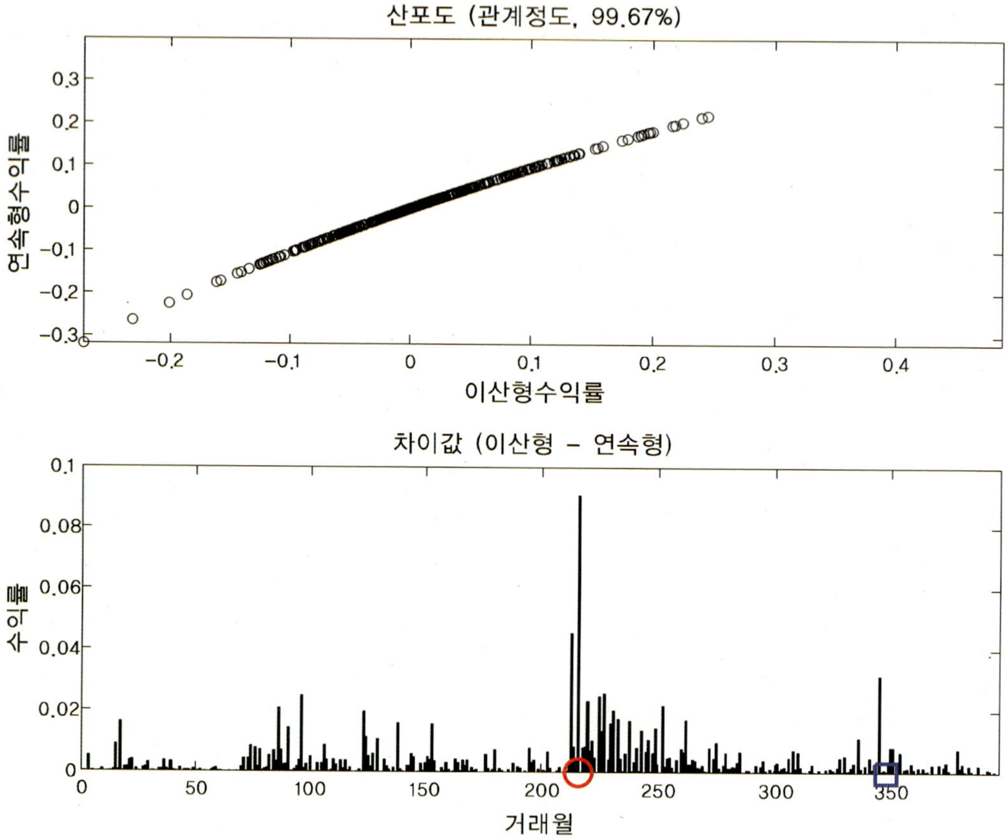

그림1-5 ▌ 위 그림은 1980년 1월부터 2012년 12월까지의 KOSPI 시장지수를 이용하여 산출한 연속형 수익률(X축)과 이산형 수익률(Y축)간의 산포도를 나타낸다. 아래 그림은 동일한 거래월에 이산형 수익률에서 연속형 수익률을 뺀 값을 막대그래프로 나타낸 것이다.

1 ┃ 목적

- 시장지수를 이용하여 산출된 이산형 수익률과 연속형 수익률 간의 유사점과 차이점을 비교 관찰한다.
- 두가지 수익률간의 유사점은 산포도를 이용하고, 두가지 수익률간의 차이점은 막대그래프를 이용하여 구분한다.

2 | 자료, 기간 및 방법

- 자료: 월별 KOSPI 시장지수
- 기간: 1980년 1월 ~ 2012년 12월 (총 396 월)
- 방법:

▹ 수익률의 산출방법은 이산형 수익률과 연속형 수익률로 구분

▹ 이산형 수익률, $R_t = \frac{P_t - P_{t-1}}{P_{t-1}}$, 여기서 P_t는 t월에서의 시장지수

▹ 연속형 수익률, $r_t = \ln(\frac{P_t}{P_{t-1}}) = \ln P_t - \ln P_{t-1}$, 여기서 'ln'은 자연로그를 나타냄

3 | 관찰결과

- 그림에서, 위 그림은 두가지 자료에 대한 산포도로 X축은 KOSPI 시장지수의 이산형 수익률이고 Y축은 동일자료의 연속형 수익률이다. 아래 그림은 396거래월의 각 월에 대하여 이산형 수익률에서 연속형 수익률을 뺀 차이값을 나타낸다. 그림의 원모양(○)은 1997년 12월 한국외환위기를, 박스모양(□)은 2008년 9월 미국신용위기를 나타낸다.
- 위 그림에서, 이산형 수익률과 연속형 수익률은 각각 다른 방법으로 계산된 값이지만, 산출된 두가지 수익률은 매우 유사한 관계를 갖는다는 것을 보여준다. 즉, 이산형 수익률이 양(+)의 값을 가질 때 연속형 수익률도 양(+)의 값을 갖고, 이산형 수익률이 음(-)의 값을 가질 때 연속형 수익률도 음(-)의 값을 갖는다는 것을 의미한다. 더욱이 두가지 수익률간의 계량적 관계정도인 상관관계(correlation)가 99.67%이기 때문에, 동일한 움직임을 갖는 자료로 볼 수 있다.
- 아래 그림의 막대그래프는 이산형 수익률에서 연속형 수익률을 차감한 값을 나타낸다. 두가지 수익률간의 차이값은 모두 양(+)의 값을 갖는데, 이는 이산형 수익률이 연속형 수익률보다 항상 큰 값을 갖는다는 것을 의미한다. 그리고 두가지 수익률간의 차이는 시장붕괴와 같은 큰 폭의 가격변화가 발생할 때 더욱 커진다는 것을 확인할 수 있다. 즉, 1997년 12월 한국외환위기(○)와 2008년 9월 미국신용위기(□)의 주변에서 두가지 수익률 간의 차이가 분명하게 크다.
- 수익률의 계산방법에서 이산형 수익률 방법이 정확한 값을 제공한다. 즉, 연속형 수익률의 계산방법으로부터 산출된 수익률은 측정오류를 갖는다. 예를 들어, 가격이

10% 상승한 경우를 생각해 보자. 즉 10,000원 가격이 10% 상승한다면, 11,000원이 된다. 그럼 이산형 수익률의 계산방법 $(=\frac{11,000-10,000}{10,000})$ 으로부터 산출된 수익률은 10%이지만, 연속형 수익률의 계산방법 $(=\ln(\frac{11,000}{10,000}))$ 으로부터 산출된 수익률은 9.53%로 진정한 값인 10%와 차이를 갖는다. 즉, 연속형 수익률은 이산형 수익률에 비교하여 측정오류를 갖는다.

- 한편, 연속형 수익률은 이산형 수익률과 비교하여 측정오류를 갖지만, 재무 분야의 다양한 이론 및 모형들, 그리고 통계적 가정 등에 보다 적합한 경우가 많다. 따라서 수익률 계산에서 가격자료간의 측정시간간격이 짧고 극단적인 값이 없다면, 계산된 연속형 수익률은 이산형 수익률과 큰 차이를 갖지 않고, 또한 수익률 계산방법을 변경한다고 할지라도 관찰된 검증결과를 변경하지 못한다. 왜냐하면, 위 그림에서와 같이 연속형 수익률과 이산형 수익률 간에는 상승과 하락이 일치하며 매우 높은 관련성을 갖기 때문이다.

4 | Matlab을 이용한 분석팁

- MATLAB 기본 코드: '그림 설정'

```
① CorTEMP = corrcoef(RETURN_C, RETURN_D);
  %
  Fig = figure(1);
  %
  subplot(2,1,1)
  <중간 생략>

② title(['산포도 (관계정도,',num2str(ceil(CorTEMP(1,2)*10000)/100),'%)'], 'FontSize', 12);
```

▷ ①, **'명령어, corrcoef()'**는 자료 간의 관계정도인 상관관계를 측정한다. 즉, 위 그림에서와 같이 연속형 수익률('RETURN_C')과 이산형 수익률('RETURN_D') 간의 상관관계 정도는 '99.67%'이다. 측정된 상관관계의 자료구조는 변수의 숫자에 종속되며, 두가지 자료를 사용하였기 때문에 2×2의 구조를 갖는다. 그리고, 상관행렬 구조에서 (1,1), (2,2)의 대각선 위치는 자기 자신에 대한 관계정도이기 때문에 모두 '1'의 값을 갖고, (1,2), (2,1)의 비대각선 위치에 '99.67%'의 값을 갖는다.

▷ ②, **'명령어, title()'**은 그림에 제목을 설정한다. 즉, 위 그림의 제목에 문자 '산포도

(관계정도, 99.67%)'을 설정한다. 여기서 **'명령어, num2str()'**은 숫자의 자료형식을 문자의 자료형식으로 변경한다. 즉, 앞의 ①에서 산출된 상관관계 변수 'CorTEMP(1, 2)'의 값을 문자로 변경한다. 한편, **'명령어, ceil()'**은 소수점 부분을 반올림한 후에 소수점 아래를 모두 버린다. 즉, 변수('CorTEMP(1, 2)')에 10,000을 곱한 후, ceil명령어를 이용하여 소수점 아래 부분을 반올림한 후에 모두 버린다. 그리고 비율(%)로 표시하기 위하여 100을 나눈다. 그리고 앞에서 설명한 명령어 부분을 모두 같이 제목부분에 표시하기 위하여 큰 괄호('[ ]')로 묶어 하나로 만든다.

그림 1-6 이산형과 연속형 수익률간의 비교 [2]: 누적합산을 이용한 기간수익률

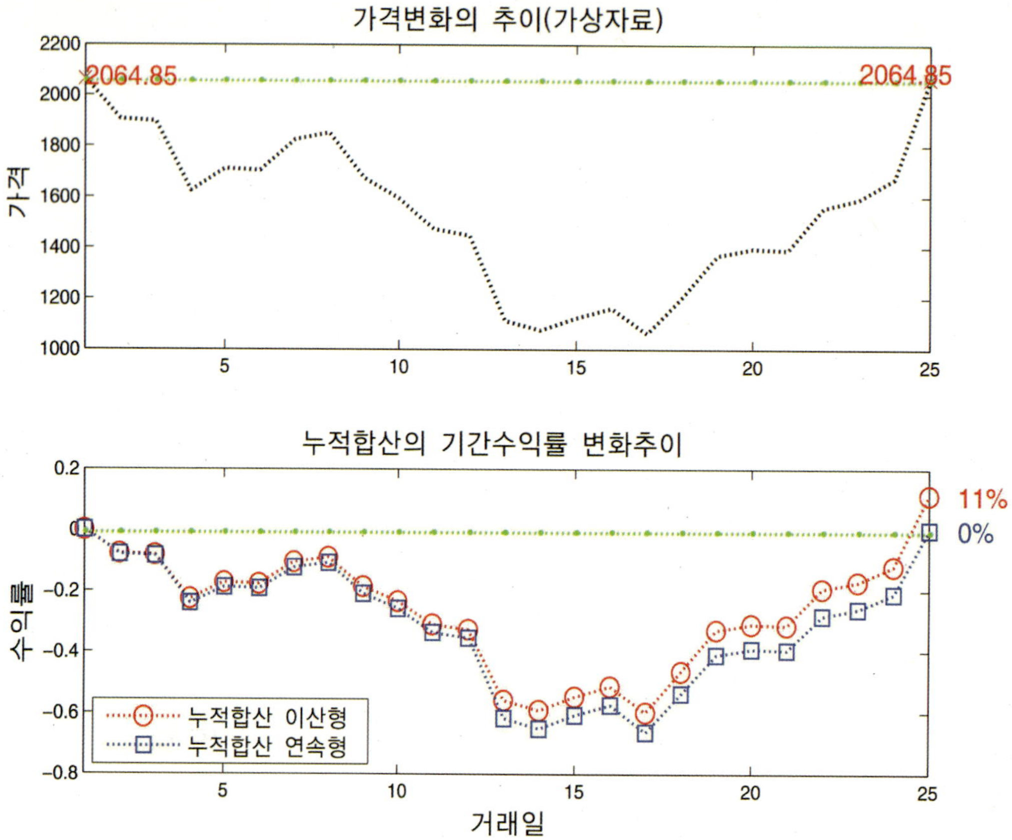

그림1-6 ❙ 위 그림은 첫째 KOSPI(1)값과 마지막 KOSPI(25) 값을 임의로 일치시킨 25개 KOSPI자료의 추이를 나타낸다. 아래 그림은 위 그림에 사용된 KOSPI자료를 이용하여 산출된 이산형 수익률(○)과 연속형 수익률(□) 모두를 누적합산 방법으로 거래일에 따라 기간수익률을 산출하고, 이를 표시한 것이다.

1 ❙ 목적

- 기간수익률의 산출을 위하여 손쉽게 이용하는 누적합산 방법인 누적수익률(cumulative returns)을 이용한다. 누적수익률은 수익률을 순차적으로 합산하는 방법이다.
- 이산형 수익률과 연속형 수익률 모두를 누적합산 방법으로부터 산출한 기간수익률을 비교 관찰한다.

2 | 자료, 기간 및 방법

■ 자료:

▷ KOSPI 자료에서 임의로 추출한 25개 자료를 이용, 실험목적에 따라 첫번째 KOSPI(1) 자료와 마지막 KOSPI(25) 자료의 값을 동일하게 만들었다.

▷ 이러한 실험설계는 'KOSPI(1)'의 값(2,064.85)으로 매수한 후에 KOSPI(25)의 값(2,064.85)으로 매도한다는 가상의 시나리오이다. 따라서 매수가격과 매도가격이 동일하기 때문에 거래비용 등의 요소를 고려하지 않는다면, 투자기간동안의 기간 수익률은 '0'이 되어야 한다.

■ 방법:

▷ 수익률의 산출방법은 이산형 수익률과 연속형 수익률로 구분.

▷ 이산형 수익률, $R_t^D = \frac{P_t - P_{t-1}}{P_{t-1}}$, 여기서 P_t는 t월에서의 시장지수임.

▷ 연속형 수익률, $R_t^C = \ln(\frac{P_t}{P_{t-1}}) = \ln P_t - \ln P_{t-1}$, 여기서 'ln'은 자연로그를 나타냄

▷ 누적합산 방법에 의한 수익률, $CR_t = \sum_{t=1}^{T} R_t$

※ 연속형 수익률은 누적합산방법에 의해 기간수익률을 산출할 수 있다.

▷ 2기간 수익률: $R_{0,2}^C = \ln(\frac{P_2}{P_0})$, 여기서, 즉 P_0 매입가격, P_2 매도가격

▷ 1기간의 두가지 수익률: $R_{0,1}^C = \ln(\frac{P_1}{P_0})$, $R_{1,2}^C = \ln(\frac{P_2}{P_1})$

$\rightarrow \ln(\frac{P_2}{P_0}) = \ln(\frac{P_2}{P_1} \times \frac{P_1}{P_0}) = \ln(\frac{P_2}{P_1}) + \ln(\frac{P_1}{P_0}) = R_{1,2}^C + R_{0,1}^C = R_{0,2}^C$, 즉 동일한 값

▷ 누적합산방법에 의한 기간수익률: $CR = \sum_{t=1}^{2} R_t^C = \ln(\frac{P_1}{P_0} \times \frac{P_2}{P_1}) = \ln(\frac{P_2}{P_0})$

▷ 동일한 값을 확인할 수 있기 때문에, 연속형 수익률은 누적합산 방법으로 기간수익률을 산출한다.

※ 이산형 수익률은 누적합산방법에 의해 기간수익률을 사용할 수 없다.

▷ $R_{0,2}^D = \frac{P_2 - P_0}{P_0} = \frac{P_2}{P_0} - 1$ →변경: $1 + R_{0,2}^D = \frac{P_2}{P_0}$ 여기서, 즉 P_0 매입가격, P_2 매도가격

▷ 1기간의 두가지 수익률: $1+R_{1,2}^{D}=\dfrac{P_2}{P_1}$; $1+R_{0,1}^{D}=\dfrac{P_1}{P_0}$

▷ 2기간 수익률: $(1+R_{0,2}^{D})=\dfrac{P_2}{P_0}=\dfrac{P_2}{P_1}\times\dfrac{P_1}{P_0}=(1+R_{1,2}^{D})(1+R_{0,1}^{D})$

$\rightarrow (1+R_{0,2}^{D})=(1+R_{1,2}^{D})(1+R_{0,1}^{D})=1+R_{0,1}^{D}+R_{1,2}^{D}+R_{0,1}^{D}R_{1,2}^{D}$

$\rightarrow$ 즉, $R_{0,2}^{D}=R_{0,1}^{D}+R_{1,2}^{D}+R_{0,1}^{D}R_{1,2}^{D}$

▷ 누적합산방법에 의한 기간수익률: $CR=\sum_{t=1}^{2}R_t^D \rightarrow R_{0,1}^{D}+R_{1,2}^{D}$

▷ 즉, 2기간 수익률에서 '$R_{0,1}^{D}R_{1,2}^{D}$' 만큼의 차이가 발생한다. 따라서 이산형 수익률은 누적합산 방법으로 기간수익률을 산출할 수 없다.

3 | 관찰결과

- 그림에서, 위 그림은 가상자료의 시계열 추이를 나타낸 것으로 X축은 시계열에 대한 거래월이고, Y축은 자료 값을 나타낸다. 그리고 첫 번째 값은 KOSPI(1) '2064.85'이고 마지막 값인 KOSPI(25) '2064.85'로 동일한 값을 표시한다. 아래 그림은 가상자료를 이용하여 산출된 이산형 수익률과 연속형 수익률 각각에 대하여 누적합산 방법으로부터 산출된 기간수익률이고 이를 각각 원모양(○)과 박스모양(□)으로 구분 표시하였다. X축은 시계열의 거래월을, Y축은 기간수익률을 나타낸다. 그리고 그림의 오른쪽 부분에 이산형 수익률의 마지막 거래월에서의 기간수익률 '11%'와 연속형 수익률의 '0%'를 함께 구분 표시하였다.
- 실험설계의 목적에 따라, 매수가격(2064.85)과 매도가격(2064.85)이 동일하기 때문에, 이산형 수익률과 연속형 수익률 방법으로부터 산출된 기간수익률은 '0'의 값을 가져야 한다.
- 관찰결과에 의하면, 연속형 수익률을 누적합산한 기간수익률은 '0'의 값을 갖지만, 이산형 수익률을 누적합산한 기간수익률은 '0'이 아닌 '11%'를 갖는다. 따라서 연속형 수익률은 누적합산 방법으로 기간수익률을 산출할 수 있지만, 이산형 수익률은 누적합산 방법으로 기간수익률을 산출할 수 없다.

4 | Excel을 이용한 분석팁

	A	B	C	D	E	F	G	H	I	J	K
1		■ 그림 1-6 & 7									
2		분석자료				수익률			누적수익률		
3		①거래월	②원래 지수	③수정된 지수		④이산형수익률	⑤연속형수익률		⑥누적(이산형)	⑦누적(연속형)	
4		20071031	2064.85	**2064.85**		0.000000	0.000000		**0.000000**	**0.000000**	
5		20071130	1906.00	1906.00		-0.076931	-0.080051		**-0.076931**	**-0.080051**	
6		20071228	1897.13	1897.13		-0.004654	-0.004665		**-0.081584**	**-0.084715**	
7		20080131	1624.68	1624.68		-0.143612	-0.155031		**-0.225196**	**-0.239747**	
8		20080229	1711.62	1711.62		0.053512	0.052129		**-0.171684**	**-0.187617**	
9		20080331	1703.99	1703.99		-0.004458	-0.004468		**-0.176142**	**-0.192085**	
10		20080430	1825.47	1825.47		0.071291	0.068865		**-0.104850**	**-0.123220**	
11		20080530	1852.02	1852.02		0.014544	0.014439		**-0.090306**	**-0.108781**	
12		20080630	1674.92	1674.92		-0.095625	-0.100512		**-0.185931**	**-0.209292**	
13		20080731	1594.67	1594.67		-0.047913	-0.049099		**-0.233844**	**-0.258391**	
14		20080829	1474.24	1474.24		-0.075520	-0.078524		**-0.309364**	**-0.336915**	
15		20080930	1448.06	1448.06		-0.017758	-0.017918		**-0.327123**	**-0.354833**	
16		20081031	1113.06	1113.06		-0.231344	-0.263112		**-0.558467**	**-0.617945**	
17		20081128	1076.07	1076.07		-0.033233	-0.033797		**-0.591699**	**-0.651742**	
18		20081230	1124.47	1124.47		0.044978	0.043996		**-0.546721**	**-0.607746**	
19		20090130	1162.11	1162.11		0.033474	0.032926		**-0.513247**	**-0.574820**	
20		20090227	1063.03	1063.03		-0.085259	-0.089114		**-0.598506**	**-0.663934**	
21		20090331	1206.26	1206.26		0.134737	0.126401		**-0.463768**	**-0.537533**	
22		20090430	1369.36	1369.36		0.135211	0.126819		**-0.328557**	**-0.410714**	
23		20090529	1395.89	1395.89		0.019374	0.019189		**-0.309183**	**-0.391525**	
24		20090630	1390.07	1390.07		-0.004169	-0.004178		**-0.313353**	**-0.395703**	
25		20090731	1557.29	1557.29		0.120296	0.113593		**-0.193056**	**-0.282110**	
26		20090831	1591.85	1591.85		0.022192	0.021950		**-0.170864**	**-0.260161**	
27		20090930	1673.14	1673.14		0.051066	0.049805		**-0.119798**	**-0.210355**	
28		20091030	1580.69	**2064.85**		0.234117	0.210355		**0.114319**	**0.000000**	
29											

▹ ①, KOSPI 시장지수의 거래일자를 나타낸다.

▹ ②, 거래일자별 원래 KOSPI 시장지수 값을 나타낸다.

▹ ③, KOSPI 지수를 첫번째(D4) 자료와 마지막(D28) 자료를 동일하게 수정한 자료이다. 즉, 실험설계의 목적에 따라 이러한 설정이 갖는 경제적 의미는 'D4' 매수가격(2064.85)으로 구입한 후에 'D28' 매도가격(2065.85)으로 판매한다는 것을 의미한다.

▹ ④, 이산형 수익률이다. 예를 들어, 'F5'의 위치에 있는 수익률('-0.076931')은 수식 '=(D5-D4)/D4'에 의하여 계산된 것이다. 동일한 방법으로 F6에서 F28까지 이산형 수익률을 산출한다.

▹ ⑤, 연속형 수익률이다. 예를 들어, 'G5'의 위치에 있는 수익률('-0.080051')은 수식 '=ln(D5)-ln(D4)'에 의하여 계산된 것이다. 그리고 동일한 방법으로 G6~G27의 범위의 연속형 수익률을 계산한다.

▷ ⑥, 이산형 수익률을 누적합산하는 방법, $CR_t = \sum_{t=1}^{T=25} R_t^D$, 이다. 즉, 셀'I5'는 수식 '=I4+ F5'로 계산한 것이고, 셀'I6'은 동일한 방법('I5+F6')으로 계산하였으며, 이러한 계산과정을 셀I28까지 반복하였을 때, 총 누적된 수익률은 '0. 114319'이다.

▷ ⑦, 연속형 수익률을 누적합산한 경우로 앞의 ⑥과 동일한 방법으로 계산하였으며, 마지막 셀인 J28에서 총 누적된 수익률은 '0. 000000'이다.

5 | Matlab을 이용한 분석팁

■ MATLAB 기본 코드: '누적합산 방법'

```
① CUM = 0;
② for k = 1 : DataN
③      CUM = CUM + ContinuousRET(k,:);
④      SumContinuousRET(k,:) = CUM;
⑤ end
```

▷ ①, 누적한 값을 수록할 변수 'CUM'의 초기값을 '0'으로 설정한다.

▷ ②, ③, ④, ⑤, **'명령어, for...end'**을 이용하여 사이에 있는 모든 명령어들을 반복 실행한다. 'k'는 단계적으로 증가하는 반복 횟수의 정보를 갖는 구분자이고, 'for k = 1 : DataN'는 단계적 반복이 'k=1'부터 시작하여 마지막으로 'k=DataN'에서 반복과정이 끝난다. 여기서 'DataN'은 분석에 이용되는 자료의 총 숫자(=25)의 값을 수록한 변수이다.

▷ ③, 수익률을 반복 누적한 값을 변수 'CUM'에 대입한다. 프로그램에서 'CUM = CUM'의 표시는 오른쪽 변수 'CUM'을 왼쪽 변수 'CUM'에 대입한다는 것이다. 명령어 'CUM = CUM + ContinuousRET(k, :)'에서 'ContinuousRET(k, :)'는 'k번째' 연속형 수익률을 의미한다. 여기서 예제는 연속형 수익률을 이용한다. 즉, k번째 ContinuousRET(k, :)의 값을 '오른쪽 CUM'에 합한 후, 그 값을 '왼쪽 CUM'에 대입한다.

▷ ④, 위의 '③'에서 계산된 왼쪽 'CUM'을 새로운 변수 'SumContinuousRET'의 k번째 값('SumContinuousRET(k, :)')으로 대입한다.

※ **추가설명1**: Matlab에서는 직접적으로 누적합산 방법에 의한 누적된 값들을 산출하는 **'명령어, cumsum()'**가 있다. 즉, 본 예제에서와 같이 'k'의 변화에 따른 누적값의 변화를 각각 확인 및 저장하지 않고, 단순히 누적된 결과만을 확인할 경우, 'cumsum(ContinuousRET)'의 명령어로 누적된 수익률을 산출할 수 있다.

그림 1-7 이산형과 연속형 수익률 간의 비교 [3]: 기하합산을 이용한 기간수익률

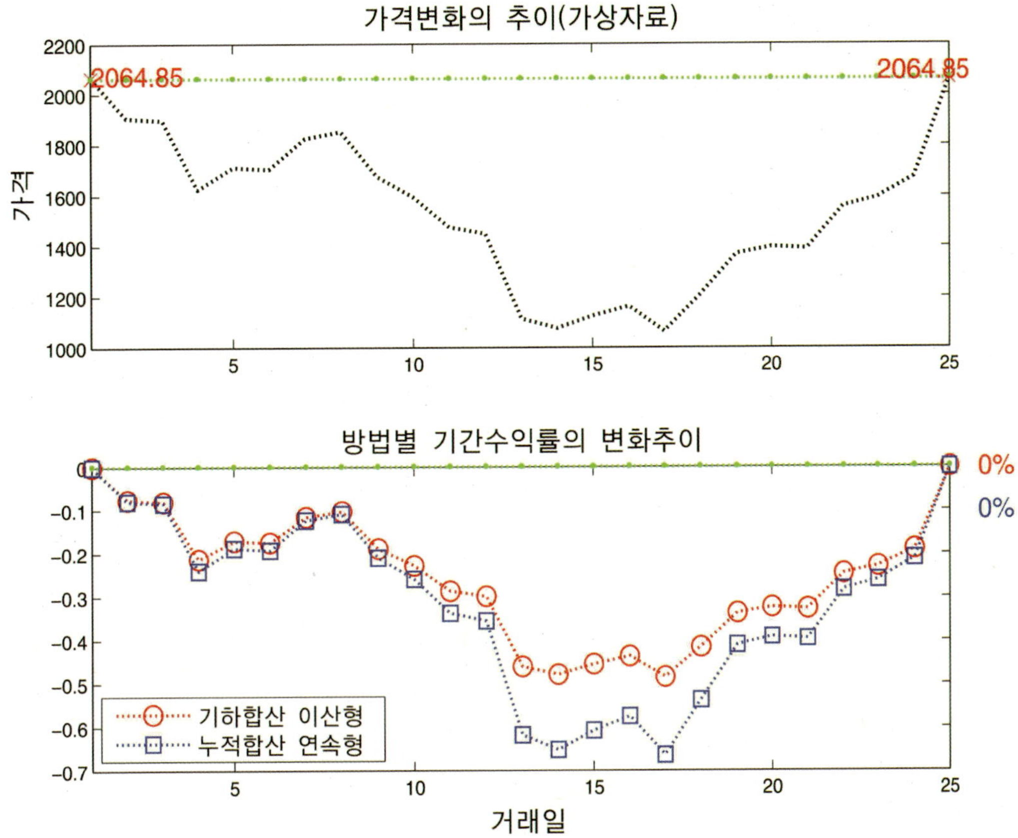

그림1-7 ▎ 위 그림은 첫째 KOSPI(1)값과 마지막 KOSPI(25) 값을 임의로 일치시킨 25개 KOSPI의 추이를 나타낸다. 아래쪽 그림은 위 그림에서 사용된 KOSPI자료를 이용하여 산출된 이산형수익률(○)과 연속형수익률(□) 각각을 누적합산과 기하합산의 방법으로 산출된 기간수익률을 그림에 함께 표시하였다.

1 ▎ 목적

- 이산형 수익률과 연속형 수익률 각각을 이용하여 산출된 기간수익률을 비교 관찰한다.
- 기간수익률의 산출을 위하여, 연속형 수익률은 누적합산 방법을 이용하지만, 이산형 수익률은 기하합산 방법으로 기간수익률을 산출한다.

2 | 자료, 기간 및 방법

- 자료:

▷ KOSPI 자료에서 임의로 추출한 25개 자료를 이용, 실험목적에 따라 첫번째 KOSPI(1) 자료와 마지막 KOSPI(25) 자료의 값을 동일하게 만들었다.

▷ 이러한 실험설계는 'KOSPI(1)'의 값(2064.85)으로 매수한 후에 KOSPI(25)의 값(2064.85)으로 매도한다는 가상의 시나리오이다. 따라서 매수가격과 매도가격이 동일하기 때문에 거래비용 등의 요소를 고려하지 않는다면, 투자기간동안의 기간수익률은 '0'이 되어야 한다.

- 방법:

▷ 수익률의 산출방법은 이산형 수익률과 연속형 수익률로 구분.

▷ 이산형 수익률, $R_t^D = \frac{P_t - P_{t-1}}{P_{t-1}}$, 여기서 P_t는 t월에서의 시장지수임.

▷ 연속형 수익률, $R_t^C = \ln(\frac{P_t}{P_{t-1}}) = \ln P_t - \ln P_{t-1}$, 여기서 'ln'은 자연로그를 나타냄

▷ 누적합산 방법은 $CR_t = \sum_{t=1}^{T} R_t$이고, 기하합산 방법은 $GR_t = \Pi_{t=1}^{T} R_t^D$이다.

※ 연속형 수익률은 누적합산 방법에 의해 기간수익률을 산출할 수 있다.

▷ 2기간 수익률: $R_{0,2}^C = \ln(\frac{P_2}{P_0})$, 여기서, 즉 P_0 매입가격, P_2 매도가격

▷ 1기간의 두가지 수익률: $R_{0,1}^C = \ln(\frac{P_1}{P_0})$, $R_{1,2}^C = \ln(\frac{P_2}{P_1})$

$\rightarrow \ln(\frac{P_2}{P_0}) = \ln(\frac{P_2}{P_1} \times \frac{P_1}{P_0}) = \ln(\frac{P_2}{P_1}) + \ln(\frac{P_1}{P_0}) = R_{1,2}^C + R_{0,1}^C = R_{0,2}^C$, 즉 동일한 값

▷ 누적합산방법에 의한 기간수익률: $CR = \sum_{t=1}^{2} R_t^C = \ln(\frac{P_1}{P_0} \times \frac{P_2}{P_1}) = \ln(\frac{P_2}{P_0})$

▷ 동일한 값을 확인함. 즉, 연속형 수익률은 누적합산방법으로 기간수익률을 산출

※ 이산형 수익률은 기하합산 방법에 의해 기간수익률을 산출할 수 있다.

▷ $R_{0,2}^D = \frac{P_2 - P_0}{P_0} = \frac{P_2}{P_0} - 1 \rightarrow$ 변경: $1 + R_{0,2}^D = \frac{P_2}{P_0}$ 여기서, 즉 P_0 매입가격, P_2 매도가격

▷ 각 기간별 수익률: $1+R_{1,2}^{D}=\frac{P_2}{P_1}$; $1+R_{0,1}^{D}=\frac{P_1}{P_0}$

▷ 2기간 수익률: $(1+R_{0,2}^{D})=\frac{P_2}{P_0}=\frac{P_2}{P_1}\times\frac{P_1}{P_0}=(1+R_{1,2}^{D})(1+R_{0,1}^{D})$

$\rightarrow (1+R_{0,2}^{D})=(1+R_{0,1}^{D})(1+R_{1,2}^{D})=1+R_{0,1}^{D}+R_{1,2}^{D}+R_{0,1}^{D}R_{1,2}^{D}$

$\rightarrow$ 따라서 $R_{0,2}^{D}=R_{0,1}^{D}+R_{1,2}^{D}+R_{0,1}^{D}R_{1,2}^{D}$

▷ 기하합산방법에 의한 기간수익률:

$\Pi_{t=1}^{2}(1+R_t^{D}) \rightarrow (1+R_{0,1}^{D})(1+R_{1,2}^{D})=R_{0,1}^{D}+R_{1,2}^{D}+R_{0,1}^{D}R_{1,2}^{D}$

▷ 동일한 값을 확인함. 즉, 이산형 수익률은 기하합산방법으로 기간수익률을 산출

3 | 관찰결과

- 그림에서, 위 그림은 가상자료의 시계열 추이를 나타낸 것으로 X축은 시계열에 대한 거래월이고, Y축은 자료 값을 나타내고, 첫번째 값인 KOSPI(1) '2064.85', 마지막 값인 KOSPI(25) '2064.85'이다. 아래 그림은 가상자료를 이용하여 산출된 이산형 수익률과 연속형 수익률 각각에 대한 누적합산과 기하합산 방법으로부터 산출된 기간수익률이고 이를 각각 원모양(○)과 박스모양(□)으로 구분 표시하였다. X축은 시계열의 거래월을, Y축은 기간수익률을 나타낸다. 그림의 오른쪽 부분에 이산형 수익률의 마지막 거래월에서의 기간수익률 '0%'와 연속형 수익률의 '0%'를 함께 구분 표시하였다.
- 실험설계의 목적에 따라 매수가격('2064.85')과 매도가격('2064.85')이 동일하기 때문에, 이산형 수익률과 연속형 수익률 각각을 누적합산과 기하합산 방법으로 산출한 기간수익률은 '0'을 가져야 한다.
- 관찰결과에 의하면, 연속형 수익률을 누적합산 방법으로 산출한 기간수익률은 '0'의 값을 갖고, 또한 이산형 수익률을 기하합산 방법으로부터의 기간수익률도 '0'의 값을 갖는다. 따라서 연속형 수익률은 누적합산 방법으로, 이산형 수익률은 기하합산 방법으로 각각 기간수익률을 산출할 수 있다.

4 | Excel을 이용한 분석팁

	B	C	D	F	G	I	J	L	M	N
1	■ 그림 1-6 & 7									
2	분석자료			수익률		누적수익률		기하합산		
3	①거래월	②원래 지수	③수정된 지수	④이산형수익률	⑤연속형수익률	⑥누적(이산형)	⑦누적(연속형)	⑧(이산형+1)	⑨곱	⑩곱-1
4	20071031	2064.85	**2064.85**	0.000000	0.000000	**0.000000**	**0.000000**	1.000000	1.000000	**0.000000**
5	20071130	1906.00	1906.00	-0.076931	-0.080051	**-0.076931**	**-0.080051**	0.923069	0.923069	**-0.076931**
6	20071228	1897.13	1897.13	-0.004654	-0.004665	**-0.081584**	**-0.084715**	0.995346	0.918774	**-0.081226**
7	20080131	1624.68	1624.68	-0.143612	-0.155031	**-0.225196**	**-0.239747**	0.856388	0.786827	**-0.213173**
8	20080229	1711.62	1711.62	0.053512	0.052129	**-0.171684**	**-0.187617**	1.053512	0.828932	**-0.171068**
9	20080331	1703.99	1703.99	-0.004458	-0.004468	**-0.176142**	**-0.192085**	0.995542	0.825237	**-0.174763**
10	20080430	1825.47	1825.47	0.071291	0.068865	**-0.104850**	**-0.123220**	1.071291	0.884069	**-0.115931**
11	20080530	1852.02	1852.02	0.014544	0.014439	**-0.090306**	**-0.108781**	1.014544	0.896927	**-0.103073**
12	20080630	1674.92	1674.92	-0.095625	-0.100512	**-0.185931**	**-0.209292**	0.904375	0.811158	**-0.188842**
13	20080731	1594.67	1594.67	-0.047913	-0.049099	**-0.233844**	**-0.258391**	0.952087	0.772293	**-0.227707**
14	20080829	1474.24	1474.24	-0.075520	-0.078524	**-0.309364**	**-0.336915**	0.924480	0.713970	**-0.286030**
15	20080930	1448.06	1448.06	-0.017758	-0.017918	**-0.327123**	**-0.354833**	0.982242	0.701291	**-0.298709**
16	20081031	1113.06	1113.06	-0.231344	-0.263112	**-0.558467**	**-0.617945**	0.768656	0.539051	**-0.460949**
17	20081128	1076.07	1076.07	-0.033233	-0.033797	**-0.591699**	**-0.651742**	0.966767	0.521137	**-0.478863**
18	20081230	1124.47	1124.47	0.044978	0.043996	**-0.546721**	**-0.607746**	1.044978	0.544577	**-0.455423**
19	20090130	1162.11	1162.11	0.033474	0.032926	**-0.513247**	**-0.574820**	1.033474	0.562806	**-0.437194**
20	20090227	1063.03	1063.03	-0.085259	-0.089114	**-0.598506**	**-0.663934**	0.914741	0.514822	**-0.485178**
21	20090331	1206.26	1206.26	0.134737	0.126401	**-0.463768**	**-0.537533**	1.134737	0.584188	**-0.415812**
22	20090430	1369.36	1369.36	0.135211	0.126819	**-0.328557**	**-0.410714**	1.135211	0.663177	**-0.336823**
23	20090529	1395.89	1395.89	0.019374	0.019189	**-0.309183**	**-0.391525**	1.019374	0.676025	**-0.323975**
24	20090630	1390.07	1390.07	-0.004169	-0.004178	**-0.313353**	**-0.395703**	0.995831	0.673206	**-0.326794**
25	20090731	1557.29	1557.29	0.120296	0.113593	**-0.193056**	**-0.282110**	1.120296	0.754190	**-0.245810**
26	20090831	1591.85	1591.85	0.022192	0.021950	**-0.170864**	**-0.260161**	1.022192	0.770928	**-0.229072**
27	20090930	1673.14	1673.14	0.051066	0.049805	**-0.119798**	**-0.210355**	1.051066	0.810296	**-0.189704**
28	20091030	1580.69	**2064.85**	0.234117	0.210355	**0.114319**	**0.000000**	1.234117	1.000000	**0.000000**

▷ ①, KOSPI 시장지수의 거래일자를 나타낸다.

▷ ②, 거래일자별 원래 KOSPI 시장지수 값을 나타낸다.

▷ ③, KOSPI 지수를 첫번째(D4) 자료와 마지막(D28) 자료를 동일하게 수정한 자료이다. 즉, 관찰목적에 따라 이러한 설정이 갖는 경제적 의미는 'D4' 매수가격(2064. 85)으로 구입한 후에 'D28' 매도가격(2064. 85)으로 판매한다는 것을 의미한다.

▷ ④, 이산형 수익률이다. 예를 들어, 'F5'의 위치에 있는 수익률('-0. 076931')은 수식 '=(D5-D4)/D4'에 의하여 계산된 것이다. 동일한 방법으로 F6에서 F28까지 이산형 수익률을 산출한다.

▷ ⑤, 연속형 수익률이다. 예를 들어, 'G5'의 위치에 있는 수익률('-0. 080051')은 수식 '=ln(D5)-ln(D4)'에 의하여 계산된 것이다. 그리고 동일한 방법으로 G6~G27의 범위의 연속형 수익률을 계산한다.

▷ ⑥, 이산형 수익률을 누적하는 방법, $CR_t = \sum_{t=1}^{T=25} R_t^D$, 이다. 즉, 셀'I5'는 수식 '=I4+F5'로 계산한 것이고, 셀'I6'은 동일한 방법('I5+F6')으로 계산하였으며, 이러한 계산과정을 셀I28까지 반복하였을 때, 총 누적된 수익률은 '0. 114319'이다. 즉, 이산형 수익률을 누적합산하면 산출되는 기간수익률은 측정오류를 갖는다.

▷ ⑦, 연속형 수익률을 누적한 경우로 앞의 ⑥과 동일한 방법으로 계산하였으며, 마지막 셀인 J28에서 총 누적된 수익률은 '0. 00'이다.

▷ ⑧, 기하합산 수식, $(1+R)=(1+R_1^D)(1+R_2^D)$을 이용하기 위하여, 이산형 수익률에

'1'을 더한다. 예를 들어, 셀'L4'은 수식 '=F4+1'의 방법으로 계산한다. 동일한 방법으로 L6에서 L28까지의 값을 계산한다.

▷ ⑨, 기하합산 수식, $(1+R)=(1+R_1^D)(1+R_2^D)$을 이용하기 위하여, 이산형 수익률에 '1'을 합산한 L열의 값을 순차적으로 곱한다. 예를 들어, 셀'M5'는 수식 '=M4×L5'의 방법으로 계산한다. 동일한 방법으로 M7~M28까지를 계산한다.

▷ ⑩, 앞의 '⑧'과 '⑨'에서 이용한 기하합산 수식을 '$R=(1+R_1^D)(1+R_2^D)-1$'을 변경하면 기간수익률이 된다. 따라서 앞의 '⑨'에서 계산된 값에서 '1'을 빼면 기간수익률이 된다. 예를 들어, 셀'N5'의 값('-0. 076931')은 수식 '=M5-1'을 이용한 것이다. 동일한 방법으로 N6~N28의 범위에서 반복 계산한다.

5 | Matlab을 이용한 분석팁

■ MATLAB 기본 코드: '기하합산 방법'

```
① GeoDiscreteRET(1,1) = 0.0;
② NewDiscreteRET = DiscreteRET + 1;
③ PRODUCT = 1;
④ for k = 1 : DataN
⑤     PRODUCT = NewDiscreteRET(k,1)*PRODUCT;
⑥     GeoDiscreteRET(k,:) = PRODUCT - 1;
⑦ end
```

▷ ①, 누적할 변수 'GeoDiscreteRET'의 초기값을 '0'으로 설정한다.

▷ ②, 이산형 수익률 각각에 일괄 '1'의 값을 더하고, 즉, 'DiscreteRET + 1', 합산된 자료를 새로운 변수 'NewDiscreteRET '에 대입한다.

▷ ③, 기하합산 방식에 의하여 계속 순차적으로 곱해지는 값을 'PRODUCT'변수에 대입하기 위하여, 초기설정 값인 '1'을 부여한다.

▷ ④, ⑤, ⑥, ⑦ **'명령어, for...end'**을 이용하여 사이에 있는 모든 명령어들을 반복 실행한다. 'k'는 단계적으로 증가하는 반복 횟수의 정보를 갖는 구분자이고, 'for k = 1 : DataN'는 단계적 반복이 'k=1'부터 시작하여 마지막으로 'k=DataN'에서 반복과정이 끝난다. 여기서 'DataN'은 분석에 이용되는 자료의 총 숫자(=25)의 값을 수록한 변수이다.

▷ ⑤, 기하합산에 의하여 곱해진 값을 'PRODUCT'에 대입한다. 즉, 'k=1'인 경우, ②에서 산출된 변수 NewDiscreteRET(k, 1)에 'PRODUCT=1'을 곱하고, 계산된 값을 왼쪽에 있는 'PRODUCT'에 대입한다.

▷ ⑥, 기간수익률의 산출식에 의하여, 모두 곱해진 값('⑤PRODUCT')에 '1'을 뺀 값을 기하합산에 의한 기산수익률 변수인 'GeoDiscreteRET(k, :)'의 k번째 자료로 대입한다.

그림 1-8 이산형과 연속형 수익률 간의 비교 [4]: 포트폴리오 수익률

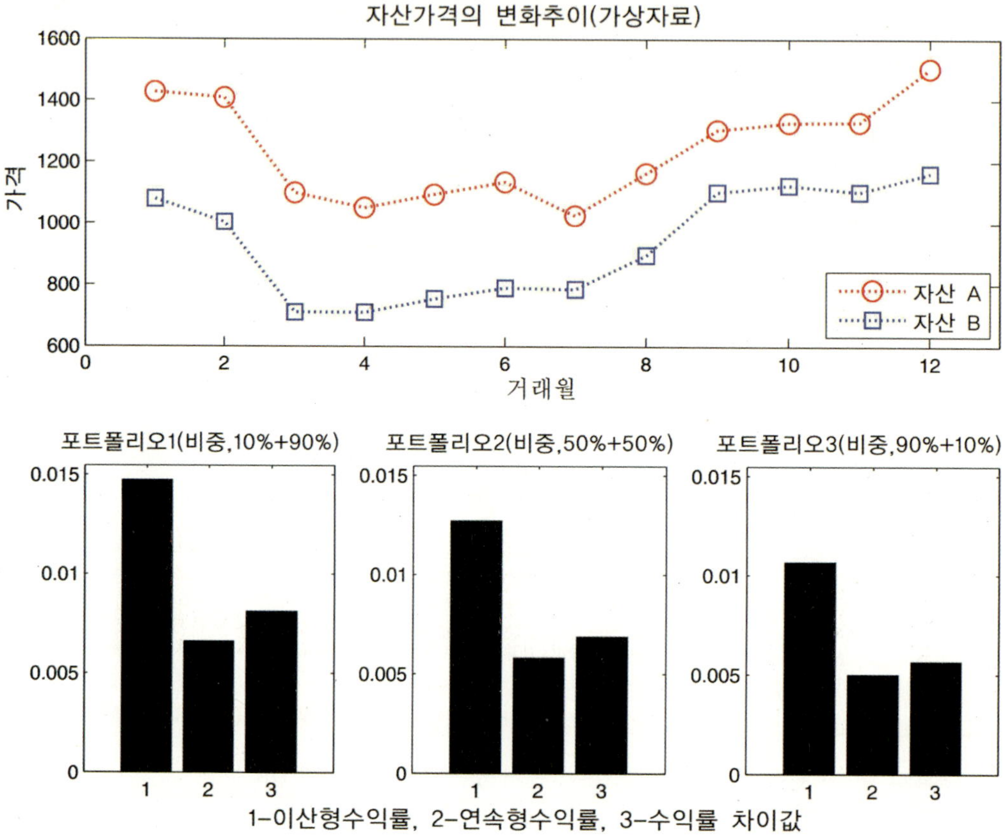

그림1-8 ▌ 위 그림은 가상의 두가지 자산 A('○')와 B('□')의 가격추이를 나타낸다. 아래 그림은 (자산A, 자산B)로 구성된 포트폴리오의 3가지 투자비중, 즉 (10%,90%), (50%,50%), (90%,10%) 변화에 따라 계산된 포트폴리오 수익률이다. 수익률은 이산형 수익률과 연속형 수익률로 구분하여 각각 산출한다. 즉, 아래 그림의 막대그래프에서 '1'은 이산형 수익률로부터의 포트폴리오 수익률을, '2'는 연속형 수익률로부터의 포트폴리오 수익률을, 그리고 '3'은 이산형과 연속형 포트폴리오 수익률간의 차이값을 나타낸다.

1 | 목적

- 두가지 수익률 산출방법인 이산형 수익률과 연속형 수익률 각각은 포트폴리오 수익률 산출에 영향을 미칠 수 있다. 즉, 이산형 수익률과 연속형 수익률을 각각 이용하여 산출된 포트폴리오 수익률을 비교 관찰한다.

2 | 자료, 기간 및 방법

■ 자료:

▷ 자산 A와 자산 B의 12개월 동안의 가상 가격.

▷ 자산 A의 가격을 자산 B의 가격보다 높게 설정함.

■ 방법:

▷ 수익률의 산출방법은 이산형 수익률과 연속형 수익률로 구분

▷ 이산형 수익률, $R_t^D = \frac{P_t - P_{t-1}}{P_{t-1}}$, 여기서 P_t는 t월에서의 시장지수임.

▷ 연속형 수익률, $R_t^C = \ln(\frac{P_t}{P_{t-1}}) = \ln P_t - \ln P_{t-1}$, 여기서 'ln'은 자연로그를 나타냄

※ 이산형 수익률을 이용한 포트폴리오 수익률

▷ 조건1: 자산 A와 자산 B, 그리고 각 자산에 대한 투자비중은 x_A와 x_B

▷ 조건2: 자산 A와 자산 B로부터 t시점의 이산형 수익률은 각각 $R_{A,t}^D$와 $R_{B,t}^D$

▷ 조건3: 투자비중의 합은 '1'. 즉, $x_A + x_B = 1$.

▷ 자산 A와 자산 B로 구성된 포트폴리오 수익률:

→ 개별주식 표기 $1 + R_{p,t}^D = x_A(1 + R_{A,t}^D) + x_B(1 + R_{B,t}^D)$

→ 포트폴리오 표기 $1 + R_{p,t}^D = x_A + x_A R_{A,t}^D + x_B + x_B R_{B,t}^D = 1 + x_A R_{A,t}^D + x_B R_{B,t}^D$,

($\because$ $x_A + x_B = 1$)

→ 이산형 수익률로부터의 포트폴리오 수익률 $R_{p,t}^D = x_A R_{A,t}^D + x_B R_{B,t}^D = \sum_{j=1}^{N} x_j R_{j,t}^D$ (식 1)

※ 연속형 수익률을 이용한 포트폴리오 수익률

▷ 이산형 수익률, $R_t^D = \frac{P_t - P_{t-1}}{P_{t-1}} = \frac{P_t}{P_{t-1}} - 1$, 즉, $1 + R_t^D = \frac{P_t}{P_{t-1}}$

▷ 연속형 수익률, $R_t^C = \ln(\frac{P_t}{P_{t-1}})$,

▷ 즉, 연속형 수익률과 이산형 수익률간의 관계, $R_t^C = \ln(1 + R_t^D)$

▷ 포트폴리오 수익률,

→ 개별주식 표기, $R_t^C = \ln(1 + R_t^D)$;

→ 포트폴리오 표기, $R_{p,t}^C = \ln(1 + R_{p,t}^D)$, 여기서, $R_{p,t}^D = \sum_{j=1}^{N} x_j R_{j,t}^D$

→ 연속형 수익률로부터의 포트폴리오 수익률, $R_{p,t}^{C} = \ln(1 + \sum_{j=1}^{N} x_j R_{j,t}^{D})$ (식2)

▸ 즉, 이산형 수익률을 이용한 포트폴리오 수익률'(식 1)'과 연속형 수익률을 이용한 포트폴리오 수익률'(식 2)'은 동일한 값을 갖지 않는다.

→ $R_{p,t}^{C} = \ln(1 + \sum_{j=1}^{N} x_j R_{j,t}^{D}) \neq \sum_{j=1}^{N} x_j R_{j,t}^{D} = R_{p,t}^{D}$

3 | 관찰결과

- 그림에서, 위 그림은 두가지 자산 A와 B의 가격추이를 나타내며, X축은 12개월의 거래월을, Y축은 가격을 나타낸다. 그리고 자산 A의 가격은 자산 B의 가격보다 높은 값을 갖는다. 아래 그림은 두가지 자산으로 구성된 3가지 포트폴리오 수익률을 나타낸다. 즉, 포트폴리오 수익률의 산출에 있어서 구성자산 (A, B)의 투자비중은 왼쪽의 (10%, 90%), 중간의 (50%, 50%), 그리고 오른쪽의 (90%, 10%)의 3가지 경우로 구분한다. 그림의 X축에서 '1'은 두가지 자산 모두를 이산형 수익률 방법으로 산출된 수익률을 이용하여 계산된 포트폴리오 수익률이고, '2'는 두가지 자산 모두를 연속형 수익률로부터 계산한 포트폴리오 수익률이며, '3'은 이산형 수익률로부터의 포트폴리오 수익률('1')에서 연속형 수익률로부터의 포트폴리오 수익률('2')을 뺀 차이값이다.
- 관찰결과에 의하면, 이산형 수익률로 산출된 포트폴리오 수익률과 연속형 수익률로 산출된 포트폴리오 수익률 간에는 차이가 발생함을 알 수 있다. 즉, 이는 앞의 식에서 확인하였듯이,

  → 〔연속형 수익률〕 $R_{p,t}^{C} = \ln(1 + \sum_{j=1}^{N} x_j R_{j,t}^{D}) \neq \sum_{j=1}^{N} x_j R_{j,t}^{D} = R_{p,t}^{D}$ 〔이산형수익률〕

  물론, 이산형 수익률을 이용하여 산출된 포트폴리오 수익률이 정확한 값이고, 연속형 수익률을 이용하여 산출된 포트폴리오 수익률은 계산오류가 포함된 값이다.
- 만약, 작은 값을 갖는 가격자료로부터 산출된 이산형 수익률과 연속형 수익률로부터 계산된 포트폴리오 수익률 간에는 큰 차이를 갖지 않지만, 극단적으로 큰 값을 갖는 가격자료에 대해서는 이산형 수익률과 연속형 수익률로부터 계산된 포트폴리오 수익률 간에는 상대적으로 큰 차이를 갖는다.
- 결국, 수익률 산출에 있어서 극단적으로 큰 값을 갖는 관찰치가 많을수록, 연속형 수익률로 계산된 포트폴리오 수익률에는 높은 계산오류가 포함되고, 이산형 수익률을 이용한 포트폴리오 수익률과 큰 차이를 갖게 된다. 또한 포트폴리오 구성자산의 투자비중 변화에 따라 두가지 수익률 산출방법으로부터 산출된 포트폴리오 수익률

간에는 차이가 발생한다.

- 예를 들어, KOSPI 시장지수의 2012년 11월과 12월의 값은 각각 '1932.90', '1997.05'이고, 이산형 수익률과 연속형 수익률을 계산하면 각각 '0.033188', '0.032650'으로, 두가지 수익률간의 차이는 '0.000539'이다. 즉, 이산형 수익률과 연속형 수익률 간에 차이가 크지 않다. 그런데, 만약 KOSPI 시장지수의 1980년 1월과 2012년 12월의 값을 비교한다면, 1980년 1월의 지수값은 '105.89', 2012년 12월의 지수값은 '1997.05'이다. 즉 33년 기간에 대하여 계산된 이산형수익률은 '17.85967'인데 비하여 연속형 수익률은 '2.937026'의 값으로 그 차이는 '14.92264'이다. 즉, 극단적으로 큰 값일수록 이산형 수익률과 연속형 수익률 간의 차이는 커진다. 이러한 영향의 크기가 포트폴리오 수익률의 산출에도 영향을 미친다.

4 | Excel을 이용한 분석팁

	A	B	C	D	E	F	G	H	I	J	K	L	M
1		[그림1-8]											
2											포트폴리오 수익률		
3						이산형 수익률		연속형 수익률			Case1	(10%)	(90%)
4		①거래일	②자산A	③자산B		④자산A	④자산B	⑤자산A	⑤자산B		⑥이산형	⑦연속형	⑧차이
5		20080829	1427.30	1079.12		0.000000	0.000000	0.000000	0.000000		-	-	-
6		20080930	1408.04	1003.16		-0.013494	-0.070391	-0.013586	-0.072991		-0.064701	-0.067050	0.002349
7		20081031	1099.69	710.26		-0.218992	-0.291977	-0.247170	-0.345279		-0.284679	-0.335468	0.050789
8		20081128	1051.02	709.85		-0.044258	-0.000577	-0.045267	-0.000577		-0.004945	-0.005046	0.000101
9		20081230	1094.56	754.07		0.041426	0.062295	0.040591	0.060432		0.060208	0.058448	0.001761
10		20090130	1134.61	789.10		0.036590	0.046455	0.035937	0.045408		0.045468	0.044461	0.001007
11		20090227	1026.00	785.05		-0.095725	-0.005132	-0.100621	-0.005146		-0.014192	-0.014693	0.000502
12		20090331	1163.37	895.77		0.133889	0.141036	0.125653	0.131936		0.140321	0.131308	0.009013
13		20090430	1304.79	1101.75		0.121561	0.229947	0.114721	0.206971		0.219109	0.197746	0.021362
14		20090529	1328.26	1124.29		0.017988	0.020458	0.017828	0.020252		0.020211	0.020009	0.000202
15		20090630	1330.23	1102.91		0.001483	-0.019016	0.001482	-0.019200		-0.016966	-0.017131	0.000165
16		20090731	1504.72	1163.15		0.131173	0.054619	0.123255	0.053180		0.062275	0.060187	0.002087
17									⑨[평균]		0.014737	0.006615	**0.008122**

▷ ①, 거래일을 나타낸다.

▷ ②, ③, 가상의 자산 A와 자산 B를 나타낸다.

▷ ④, 자산 A와 B 각각에 대한 이산형 수익률 $(R_t^D = \frac{P_t - P_{t-1}}{P_{t-1}})$ 이다.

▷ ⑤, 자산 A와 B 각각에 대한 연속형 수익률 $(R_t^C = \ln(P_t) - \ln(P_{t-1}))$ 이다.

▷ ⑥, ⑦, 이산형(④)과 연속형(⑤)으로 각각 계산된 수익률과 투자비중(10%, 90%)을 이용하여 산출된 포트폴리오 수익률을 나타낸다. 예를 들어, 셀'K6'의 값('-0.064701')은 수식 '=F6*$L$3 + G6*$M$3'으로부터 산출한 것이고, 셀'L6'의 값('-0.067050')은 수식 '=H6*$L$3 + I6*$M$3'으로부터 산출한 것이다. 동일한 방법으로 K7~K16, 그리고 L7~L16에 적용한다.

▷ ⑧, 앞의 이산형 수익률을 이용한 포트폴리오 수익률(⑥)에서 연속형 수익률을 이용한 포트폴리오 수익률(⑦)을 뺀 차이값을 나타낸다. 예를 들어, 셀'M6'의 값('0. 002349')은 수식 '=K6-L6'으로부터 산출한 것이고, 동일한 방법으로 M7~M16의 범위에 적용한다.

▷ ⑨, 앞에서 계산된 '⑥', '⑦', '⑧'의 각 값을 평균한 값이다. 예를 들어, 셀'K17'의 값(0. 014737)은 수식 '=average(K6:K16)'이다. 셀'L17'과 셀'M17'도 동일한 방법으로 계산한다.

5 | Matlab을 이용한 분석팁

- MATLAB 기본 코드: '포트폴리오 수익률'

```
① [DataN, C] = size(RET);
   %
② WA = 0.1;   WB = 0.9;
   %
③ for k = 1 : DataN
④       PortRET(k,:) = WA*RET(k,1) + WB*RET(k,2);
⑤ end
```

▷ ①, **'명령어, size()'**를 이용하여 자료의 행과 열의 구조정보를 구한다. 즉, 자산A와 자산B의 수익률 자료를 수록하고 있는 변수 'RET'의 자료구조를 확인한다. 변수 'RET'의 열(column, 시간)의 구조 정보를 변수 'DataN'에, 행(row, 자산A와 B)의 구조 정보를 변수 'C'에 대입한다.

▷ ②, 투자비중 변수 'WA'와 'WB'에 각각의 값 'WA=0. 1', 'WB=0. 9'를 대입한다.

▷ ③, ⑤, **'명령어, for...end'**을 이용하여, 반복 계산한다. 즉, 'k=1:DataN'에 의하여 첫 번째 자료(k=1)부터 마지막 자료(k=DataN)까지를 반복한다. 여기서 〔그림1-8〕에서 확인할 수 있듯이 12개월을 이용하였기 때문에 DataN=12이다.

▷ ④, 포트폴리오 수익률을 계산한다. 즉, 자산A의 수익률('RET(k, 1)')에 투자비중('WA')을 곱('WA*RET(k, 1)')하고, 자산B의 수익률('RET(k, 2)')에 투자비중('WB')을 곱(WB*RET(k, 2))한 후, 이들 두 값을 합산('WA*RET(k, 1) + WB*RET(k, 2)')한 계산결과를 새로운 변수('PortRET(k, :)')에 대입한다.

※ **추가설명**: 앞의 단계적 과정을 보여주는 ③+④+⑤의 방법 대신에 직접적으로 계산하는 수식 'PortRET = WA*RET(:, 1)+WB*RET(:, 2);'으로 간단하게 코딩 후에 사용할 수도 있다.

그림 1-9 이산형과 연속형 수익률 간의 비교 [5]: 인플레이션 반영된 수익률

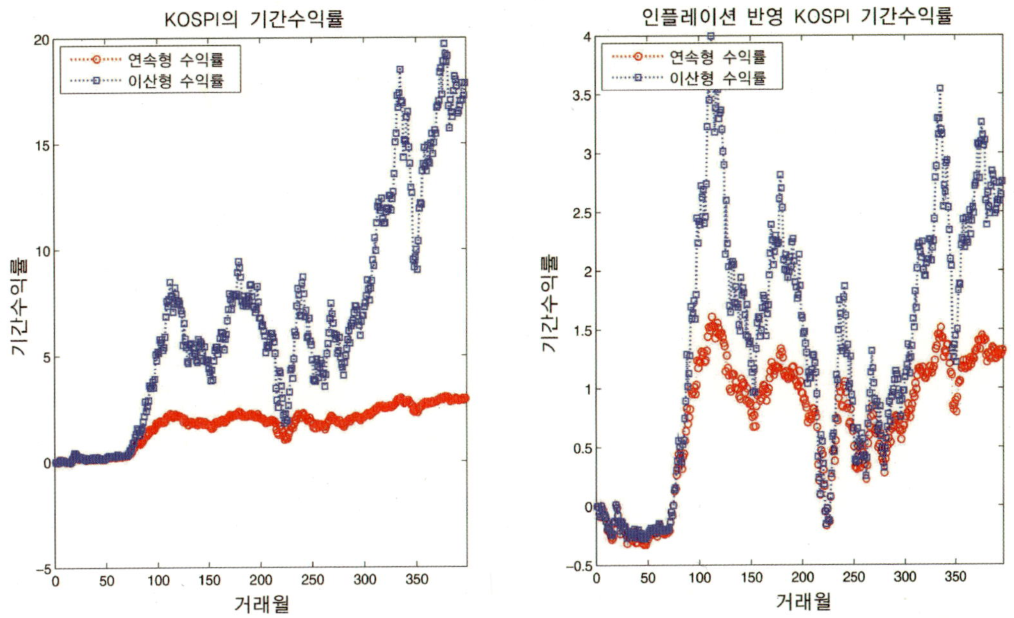

그림1-9 ▌ 왼쪽 그림은 1980년 1월부터 2012년 12월까지의 KOSPI 시장지수로부터 산출된 연속형 수익률('○')과 이산형 수익률('□')을 이용한 인플레이션 반영하지 않은 명목수익률에 대한 기간수익률의 추이를 비교한 것이다. 오른쪽 그림은 동일한 기간에 있어서 인플레이션의 변화율을 반영한 KOSPI 시장지수의 연속형 수익률과 이산형 수익률에 대한 실질수익률의 기간수익률의 추이를 비교한 것이다.

1 | 목적

- 이산형 수익률과 연속형 수익률 각각의 기간수익률에 대한 인플레이션 반영 전후의 차이를 비교 관찰한다. 즉, KOSPI의 명목수익률(nominal return)에 인플레이션 변화율을 반영한 후 산출된 실질수익률(real return)의 추이를 비교 관찰한다.
- 이산형 수익률은 기하합산 방법으로 기간수익률을 산출하고, 연속형 수익률은 누적합산 방법으로 기간수익률을 산출한다.

2 | 자료, 기간 및 방법

- 자료: 월별 시장지수와 월별 소비자 물가지수
- 기간: 1980년 1월 ~ 2012년 12월 (총 396 월)

- 방법:
  - ▷ 수익률의 산출방법은 이산형 수익률과 연속형 수익률로 구분
  - ▷ 이산형 수익률, $R_t^D = \frac{P_t - P_{t-1}}{P_{t-1}}$, 여기서 P_t는 t월에서의 시장지수임
  - ▷ 연속형 수익률, $R_t^C = \ln\left(\frac{P_t}{P_{t-1}}\right) = \ln P_t - \ln P_{t-1}$, 여기서 'ln'은 자연로그를 나타냄

※ 인플레이션을 반영한 이산형 수익률의 계산방법

▷ 인플레이션(consumer inflation index, CI)을 반영한 조정가격, $P_t^{Real} = \frac{P_t}{CI_t}$

▷ 인플레이션의 변화율, $\pi_t = \frac{CI_t - CI_{t-1}}{CI_{t-1}}$ → 변경: $1 + \pi_t = \frac{CI_t}{CI_{t-1}}$

$$\rightarrow R_t^{D,Real} = \frac{P_t^{Real} - P_{t-1}^{Real}}{P_{t-1}^{Real}} = \frac{\frac{P_t}{CI_t} - \frac{P_{t-1}}{CI_{t-1}}}{\frac{P_{t-1}}{CI_{t-1}}} = \frac{P_t}{P_{t-1}} \cdot \frac{CI_{t-1}}{CI_t} - 1$$

→ 따라서, $1 + R_t^{D,Real} = \frac{P_t}{P_{t-1}} \cdot \frac{CI_{t-1}}{CI_t}$

→ 위 식을 변경, $1 + R_t^{D,Real} = \frac{P_t}{P_{t-1}} \cdot \frac{1}{CI_t / CI_{t-1}} = \frac{P_t}{P_{t-1}} \cdot \frac{1}{1+\pi_t}$, 여기서 $1 + \pi_t = \frac{CI_t}{CI_{t-1}}$

→ 식을 재정리, $R_t^{D,Real} = \frac{P_t}{P_{t-1}} \cdot \frac{1}{1+\pi_t} - 1$,

→ 즉, $R_t^{Real} = (1 + R_t^D) \cdot \frac{1}{1+\pi_t} - 1$, 여기서, $1 + R_t^D = \frac{P_t}{P_{t-1}}$

▷ 인플레이션이 반영된 이산형 수익률은 '$R_t^{D,Real} = \frac{1 + R_t^D}{1+\pi_t} - 1$'으로 계산함.

※ 인플레이션을 반영한 연속형 수익률의 계산방법

▷ 인플레이션이 반영된 이산형 수익률, $R_t^{D,Real} = \frac{P_t}{P_{t-1}} \cdot \frac{CI_{t-1}}{CI_t} - 1$

▷ 이산형 수익률과 연속형 수익률의 관계, $R_t^{C,Real} = \ln(1 + R_t^{D,Real})$

▷ 두가지 식을 이용하여 다음을 정리하면,

$$\rightarrow R_t^{C,Real} = \ln(1+R_t^{D,Real}) = \ln(\frac{P_t}{P_{t-1}} \cdot \frac{CI_{t-1}}{CI_t})$$

$$= \ln(\frac{P_t}{P_{t-1}}) + \ln(\frac{CI_{t-1}}{CI_t})$$

$$= \ln(P_t) - \ln(P_{t-1}) + \ln(CI_{t-1}) - \ln(CI_t)$$

$$= [\ln(P_t) - \ln(P_{t-1})] - [\ln(CI_t) - \ln(CI_{t-1})]$$

$$= \ln(\frac{P_t}{P_{t-1}}) - \ln(\frac{CI_t}{CI_{t-1}}),$$

$$= R_t^C - \pi_t^C, \text{ 여기서 } R_t^C = \ln(\frac{P_t}{P_{t-1}}),\ \pi_t^C = \ln(\frac{CI_t}{CI_{t-1}})$$

▷ 인플레이션이 반영된 연속형 수익률은 '$R_t^{C,Real} = R_t^C - \pi_t^C$'으로 계산함.

3 | 관찰결과

- 그림에서, 왼쪽 그림은 KOSPI 시장지수에 대하여 인플레이션이 반영되지 않은 이산형 수익률(□)과 연속형 수익률(○) 각각의 명목수익률을 이용하여 산출된 기간수익률을 나타낸다. X축은 1980년 1월부터 2012년 12월까지의 396 거래월을 나타내고, Y축은 기간수익률이다. 오른쪽 그림은 인플레이션이 반영된 실질수익률을 이용하여 산출된 기간수익률을 나타낸다. 즉, 박스모양(□)은 인플레이션이 반영된 이산형 수익률을 기하합산 방법으로 산출한 기간수익률이고, 원모양(○)은 인플레이션이 반영된 연속형 수익률을 누적합산 방법으로 산출한 기간수익률이다.
- 왼쪽 그림의 관찰결과에 의하면, 1980년 1월의 KOSPI '105.89'에서 2012년 12월의 KOSPI '1997.05'에 대한 기간수익률로 해당기간 동안에 인플레이션을 반영하지 않고 산출된 이산형 수익률과 연속형 수익률의 기간수익률간의 차이는 매우 크다. 즉, 전체 기간에 있어서 이산형 수익률의 방법에 의한 투자성과는 17.86' ($=\frac{1997.05-105.89}{105.89}$) 인데, 연속형 수익률에 의한 투자성과는 '2.94' ($= \ln(1997.05) - \ln(105.89)$)이다. 즉, 큰 폭의 가격변화에 대한 두가지 수익률 산출방법으로부터의 기간수익률 간에는 현저한 차이를 갖는다. 물론, 이산형 수익률로부터 산출된 값이 정확한 값이다.
- 오른쪽 그림의 관찰결과에 의하면, 인플레이션을 반영하지 않은 왼쪽 그림의 명목수익률과 비교하여 인플레이션을 반영한 경우에 실질수익률은 명목수익률 보다 낮은 값을 갖는다. 즉 KOSPI 1980년 1월에서 2012년 12월의 33년 기간에 인플레이션을 반

영하였을 때, 이산형 수익률 방법에 의한 투자성과는 4.02'이고, 연속형 수익률에 의한 투자성과는 '1.61'이다. 즉, 그림에서와 같이 33년의 장기간에 대한 투자성과에 인플레이션의 반영여부는 투자성과간의 현저한 차이를 만든다.

4 | Excel을 이용한 분석팁

	B	C	D	F	G	I	J	K	M	N	O	Q
1	CASE 1: 이산형 수익률을 이용한 경우											
2				수익률(명목)		⑥기하합산:KOSPI			기하합산:Inflation			⑦실질수익률
3	①거래월	②KOSPI	③Inflation	④KOSPI	⑤Inflation	(이산형+1)	곱	곱-1	(이산형+1)	곱	곱-1	adj.KOSPI
4	201101	2069.73	102.20	0.000000	0.000000	1.000000	1.000000	**0.000000**	1.000000	1.000000	**0.000000**	0.000000
5	201102	1939.30	102.90	-0.063018	0.006849	0.936982	0.936982	**-0.063018**	1.006849	1.006849	**0.006849**	-0.069392
6	201103	2106.70	103.30	0.086320	0.003887	1.086320	1.017862	**0.017862**	1.003887	1.010763	**0.010763**	0.007023
7	201104	2192.36	103.40	0.040661	0.000968	1.040661	1.059249	**0.059249**	1.000968	1.011742	**0.011742**	0.046956
8	201105	2142.47	103.60	-0.022756	0.001934	0.977244	1.035145	**0.035145**	1.001934	1.013699	**0.013699**	0.021156
9	201106	2100.69	103.80	-0.019501	0.001931	0.980499	1.014958	**0.014958**	1.001931	1.015656	**0.015656**	-0.000686
10	201107	2133.21	104.30	0.015481	0.004817	1.015481	1.030671	**0.030671**	1.004817	1.020548	**0.020548**	0.009919
11	201108	1880.11	105.00	-0.118647	0.006711	0.881353	0.908384	**-0.091616**	1.006711	1.027397	**0.027397**	-0.115839
12	201109	1769.65	104.90	-0.058752	-0.000952	0.941248	0.855015	**-0.144985**	0.999048	1.026419	**0.026419**	-0.166992
13	201110	1909.03	104.70	0.078761	-0.001907	1.078761	0.922357	**-0.077643**	0.998093	1.024462	**0.024462**	-0.099667
14	201111	1847.51	104.80	-0.032226	0.000955	0.967774	0.892633	**-0.107367**	1.000955	1.025440	**0.025440**	-0.129512
15	201112	1825.74	105.20	-0.011783	0.003817	0.988217	0.882115	**-0.117885**	1.003817	1.029354	**0.029354**	-0.143040
16	201201	1955.79	105.62	0.071231	0.003992	1.071231	0.944949	**-0.055051**	1.003992	1.033464	**0.033464**	-0.085648
17	201202	2030.25	106.02	0.038072	0.003787	1.038072	0.980925	**-0.019075**	1.003787	1.037378	**0.037378**	-0.054419
18	201203	2014.04	106.05	-0.007984	0.000283	0.992016	0.973093	**-0.026907**	1.000283	1.037671	**0.037671**	-0.062234
19	201204	1981.99	106.04	-0.015913	-0.000094	0.984087	0.957608	**-0.042392**	0.999906	1.037573	**0.037573**	-0.077070
20	201205	1843.47	106.23	-0.069889	0.001792	0.930111	0.890681	**-0.109319**	1.001792	1.039432	**0.039432**	-0.143108
21	201206	1854.01	106.08	0.005717	-0.001412	1.005717	0.895774	**-0.104226**	0.998588	1.037965	**0.037965**	-0.136990
22	201207	1881.99	105.84	0.015092	-0.002262	1.015092	0.909293	**-0.090707**	0.997738	1.035616	**0.035616**	-0.121979
23	201208	1905.12	106.33	0.012290	0.004630	1.012290	0.920468	**-0.079532**	1.004630	1.040411	**0.040411**	-0.115284
24	201209	1996.21	107.09	0.047813	0.007148	1.047813	0.964478	**-0.035522**	1.007148	1.047847	**0.047847**	-0.079562
25	201210	1912.06	106.89	-0.042155	-0.001868	0.957845	0.923821	**-0.076179**	0.998132	1.045890	**0.045890**	-0.116713
26	201211	1932.90	106.51	0.010899	-0.003555	1.010899	0.933890	**-0.066110**	0.996445	1.042172	**0.042172**	-0.103901
27	201212	1997.05	106.70	0.033188	0.001784	1.033188	0.964884	**-0.035116**	1.001784	1.044031	**0.044031**	-0.075809

▷ ①, 2011년 1월부터 2012년 12월 기간 동안의 거래월을 나타낸다.

▷ ②, 월별 KOSPI 지수를 나타낸다.

▷ ③, 월별 인플레이션(inflation, '소비자물가지수 : customer inflation index')를 나타낸다.

▷ ④, 이산형 수익률 계산방법($R_t^D = \frac{P_t - P_{t-1}}{P_{t-1}}$)에 의하여 산출된 KOSPI 수익률이다.

▷ ⑤, 이산형 수익률 계산방법($\pi_t = \frac{CI_t - CI_{t-1}}{CI_{t-1}}$)에 의하여 산출된 인플레이션 변화율이다.

▷ ⑥, 기하합산 방법($R = \Pi_{t=1}^T (1 + R_t^D) - 1$)에 의하여 기간수익률을 산출하는 과정이다.

▷ ⑦, 이산형 수익률을 이용한 인플레이션 조정 KOSPI수익률($R_t^{Real} = \frac{1 + R_t^D}{1 + \pi_t} - 1$)이다.

▷ ⑧, 연속형 수익률 계산방법($R_t^C = \ln(\frac{P_t}{P_{t-1}})$)에 의하여 산출된 KOSPI 수익률이다.

▷ ⑨, 연속형 수익률 계산방법($\pi_t^C = \ln(\frac{CI_t}{CI_{t-1}})$)에 의하여 산출된 인플레이션 변화율이다.

▷ ⑩, 누적합산 방법($R = \sum_{t=1}^{T} R_t$)에 의하여 기간수익률을 산출하는 과정이다.

CASE 2: 연속형 수익률을 이용한 경우

			수익률(명목)		⑩누적합산		⑪실질수익률
거래월	KOSPI	Inflation	⑧KOSPI	⑨Inflation	KOSPI	Inflation	adj.KOSPI
201101	2069.73	102.20	0.000000	0.000000	**0.000000**	**0.000000**	0.000000
201102	1939.30	102.90	-0.065091	0.006826	**-0.065091**	**0.006826**	-0.071917
201103	2106.70	103.30	0.082796	0.003880	**0.017705**	**0.010706**	0.006999
201104	2192.36	103.40	0.039856	0.000968	**0.057560**	**0.011673**	0.045887
201105	2142.47	103.60	-0.023019	0.001932	**0.034541**	**0.013606**	0.020936
201106	2100.69	103.80	-0.019694	0.001929	**0.014848**	**0.015534**	-0.000687
201107	2133.21	104.30	0.015362	0.004805	**0.030210**	**0.020340**	0.009870
201108	1880.11	105.00	-0.126298	0.006689	**-0.096088**	**0.027029**	-0.123117
201109	1769.65	104.90	-0.060548	-0.000953	**-0.156636**	**0.026076**	-0.182712
201110	1909.03	104.70	0.075813	-0.001908	**-0.080823**	**0.024167**	-0.104990
201111	1847.51	104.80	-0.032756	0.000955	**-0.113579**	**0.025122**	-0.138701
201112	1825.74	105.20	-0.011853	0.003810	**-0.125433**	**0.028932**	-0.154364
201201	1955.79	105.62	0.068809	0.003984	**-0.056624**	**0.032916**	-0.089540
201202	2030.25	106.02	0.037365	0.003780	**-0.019259**	**0.036696**	-0.055955
201203	2014.04	106.05	-0.008016	0.000283	**-0.027276**	**0.036979**	-0.064255
201204	1981.99	106.04	-0.016041	-0.000094	**-0.043317**	**0.036885**	-0.080201
201205	1843.47	106.23	-0.072452	0.001790	**-0.115768**	**0.038675**	-0.154443
201206	1854.01	106.08	0.005701	-0.001413	**-0.110067**	**0.037262**	-0.147329
201207	1881.99	105.84	0.014979	-0.002265	**-0.095088**	**0.034997**	-0.130085
201208	1905.12	106.33	0.012215	0.004619	**-0.082873**	**0.039616**	-0.122489
201209	1996.21	107.09	0.046705	0.007122	**-0.036168**	**0.046738**	-0.082906
201210	1912.06	106.89	-0.043069	-0.001869	**-0.079237**	**0.044869**	-0.124106
201211	1932.90	106.51	0.010840	-0.003561	**-0.068397**	**0.041307**	-0.109704
201212	1997.05	106.70	0.032650	0.001782	**-0.035747**	**0.043089**	-0.078837

▷ ⑪, 연속형 수익률을 이용한 인플레이션 조정 KOSPI수익률 $(r_t^{Real} = R_t^C - \pi_t^C)$ 이다.

5 | Matlab을 이용한 분석팁

■ MATLAB 기본 코드: '인플레이션 반영 수익률'

```
① MethodKEY = 1;
② [TimeN, C] = size(MarketTEST);
   % Real Returns
③ switch MethodKEY
④     case 1      % Continuous returns
⑤         for k =  1 : TimeN
⑥             RealRETURN(k,:) = MarketTEST(k,1) - InflationTEST(k,1);
⑦         end
⑧     case 2      % Discrete returns
⑨         for k = 1 : TimeN
⑩             RealRETURN(k,:) = (1+MarketTEST(k,1))./(1+InflationTEST(k,1)) - 1;
⑪         end
⑫ end
```

▷ ①, 선택 구분자를 수록할 변수 'MethodKEY'에 '1'의 값을 대입한다. 'MethodKEY'은 아래 ③의 **'명령어, switch ... case 1 ... case 2 ... end'**에서 사용하는 변수로써 '1'은 수익률 산출방법에서 연속형 수익률 방법을 선택하는 것이고, '2'는 이산형 수익률 방법을 선택하는 것이다.

▷ ②, **'명령어, size()'**를 이용하여 변수의 자료구조 정보를 얻는다. 즉, 변수 'MarketTEST'의 자료 구조를 확인하고, 행의 정보는 변수 'TimeN'에, 열의 정보는 변수 'C'에 대입한다.

여기서 1980년 1월부터 2012년 12월의 396 거래월을 이용하기 때문에 TimeN=396이다.

- ▷ ③, ④, ⑧, ⑫, **'명령어, switch...case...end'**를 이용하여 앞 ①에서 수익률 산출방법의 선택종류(이산형 수익률, 연속형 수익률)를 지정한 변수'MethodKEY'의 값에 따라 '1'인 경우는 'case 1'에 포함된 명령어를, '2'인 경우는 'case 2'에 포함된 명령어를 수행한다.
- ▷ ⑤, ⑦, ⑨, ⑪, **'명령어, for...end'**를 이용하여 변수 'MarketTEST'에 수록된 자료의 숫자('TimeN')에 대하여 명령어를 반복 수행한다.
- ▷ ⑥, 연속형 수익률 방법에 의하여 생성된 KOSPI 수익률 변수('MarketTEST')에서 인플레이션 변화율 변수('InflationTEST')를 차감한 실질수익률의 값을 새로운 변수 'RealRETURN'에 대입한다. 새로운 변수('RealRETURN')에 수록될 자료는 1980년 1월부터 2012년 12월의 396 거래월 각각에 대하여 계산하기 위해, 첫번째 자료('k=1')에서 마지막 자료('k=TimeN')까지 반복 계산하여 대입한다.
- ▷ ⑩, 이산형 수익률 방법에 의하여 생성된 KOSPI 수익률 변수('1+MarketTEST')에서 인플레이션 변화율 변수('1+InflationTEST')를 나눈 후에 '1'을 차감한 실질수익률의 값을 새로운 변수 'RealRETURN'에 대입한다. 새로운 변수('RealRETURN')에 수록될 자료는 연속형 수익률의 경우('case 1')와 마찬가지로 첫번째 자료('k=1')에서 마지막 자료('k=TimeN')까지 반복 계산하여 대입한다.

그림 1-10 이산형과 연속형 수익률 간의 비교 [6]: 수익률을 가격으로 전환

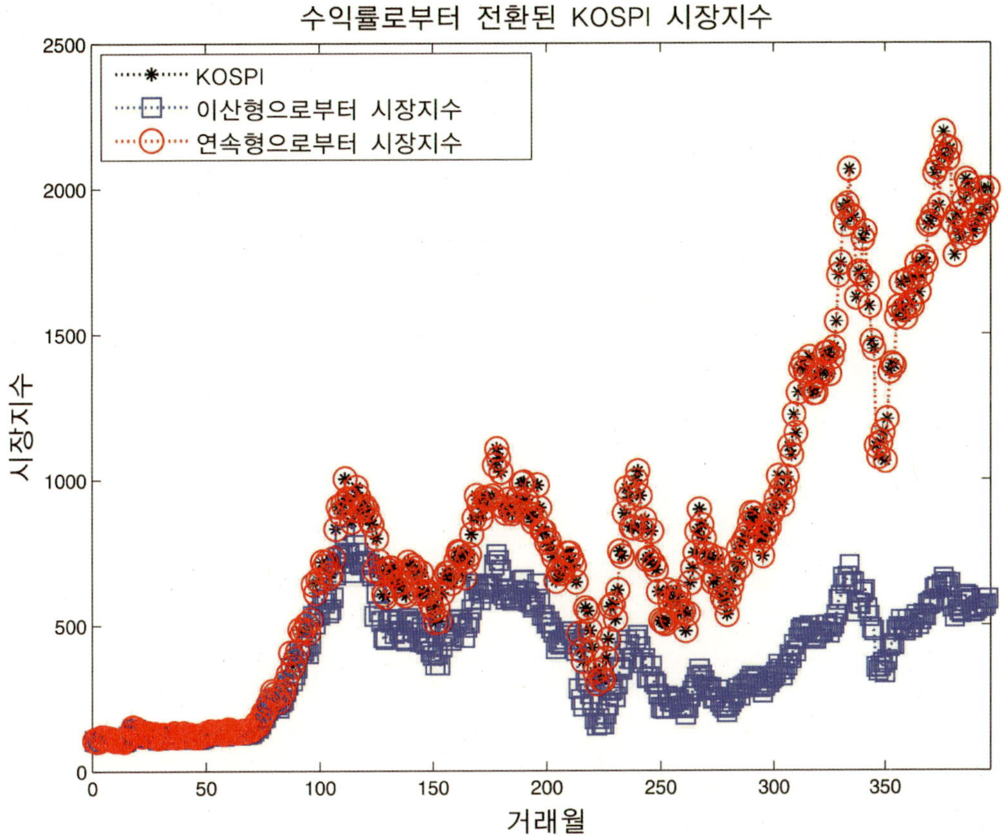

그림1-10 ▌ 그림에서 1980년 1월부터 2012년 12월의 기간 동안 KOSPI 시장지수를 이용하여 이산형 수익률과 연속형 수익률 각각을 산출 한 후, 역으로 수익률로부터 전환된 시장지수를 나타낸다. 여기서 실제 KOSPI 시장지수는 '*'로 표시하고, 이산형 수익률로부터 산출된 KOSPI 시장지수는 'O'으로, 연속형 수익률로부터 산출된 KOSPI 시장지수는 'ㅁ'로 구분 표시하였다.

1 ┃ 목적

- 가격자료를 이용하여 산출된 이산형 수익률과 연속형 수익률을 각각 이용하여 역으로 수익률을 원래 가격자료로 전환할 경우의 결과를 비교 관찰한다.
- 즉, KOSPI 시장지수로부터 이산형 수익률과 연속형 수익률을 각각 산출하고, 다음으로 산출된 이산형 수익률과 연속형 수익률로부터 역으로 각각의 KOSPI 시장지수를 산출한다.

2 | 자료, 기간 및 방법

- 자료: 월별 KOPSI 시장지수
- 기간: 1980년 1월 ~ 2012년 12월 (총 396 월)
- 방법:

▷ 수익률의 산출방법은 이산형 수익률과 연속형 수익률로 구분

▷ 이산형 수익률, $R_t^D = \frac{P_t - P_{t-1}}{P_{t-1}}$, 여기서 P_t는 t월에서의 시장지수임

▷ 연속형 수익률, $R_t^C = \ln(\frac{P_t}{P_{t-1}}) = \ln P_t - \ln P_{t-1}$, 여기서 'ln'은 자연로그를 나타냄

※ 이산형 수익률로부터 전환된 가격:

▷ 가격(P_t, P_{t-1})으로부터 산출된 이산형 수익률, $R_t^D = \frac{P_t - P_{t-1}}{P_{t-1}}$

▷ 수익률(R_t^D)로부터 산출된 가격, $P_t = P_{t-1}(1 + R_t^D)$

(여기서, P_{t-1}은 1980년 1월말의 KOSPI 시장지수인 '105. 89' 이용)

※ 연속형 수익률로부터 전환된 가격:

▷ 가격(P_t, P_{t-1})으로부터 산출된 연속형 수익률, $R_t^C = \ln(\frac{P_t}{P_{t-1}}) = \ln P_t - \ln P_{t-1}$

▷ 수익률(R_t^C)로부터 산출된 가격, $P_t = P_{t-1} \cdot \exp(R_t^C)$

(여기서, P_{t-1}은 1980년 1월말의 KOSPI 시장지수인 '105. 89' 이용)

3 | 관찰결과

- 그림에서 X축은 1980년 1월부터 2012년 12월의 396개월을 나타내고, Y축은 시장지수(가격)를 나타낸다. 1980년 1월말의 KOSPI 시장지수는 105. 89이다. 그리고 이산형 수익률로부터 산출된 KOSPI 시장지수는 박스모양('□'), 연속형 수익률로부터 전환된 KOSPI 시장지수는 원모양('○')으로 표시하였다. 그리고 원래의 실제 KOSPI 시장지수('*')를 비교대상으로 함께 표시하였다.
- 관찰결과에 의하면, 연속형 수익률로부터 전환된 KOSPI 시장지수('○')는 원래의 실제 KOSPI 시장지수와 전체기간에서 동일한 값을 산출할 수 있지만, 이산형 수익률

로부터 전환된 KOSPI 시장지수('□')는 시간이 지남에 따라 원래의 실제 KOSPI 시장지수와 상이한 값을 산출한다.

- 즉, 연속형 수익률은 수익률 산출식을 이용하여 직접적으로 가격으로의 전환이 가능하고, 이는 연속형 수익률을 이용하는 이점이다.

4 | Matlab을 이용한 분석팁

- MATLAB 기본 코드: '수익률을 가격으로 전환'

```
① OldPRICE = MarketPRC(1,2);
   % Discrete Price
② DiscretPRC(1,:) = OldPRICE;
③ for k = 1 : DataN-1
④     DiscretPRC(k+1,:) = DiscretPRC(k,:)*(DiscreteRET(k+1,:)+1);
⑤ end
   % Continuous
⑥ ContinuousPRC(1,:) = OldPRICE;
⑦ for k = 1 : DataN-1
⑧     ContinuousPRC(k+1,:) = ContinuousPRC(k,:)*exp(ContinuousRET(k+1,:));
⑨ end
```

▷ ①, 수익률로부터 시장지수로의 전환을 위하여 첫 번째 거래일의 시장지수인 'MarketPRC (1, 2)'을 새로운 변수 'OldPRICE'에 대입한다.

▷ ②, 이산형 수익률로부터 KOSPI 시장지수로의 전환을 위하여, 앞 '①'의 'OldPRICE'에 수록된 값을 새로운 변수 'DiscretPRC (1, :)'의 첫 번째 위치['(1, :)']에 대입한다. 여기서 변수 'DiscretPRC'는 이산형 수익률로부터 전환된 KOSPI 시장지수를 수록한다.

▷ ③, ④, ⑤, **'명령어, for...end'**를 이용하여 이산형 수익률로부터 KOSPI 시장지수로의 전환된 자료를 수록할 변수 'DiscretPRC' 생성을 위해 자료숫자('DataN')만큼 명령어를 반복 수행한다. 여기서 변수 'DataN'은 1980년 1월부터 2012년 12월까지의 월에 대한 총 숫자로 '396'의 값을 갖는다.

▷ ④, 수익률에 대한 가격의 관계, $P_t = P_{t-1}(1 + R_t^D)$에 따라 명령어를 생성 이용한다. 여기서, P_{t-1}는 'DiscretPRC (k, :)'에, R_t^D는 'DiscreteRET (k+1, :)'에 해당하고, 두가지 자료로부터 산출되는 P_t는 'DiscretPRC (k+1, :)'이다. 즉 'k'와 'k+1'의 차이는 시점의 차이를 나타내고, **'명령어, for...end'** 반복구문에서 'k=1:DataN-1'로 설정한 이유이기도 하다. 예를 들어, k=1인 경우, $P_2 = P_1(1 + R_2^D)$이고, k=DataN-1=395인

경우, $P_{396} = P_{395}(1+R_{395}^{D})$이다.

▷ ⑥, 연속형 수익률로부터 KOSPI 시장지수로의 전환을 위하여, 앞 '①'의 'OldPRICE'에 수록된 값을 새로운 변수 'ContinuusPRC(1, :)'의 첫 번째 위치〔'(1, :)'〕에 대입한다. 여기서 변수 'ContinuousPRC'는 연속형 수익률로부터 전환된 KOSPI 시장지수를 수록한다.

▷ ⑦, ⑧, ⑨, **'명령어, for...end'**를 이용하여 연속형 수익률로부터 KOSPI 시장지수로의 전환된 자료를 수록할 변수 'ContinuousPRC' 생성을 위해 자료숫자('DataN')만큼 명령어를 반복 수행한다. 여기서 변수 'DataN'은 1980년 1월부터 2012년 12월까지의 월에 대한 총 숫자로 '396'의 값을 갖는다.

▷ ⑧, 수익률에 대한 가격의 관계, $P_t = P_{t-1}\cdot\exp(R_t^C)$에 따라 명령어를 생성 이용한다. 여기서, P_{t-1}는 'ContinuousPRC(k, :)'에, R_t^C는 'ContinuousRET(k+1, :)'에 해당하고, 두가지 자료로부터 산출되는 P_t는 'ContinuousPRC(k+1, :)'이다. 즉 'k'와 'k+1'의 차이는 시점의 차이를 나타내고, **'명령어, for...end'** 반복구문에서 'k=1:DataN-1'로 설정한 이유이기도 하다. 그리고 **'명령어, exp()'**는 입력한 값의 지수값을 산출한다.

그림 1-11 수익률의 분해: 변화의 크기와 방향

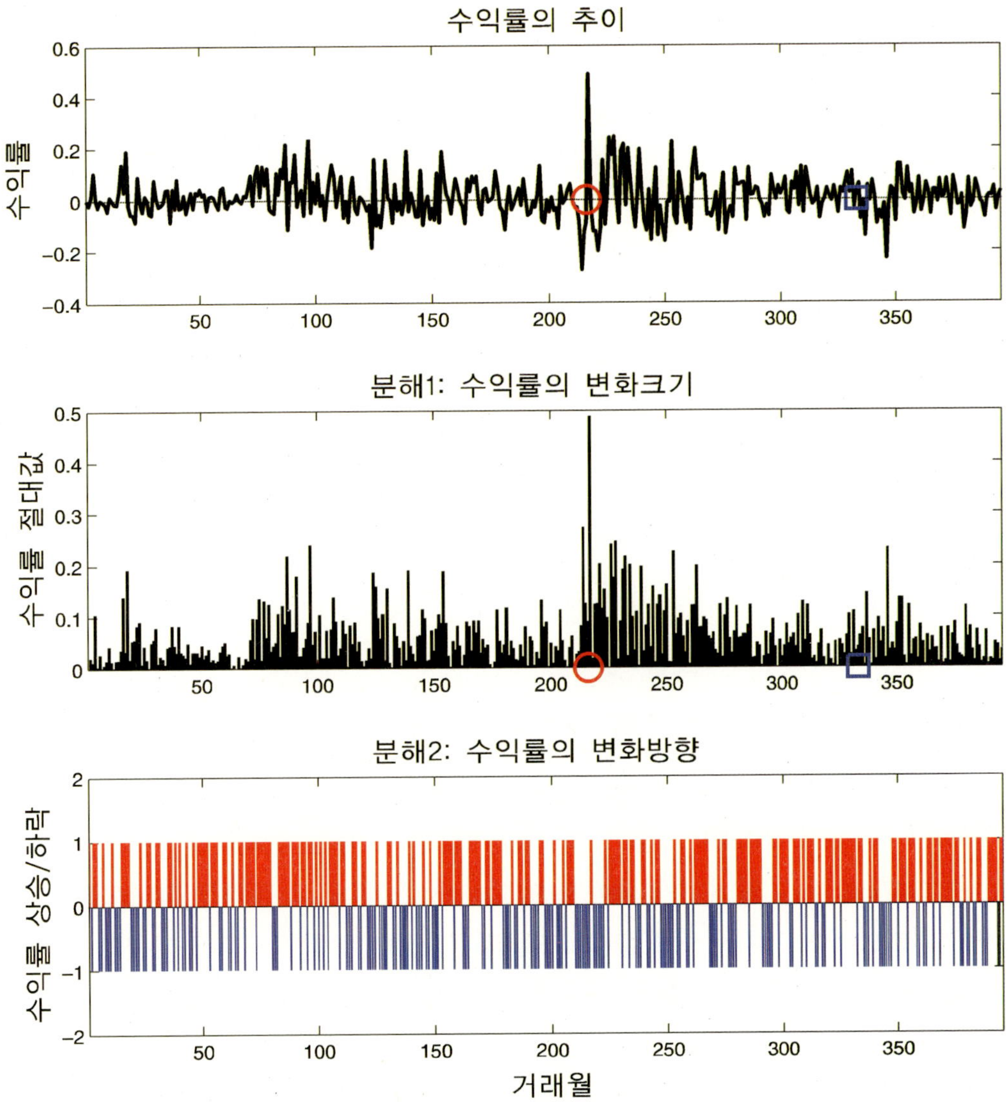

그림1-11 ▌ 위 그림은 1980년 1월부터 2012년 12월의 기간 동안 KOSPI 시장지수의 월별 수익률을 나타내며, 중간 그림은 수익률에서 변화크기를 분해하기 위하여 수익률의 절댓값을 산출하여 표시한 것이고, 아래 그림은 수익률에서 변화방향을 분해하기 위하여 상승과 하락으로 구분 표시한 것이다. 그림에서 원모양(○)은 1997년 12월의 한국외환위기를, 박스모양(□)은 2008년 9월의 미국신용위기를 표시하였다.

1 | 목적

- 수익률은 변화크기와 변화방향으로 구성되기 때문에 각각으로 분해 후에 비교 관찰한다.
- 수익률의 변화 크기는 가격변화의 폭을 나타내기 때문에 변동성 측정지수로 이용되고 변화방향은 상승과 하락으로 구분할 수 있다.

2 | 자료, 기간 및 방법

- 자료: 월별 KOSPI 시장지수
- 기간: 1980년 1월 ~ 2012년 12월 (총 396 월)
- 방법:
  - ▷ 수익률의 변화크기는 수익률의 절댓값($|R_t|$)으로 구함
  - ▷ 수익률의 변화방향은 상승(양(+)의 수익률)인 경우에 '+1', 하락(음(-)의 수익률)인 경우에 '-1'로 구분, 즉, 만약, $R_t \geq 0$이면, $D_t = 1$, 아니면 $D_t = -1$
  - ▷ 수익률은 변화크기와 변화방향의 곱으로 구성, 즉, $R_t = |R_t| \times D_t$

3 | 관찰결과

- 그림에서, 위 그림은 KOSPI 시장지수의 수익률에 대한 변화 추이를 나타낸다. X축은 1980년 1월부터 2012년 12월까지의 396개월을, Y축은 수익률을 나타낸다. 중간 그림은 396개월의 각 월별 수익률에 절댓값을 구한 후에 그 결과를 막대그래프로 표시한 것이다. 아래 그림은 동일한 396개월의 각 월별 수익률에 대하여 양(+)의 값을 갖는 경우에 '1'을, 음(-)의 값을 갖는 경우에 '-1'을 부여한 막대그래프이다. 그리고 KOSPI 시장지수의 시장붕괴 시기인 1997년 12월 한국외환위기와 2008년 9월의 미국 신용위기를 각각 원모양(○)과 박스모양(□)으로 구분 표시하였다.
- 관찰결과에 의하면, KOSPI 시장지수의 급격한 변화가 발생하는 시점을 중심으로 주변에 비슷한 변화의 크기를 관찰할 수 있다. 예를 들어, 1997년 12월 한국외환위기의 시기(그림에서 원모양(○)의 시점)에 급격히 증가하는 변화크기(세번째 그림)를 갖고, 그 주변에 높은 변화 크기를 갖는 경우가 군집되어 있음을 확인할 수 있다. 동일한 경우로 작은 변화크기를 갖는 시점 주변엔 역시 작은 변화들이 함께 있다. 이러한 가격변화의 행태를 변동성 군집현상(volatility clustering)라고 한다.

4 | Matlab을 이용한 분석팁

■ MATLAB 기본 코드: '절댓값 산출'

```
① Magnitude = abs(MarketRET);
```

▷ ①, **'명령어, abs()'**는 자료의 절댓값(absolute value)을 산출한다. 즉, KOSPI 월별지수 수익률의 변수 'MarketRET'에 수록되어 있는 자료들의 절댓값('abs(MarketRET)')을 구한 후, 이를 새로운 변수인 'Magnitude'에 대입한다.

■ MATLAB 기본 코드: '조건문을 이용한 상승 하락 구분'

```
① for k = 1 : TimeN
②     if MarketRET(k,:) >= 0
③         Dircection(k,:) = +1;
④     else
⑤         Dircection(k,:) = -1;
⑥     end
⑦ end
```

▷ ①~⑦, **'명령어, for...end'**의 반복구문을 이용한다. 즉, 반복실행 구분자 변수 'k'를 이용하여 396개월에 대한 KOSPI 월별수익률의 첫번째 자료 'k=1'에서 마지막 자료 'k=TimeN'까지 반복한다. 여기서 TimeN=396이다.

▷ ②, ④, ⑥, **'명령어, if...else...end'**를 이용하여 조건에 따른 구분된 명령어를 실행한다. 즉, **'명령어, if'**에서 조건부분(k번째 수익률 자료 'MarketRET(k, :)'가 '0'보다 크거나 같다면)이 참(true)인 경우는 ③을 실행하고, 거짓(false)인 경우는 '⑤'을 실행한다.

▷ ③, ⑤, 조건문의 결과에 따라 새로운 변수 'Direction'의 'k'번째에 수익률이 양(+)의 값인 경우(true, yes)는 '+1'을 대입하고, 음(-)의 값인 경우(false, no)는 '-1'을 대입한다.

TOPIC II

금융자료의 기초통계량

학 · 습 · 목 · 표

금융 시계열자료로부터의 실증적 분포(empirical distribution)의 관찰은 통계적으로 빈도분포(frequency distribution)를 이용한다. 즉, 금융자료의 빈도분포를 통하여 관찰된 실증적 분포의 속성을 재무이론 및 모형에서 가정하는 이론적 확률분포(theoretical distribution)의 속성과 비교 관찰하는 것이다. 본 주제의 학습목표는 금융자료로부터 빈도분포의 도출 및 해석, 빈도분포 속성에 대한 대표적 측정치인 평균, 분산, 왜도, 첨도 등의 산출 및 그 경제적 의미 등을 이해하는 것이다.

학 · 습 · 포 · 인 · 트

01. 빈도분포의 도출 [1]: Excel이용 [◖ 그림 2-1 ◗] • 56

- Excel을 이용하여 빈도분포를 도출하는 방법을 확인한다.

02. 빈도분포의 도출 [2]: 구간 개수 [◖ 그림 2-2 ◗] • 60

- 빈도분포의 구간개수(bin size) 결정으로부터 빈도분포가 받는 영향을 비교 관찰한다.
- [Matlab코드 예제] '파일읽기', '빈도분포', '그림 설정'

03. 빈도분포의 종류: 절대빈도분포와 상대빈도분포 [◖ 그림 2-3 ◗] • 66

- 빈도분포를 자료 숫자(빈도)로 나타내는 절대빈도분포와 총 자료 숫자에 대한 자료의 비율(확률)로 나타내는 상대빈도분포를 비교 관찰한다.
- [Matlab코드 예제] '빈도분포'

04. 빈도분포의 기초통계량 [1]: Excel이용 [◖ 그림 2-4 ◗] • 70

- Excel을 이용하여 한국종합주가지수의 수익률에 대한 기초통계량을 산출한다. 즉, 평균, 분산, 표준편차, 왜도, 첨도, 최댓값, 중앙값, 최솟값 등의 산출을 위한 함수들을 확인한다.

05. 빈도분포의 기초통계량 [2]: 표준정규분포의 난수 [◖ 그림 2-5 ◗] • 73

- 표준정규분포를 따르는 난수를 생성한 후, 생성된 난수를 이용하여 빈도분포를 도출하고, 빈도분포의 대표적 기초통계량인 평균, 분산, 왜도, 첨도 등을 관찰한다.
- [Matlab코드 예제] '표준정규분포 난수 생성', '기초통계량'

06. 빈도분포의 기초통계량 [3]: Excel이용 [◖ 그림 2-6 ◗] • 76

- Excel을 이용하여 표준정규분포를 따르는 난수를 생성한 후, 생성된 난수를 이용하여 빈도분포의 대표적 기초통계량인 평균, 분산, 왜도, 첨도 등을 관찰한다.

07. 빈도분포의 기초통계량 [4]: 자료 숫자의 변화에 따른 영향 [◖ 그림 2-7 ◗] • 78

- 정규분포의 속성을 갖는 난수자료를 충분하게 이용할 수 있다면, 이론적인 정규분포의 통계적 속성을 자료로부터 도출된 빈도분포와 그 기초통계량으로부터 관찰할 수 있다.
- [Matlab코드 예제] '반복실험 시뮬레이션 설정'

08. 평균 기초통계량 [1]: 평균과 중위수간의 관계 [◖ 그림 2-8 ◗] • 83

- 표준정규분포를 따르는 난수자료의 숫자 증가에 따른 기초통계량인 평균과 중위수간의 차이를 비교 관찰한다.
- [Matlab코드 예제] '중위수'

09. 평균 기초통계량 [2]: 4분위수, 5분위수, 10분위수 [◖ 그림 2-9 ◗] • 86

- 빈도분포의 확률크기를 균등하게 분할하는데 이용되는 4분위수(quartile, 1/4), 5분

위수(quintile, 1/5), 10분위수(decile, 1/10) 등을 비교 관찰한다.

- [Matlab코드 예제] '분위수'

10. 평균 기초통계량 [3]: Excel을 이용한 분위수 [◖ 그림 2-10 ◗] • 89

- Excel을 이용하여 4분위수(quartile, 1/4), 5분위수(quintile, 1/5) 그리고 10분위수(decile, 1/10) 등의 산출을 위한 함수를 확인한다.

11. 평균 기초통계량 [4]: 분위수를 이용한 포트폴리오 구성 [◖ 그림 2-11 ◗] • 91

- 재무 분야에서 개별주식을 이용하여 포트폴리오를 구성할 때 분위수를 이용하는 방법을 관찰한다.
- [Matlab코드 예제] '특정기간의 자료 읽기', '평균 산출', '분위수'

12. 분산 기초통계량 [1]: 분산과 준분산간의 관계 I [◖ 그림 2-12 ◗] • 96

- 좌우대칭 표준정규분포를 따르는 난수를 생성한 후, 생성된 난수자료로부터 산출된 분산과 준분산간의 관계를 비교 관찰한다.
- [Matlab코드 예제] '반복실험 시뮬레이션', '분산 계산', '준분산 계산'

13. 분산 기초통계량 [2]: 분산과 준분산간의 관계 II [◖ 그림 2-13 ◗] • 102

- 반복실험 시뮬레이션을 통하여 좌우 대칭분포(왜도=0)와 좌우 비대칭분포(왜도≠0)에 있어서 분산과 준분산간의 관계를 비교 관찰이다.
- [Matlab코드 예제] '비대칭분포의 난수 생성'

14. 분산 기초통계량 [3]: 분산과 변동계수간의 관계 [◖ 그림 2-14 ◗] • 105

- 평균 간에 현저한 차이가 있는 두가지 분포를 대상으로 측정된 표준편차와 변동계수를 비교 관찰한다.
- [Matlab코드 예제] '변동계수 계산'

15. 왜도 기초통계량 [◖ 그림 2-15 ◗] • 108

- 분포의 치우침 정도는 왜도 측정치를 이용한다. 좌우대칭구조를 갖는 정규분포를 비교기준으로 좌우 비대칭구조를 갖는 분포의 왜도를 비교 관찰한다.
- [Matlab코드 예제] '정규분포의 확률밀도함수', '비대칭적 분포의 확률밀도함수'

16. 첨도 기초통계량 [◖ 그림 2-16 ◗] • 111

- 분포의 뾰쪽함 정도는 첨도 측정치를 이용한다. 표준정규분포의 난수자료를 비교기준으로 보다 높은 중심부분을 갖는 실제수익률로부터의 빈도분포를 비교 관찰한다.
- [Matlab코드 예제] '표준화과정'

17. 기초통계량의 적용 [1]: 주식수익률의 횡단면적 관찰 [◖ 그림 2-17 ◗] • 114

- 개별주식들의 수익률자료로부터 산출된 평균, 분산, 왜도, 첨도 등의 기초통계량을 횡단면적으로 비교 관찰한다.
- [Matlab코드 예제] '자료정렬 방법'

18. 기초통계량의 적용 [2]: 주식수익률의 시계열적 관찰 [◖ 그림 2-18 ◗] • 117

- 시간의 흐름에 따라 각 상황별 및 각 시점별로 변화하는 시장지수수익률을 이용하여 각 거래월별로 산출된 평균, 분산, 왜도, 첨도 등의 기초통계량을 시계열적으로 비교 관찰한다.
- [Matlab코드 예제] '기간이동에 따른 반복실험 시뮬레이션'

19. 기초통계량의 적용 [3]: 정상시장과 시장붕괴 간의 비교 [◖ 그림 2-19 ◗] • 121

- 개별주식수익률을 이용하여 시장붕괴기간과 정상적 시장기간에서의 평균, 분산, 왜도, 첨도 등의 기초통계량을 비교 관찰한다.
- [Matlab코드 예제] '특정기간의 자료만을 제외시키는 방법', 'boxplot방법'

20. 기초통계량의 적용 [4]: 왜도와 주식수익률 간의 관계 [◖ 그림 2-20 ◗] • 125

- 왜도는 분포가 왼쪽 혹은 오른쪽으로 치우친 정도를 측정한다. 주어진 자료에서, 양(+)의 왜도를 갖는 주식은 극단적으로 상승한 수익률의 빈도가 높다는 것이지만, 음(-)의 왜도를 갖는 주식들은 극단적으로 하락한 수익률의 빈도가 높다는 것이다. 따라서 분포의 치우침 정도를 측정하는 왜도와 주식수익률간의 관계를 비교 관찰한다.
- [Matlab코드 예제] '반복실험 시뮬레이션'

21. 기초통계량의 적용 [5]: 첨도와 주식수익률 간의 관계 [◖ 그림 2-21 ◗] • 129

- 첨도는 분포의 중심부분이 뾰쪽한 정도를 측정한다. 주어진 자료에서, 높은 첨도를 갖는 주식은 수익률의 높은 빈도가 평균값을 중심으로 가까운 주변에 위치한다는 것

이지만, 낮은 첨도를 갖는 주식들은 수익률의 빈도가 평균값에서 멀리 떨어진 영역에까지 골고루 위치한다는 것이다. 따라서 분포의 뾰쪽함 정도를 측정하는 첨도와 주식수익률간의 관계를 비교 관찰한다.

- [Matlab코드 예제] '반복실험 시뮬레이션'

22. 분포의 두꺼운 꼬리와 첨도 간의 관계 [◖ 그림 2-22 ◗] • 133

- 주식수익률의 실증적 분포는 높은 중심부분과 두꺼운 꼬리 부분을 갖는 급첨도분포(leptokurtic distribution)의 속성을 갖는 것으로 알려져 있다. 따라서 주식수익률의 분포에 있어서 꼬리부분의 실제 확률 크기와 첨도 간의 관계를 비교 관찰한다.
- [Matlab코드 예제] '분포의 꼬리부분 실제확률 산출'

그림 2-1 빈도분포의 도출 [1]: Excel이용

■ 한국종합주가지수의 빈도분포 관찰

(자료기간: 1980.01.~2012.12.)

	①거래일	②KOSPI	③RETURN
4	19800131	105.89	0.000000
5	19800229	103.74	-0.020513
6	19800331	105.00	0.012073
7	19800430	116.09	0.100405
8	19800530	115.69	-0.003452
9	19800630	112.62	-0.026895
10	19800731	112.71	0.000799
11	19800829	112.02	-0.006141
12	19800930	110.35	-0.015020
13	19801031	105.71	-0.042958
14	19801128	107.02	0.012316
15	19801224	106.87	-0.001403
16	19810130	105.30	-0.014800
17	19810227	103.70	-0.015311
18	19810331	107.40	0.035058
19	19810430	122.40	0.130734
20	19810529	126.50	0.032948
21	19810630	150.80	0.175712
22	19810731	148.10	-0.018067
23	19810831	140.10	-0.055531
24	19810930	132.30	-0.057284
25	19811030	121.30	-0.086805
26	19811130	132.40	0.087561
27	19811224	131.30	-0.008343
28	19820129	125.67	-0.043825
29	19820226	127.74	0.016338
30	19820331	127.83	0.000704
31	19820430	121.40	-0.051610
32	19820531	114.57	-0.057905

■ 빈도분포 생성에 필요한 요소

1. 자료개수 ④		396
2. 자료의	최대값⑤	0.397624
	최소값⑥	-0.318104
3. 분포 폭의 개수 ⑦		15
4. 분포의 폭 ⑧		0.047715

■ 빈도분포

구분	구간		도수 Frequency	
	⑨시작점	⑩끝점	⑪절대	⑫상대
1	-0.318104	-0.270389	1	0.25%
2	-0.270389	-0.222674	2	0.51%
3	-0.222674	-0.174958	2	0.51%
4	-0.174958	-0.127243	10	2.53%
5	-0.127243	-0.079528	29	7.32%
6	-0.079528	-0.031813	63	15.91%
7	-0.031813	0.015902	123	31.06%
8	0.015902	0.063618	85	21.46%
9	0.063618	0.111333	46	11.62%
10	0.111333	0.159048	19	4.80%
11	0.159048	0.206763	12	3.03%
12	0.206763	0.254479	3	0.76%
13	0.254479	0.302194	0	0.00%
14	0.302194	0.349909	0	0.00%
15	0.349909	0.397624	1	0.25%

▶ ⑬ 절대빈도분포

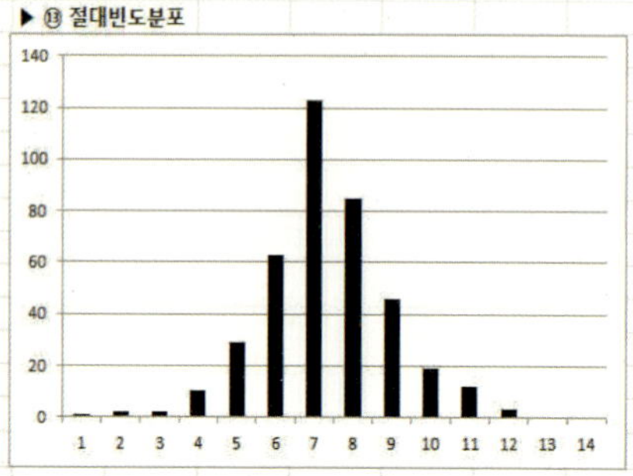

▶ ⑭ 상대빈도분포

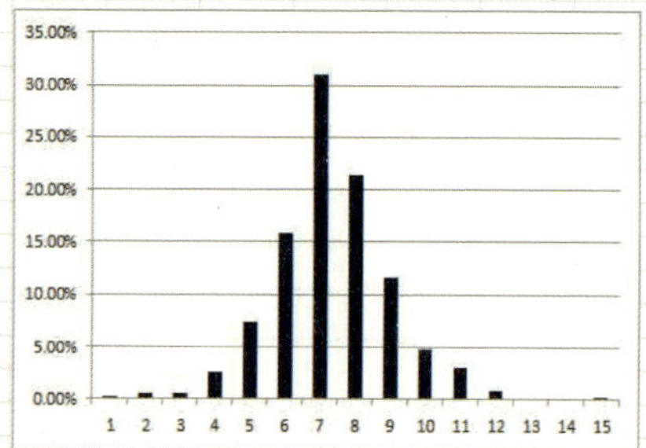

그림2-1 ▌ 그림은 1980년 1월부터 2012년 12월까지의 396개월 기간에서 KOSPI 월별 시장지수수익률 자료로부터 Excel을 이용하여 도출된 빈도분포를 나타낸다.

1 | 목적

- Excel을 이용하여 한국종합주가지수(KOSPI)의 월별수익률에 대한 빈도분포를 도출하는 방법을 확인한다.

2 | 자료, 기간 및 방법

- 자료: KOSPI 월별 지수 및 월별 수익률
- 기간: 1980년 1월 ~ 2012년 12월 (총 396개월)

3 | 관찰결과

- Excel을 이용하여 도출한 빈도분포(그림 ⑬ '절대빈도분포', ⑭ '상대빈도분포')에서 관찰된 KOSPI 시장지수의 월별수익률에 대한 실증적 분포는 재무이론에서 널리 알려진 정규분포 모양에 근접함을 알 수 있다.

4 | Excel을 이용한 분석팁

- ①, 한국종합주가지수(KOSPI)의 월별 거래일을 나타낸다.
- ②, KOSPI 월별 시장지수이다.
- ③, 월별 시장지수를 연속형 수익률 방법($R_t = \ln(P_t) - \ln(P_{t-1})$)으로 산출한 것이다.
- ④, 분석에 이용된 KOSPI 월별수익률의 자료 개수를 나타낸다. 자료 개수를 알고 있는 경우엔 직접 입력하면 된다. 만약 자료 개수를 Excel함수를 이용하여 확인한다면, **'함수, count()'**를 이용할 수 있다. 즉, '=count(D4:D399)'. 여기서 'D4:D399'는 자료가 위치한 곳을 나타내는 것으로 첫째 셀'D4'부터 마지막 셀'D399'까지의 범위이다.
- ⑤, ⑥, 빈도분포를 도출하기 위해서는 자료가 포함된 범위를 확인할 필요가 있다. 즉, 자료의 범위를 확인하기 위하여 최댓값과 최솟값을 구한다. 자료의 최댓값은 Excel함수 **'=max(D4:D399)'**을 이용하고, 최솟값은 Excel함수 **'=min(D4:D399)'**을 이용한다.
- ⑦, 빈도분포의 구간 개수(bin size)를 나타낸다. 구간의 개수는 분석자가 임의로 설정하거나 혹은 통계적으로 알려진 방법들(예, Sturges방법, Scott방법 등)을 활용할 수 있다. 현재 예제는 '셀H9'에 '15'를 임의로 입력하였다.
- ⑧, 빈도의 폭(bin width)을 산출한다. 앞의 '⑤&⑥'에서 결정된 자료의 전체 범위를 앞의 '⑦'에서 결정한 구간 개수로 나누어 산출한다. 즉, '(⑤최댓값-⑥최솟값)/⑦구간개수'이다.
- ⑨, ⑩, 빈도분포의 각 구간별 시작점과 끝점을 앞에서 산출한 빈도의 폭(⑧)을 이용하여 구분하고 산출한다. 예를 들어, 첫번째 구간의 시작점(⑨)인 '-0. 318104'에 분포의 폭(⑧)을 더하면 구간의 끝(⑩)인 '-0. 270389'이 된다. 동일한 방법으로, 두 번째 구간의 시작점은 직전의 끝점('-270389')에서 분포의 폭(⑧)을 더하면 구간의 끝(⑩)인 '-0. 222674'가 된다. 이러한 방식으로 앞의 ⑦에서 설정한 구간의 개수 '15'까지 반복한다.

■ ⑪, 앞에서 설정한 빈도분포의 구간 개수(⑦)의 구간별 범위(⑧&⑨)별로 전체 자료들 중 몇 개가 포함되는지를 **Excel함수 '=frequency'**를 이용하여 확인한다. 즉,

```
=FREQUENCY(D4:D399,H18:H32)
```

'Frequency'함수는 입력변수인 첫째, 자료의 위치('D4:D399'), 둘째, 빈도분포 구간별 구분 점(예제에서 '끝점'을 이용함, 즉 'H18:H32')를 이용하여 각 구간별 자료의 숫자를 산출한다. 주의할 점은 작업종료를 위하여 **'Ctrl + Shift + Enter'**을 동시에 클릭해야 한다. Frequency함수를 이용하는 순서는 다음과 같다.

▷ 단계1: 빈도분포의 구간별 빈도(구간에 포함된 자료 숫자)를 생성할 범위를 설정한다.

■ **빈도분포**

구분	구간		도수 Frequen
	⑨시작점	⑩끝점	⑪절대
1	-0.318104	-0.270389	
2	-0.270389	-0.222674	
3	-0.222674	-0.174958	
4	-0.174958	-0.127243	
5	-0.127243	-0.079528	
6	-0.079528	-0.031813	
7	-0.031813	0.015902	
8	0.015902	0.063618	
9	0.063618	0.111333	
10	0.111333	0.159048	
11	0.159048	0.206763	
12	0.206763	0.254479	
13	0.254479	0.302194	
14	0.302194	0.349909	
15	0.349909	0.397624	

▷ 단계2: 수식입력란에 **frequency함수**의 입력요소들을 입력한다. 즉, 첫 번째 요소는 자료의 위치('D4:D399'), 두번째 요소는 빈도분포 구간별 구분('H18:H32')이다.

```
× ✓ fx  =FREQUENCY(D4:D399,H18:H32)
```

▷ 단계3: 작업종료를 위하여 **'Ctrl + Shift + Enter'**를 동시에 클릭한다.

■ ⑫, 앞의 ⑪에서 산출된 각 구간별 자료 숫자를 전체 자료 숫자(④)로 나누어, 구간별 자료의 상대적인 구성 비율을 산출한다. 물론, 각 구간별로 산출된 구성 비율의 합은 '1'이 되어야 한다.

■ ⑬, 앞의 '⑪'에서 구한 빈도분포 구간별 자료의 숫자를 막대그래프로 나타낸다. 이 그래프는 각 구간의 자료 숫자를 이용하였기 때문에 절대 빈도분포(absolute frequency distribution)라 한다.

■ ⑭, 앞의 '⑫'에서 구한 빈도분포 구산별 자료의 구성 비율을 막대그래프로 나타낸다. 이 그래프는 각 구간의 자료 숫자를 전체 자료 숫자로 나눈 비율을 이용하였기 때문에 상대 빈도분포(relative frequency distribution)라 한다. 물론, 앞의 '⑬'에서 관찰한 빈도분포의 그래프와 동일한 결론을 도출할 수 있다. 차이점은 그래프의 Y축에서 절대 빈도분포를 나타낸 '⑪'은 빈도(자료 숫자)를 표시한 반면에, ⑫'는 상대 빈도분포로 Y축에 비율을 표시한 것이다.

그림 2-2 빈도분포의 도출 [2]: 구간 개수

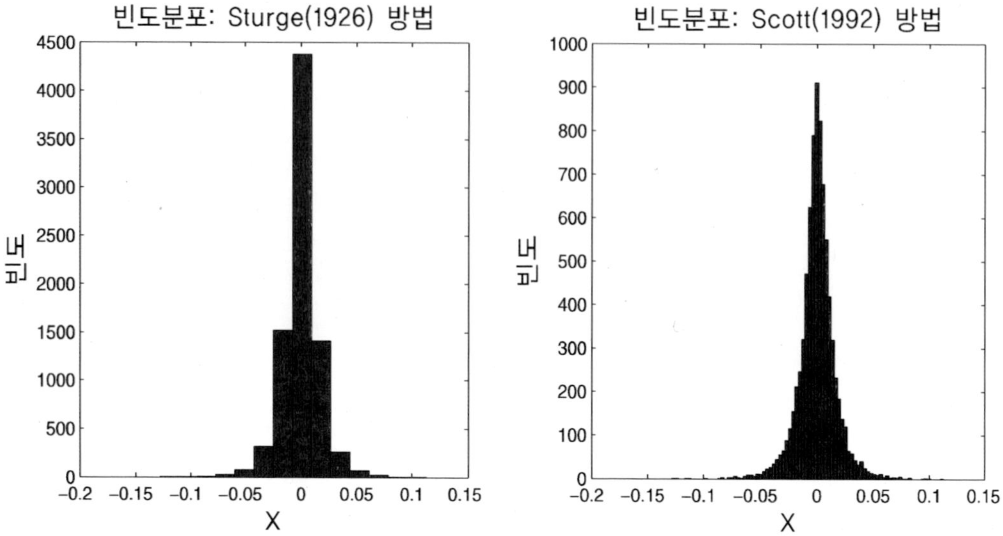

그림2-2 ▌ 그림은 1980년 1월부터 2012년 12월까지의 총 8,105개 KOSPI 일별수익률을 이용하여 도출된 빈도분포이다. 왼쪽 그림은 Sturges(1926)의 방법에 따라 결정된 구간 개수(bin size, '14개')를 이용한 빈도분포이고, 오른쪽 그림은 Scott(1992)의 방법에 따라 결정된 구간 개수('84개')를 이용한 빈도분포이다.

1 | 목적

- 한국종합주가지수의 일별수익률로부터 빈도분포를 도출한다.
- 빈도분포의 구간개수(bin size) 결정이 미치는 영향을 비교 관찰한다.

2 | 자료, 기간 및 방법

- 자료: KOSPI 일별수익률
- 기간: 1980년 1월 4일 ~ 2012년 12월 28일 (총 8, 105일)
- 방법

▷ **Sturges(1926) 방법**[1]: $k = 1 + \log_2(N)$, (여기서 N은 자료수)

1) Sturges, H. A. (1926). "The choice of a class interval". Journal of the American Statistical Association: 65–66.

▷ **Scott(1992) 방법**[2)]: $k = \frac{(D_{\max} + AF) - (D_{\min} - AF)}{3.5\sigma \times N^{-\frac{1}{3}}}$

(여기서, $D_{\max}$는 자료의 최댓값, $D_{\min}$은 자료의 최솟값, AF는 구간의 경계를 조정하기 위한 임의의 매우 작은 수, σ는 자료의 표준편차, 그리고 N는 자료수를 나타냄.)

여기서, 분자의 $(D_{\max} + AF) - (D_{\min} - AF)$에서 '$AF$'은 구간에 포함되는 빈도의 숫자에 영향을 미치지 않고, 최솟값과 최댓값의 자료구간 바깥 경계 지점의 범위를 설정할 목적으로 사용되는 아주 작은 숫자이다. 예를 들어, 일별수익률의 자료는 기본적으로 소수점 6자리 단위의 자료이기 때문에 소수점 7자리의 '0.0000001'와 같은 숫자를 이용한다.

3 | 관찰결과

- 그림에서 왼쪽 그림은 Sturges(1926) 방법으로부터 결정된 구간 개수를 이용한 빈도분포이고, 오른쪽 그림은 Scott(1992) 방법으로부터 결정된 구간 개수를 이용한 빈도분포이다. 그림의 X축은 자료 범위(구간 개수)이고, Y축은 각 구간에 포함된 자료 숫자인 빈도이다.
- 관찰결과에 의하면, Sturges(1926) 방법을 이용한 왼쪽 그림의 경우, KOSPI 시장지수의 일별수익률 8,105개에 대하여 '14개'의 구간 개수를 이용한 반면에, Scott(1979) 방법을 이용한 오른쪽 그림의 경우는 '84개'의 구간 개수를 이용하였다.
- 왼쪽 빈도분포의 그래프는 작은 구간 개수('14개')를 이용하였기 때문에, 빈도분포의 모양에서 가장 많은 자료 숫자를 갖는 중심 부분이 강조된 반면에, 오른쪽 빈도분포의 그래프는 상대적으로 많은 구간 개수('84개')를 이용하기 때문에, 중심 부분과 함께 허리부분과 꼬리부분에 대한 구간의 빈도를 시각적으로 확인할 수 있다.
- 빈도분포를 도출할 때, 최적구간개수(optimal bin size)를 정하는 것은 어렵다. 또한, 결정된 구간 개수에 따라 빈도분포에 대한 시각적 해석이 달라질 수 있다. 빈도분포를 도출하는 대부분의 통계적 분석도구에서는 기본적으로 구간 개수를 Sturges(1926) 방법에 근거하여 제공하지만, 분석자의 목적에 따라 구간 개수를 조정 결정한 후에 빈도분포를 도출할 수 있다.

---

2) Scott, D. W. (1992). Multivariate Density Estimation: Theory, Practice, and Visualization. New York: John Wiley.

4 | Matlab을 이용한 분석팁

■ MATLAB 기본 코드: '파일 읽기'

```
① RFilename = 'C:\DataBank\KOSPI.txt';
② MarketDATA = load(RFilename, '-ascii');
③ MarketRET = MarketDATA(:,2);   % KOSPI
④ [TimeN, C] = size(MarketRET);
⑤ clear MarketDATA;
```


▷ ①, 자료를 수록하고 있는 파일이름 및 경로('C:\DataBank\KOSPI. txt')를 새로운 변수 'RFilename'에 대입한다.

▷ ②, **'명령어, load()'**를 이용하여 파일을 불러온다. 즉, 경로와 파일이름을 갖고 있는 변수 'RFilename'을 입력요소로 하여 자료를 불러오고, 불러온 자료를 변수 'Market DATA'에 수록한다. 파일의 형식은 text형식으로 '-ascii'의 옵션을 이용한다.

▷ ③, KOSPI 자료를 수록하고 있는 변수 'MarketDATA'에서 분석에 필요한 수익률 자료 부분인 두 번째 열(column)의 자료('MarketDATA(:, 2)')을 새로운 변수 'MarketRET'에 대입한다. 그리고 명령어 뒷부분에 표시된 '% KOSPI'는 주석('%', comment)으로 실행되는 명령어에는 영향을 미치지 않고 단지 프로그램의 설명문으로 임의적으로 포함할 수 있다.

▷ ④, **'명령어, size()'**를 이용하여 변수의 자료구조를 확인한다. 즉, 변수 'MarketRET'에 수록된 자료의 행(row)과 열(column)의 구조를 확인한다. 즉, 자료에서 행의 구조 정보는 변수 'TimeN'에, 열의 구조 정보는 변수 'C'에 수록한다.

▷ ⑤, **'명령어, clear'**를 이용하여, 프로그램에서 사용 중인 변수를 메모리에서 지운다. 즉, 본 예제에서는 KOSPI의 변수 'MarketDATA'에서 분석에 필요한 일별수익률을 앞의 ③에서 변수 'MarketRET'에 대입하였고, 이후 프로그램에서 변수 'MarketDATA'를 사용되지 않기 때문에 **'명령어, clear'**를 이용하여 지운다.

■ Matlab 기본코드: '빈도분포'

```
① BinSIZE1 = ceil(1 + log2(TimeN));
② [YAxis, XAxis] = hist(MarketRET, BinSIZE);
   % ... 중간생략 ...
③ H = 3.5*std(MarketRET)*TimeN^(-1/3);
④ T_Min = min(MarketRET) - 0.0000001;
⑤ T_Max = max(MarketRET) + 0.0000001;
⑥ Range = T_Max - T_Min;
⑦ BinSIZE2 = ceil(Range/H);
```

▷ ①, Sturges(1926) 방법에 따라 빈도 분포의 구간 개수를 결정한다. 즉 자료의 총 숫자('TimeN', 여기서, KOSPI의 총 자료숫자인 8105개의 값을 갖는 변수임)에 대한 '$\log_2$'를 취한 후, '1'을 더한다. 그리고 **'명령어, ceil()'**를 이용하여 소수점이하를 먼저 반올림한 후 모두 지운다. 즉, 정수자리만을 변수 'BinSIZE1'에 대입한다.

▷ ②, **'명령어, hist()'**를 이용하여 빈도분포의 구간 및 구간별로 포함하는 자료개수를 산출한다. 명령어의 첫번째 입력요소는 빈도분포를 도출할 전체 자료('MarketRET', 여기서 KOSPI의 1980년 1월부터 2012년 12월까지의 일별수익률 자료를 갖는 변수임.)이고, 두번째 입력요소는 앞의 '①'에서 산출한 구간 개수('BinSIZE1')이다. 그리고 결과물은 빈도분포의 X축과 Y축 각각의 자료이다. 즉, 빈도분포의 Y축 자료는 변수 'YAxis'에, 빈도분포의 X축 자료는 변수 'XAxis'에 대입한다. 여기서, 명령어로부터의 결과가 2가지 이상인 경우는 '〔YAxis, XAxis〕'와 같이 대괄호, '〔 〕'를 이용한다.

▷ ③~⑥, Scott (1992) 방법에 의하여 구간 개수를 산출하는 과정이다. 즉,

$$k = \frac{(D_{\max} + AF) - (D_{\min} - AF)}{3.5\sigma \times N^{-\frac{1}{3}}}$$

▷ ③은 식의 분모를 계산한다. 즉 분모를 '3.5*std(MarketRET)*TimeN^(-1/3)'와 같이 코딩한 후, 산출된 결과값을 새로운 변수 'H'에 대입한다. 여기서 **'명령어, std()'**를 이용하여 자료의 표준편차(standard deviation)을 계산한다. 즉, KOSPI 일별수익률을 수록한 변수 'MarketRET'에 대한 표준편차('std(MarketRET)')를 계산한다.

▷ ④~⑦은 식의 분자를 계산한다. 즉, 분자인 '$(D_{\max} + AF) - (D_{\min} - AF)$'은 자료의 범위에 해당하는 것으로 최댓값($D_{\max}$)보다 0.0000001 크고, 최솟값($D_{\min}$)보다 0.0000001 작은 범위를 산출한다. 여기서, '0.0000001'은 임의로 설정된 값이며, 예제에서 이용하는 일별수익률의 크기는 소수점 6자리이기 때문에 최솟값과 최댓값의 바깥부분에 해당 범위를 '0.0000001'의 값으로 조정한 것이다.

▷ ④, **'명령어, min()'**을 이용하여 자료의 최솟값을 찾는다. 즉, KOSPI 일별수익율 자료('MarketRET')에 있어서 최솟값('min(MarketRET)')을 찾고, 최솟값에서 조정값(0.0000001)을 뺀 후에 그 결과를 새로운 변수 'T_Min'에 대입한다.

▷ ⑤, **'명령어, max()'**를 이용하여 자료의 최댓값을 찾는다. 즉, KOSPI 일별수익률 자료('MarketRET')에 있어서 최댓값('max(MarketRET)')을 찾고, 최댓값에서 조정값(0.0000001)을 더한 후에 그 결과를 새로운 변수 'T_Max'에 대입한다.

▷ ⑥, 분모의 값을 산출하기 위하여 ⑤의 조정된 최댓값에서 ④의 조정된 최솟값을 차

감한 값('T_Max - T_Min') 을 새로운 변수 'Range'에 대입한다.

▷ ⑦, **'명령어, ceil()'**을 이용하여 반올림된 정수를 산출한다. 즉, 앞의 ⑥에서 산출된 분자항목('Range') 을 앞의 ③의 분모항목('H') 으로 나누고 ('Range/H'), 그 계산된 값을 '명령어, ceil(Range/H)'를 이용하여 소수점 이하를 반올림한 후에 정수로 만든다. 그리고 그 결과를 새로운 변수 'BinSIZE2'에 대입한다.

■ MATLAB 기본 코드: '그림 설정'

```
① Fig = figure(1);
② set(Fig, 'position', [100,80,800,600],'color','white');
③ set(Fig, 'NumberTitle','off','Name','Comparing Frequency by BIN');
   %
④ subplot(1,2,1)
⑤ hist(MarketRET, BinSIZE1);
⑥ xlabel('X', 'FontSize', 14);
⑦ ylabel('빈도', 'FontSize', 14);
⑧ title('빈도분포: Sturge (1926) 방법', 'FontSize', 14);
⑨ axis square;
   %
⑩ subplot(1,2,2)
⑪ hist(MarketRET, BinSIZE2);
   xlabel('X', 'FontSize', 14);
   ylabel('빈도', 'FontSize', 14);
⑭ title('빈도분포: Scott (1992) 방법', 'FontSize', 14);
   axis square;
```

▷ ①, 그림의 장치번호('Fig') 를 지정한다.

▷ ②, 그림의 위치('′position′, 〔100, 80, 800, 600〕') 와 바탕색 ('′color′, ′white′') 을 지정한다.

▷ ③, 그림 창의 기본 제목을 지우고('′NumberTitle′, ′off′), 사용자가 지정한 제목을 설정 (′Name′, ′Comparing Frequency by BIN′') 한다.

▷ ④, **'명령어, subplot()'**을 이용하여 그림의 전체적 구조를 '1×2'로 설정한다. 즉, subplot (1, 2, ...) 에 의하여 열(column) 의 구조로 왼쪽과 오른쪽의 두가지 그림으로 구분한다. 그리고 첫번째 왼쪽 그림을 subplot(1, 2, 1) 로 설정한다. 만약 전체구조를 2×1, 즉 subplot(2, 1, . .) 으로 설정한다면, 행으로 구분된 위 그림과 아래 그림이 되고, subplot(2, 1, 1) 은 위 그림의 설정이 된다.

▷ ⑤, **'명령어, hist()'**를 이용하여 빈도분포(히스토그램) 을 도출한다. 즉, KOSPI의 수익률 자료('MarketRET') 와 설정된 구간 개수(Sturge (1926) 의 방법에 따라 산출된

구간 개수, 'BinSIZE1')의 조건하에서 빈도분포('hist(MarketRET, BinSIZE1)')를 도출한다.

▷ ⑥, **'명령어, xlabel()'**를 이용하여, 그래프 X축의 이름('X')과 글자 크기('FontSize', 14)를 지정한다.

▷ ⑦, **'명령어, ylabel()'**를 이용하여, 그래프 Y축의 이름('빈도')과 글자 크기('FontSize', 14)를 지정한다.

▷ ⑧, **'명령어, title()'**를 이용하여, 그래프의 제목('빈도분포: Sturge(1926) 방법')을 글자 크기('FontSize')를 '14'로 지정한다.

▷ ⑨, **'명령어, axis square'**는 그래프의 x축과 y축의 길이를 정사각형의 크기로 조정한 후에 출력한다.

▷ ⑩, **'명령어, subplot()'**을 이용하여 그림의 전체적 구조를 1×2 ('subplot(1, 2, . . .)')로 설정하고, 오른쪽 두번째 그림을 'subplot(., ., 2)' 명령어로 지정한다.

▷ ⑪, **'명령어, hist()'**를 이용하여 빈도분포을 도출한다. 즉, KOSPI의 수익률 자료('MarketRET')와 설정된 구간 개수(Scott(1992)의 방법에 따라 산출된 구간 개수, 'BinSIZE2')의 조건하에서 빈도분포('hist(MarketRET, BinSIZE2)')를 도출한다.

▷ ⑫, **'명령어, title()'**를 이용하여, 그래프의 제목('빈도분포: Scott(1992) 방법')을 글자크기('FontSize')를 '14'로 지정한다.

그림 2-3 빈도분포의 종류: 절대빈도분포와 상대빈도분포

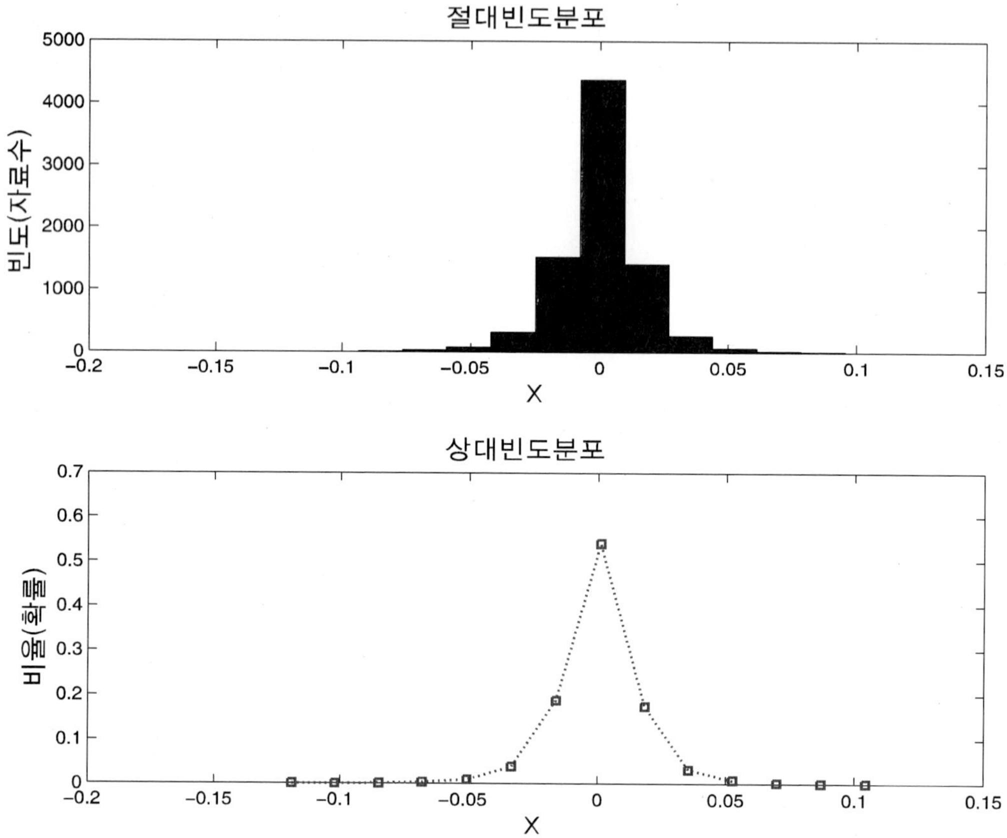

그림2-3 ▌ 그림은 1980년 1월부터 2012년 12월까지의 총 8,105개 KOSPI 일별수익률을 이용하여 도출된 절대빈도분포(위 그림)와 상대빈도분포(아래 그림)를 각각 나타낸다. 그림에서 X축은 자료의 범위이고, Y축은 빈도(자료수)와 비율(확률)을 나타낸다.

1 | 목적

- 한국종합주가지수의 일별수익률을 이용한 빈도분포를 비교 관찰한다.
- 빈도분포는 자료 숫자로 나타내는 절대빈도분포와 총 자료 숫자에 대한 상대적 빈도의 비율로 나타내는 상대빈도분포의 2가지로 구분된다.

2 | 자료, 기간 및 방법

- 자료: KOSPI 일별수익률

- 기간: 1980년 1월 4일 ~ 2012년 12월 28일 (총 8, 105일)
- 방법: Sturges (1926) 방법: $k = 1 + \log_2(N)$, (여기서 N은 자료수)

3 | 관찰결과

- 그림에서 위 그림은 결정된 구간내 빈도를 숫자로 나타낸 절대빈도분포를 막대그래프로 표시한 것이고, 아래 그림은 빈도를 비율(전체자료 중에서 각 구간에 포함된 자료의 숫자)로 나타낸 상대빈도분포를 선그래프로 나타낸 것이다. 그림의 X축은 자료 구간(범위)를 나타내고, Y축은 각 구간에 대한 빈도의 숫자와 비율을 각각 나타낸다.
- 관찰결과에서 확인할 수 있듯이 절대빈도분포와 상대빈도분포의 그림 모양은 동일하다. 즉, 절대빈도분포는 구간에 포함된 자료 숫자를 이용하는 반면에, 상대빈도분포는 구간에 포함된 자료의 전체 자료에 대한 비율(확률)을 이용한다. 따라서 절대빈도분포인 위쪽 그림의 'Y축'은 빈도의 숫자로 표시된 반면에, 상대빈도분포인 아래쪽 그림의 'Y축'은 빈도의 비율로 표시된다. 즉, 절대빈도분포와 상대빈도분포는 각 구간에 포함된 자료를 무엇으로 표시하는가의 차이만 존재한다.

※ **추가설명**: 그림의 결과를 실제 산출된 값을 이용하여 설명하면 다음과 같다.

```
        number of Observation = 8105
                    Bin Size = 14
X-axis ::::: Y-axis :::::::::::: Y-axis
          Absolute Frequency   Relative Frequency
-0.119444       4.0000             0.0005
-0.102237       1.0000             0.0001
-0.085031       7.0000             0.0009
-0.067824      29.0000             0.0036
-0.050618      76.0000             0.0094
-0.033411     314.0000             0.0387
-0.016205    1521.0000             0.1877
 0.001002    4377.0000             0.5400
 0.018208    1413.0000             0.1743
 0.035415     262.0000             0.0323
 0.052621      68.0000             0.0084
 0.069828      24.0000             0.0030
 0.087034       5.0000             0.0006
 0.104241       4.0000             0.0005
```

▷ 전체 자료숫자는 '8105개'이고, 빈도분포의 구간 개수는 '14개'이다.

▷ 첫째 구간의 끝값은 '-0. 119444'이고 이 구간에 속하는 자료숫자는 전체 8105개 중에서 빈도의 숫자는 4개(절대빈도)이고, 비율(확률)은 0. 0005(상대빈도, 4/8105)이다.

▷ 동일한 예로, 여덟째 구간의 끝값은 '0. 001002'이고 이 구간에 포함된 자료 숫자는 전

체 자료들 중에서 '4377개(절대빈도)'이고, 이 자료숫자의 비율(확률)은 '0.54 (상대빈도, 4377/8105)'이다.

▷ 위의 예제에서 두번째 열(column)의 숫자를 이용한 빈도분포가 절대빈도분포이고, 세 번째 열의 비율을 이용한 빈도분포가 상대빈도분포이다.

4 | Matlab을 이용한 분석팁

■ Matlab 기본코드: '빈도분포'

```
① BinSIZE = ceil(1+log2(TimeN));
② [YAxis1, XAxis1] = hist(MarketRET, BinSIZE);
③ % Relative Prequency
④ YAxis2 = YAxis1./TimeN;
⑤ % RESULT
⑥ RESULT = [XAxis1', YAxis1', YAxis2'];
```

▷ ①, 빈도분포의 구간 개수를 결정하기 위하여 Struge(1926)의 방법을 이용한다. 여기서 변수 'TimeN'은 수익률의 총 자료숫자인 '8105'이다. **'명령어, ceil()'**는 소수점이하를 먼저 반올림한 후 소수점이하를 버리고, 정수자리만을 변수 'BinSIZE'에 대입한다. 즉, Struge(1926)의 방법에 따라 계산된 숫자('14')를 변수 'BinSIZE'에 대입한다.

▷ ②, **'명령어, hist()'**를 이용하여 빈도분포를 도출한다. 명령어의 입력요소에서 첫번째 입력은 분석대상 자료(KOSPI 일별수익률, 'MarketRET'), 두 번째 입력은 산출된 구간 개수(BinSize = 14)이다. 그리고 **'명령어, hist()'**를 통해 도출된 'X축'의 14개와 'Y축'의 14개 결과값을 각각 변수 'YAxis1'과 변수 'XAxis1'에 대입한다.

▷ ③, ⑤, 프로그램 작성에서 주석(comment)은 '%'으로 시작한다. 주석 표시 '%'가 되면 명령어로서 실행되지 않으며, 주로 프로그램 작성에 대한 간단한 설명 혹은 구분 내용을 작성하는데 이용된다. 또한 프로그램에 있어서 특정 명령어 라인을 실행하지 않기를 원한다면, 명령어 가장 앞부분에 주석 '%' 표시를 하면 된다.

▷ ④, 상대빈도를 계산하는 과정이다. 앞의 ②에서 계산된 절대빈도의 14개 자료를 갖고 있는 변수 'YAxis1'를 전체 자료숫자를 갖는 변수 'TimeN'으로 나눈다. 그리고, 명령어 'YAxis1./TimeN'에서 분자의 끝 부분에 위치한 점('.')은 'YAxis1'의 14개 자료 각각을 'TimeN'으로 나눌 수 있도록 설정하는 것이다. 예를 들어, 'YAxis1'은 〔4, 1, 7, ... , 24, 5, 4〕의 14개 자료인데, 명령어 'YAxis1./TimeN'에 따라 〔4/8105, 1/8105, 7/8105, ... , 24/8105, 5/8105, 4/8105〕와 같이 계산하도록 설정한 것이다.

▷ ⑥, 결과를 새로운 변수 'RESULT'에 대입한다. 여기서 변수 'RESULT'에 포함할 결과가 두가지 이상이기 때문에 대괄호 '〔 〕'를 이용하여 묶는다. 그리고 분석은 절대빈도분포와 상대빈도분포를 함께 비교하기 위하여 동일한 X축 자료 'XAxis1'과 Y축 자료로 절대빈도 자료인 'YAxis1'과 상대빈도 자료인 'YAxis2'를 하나로 묶어 새로운 변수 'RESULT'에 대입한다. 한편, 하나로 묶는 자료의 구조를 행구조로 만들기 위하여 전치(transpose)한다. 즉, Sturges방법에 의하여 산출된 'XAxis1', 'YAxis1', 'YAxis2'의 3가지 자료 구조는 모두 '1×14'의 구조를 갖기 때문에, 만약 '〔XAxis1, YAxis1, YAxis2〕' 명령어로 묶는다면, 결과 자료의 구조는 '1×42'이 된다. 따라서 분석목적에 부합하는 자료 구조를 위하여 〔XAxis1′, YAxis1′, YAxis2′〕 명령어로 전치를 하면, 자료구조는 '14×3'이 된다. 변수 'RESULT'에 수록된 자료는 앞에서 설명한 예제와 같다.

Ⅱ 금융자료의 기초통계량

그림 2-4 빈도분포의 기초통계량 [1]: Excel이용

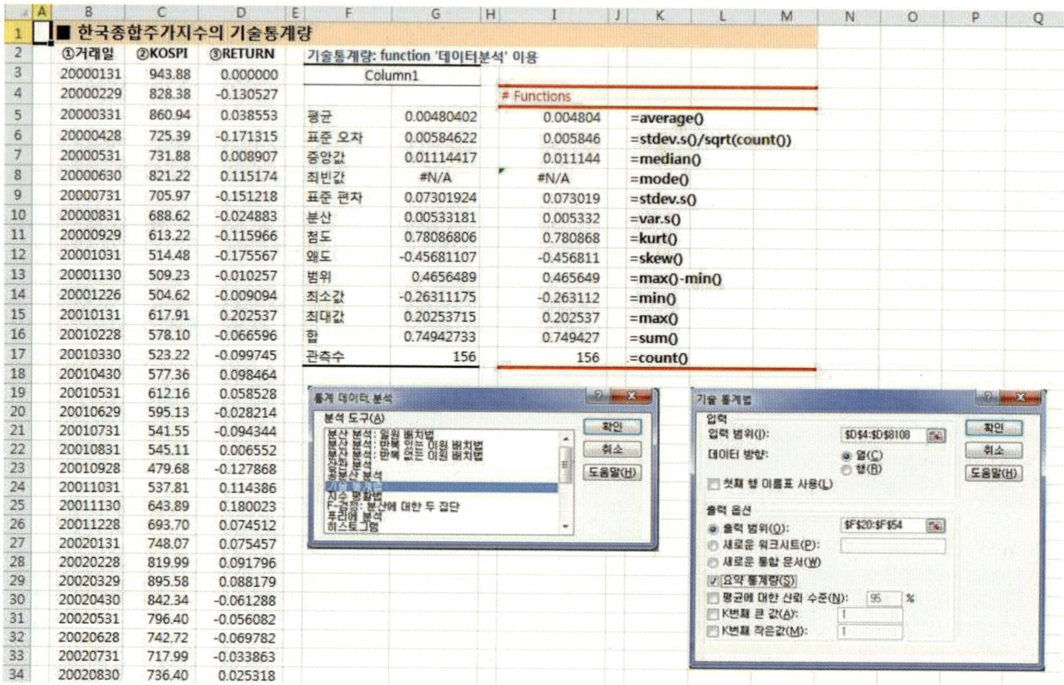

	B	C	D	F	G	I	K
1	■ 한국종합주가지수의 기술통계량						
2	①거래일	②KOSPI	③RETURN	기술통계량: function '데이터분석' 이용			
3	20000131	943.88	0.000000	Column1			
4	20000229	828.38	-0.130527			# Functions	
5	20000331	860.94	0.038553	평균	0.00480402	0.004804	=average()
6	20000428	725.39	-0.171315	표준 오차	0.00584622	0.005846	=stdev.s()/sqrt(count())
7	20000531	731.88	0.008907	중앙값	0.01114417	0.011144	=median()
8	20000630	821.22	0.115174	최빈값	#N/A	#N/A	=mode()
9	20000731	705.97	-0.151218	표준 편차	0.07301924	0.073019	=stdev.s()
10	20000831	688.62	-0.024883	분산	0.00533181	0.005332	=var.s()
11	20000929	613.22	-0.115966	첨도	0.78086806	0.780868	=kurt()
12	20001031	514.48	-0.175567	왜도	-0.45681107	-0.456811	=skew()
13	20001130	509.23	-0.010257	범위	0.4656489	0.465649	=max()-min()
14	20001226	504.62	-0.009094	최소값	-0.26311175	-0.263112	=min()
15	20010131	617.91	0.202537	최대값	0.20253715	0.202537	=max()
16	20010228	578.10	-0.066596	합	0.74942733	0.749427	=sum()
17	20010330	523.22	-0.099745	관측수	156	156	=count()
18	20010430	577.36	0.098464				
19	20010531	612.16	0.058528				
20	20010629	595.13	-0.028214				
21	20010731	541.55	-0.094344				
22	20010831	545.11	0.006552				
23	20010928	479.68	-0.127868				
24	20011031	537.81	0.114386				
25	20011130	643.89	0.180023				
26	20011228	693.70	0.074512				
27	20020131	748.07	0.075457				
28	20020228	819.99	0.091796				
29	20020329	895.58	0.088179				
30	20020430	842.34	-0.061288				
31	20020531	796.40	-0.056082				
32	20020628	742.72	-0.069782				
33	20020731	717.99	-0.033863				
34	20020830	736.40	0.025318				

그림2-4 ▌ 그림은 2000년 1월부터 2012년 12월까지의 총 156개월 KOSPI 월별 시장지수와 수익률 자료에 대한 기초통계량을 Excel을 이용하여 산출한 결과이다

1 | 목적

- Excel을 이용하여 한국종합주가지수의 월별수익률에 대한 기초통계량을 산출한다.
- 즉, 평균, 분산, 표준편차, 왜도, 첨도, 최댓값, 중앙값, 최솟값 등의 산출을 위한 Excel 함수들을 확인한다.

2 | 자료, 기간 및 방법

- 자료: KOSPI 월별시장지수 및 수익률
- 기간: 2000년 1월 ~ 2012년 12월 (총 156월)

3 Excel을 이용한 분석팁

- ①, KOSPI의 월별 거래일을 나타낸다.
- ②, KOSPI의 월별 시장지수를 나타낸다.
- ③, 시장지수의 연속형 방법($R_t = \ln(P_t) - \ln(P_{t-1})$)에 의하여 산출된 월별수익률이다.
- ④, 평균값, Excel함수 **'=average()'** 이용하여 산출한다.
- ⑤, 표준오차, $\sigma/\sqrt{N}$, Excel함수 **'=stdev.s()/sqrt(count())'** 이용하여 산출한다. 여기서, 표준편차를 산출하기 위하여 사용한 **'함수, stdev.s()'**에서 '.s'는 표본자료를 이용하는 경우이고, 만약, 모집단의 자료를 이용한 표준편차를 산출할 경우에는 **'함수, stdev.p()'**를 이용한다.
- ⑥, 중앙값, Excel함수 **'=median()'** 이용을 이용하여 산출한다.
- ⑦, 최빈값, Excel함수 **'=mode()'** 이용을 이용하여 산출한다. 예제에서 표시된 '#N/A'는 최빈치의 조건에 부합하는 값(가장 많은 빈도의 동일한 값을 갖는 자료의 값)을 산출하지 못했음을 나타낸다.
- ⑧, 표준편차, Excel함수 **'=stdev.s()'** 이용하여 산출한다.
- ⑨, 분산, Excel함수 **'=var.s()'** 이용하여 산출한다. 여기서, **'함수, var.s()'**에서 '.s'는 표본집단의 자료를 이용하는 경우이고, 만약, 모집단의 자료를 이용한 분산을 산출할 경우엔 **'함수, var.p()'**를 이용한다.
- ⑩, 첨도, Excel함수 **'=kurt()'** 이용하여 산출한다.
- ⑪, 왜도, Excel함수 **'=skew()'** 이용하여 산출한다.
- ⑫, 범위, Excel함수 **'=max()-min()'** 이용하여 산출한다.
- ⑬, 최댓값, Excel함수 **'=max()'** 이용하여 산출한다.
- ⑭, 최솟값, Excel함수 **'=min()'** 이용하여 산출한다.
- ⑮, 합, Excel함수 **'=sum()'** 이용하여 산출한다.
- ⑯, 지료 숫자, Excel함수 **'=count()'** 이용하여 산출한다.

※ **추가설명**: Excel에서 '메뉴(Menu), **데이터 분석**'의 도구를 이용하여 기초통계량을 일괄적으로 산출하는 방법은 다음과 같다.

▷ MENU: '데이터' - '데이터분석' - '기술 통계법'

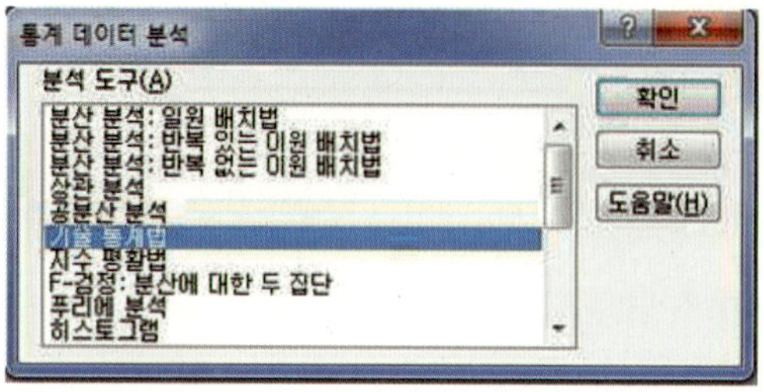

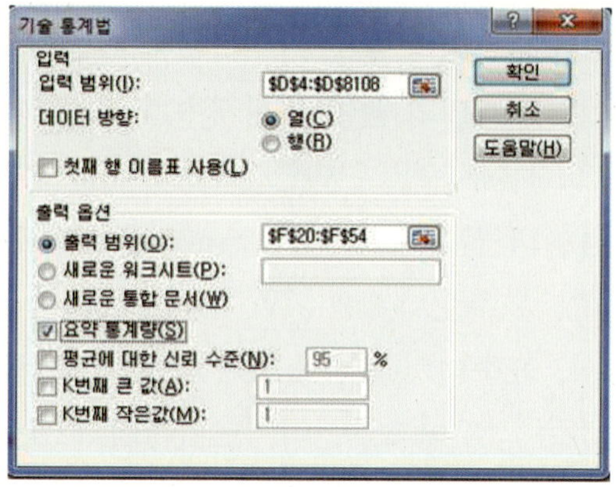

▷ 필요한 자료 및 범위를 설정: '입력:입력범위', '출력:출력범위', '요약 통계량'

그림 2-5 빈도분포의 기초통계량 [2]: 표준정규분포의 난수

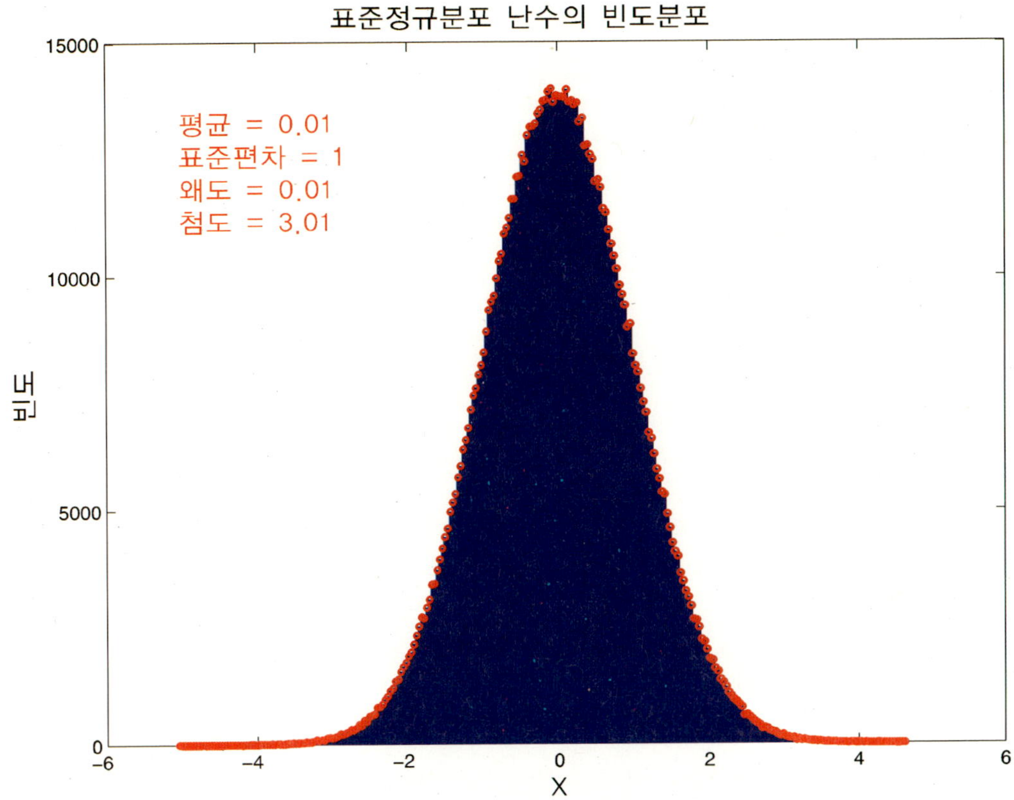

그림2-5 ▌ 그림은 표준정규분포를 따르는 난수 1,000,000개를 생성한 후, 생성된 난수자료를 이용하여 빈도분포와 대표적 기초통계량인 평균, 표준편차, 왜도, 첨도를 산출한 것이다.

1 | 목적

- 표준정규분포[3]를 따르는 난수자료(random number)를 생성한 후, 생성된 난수자료를 이용하여 빈도분포를 도출한다. 그리고 난수자료로부터 기초통계량을 산출하여 함께 관찰한다.
- 빈도분포의 대표적 기초통계량은 평균, 분산, 왜도, 첨도이고, 표준정규분포를 따르는 난수자료로부터 기대되는 기초통계량은 '평균=0', '표준편차=1', '왜도=0', '첨도=3'이다.

3) 표준정규분포, $f(z) = \frac{1}{\sqrt{2\pi}} e^{1-\frac{z^2}{2}}$ (여기서, $z = \frac{x-\mu}{\sigma}$) $\sim N(0,1)$

2 | 자료, 기간 및 방법

- 자료: 표준정규분포를 따르는 난수 1,000,000개
- 방법:

▷ Scott (1992) 방법: $k = \dfrac{(D_{max} + AF) - (D_{min} - AF)}{3.5\sigma \times \sqrt[3]{N}}$

(여기서, D_{max}는 자료의 최댓값, D_{min}은 자료의 최솟값, AF는 구간의 경계를 조정하기 위한 임의의 매우 작은 수, σ는 자료의 표준편차, 그리고 N는 자료수를 나타냄.)

3 | 관찰결과

- 그림에서 표준정규분포를 따르는 난수자료를 이용하여 도출된 빈도분포를 막대그래프와 선그래프를 이용하여 함께 표시하였다. 그리고 생성된 난수자료로부터 평균, 표준편차, 왜도, 첨도를 계산한 후에 왼쪽 부분에 표시했다. 그림의 X축은 자료의 범위이고, Y축은 자료 구간별 빈도(자료 숫자)를 나타낸다.
- 관찰결과에 의하면, 생성된 난수자료의 숫자는 '1,000,000개'로 이론에서 언급되는 충분하게 많은 자료 숫자를 이용하였기 때문에 표준정규분포의 이론적 분포모양과 그 기초통계량을 확인할 수 있다.
- 즉, 도출된 빈도분포는 중심부분이 높고 좌우 대칭인 구조(종의 모양)의 모양을 갖는 표준정규분포의 형태를 보여준다. 그리고 그림에 함께 표시된 난수자료로부터 산출된 평균(0), 표준편차(1.01), 왜도(0.01), 첨도(3)는 이론적 표준정규분포의 기초통계량에 근접한다.

4 | Matlab을 이용한 분석팁

- Matlab 기본코드: '표준정규분포 난수 생성'

```
① NormDATA = randn(DataNumber,1);
```

▷ ①, **'명령어, randn()'**은 표준정규분포를 따르는 난수자료를 생성한다. 명령어의 입력요소 '(DataNumber, 1)'은 행(row)의 개수('DataNumber')와 열(column)의 개수('1')로, 본 예제는 1000000×1의 구조(여기서, DataNumber = 1,000,000개임.)로 난수를 생성한다. 그리고 생성된 난수자료는 새로운 변수 'NormDATA'에 대입한다.

※ **추가설명**: 정규분포의 모수인 평균과 표준편차를 설정한 후에 조건에 부합하는 정규분포의 난수를 생성하는 경우에는 **'명령어, normrnd()'**를 이용한다.

■ Matlab 기본코드: '기초통계량'

```
① AVE = mean(NormDATA);
② STD = std(NormDATA);
③ SKW = skewness(NormDATA);
④ KUT = kurtosis(NormDATA);
```

▷ ①, **'명령어, mean()'**을 이용하여 생성된 난수 ('NormDATA')의 평균을 산출한다.

▷ ②, **'명령어, std()'**를 이용하여 자료(난수)의 표준편차를 산출한다.

▷ ③, **'명령어, skewness()'**를 이용하여 자료(난수)의 왜도를 산출한다.

▷ ④, **'명령어, kurtosis()'**를 이용하여 자료(난수)의 첨도를 산출한다.

그림 2-6 빈도분포의 기초통계량 [3]: Excel이용

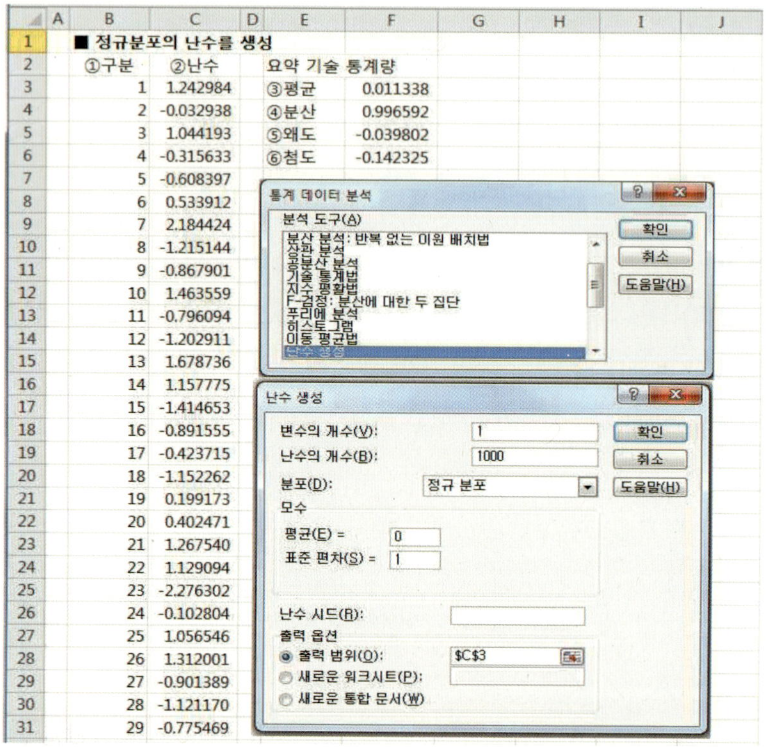

그림2-6 ▌ 그림은 Excel을 이용하여 표준정규분포를 따르는 난수 1,000개를 생성한 후, 생성된 난수자료를 이용하여 평균, 분산, 왜도, 첨도 등의 기초통계량을 표시하였다.

1 | 목적

- Excel을 이용한 표준정규분포 난수 생성 및 기초통계량을 산출한다.

2 | 자료, 기간 및 방법

- 자료: 표준정규분포를 따르는 난수자료 1000개

3 | Excel을 이용한 분석팁

- ①, 자료의 구분자 1~1000이다.
- ②, 표준정규분포를 따르는 난수자료 1000개이다

- ④, 평균값, Excel함수 **'=average()'**을 이용하여 산출한다.
- ⑤, 분산, Excel함수 **'=var.s()'**을 이용하여 산출한다.
- ⑥, 왜도, Excel함수 **'=skew()'**을 이용하여 산출한다.
- ⑦, 첨도, Excel함수 **'=kurt()'**을 이용하여 산출한다.

※ **추가설명**: Excel에 **'메뉴(Menu):데이터분석'**을 이용하여 정규분포를 따르는 난수를 생성하는 방법이다.

▷ MENU: '데이터' - '데이터분석' - '난수생성'

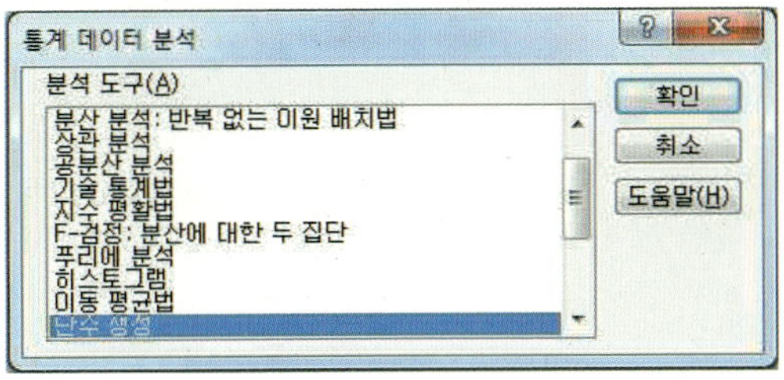

▷ MENU: '난수생성' - 입력조건 설정 '변수의 개수', '난수의 개수', '분포의 종류', '모수: 평균 & 표준편차', '출력옵션:출력범위' 등. 여기서 변수 개수는 자료구조의 열(column)에 해당하고, 난수 개수는 자료구조의 행(row)에 해당한다.

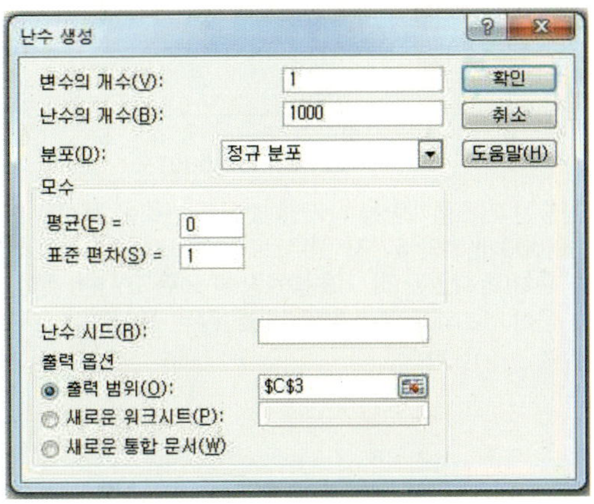

그림 2-7 빈도분포의 기초통계량 [4]: 자료 숫자의 변화에 따른 영향

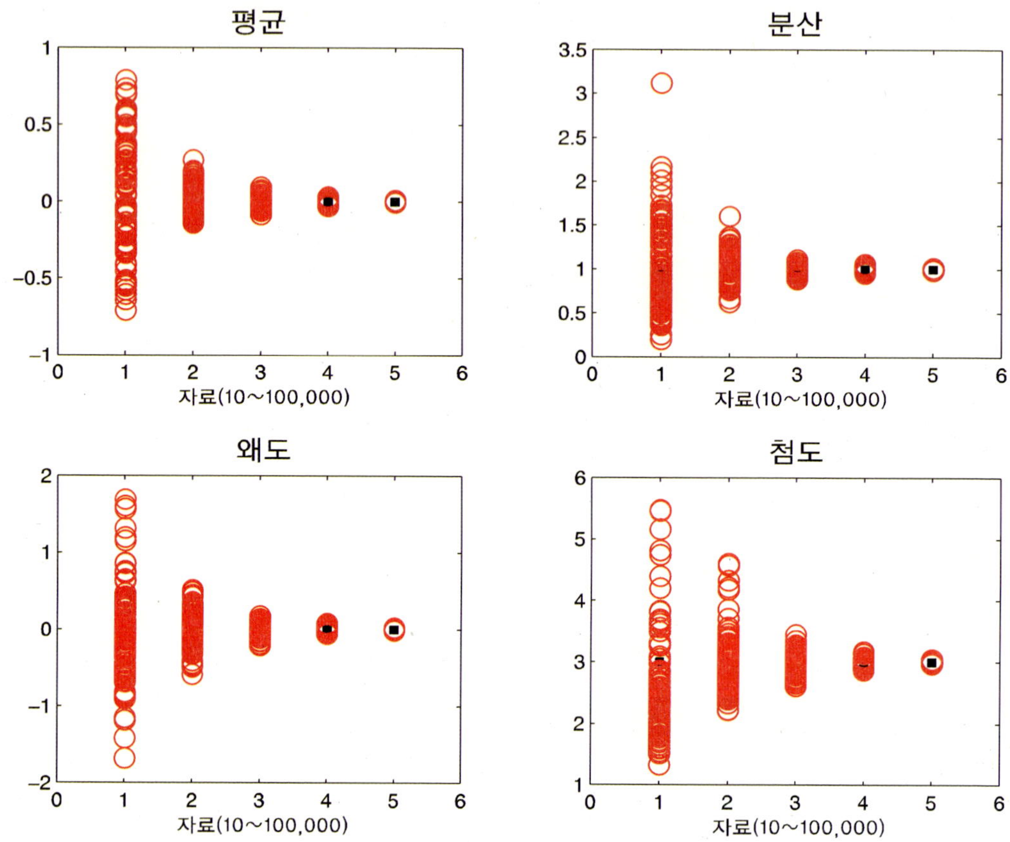

그림2-7 ▌ 그림은 표준정규분포를 따르는 난수자료로부터 산출된 기초통계량을 나타낸 것이다. X축은 생성된 난수자료의 숫자인 10개(1), 100개(2), 1,000개(3), 10,000개(4), 100,000개(5)의 5가지 경우로 표시하였다. 그림에서 원모양(○)은 각 난수의 숫자별로 100번의 반복실험 시뮬레이션을 통하여 확인된 각 기초통계량을 모두 표시한 것이고, 박스모양(■)은 이론적 표준정규분포의 기초통계량인 평균 '0', 분산 '1', 왜도 '0', 첨도 '3'을 각각 표시했다.

1 | 목적

- 정규분포의 속성을 갖는 자료를 충분하게 많이 이용한다면, 이론적인 정규분포의 통계적 속성을 빈도분포와 그 기초통계량으로부터 관찰할 수 있다.
- 따라서 표준정규분포를 따르는 난수자료의 숫자를 최소 10개에서 최대 100,000개로 단계적으로 증가시킴에 따라 각 난수자료별로 산출된 기초통계량의 변화를 비교 관찰한다.
- 관찰결과의 신뢰성을 얻기 위하여 100번의 반복실험 시뮬레이션을 이용한다.

2 | 자료, 기간 및 방법

- 자료:
  - ▷ 표준정규분포를 따르는 난수자료 이용
  - ▷ 생성된 난수자료 숫자는 '10개', '100개', '1,000개', '10,000개', '100,000개'의 5가지
- 방법:
  - ▷ 관찰결과의 신뢰성을 위한 100번 반복실험 시뮬레이션을 이용한다. 즉, 동일한 난수의 숫자를 갖는 자료를 100번 반복적으로 생성하여 실험을 한다. 반복실험 시뮬레이션의 단계별 과정은 다음과 같다.
  - ▷ 〔단계1〕 난수자료 10개를 생성한다.
  - ▷ 〔단계2〕 생성된 난수자료를 이용하여 평균, 분산, 왜도, 첨도를 계산한다.
  - ▷ 〔단계3〕 앞의 단계 1~2를 100번 반복 실행한다.
  - ▷ 〔단계4〕 난수자료의 숫자를 100개, 1,000개, 10,000개, 100,0000개로 각각 변경하면서 위의 단계 1~3을 동일하게 반복 실행한다.
  - ▷ 〔단계5〕 100회의 반복실험 시뮬레이션으로 통하여 각 난수자료별로 산출된 결과(평균, 분산, 왜도, 첨도)를 그래프에 표시한다. 즉, 그림에서 원모양(○)의 표시된 부분은 100회의 반복실험 시뮬레이션을 통하여 산출된 100개 기초통계량이다.

3 | 관찰결과

- 그림에서 표준정규분포를 따르는 난수자료에 대한 평균(위, 왼쪽), 분산(위, 오른쪽), 왜도(아래, 왼쪽), 첨도(아래, 오른쪽)의 기초통계량을 보여준다. 그림의 X축은 생성된 5가지 종류의 난수자료 숫자로 최소 10개에서 최대 100,000개를 나타낸다. 그림에서 x축의 '1', '2', '3', '4', '5'의 구분 표시('1'=10개, '5'=100,000개)로 5가지 자료 숫자를 구분한다. 그리고 그림의 원모양(○)은 각 난수자료 숫자별로 100번의 반복실험 시뮬레이션으로부터 산출된 100개 기초통계량을 표시한 것이다. 박스모양(□)은 이론적 표준정규분포에서의 기초통계량(평균 0, 분산 1, 왜도 0, 첨도 3)을 나타낸다.
- 관찰결과에 의하면, 표준정규분포로부터 생성된 난수의 자료 숫자가 증가함에 따라 이론적인 표준정규분포의 통계적 속성을 나타내는 기초통계량에 매우 근접한다는 것을 확인할 수 있다.
- 즉, 10개의 난수자료 숫자에 대한 100회 반복실험 시뮬레이션으로부터 산출된 4가지

기초통계량은 이론적인 표준정규분포의 기초통계량과 현저한 차이를 갖는다. 왜냐하면, 이론적 기초통계량을 나타내는 값(그림의 박스 모양 '□')을 중심으로 상하 넓은 범위에서 산출된 기초통계량(그림의 원 모양 'ㅇ')이 분포하기 때문이다. 하지만, 자료의 숫자를 증가시킬수록, 이론적 평균정규분포의 기초통계량과 산출된 기초통계량간의 차이가 현저하게 감소한다. 그리고 충분하게 큰 자료 숫자인 '100,000개'를 이용한 반복추출 시뮬레이션으로부터 산출된 기초통계량은 표준정규분포의 이론적 기초통계량과 차이가 거의 없다.

4 | Matlab을 이용한 분석팁

■ Matlab 기본코드: '반복실험 시뮬레이션 설정'

```
① SimSTART = 1;
② SimEND =100;
   %
③ Mu = 0;
④ Sigma = 1;
⑤ while SimSTART <= SimEND
     % Creating Data and Descriptive Statistics
⑥    RandomX = normrnd(Mu, Sigma, DataSIZE, 1);
⑦    AVE(SimSTART,:) = mean(RandomX);
⑧    VAR(SimSTART,:) = var(RandomX);
⑨    SKW(SimSTART,:) = skewness(RandomX);
⑩    KUT(SimSTART,:) = kurtosis(RandomX);
     % LOOP
⑪    SimSTART = SimSTART + 1;
⑫    clear RandomX;
⑬ end
```

▷ ①, ②, 100회 반복실험 시뮬레이션을 위한 초기값을 설정한다. '①'은 시뮬레이션의 진행구분자 변수 'SimSTART'에 초기값 '1'을 대입('SimSTART=1') 하고, '②'는 변수 'SimEND'에 마지막 시뮬레이션을 나타내는 값 '100'을 입력('SimEND=100') 한다.

▷ ③, ④, 정규분포를 따르는 난수를 생성하기 위하여, 입력요소(모수, parameters)인 평균과 표준편차를 설정한다. 즉, 앞으로 설명될 '⑥'에서 정규분포를 따르는 난수를 생성하기 위하여 **'명령어, normrnd()'**를 이용하였고, 'normrnd(Mu, Sigma, .., ..)'의 입력변수에 ③과 ④에서 설정한 변수를 대입한다.

▷ ⑤, ⑪, ⑬, **'명령어, while...end'**를 이용하여 주어진 조건에 따른 반복실험 시뮬레이션

을 실행한다. 여기서 명령어 조건부분 'SimSTART <= SimEND'에 부합한다면 계속적으로 **'while...end'** 사이의 모든 명령어를 반복 실행한다. 예를 들어, 첫째 시뮬레이션에서, 변수 'SimSTART'는 '①'의 설정에 따라 '1'의 값을 갖고, 변수 'SimEND'는 '②'의 설정에 따라 '100'을 가진다. 조건문('while SimSTART <= SimEND')에서 변수 'SimSTART'는 변수'SimEND' 보다 작은 값('1≤100')을 갖기 때문에, **'while...end'** 사이의 모든 명령어를 실행한다. 그리고 '⑪'에서 변수 'SimSTART'의 값은 '1'이 증가('SimSTART=SimSTART+1')한 후, 다시 '⑤'의 조건문('SimSTART <= SimEND')을 확인하고, 조건에 부합하기 때문에, (즉 '2≤100') **'while...end'** 사이의 모든 명령어를 반복 실행한다. 결국, 변수 'SimSTART'의 값이 '101'에 되는 경우 (100번의 반복 시뮬레이션이 이루어진 상태)에, '⑤'의 조건문('SimSTART <= SimEND')에 부합하지 않기 때문에, (즉 101≤100) **'while...end'** 명령문에서 벗어난다.

▷ ⑥, **'명령어, normrnd()'**를 이용하여, 정규분포를 따르는 난수자료를 생성한다. 즉, 평균 'Mu=0', 표준편차 'Sigma=1'을 모수로 하는 $N \times 1$ 구조('N=DataSIZE')의 정규분포 난수를 생성한다. 여기서 변수 'DataSIZE'는 그림에서 설명되었듯이 10, 100, 1000, 10000, 100000의 5가지 값을 갖는다. 그리고 생성된 난수자료는 새로운 변수 'RandomX'에 대입한다.

▷ ⑦, **'명령어, mean()'**을 이용하여 평균을 계산한다. 즉, 생성된 난수자료의 변수 'RandomX'으로부터 평균값을 산출하고, 그 결과는 새로운 변수인 'AVE(SimSTART, :)'에 입력한다. 여기서, 변수 'SimSTART'는 100회의 반복실험 시뮬레이션 진행을 위한 구분자 변수로, 최소 1에서 최대 100까지의 값을 갖는다. 따라서 'AVE(SimSTART, :)'의 의미는 첫번째 시뮬레이션('SimSTART=1')에서 생성된 난수를 이용한 평균값('mean(RandomX)')의 결과를 'AVE(1, :)'에 입력하고, 두번째 시뮬레이션('SimSTART=2')의 결과를 'AVE(2, :)'에 입력하며, 이러한 과정은 마지막 시뮬레이션 ('SimSTART=100')의 결과를 'AVE(100, :)'에 입력할때까지 반복된다. 결국, 100회의 반복실험 시뮬레이션이 완료된 후에 변수 'AVE'에 수록된 자료의 구조는 100×1이다.

▷ ⑧, **'명령어, var()'**을 이용하여 분산을 계산한다. 즉, 난수자료('RandomX')로부터 분산을 산출하고, 그 결과값을 새로운 변수 'VAR(SimSTART, :)'에 입력한다. 물론, 앞의 '⑦'의 평균값에 대한 설명과 동일하게 100회 반복실험 시뮬레이션에서 산출되는 모든 결과를 변수 'VAR'에 수록하고 그 자료구조는 100×1이다.

▷ ⑨, **'명령어, skewness()'**을 이용하여 왜도를 계산한다. 즉 난수자료('RandomX')로부터 왜도를 산출하고, 그 결과값을 새로운 변수 SKW(SimSTART, :)'에 입력한다. 그

리고 앞의 '⑦'의 경우와 동일하게 100번의 반복실험 시뮬레이션에서 산출되는 모든 결과를 변수 'SKW'에 수록한다.

- ⑩, **'명령어, kurtosis()'**을 이용하여 첨도를 계신한다. 즉, 난수자료('RandomX')로부터 첨도을 산출하고, 그 결과값을 새로운 변수 KUT(SimSTART, :)'에 입력한다. 그리고 앞의 '⑦'의 경우와 동일하게 100회 반복실험 시뮬레이션에서 산출되는 모든 결과를 변수 'KUT'에 수록한다.
- ⑪, **'명령어, clear'**을 이용하여 생성된 난수자료의 변수 'RandomX'를 메모리에서 지운다. 왜냐하면, 100회 반복실험 시뮬레이션의 각 경우에 **'명령어, normrand()'**로부터 생성된 난수자료를 동일한 변수이름 'RandomX'로 이용하기 위하여, 이전에 생성된 난수자료를 **'while...end'** 명령어를 수행하기 전에 'clear RandomX'를 통하여 지운다.

그림 2-8 평균 기초통계량 [1]: 평균과 중위수간의 관계

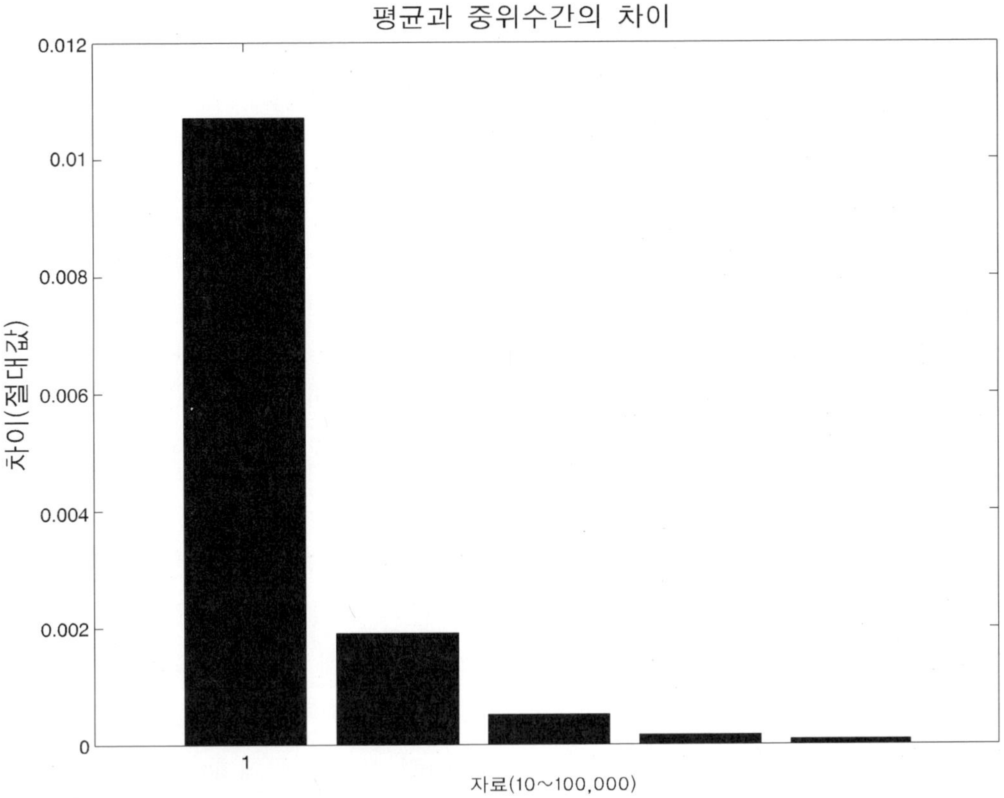

그림2-8 ▌ 그림은 표준정규분포로부터 생성된 난수를 이용하여 평균과 중위수의 관계를 비교 관찰한 것이다. 생성된 난수자료의 숫자는 10개, 100개, 1,000개, 10,000개, 100,000개의 5가지 경우로 구분하여 X축에 각각 표시하였다. Y축은 생성된 각 난수자료의 숫자별로 산출된 평균과 중위수 간의 차이에 대한 절댓값을 나타낸다.

1 목적

- 정규분포의 속성을 갖는 난수자료를 충분하게 많이 이용한다면 이론적인 정규분포의 통계적 속성을 관찰할 수 있다. 즉, 좌우대칭구조를 갖는 표준정규분포를 따르는 난수자료로부터 산출된 평균과 중위수는 동일한 값을 갖기 때문에, 이들 측정치간의 차이값은 0이 된다.
- 실험목적은 표준정규분포를 따르는 난수자료의 숫자를 증가시킴에 따라 난수자료로부터 산출된 평균과 중위수 차이값이 0에 접근하는가를 관찰하는 것이다.
- 관찰결과의 신뢰성을 위하여 100번의 반복실험 시뮬레이션을 이용한다.

2 | 자료, 기간 및 방법

- 자료:
  - ▷ 표준정규분포를 따르는 난수자료 생성
  - ▷ 생성된 난수의 자료 숫자는 '10개', '100개', '1,000개', '10,000개', '100,000개'의 5가지이다.
- 방법:
  - ▷ 반복실험 시뮬레이션을 이용하여 추출된 난수자료로부터 평균과 중위수를 산출하고, 이러한 계산과정은 100회 반복한다.
  - ▷ 즉, 반복실험 시뮬레이션에 대한 단계적 과정은 다음과 같다.
  - ▷ 〔단계1〕 난수자료 10개를 생성한다.
  - ▷ 〔단계2〕 생성된 난수자료를 이용하여 평균과 중위수를 계산한다.
  - ▷ 〔단계3〕 산출된 평균과 중위수 간의 차이에 대한 절댓값을 계산한다.
  - ▷ 〔단계4〕 앞의 단계 1~3을 100회 반복한다.
  - ▷ 〔단계5〕 100회 반복실험 시뮬레이션에서 산출된 100개 값들에 대한 평균을 계산한다.
  - ▷ 〔단계6〕 다른 난수자료의 숫자에 대하여 앞의 단계 1~5를 반복 실행한다. 즉, 난수자료 숫자 100, 1,000, 10,000, 100,000의 4가지 경우에 대하여 각각 동일한 과정을 반복한다.
  - ▷ 〔단계7〕 난수자료 숫자의 5가지 경우 각각에 대하여 앞의 단계 5에서 산출된 평균값을 막대그래프로 표시한다.

3 | 관찰결과

- 그림은 표준정규분포를 따르는 난수자료의 숫자를 증가시킴에 따라 평균과 중위수 간의 평균적 차이(절댓값)를 제시한 것이다. 그림의 X축은 5가지 난수자료의 숫자인 10, 100, 1,000, 10,000, 100,000을 나타내고, Y축은 100회 반복실험 시뮬레이션으로부터 산출된 차이 절댓값의 평균을 나타낸다.
- 관찰결과에서, 표준정규분포로부터 생성된 난수의 자료 숫자가 10개에서 100,000개로 증가함에 따라 평균과 중위수간의 차이는 평균적으로 '0'에 접근한다. 즉, 충분하게 많은 난수자료를 이용한다면, 좌우대칭구조를 갖는 이론적인 표준정규분포의 통계적 속성에 근접하기 때문에 평균과 중위수간에 차이가 분명하게 축소된다.

■ 결론적으로, 분포의 특징을 따르는 난수자료를 충분히 생성 및 이용한다면, 그 난수 자료로부터 도출되는 분포의 특징은 이론적인 분포의 특징에 근접하게 된다는 것을 알 수 있다.

Ⅱ 금융자료의 기초통계량

4 | Matlab을 이용한 분석팁

■ Matlab 기본코드: '중위수'

```
① MEDIAN(SimSTART,:) = median(RandomX)
```

▷ ①, **'명령어, median()'**을 이용하여 중위수를 계산한다. 즉, 생성된 난수 'RandomX'로 부터 중위수를 계산하고, 그 결과를 새로운 변수인 'MEDIAN'에 수록한다.

※ **추가설명**: 변수 'SimSTART'는 100회 반복실험 시뮬레이션의 진행 구분자 변수로 시뮬레이션 과정에서의 구체적 사용 예제는 앞의 〔그림2-7〕의 'Matlab 기본코드' 설명 참고.

그림 2-9 평균 기초통계량 [2]: 4분위수, 5분위수, 10분위수

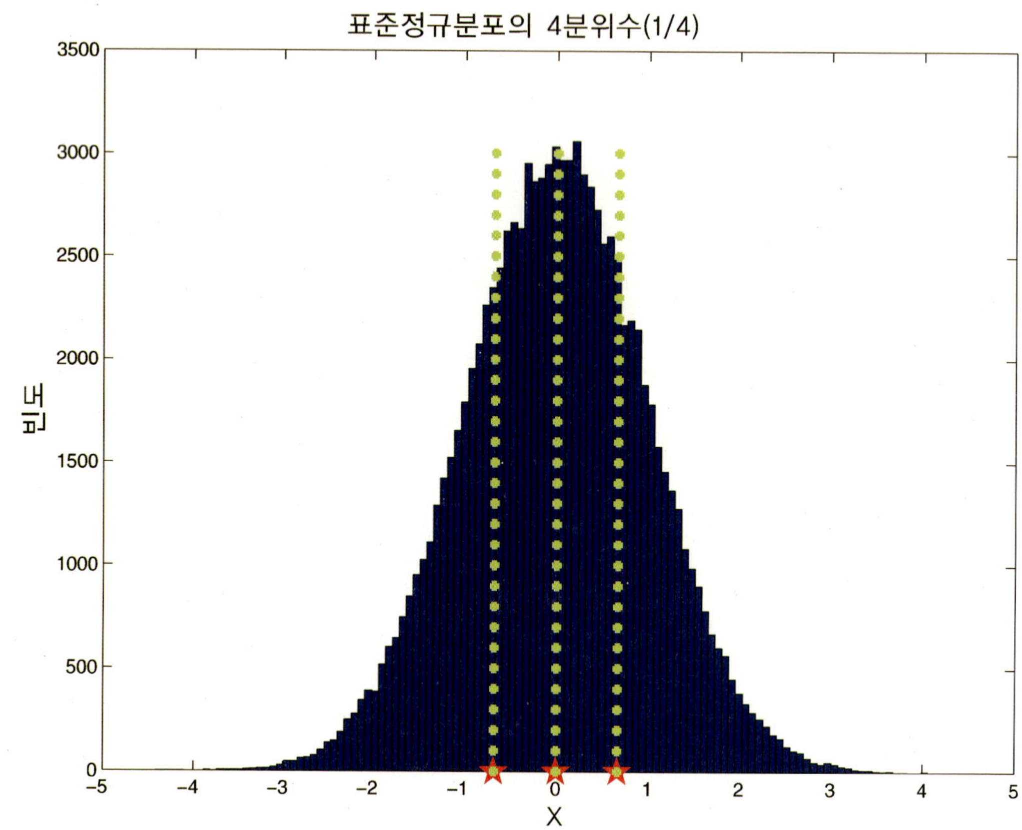

그림2-9 ❙ 그림은 표준정규분포를 따르는 100,000개 난수자료를 이용하여 도출된 빈도분포를 나타낸다. 분포의 누적확률 크기를 기준으로 4분위수(1/4)에 해당하는 지점을 별모양(☆)과 수직선으로 구분 표시하였다. 즉, 수직선에 의하여 구분된 4등분 경계선은 분포의 왼쪽으로부터 누적한 확률이 각각 25%, 50%, 75%에 해당하는 지점을 표시한 것이다.

1 ❙ 목적

- 재무 분야에서 포트폴리오 구성 등에 많이 이용되는 4분위수(quartile, 1/4), 5분위수(quintile, 1/5) 그리고 10분위수(decile, 1/10)의 3가지 종류를 표준정규분포의 빈도분포를 이용하여 비교 관찰한다.

2 ❙ 자료, 기간 및 방법

- 자료: 표준정규분포를 따르는 난수자료 100,000개 이용

■ 방법:

▷ 빈도분포를 도출함.

▷ Scott (1992) 방법: $k = \dfrac{(D_{max} + AF) - (D_{min} - AF)}{3.5\sigma \times N^{-\frac{1}{3}}}$

(여기서, D_{max}는 자료의 최댓값, D_{min}은 자료의 최솟값, AF는 구간의 경계를 조정하기 위한 임의의 매우 작은 수, σ는 자료의 표준편차, 그리고 N는 자료수를 나타냄.)

▷ 그림에 표시된 분위수는 4분위수로 분포에서의 경계선은 누적확률이 25%, 50%, 75% 각각에 해당하는 지점을 수직선으로 구분한 것임.

3 | Matlab을 이용한 분석팁

■ Matlab 기본코드: '분위수'

```
① ZProb = [25  50  75];
② ThresholdVALUE = prctile(RandomX, ZProb);
```

▷ ①, 4분위수의 누적확률기준 임계치(경계선)인 25%, 50%, 75%를 '〔25 50 75〕'형식으로 만든 후에, 새로운 변수 'ZProb'에 대입한다. 여기서, 여러 개의 자료를 하나의 집단으로 묶기 위하여 '대괄호 〔 〕'를 이용한다.

▷ ②, **'명령어, prctile()'**를 이용하여 특정 확률지점에 해당하는 임계치(자료값)을 찾는다. 즉, 변수 'RandomX'에 포함된 100,000개의 난수를 크기순으로 정렬한 후에, 입력 변수 'ZProb'에 수록된 〔25, 50, 75〕의 3가지 값(%)에 해당하는 임계치(자료값)을 찾고, 그리고 그 결과를 변수 'ThresholdVALUE'에 대입한다. 따라서 변수 'Threshold VALUE'는 정렬된 난수자료에서 25%, 50%, 75%의 위치에 해당하는 임계치(자료값)를 갖게 된다.

※ **추가설명: '명령어, prctile()'**을 이용하여 5분위수와 10분위수를 위에서 설명한 동일한 방법으로 생성 및 구분할 수 있다.

```
④ ZProb1 = [20 40 60 80];
⑤ ThresholdVALUE1 = prctile(RandomX, ZProb1);   % Quintile 1/5
   %
⑥ ZProb2 = [10 20 30 40 50 60 70 80 90];
⑦ ThresholdVALUE2 = prctile(RandomX, ZProb2);   % Decile 1/10
```

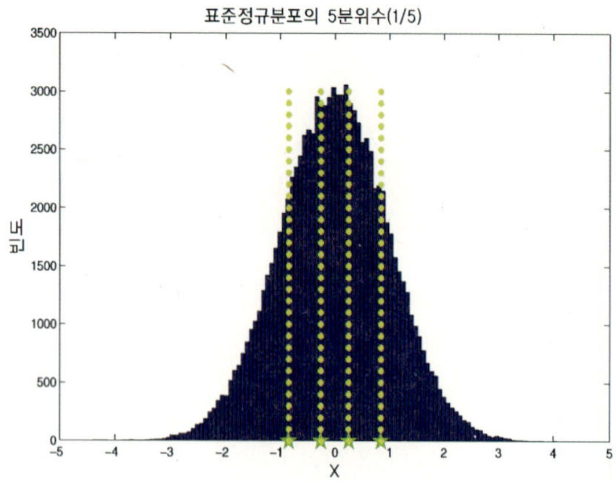

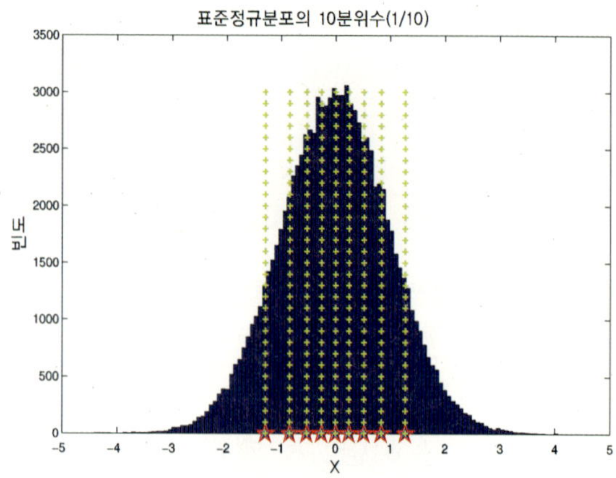

▷ ④, ⑤, **'명령어, prctile()'**을 이용하여 5분위수의 기준 확률인 20%, 40%, 60%, 80%에 해당하는 임계값을 찾는다. 즉, 변수 'RandomX'에 수록된 자료들을 정렬한 후에 변수 'ZProb1'에 포함된 〔20, 40, 60, 80〕의 위치에 해당하는 자료값을 찾고, 그 결과는 새로운 변수 'ThresholdVALUE1'에 대입한다.

▷ ⑥, ⑦, **'명령어, prctile()'**을 이용하여 10분위수의 기준 확률인 10%, 20%, 30%, 40%, 50%, 60%, 70%, 80%, 90%에 해당하는 임계값을 찾는다. 즉, 변수 'RandomX'에 수록된 자료를 정렬한 후에 변수 'ZProb2'에 포함된 〔10, 20, 30, 40, 50, 60, 70, 80, 90〕의 위치의 자료값을 찾고 그 결과를 새로운 변수 'Threshold VALUE2'에 대입한다.

그림 2-10 평균 기초통계량 [3]: Excel을 이용한 분위수

■ 함수 'percentile'의 이용 예제

	B	D	E	G	H	J	K
2	구분	Quintile		Quartile		Decile	
3	1	0.00%	1.0	0.00%	1.0	0.00%	1.0
4	2	25.00%	25.8	20.00%	20.8	10.00%	10.9
5	3	50.00%	50.5	40.00%	40.6	20.00%	20.8
6	4	75.00%	75.3	60.00%	60.4	30.00%	30.7
7	5	100.00%	100.0	80.00%	80.2	40.00%	40.6
8	6			100.00%	100.0	50.00%	50.5
9	7					60.00%	60.4
10	8					70.00%	70.3
11	9					80.00%	80.2
12	10					90.00%	90.1
13	11					100.00%	100.0
14	12						
15	13						
16	14						
17	15						
18	16						

=PERCENTILE($B$3:$B$102, D3)

그림2-10 ❙ 그림은 Excel의 분위수 함수인 'percentile'를 이용한 예제이다. 즉, 1~100의 숫자에 대한 4분위수, 5분위수, 그리고 10분위수의 경계선(임계치)을 찾는다.

1 | 목적

- Excel을 이용한 재무 분야에서 포트폴리오 구성 등에 많이 이용되는 4분위수(quartile, 1/4), 5분위수(quintile, 1/5) 그리고 10분위수(decile, 1/10)의 3가지 종류를 산출하는 함수를 알아본다.
- 즉, Excel의 분위수 함수는 'percentile()'이고, 이 함수로부터 주어진 자료의 일정 누적확률에 해당하는 경계선의 임계치를 찾는다.

2 | 자료, 기간 및 방법

- 자료: 1에서 100까지의 숫자
- 방법: Excel 함수 'percentile' 이용

3 | Excel을 이용한 분석팁

- Excel **'함수, percentile()'**을 이용한 4분위수(1/4), 5분위수(1/5), 10분위수(1/10)를 확인한다.
- 4분위수의 경우를 설명한다. 만약 1~100 숫자에 대하여, 4등분 한다면 1~25, 26~50, 51~75, 76~100의 4가지 범위로 구분할 수 있다. 이와 같은 구분되는 것을 **'함수, percentile()'**을 이용하여 경계선의 값(임계치)을 찾는다. 예를 들어, Excel의 **'함수, percentile'**($B$3:$B$102, D2)를 설명한다. 식의 입력요소들 중에서 1~100까지의 자료가 있는 위치 '$B$3:$B$102'에서, 25% ('D4')의 경계에 해당하는 값을 찾는 명령어이고 그 결과는 '25.8'이다. 그리고 다른 범위인 50%와 75%에 대하여 동일한 방법으로 반복하였을 때, 4등분된 범위는 1.0≤X≤25.8, 25.8<X≤50.5, 50.5<X≤75.3, 75.3<X≤100이고, 각 범위에 포함된 자료의 숫자는 모두 25개가 된다. 물론, 4분위수와 동일한 방식으로 5분위수(1/5)의 'H셀' 결과와 10분위수(1/10)의 'K셀'결과를 구할 수 있다.

그림 2-11 평균 기초통계량 [4]: 분위수를 이용한 포트폴리오 구성

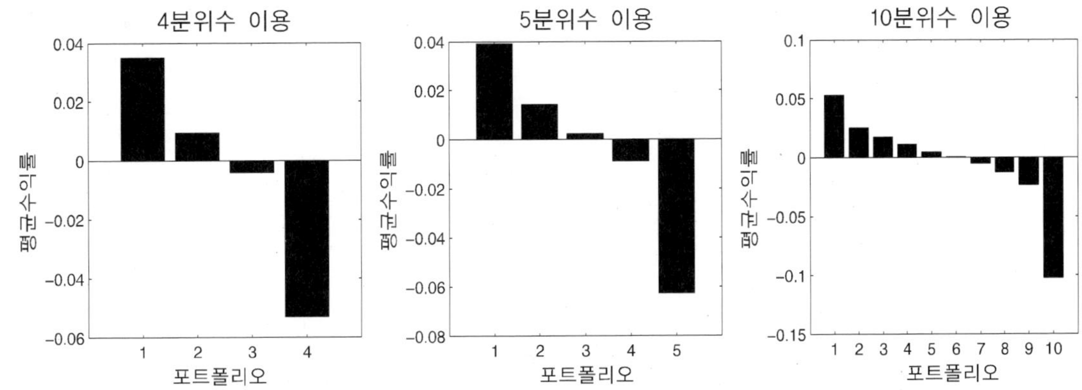

그림2-11 ▌ 그림은 2012년 1월부터 2012년 12월까지의 12개월 기간에서 KOSPI 200 시장지수를 구성하는 200개 개별주식들의 월별수익률의 평균값을 기준으로 4분위 포트폴리오, 5분위 포트폴리오, 10분위 포트폴리오를 각각 구성하고, 각 포트폴리오별의 평균수익률을 막대그래프에 표시하였다.

1 ▎목적

- 분위수의 활용예제로, 재무 분야에서 전체 분석대상 개별주식을 포트폴리오로 구성할 때 분위수를 이용하는 방법을 관찰한다. 구성하는 포트폴리오 숫자는 4개, 5개, 10개로, 분위수는 4분위수(1/4), 5분위수(1/5), 10분위수(1/10)를 이용하여 각각의 포트폴리오를 구성한다.

2 ▎자료, 기간 및 방법

- 자료: KOSPI 200을 구성하는 200개 개별주식의 월별수익률
- 기간: 2012년 1월부터 2012년 12월까지의 1년
- 방법:
  - ▷ 3가지 종류의 분위수(1/4, 1/5, 1/10)를 각각 이용하여 포트폴리오 구성
  - ▷ 전체 개별주식 수익률자료에서 분위수 방법에 의한 구분 기준은 12개월(1년) 동안의 평균 주식수익률을 이용하여, 4분위수에 의한 포트폴리오 구성방법을 단계적으로 설명하면 다음과 같다.
  - ▷ 〔단계1〕 KOSPI 200 시장지수를 구성하는 200개 개별주식들의 1년간 평균 주식수익률을 계산한다.

▷ 〔단계2〕 계산된 200개 개별주식들의 평균수익률을 크기에 따라 내림차순으로 정렬한다.

▷ 〔단계3〕 개별주식의 평균수익률을 기준으로 상위 25%의 위치에 해당하는 자료값을 찾고, 다음으로 50%, 75% 각 위치에 해당하는 자료값을 찾는다. 그리고 가장 큰 평균수익률을 갖는 상위 25%(0~25%)의 개별주식들을 '포트폴리오1'로 하고, 다음의 25%(25%~50%)의 개별주식들을 '포트폴리오2', 다음의 25%(50%~75%)의 개별주식들을 '포트폴리오3', 그리고 마지막 25% (75%~100%)의 개별주식들을 '포트폴리오4'로 한다.

▷ 〔단계4〕 각 포트폴리오에 속하는 개별주식들의 수익률에 대한 평균값을 산출한 후, 그 평균값을 포트폴리오 수익률로 하여 그래프에 표시한다.

3 | 관찰결과

- 그림은 개별주식의 평균수익률을 기준으로 구성된 3가지 종류의 포트폴리오 각각에 있어서 포트폴리오의 평균수익률을 막대그래프로 나타낸 것이다. 즉, 4분위 포트폴리오(왼쪽 그림), 5분위 포트폴리오(중간 그림), 10분위 포트폴리오(오른쪽 그림)이다. 그림에서 X축의 왼쪽은 가장 큰 평균수익률을 갖는 개별주식들의 포트폴리오이고, X축의 오른쪽은 가장 작은 평균수익률을 갖는 개별주식들의 포트폴리오이다. Y축은 각 포트폴리오 내에 포함된 개별주식수익률의 평균값을 나타낸다.
- 관찰결과에서, 3가지 분위수인 4분위수, 5분위수, 10분위수 각각을 이용하여 도출된 3가지 종류의 포트폴리오를 확인할 수 있다. 즉, 각 분위수별로 구성된 포트폴리오는 개별주식의 평균수익률 크기를 기준으로 정렬된 값을 사용하기 때문에 구분된 포트폴리오의 수익률은 왼쪽부분이 가장 크고 오른쪽 부분이 가장 작은 순서로 잘 구분되어 있음을 알 수 있다.

4 | Matlab을 이용한 분석팁

- Matlab 기본코드: '특정기간 자료읽기'

```
   % Stock Returns
① RFilename = 'RETURN_Monthly.txt';
② StockDATA = load(RFilename, '-ascii');
   %
③ StartMONTH = 385;   % 2012.01
④ EndMONTH = 396;     % 2012.12
⑤ StockRET = StockDATA(StartMONTH:EndMONTH, :);
```

▷ ①, KOSPI 200 시장지수를 구성하는 200개 개별주식의 월별수익률 자료를 수록하고 있는 파일이름 'RETURN_Monthly. txt'을 변수 'RFilename'에 대입한다.

▷ ②, **'명령어, load()'**를 이용하여, 파일에 수록된 자료를 읽는다. 즉, 변수 'RFilename'의 파일 'RETURN_Monthly. txt'에 수록된 자료를 읽은 후에 이를 변수 'StockDATA'에 대입한다. 파일은 text형식이기 때문에, 옵션 '-ascii'를 이용한다.

▷ ③, ④, 전체 자료들 중에서 분석에 이용할 특정기간(2012. 01~2012. 12)의 자료만을 선택하기 위하여, 기간의 시작월인 '2012년 1월'에 해당하는 자료번호(385)를 변수 'StartMONTH'에 입력('StartMONTH=385')하고, 마지막 월인 2012년 12월에 해당하는 자료의 위치를 'EndMONTH=396'에 입력한다.

▷ ⑤, 지정한 특정 기간의 자료 번호를 갖는 변수 "StartMONTH=385'와 'EndMONTH=396'을 이용하여, 전체 자료를 갖고 있는 변수 'StockDATA'로부터 추출('StockDATA(StartMONTH:EndMONTH, :)')하고, 그 결과를 새로운 변수 'StockRET'에 수록한다. 여기서, KOSPI 200 시장지수를 구성하는 200개 개별주식의 월별수익률 자료를 수록하고 있는 변수 'StockDATA'의 구조는 396×200으로, 시간(월)을 나타내는 행(row)의 '396'과 주식을 나타내는 열(column)의 '200'으로 되어 있다. 그리고 새로 생성된 변수 'StockRET'의 구조는 2012. 01~2012. 12의 기간에 대한 12개월 (행, row)과 200개 주식의 월별수익률(열, column)을 갖기 때문에, 12×200이다.

■ Matlab 기본코드: '평균 산출'

```
① StockAVE = mean(StockRET);
```

▷ ①, **'명령어, mean()'**을 이용하여 평균값을 산출한다. 즉, 앞에서 설명하였듯이 특정기간(2012. 01~2012. 12)의 월별수익률 자료를 수록하고 있는 변수 'StockRET'의 평균을 산출('mean(StockRET)')하고, 그 결과를 새로운 변수인 'StockAVE'에 대입한다. 여기서 변수 'StockRET'는 200개 개별주식들에 대한 12개월의 수익률을 갖는 12×200의 자료구조를 갖는다. Matlab에서 별도의 지정조건이 없는 한 모두 열(column) 기준으로 명령어의 결과값을 계산한다. 즉, 변수 'StockRET'의 구조는 12×200이기 때문에, 열 기준으로 200개 개별주식들에 대한 평균수익률을 계산한다. 계산된 평균값은 변수 'StockAVE'에 대입하고, 그 자료구조는 1×200이다.

■ Matlab 기본코드: '분위수'

```
% Quartile 1/4
① ZProb = [25  50  75];
② ThresholdVALUE = prctile(StockAVE, ZProb);
   % Grouping
③ [C,G1] = find(StockAVE  > ThresholdVALUE(1,3));        % The Highest
④ [C,G2] = find(StockAVE <= ThresholdVALUE(1,3) & StockAVE > ThresholdVALUE(1,2));
⑤ [C,G3] = find(StockAVE <= ThresholdVALUE(1,2) & StockAVE > ThresholdVALUE(1,1));
⑥ [C,G4] = find(StockAVE <= ThresholdVALUE(1,1));        % the Lowest
   % Descriptive Statistics of Each Group
⑦ AVE = [mean(StockAVE(:,G1)), mean(StockAVE(:,G2)), ...
          mean(StockAVE(:,G3)), mean(StockAVE(:,G4))];
```

▷ ①, 4분위수의 임계치(경계값)인 25%, 50%, 75%를 '[25 50 75]' 형식으로 변수 'ZProb'에 대입한다.

▷ ②, **'명령어, prctile()'**를 이용하여 설정된 누적확률의 위치에 해당하는 자료값을 찾는다. 즉, 앞에서 산출한 변수 'StockAVE'를 이용하여, 4분위수의 임계값을 찾고, 그 결과를 새로운 변수 'ThresholdVALUE'에 수록한다. 여기서 KOSPI 200 시장지수를 구성하는 200개 개별주식의 평균수익률을 수록한 변수 'StockAVE'를 이용하여, 변수 'ZProb'에 따라 분포의 25%, 50%, 75%의 경계에 해당하는 값을 찾는다. 변수 'ThresholdVALUE'는 3가지 '[25, 50, 75]'의 값을 갖기 때문에 자료구조는 1×3이다. 즉, 첫번째 값은 25%의 경계를 나누는 임계값이고, 두 번째 값은 50%의 경계를 나누는 임계값이며, 마지막 값은 75%의 경계를 나누는 임계값이다.

▷ ③, ④, ⑤, ⑥, **'명령어, find()'**를 이용하여 조건에 부합하는 자료들의 위치정보를 구한다. 즉, 앞의 ②에서 변수 'ThresholdVALUE'를 이용하여 조건에 부합하는 개별주식들을 찾는다. 예를 들어, ③의 경우는 200개 개별주식의 평균수익률('StockAVE')들 중에서, 75%의 임계값(ThresholdVALUE(1, 3)) 보다 큰 평균수익률을 갖는 조건('StockAVE〉ThresholdVALUE(1, 3)')에 부합하는 개별주식들을 찾고, 찾은 각 개별주식들의 위치정보를 '[C, G1]'에 입력한다. 즉, 변수 StockAVE이 열구조(1×200)의 자료이기 때문에, 위치정보는 열위치('G1')에 수록된다. ④의 경우도 동일한 과정이다. 즉, 200개 개별주식의 평균수익률('StockAVE')들 중에서 75%의 임계값(Threshold VALUE(1, 3)) 보다 적거나 같은 평균수익률을 갖고, 50%의 임계값 (Threshold VALUE(1, 3)) 보다는 큰 평균수익률을 갖는 조건('StockAVE〈=ThresholdVALUE (1, 3) & StockAVE〉ThresholdVALUE(1, 2)')에 부합하는 개별주식들을 찾고, 그 개

별주식들의 위치정보를 '[C, G2]'에 입력한다. 이러한 과정에 따라 ⑤의 '25%<X≤50%'와 ⑥의 'X≤25%'에 속하는 개별주식들의 위치 정보를 변수 'G3'과 변수 'G4'에 수록한다.

▷ ⑦, **'명령어, mean()'**을 이용하여 평균값을 계산한다. 즉, 4분위수(25%, 50%, 75%)의 조건에 부합하는 4가지 포트폴리오별 평균수익률을 산출한다. 예를 들어, KOSPI 200 시장지수를 구성하는 200개 개별주식들의 평균수익률('StockAVE')을 이용하여, 가장 큰 평균수익률을 갖는 집단('G1', X>75%)의 주식수익률('StockAVE(:, G1)')의 평균을 산출('mean(StockAVE(:, G1))') 한다. 여기서 변수 'StockAVE(:, G1)'의 자료구조는 '1×G1'이기 때문에, **'명령어, mean(·)'**으로부터 산출되는 평균값은 1개이다. 동일한 방법으로 두번째로 큰 평균수익률을 갖는 집단('G2', 50%<X≤75%)에 대한 평균수익률을 산출('mean(StockAVE(:, G2))')하고, 세 번째 집단('G3', 25%<X≤50%)와 네 번째 집단('G4', X≤25%)도 동일하게 산출한다. 그리고, 산출된 4가지 값을 하나의 자료로 묶기 위하여 '대괄호 [ ]'를 이용하고, 그 결과를 새로운 변수 'AVE'에 대입한다. 여기서 산출된 포트폴리오 수익률은 단순평균에 의하여 계산한 것이기 때문에 동일가중방법에 의한 포트폴리오 수익률이 된다.

※ **추가설명**: 입력된 명령어들의 길이를 조정하는 방법

```
⑧ AVE = [mean(StockAVE(:,G1)), mean(StockAVE(:,G2)), mean(StockAVE(:,G3)), mean(StockAVE(:,G4))];
```

▷ ⑧, 앞에서 설명한 '⑦'의 명령어와 동일하다. ⑦의 경우는 명령어가 2개의 줄('mean(StockAVE(:, G2)), ...')로 구성되어 있는 반면에, ⑧은 하나의 줄로 명령어가 구성되어 있다. 즉, 프로그램을 코딩하는 과정에 한 줄에 너무 긴 명령어가 있는 경우에 편집/관리가 어렵기 때문에, **명령어, '...'**을 이용하여 2줄 이상의 명령어로 변경하여 코딩한다. 물론 Matlab은 ⑦과 같이 **명령어, '...'**에 의하여 2줄로 된 명령어를 1줄로 된 명령어와 동일하게 인식한다.

그림 2-12 분산 기초통계량 [1]: 분산과 준분산간의 관계 I

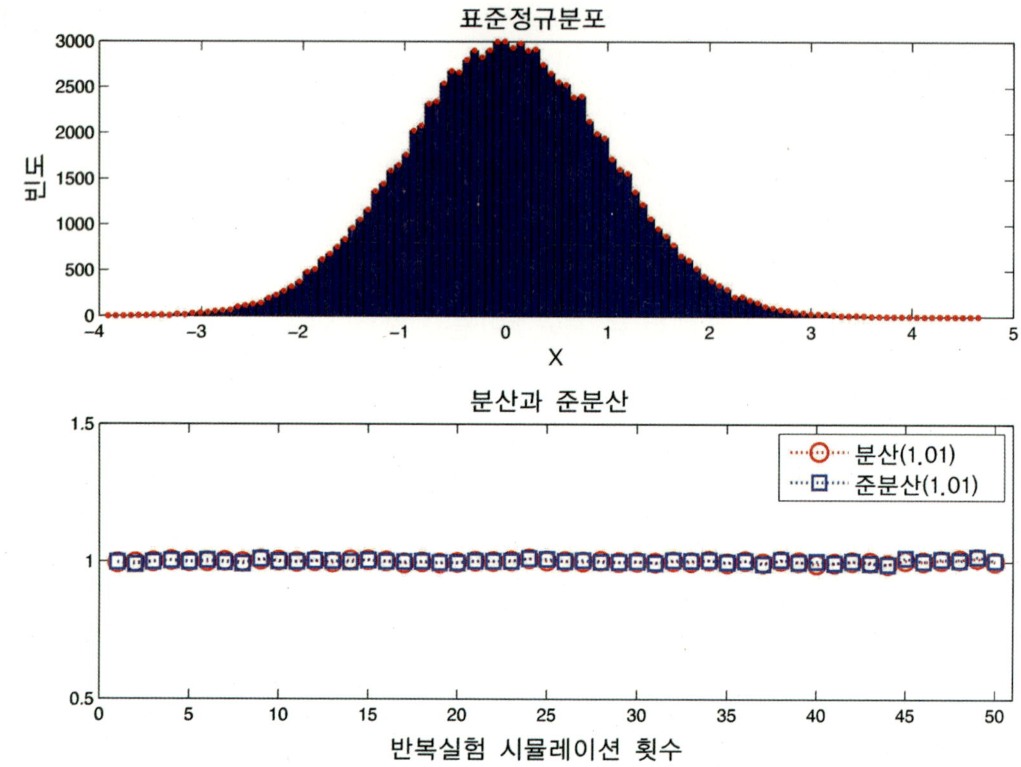

그림2-12 ▌ 그림은 표준정규분포를 따르는 난수 100,000개를 생성한 후에 생성된 난수자료로부터 계산된 분산과 준분산을 비교한 것이다. 위 그림은 생성된 난수 100,000개의 자료를 이용하여 도출된 빈도분포이고, 아래 그림은 50회의 반복실험 시뮬레이션 각각에서 난수자료로부터 계산된 분산과 준분산을 표시한 것이다. X축은 각 반복실험 시뮬레이션을 구분 표시한 것이고, Y축은 분산과 준분산의 값을 나타낸다.

1 | 목적

- 재무 분야에서 분산(variance)은 불확실성의 정도를 나타내는 위험 측정치로, 기댓값(평균)에서 벗어나는 양(+)의 영역(이익)과 음(-)의 영역(손실) 모두를 위험으로 고려한다. 반면에 준분산(semi-variance)은 기댓값에 비교하여 음(-)의 영역인 손실 부분만을 위험으로 고려한다. 그런데, 만약 좌우대칭구조인 표준정규분포를 가정한다면, 양(+)과 음(-) 영역 모두를 고려한 분산과 음(-) 영역만을 고려한 준분산은 차이가 없다.
- 따라서 표준정규분포를 따르는 난수를 생성한 후, 생성된 난수자료로부터 산출된 분산과 준분산을 비교 관찰한다.

2 | 자료, 기간 및 방법

- 자료: 표준정규분포를 따르는 난수 100,000개
- 방법:

▷ 분산(σ^2)는 자료들(X_i)이 분포의 평균($\overline{X}$)에서 벗어난 정도를 나타내는 측정치이고, 표준정규분포에서 기대되는 값은 '1'이며, 측정식은 다음과 같다.

$$\rightarrow \sigma^2 = \frac{1}{N-1}\sum_{i=1}^{N}[X_i - \overline{X}]^2$$, (여기서, N는 총 자료 숫자를 나타냄)

▷ 준분산(σ^2_{semi})은 자료들이 분포의 평균($\overline{X}$)을 기준으로 작은 값을 갖는 왼쪽 영역만을 대상으로 평균으로부터 벗어난 정도를 나타내는 측정치이고, 표준정규분포에서 기대되는 값은 '1'이고, 그 측정치는 다음과 같다.

$$\rightarrow \sigma^2_{semi} \begin{cases} X_i \geq \overline{X}, 0 \\ X_i < \overline{X} \quad \frac{1}{N^*-1}\sum_{i=1}^{N^*}[X_i - \overline{X}]^2 \end{cases}$$

여기서, N^*는 분포의 왼쪽 영역(음(-)의 값을 갖는 영역)에 속한 총 자료 숫자임

▷ 만약, 준분산의 계산에서 분산 측정에 사용된 총자료 숫자(N)를 사용한다면, 준분산은 분산의 '1/2'인 '0.5'가 된다. 즉, $\frac{1}{N-1}\sum_{i=1}^{N^*}[X_i - \overline{X}]^2$

3 | 관찰결과

- 그림은 좌우대칭구조를 갖는 표준정규분포를 따르는 난수자료로부터 산출된 분산과 준분산을 비교한 것이다. 위 그림은 50회의 반복실험 시뮬레이션 중에서 한가지 시뮬레이션에서 생성된 100,000개 난수자료의 빈도분포를 나타낸다. 아래 그림은 50회 반복실험 시뮬레이션 별로 산출된 분산(원모양, '○')과 준분산(박스모양, '□')을 표시하였고, 전체 실험결과의 각 평균값을 그림의 범례에 함께 표시하였다. 그림의 X축은 50회 반복실험 시뮬레이션 각각을 나타낸다.
- 관찰결과에서, 50번의 반복실험 시뮬레이션 각각에 있어서 생성된 표준정규분포를 따르는 난수자료로부터 측정된 분산과 준분산은 평균적으로 동일한 값을 갖는다. 즉, 좌우대칭구조를 갖는 분포로부터의 분산과 준분산은 동일한 값을 갖는다.

4 | Matlab을 이용한 분석팁

■ Matlab 기본코드: '반복실험 시뮬레이션'

```
① SimSTART = 1;
② SimTARGET = 50;
③ while SimSTART <= SimTARGET
④     disp([' number of Simulations - ', num2str(SimSTART)]);
      % 중간생략
⑤     SimSTART = SimSTART + 1;
⑥ end
```

▷ ①, ②, 반복실험 시뮬레이션을 설정하기 위하여, 시뮬레이션 진행구분자 변수 'Sim START'와 실험의 끝 번호 변수 'SimTARGET'를 각각 설정한다. 즉, 50번의 반복실험 시뮬레이션을 진행하기 위하여 진행 구분자 변수 'SimSTART=1'을 초기화하고, 두번째 시뮬레이션은 ⑤의 'SimSTART=SimSTART+1'에 의하여 변수 'SimSTART=2'가 된다. 그리고 동일한 방식으로 반복하여 마지막 실험에서 진행 구분자 변수 'SimSTART=50'이 되고, 끝 번호('SimTARGET')와 일치한다.

▷ ③, ⑤, ⑥, **'명령어, while...end'**을 이용하여 설정된 조건 〔while (조건)〕에 부합하는 동안 반복실험 시뮬레이션을 한다. '③'에서 설정된 진행 구분자 변수는 'SimSTART=1'이고, 설정된 목표 시뮬레이션 횟수의 변수는 'SimTARGET=50'이기 때문에 **'while 명령어'** 옆에 지정한 조건('SimSTART〈=SimTARGET')에 부합('참(true)')하기 때문에, **while...end** 사이에 있는 모든 명령어들을 수행한다. 설정된 반복실험 시뮬레이션의 명령어들이 끝난 후 '⑤'에서 진행 구분자 변수인 'SimSTART'를 '1' 증가시킨다. 즉, 'SimSTART=SimSTART+1'. 그리고 '⑥'의 **'end 명령어'**에서 다시 '③'으로 돌아간다. 이제 두번째 과정으로 변수 'SimSTART=2'를 갖게 되고, 조건 평가에서 역시 참(true)이기 때문에 **while...end** 사이에 있는 모든 명령어들을 수행한다. 그리고 역시 '⑤'에서 진행 구분자 변수인 'SimSTART'를 '1' 증가시키고, '⑥'의 **'end 명령어'**에서 다시 '③'으로 돌아간다. 이러한 과정은 진행 구분자 변수 'SimSTART'이 '51'이 되어 조건('SimSTART(51)〈=SimTARGET(50)')이 거짓(false)가 되면, **while...end** 사이의 명령어는 수행하지 않고 빠져나온다.

▷ ④, **'명령어, disp()'**를 이용하여 시뮬레이션의 진행과정을 화면에 출력한다. 즉, 반복실험 시뮬레이션의 진행 과정을 화면에서 확인할 목적으로 진행 구분자 변수 'SimSTART'을 표시한다. 즉, '명령어, disp(〔·〕)'에서, 'number of Simulations -'은 직접 입력한 문자이고, 'num2str(SimSTART)'는 **'명령어, num2str()'**를 이용하여 숫자

값을 갖는 변수 'SimSTART'을 화면출력을 위하여 문자로 변경한다. 그리고 전체부분을 대괄호 [ ]'을 이용하여 하나로 묶는다. 화면에 출력되는 형태는 다음과 같다.

```
number of Simulations - 1
number of Simulations - 2
number of Simulations - 3
number of Simulations - 4
number of Simulations - 5
number of Simulations - 6
number of Simulations - 7
number of Simulations - 8
number of Simulations - 9
number of Simulations - 10
number of Simulations - 11
..........
```

■ Matlab 기본코드: '분산 계산'

```
① NormalVAR(SimSTART,:) = var(RandomDATA)
```

▷ ①, **'명령어, var()'**을 이용하여 자료로부터의 분산을 계산한다. 즉, 표준정규분포를 따르는 난수 100,000개의 자료를 수록하고 있는 변수 'RandomDATA'로부터 분산을 계산('var(RandomDATA)')하고, 그 결과를 변수 'NormalVAR'에 대입한다. 그리고 이러한 분산을 계산하는 과정은 앞의 반복실험시뮬레이션에서 설명한 50번 반복실험 시뮬레이션동안 반복 계산된다. 50회 각각에 대하여 계산된 분산 측정치는 구분 기록하기 위하여 'NormalVAR(SimSTART, :)'방법을 이용한다. 즉, 진행 구분자 변수 'SimSTART'를 이용한다. 예를 들어, 첫번째 시뮬레이션('SimSTART=1')에서 산출된 분산은 변수 'NormalVAR(1, :)'에 수록하고, 두번째 시뮬레이션('SimSTART=2')으로부터의 분산은 변수 'NormalVAR(2, :)'에, 그리고 마지막 시뮬레이션('SimSTART=50')으로부터 산출된 분산은 변수'NormalVAR(50, :)에 수록된다. 물론, 이 과정은 앞에서 설명한 'Matlab: 기본코드: '반복실험 시뮬레이션'에서 **'명령어, while ...end'**의 ④와 ⑤사이에 포함된다.

■ Matlab 기본코드: '준분산 계산'

```
① SUM = 0;   DataN = 0;
② RandomMEAN = mean(RandomDATA);
③ for k = 1 : DataSIZE
④    if RandomDATA(k,:) < RandomMEAN
```

```
⑤     DataN = DataN+1;
⑥     SUM = SUM + (RandomDATA(k,:)-RandomMEAN)^2;
⑦   end
⑧ end
⑨ SemiVAR(SimSTART,:) = SUM/(DataN-1);
⑩ clear SUM;   clear DataN;
```

▷ ①, 반복 계산을 위한 도구변수의 초기화 작업이다. 즉, 합계를 계산하는데 이용할 변수 'SUM'과 변수 'DataN'이다. 여기서, 두가지 변수의 초기값은 모두 '0'으로 설정한다.

▷ ②, **'명령어, mean()'**을 이용하여 준분산의 계산에 이용할 기준값인 평균을 계산한다. 즉, 표준정규분포를 따르는 100,000개의 난수자료를 갖는 변수 'RandomDATA'를 이용하여 평균을 산출('mean(RandomDATA)')하고, 그 결과를 새로운 변수 'RandomMEAN'에 대입한다.

▷ ③, ⑧, **'명령어, for...end'**를 이용하여 설정된 구분자 변수 'k'에 따라 반복 계산을 한다. 즉, 계산과정 구분자 변수 'k'를 최소 '1'에서 단계적으로 증가시키며 **'for...end'문** 사이에 있는 모든 명령어를 실행한다. 그리고 최대 'k=DataSIZE'이 되면, 마지막으로 **'for...end'문** 사이에 있는 모든 명령어를 실행하고 빠져나온다. 여기서, DataSIZE는 생성된 난수의 자료 숫자 '100,000'이다.

▷ ④, ⑦, **'명령어, if...end'**를 이용하여 조건에 부합('참(true)')하면 실행한다. 즉, **'if'문** 옆의 조건('RandomDATA(k, :) 〈RandomMEAN')이 참(true)이면, 난수('Random DATA(k, :)')의 값이 평균('RandomMEAN') 보다 작은 분포의 왼쪽영역에 속하기 때문에 준분산의 계산 대상으로 **'if...end'**사이의 명령어들을 실행한다.

▷ ⑤, 앞의 ④에서 설정한 조건에 부합한 경우에 자료 숫자를 순차적으로 '1'씩 증가시키며 그 결과를 변수 'DataN'에 기록한다. 즉, 조건에 부합하면 초기값(①, 'DataN=0')에 '1'을 더한 값을 왼쪽의 변수 'DataN'에 대입한다. 따라서 최종 단계에서 변수 'DataN'을 확인하면, 앞의 ④의 조건(준분산의 분석대상자료)에 부합하는 총자료 숫자이다.

▷ ⑥, 준분산을 계산하기 위한 식('$\frac{1}{N^*-1}\sum_{i=1}^{N^*}[X_i-\overline{X}]^2$')에서, '$\sum_{i=1}^{N^*}[X_i-\overline{X}]^2$'부분에 해당한다. 즉, 자료 변수 'RandomDATA(k, :)'에서 평균 'RandomMEAN'를 빼고, 그 값을 제곱, ('(RandomDATA(k, :)-RandomMEAN)^2')한다. 그리고 ④의 조건에 부합하는 동안 모든 제곱한 값을 합산하기 위하여 변수 'SUM'을 이용하여 누적한다.

즉, ①에서 초기화된 'SUM=0'에서 계산된 값('(RandomDATA(k, :)-RandomMEAN)^2')을 더한 후, 그 결과를 왼쪽 변수 'SUM'에 대입한다. 이러한 과정은 ④의 조건이 부합하는 동안 계속 반복한다.

▷ ⑨, 앞의 ⑥에서 계산된 값('$\sum_{i=1}^{N^*}[X_i - \overline{X}]^2$')을 준분산의 분석대상 자료 숫자('⑤, DataN')로 조정한다. 여기서, 'N^*=DataN'이다. 즉, ⑥에서 계산된 값을 갖고 있는 변수 'SUM'을 변수 'DataN'으로 조정, 즉 'SUM/(DataN-1)'이다. 이러한 계산과정은 준분산의 산출식 '$\frac{1}{N^*-1}\sum_{i=1}^{N^*}[X_i - \overline{X}]^2$'에 해당한다. 그리고 50회의 반복실험 시뮬레이션 별로 준분산이 계산되기 때문에, 계산된 값을 시뮬레이션 진행 구분 변수 'SimSTART'를 통해 변수 'SemiVAR(SimSTART, :)'에 대입한다. 물론 이러한 과정은 반복실험 시뮬레이션의 사전 설정 횟수(SimSTART=50)까지 반복되며, 준분산의 결과를 갖는 변수 'SemiVAR'는 50개의 준분산 값을 갖게 된다.

▷ ⑩, **'명령어, clear'**를 이용하여 반복실험 시뮬레이션에서 동일한 이름으로 사용되는 변수 'SUM'과 변수 'DataN'에 기록된 값을 지운다.

Ⅱ 금융자료의 기초통계량

그림 2-13 분산 기초통계량 [2]: 분산과 준분산간의 관계 II

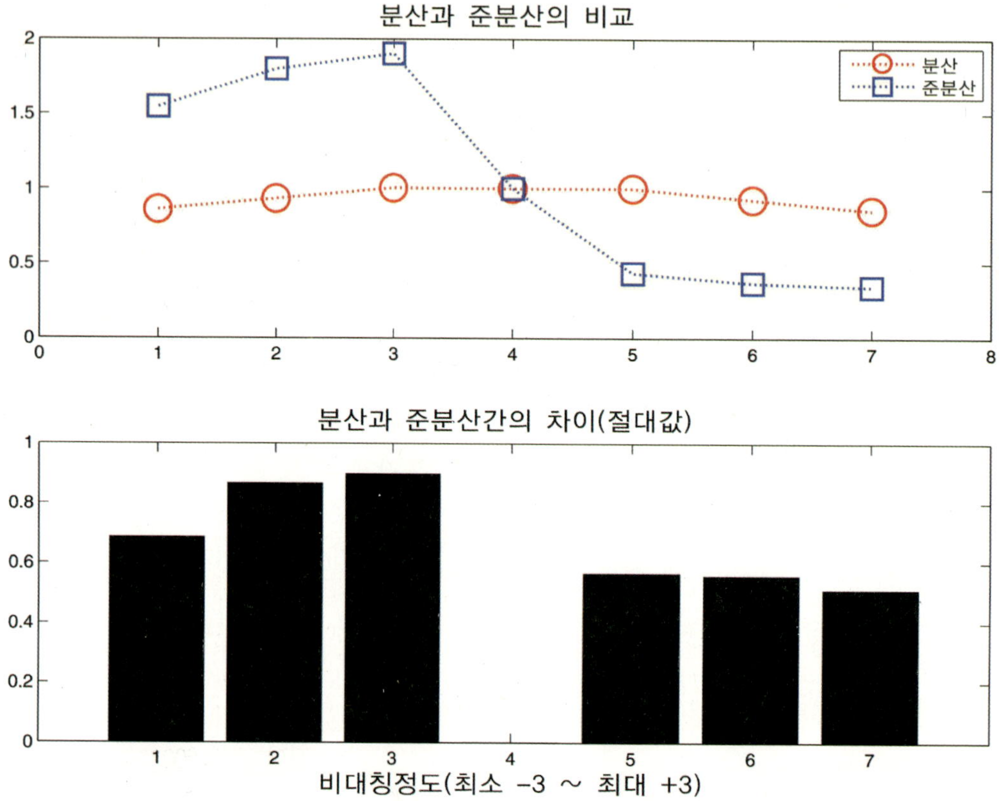

그림2-13 ▎ 그림은 좌우 비대칭적 분포를 따르는 난수자료를 생성하고, 생성된 자료를 이용하여 측정된 분산과 준분산을 비교 관찰한 것이다. 분포의 비대칭정도(왜도)는 총 7가지 경우(왜도=-3, -2, -1, 0, +1, +2, +3)이고, X축에 '1'~'7'로 구분 표시하였다. 위 그림은 각 비대칭정도(왜도)에 있어서 평균 분산(원모양, 'O')과 평균 준분산(박스모양, 'ㅁ')을 나타내고, 아래 그림은 위 그림에서 측정된 평균 분산과 평균 준분산간의 차이에 대한 절댓값을 막대그래프로 나타내었다.

1 | 목적

- 반복실험 시뮬레이션을 통하여 좌우 대칭분포(symmetric distribution)와 좌우 비대칭분포(asymmetric distribution)에 있어서 분산과 준분산간의 관계를 비교 관찰이다.
- 좌우대칭의 표준정규분포(왜도=0)에서 측정된 분산과 준분산은 동일한 값을 갖지만, 비대칭적 분포(왜도≠0)로부터 측정된 분산과 준분산은 상이한 값을 갖게 된다.
- 왜냐하면, 준분산은 평균을 기준으로 작은 값을 갖는 왼쪽 영역만을 대상으로 측정되는 값이기 때문에, 비대칭적 분포인 경우에는 왼쪽 영역과 오른쪽 영역의 차이로 인하여 왼쪽 영역에 대한 측정된 준분산과 양쪽 영역 모두에 대한 분산은 다른 값을 갖는다.

2 | 자료, 기간 및 방법

■ 자료:

▷ 7가지 비대칭정도(왜도)에 따라 생성된 난수자료를 이용

▷ 비대칭 정도는 왜도 크기를 기준으로 -3~+3의 범위에 속하는 7가지, 즉 왜도 '-3', '-2', '-1', '0', '+1', '+2', '+3'을 이용한다.

▷ 왜도가 음(-)의 값을 가지면, 분포의 왼쪽 꼬리가 오른쪽 꼬리 보다 긴 형태를 갖고, 반대로 왜도가 양(+)의 값을 가지면, 분포의 오른쪽 꼬리가 왼쪽 꼬리보다 긴 형태를 갖는다. 그리고 왜도가 '0'의 값이면, 분포의 왼쪽과 오른쪽이 동일한 좌우 대칭분포이다.

■ 방법:

▷ 왜도를 -3에서 +3으로 변경하면서 비대칭적 분포의 속성을 갖는 난수자료를 생성하는 함수를 이용하여, 각각의 난수자료를 생성한다.

▷ 실험의 신뢰성을 위하여 7가지 왜도 각각에 대하여 100회의 반복실험 시뮬레이션을 실시하고, 그 평균값을 보고한다.

▷ 분산, $\sigma^2 = \frac{1}{N-1}\sum_{i=1}^{N}[X_i - \overline{X}]^2$, (여기서, N는 총 자료 숫자를 나타냄)

▷ 준분산, $\sigma^2_{semi} \begin{cases} X_i \geq 0, 0 \\ X_i < 0 \quad \frac{1}{N^*-1}\sum_{i=1}^{N^*}[X_i - \overline{X}]^2 \end{cases}$

3 | 관찰결과

■ 그림은 대칭적 및 비대칭적 분포의 속성을 갖는 난수자료를 이용하여 계산된 분산과 준분산을 나타낸다. 비대칭정도는 왜도로 표시되며 -3~+3의 7가지로 X축에 구분 표시하였다. 즉, -3('X=1'), -2('X=2'), -1('X=3'), 0('X=4'), +1('X=5'), +2('X=6'), +3('X=7'). 위 그림은 각 비대칭정도에서 100회 반복실험 시뮬레이션으로부터 계산된 평균 분산(원모양, '○')과 평균 준분산(박스모양, '□')을 표시하였고, 아래 그림은 위 그림에서 표시된 평균 분산과 평균 준분산의 차이의 절댓값을 막대그래프로 나타낸 것이다.

■ 관찰결과에서, 좌우대칭분포 (왜도=0, x축 '4'에 해당함)의 경우에 분산과 준분산은 평균적으로 동일한 값을 가진다. 즉 위 그림에서 분산('○')과 준분산('□')의 점

은 일치하고, 아래 그림에서 분산과 준분산간의 차이 절댓값의 막대 그래프는 '0'의 값을 갖는다.

- 한편, 좌우 비대칭분포의 경우에 분산과 준분산은 평균적으로 다른 값을 갖는다. 즉, 비대칭적 분포(왜도≠0)에서 분포의 왼쪽꼬리가 오른쪽 꼬리보다 긴 왜도 '-3 (X=1)', '-2 (2)', '-1 (X=3)'에서 준분산('□')은 분산('○') 보다 분명하게 큰 값을 갖고, 분포의 오른쪽 영역이 비대칭적으로 긴 왜도 '+1 (X=5)', '+2 (6)', '+3 (X=7)'에서는 준분산('□')은 분산('○') 보다 작은 값을 갖는다. 왜냐하면, 준분산은 왼쪽 꼬리 부분에 속하는 자료로부터 산출되기 때문에 왼쪽 꼬리가 긴 분포 ('음(-)의 왜도를 갖는 경우')에서 보다 큰 값을 갖는다.

4 | Matlab을 이용한 분석팁

- Matlab 기본코드: '비대칭분포의 난수생성'

```
① RandomDATA = skewtdis_rnd(Degree_of_Freedom, Asymmetry, DataSIZE, 1)
```

▷ ①, **'명령어, skewtdis_rnd()'**를 이용하여, 비대칭분포를 따르는 난수를 생성한다. 명령어 'skewtdis_rnd()'의 m-파일은 Andrew J. Patton교수의 홈페이지(http://public.econ.duke.edu/~ap172/)에서 Hansen(1994) 연구에 근거하여 작성 및 제공하는 것을 이용하였다.[4] 입력요소는 첫째 t-분포의 자유도(degree of freedom, df), 둘째, 비대칭정도의 왜도, 셋째, 생성될 자료의 행(row) 구조, 넷째 생성될 자료의 열(column) 구조이다.

※ **추가설명**: Matlab의 유용성 중에 하나는 프로그램 소스코드의 공개에 있다. 즉, Matlab의 공식사이트에서 제공하는 함수들 이외에도 사용자의 개별적 연구목적에 따라 개발된 Matlab함수를 공개하고, 이들 공개된 함수를 다른 사용자들이 이용할 수 있다. 물론, 이와 같이 공개된 Matlab함수들을 사용할 경우에 해당 함수의 신뢰성, 정확성 등은 사용자가 확인해야할 몫이다. 본 예제에서 사용된 함수들은 다양한 검증과정을 통하여 견고하게 확인한 후에 사용되었다.

4) Hansen B. E. (1994), "Autoregressive Conditional Density Estimation," International Economic Review 35(3), 705-730.

그림 2-14 분산 기초통계량 [3]: 분산과 변동계수간의 관계

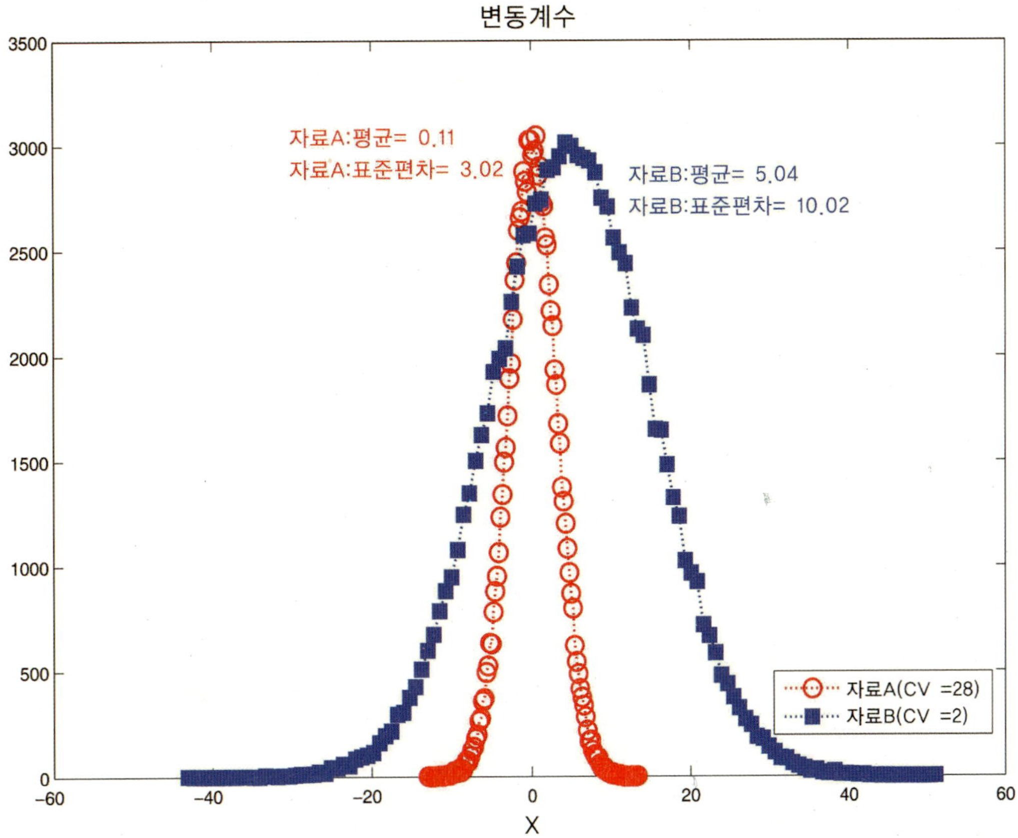

그림2-14 ▌ 그림은 두가지의 상이한 입력모수(평균, 표준편차)의 조건에서 정규분포를 따르는 난수 100,000개를 각각 생성한 후에, 각 자료로부터 도출된 빈도분포를 비교한다. 즉, 그림에서 원모양('○')의 분포는 평균 '0.1'과 표준편차 '3'을 입력모수로 한 정규분포로부터 생성된 난수자료의 빈도분포이고, 박스모양('□')의 분포는 평균 '5'와 표준편차 '10'을 입력모수로 한 빈도분포이다. 그리고 두가지 빈도분포의 자료를 이용하여 산출된 평균, 표준편차, 그리고 변동계수(CV)를 함께 표시하였다.

1 목적

- 일반적으로 분포의 퍼짐 정도는 표준편차(혹은 분산)를 이용하여 측정한다. 그런데 두가지 분포의 평균 간에서 현저한 차이가 있다면, 표준편차 측정치에 근거한 해석보다는 현저한 차이를 만든 평균을 표준편차에 조정한 변동계수(coefficient of variation, CV)를 통하여 결과를 해석한다.
- 따라서 평균 간에 현저한 차이가 있는 두가지 분포의 난수자료로부터 산출된 표준편차와 변동계수를 비교 관찰한다.

2 | 자료, 기간 및 방법

- 자료:
  - ▷ 상이한 평균($\overline{X}$)과 표준편차(σ)를 모수로 하는 정규분포의 난수자료 100,000개를 각각 생성 이용.
  - ▷ 작은 평균을 갖는 정규분포의 난수자료 생성 조건: 평균 '0.1', 표준편차 '3'
  - ▷ 큰 평균을 갖는 정규분포의 난수자료 생성 조건: 평균 '5.0', 표준편차 '10'
- 방법:
  - ▷ 평균, $\overline{X}=\frac{1}{N}\sum_{k=1}^{N}X_k$, (여기서, N는 총 자료 숫자를 나타냄)
  - ▷ 표준편차, $\sigma=\sqrt{\frac{1}{N-1}\sum_{i=1}^{N}[X_i-\overline{X}]^2}$
  - ▷ 변동계수, $CV=\frac{\sigma}{\overline{X}}$

3 | 관찰결과

- 그림은 상이한 평균과 표준편차를 갖는 두가지 분포로부터 생성된 난수자료를 이용하여 측정된 분포의 퍼짐 정도를 비교한 것이다. 자료 A(원모양, '○')는 평균 '0.1'과 표준편차 '3'을 모수로 하는 정규분포로부터 생성된 난수자료이고, 자료 B(박스모양, '□')은 평균 '5'와 표준편차 '10'을 모수로 하는 정규분포로부터 생성된 난수자료이다. 각 난수자료로부터 계산된 평균과 표준편차를 각 분포 옆에 함께 표시하였다. 그리고 계산된 표준편차를 평균으로 나눈 변동계수(CV)도 그래프의 오른쪽 아래 부분에 함께 표시하였다.
- 관찰결과에서, 자료로부터 도출된 빈도분포의 퍼짐 정도를 표준편차 기준으로 살펴보면, 자료 A (원모양 '○')의 표준편차('3')는 자료 B (박스모양 '□')의 표준편차('10')보다 작은 값을 갖는다. 따라서 자료 B의 분포에 대한 퍼짐의 정도가 자료 A의 경우보다 크다고 해석을 한다. 물론, 재무 분야에서 표준편차는 위험측정치로 해석하기 때문에 자료 B의 위험이 자료 A의 위험보다 높다.
- 한편, 두가지 자료간의 현저한 평균 차이 혹은 측정단위의 차이가 있는 자료로부터의 분포는 두가지 자료로부터 산출된 평균값을 각 표준편차에 나눈 변동계수(CV) 측정치를 이용하여 분포의 퍼짐 정도를 비교하는 것이 적절하다. 즉, 변동계수를 기준으로 두가지 자료의 분포를 비교하면, 자료 A의 변동계수는 '28'이고, 자료 B의 변

동계수는 '2'의 값을 갖기 때문에, 앞의 표준편차를 위험측정치로 이용한 결과와 반대되는 결과해석이 가능하다. 즉, 변동계수에 의한 자료 A가 자료 B보다 더욱 위험스러운 자료이다.

- 결국 평균에서의 현저한 차이가 있거나 혹은 측정단위에서 차이가 있다면 이러한 차이가 표준편차(분산)에 직접적으로 영향을 미치기 때문에, 이를 조정한 변동계수를 이용하여 자료의 분포간의 퍼짐의 정도를 비교 관찰하는 것이 보다 적합하다.

4 | Matlab을 이용한 분석팁

- Matlab 기본코드: '변동계수 계산'

```
① Mu1 = 0.1;  Sigma1 = 3;
② RamdomX1 = normrnd(Mu1, Sigma1, DataN, 1);
③ CV1 = std(RandomX1)/mean(RandomX1);
   %
④ Mu1 = 5;  Sigma1 = 10;
⑤ RamdomX2 = normrnd(Mu2, Sigma2, DataN, 1);
⑥ CV2 = std(RandomX2)/mean(RandomX2);
```

▷ ①, 정규분포를 따르는 난수를 생성하기 위하여, 정규분포의 입력모수인 평균과 표준편차를 설정한다. 즉, 입력모수인 평균 '0. 1'을 변수 'Mu1'에 대입하고, 표준편차 '3'을 변수 'Sigma1'에 대입한다.

▷ ②, **'명령어, normrnd()'**를 이용하여 설정한 입력모수에 따른 정규분포의 난수를 생성한다. 입력요소는 첫째, 평균, 'normrnd(Mu1, . . .)', 둘째, 표준편차, 'normrnd(. . . , Sigma1, . . .)', 셋째, 자료의 행(row) 숫자, 'normrnd(. . . , DataN, . . .)', 넷째, 자료의 열(column) 숫자, 'normrnd(. . . , 1)'이다. 즉, 4가지 입력변수의 조건에 따라 생성된 난수는 새로운 변수 'RandomX1'에 수록한다.

▷ ③, 변동계수를 계산한다. **'명령어, mean()'**을 이용하여 자료(변수 'RandomX1')의 평균값, 'mean(RandomX1)'을 계산하고, **'명령어, std()'**을 이용하여 자료(변수 'RandomX1')의 표준편차 'std(RandomX1)'을 산출한다. 그리고 표준편차('std(RandomX1)')를 평균값('mean(RandomX1)')으로 나눈 후, 계산된 결과를 새로운 변수 'CV1'에 대입한다.

▷ ④, ⑤, ⑥, 앞에서 설명한 과정과 동일하며, 단지 정규분포를 따르는 난수의 생성에 있어서 입력모수인 평균('Mu1=5')과 표준편차('Sigma1=10')를 다르게 설정하여 변동계수('CV2')를 계산한 것이다.

그림 2-15 왜도 기초통계량

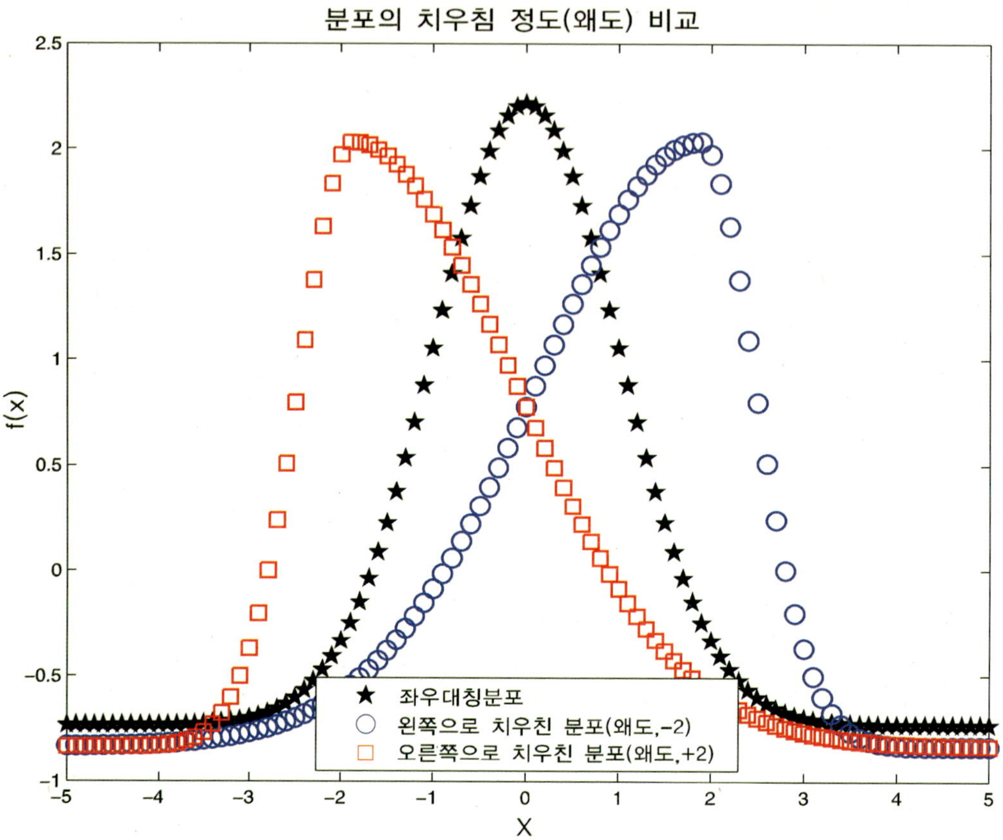

그림2-15 ▍ 그림은 좌우대칭의 정규분포(별모양 '☆')를 기준으로 왼쪽으로 꼬리가 치우친 분포(원모양 'O')와 오른쪽으로 꼬리가 치우친 분포(박스모양 'ㅁ')를 비교한 것이다.

1 | 목적

- 좌우대칭구조를 갖는 정규분포를 비교기준으로 비대칭정도(degree of asymmetry, 치우침 정도)가 상이한 분포들과의 비교 관찰한다.
- 분포의 치우침 정도는 왜도(skewness) 측정치를 이용한다.
- 왜도는 음(-)인 경우('-2')와 양(+)인 경우('+2')로 구분한다. 즉, 분포의 왼쪽 꼬리가 오른쪽 꼬리부분보다 긴 (극단적인 음(-)의 값을 갖는 자료 존재) 경우는 음(-)의 왜도를 갖고, 반대로 분포의 오른쪽 꼬리가 왼쪽 꼬리부분보다 긴 (극단적인 양(+)의 값을 갖는 자료 존재) 경우는 양(+)의 왜도를 갖는다.

2 | 자료, 기간 및 방법

- 자료:

▷ 좌우대칭 구조를 갖는 정규분포의 확률밀도함수를 이용.

▷ 정규분포에 비교하여 왼쪽('음(-)의 왜도')과 오른쪽('양(+)의 왜도')으로 분포의 꼬리가 치우친 비대칭적 구조를 갖는 분포의 확률밀도함수 이용

3 | Matlab을 이용한 분석팁

- Matlab 기본코드: '정규분포의 확률밀도함수'

```
① X = -5 : 0.1 : 5;
② Mu = 0;   Sigma = 1;
③ PDF = normpdf(X, Mu, Sigma);
```

▷ ①, 설정된 범위에서 일정한 간격을 갖는 자료를 생성한다. 즉, 최솟값 ' - 5'에서 최댓값 '+5'의 범위('-5:+5')에서 자료간의 증가에 대한 일정한 간격('0. 1')을 설정한다. 그리고 이러한 조건에 따라 생성된 자료를 새로운 변수 'X'에 대입한다.

▷ ②, 정규분포의 입력모수인 평균과 표준편차를 설정한다. 즉, 입력모수인 평균 '0'을 변수 'Mu'에 대입하고, 표준편차 '1'을 변수 'Sigma'에 대입한다. 여기서, 평균 '0'과 표준편차 '1'의 입력모수를 갖는 것은 표준정규분포이다.

▷ ③, **'명령어, normpdf()'**는 정규분포의 확률밀도함수의 값들을 생성한다. 입력요소는 첫째, 확률밀도함수의 X축 자료이다. 앞의 '①'에서 생성된 - 5~+5의 범위에 0. 1의 간격으로 생성된 자료(변수, 'X')를 이용한다. 둘째, 정규분포의 입력모수인 평균이다. 즉, 앞 '②'의 'Mu=0'이다. 셋째, 정규분포의 입력모수인 표준편차로, 역시 앞의 '②'에서 지정한 'Sigma=1'이다.

- Matlab 기본코드: '비대칭적 분포의 확률밀도함수'

```
① SkewFACTOR = -2;
② PDF2 = skewtdis_pdf(X, DF, SkewFACTOR);
```

▷ ①, 비대칭적 구조를 갖는 분포를 생성하기 위하여, 분포의 치우침 정도는 왜도 측정치를 이용한다. 예를 들어, 왜도 측정치 변수 'SkewFACTOR'에 '-2'를 대입한다. 이는 분포의 꼬리부분이 왼쪽으로 치우친 경우를 설정한 것이다.

▷ ②, **'명령어, 'skewtdis_pdf()'**를 이용하여 분포의 치우침의 정도를 반영한 확률밀도함수의 값을 생성한다. 함수 'skewtdis_pdf()'의 m-파일은 Andrew J. Patton교수의 홈페이지(http://public.econ.duke.edu/~ap172/)에서 Hansen(1994) 연구에 근거하여 작성 및 제공하는 것을 이용하였다. 입력요소는 첫째 자료, 둘째, t-분포의 자유도(degree of freedom), 셋째, 비대칭정도의 왜도이다.

※ **추가설명**: 그림에 제시된 오른쪽으로 치우친 분포는 '①'의 변수 'SkewFACTOR'에 +2를 설정하면 된다.

그림 2-16 첨도 기초통계량

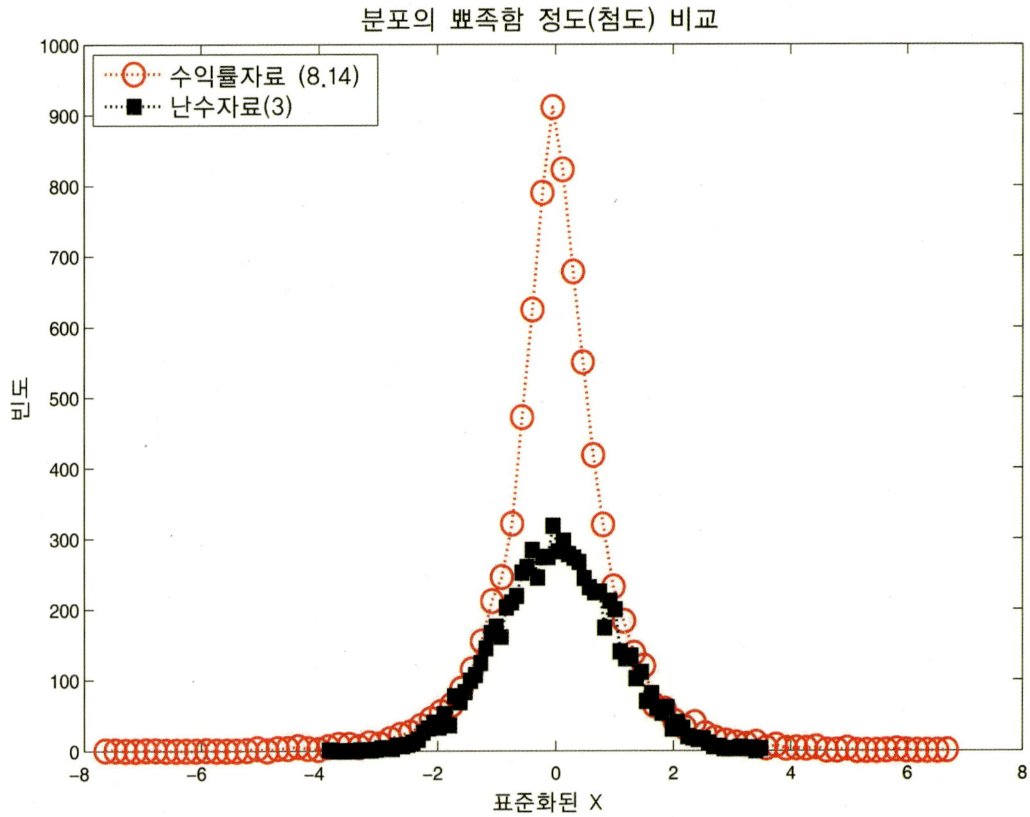

그림2-16 ▎ 그림은 표준정규분포를 따르는 난수('□')를 생성한 후, 생성된 난수자료로부터 도출된 빈도분포와 KOSPI 시장지수의 일별수익률('○')로부터 도출된 빈도분포를 비교 관찰한 것이다.

1 ▎ 목적

- 분포의 뾰족함 정도는 첨도(kurtosis)를 이용한다.
- 주식시장에서의 수익률 분포는 높은 첨도를 갖는 것으로 알려져 있다. 즉, 수익률분포의 중심부분에 많은 자료들이 집중됨에 따라 높은 높이를 갖는 형태를 보여준다.
- 따라서 표준정규분포에 대한 첨도는 '+3'이기 때문에, 표준정규분포를 따르는 난수자료로부터의 빈도분포와 KOSPI 시장지수의 일별수익률로부터 도출된 빈도분포를 비교 관찰한다.

2 | 자료, 기간 및 방법

- 자료: KOSPI 시장지수의 일별수익률와 표준정규분포를 따르는 동일한 숫자의 난수 자료 생성
- 기간: 1980년 1월부터 2012년 12월까지 8105 거래일
- 방법:

▷ 표준화(standardization), $z = \frac{x - \bar{x}}{\sigma}$, 여기서 $\bar{x}$는 자료의 평균, σ는 자료의 표준편차

▷ KOSPI 시장지수의 일별수익률과 표준정규분포를 따르는 난수자료는 상이한 단위를 갖는다.

▷ 따라서 상이한 단위를 갖는 자료들에 대하여 표준화과정을 통하여, 평균은 '0', 표준편차는 '1'의 값을 갖는 분포로 조정한다. 따라서 자료 크기에 관계없이 동일한 기준으로 자료들 간의 비교 관찰이 가능하다.

3 | 관찰결과

- 그림은 KOSPI 시장지수의 일별수익률과 표준정규분포를 따르는 난수자료의 빈도분포를 나타낸 것이다. 그림에서 원모양('○')은 KOSPI의 일별수익률의 빈도분포를, 박스모양('□')은 표준정규분포의 난수자료를 나타낸다. 그리고 X축은 표준화된 두 가지 자료의 범위를 나타내고, 이들 자료로부터 계산된 각각의 첨도 측정치를 왼쪽 위 부분에 함께 표시하였다. 기초통계량 첨도는 분포의 중심부분에 대한 뾰쪽함의 정도를 나타내는 측정치이다.
- 관찰결과에서, 표준정규분포를 따르는 난수자료로부터의 첨도는 '3'을 값을 갖지만, KOSPI 시장지수의 일별수익률에 대한 첨도는 보다 큰 '8'의 값을 갖는다. 이러한 차이는 그림에서 KOSPI 시장지수의 일별수익률의 빈도분포('○')와 표준정규분포의 난수자료에 대한 빈도분포('□')의 높이를 비교함으로서 시각적으로 확인된다.
- 일반적으로 주식수익률의 실증적 분포는 급첨도분포(leptokurtic distribution)의 속성을 갖는 것으로 알려져 있다. 즉, 분포의 중심부분은 이론적인 정규분포보다 더욱 뾰쪽하고 (높고), 꼬리부분은 더욱 두꺼운 특징을 갖는다.

4 Matlab을 이용한 분석팁

■ Matlab 기본코드: '표준화과정'

```
① ZMarketDAY = zscore(MarketDAY);
```

▷ ①, **'명령어, zscore()'**를 이용하여 자료를 표준화한다. 즉, 상이한 자료단위를 갖는 자료를 비교하기 위하여, 비교대상 두가지 자료의 단위를 동일하게 만드는 것을 표준화과정이라 한다. 대표적 표준화는 평균(mean, μ)과 표준편차(standard deviation, σ)에 의하여 조정한다. 즉, $(x-\mu)/\sigma$. 따라서 **'zscore()'**를 이용하여, 변수 'Market DAY'에 수록된 자료를 표준화한 후에, 그 결과를 새로운 변수 'ZMarketDAY'에 수록한다(여기서, 변수 'MarketDAY'는 KOSPI 시장지수의 일별수익률의 자료를 수록한다.).

그림 2-17 기초통계량의 적용 [1]: 주식수익률의 횡단면적 관찰

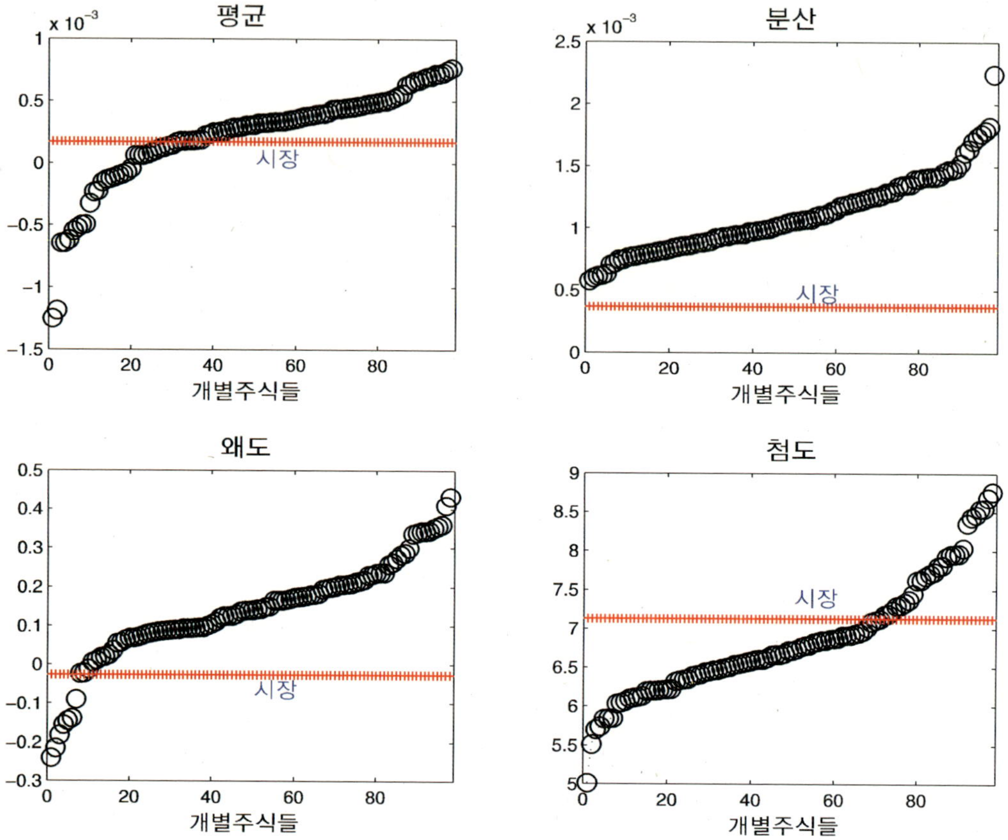

그림2-17 ▌ 그림은 1990년 1월부터 2012년 12월까지의 기간에 KOSPI 200 시장지수에 속한 98개 개별주식들의 일별수익률 자료를 이용하여 산출된 각 개별주식별 평균, 분산, 왜도, 첨도의 측정치들('O')을 나타낸다. 그림은 산출된 측정치 크기를 기준으로 각각 정렬한 후에 그 결과를 표시하였다. 즉, 그림의 왼쪽은 가장 작은 값을, 오른쪽은 가장 큰 값을 갖는다. 비교기준으로 KOSPI 시장지수의 일별수익률로부터 산출된 각 측정치들('+')을 함께 표시하였다.

1 ┃ 목적

- 개별주식의 수익률자료를 이용하여 도출된 분포는 모두 상이하다. 이는 분포의 속성인 평균, 분산, 왜도, 첨도 등의 기초통계량이 개별주식마다 상이하다는 것을 의미한다.
- 따라서 설정된 기간에서 KOSPI 200을 구성하는 개별주식의 수익률 자료로부터 산출된 각 개별주식별 평균, 분산, 왜도, 첨도의 기초통계량을 비교 관찰한다. 비교대상은 동일한 기간에서 KOSPI 시장지수의 수익률로부터 산출된 기초통계량(평균, 분산, 왜도, 첨도)이다.

2 | 자료, 기간 및 방법

- 자료: KOSPI 200을 구성하는 주식들 중, 설정한 기간 내에 모든 수익률 자료를 갖는 98개 개별주식들의 일별 수익률, 그리고 동일한 기간에서의 KOSPI 200 시장지수의 일별 수익률을 이용
- 기간: 1990년 1월부터 2012년 12월까지 5,667 거래일
- 방법:
  - ▷ [단계1] 개별주식 각각에 대한 평균, 분산, 왜도, 첨도의 4가지 측정치를 산출한다.
  - ▷ [단계2] 산출된 측정치의 크기를 기준으로 각각 오름차순으로 정렬한다.
  - ▷ [단계3] 오름차순(왼쪽은 가장 작은 값, 오른쪽은 가장 큰 값)으로 정렬된 각 기초통계량을 4가지의 그림에 각각 표시한다.
  - ▷ [단계4] KOSPI 200 시장지수의 수익률에 대한 평균, 분산, 왜도, 첨도의 4가지 측정치를 산출하고 그림에 함께 표시한다.

3 | 관찰결과

- 그림은 개별주식수익률로부터 측정된 기초통계량인 평균(위, 왼쪽), 분산(위, 오른쪽), 왜도(아래, 왼쪽), 첨도(아래, 오른쪽)를 비교한 것이다. 그림의 X축은 분석대상인 98개 개별주식을 나타낸다. 그리고 각 측정치별로 오름차순으로 정렬한 후에 가장 작은 값을 갖는 주식을 왼쪽에 위치시키고, 가장 큰 값을 갖는 주식을 오른쪽에 위치시키는 방법으로 표시하였다. 또한 비교기준으로 KOSPI 200 시장지수의 수익률에 대한 평균, 분산, 왜도, 첨도의 측정치들을 함께 표시하였다.
- 관찰결과에서, 개별주식들은 각기 상이한 기초통계량을 갖는다는 것을 알 수 있다. 즉, 개별주식의 수익률로부터 도출될 분포의 속성이 모두 다르다는 것을 의미한다.
- KOSPI 200 시장지수의 일별수익률로부터 산출된 기초통계량과 개별주식의 일별수익률로부터 산출된 기초통계량을 비교하면, 개별주식에 대한 평균, 왜도, 첨도는 시장지수에 비교하여 높은 값을 갖는 주식들 혹은 낮은 값을 갖는 주식들이 있다는 것을 알 수 있다. 그런데 개별주식의 분산은 시장지수의 분산에 비교하여 높은 값을 갖는다. 가능한 설명은 포트폴리오의 정의에서 찾을 수 있다. 즉, 시장지수는 시장에서 거래되는 개별주식들의 가중평균방법에 의하여 구성된 포트폴리오이기 때문에, 포트폴리오의 분산(위험정도)은 개별주식의 분산(위험정도)에 비교하여 포트폴리오 분산투자 효과에 따라 작은 값을 갖는다.

4 | Matlab을 이용한 분석팁

■ Matlab 기본코드: '정렬 방법'

```
① DesSTAT = mean(StockDATA);
② [MaxVALUE, MaxINDEX] = max(DesSTAT);
③ [MinVALUE, MinINDEX] = min(DesSTAT);
④ [SortVALUE, SortINDEX] = sort(DesSTAT);
```

▷ ①, **'명령어, mean()'**을 이용하여 기초통계량 평균을 산출한다. 즉, 개별주식의 일별 수익률 자료를 수록한 변수 'StockDATA'의 평균값('mean(StockDATA')을 산출하고, 산출된 결과를 새로운 변수 'DesSTAT'에 대입한다. 개별주식수익률의 변수 'Stock DATA'는 5667×98 구조를 갖는다. 즉 행(거래일, '5667')과 열(주식숫자, '98')이다. **'명령어, mean()'**는 은 별도의 지정/조정이 없다면 열(column)기준으로 평균값을 계산하기 때문에 산출된 평균값은 1×98의 구조를 갖기 때문에, 평균값을 대입한 변수 'DesSTAT'의 구조는 98개 개별주식에 대하여 1×98의 구조이다.

▷ ②, **'명령어, max()'**를 이용하여 최댓값을 계산한다. 개별주식의 평균값을 수록한 변수 'DesSTAT'에서 최댓값과 최댓값을 갖는 주식의 위치정보를 찾는다. 즉, 명령어로부터 찾은 최댓값은 변수 'MaxVALUE'에 대입하고, 찾은 최댓값의 위치정보(개별주식)는 변수 'MaxINDEX'에 대입한다.

▷ ③, **'명령어, min()'**를 이용하여 최솟값을 계산한다. 개별주식의 평균값을 수록한 변수 'DesSTAT'에서 최솟값과 최솟값을 갖는 주식의 위치정보를 찾는다. 즉, 명령어로부터 찾은 최솟값은 변수 'MinVALUE'에 대입하고, 찾은 최댓값의 위치정보(개별주식)는 변수 'MinINDEX'에 대입한다.

▷ ④, **'명령어, sort()'**를 이용하여 정렬된 값을 제공한다. 변수 'DesSTAT'에 수록된 개별주식의 평균값을 오름차순으로 정렬한다. 그리고 정렬된 값은 새로운 변수 'Sort VALUE'에 대입하고, 정렬된 값에 대한 원래의 개별주식 위치정보는 새로운 변수 'SortINDEX'에 대입한다. 여기서 **'명령어, sort()'**는 정렬방법으로 오름차순('ascend')과 내림차순('descend')을 지정할 수 있으며, 만약 별도의 지정이 없다면(default), 오름차순의 정렬한다.

※ **추가설명**: 그림에 제시된 4가지 기초통계량 중에서, 앞의 내용은 평균을 중심으로 설명한 것이다. 따라서 나머지 기초통계량인 분산('명령어, **var()**'), 왜도('명령어, **skewness()**'), 첨도('명령어, **kurtosis()**')을 '①'의 명령어 부분에서 변경한 후, 동일하게 적용한다면, ②, ③, ④에서 설명한 결과를 구할 수 있다.

그림 2-18 기초통계량의 적용 [2]: 주식수익률의 시계열적 관찰

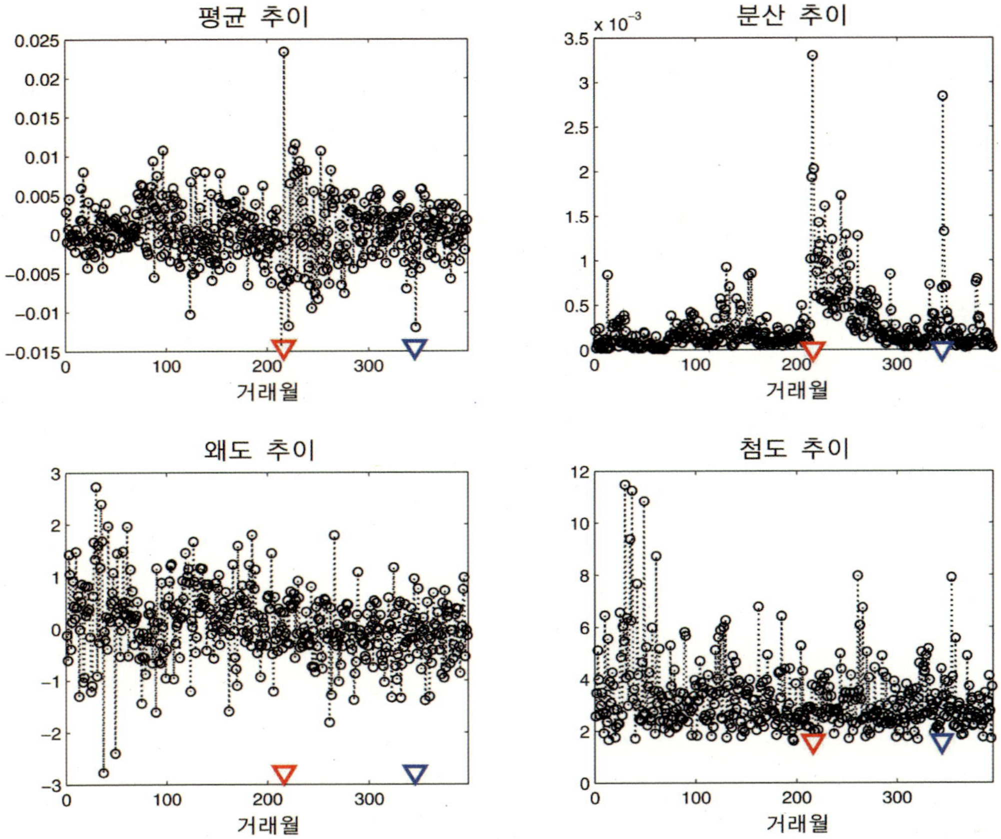

그림2-18 | 그림은 1980년 1월부터 2012년 12월까지의 396개월(8,405거래일)기간 동안에 KOSPI 시장지수의 일별수익률을 이용하여 각 월별로 산출된 평균, 분산, 왜도, 첨도의 4가지 측정치들의 시계열적 추이를 나타낸 것이다. 그림에 표시된 삼각형('▽')은 각각 1997년 12월 한국외환위기, 2008년 9월 미국신용위기 사건월이다.

1 | 목적

- 시간의 흐름에 따라 시장 상황의 변화로 시장지수뿐만 아니라 개별주식들은 상이한 평균, 분산, 왜도, 첨도 등을 갖는다. 즉, 각 상황별 및 각 시점별로 수익률의 분포적 속성은 계속적으로 변화한다.
- 1980년 1월부터 2012년 12월까지 396개월의 각 거래월에 있어서 KOSPI 시장지수의 일별수익률을 이용하여, 각 거래월의 평균, 분산, 왜도, 첨도의 측정치에 대한 시계열적 추이를 비교 관찰한다.

2 | 자료, 기간 및 방법

- 자료: KOSPI 일별수익률 이용
- 기간: 1980년 1월부터 2012년 12월까지의 396개월
- 방법:

▷ 1980년 1월부터 2012년 12월까지의 총 396개월 기간에서 각 거래월별로 KOSPI 시장지수의 일별수익률을 이용하여 평균, 분산, 왜도, 첨도의 4가지 측정치를 산출한다. 즉, 기초통계량의 각 측정치들은 총 검증기간에서 모두 396개를 산출한다.

3 | 관찰결과

- 그림은 KOSPI 시장지수 수익률의 평균(위, 왼쪽), 분산(위, 오른쪽), 왜도(아래, 왼쪽), 첨도(아래, 오른쪽) 측정치에 대한 시계열 추이를 나타낸다. 그림의 X축은 1980년 1월부터 2012년 12월까지의 396 거래월이고, 삼각형 표시('▽')는 시장붕괴기간인 1997년 12월 한국외환위기, 2008년 9월 미국신용위기를 표시한 것이다.
- 관찰결과에서, KOSPI 시장지수의 기초통계량은 시간의 흐름에 따라 계속 변한다. 즉, 시계열적으로 상황 변화에 따라 시장지수는 지속적으로 상이한 평균, 분산, 왜도, 첨도를 갖는다.
- 한편, 시계열적으로 변화하는 기초통계량에 있어서 특징적인 점은 시장붕괴기간에서 관찰된다. 즉, 한국외환위기에 해당하는 시장붕괴월(1997. 12)에 있어서 평균은 큰 폭의 높고 낮은 값을 갖고, 분산은 매우 높은 값을 가지며, 특히 주변 분산값들로 함께 높은 값을 갖는다. 이는 재무 분야에서 널리 알려진 변동성 군집현상(volatility clustering effect)으로 높은 (낮은) 변동성 다음에 높은 (낮은) 변동성이 나타난다.

4 | Matlab을 이용한 분석팁

- Matlab 기본코드: '기간이동에 따른 반복실험 시뮬레이션'

```
① Month = 1;   TotalMONTH=396;
② while Month <= TotalMONTH
     % Data
③    TestDATA = MarketRET(CalendarDATA(Month,5):CalendarDATA(Month,6),1);
     % Descriptive Statistics
④    MarketAVE(Month,:) = mean(TestDATA);
```

```
⑤ MarketVAR(Month,:) = var(TestDATA);
⑥ MarketSKW(Month,:) = skewness(TestDATA);
⑦ MarketKUT(Month,:) = kurtosis(TestDATA);
   % LOOP
⑧ Month = Month + 1;
⑨ clear TestDATA;
⑩ end
```


▷ ①, 시뮬레이션의 구분자를 설정한다. 즉, 첫번째 거래월인 1980년 1월에 해당하는 구분자('1')를 변수 'Month=1'에 설정하고, 2012년 12월 마지막 거래월의 구분자('396')를 변수 'TotalMonth=396'에 한다. 반복실험 시뮬레이션 진행 구분자 변수 'Month'는 **'명령어, while...end'** 내에 작성된 '⑧'의 'Month=Month+1'에 의하여 순차적으로 증가하며, 마지막 2012년 12월에 해당하는 구분자('396')를 변수 'Month=396'에 대입한 후, 다음번 변수 'Month=397'이 될 때 기간이동 시뮬레이션은 끝난다.

▷ ②, ⑩, **'명령어, while...end'**의 반복구문을 이용하여 기간이동의 시뮬레이션을 실행한다. 즉, 조건('Month <= TotalMONTH')에 부합하면, **'명령어, while...end'**의 반복구문 내에 있는 모든 명령어를 계속 실행한다. 즉, 분석기간내 전체 396 거래월의 변수 'TotalMonth = 396'에 비교하여 기간이동의 진행 구분자 변수 'Month'가 작거나 같다('<=')면, **'while...end'** 내의 명령어를 실행한다. 변수 'Month'는 앞의 '①, ⑧'의 설명에서와 같이 순차적으로 증가한다.

▷ ③, 특정 거래월에 포함된 자료를 추출한 후, 새로운 변수에 대입한다. 즉, KOSPI 시장지수의 일별수익률을 수록하고 있는 변수 'MarketRET()'에서, 특정월의 자료를 추출한 후에 새로운 변수 'TestDATA'에 대입한다. 특정월의 자료 추출은 자료의 일련번호를 이용하여 설정된 구분자를 이용한다. 즉, 1980년 1월 4일 ('1')에서 2012년 12월 28일 ('8105')의 일별자료에 대한 일련변호(1~8105)를 기준으로 각 월에 해당하는 구분자를 갖는 변수 'CalendarDATA'를 이용한다. 변수 'CalendarDATA'는 자료의 각 거래월에서 자료의 시작번호와 끝 번호 정보를 갖고 있다. 예를 들어, 1980년 1월의 시작 거래일인 4일은 '1'이고, 1월의 마지막 거래일은 '20'이다. 2월의 첫 번째 거래일인 1일은 '21'이고 마지막 거래일은 '41'이다. 이와 같은 방식으로 전체기간의 396 거래월에 대한 각 월별 시작 거래일의 구분번호와 끝 거래일의 구분번호의 정보를 모두 수록한다. 프로그램에 사용된 변수 'CalendarDATA'는 각 거래월의 시작거래일 구분번호는 '5열'에, 끝 거래일은 '6열'에 위치정보를 갖기 때문에, 시작번호('5열', 'CalendarDATA(Month, 5)'와 끝번호('6열', CalendarDATA(Month, 6)'를 변수

'Market RET(CalendarDATA(Month, 5) :CalendarDATA(Month, 6), 1)'에 입력하여, 특정 월('Month')에 속한 자료만을 선택한다.

▷ ④, **'명령어, mean()'**을 이용하여 기초통계량 평균을 산출한다. KOSPI 시장지수의 특정 거래월에 대한 일별수익률 자료를 수록한 변수 'TestDATA'의 평균값을 **'명령어, mean()'**을 이용하여 산출하고, 산출된 결과를 새로운 변수 'MarketAVE()'에 대입한다. 기초통계량 평균은 앞에서 설명하였듯이, 1980년 1월부터 2012년 12월의 396개월동안에 반복되기 때문에, 각 거래월별로 산출되는 평균값을 진행 구분자 변수 'Month'를 이용하여 변수 'MarketAVE(Month, :)'에 구분 수록한다. 따라서, 모든 시뮬레이션 과정이 끝났을 때, 변수 'MarketAVE'의 자료는 396거래월에 대한 396×1의 구조를 갖는다.

▷ ⑤, ⑥, ⑦, 기초통계량의 분산을 산출하는 **'명령어, var()'**, 왜도를 산출하는 **'명령어, skewness()'**, 첨도를 산출하는 **'명령어, kurtosis()'**를 이용하여 각각의 값을 산출한다. 명령어에 대한 설명은 앞의 평균에 대한 '④'의 설명 부분과 다르지 않다. 단지, 각 기초통계량을 수록하는 변수 'MarketVAR', 'MarketSKW', 'MarketKUT'만 구분된다.

▷ ⑨ **'명령어, clear'**를 이용하여 설정된 변수를 지운다. 즉, 각 월의 KOSPI 시장지수의 일별수익률을 임시적으로 수록하고 있는 변수 'TestDATA'를 지운다. 이유는 다음과 같다. 각 거래월의 일별수익률의 숫자는 모두 동일하지 않다. 즉, 평균적으로 거래월에 대한 일별수익률의 자료 숫자는 '22'이만, 거래월별로 평균 숫자에 비교하여 많거나 작을 수 있기 때문에, 거래월별 자료를 동일한 변수 'TestDATA'에 반복적으로 수록하기 위하여 **'명령어, clear'**을 이용하여 지운다.

그림 2-19 기초통계량의 적용 [3]: 정상시장과 붕괴시장 간의 비교

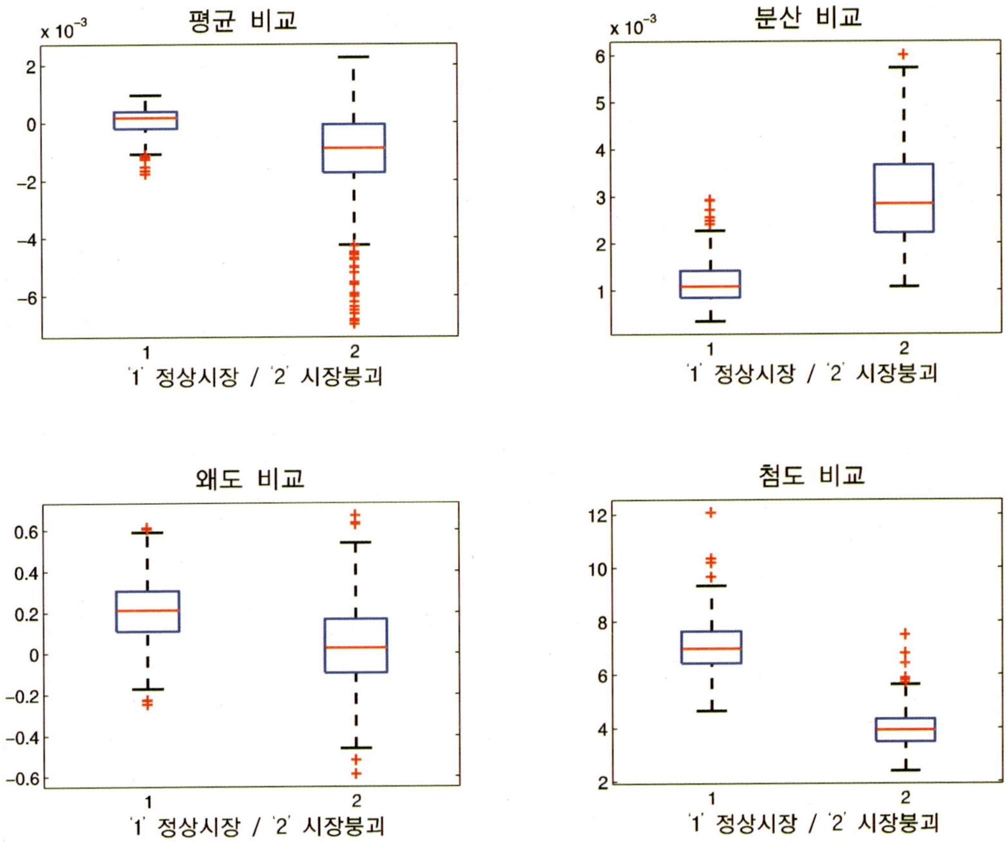

그림2-19 ▌ 그림은 1990년 1월부터 2012년 12월까지의 기간에 있어서 KOSPI 시장지수를 구성하는 351개 개별주식들의 일별수익률을 이용하여 한국 외환위기의 시장붕괴기간(1997.01~1998.12)에 대한 평균, 분산, 왜도, 첨도의 기초통계량(X축, '2')과 시장붕괴기간을 제외한 정상시장기간에서의 기초통계량(X축, '1')을 비교한 것이다. 그림은 분포의 단면을 표시하는 boxplot방법을 이용하였다.

1 | 목적

- 개별주식들은 주식시장의 붕괴기간에 있어서 정상적인 시장의 경우와 분명하게 차별되는 분포적 속성 (평균, 분산, 왜도, 첨도 등) 을 갖는다.
- 따라서 주식시장의 시장붕괴기간에 있어서 개별 주식수익률로부터의 평균, 분산, 왜도, 첨도의 기초통계량을 시장붕괴기간을 제외한 정상적 시장에서의 기초통계량과 비교 관찰한다.

2 | 자료, 기간 및 방법

- 자료: KOSPI 시장지수를 구성하는 351개 개별주식의 일별수익률
- 기간:
  - ▷ 전체기간: 1990년 1월부터 2012년 12월의 기간 (23년)
  - ▷ 시장붕괴기간: 1997년 1월부터 1998년 12월의 기간 (2년)
  - ▷ 정상시장기간: 전체기간에서 시장붕괴 기간을 제외한 나머지 기간 (21년)
- 방법:
  - ▷ 4가지 기초통계량인 평균, 분산, 왜도, 첨도 각각에 대한 Boxplot방법을 이용
  - ▷ Boxplot방법은 빈도분포가 갖는 분포적 속성을 간단하게 확인할 수 있는 방법으로, 빈도분포에서 6가지의 값을 이용한다. 즉, 자료의 최솟값과 최댓값, 25% 분위수 지점, 중위수, 75% 분위수 지점, 확률 약 0.5%와 약 99.5% 지점, 그리고 분포의 약 99% 중간영역의 범위에 포함되지 않은 자료들을 '+'로 구분 표시.

3 | 관찰결과

- 그림은 시장붕괴기간과 정상시장기간에 있어서 개별주식수익률의 기초통계량인 평균(위, 왼쪽), 분산(위, 오른쪽), 왜도(아래, 왼쪽), 첨도(아래, 오른쪽)를 비교한 것이다. 그림의 X축에서 '1'은 정상시장을 , '2'는 시장붕괴를 구분 표시한 것이다. 그리고 그래프는 분석에 이용된 351개 개별주식수익률의 기초통계량들을 효과적으로 시각화하기 위하여 Boxplot방법으로 나타내었다.
- 관찰결과에 의하면, 시장붕괴기간에서의 기초통계량과 정상시장기간에서의 기초통계량 간에는 분명한 차이가 있다는 것을 시각적으로 확인할 수 있다. 첫째, 평균에 있어서 시장붕괴기간의 평균은 정상시장기간의 평균에 비교하여 평균적으로 낮은 값을 갖는다. 둘째, 분산에 있어서 시장붕괴기간의 분산은 정상시장기간의 분산에 비교하여 평균적으로 높은 값을 갖는다. 셋째, 왜도에 있어서 시장붕괴기간의 왜도는 정상시장기간의 왜도에 비교하여 평균적으로 낮은 값을 갖는다. 넷째, 첨도에 있어서 시장붕괴기간의 첨도는 정상시장기간의 첨도에 비교하여 평균적으로 낮은 값을 갖는다.
- 따라서 시장상황의 변화는 개별주식수익률의 분포적 속성에 의미 있는 영향을 미친다. 특히 시장붕괴기간은 높은 폭의 가격하락에 따라 낮은 평균과 높은 분산을 갖고, 그리고 가격하락 폭이 큼에 따라 분포의 왼쪽 꼬리부분이 길고(음(-)의 왜도)

극단적 가격변화의 꼬리부분에 빈도가 상대적으로 증가함에 따라 중심부분의 빈도가 감소하는 경향(낮은 첨도)을 보인다.

4 | Matlab을 이용한 분석팁

■ Matlab 기본코드: '특정기간의 자료를 제외하는 방법'

```
① StartDATE = 1713;   % 1997.01
② EndDATE = 2201;   % 1998.12
③ StockNORMAL = StockDATA;
④ StockCRISIS = StockDATA(StartDATE:EndDATE,:);
⑤ StockNORMAL(StartDATE:EndDATE,:) = [];
```

▷ ①, ②, 시장붕괴기간의 거래일 구분자를 설정한다. 즉, 본 예제에서 한국외환위기의 영향권기간인 시장붕괴기간을 1997년 1월 ('1713')에서 1998년 12월 ('2201')로 설정하고, 이를 변수 'StartDATE=1713'와 변수 'EndDATE=2201'에 각각 대입한다.

▷ ③, ⑤ 전체기간에서 시장붕괴기간을 제외한 기간 자료들로 정상적 시장의 자료를 설정한다. '③'에서 전체기간의 자료를 수록하고 있는 변수 'StockDATA'를 새로운 변수 'StockNORMAL'에 동일하게 대입한다. 그리고 '⑤'에서 앞의 '①'에서 설정한 시장붕괴기간의 자료를 제외한다. 즉, 앞의 ③에 의하여, 전체 자료를 갖게 된 변수 'StockNORMAL'에서 시장붕괴기간의 구분자 변수 'StartDATE'와 'EndDATE'를 이용하여, 해당 기간의 자료를 모두 삭제('StockNORMAL(StartDATE:EndDATE, :) = []')한다. 즉, 명령어의 왼쪽에서 시장분괴기간의 'StartDATE:EndDATE'에 해당하는 모든 자료(':')를 'StockNORMAL(StartDATE:EndDATE, :)' 표시하고, 명령어 오른쪽에 '[ ]'를 코딩한다. 명령어 오른쪽의 '[ ]'는 자료값이 없다는 것을 의미하기 때문에, 왼쪽에 설정한 기간('StartDATE:EndDATE')의 자료를 지우게 된다.

▷ ④, 시장붕괴기간의 자료를 새로운 변수 'StockCRISIS'에 대입한다. 즉, 앞의 ①에서 설정한 시장붕괴기간의 구분자 변수 'StartDATE=1713'와 변수 'EndDATE=2201'를 이용하여, 전체기간의 자료를 수록하고 있는 변수 'StockDATA'로부터 시장붕괴기간의 자료('StockDATA(StartDATE:EndDATE, :)')를 새로운 변수 'StockCRISIS'에 대입한다.

■ Matlab 기본코드: 'boxplot방법'

```
① DesSTAT1 = mean(StockNORMAL);
② DesSTAT2 = mean(StockCRISIS);
③ TestDATA = [DesSTAT1', DesSTAT2'];
④ boxplot(TestDATA);
```

▷ ①, ②, **'명령어, mean()'**을 이용하여 평균값을 계산한다. 즉, 정상시장기간에 해당하는 자료를 수록하고 있는 변수 'StockNORMAL'과 시장붕괴기간의 자료를 수록하고 있는 변수 'StockCRISIS' 각각의 평균('mean (StockNORMAL)', 'mean (StockCRISIS)') 을 계산한다. 그리고 그 결과를 새로운 변수 'DesSTAT1'와 'DesSTAT2'에 각각 대입한다. 여기서, **'명령어, mean()'**은 별도의 지정/조정이 없다면 열(column) 기준으로 평균값을 계산하기 때문에, Time×351의 구조를 갖는 'StockNORMAL'과 'StockCRISIS'의 두가지 변수로부터 산출된 평균값은 모두 1×351구조를 갖고, 평균을 수록한 변수 'DesSTAT1'과 'DesSTAT2'의 구조도 동일한 1×351의 구조를 갖는다.

▷ ③, 각각 산출된 자료를 하나의 변수에 결합하여 수록한다. 즉, 앞의 '①'과 '②'에서 산출된 평균값을 수록한 변수 'DesSTAT1'와 'DesSTAT2'를 새로운 변수 'TestDATA'에 결합('〔DesSTAT1′, DesSTAT2′〕')하여 대입한다. 여기서, 각 평균값을 수록하는 변수 'DesSTAT1'과 'DesSTAT2'은 351개 개별주식에 대하여 각각 1×351의 열(column) 구조를 갖기 때문에, 단순히 〔DesSTAT1, DesSTAT2〕의 방법으로 결합할 수 없다. 만약, 이와 같은 형태로 명령어를 실행시킨다면, 새로운 변수 'TestDATA'의 자료구조는 1×702가 된다. 따라서 두가지 변수 'DesSTAT1'과 'DesSTAT2'을 구분한 결합을 위하여 자료구조를 열(column) 구조에서 행(row) 구조로 변경해야 한다. 즉, 전치(transpose)해야 한다. 이는 변수에 〔DesSTAT1′, DesSTAT2′〕와 같이 윗첨자("')를 붙인다. 결국, 전치이후 결합한 자료에 의하여 새로운 변수 'TestDATA'의 자료구조는 351×2 ('351', 주식 숫자, '2', 정상시장과 시장붕괴)가 된다.

▷ ④, **'명령어, boxplot()'**을 이용하여 변수 'TestDATA'에 수록된 정상시장과 시장붕괴의 기초통계량 평균을 boxplot그림으로 나타낸다.

그림 2-20 기초통계량의 적용 [4]: 왜도와 주식수익률 간의 관계

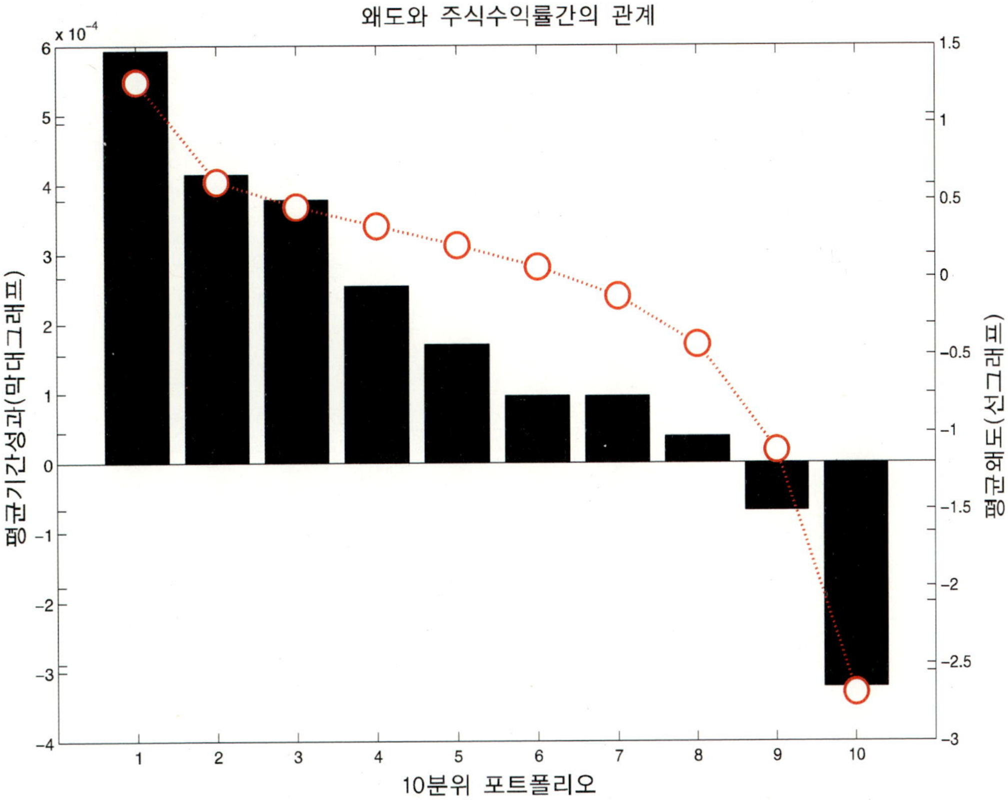

그림2-20 ▌ 그림은 1980년 1월부터 2012년 12월까지의 33년 기간에 있어서 각 년도별 개별주식 일별수익률을 이용하여 측정된 왜도와 10분위 포트폴리오의 기간성과 간의 관계를 나타낸다. 여기서 10분위 포트폴리오는 왜도의 크기에 따라 구분하였다. 그림에서 X축은 왜도 크기에 따라 구성된 10분위 포트폴리오이고, 여기서 '1'은 가장 큰 왜도를 갖는 개별주식들로 구성된 포트폴리오이고, '10'은 가장 작은 왜도를 갖는 개별주식들로 구성된 포트폴리오이다. 그리고 Y축은 평균 왜도(오른쪽 Y축, 선그래프)와 평균 기간성과(왼쪽 Y축, 막대그래프)를 각각 나타낸다.

1 ┃ 목적

- 분포의 치우침 정도를 측정하는 왜도에 따라 구성된 포트폴리오의 기간성과를 비교 관찰한다.
- 분포에서 주식수익률이 음(-)의 왜도를 갖는다는 경제적 의미는 주식수익률의 가격변화에서 큰 폭의 하락이 분포의 왼쪽 꼬리부분(음(-) 영역)에 있고, 작은 폭의 상승이 분포의 오른쪽 꼬리부분(양(+) 영역)에 있다는 것이다. 반면에, 양(+)의 왜도가 갖는다는 경제적 의미는 주식수익률의 가격변화에서 큰 폭의 상승이 분포의 오른쪽 꼬리부분에 있고, 작은 폭의 하락이 분포의 왼쪽 꼬리부분에 있다는 것이다.

- 만약에 사후적(ex-post)으로 모든 수익률이 확인된 조건에서, 수익률의 왜도와 왜도의 크기에 따라 구성된 포트폴리오의 기간성과 간의 관계를 본다면, 투자자들은 음(-)의 왜도를 갖는 주식들보다는 양(+)의 왜도를 갖는 주식들에 매력을 갖는다. 왜냐하면, 양(+)의 왜도를 갖는 주식은 극단적으로 상승한 이익을 갖고, 반면에 음(-)의 왜도를 갖는 주식들은 극단적으로 하락한 손실을 갖기 때문이다.

2 | 자료, 기간 및 방법

- 자료: KOSPI 시장지수를 구성하는 717개 개별주식의 일별수익률
- 기간: 1980년 1월부터 2012년 12월의 33년의 기간
- 방법:

▷ 개별주식의 왜도와 포트폴리오 기간성과의 두가지 측정치를 산출하기 위한 기간길이는 12개월로 설정

▷ 〔단계1〕 1980년 개별주식 일별수익률을 이용하여 왜도 측정

▷ 〔단계2〕 측정된 왜도의 크기를 기준으로 10분위 포트폴리오 구성

▷ 〔단계3〕 구성된 10분위 포트폴리오 각각에 속하는 개별주식들의 평균 왜도와 기간성과를 산출

▷ 〔단계4〕 상기의 과정을 2012년의 33년 기간 동안에 반복한 후, 각 년도별로 산출된 10분위 포트폴리오 각각의 평균 왜도와 기간성과를 각각 평균하고 그 값을 그래프에 표시

3 | 관찰결과

- 그림은 1980년 1월부터 2012년 12월의 33년 기간에서 수익률의 왜도와 왜도의 크기를 기준으로 구성된 10분위 포트폴리오의 기간성과 간의 관계를 나타낸다. 그림의 X축은 개별주식의 왜도 측정치의 크기를 기준으로 구분된 10분위 포트폴리오이고, 그래프의 왼쪽 위치는 큰 왜도를 갖는 개별주식들로 구성된 포트폴리오를, 오른쪽 위치는 작은 왜도를 갖는 개별주식들로 구성된 포트폴리오이다. Y축은 왜도 (오른쪽 Y축, 선그래프)와 기간성과 (왼쪽 Y축, 막대그래프)로 구분하였다.
- 관찰결과에 의하면, 왜도의 크기를 기준으로 구성된 10분위 포트폴리오들 중에서 큰 양(+)의 왜도를 갖는 개별주식들로 구성된 포트폴리오가 작은 음(-)의 왜도를 갖는

개별주식들로 구성된 포트폴리오보다 평균적으로 높은 기간성과를 갖는다는 것을 확인할 수 있다.

- 즉, 분포의 오른쪽 꼬리가 왼쪽 꼬리보다 긴 모양의 양(+)의 왜도를 갖는 주식들은 극단적으로 상승한 수익률의 빈도가 많다는 것이고, 반면에 분포의 왼쪽 꼬리가 오른쪽 꼬리보다 긴 모양의 음(-)의 왜도를 갖는 주식들은 극단적으로 하락한 수익률의 빈도가 많다는 것이다. 이러한 이유에 따라 양(+)의 왜도를 갖는 개별주식들로 구성된 포트폴리오의 기간성과가 음(-)의 왜도를 갖는 개별주식들로 구성된 포트폴리오보다 큰 값을 갖게 된다.
- 주의할 점은 본 예제에서 제시된 관찰결과는 모든 것이 알려진 과거기간의 사후적 관점에서 확인된 것이다. 만약 발생하지 않은 미래기간의 사전적 관점에서 왜도와 기간성과 간의 관계를 조사할 때, 본 예제에서와 같이 동일한 관계를 확인할 수 있는지는 분명하지 않다.

4 | Matlab을 이용한 분석팁

- Matlab 기본코드: '반복실험 시뮬레이션'

```
   %% Simulation
①  StartMONTH = 1;
②  EndMONTH = 12;
③  MovingPERIOD = 12;
④  mbc = 0;
⑤  while EndMONTH <= Total_Month
⑥      mbc = mbc + 1;
       % 1: 각 년도별 기간 설정
       % 2: 각 년도별 개별주식별 일별수익률 선정
       % 3: 개별주식별 왜도 측정
       % 3: 왜도 기준으로 10분위 포트폴리오 구성
       % 4: 각 년도별 10분위 포트폴리오 평균 수익률과 평균 왜도 계산 및 저장
       % LOOP
⑦      StartMONTH = StartMONTH + MovingPERIOD;
⑧      EndMONTH = EndMONTH + MovingPERIOD;
⑨  end
```

▷ ①, ②, ③ & ⑦, ⑧, 33년의 각 년도별로 반복실험 시뮬레이션을 위한 기간 구분자 변수를 설정한다. 즉, 각 년도의 시작월(1월)의 구분자 변수 'StartMONTH', 각 년도의 끝월(12월)의 구분자 변수 'EndMONTH', 그리고 각 년도별 이동기간의 길이 변수 'MovingPERIOD'이다. 첫번째 년도인 1980년 1월에서 1980년 12월의 구분자 변

수들을 'StartMONTH=1'과 'EndMONTH=12'와 같이 설정한다. 그리고 각 변수는 '⑦'과 '⑧'에서 기간이동을 위한 변수 'MovingPERIOD=12'를 이용하여, 시작월은 'Start MONTH=StartMONTH+MovingPERIOD'로 변화시키고, 끝월은 'EndMONTH=End MONTH +MovingPERIOD'로 변화시킨다. 두번째 년도인 1981년 1월부터 1981년 12월에서 시작월(1월) 변수는 변화식 'StartMONTH=StartMONTH('1')+MovingPERIO('12')'에 의하여 'StartMONTH=13'이 되고, 끝월(12월)은 'EndMONTH=EndMONTH('12')+MovingPERIOD('12')'에 의하여 'EndMONTH=24'가 된다.

▷ ④, ⑥, 분석의 진행과정을 확인하기 위하여 임의로 설정한 구분자 변수 'mbc'이다. 즉, 각 년도별 분석과정이 진행됨에 따라 진행과정이 순차적으로 증가(⑥, 'mbc = mbc + 1')하는 구분자를 생성한다.

▷ ⑤, ⑨, **'명령어,while...end'**를 이용하여 반복실험 시뮬레이션을 실행한다. 즉, 자료에서 설정한 기간 동안 반복실험 시뮬레이션을 수행하기 위하여 **'while...end'**를 이용한다. 즉, 앞의 2. 자료, 기간 및 방법에서 설명한 검증단계를 순차적으로 수행한다. 첫번째 년도의 끝월(1980. 12)을 나타내는 변수 'EndMONTH=12'이고, 진행과정에 '⑧'에 의하여 12씩 증가하며, 마지막 년도의 끝월(2012. 12)은 변수 'EndMONTH =396'이 된다. 전체기간의 끝월을 설정한 변수 'Total_Month (=396)'와 비교하여 변수 'EndMONTH'가 작거나 같은 값을 갖는 한 반복실험 시뮬레이션은 **'while...end'**에서 계속 수행된다.

그림 2-21 기초통계량의 적용 [5]: 첨도와 주식수익률 간의 관계

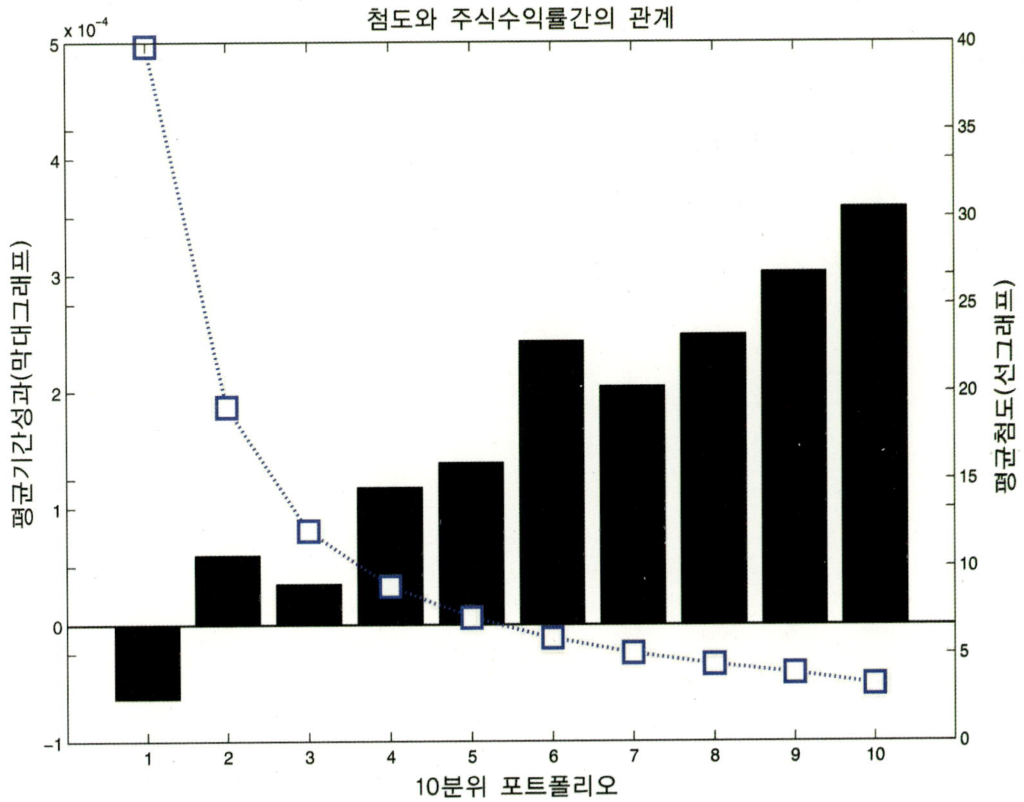

그림2-21 ▌ 그림은 1980년 1월부터 2012년 12월까지의 33년 기간에 있어서 각 년도별 개별주식 일별수익률을 이용하여 측정된 첨도와 10분위 포트폴리오의 기간성과 간의 관계를 나타낸다. 여기서 10분위 포트폴리오는 첨도의 크기에 따라 구분하였다. 그림에서 X축은 첨도 크기에 따라 구성된 10분위 포트폴리오이고, 여기서 '1'은 가장 큰 첨도를 갖는 개별주식들로 구성된 포트폴리오이고, '10'은 가장 작은 첨도를 갖는 개별주식들로 구성된 포트폴리오이다. 그리고 Y축은 평균 첨도(오른쪽 Y축, 선그래프)와 평균 기간성과(왼쪽 Y축, 막대그래프)를 각각 나타낸다.

1 ▌ 목적

- 분포의 뾰쪽함 정도를 측정하는 첨도와 첨도의 크기에 따라 구성된 포트폴리오의 기간성과를 비교 관찰한다.
- 분포에서 주식수익률이 높은 첨도를 갖는다는 경제적 의미는 가격변화에서 평균을 중심으로 주변에 비슷한 크기를 갖는 수익률의 빈도가 높다는 것이다. 반면에, 낮은 첨도를 갖는다는 경제적 의미는 주식수익률의 가격변화가 평균을 기준으로 평균에서 많이 떨어진 영역에 빈도가 높다는 것이다.

2 | 자료, 기간 및 방법

- 자료: KOSPI 시장지수를 구성하는 717개 개별주식의 일별수익률
- 기간: 1980년 1월부터 2012년 12월의 33년의 기간
- 방법:
  - ▷ 개별주식의 첨도와 포트폴리오 기간성과의 두가지 측정치를 산출하기 위한 기간길이는 12개월로 설정
  - ▷ 〔단계1〕 1980년 개별주식 일별수익률을 이용하여 첨도를 측정
  - ▷ 〔단계2〕 측정된 첨도의 크기를 기준으로 10분위 포트폴리오 구성
  - ▷ 〔단계3〕 구성된 10분위 포트폴리오 각각에 속하는 개별주식들의 평균 첨도와 기간성과를 산출
  - ▷ 〔단계4〕 상기의 과정을 2012년의 33년 기간 동안에 반복한 후, 각 년도별로 산출된 10분위 포트폴리오 각각의 평균 첨도와 기간성과를 각각 평균하고 그 값을 그래프에 표시

3 | 관찰결과

- 그림은 1980년 1월부터 2012년 12월의 33년 기간에서 수익률의 첨도와 첨도를 기준으로 구성된 10분위 포트폴리오의 기간성과 간의 관계를 나타낸다. 그림의 X축은 개별주식의 첨도 측정치의 크기를 기준으로 구분된 10분위 포트폴리오이고, 그래프의 왼쪽 위치는 큰 첨도를 갖는 개별주식들로 구성된 포트폴리오를, 오른쪽 위치는 작은 첨도를 갖는 개별주식들로 구성된 포트폴리오이다. Y축은 첨도 (오른쪽 Y축, 선그래프)와 기간성과 (왼쪽 Y축, 막대그래프)로 구분하였다.
- 관찰결과에 의하면, 첨도의 크기를 기준으로 구성된 10분위 포트폴리오들 중에서 작은 첨도를 갖는 개별주식들로 구성된 포트폴리오가 평균적으로 높은 기간성과를 갖고, 반면에 큰 첨도를 갖는 개별주식들로 구성된 포트폴리오가 평균적으로 낮은 기간성과를 갖는 경향이 보인다.
- 이러한 관찰의 가능한 설명은 높은 첨도를 갖는 개별주식들은 수익률 변화가 중심부분의 평균 주변에 있기 때문에 비교적 작은 값을 갖는 수익률의 빈도가 많은 반면에, 낮은 첨도를 갖는 개별주식들은 수익률들이 평균에서 멀리 떨어진 극단적인 수익률 빈도가 높다는 것에서 찾을 수 있다. 물론, 기간성과의 크기는 극단적 값이 음(-)의 수익률 빈도가 높은지 아니면 양(+)의 수익률 빈도가 높은지에 따라 영향을 받는다.

- 주의할 점은 본 예제에서 제시된 관찰결과는 모든 것이 알려진 과거기간의 사후적 관점에서 확인된 것이다. 만약 발생하지 않은 미래기간의 사전적 관점에서 본 예제에서 확인한 동일한 첨도와 수익률 기간성과 간의 관계를 확인할 수 있는지는 분명하지 않다.

4 | Matlab을 이용한 분석팁

- Matlab 기본코드: '반복실험 시뮬레이션'

```
   %% Simulation
①  StartMONTH = 1;
②  EndMONTH = 12;
③  MovingPERIOD = 12;
④  mbc = 0;
⑤  while EndMONTH <= Total_Month
⑥      mbc = mbc + 1;
       % 1: 각 년도별 기간 설정
       % 2: 각 년도별 개별주식별 일별수익률 선정
       % 3: 개별주식별 첨도 측정
       % 3: 첨도 기준으로 10분위 포트폴리오 구성
       % 4: 각 년도별 10분위 포트폴리오 평균 수익률과 평균 첨도 계산 및 저장
       % LOOP
⑦      StartMONTH = StartMONTH + MovingPERIOD;
⑧      EndMONTH = EndMONTH + MovingPERIOD;
⑨  end
```

▷ ①, ②, ③ & ⑦, ⑧, 33년의 각 년도별로 반복실험 시뮬레이션의 위한 기간 구분자 변수를 설정한다. 즉, 각 년도의 시작월(1월)의 구분자 변수 'StartMONTH', 각 년도의 끝월(12월)의 구분자 변수 'EndMONTH', 그리고 각 년도별 이동기간의 길이 변수 'MovingPERIOD'이다. 첫번째 년도인 1980년 1월에서 1980년 12월의 구분자 변수들을 'StartMONTH=1'과 'EndMONTH=12'와 같이 설정한다. 그리고 각 변수는 '⑦'과 '⑧'에서 기간이동을 위한 변수 'MovingPERIOD=12'를 이용하여, 시작월은 'StartMONTH=StartMONTH+MovingPERIOD'로 변화시키고, 끝월은 'EndMONTH=EndMONTH+MovingPERIOD'로 변화시킨다. 두번째 년도인 1981년 1월부터 1981년 12월에서 시작월(1월) 변수는 변화식 'StartMONTH=StartMONTH('1')+MovingPERIO('12')'에 의하여 'StartMONTH=13'이 되고, 끝월(12월)은 'EndMONTH=EndMONTH('12')+MovingPERIOD('12')'에 의하여 'EndMONTH=24'가 된다.

▷ ④, ⑥, 분석의 진행과정을 확인하기 위하여 임의로 설정한 구분자 변수 'mbc'이다. 즉, 각 년도별 분석과정이 진행됨에 따라 진행과정이 순차적으로 증가(⑥, 'mbc = mbc + 1')하는 구분자를 생성한다.

▷ ⑤, ⑨, **'명령어,while...end'**를 이용하여 반복실험 시뮬레이션을 실행한다. 즉, 자료에서 설정한 기간 동안 반복실험 시뮬레이션을 수행하기 위하여 **'while...end'**를 이용한다. 첫번째 년도의 끝월(1980. 12)을 나타내는 변수 'EndMONTH=12'이고, 진행과정에 '⑧'에 의하여 12씩 증가하며, 마지막 년도의 끝월(2012. 12)은 변수 'EndMONTH =396'이 된다. 전체기간의 끝월을 설정한 변수 'Total_Month (=396)'와 비교하여 변수 'EndMONTH'가 작거나 같은 값을 갖는 한 반복실험 시뮬레이션은 **'while...end'**에서 계속 수행된다.

그림 2-22 분포의 두꺼운 꼬리와 첨도 간의 관계

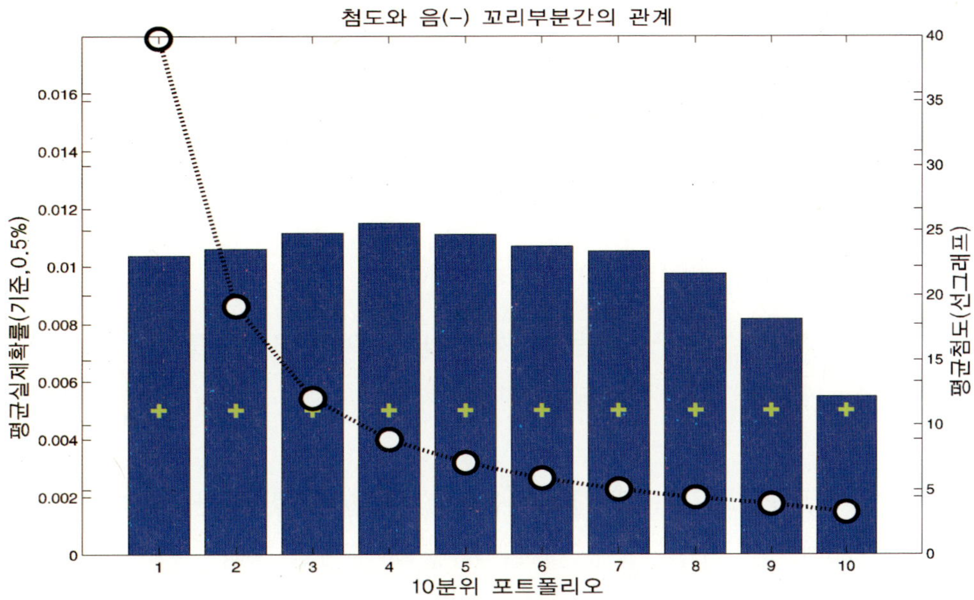

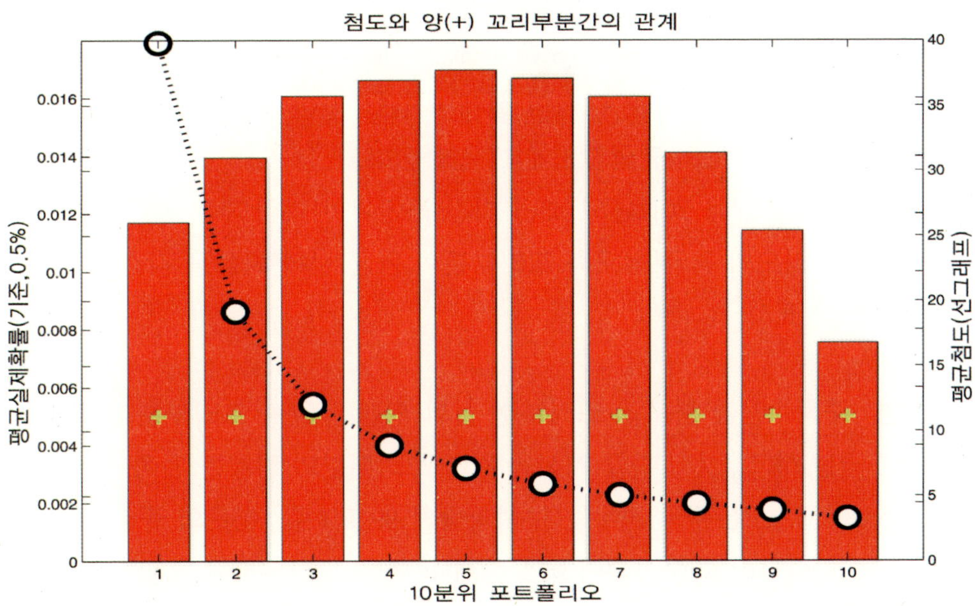

그림2-22 ▌ 그림은 1980년 1월부터 2012년 12월의 기간에 있어서 각 년도별 개별주식의 일별수익률을 이용하여 측정된 첨도의 크기를 기준으로 10분위 포트폴리오를 구성하고, 그 포트폴리오에 대한 평균 첨도와 분포 꼬리부분의 평균 실제 확률을 표시한 것이다. 즉, 위 그림은 수익률분포의 왼쪽 꼬리부분(음(-) 부분)의 실제 확률과 첨도의 관계를 비교한 것이고, 아래 그림은 분포의 오른쪽 꼬리부분(양(+) 부분)의 실제 확률과 첨도의 관계를 비교한 것이다. 그림에서 X축은 첨도 크기에 따라 구성된 10분위 포트폴리오를 나타내고, 여기서 '1'은 첨도가 가장 큰 개별주식들로 구성된 포트폴리오이고, '10'은 가장 작은 첨도를 갖는 개별주식들로 구성된 포트폴리오이다. Y축은 평균 첨도(오른쪽 Y축, 선그래프)와 꼬리부분의 평균 실제 확률(왼쪽 Y축, 막대그래프)을 나타낸다. 그리고 정규분포의 꼬리부분의 이론적 크기와 비교하기 위하여 0.5% 수준을 '+'모양으로 구분 표시하였다.

1 | 목적

- 주식수익률의 실증적 분포는 높은 중심부분과 두꺼운 꼬리 부분을 갖는 급첨도분포(leptokurtic distrbution)의 속성을 갖는 것으로 알려져 있다.
- 따라서 주식수익률의 분포에 있어서 꼬리부분의 실제 확률 크기와 첨도 간의 관계를 관찰한다. 여기서, 꼬리부분은 분포의 왼쪽 음(-)의 값을 갖는 부분과 오른쪽 양(+)의 값을 갖는 부분으로 구분된다.

2 | 자료, 기간 및 방법

- 자료: KOSPI 시장지수를 구성하는 717개 개별주식의 일별수익률
- 기간: 1980년 1월부터 2012년 12월의 33년의 기간
- 방법:

▷ 개별주식의 첨도와 꼬리부분의 실제 확률을 측정하기 위한 기간은 12개월로 설정

▷ 〔단계1〕 1980년 개별주식 일별수익률을 이용하여 첨도를 측정

▷ 〔단계2〕 측정된 첨도의 크기를 기준으로 10분위 포트폴리오 구성

▷ 〔단계3〕 구성된 10분위 포트폴리오에 속하는 개별주식들의 수익률 분포에서 왼쪽 꼬리부분과 오른쪽 꼬리부분 각각의 실제 확률을 구한 후, 실제 확률의 평균값을 산출한다. 그리고 첨도의 평균값도 함께 산출한다.

▷ 〔단계4〕 상기의 과정을 2012년의 33년 기간 동안에 반복한 후, 각 년도별로 산출된 10분위 포트폴리오의 평균 첨도와 꼬리부분의 평균 실제 확률을 각각 평균하고, 그 값을 그래프에 표시

※ **추가설명**: 주식수익률 분포의 꼬리부분 실제 확률은 왼쪽 꼬리부분과 오른쪽 꼬리부분으로 구분 하고, 실제 확률 계산을 위한 꼬리부분의 경계는 왼쪽의 경우 누적확률이 0.5%이고, 오른쪽의 경우는 누적확률이 99.5%로, 분포의 중심부분 확률 크기는 99%이다. 그리고 주식수익률의 실제 확률은 꼬리부분에 포함된 빈도를 전체 빈도(자료 숫자)로 나누어 산출된 상대빈도이다. 보다 구체적인 설명은 다음 주제('Topic Ⅲ: 금융자료의 실증적 분포')에서 확인할 수 있다.

3 | 관찰결과

- 그림은 주식수익률의 실증적 분포에서 꼬리부분의 실제 확률 크기와 첨도 간의 관계를 나타낸 것이다. 그림의 X축은 첨도의 크기를 기준으로 구분된 10분위 포트폴리오이다. 즉, 왼쪽('X=1')은 가장 큰 첨도를 갖는 개별주식들로 구성된 포트폴리오이고, 오른쪽('X=10')은 가장 작은 첨도를 갖는 개별주식들로 구성된 포트폴리오이다. 그리고 선 그래프는 첨도를 표시한 것이고, 막대그래프는 분포 꼬리부분의 실제 확률을 나타낸다. 정규분포의 99% 신뢰구간에서 양측검증의 1%기준으로 꼬리부분의 확률 크기를 결정하는 기준 확률(경계선)인 '0.5%(0.005)'를 plus('+') 모양으로 표시하였다.
- 관찰결과에 의하면, 주식수익률의 분포에서 꼬리부분에 측정된 실제 확률은 정규분포를 가정한 경우인 0.5%에 비교하여 모두 높은 값을 갖는다. 즉, 주식수익률의 실증적 분포가 두꺼운 꼬리부분(fatter tails)을 갖는다는 것을 의미한다.
- 첨도와 꼬리부분 실제 확률 간의 관계를 살펴보면, 평균적으로 첨도가 높은 포트폴리오들이 평균적으로 첨도가 낮은 포트폴리오보다 꼬리부분의 실제 확률이 높은 경향이 있다. 즉, 첨도를 기준으로 구성된 10분위 포트폴리오에 있어서 높은 첨도를 갖는 주식들로 구성된 포트폴리오(그림의 왼쪽)가 작은 첨도를 갖는 주식들로 구성된 포트폴리오(그림의 오른쪽)에 비교하여 꼬리부분의 실제 확률이 다소 높다. 따라서 첨도가 높은 주식수익률일수록 주식수익률의 실증적 분포에서 꼬리부분이 두꺼운 경향이 있다는 것을 알 수 있다.

4 | Matlab을 이용한 분석팁

- Matlab 기본코드: '분포의 꼬리부분 실제 확률 산출'

```
   % 1: Initialization
① [TimeN, FirmN] = size(TestDATA);
   % 2:
② ThresholdVALUE = [-2.57, +2.57];        % Probaility 99%
③ for k = 1 : FirmN
④      Sel_DATA = TestDATA(:,k);
⑤      Stardard_DATA = zscore(Sel_DATA);   % Standardization
       %
⑥      [IndexNEGATIVE, C] = find(Stardard_DATA < ThresholdVALUE(1,1));
```

```
⑦   [IndexPOSITIVE, C] = find(Stardard_DATA > ThresholdVALUE(1,2));
    %
⑧   FreqNEGATIVE(k,:) = length(IndexNEGATIVE)/TimeN;
⑨   FreqPOSITIVE(k,:) = length(IndexPOSITIVE)/TimeN;
    %
⑩   clear Sel_DATA;
⑪   clear Stardard_DATA;
⑫   clear IndexNEGATIVE;   clear IndexPOSITIVE;
⑬ end
```

▷ ①, **'명령어, size()'**를 이용하여 자료 구조를 조사한다. 즉, 변수 'TestDATA'에 대한 자료의 행(row) 정보와 열(column) 정보를 각각 새로운 변수 'TimeN'과 'FirmN'에 대입한다. 여기서, 변수 'TestDATA'는 개별주식의 수익률을 수록하며, 구조는 열로 개별주식('FirmN')을, 행으로 일별수익률('TimeN')을 갖는다.

▷ ②, 표준정규분포의 중심부분 99% 확률에 대한 꼬리부분의 왼쪽 0.5%와 오른쪽 0.5%를 나누는 지점의 임계치인 '-2.57'와 '+2.57'를 새로운 변수 'ThresholdVALUE'에 설정한다.

▷ ③, ⑬, **'명령어, for...end'** 반복구문을 이용하여 개별주식 각각에 대하여 분석을 한다. 즉, 앞의 '①'에서 개별주식의 일별수익률을 수록하고 있는 변수 'TestDATA'에서 첫번째 개별주식 'k=1'에서 마지막 개별주식 'k=FirmN'까지 **'for...end'** 반복구문 내의 명령어를 실행한다.

▷ ④, ⑩ 반복 계산과정의 편의를 위하여 개별주식들 중에서 특정 개별주식의 자료만을 추출한다. 즉, 모든 개별주식의 자료를 수록하고 있는 변수 'TestDATA'에서 열(clumn)의 k번째에 있는 개별주식의 자료('TestDATA(:, k)')를 새로운 변수 'Sel_DATA'에 대입한다. 따라서 새로운 변수 'Sel_DATA'는 **'for...end'** 반복구문에서 동일한 이름으로 반복적으로 개별주식수익률을 매번 수록하기 때문에, '⑩'에서 **'명령어,clear'**을 이용하여 개별주식별로 분석이 끝나면 지운다.

▷ ⑤, ⑪ **'명령어, zscore()'**을 이용하여 측정단위가 상이한 자료들을 표준화시킨다. 즉, 자료(R_t)의 평균($\overline{X}$)과 표준편차(σ)를 이용한 표준화과정($z = (R_t - \overline{X})/\sigma$)을 통하여 평균('0')과 표준편차('1')를 갖도록 표준화한다. 표준화된 자료는 새로운 변수 'Stardard_DATA'에 대입한다. 그리고 표준화된 자료를 수록하는 변수 'Stardard_DATA'는 **'for...end'** 반복구문이 끝나기까지 동일한 이름으로 반복적으로 표준화된 자료를 매번 수록하기 때문에, '⑪'에서 **'명령어,clear'**을 이용하여 개별주식별 분석이 끝나면 지운다.

▷ ⑥, ⑦, **'명령어,find()'**를 이용하여, 조건에 부합하는 자료의 위치정보를 찾는다. 즉, 앞의 '②'에서 설정한 표준정규분포의 확률분포 임계치('-2. 57', '+2. 57')의 변수 'ThresholdVALUE'를 이용하여, 표준정규분포의 임계치를 벗어나는 자료를 찾는다. 표준화된 자료를 수록하고 있는 변수 'Stardard_DATA'에 있어서, 임계치보다 작은 경우('Standard_DATA〈ThresholdVALUE(1, 1))', '=-2. 57')와 큰 경우('Standard_DATA 〉ThresholdVALUE(1, 2)', '=+2. 57')의 조건에 각각 부합하는 자료의 위치정보를 새로운 변수 'IndexNEGATIVE'와 'IndexPOSITIVE'에 대입한다. 여기서, **'명령어, find()'**는 조건문에 포함된 자료의 구조를 기준으로 정보를 돌려준다. 즉, 변수 'Stardard_DATA'는 표준화 이전의 변수 'Sel_DATA'와 동일한 자료구조를 갖기 때문에 'TimeN ×1'의 행 구조를 갖는다. 따라서 행구조의 자료를 이용한 **'명령어, find()'**의 실행은 결과인 행위치 정보는 'Index NEGATIVE'와 'IndexPOSITIVE'에 각각 정보를 수록한다. 만약, 열(column) 구조의 자료에 대하여 **find() 명령문**을 실행한다면, 그 결과도 열의 변수에 수록한다.

▷ ⑧, ⑨, **'명령어, length()'**를 이용하여 자료 숫자를 산출한다. 즉, 앞의 '⑥&⑦'에서 **'명령어, find()'**로부터 자료의 위치정보를 갖고 있는 변수 'IndexNEGATIVE'와 'IndexPOSITIVE'의 자료 개수를 **'명령어, length()'**를 이용하여 산출 한다. 그리고 산출된 자료 숫자를 전체 자료 숫자 'TimeN'로 나눈 결과를 새로운 변수 'FreqNEGATIE'와 'FreqPOSITIVE'에 각각 입력한다. 입력하는 결과는 **'명령어, for...end'**의 반복구문의 구분자 변수 'k'에 따라 각각 k번째 결과로 변수 'FreqNEGATIE(k, :)'와 'Freq POSITIVE(k, :)'에 대입한다.

▷ ⑫, **'명령어, clear'**를 이용하여 임시적으로 생성된 변수를 지운다. 즉, 표준화된 자료 내에서 임계치보다 작은 값과 큰 값을 갖는 자료의 위치 정보를 임시적으로 보관하는 변수 'IndexNEGATIVE'와 'IndexPOSITIVE'에 대하여, 동일한 변수 이름으로 반복계산 과정에서 새로운 값을 계속 수록하기 위하여 초기화의 방법으로 수록된 내용을 지운다.

TOPIC Ⅲ

금융자료의 실증적 분포

학 · 습 · 목 · 표

재무이론에서 주식수익률은 일반적으로 정규분포를 따른다고 가정한다. 하지만, 주식수익률의 실증적 분포에서 관찰된 통계적 속성은 이론적 정규분포의 속성과 차이가 있다는 것이 널리 알려져 있다. 여기서, 알려진 주식수익률의 실증적 분포는 급첨도분포(leptokurtic distribution)이다. 즉, 분포의 중심부분은 정규분포에 비교하여 더욱 뾰쪽하고 비대칭적으로 치우친 꼬리부분은 보다 두꺼운 특징을 갖는다. 본 주제의 학습목표는 주식수익률의 실증적 분포를 통계적으로 관찰하기 위하여 균등분포, 정규분포, 로그정규분포, t-분포 등의 확률분포 속성 관찰, 난수생성 및 활용, 중심극한정리, 실증적 분포의 다양한 관찰방법 등을 학습하는 것이다.

학 · 습 · 포 · 인 · 트

01. 확률분포로부터의 난수자료 빈도분포 [◖ 그림 3-1 ◗] • 147

- 난수자료는 사전적으로 정의한 확률분포에 종속된다. 3가지 확률분포인 균등분포, 지수분포, 정규분포로부터 생성된 난수자료의 숫자는 소표본('10')에서 대표본('100,000')으로 단계적 증가에 따른 각각의 빈도분포를 비교 관찰한다.
- [Matlab코드 예제] '분포별 난수생성'

02. 균등분포의 속성 [1]: 연속형 분포와 이산형 분포의 비교 [◖ 그림 3-2 ◗] • 150

- 균등분포에 있어서 이산형 균등분포와 연속형 균등분포의 차이점을 비교 관찰한다.
- [Matlab코드 예제] '균등분포'

03. 균등분포의 속성 [2]: Excel을 이용한 난수 생성 [◖ 그림 3-3 ◗] • 153

- Excel을 이용하여 균등분포를 따르는 난수자료를 생성한 후에 생성된 난수자료로부터 빈도분포를 도출한다.

04. 균등분포의 적용 [1]: 동전 던지기 [◖ 그림 3-4 ◗] • 155

- 이산형 균등분포를 따르는 난수자료를 이용하여 동전 던지기 게임의 앞면과 뒷면이 나올 확률을 반복실험 시뮬레이션 하는 사례이다.
- [Matlab코드 예제] '동전 던지기 게임의 반복실험 시뮬레이션'

05. 균등분포의 적용 [2]: 주사위 던지기 [◖ 그림 3-5 ◗] • 159

- 이산형 균등분포를 따르는 난수자료를 이용하여 주사위 던지기 게임의 주사위 번호가 나올 확률을 반복실험 시뮬레이션 하는 사례이다.
- [Matlab코드 예제] '주사위 던지기 게임의 반복실험 시뮬레이션'

06. 균등분포의 적용 [3]: 복원추출 및 비복원추출 방법 비교 [◖ 그림 3-6 ◗] • 163

- 주식시장에서 거래되는 많은 개별주식들 중에서 무작위 추출방법에 의하여 포트폴리오를 구성할 때, 난수의 복원추출과 비복원추출 방법으로부터의 차이를 비교 관찰한다.
- [Matlab코드 예제] '복원추출방법과 비복원추출방법', '상관관계행렬의 비대각선 구성요소 추출방법'

07. 정규분포의 속성 [1] [◖ 그림 3-7 ◗] • 168

- 정규분포는 평균과 표준편차의 두가지 모수에 의하여 결정되고, 종 모양인 좌우대칭 구조를 갖는다. 정규분포의 확률밀도함수와 누적분포함수를 관찰한다.
- [Matlab코드 예제] '정규분포의 확률밀도함수와 누적확률분포'

08. 정규분포의 속성 [2]: 모수 평균의 영향 [◖ 그림 3-8 ◗] • 171

- 정규분포이 모수인 분포의 중심위치를 나타내는 평균의 변화에 따른 확률밀도함수와 누적분포함수로의 영향을 비교 관찰한다.
- [Matlab코드 예제] '정규분포의 모수 평균 변화'

09. 정규분포의 속성 [3]: Excel을 이용한 모수 평균의 영향 [◖ 그림 3-9 ◗] • 175

- Excel을 이용하여 정규분포의 모수인 평균의 변화에 따른 확률밀도함수의 영향을 비교 관찰한다.

10. 정규분포의 속성 [4]: 모수 표준편차의 영향 [◖ 그림 3-10 ◗] • 177

- 정규분포의 모수인 분포의 퍼짐 정도를 나타내는 표준편차의 변화에 따른 확률밀도함수와 누적분포함수로의 영향을 비교 관찰한다.
- [Matlab코드 예제] '정규분포의 모수 표준편차 변화'

11. 정규분포의 속성 [5]: Excel을 이용한 모수 표준편차의 영향 [◖ 그림 3-11 ◗] • 181

- Excel을 이용하여 정규분포의 모수인 표준편차의 변화에 따른 확률밀도함수의 영향을 비교 관찰한다.

12. 중심극한정리 실험 [1]: 실험대상 확률분포 [◖ 그림 3-12 ◗] • 183

- 중심극한정리는 특정 분포의 속성을 갖는 자료로부터의 표본평균의 분포는 자료 숫자가 증가함에 따라 정규분포에 가까워진다는 것이다. 실험대상으로 균등분포, 정규분포, 지수분포의 3가지 확률분포를 제시한다.
- [Matlab코드 예제] '확률밀도함수: 균등분포, 정규분포, 지수분포'

13. 중심극한정리 실험 [2]: 균등분포를 이용 [◖ 그림 3-13 ◗] • 186

- 균등분포를 따르는 난수자료로부터 산출된 표본평균의 빈도분포가 생성된 난수자료의 숫자 증가에 따라 점진적으로 정규분포에 가까워지는 것을 비교 관찰한다.
- [Matlab코드 예제] '균등분포를 이용한 중심극한정리 실험'

14. 중심극한정리 실험 [3]: 지수분포를 이용 [◖ 그림 3-14 ◗] • 191

- 지수분포를 따르는 난수자료로부터 산출된 표본평균의 빈도분포가 생성된 난수자료의 숫자 증가에 따라 점진적으로 정규분포에 가까워지는 것을 비교 관찰한다.
- [Matlab코드 예제] '지수분포를 이용한 중심극한정리 실험'

15. 자료의 표준화 방법 [1] [◖ 그림 3-15 ◗] • 196

- 동일한 기준으로 상이한 단위 혹은 크기를 갖는 자료들 간에 비교를 위하여, 재무 분야에서 널리 이용되는 대표적 표준화과정은 자료의 평균과 표준편차를 이용하여 조정하는 것이다.
- [Matlab코드 예제] '가상적 자료생성', '표준화과정'

16. 자료의 표준화 방법 [2]: Excel이용 [◖ 그림 3-16 ◗] • 199

- Excel을 이용하여 자료의 표준화과정 이전과 이후를 비교 관찰한다.

17. 정규분포의 신뢰구간 [◖ 그림 3-17 ◗] • 201

- 정규분포의 확률밀도함수에 대한 대표적 3가지 신뢰구간인 90%, 95%, 99%를 시각적으로 확인한다.
- [Matlab코드 예제] '분위수를 이용한 신뢰구간의 임계치'

18. 실증적 분포의 관찰방법 [1]: 주식수익률의 실증적 분포 [◖ 그림 3-18 ◗] • 204

- 고빈도 수익률 자료를 이용하여 다양한 수익률측정기간을 갖는 수익률 자료의 실증적 분포를 비교 관찰한다.
- [Matlab코드 예제] '측정시간간격별 수익률 산출'

19. 실증적 분포의 관찰방법 [2]: X축의 표준화과정 [◖ 그림 3-19 ◗] • 209

- 비교대상 자료간의 크기에 현저한 차이가 있다면, 빈도분포를 이용한 비교 관찰이 어렵다. 따라서, 상이한 값을 갖는 자료의 분포를 '평균=0', '표준편차=1'을 갖도록 X축의 자료를 조정하는 표준화작업 과정을 알아본다.
- [Matlab코드 예제] 'X축의 표준화작업'

20. 실증적 분포의 관찰방법 [3]: Y축의 로그변환 [◖ 그림 3-20 ◗] • 212

- 분포의 중심부분에 낮은 빈도를 갖는 분포와 높은 빈도를 갖는 분포 간에 비교 관찰하는 것은 어렵다. 즉, 분포의 중심부분 높이에 현저한 차이가 있는 경우에 Y축의 값을 조정하는 로그변환의 방법을 알아본다.
- [Matlab코드 예제] 'Y축의 로그변환'

21. 실증적 분포의 관찰방법 [4]: Log-Log Plot방법의 분포 꼬리부분 [◖ 그림 3-21 ◗] • 215

- 정규분포와 같이 종 모양을 갖는 분포는 중심부분의 빈도가 높고, 꼬리부분의 빈도가 매우 낮기 때문에, 분포는 높은 중심부분으로 인하여 꼬리부분의 관찰이 어렵다. 따라서 분포의 꼬리부분을 효과적으로 확인할 수 있는 Log-Log Plot방법을 알아본다.
- [Matlab코드 예제] 'Log-Log Plot방법'

22. 실증적 분포의 관찰방법 [5]: Excel을 이용한 Log-Log Plot방법 [◖ 그림 3-22 ◗] • 220

- Excel을 이용하여 확률분포의 꼬리부분을 효과적으로 관찰할 수 있는 Log-Log Plot 방법을 알아본다.

23. 정규분포의 적용 [1]: 주식수익률의 실증적 분포 [◖ 그림 3-23 ◗] • 223

- 주식수익률의 실증적 분포는 정규분포에 비교하여 보다 높은 중심부분과 보다 두꺼운 꼬리부분을 갖는 분포적 속성을 갖는 것으로 알려져 있다. 따라서 실증적 분포의 중심부분과 꼬리부분으로 구분하여 비교 관찰한다.
- [Matlab코드 예제] '빈도분포와 Log-Log Plot방법'

24. 정규분포의 적용 [2]: 분포의 중심부분 실제 확률 [◖ 그림 3-24 ◗] • 227

- 주식수익률의 실증적 분포에 있어서 중심부분의 실제적 확률을 계산한 후에 정규분포의 중심부분 확률과 비교 관찰한다.
- [Matlab코드 예제] '분포의 중심부분 실제 확률'

25. 정규분포의 적용 [3]: 분포의 꼬리부분 실제 확률 [◖ 그림 3-25 ◗] • 230

- 주식수익률의 실증적 분포에 있어서 두꺼운 꼬리부분의 실제 확률을 계산한 후에 정규분포의 꼬리부분 확률과 비교 관찰한다.
- [Matlab코드 예제] '분포의 꼬리부분 실제 확률'

26. **로그정규분포의 속성 [1] [◖ 그림 3-26 ◗]** • 234

- 로그정규분포는 자연로그를 통하여 변환된 확률변수가 정규분포를 따르는 경우이고, 정규분포와 같이 로그정규분포의 모수는 평균과 표준편차이다.
- [Matlab코드 예제] '로그정규분포의 확률밀도함수와 누적분포함수'

27. **로그정규분포의 속성 [2]: 모수 평균의 영향 [◖ 그림 3-27 ◗]** • 237

- 로그정규분포의 모수인 평균을 변화시킴에 따라 확률밀도함수로의 영향을 비교 관찰한다.
- [Matlab코드 예제] '로그정규분포의 모수 평균의 변화'

28. **로그정규분포의 속성 [3]: 모수 표준편차의 영향 [◖ 그림 3-28 ◗]** • 240

- 로그정규분포의 모수인 표준편차의 변화에 따른 확률밀도함수로의 영향을 비교 관찰한다.
- [Matlab코드 예제] '로그정규분포의 모수 표준편차의 변화'

29. **로그정규분포의 적용 [1]: 수익률과 변동성의 분포 비교 [◖ 그림 3-29 ◗]** • 243

- KOSPI 시장지수의 일별수익률을 이용하여 수익률과 변동성 각각의 실증적 분포를 관찰한다.
- [Matlab코드 예제] '변동성지표: 수익률의 절댓값'

30. **로그정규분포의 적용 [2]: 정규분포에 대한 수익률과 변동성 분포 [◖ 그림 3-30 ◗]** • 245

- 표준정규분포를 따르는 난수자료의 빈도분포를 비교기준으로, KOSPI 시장지수의 수익률과 변동성 각각의 실증적 분포를 비교 관찰한다.
- [Matlab코드 예제] '표준화된 자료로부터의 빈도분포'

31. **로그정규분포의 적용 [3]: 로그정규분포에 대한 수익률과 변동성 분포 [◖ 그림 3-31 ◗]** • 248

- 로그정규분포를 따르는 난수자료의 빈도분포를 비교기준으로, KOSPI 시장지수의 수익률과 변동성 각각의 실증적 분포를 비교 관찰한다.
- [Matlab코드 예제] '표준화된 자료로부터의 빈도분포'

32. **t 분포의 속성 [1] [◖ 그림 3-32 ◗]** • 251

- t 분포는 높은 중심부분을 갖는 좌우대칭구조이지만, 모수인 자유도에 따라 두꺼운 꼬리부분을 갖는 분포적 속성을 갖는다.
- [Matlab코드 예제] 't분포의 확률밀도함수와 누적분포함수'

33. t 분포의 속성 [2]: 분포의 꼬리부분 [◖ 그림 3-33 ◗] • 253

- t 분포는 정규분포에 비교하여 모수인 자유도에 따라 보다 두꺼운 꼬리를 갖기 때문에, 분포의 두꺼운 꼬리부분에 대한 효과적 관찰을 위하여 Log-Log Plot방법을 이용하여 정규분포와의 차이를 비교 관찰한다.
- [Matlab코드 예제] 't분포의 꼬리부분'

34. t 분포의 속성 [3]: 분포 중심부분의 자유도 변화 영향 [◖ 그림 3-34 ◗] • 256

- t 분포는 모수인 자료도가 증가함에 따라 정규분포에 근접하는 분포적 속성을 갖기 때문에, t 분포의 모수인 자유도를 변화시킴에 따른 분포의 변화를 비교 관찰한다.
- [Matlab코드 예제] '자유도 변화에 따른 t분포의 확률밀도함수'

35. t 분포의 속성 [4]: 분포 꼬리부분의 자유도 변화 영향 [◖ 그림 3-35 ◗] • 259

- t 분포는 모수인 자유도에 따라 정규분포와 비교되는 보다 두꺼운 꼬리부분을 갖고, 자유도가 증가함에 따라 정규분포에 근접하는 분포적 속성을 갖는다. 분포의 꼬리부분에 대한 효과적 비교 관찰을 위하여 Log-Log Plot방법을 이용하여, t 분포의 자유도의 변화에 따른 분포의 꼬리부분 변화를 비교 관찰한다.
- [Matlab코드 예제] '자유도의 변화에 따른 t분포의 꼬리부분'

36. t 분포의 적용 [1]: 주식수익률 실증적 분포의 중심부분 [◖ 그림 3-36 ◗] • 264

- 재무 분야에서 수익률의 실증적 분포는 높은 중심부분과 두꺼운 꼬리부분의 분포적 속성을 갖는 것으로 잘 알려져 있다. 수익률의 실증적 분포의 중심부분에 대한 정규분포와 t 분포를 비교 관찰한다.
- [Matlab코드 예제] 't분포의 빈도분포'

37. t 분포의 적용 [2]: 주식수익률 실증적 분포의 꼬리부분 [◖ 그림 3-37 ◗] • 268

- 재무 분야에서 수익률의 실증적 분포는 높은 중심부분과 두꺼운 꼬리부분의 분포적 속성을 갖는 것으로 잘 알려져 있다. 수익률의 실증적 분포의 꼬리부분에 대한 정규

분포와 t분포를 비교 관찰한다. 그리고 분포의 꼬리부분에 대한 효과적 관찰을 위하여 Log-Log Plot방법을 이용한다.

- [Matlab코드 예제] '분포의 꼬리부분 분리작업', 'Log-Log Plot방법'

38. t 분포의 적용 [3]: 분포의 중심부분 실제 확률 [◖ 그림 3-38 ◗] • 273

- 주식수익률의 실증적 분포에 있어서 중심부분의 실제 확률을 t 분포와 정규분포로부터의 난수자료에서 확인된 분포의 중심부분 확률과 비교 관찰한다.
- [Matlab코드 예제] '분포의 중심부분 실제 확률'

39. t 분포의 적용 [4]: 분포의 꼬리부분 실제 확률 [◖ 그림 3-39 ◗] • 276

- 주식수익률의 실증적 분포에 있어서 꼬리부분의 실제 확률을 t분포와 정규분포로부터의 난수자료에서 확인된 분포의 꼬리부분 확률과 비교 관찰한다.
- [Matlab코드 예제] '분포의 꼬리부분 실제 확률'

그림 3-1 확률분포로부터의 난수자료 빈도분포

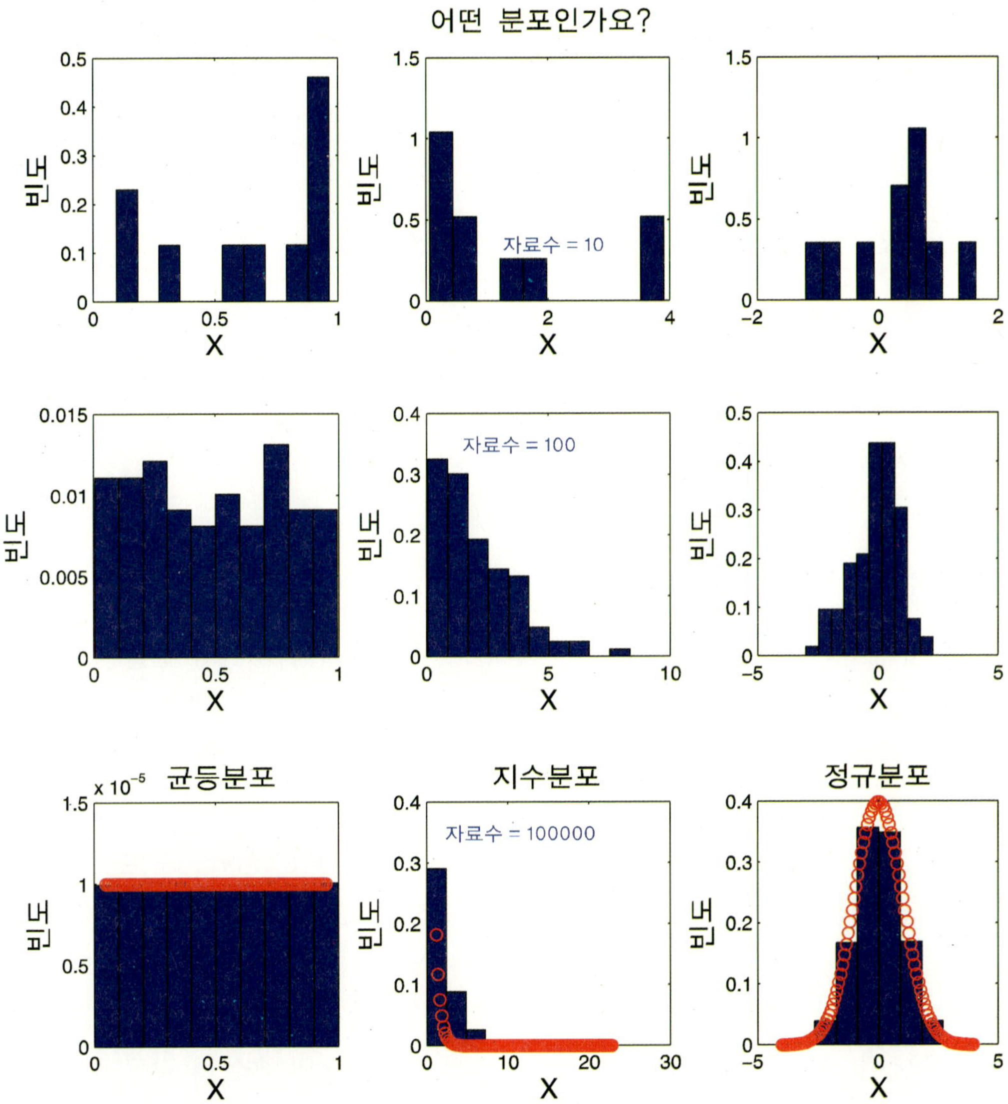

그림3-1 ▎ 그림은 균등분포('왼쪽'), 지수분포('가운데'), 정규분포('오른쪽') 각각에 대한 난수자료를 생성한 후, 생성된 난수자료를 이용하여 빈도분포를 도출한 것이다. 각 분포를 따르는 난수자료의 숫자는 위 그림의 최소 10개에서 아래 그림의 최대 100,000개까지 증가시키며, 각 분포에 대한 빈도분포의 모양을 비교 관찰하였다.

1 ▎목적

- 난수자료는 사전적으로 정의한 확률분포에 종속된다. 왜냐하면 확률분포로부터 생성된 난수자료는 확률분포의 통계적 속성을 동일하게 갖기 때문이다.

- 난수자료를 생성하기 위하여 3가지 종류의 확률분포인 균등분포(uniform distribution), 지수분포(exponential distribution), 정규분포(normal distribution)를 이용한다. 그리고 생성된 난수자료의 분포를 구분 및 확인하기 위하여 빈도분포를 이용한다.
- 생성된 난수자료의 숫자는 소표본('10')에서 대표본('100,000')으로 단계적 증가에 따른 각각의 빈도분포를 비교 관찰한다. 즉 난수자료의 숫자가 증가함에 따라 빈도분포로부터 난수자료를 생성한 확률분포의 속성을 시각적으로 보다 쉽게 확인할 수 있다.

2 | 자료, 기간 및 방법

- 자료:
  - ▷ 균등분포, 지수분포, 정규분포의 3가지 확률분포를 따르는 각각의 난수자료를 이용
  - ▷ 생성된 난수자료의 숫자 범위는 최소 10개에서 최대 100,000개
- 방법: 각 자료별 빈도분포 도출

3 | 관찰결과

- 그림은 사전 정의된 확률분포로부터 생성된 난수자료를 이용하여 도출된 빈도분포로부터 원래의 확률분포의 속성을 확인할 수 있는지를 비교 관찰한다. 생성된 난수자료의 숫자는 최소 10개에서 최대 100,000개로 증가시키며, 각 숫자별 난수자료로부터 각각의 빈도분포를 도출한다. 그림에서 왼쪽은 균등분포로부터 생성된 난수자료를, 중간은 지수분포로부터 생성된 난수자료를, 오른쪽은 정규분포로부터 생성된 난수자료를 이용한 빈도분포이다. 그리고 위 그림은 난수자료 숫자가 10개인 경우이고, 가운데 그림은 자료숫자가 1,000개인 경우이며, 아래 그림은 난수자료의 숫자가 100,000개인 경우이다.
- 관찰결과에서, 난수자료는 사전적으로 정의된 확률분포의 속성을 갖고 있지만, 충분히 많은 난수자료의 숫자를 이용하지 않으면, 난수자료로부터 도출된 빈도분포로부터 사전적으로 정의된 확률분포의 속성을 주관적으로 확인하는 것은 어렵다.
- 즉, 위 그림에서, 3가지 확률분포인 균등분포, 지수분포, 정규분포 각각에 대하여 10개씩의 난수자료를 생성한 후, 생성된 자료로부터 도출된 빈도분포를 이용하여 분포의 속성을 관찰하였지만, 난수 생성을 위하여 사전적으로 정의된 확률분포의 속성을 구분 판별하기 어렵다. 반면에, 아래 그림에서, 3가지 확률분포인 균등분포, 지수분포, 정규분포 각각에 대하여 100,000개씩의 난수자료를 생성한 후, 생성된 자료

로부터 빈도분포를 도출하였다. 그리고 도출된 분포를 통하여 난수 생성을 위하여 사전적으로 정의된 확률분포의 종류를 직관적으로 판별할 수 있다.

- 따라서, 자료의 분포를 관찰할 때, 충분히 많은 자료의 숫자를 사용할 수 있는지 여부가 도출된 실증적 분포의 속성을 평가하는데 영향을 미칠 수 있다는 점을 알 수 있다.

4 | Matlab을 이용한 분석팁

- MATLAB 기본 코드: '분포별 난수생성'

```
① DataNUMBER = 1000;
   % Uniform Distibution
② RndomX1 = rand(DataNUMBER,1);
   % Exponential Distribution
③ Lambda = 2;
④ RndomX2 = exprnd(Lambda, DataNUMBER,1);
   % Standard Normal Distribution
⑤ RndomX3 = randn(DataNUMBER, 1);
```

▷ ①, 난수자료를 생성하기 위하여 사전적으로 정의된 자료의 숫자이다. 즉, 자료 숫자를 나타내는 변수 'DataNUMBER'에 '1000'을 대입한다.

▷ ②, **'명령어, rand()'**를 이용하여 균등분포의 속성을 갖는 난수자료를 생성한다. 입력요소는 첫째, 생성할 자료의 행 구조('DataNUMBER'), 둘째 생성할 자료의 열 구조('1')이다. 즉, 균등분포를 따르는 난수자료의 숫자는 설정된 변수 'DataNUMBER'를 이용하고, 생성될 난수자료의 구조는 행(row)의 구조를 갖는 1000×1이다. 즉, 'rand(Data NUMBER, 1)'. 그리고 그 결과는 새로운 변수 'RandomX1'에 대입한다.

▷ ③, ④, **'명령어, exprand()'**를 이용하여 지수분포의 속성을 갖는 난수자료를 생성한다. 입력요소는 첫째, 분포의 모수('Lambda'), 둘째, 생성할 자료의 행 구조('Data NUMBER'), 셋째, 생성할 자료이 열 구조('1')이다. 즉, ③에서 설정한 지수분포를 결정하는 모수 변수 'Lambda=2', 그리고 생성할 난수자료의 구조는 앞의 ② 균등분포의 경우와 동일하게 1000×1이다. 그 결과는 새로운 변수 'RandomX2'에 대입한다.

▷ ⑤, **'명령어, randn()'**을 이용하여 표준정규분포의 속성을 갖는 난수를 생성한다. 정규분포의 모수는 평균과 표준편차인데, 표준정규분포는 평균 '0'과 표준편차 '1'의 고정적 값을 갖는다. 즉, 이러한 고정적 모수의 조건을 반영한 **'명령어, randn()'**를 사용한다. 입력요소는 첫째, 생성할 자료의 행 구조('DataNUMBER'), 둘째 생성할 자료의 열 구조('1')이다. 즉, 생성할 난수자료의 구조는 앞의 ②의 균등분포와 ③의 지수분포의 경우와 동일하게 1000×1이고, 그 결과는 새로운 변수 'RandomX3'에 대입한다.

그림 3-2 균등분포의 속성 [1]: 연속형 분포과 이산형 분포의 비교

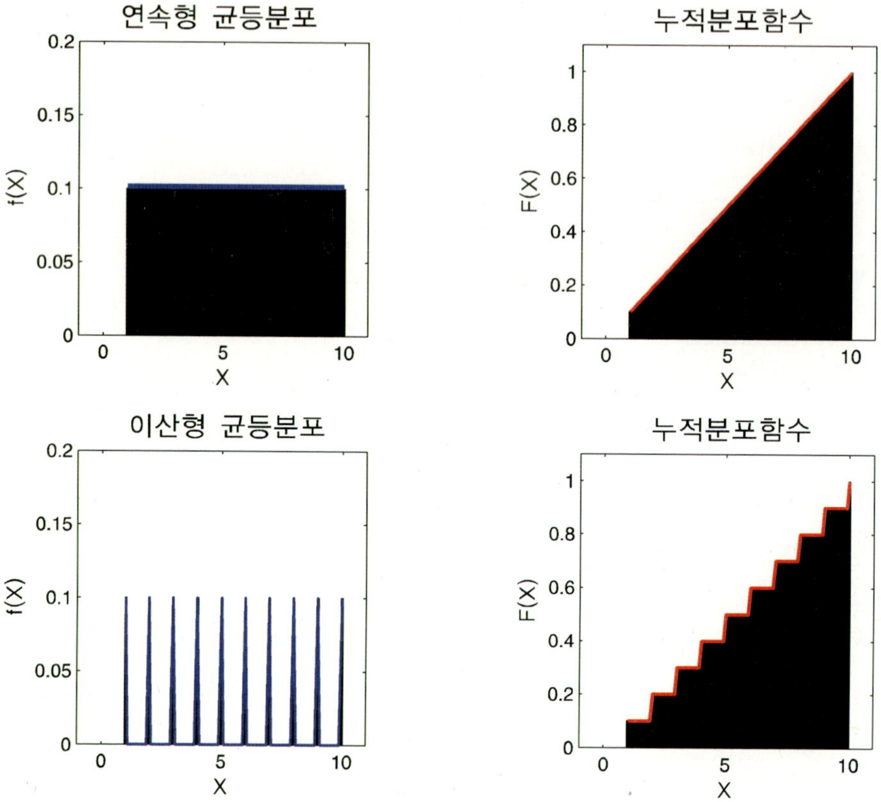

그림3-2 ▌ 그림은 이산형 균등분포와 연속형 균등분포를 구분 제시하였다. 그림에서 위쪽은 연속형 균등분포이고, 아래쪽은 이산형 균등분포이다. 그리고 그림에서 왼쪽은 확률밀도함수이고, 오른쪽은 누적분포함수이다.

1 ┃ 목적

- 균등분포에 있어서 이산형 균등분포(discrete uniform distribution)와 연속형 균등분포(continuous uniform distribution)의 차이점을 비교 관찰한다.
- 일반적인 구분은 이산형 분포는 셀 수 있는 경우(countable)이고, 연속형 분포는 셀 수 없는 경우(uncountable)이다.

2 ┃ 자료, 기간 및 방법

- 이산형과 연속형 균등분포를 따르는 각각의 난수자료를 이용
- $1 \leqq D \leqq 10$의 범위에서 '0. 1'의 간격으로 생성된 난수자료를 이용

3 | 관찰결과

- 그림은 균등분포의 연속형 분포와 이산형 분포로 구분하고, 또한 각각의 확률밀도함수와 누적분포함수로 구분한 것이다. 즉, 위 그림은 연속형 균등분포이고, 아래 그림은 이산형 균등분포이며, 그리고 그림에서 왼쪽은 확률밀도함수이고, 오른쪽은 누적분포함수이다.
- 위 그림에서 연속형 균등분포의 확률밀도함수는 X축의 최솟값(a)과 최댓값(b)의 자료범위에서 셀 수 없이 무수히 많은 자료에 대하여 모두 동일한 확률($\frac{1}{b-a}$)을 갖는다. 그리고 누적분포함수는 이들 자료범위에 존재하는 모든 확률을 순차적으로 누적한 것이다. 셀 수 없이 무수히 많은 자료들의 확률을 누적하였기 때문에 누적분포함수는 연결된 직선의 모양을 갖는다.
- 아래 그림에서 이산형 균등분포의 확률밀도함수는 X축의 최솟값(a)과 최댓값(b)의 자료범위에서 셀 수 있는 자료들에 대하여 모두 동일한 확률($\frac{1}{b-a}$)을 갖는다. 즉, 정수 숫자$(1, 2, \ldots, 10)$이외의 구간에서 연속형 균등분포와 달리 확률이 존재하지 않는다. 그리고 누적분포함수는 셀 수 있는 자료들에 대한 확률만을 누적하였기 때문에 정수 숫자 사이에 계단모양의 형태를 갖는다.

4 | Matlab을 이용한 분석팁

- MATLAB 기본 코드: '균등분포'

```
   % Increment and Data Number
① Delta = 0.1;
② DataNUMBER = 10;
③ X = 1 : Delta : DataNUMBER;
   % Discrete Uniform Distribution
④ PDF1 = unidpdf(X, DataNUMBER);
⑤ CDF1 = unidcdf(X, DataNUMBER);
   % Continuous Uniform Distribution
⑥ PDF2 = unifpdf(X, 0, DataNUMBER);
⑦ CDF2 = unifcdf(X, 0, DataNUMBER);
```

▷ ①, ②, ③, 확률분포의 X축을 구성하는 자료를 생성한다. 즉, 최솟값 '1'과 최댓값 '10'의 범위에 자료('X')를 생성한다. ②에서 최댓값('10')을 변수 'DataNUMBER'에 설정한다. 그리고 1~10의 범위에서 자료사이의 간격은 ①의 변수 'Delta=0. 1'에서 지

정한다. 즉, 'X=1:Delta:DataNUMBER'. 만약, 변수 'Delta'를 설정하지 않았다면, 자료는 기본적으로 '1'의 간격으로 증가한다. 즉, X=1, 2, 3, . . . 10이다. 그리고, 변수 'Delta=0. 1'을 설정하였기 때문에, 'X=1, 1. 1, 1. 2 . . . , 9. 9, 10이 된다.

▷ ④, **'명령어, unidpdf()'**를 이용하여 이산형 균등분포의 확률밀도함수를 생성한다. 입력요소는 첫째, X축의 자료('X'), 둘째, 자료의 최댓값('DataNUMBER')이다. 즉, 앞의 ③에서 생성한 자료 변수 'X'와 ④의 최댓값 변수 'DataNUMBER=10'이다. 이를 통하여 생성된 확률밀도함수의 결과를 새로운 변수 'PDF1'에 대입한다.

▷ ⑤, **'명령어, unidcdf()'**를 이용하여 이산형 균등분포의 누적분포함수를 생성한다. 입력요소는 첫째, X축의 자료('X'), 둘째, 자료의 최댓값('DataNUMBER')이다. 즉, 앞의 ③의 자료 변수 'X'와 ④의 최댓값 변수 'DataNUMBER=10'이다. 이를 통하여 생성된 누적분포함수의 결과를 새로운 변수 'CDF1'에 대입한다.

▷ ⑥, **'명령어, unifpdf()'**를 이용하여 연속형 균등분포의 확률밀도함수를 생성한다. 입력요소는 첫째, X축의 자료('X'), 둘째, 자료의 최댓값('DataNUMBER')이다. 즉, 앞의 ③에서 생성한 자료 변수 'X'와 ④의 최댓값 변수 'DataNUMBER=10'이다. 이를 통하여 생성된 확률밀도함수의 결과를 새로운 변수 'PDF2'에 대입한다.

▷ ⑦, **'명령어, unifcdf()'**를 이용하여 연속형 균등분포의 누적분포함수를 생성한다. 입력요소는 첫째, X축의 자료('X'), 둘째, 자료의 최댓값('DataNUMBER')이다. 즉, 앞의 ③의 자료 변수 'X'와 ④의 최댓값 변수 'DataNUMBER=10'이다. 이를 통하여 생성된 누적분포함수의 결과를 새로운 변수 'CDF2'에 대입한다.

그림 3-3 균등분포의 속성 [2]: Excel을 이용한 난수 생성

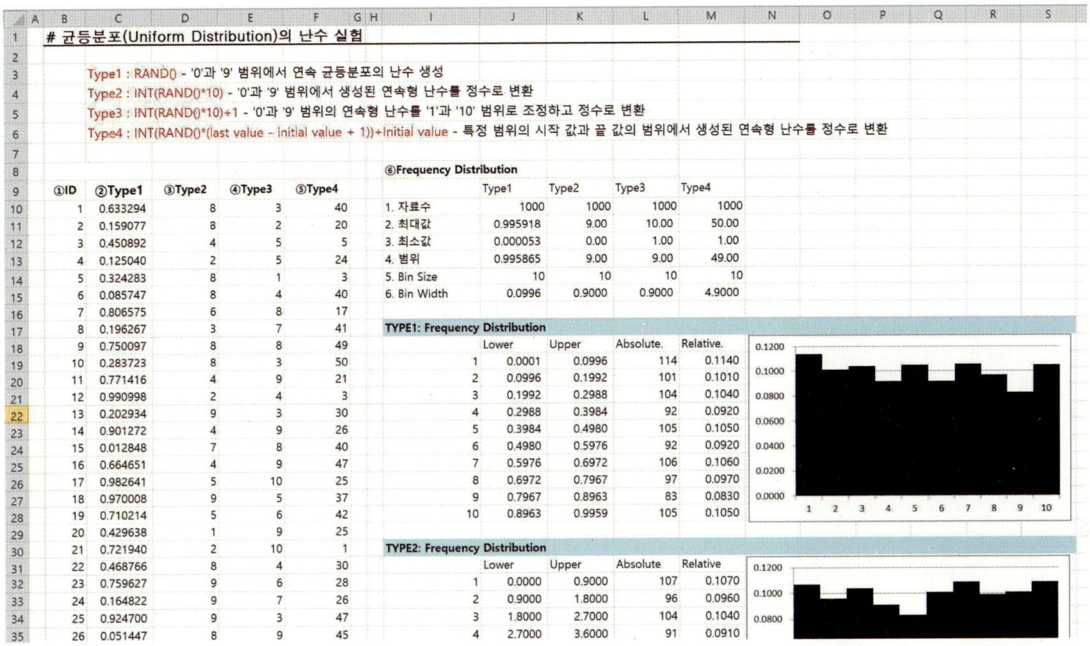

균등분포(Uniform Distribution)의 난수 실험

Type1 : RAND() - '0'과 '9' 범위에서 연속 균등분포의 난수 생성
Type2 : INT(RAND()*10) - '0'과 '9' 범위에서 생성된 연속형 난수를 정수로 변환
Type3 : INT(RAND()*10)+1 - '0'과 '9' 범위의 연속형 난수를 '1'과 '10' 범위로 조정하고 정수로 변환
Type4 : INT(RAND()*(last value - initial value + 1))+Initial value - 특정 범위의 시작 값과 끝 값의 범위에서 생성된 연속형 난수를 정수로 변환

①ID	②Type1	③Type2	④Type3	⑤Type4
1	0.633294	8	3	40
2	0.159077	8	2	20
3	0.450892	4	5	5
4	0.125040	2	5	24
5	0.324283	8	1	3
6	0.085747	8	4	40
7	0.806575	6	8	17
8	0.196267	3	7	41
9	0.750097	8	8	49
10	0.283723	8	3	50
11	0.771416	4	9	21
12	0.990998	2	4	3
13	0.202934	9	3	30
14	0.901272	4	9	26
15	0.012848	7	8	40
16	0.664651	4	9	47
17	0.982641	5	10	25
18	0.970008	9	5	37
19	0.710214	5	6	42
20	0.429638	1	9	25
21	0.721940	2	10	1
22	0.468766	8	4	30
23	0.759627	9	6	28
24	0.164822	9	7	26
25	0.924700	9	3	47
26	0.051447	8	9	45

⑥Frequency Distribution

	Type1	Type2	Type3	Type4
1. 자료수	1000	1000	1000	1000
2. 최대값	0.995918	9.00	10.00	50.00
3. 최소값	0.000053	0.00	1.00	1.00
4. 범위	0.995865	9.00	9.00	49.00
5. Bin Size	10	10	10	10
6. Bin Width	0.0996	0.9000	0.9000	4.9000

TYPE1: Frequency Distribution

	Lower	Upper	Absolute.	Relative.
1	0.0001	0.0996	114	0.1140
2	0.0996	0.1992	101	0.1010
3	0.1992	0.2988	104	0.1040
4	0.2988	0.3984	92	0.0920
5	0.3984	0.4980	105	0.1050
6	0.4980	0.5976	92	0.0920
7	0.5976	0.6972	106	0.1060
8	0.6972	0.7967	97	0.0970
9	0.7967	0.8963	83	0.0830
10	0.8963	0.9959	105	0.1050

TYPE2: Frequency Distribution

	Lower	Upper	Absolute	Relative
1	0.0000	0.9000	107	0.1070
2	0.9000	1.8000	96	0.0960
3	1.8000	2.7000	104	0.1040
4	2.7000	3.6000	91	0.0910

그림3-3 ▌ 그림은 Excel의 'rand()'함수를 이용하여 균등분포를 따르는 난수자료를 생성한 후, 생성된 난수자료를 이용하여 빈도분포를 도출한 것이다.

1 | 목적

- Excel을 이용하여 균등분포를 따르는 난수자료를 생성한 후에 생성된 난수자료로부터 빈도분포를 도출한다.
- 균등분포를 따르는 난수를 생성하기 위하여 Excel의 연속형 균등분포 **함수 'rand()'**를 이용한다. 또한 생성된 난수를 이용하여 설정한 조건 및 범위에 따라 난수자료를 변경시키는 방법들을 소개한다.

2 | 자료, 기간 및 방법

- 자료:
  - ▷ 균등분포를 따르는 난수자료 1,000개를 생성
- 방법:
  - ▷ 생성된 난수자료를 이용한 4가지 유형에 따른 다양한 범위의 자료로 변환

▷ 유형1 - 'rand ()' - 무작위 범위의 자료 생성 (연속형 균등분포의 난수)
▷ 유형2 - 'int (rand () *10)' - 0 ≦ D < 10, 최소 0~최대 9 범위 난수자료
▷ 유형3 - 'int (rand () *10) +1' - 1 ≦ D ≦ 10, 최소 1~최대 10 범위 난수자료
▷ 유형4 - 'int (rand () * (50-1+1)) +1' - 1 ≦ D ≦ 50, 최소 1~최대 50 범위 난수자료

3 | Excel을 이용한 분석팁

- ①, 자료 구분자 번호이다. 즉, 1~1000.
- ②, Excel **'함수, rand()'**를 이용하여 연속형 균등분포의 난수를 생성한다. **'rand()'**함수는 입력요소가 없다. 따라서 마우스 클릭 (click) 등의 동작에 대하여 생성된 난수는 계속 변화를 한다.
- ③, Excel **'함수, int()'**를 이용하여 소숫점을 갖는 실수자료를 정수로 변경한다. 즉, 연속형 균등분포를 따르는 난수 **'rand()'**를 '0~9'의 범위에 있는 정수로 조정하여 생성한다. 방법은 Excel의 수식입력란에 '=int (rand () *10)'를 입력하면 된다. 즉, 생성된 난수 **'rand()'**에 '10'을 곱하고 ('rand () *10'), 그 값을 정수로 변경 'int (rand () *10)' 한다. 이는 '0'이하의 소수점에 10을 곱한 후, '0'이하의 모든 소수점을 버린 후에 정수를 만드는 방법이다. 예를 들어, 'int (0. 17569) → 1'.
- ④, Excel **'함수, rand()'**과 **'함수, int()'**를 이용하여 생성된 균등분포를 따르는 난수를 지정한 범위의 무작위 정수로 변경한다. 정수의 범위는 '1~10'이다. 방법은 Excel의 수식입력란에 '=int (rand () *10) +1'를 입력하면 된다. 즉, 생성된 난수 'rand ()'에 '10'을 곱하고 ('rand () *10'), 그 값을 정수로 변경 'int (rand () *10)'한 후, 그 값에 '1'을 더한다. 앞의 ③에서 설명한 조건은 생성되는 무작위 난수가 '0~9'의 범위이다. 결국, ③의 방법으로부터 산출된 결과에 '1'을 더하게 되면 무작위 정수자료의 범위는 '1~10'이 된다.
- ⑤, Excel **'함수,rand()'**과 **'함수,int()'**를 이용하여 생성된 균등분포를 따르는 난수를 지정한 범위의 무작위 정수로 변경한다. 본 예는 사용자가 시작하는 최솟값과 끝나는 최댓값을 지정하는 방법이다. 이 방법은 Excel의 수식입력란에 다음을 입력하면 된다. '=int (rand () * (최댓값-최솟값+1)) +최솟값'. 예를 들어, 무작위 정수의 범위를 '1~50'으로 할 경우, 최솟값은 '1'이고, 최댓값은 '50'이 된다. 만약, '50~99' 범위의 값을 갖는 무작위 정수를 생성한다면, 식에서 최솟값에 '50'을 입력하고, 최댓값에 '99'를 입력하면 된다.

그림 3-4 균등분포의 적용 [1]: 동전 던지기

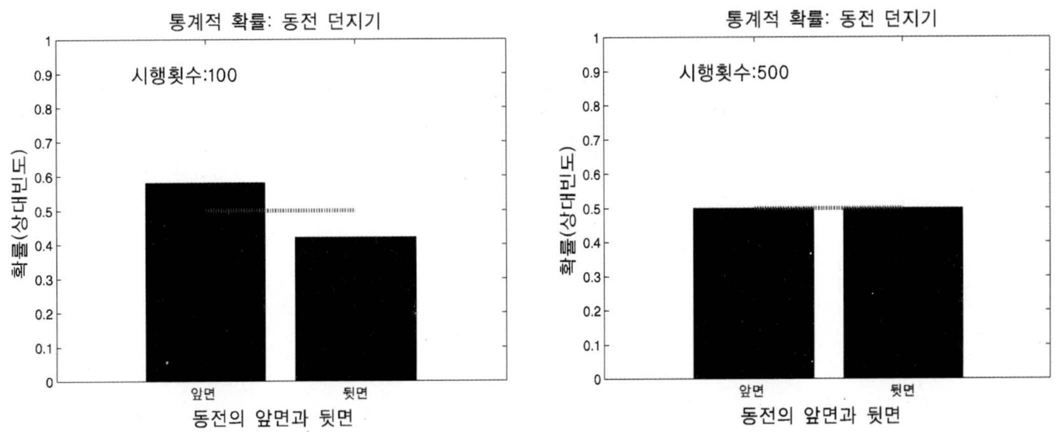

그림3-4 ▌ 그림은 이산형 균등분포로부터 생성된 난수를 이용하여 동전던지기 게임에서의 동전 앞면과 뒷면이 나올 기대 확률을 반복실험 시뮬레이션한 결과이다. 왼쪽 그림은 100회 반복실험 시뮬레이션을 시행한 후의 동전 앞면과 뒷면의 관찰된 통계적 확률이고, 오른쪽 그림은 500회 반복실험 시뮬레이션을 시행한 후의 관찰된 통계적 확률이다. 그리고 그림의 점선(..)은 동전 던지기 게임의 이론적 확률인 0.5를 표시하였다.

1 목적

- 이산형 균등분포를 따르는 난수자료를 이용하여 동전 던지기 게임의 앞면과 뒷면이 나올 확률을 반복실험 시뮬레이션 한 사례이다.
- 이론적으로 동전 던지기에서 앞면이 나올 기대확률은 '1/2'이고, 뒷면이 나올 확률은 '1/2'이다. 하지만, 현실에서 동전 던지기를 하였을 때, 첫 번째 시행에서 앞면이 나왔다는 것이 다음 시행에서 뒷면이 나온다는 것을 확정할 수 없다. 즉, 이론에서 언급하는 기대확률 '1/2'이 충분히 많은 반복실험을 통하여 평균적으로 '1/2'의 통계적 확률에 접근한다는 것을 관찰한다.

2 자료, 기간 및 방법

- 자료:
  - ▷ 이산형 균등분포로부터 $0 \leq D \leq 1$ 범위의 정수 '0'과 '1'의 난수자료
  - ▷ 여기서, 난수자료 '0'은 동전의 앞면, 난수자료 '1'은 동전의 뒷면으로 설정.

- 방법:

▷ 생성된 총 난수자료의 숫자에 대한 각 번호 (0 혹은 1)의 자료숫자로부터 계산된 상대빈도, 즉 통계적 확률을 이용, 즉

▷ 앞면의 확률, $P_H = \dfrac{N_H}{(N_H + N_T)}$, 뒷면의 확률, $P_T = \dfrac{N_T}{(N_H + N_T)}$,

▷ 여기서, N_H는 반복실험 시뮬레이션에서 앞면이 나온 횟수이고, N_T는 뒷면이 나온 횟수, 따라서 반복실험 시뮬레이션의 전체 실험 회수는 '$N_H + N_T$'이다.

3 | 관찰결과

- 그림은 이산형 균등분포를 따르는 난수자료를 이용하여 동전던지기 게임의 앞면이 나올 확률과 뒷면이 나올 확률을 반복실험 시뮬레이션을 통하여 관찰한 결과이다. 왼쪽 그림은 100회 반복실험 시뮬레이션을 통하여 확인된 동전 앞면과 뒷면의 통계적 확률(상대빈도)이고, 오른쪽 그림은 500회 반복실험 시뮬레이션의 결과를 나타낸다.
- 관찰결과에서, 동전던지기 게임의 앞면과 뒷면의 기대확률인 '1/2'은 무수히 많은 반복시행을 통하여 평균적으로 관찰할 수 있는 통계적 확률임을 알 수 있다. 즉, 100회 반복실험 시뮬레이션에서 동전 앞면과 뒷면의 통계적 확률은 '1/2'과 분명한 차이를 확인할 수 있지만, 시행횟수 500회에서는 통계적 확률이 이론적 기대확률에 매우 근접함을 알 수 있다.

4 | Matlab을 이용한 분석팁

- MATLAB 기본 코드: '동전던지기 게임의 반복실험 시뮬레이션'

```
TestNUMBER = 10000;
KKa = 0;
HeadCOUNT = 0;   TailCOUNT = 0;
for k = 1 : TestNUMBER
    KKa = KKa + 1;
    %
    Y = unidrnd(2,1)-1;
    if Y == 0
       HeadCOUNT = HeadCOUNT + 1;
    else
       TailCOUNT = TailCOUNT + 1;
```

```
⑪    end
     %
⑫    HeadPROB = HeadCOUNT/KKa;
⑬    TailPROB = TailCOUNT/KKa;
⑭    RESULT = [HeadPROB, TailPROB];
⑮ end
```

▷ ①, ②, ③, 반복실험 시뮬레이션의 계산과정에 사용될 변수들에 대한 초기값을 설정한다. 즉, 반복실험 시뮬레이션의 전체 실험 회수('10000')의 변수 'TestNUMBER', 반복실험 시뮬레이션의 단계적 진행과정을 위한 구분자 변수 'KKa'에 대한 초기값으로 '0'을 설정한다. 그리고 동전의 앞면과 뒷면의 발생회수를 기록할 변수 'HeadCOUNT'와 'TailCOUNT'에 대한 초기값 '0'을 설정한다.

▷ ④, ⑮, **'명령어, for...end'**를 이용하여 반복실험 시뮬레이션을 시행한다. 즉, 반복실험의 진행에 대한 구분자 변수 'k'를 사용하여 첫 번째 시뮬레이션 'k=1'에서 마지막 시뮬레이션 'k=TestNUMBER(=10000)'까지의 반복실험('k=1:TestNUMBER') 경우의 각각에 대하여 **'for...end'**에 포함된 명령어들을 반복적으로 실행한다.

▷ ⑤, 반복실험 시뮬레이션의 시행회수에 대한 전체 진행횟수의 변수 'KKa'를 설정한다. 즉, 앞의 ②에서 설정된 'KKa=0'의 값에 '1'을 더한 후, 동일한 변수 'KKa = KKa +1'에 대입한다. 결국, 이 과정이후 변수 'KKa'는 '1'의 값을 갖는다. 이와 같은 과정은 **'for...end'**의 구분자 변수 'k'가 마지막 경우인 'k=10000'을 가질 때 까지 반복된다.

▷ ⑥, **'명령어,unidrnd()'**를 이용하여, 이산형 균등분포를 따르는 난수자료를 생성한다. 입력요소는 첫째, 생성할 자료의 최댓값('2'), 둘째, 생성할 난수자료의 숫자('1')이다. 즉, 'unidrnd(2, 1)'는 '2'를 최댓값으로 생성하는 정수숫자는 '1'과 '2'이고〔'unidrnd (2, . . .)'〕, 이들 중, 한 개('1')의 난수자료를 추출한다〔'unidrnd(. . , 1)'〕. 그리고 본 예제에서는 동전 앞면을 '0'으로, 동전 뒷면을 '1'로 지정하였기 때문에, 'unidrnd (2, 1)'에서 생성된 난수자료(정수)에 '1'을 뺌으로써 추출되는 자료의 값은 '0'과 '1'이 된다. 이상의 설명에 따라 'unidrnd(2, 1) -1' 명령어에서 생성된 '0'과 '1'의 난수자료는 새로운 변수 'Y'에 대입한다.

▷ ⑦~⑪, **'명령어, if...else...end'**를 이용하여 조건에 부합하는 명령어를 실행한다. 즉 ⑦의 **'if 조건1'**에서 **'조건1'**에 부합하면(Y=0, 'yes'), ⑧의 명령어를 실행하고, **'조건1'**에 부합하지 않으면(Y≠0, 'no'), ⑨의 **'else'** 아래에 있는 ⑩의 명령어를 실행한다. 그리고 명령어를 실행한 후에 ⑪의 **'end'**에서 끝낸다.

▷ ⑦, ⑧, 조건은 앞의 ⑥에서 생성된 난수자료를 기록한 변수 'Y'가 '0'의 값을 갖는 경우는 명령어 ⑧을 실행하고, 만약 '1'의 값을 갖는다면 명령어 '⑩'을 실행한다. 변수 'Y=0'은 동전 앞면에 해당하기 때문에, ⑧에서 앞면을 나타내는 변수 'HeadCOUNT'에 회수를 더한다. 즉, 앞의 ③에서 설정된 'HeadCOUNT=0'의 값에 '1'을 더한 후, 동일한 변수 'HeadCOUNT = HeadCOUNT +1'에 대입한다. 결국, 이 과정이후 변수 'HeadCOUNT'는 '1'의 값을 갖는다. 그리고 이러한 계산과정은 ⑦의 **'if 조건1'**에 부합하면('Y=0'), 변수 'HeadCOUNT'는 동일한 과정을 통하여 값이 증가한다.

▷ ⑨, ⑩, 앞의 ⑥에서 생성된 난수를 갖는 변수 'Y'가 '1'의 값을 갖는다면 명령어 '⑩'을 실행한다. 즉, 변수 'Y=1'은 동전 뒷면에 해당하기 때문에, ⑩에서 뒷면을 나타내는 변수 'TailCOUNT'에 회수를 더한다. 즉, 앞의 ③에서 설정된 'TailCOUNT=0'의 값에 '1'을 더한 후, 동일한 변수 'TailCOUNT = TailCOUNT +1'에 대입한다. 이러한 계산과정은 ⑦의 **'if 조건1'**에 부합하지 않는다면(Y≠0) 반복적으로 동일한 과정을 통하여 값이 증가한다.

▷ ⑫, ⑬, 동전의 앞면(변수 'HeadPROB')이 발생한 확률과 뒷면(변수 'TailPROB')이 발생한 확률을 계산한다. 반복실험 시뮬레이션을 진행하는 동안 난수를 통하여 생성된 앞면의 총 횟수를 누적적으로 기록한 변수 'HeadCOUNT'를 진행된 총 시뮬레이션의 구분자 변수 'KKa'로 나누고 그 결과를 새로운 변수 'HeadPROB'에 대입한다. 또한 동일한 방법으로, 뒷면이 발생한 총 횟수를 기록한 변수 'TailCOUNT'를 변수 'KKa'로 나누고, 그 결과를 변수 'TailPROB'에 대입한다.

▷ ⑭, 반복실험 시뮬레이션을 통하여 산출된 동전 앞면의 발생확률('HeadPROB')과 뒷면 발생확률('TailPROB')을 새로운 변수 'RESULT'에 대입한다. 여기서, 변수 'RESULT'의 구조는 1×2이다.

그림 3-5 균등분포의 적용 [2]: 주사위 던지기

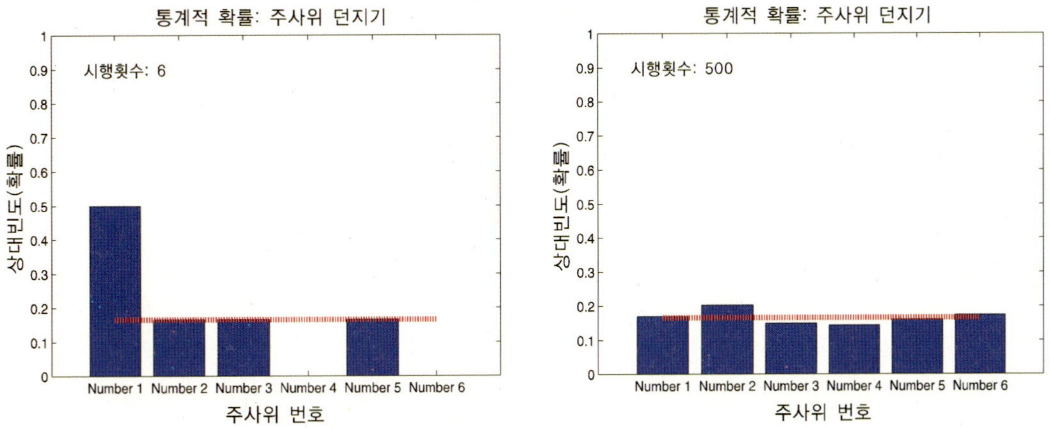

그림3-5 ▌ 그림은 이산형 균등분포로부터 생성된 난수자료를 이용하여 주사위 던지기 게임에서의 주사위의 각 번호 '1', '2', '3', '4', '5', '6'가 나올 기대 확률을 반복실험 시뮬레이션한 결과이다. 왼쪽 그림은 6회의 반복실험 시뮬레이션을 시행한 후의 주사위 각 번호별 관찰된 통계적 확률이고, 오른쪽 그림은 500회 반복실험 시뮬레이션 시행 후의 관찰된 통계적 확률이다. 그리고 그림의 점선(..)은 주사위 던지기 게임의 이론적 확률인 1/6을 표시하였다.

1 ▎목적

- 이산형 균등분포를 따르는 난수자료를 이용하여 주사위 던지기 게임의 주사위 번호 '1', '2', '3', '4', '5', '6'가 나올 확률을 반복실험 시뮬레이션 한 사례이다.
- 이론적으로 주사위 던지기에서 각 번호들이 나올 기대확률은 '1/6'이지만, 현실에서 주사위 던지기를 하였을 때, 각 번호별의 기대 확률과 동일한 확률로 주사위 번호의 발생횟수를 관찰할 수 없다. 즉, 이론에서 언급하는 기대확률 '1/6'은 충분히 많은 반복실험을 시행함으로써 평균적으로 '1/6'의 통계적 확률에 접근한다는 것을 관찰한다.

2 ▎자료, 기간 및 방법

- 자료:

▷ 이산형 균등분포로부터 $1 \leq D \leq 6$ 범위에서 정수 '1', '2', '3', '4', '5', '6'의 난수자료

- 방법:

▷ 생성된 총 난수자료의 숫자에 대한 각 번호 '1', '2', '3', '4', '5', '6'의 생성된 자료숫자로부터 계산된 상대빈도, 즉 통계적 확률을 이용

▹ 즉, 통계적 확률, $P_k = \frac{N_k}{N_T}$, 여기서, N_k는 반복 시뮬레이션에서 주사위의 번호, k =1, 2, 3, 4, 5, 6 각각에 대하여 발생한 횟수이고, $N_T = \sum_{k=1}^{6} N_k$는 반복실험 시뮬레이션의 전체 반복실험 회수이다.

3 | 관찰결과

- 그림은 이산형 균등분포를 따르는 난수자료를 이용하여 주사위 던지기 게임의 정수 번호 1, 2, 3, 4, 5, 6 각각이 발생할 확률을 반복실험 시뮬레이션을 통하여 관찰한 결과이다. 왼쪽 그림은 6회 반복실험 시뮬레이션에서 확인된 주사위 각 번호별 통계적 확률(상대빈도)이고, 오른쪽 그림은 500회 반복실험 시뮬레이션으로부터의 결과를 나타낸다.
- 관찰결과에서, 주사위 던지기 게임에서 각 주사위 번호의 기대확률인 '1/6'은 무수히 많은 반복실험을 통하여 평균적으로 산출되는 통계적 확률에서 관찰할 수 있음을 알 수 있다. 즉, 6회 반복실험 시뮬레이션에서 주사위 번호별 통계적 확률은 이론적 기대확률과 분명한 차이를 나타내지만, 시행횟수 500회의 반복실험 시뮬레이션에서 통계적 확률은 이론적 기대확률에 보다 근접한 결과를 갖는다.

4 | Matlab을 이용한 분석팁

- MATLAB 기본 코드: '주사위던지기 게임의 반복실험 시뮬레이션'

```
① TestNUMBER = 10000;
   % number of dice
② for k = 1 : 6
③     DiceNUMBER(k,:) = 0;
④ end
   %
⑤ KKa = 0;
⑥ for k = 1 : TestNUMBER
⑦     KKa = KKa + 1;
      %
⑧     Y = unidrnd(6,1);
⑨     DiceNUMBER(Y,:) = DiceNUMBER(Y,:) + 1;
⑩     DicePROB = DiceNUMBER./KKa;
⑪ end
```

▷ ①, 반복실험 시뮬레이션의 전체 실험 회수('10000')의 변수 'TestNUMBER'에 초기값 '0'을 설정한다.

▷ ②, ③, ④, **'명령어, for...end'**를 이용하여 반복과정을 시행한다. 주사위의 각 번호별 발생회수를 기록할 변수 'DiceNUMBER'에 초기값 '0'을 설정한다. 즉, 주사위 번호에 대한 구분자 변수 'k'를 사용하여 첫 번째 주사위 번호 '1'의 'k=1'에서 마지막 주사위 번호 '6'의 'k=6'까지의 모든 경우('k=1:6')에 초기값 '0'을 설정한다. 즉, DiceNUMBER(1. :)=0, . . . , DiceNUMBER(6. :)=0. 따라서 변수 'DiceNUMBER'의 자료구조는 주사위의 6가지번호에 대하여 '6×1'이다.

▷ ⑤, 반복실험 시뮬레이션의 단계적 진행과정을 위한 구분자 변수 'KKa'이고, 초기값으로 '0'을 설정한다.

▷ ⑥~⑪, **'명령어, for...end'**를 이용하여 반복실험 시뮬레이션을 시행한다. 즉, 반복실험에 대한 진행 구분자 변수 'k'를 사용하여 첫번째 'k=1'에서 마지막 'k=TestNUMBER'까지 각각에 대하여 명령어들을 반복적으로 실행한다. 앞의 ①에서 설정한 총 반복실험 시뮬레이션의 회수는 변수 'TestNUMBER=10000'이다.

▷ ⑦, 반복실험 시뮬레이션의 시행회수에 대한 변수 'KKa'를 설정한다. 즉, 앞의 ⑤에서 설정된 'KKa=0'의 값에 '1'을 더한 후, 동일한 변수 'KKa = KKa +1'에 대입한다. 이러한 과정은 **'명령어, for...end'**의 구분자 변수 'k'가 마지막 경우인 'k=10000'까지 반복된다.

▷ ⑧, **'명령어, unidrnd()'**를 이용하여, 이산형 균등분포를 따르는 난수를 생성한다. 입력요소는 첫째, 생성할 난수자료의 최댓값('6'), 둘째, 추출할 난수자료의 숫자('1')이다. 즉, '명령어, unidrnd(6, 1)'는 '6'을 최댓값으로 생성할 수 있는 숫자는 '1', '2', '3', '4', '5', '6'이고〔'unidrnd(6, . . .)'〕, 이들 중, 한 개('1')의 숫자를 추출한다〔'unidrnd(. . , 1)'〕. 그리고 생성된 난수자료는 새로운 변수 'Y'에 대입한다.

▷ ⑨, 주사위 번호별로 발생회수를 누적한다. 앞의 ③에서 주사위의 각 번호별 발생회수를 기록할 변수 'DiceNUMBER'는 각 주사위 번호와 동일한 구조를 갖는다. 즉, 변수 'DiceNUMBER'의 자료구조는 주사위의 번호에 대하여 '6×1'이다. 따라서 'DiceNUMBER(Y, :)'의 의미는 앞의 ⑧에서 '1, 2, 3, 4, 5, 6' 중에서 생성된 하나의 번호를 갖는 변수 'Y=1, Y=2, Y=3, Y=4, Y=5, Y=6'에 따라 해당 주사위번호에 발생회수를 누적한다. 즉, 앞의 ③에서 설정된 'DiceNUMBER(. . .)=0'에 대하여, 'Y'의 번호('DiceNUMBER(Y, :)')에 '1'을 더한 후, 동일한 변수 'DiceNUMBER(Y, :) = DiceNUMBER(Y, :) +1'에 대입한다. 이러한 과정에서 앞의 ⑧에서 생성된 'Y'의 주사위

번호별('DiceNUMBER(Y, :)') 발생회수는 순차적으로 '1'씩 누적된다.

▷ ⑩, 주사위 던지기를 통한 각 번호별로 관찰된 실제 확률을 계산한다. 앞의 ⑨에서 반복실험 시뮬레이션을 통하여 주사위 번호별로 누적된 발생회수를 갖는 변수 'DiceNUMBER'를 진행된 총 반복실험 시뮬레이션의 구분자 변수 'KKa'로 나누고 그 결과를 변수 'DicePROB'에 대입한다. 여기서 변수 'DicePROB'는 행렬 '6×1'의 구조를 갖는다. 그리고 '명령어 DiceNUMBER./KKa'에서 분자항목의 끝부분에 있는 점('.')은 변수 'DiceNUMBER'에 수록된 6가지 자료 각각을 변수 'KKa'로 나누도록 설정한 것이다. 예를 들어 변수 'DiceNUMBER'에 〔5, 5, 10, 5, 10, 5〕의 자료가 수록되어 있다면 '명령어 DiceNUMBER./KKa'는 〔5/40, 5/40, 10/40, 5/40, 10/40, 5/40〕과 같이 계산하도록 설정하는 것이다.

그림 3-6 균등분포의 적용 [3]: 복원추출 및 비복원추출 방법 비교

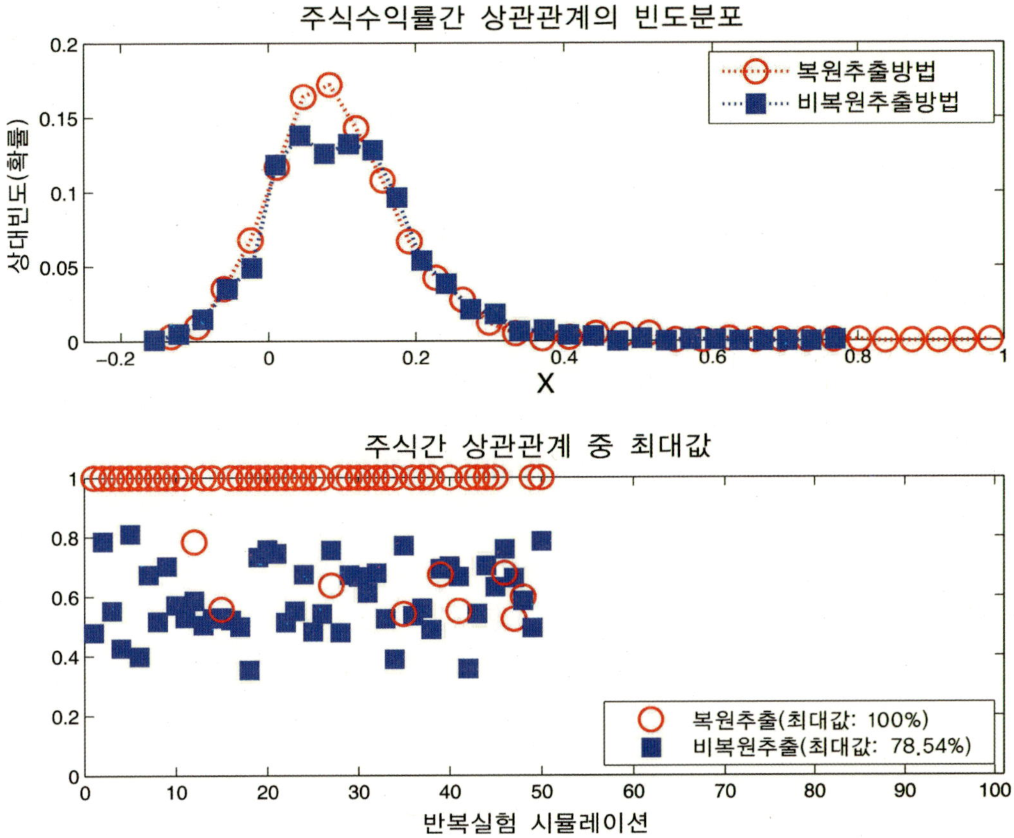

그림3-6 ▌ 그림은 2012년 1월부터 2012년 12월의 기간에 KOSPI 시장지수를 구성하는 주식들 중, 무작위로 50개를 선택한 후, 선택된 50개 주식들간의 상관관계를 계산하고, 그 상관관계의 빈도분포를 확인한 것이다. 무작위로 주식을 선택하는 방법은 복원추출(원모양 'O')과 비복원추출(박스모양 '■')으로 구분하였다. 위 그림은 상관관계의 빈도분포이고, 아래 그림은 복원추출과 비복원추출의 각 방법별로 측정된 상관계수들 중에서 최댓값을 표시한 것이다. X축은 100회의 반복실험 시뮬레이션을 구분 표시하였다.

1 | 목적

- 주식시장에서 거래되는 많은 개별주식들 중에서 무작위 추출방법에 의하여 포트폴리오를 구성할 때, 난수자료의 복원추출(sampling with replacement)과 비복원추출(sampling without replacement) 방법 간의 차이점을 비교 관찰한다. 여기서 복원추출방법은 동일한 개별주식이 선택될 수 있다는 것이고, 비복원추출방법은 동일한 개별주식이 선택될 수 없다는 것이다. 그리고 무작위 추출방법은 개별주식의 코드 구분자(1, 2, ..., N)로 사용될 수 있는 이산형 균등분포의 난수자료를 이용한다.

- 복원추출방법과 비복원추출방법 간의 뚜렷한 차이를 확인하기 위하여 개별주식 수익률간의 상관관계를 이용한다. 상관관계는 '-1'과 '+1'의 범위에 있으며, '+1'의 값은 자기자산에 대한 상관관계를 의미한다. 즉, 동일한 개별주식의 수익률간에 측정된 상관관계의 값이다. 복원추출방법은 동일한 개별주식이 중복적으로 선택될 수 있기 때문에 측정된 상관관계는 '+1'의 값을 가질 수 있지만, 비복원추출방법으로부터 동일한 개별주식이 중복적으로 선택될 수 없기 때문에 상관관계는 '+1'의 값을 가질 수 없다.

2 | 자료, 기간 및 방법

- 자료: KOSPI 시장지수를 구성하는 주식들 중, 12개월의 기간 동안 연속적인 가격정보를 갖는 708개 개별주식의 일별수익률
- 기간: 2012년 1월부터 2012년 12월까지의 12개월
- 방법:
  - ▷ 이산형 균등분포로부터 개별주식의 코드 구분번호, 즉 $1 \leq D \leq 708$의 범위에서 정수숫자를 임의로 N=50개 생성하고, 생성된 난수자료의 번호에 해당하는 개별주식을 선택한다. 여기서 N=50 난수를 생성하는 방법으로 복원추출방법과 비복원추출방법 각각을 이용한다.
  - ▷ 선택된 N=50개 개별주식수익률을 이용하여 50×50 상관관계의 행렬을 계산[5], 즉 $\rho_{i,j} = \frac{\sigma_{i,j}}{\sigma_i \sigma_j}$, 여기서 $\sigma_{i,j}$는 공분산, σ_i, σ_j는 표준편차 $(i = 1,2,...,50,\ j = 1,1,...,50)$
  - ▷ 50×50 상관관계행렬에서 비대각부분(off-diagonal part)에 속하는 $\frac{N(N-1)}{2} = 1,225$개 구성요소들을 이용하여 빈도분포를 도출하고, 또한 이들 중에서 최댓값을 확인한다.
  - ▷ 이상에서 설명한 방법들을 100회의 반복실험 시뮬레이션을 실행한다.

3 | Matlab을 이용한 분석팁

- MATLAB 기본 코드: '복원추출방법과 비복원추출방법'

5) 상관관계에 관련된 구체적인 내용은 '주제 V: 금융자료의 상관관계분석' 부분에서 확인할 수 있다.

```
① [TimeN, FirmN] = size(StockRET);
   % number of stocks
② SampleSTOCK = 50;
   % case of sampling with replacement
③ ReplacementCODE = randsample(FirmN, SampleSTOCK, 'true');
④ StockRepDATA = StockRET(:,ReplacementCODE);
   % case of sampling without replacement
⑤ NonReplacementCODE = randsample(FirmN, SampleSTOCK);
⑥ StockNonRepDATA = StockRET(:, NonReplacementCODE);
```

▷ ①, **'명령어, size()'**를 이용하여 변수의 자료구조를 확인한다. 즉, 주식수익률 자료를 수록하고 있는 변수 'StockRET'의 자료구조에서 행(row)은 2012년 1년 동안의 거래일('248')이고 열(column)은 주식 숫자('708')이다. 명령어 실행의 결과인 행의 거래일은 변수 'TimeN=248'에, 열의 주식숫자는 변수 'FirmN=708'에 대입한다.

▷ ②, 포트폴리오 구성을 위하여 무작위로 추출할 주식의 숫자를 설정한다. 즉, 변수 'SampleSTOCK'에 주식 숫자 '50'을 대입한다.

▷ ③, **'명령어, randsample()'**를 이용하여 무작위로 자료를 추출한다. 입력요소는 첫째, 생성할 난수자료의 최댓값('FirmN'), 둘째, 생성할 난수자료의 숫자('SampleSTOCK'), 셋째, 난수 추출방법의 옵션('true')이다. 즉, 전체 자료 숫자는 앞의 ①에서 확인된 'FirmN=708' 이고, 추출할 자료 숫자는 앞의 ②에서 설정한 'SampleSTOCK=50'이며, 추출방법은 복원추출방법인 옵션 'true'를 선택한다. 그리고 그 결과는 새로운 변수 'ReplacementCODE'에 대입한다. 여기서 변수 'ReplacementCODE'에는 'StockRET'에 수록된 개별주식의 구분번호인 '1~708'의 범위에서 복원추출방법에 의하여 무작위로 선택된 '50개'의 번호를 수록하고 있다.

▷ ④, 복원추출방법에 의하여 무작위로 선택된 주식코드 변수 'ReplacementCODE'를 이용하여, 전체 주식자료 변수 'StockRET'로부터 선택된 난수자료의 번호에 해당하는 주식자료를 추출한다. 앞의 ①에서 확인되었듯이, 변수 'StockRET'의 열(column)의 위치('FirmN')에 주식들이 있기 때문에, 열의 위치에 무작위로 선택된 난수자료로 나타낸 주식코드 변수인 'ReplaceCODE'를 입력한 'StockRET(:, Replacement CODE)'을 이용한다. 그리고 추출된 결과를 새로운 변수 'StockRepDATA'에 대입한다. 여기서, 변수 'StockRep DATA'의 자료구조는 앞의 ①에서 확인된 행의 거래일('TimeN=248')과 열의 추출된 주식 숫자('ReplacementCODE=50')의 248×50를 갖는다.

▷ ⑤, ⑥, **'명령어, randsample()'**를 이용하여 무작위로 자료를 추출한다. 여기서 앞의 ③과 동일한 방법으로 무작위 주식코드 난수자료를 생성하지만 차이점은 추출방법으

로 비복원추출방법을 이용한다는 것이다. 즉, 입력요소에서 세번째의 난수 추출방법의 옵션으로 'false'를 사용하여 비복원추출방법을 선택한다. 그리고 결과는 새로운 변수 'NonReplacementCODE'에 대입한다. 그리고 변수 'NonReplacementCODE'를 이용하여, 전체 주식자료를 갖는 변수 'StockRET'로부터 주식코드에 해당하는 개별 주식들을 추출한다. 앞의 ①에서 확인되었듯이, 변수 'StockRET'의 열(column)의 위치('FirmN')에 주식들이 있기 때문에, 열의 위치에 무작위로 선택된 주식코드 변수인 'NonReplacementCODE'를 입력한 'StockRET(:, NonReplacementCODE)'을 이용한다. 그리고 추출된 결과를 새로운 변수 'StockNonRepDATA'에 대입한다. 여기서, 변수 'StockNonRepDATA'의 자료구조는 앞의 ①에서 확인된 행의 거래일('TimeN=248')과 열의 추출된 주식 숫자('ReplacementCODE=50')의 248×50를 갖는다.

■ MATLAB 기본 코드: '상관관계행렬의 비대각선 구성요소 추출방법'

```
① CorrTEMP = corrcoef(StockRepDATA);
② [DataN1, DataN2] = size(CorrTEMP);
   % Diagonal Part
③ for k = 1 : DataN1
④      Diagonal_Part(k,:) = CorrTEMP(k,k);
⑤ end
   % Off-diagonal part
⑥ KKa = 0;
⑦ for ka = 1 : DataN1-1
⑧   for kb = ka+1 : DataN2
⑨       KKa = KKa + 1;
⑩       OffDiagonal_Part(KKa,:) = CorrTEMP(ka,kb);
⑪   end
⑫ end
```

▷ ①, **'명령어, corrcoef()'**를 이용하여 상관관계행렬을 산출한다. 즉, 무작위로 선택된 50개의 주식수익률 자료를 수록하고 있는 변수 'StockRepDATA'을 이용하여, 50개 주식들 간의 상관관계행렬을 산출한다. 그리고 그 결과를 새로운 변수 'CorrTEMP'에 대입한다.

▷ ②, **'명령어, size()'**를 이용하여 변수의 자료구조를 파악한다. 앞의 ①에서 50개의 주식들에 대한 자료를 수록한 변수 'StockRepDATA'을 이용하여 생성된 상관관계행렬('CorrTEMP')이기 때문에 자료구조는 '50×50'이다. 따라서 결과는 행의 구조정보('50')를 변수 'DataN1'에, 열 구조정보('50')를 변수 'DataN2'에 대입한다.

▷ ③~⑤, **'명령어, for...end'**를 이용하여 명령어들을 반복 실행한다. 즉, 반복 실행에 대한 구분자 변수 'k'를 사용하여 첫번째 'k=1'에서 마지막 'k=DataN1(=50)'까지 각각에 대하여 **'for...end'**에 포함된 명령어들을 반복적으로 실행한다.

▷ ④, 앞의 ①에서 산출한 상관관계행렬('CorrTEMP')의 대각선(동일한 위치에 있는 행과 열, $i=j$)에 해당하는 구성요소들만 추출하는 것이다. 즉, 상관관계행렬의 변수'CorrTEMP(k, k)'에서, 동일한 행('k')과 열('k')의 위치(k=k)에 있는 구성요소들을 새로운 변수 'Diagonal_Part(k, :)'에 대입한다.

▷ ⑥, 반복실행과정에 진행 구분자 변수를 초기화한다. 즉, 반복실행의 단계적 진행과정을 위한 구분자 변수 'KKa'이고, 초기값으로 '0'을 설정한다.

▷ ⑦~⑫, **'명령어, 중첩 for...end'**를 이용하여 명령어들을 반복 실행한다. **중첩 'for'문**에서 첫 번째 **'for'문**은 구분자 변수 'ka'를 이용하고, 두 번째 **'for'문**은 구분자 변수 'kb'를 이용한다. ⑦의 변수 'ka'는 앞의 ①에서 생성된 상관관계행렬의 행(row)에 대한 것으로 첫 번째 'ka=1'에서 마지막 'ka=DataN1-1'이다. ⑧의 변수 'kb'는 생성된 상관관계행렬의 열(column)에 해당하며, 행과 열이 일치하지 않는 부분($i \neq j$)만을 선택하기 위하여 첫 번째 'kb=ka+1'에서 마지막 'kb=DataN2'이다. 예를 들면, 'ka=1'인 경우, kb=2('ka+1'), 3, 4, . . . , 50('DataN2')이고, 'ka=2'인 경우, kb=3, 4, 5, . . . , 50이다. 따라서 마지막 'ka=49('DataN1-1')'는 'kb=50'이 된다. 즉 상관관계행렬의 비대각선 부분의 위쪽 삼각형부분(upper triangular part)의 구성요소만을 추출하는 것이다.

▷ ⑨, ⑩, **'명령어, 중첩 for...end'**를 이용하여 상관관계행렬의 비대각선 구성요소의 숫자를 구분자 변수 'KKa'에 기록한다. 즉, 앞의 ⑥에서 설정한 반복실행의 시행횟수에 대한 변수 'KKa=0'에서, (ka=1, kb=1)의 경우에 '1'을 더한 후 동일한 변수 'KKa = KKa +1'에 대입한다. 즉, 'KKa=1'이 된다. 다음으로 (ka=1, kb=2)의 경우에 1을 더하여 'KKa=2'이 되고, (ka=1, kb=3)의 경우에 1을 더하여 'KKa=3'이 되며, 이는 (ka=1, kb=DataN2(=50)'까지 반복한다. 그리고 ⑦에서 'ka=2'로 변경한 후에 동일한 과정이 반복되며, 이 과정은 '(ka=DataN1-1, kb=DataN2)'의 마지막 경우까지 반복된다. 마지막 단계에서 변수 'KKa'는 '1, 225 (='N(N-1)/2=50(49)/2')'을 갖는다. 한편, ⑩에서 **'명령어, 중첩 for...end'**에 대한 각각의 (ka, kb)의 경우별 상관관계행렬의 변수 'CorrTEMP(ka, kb)'에서, 행('ka')과 열('kb')이 일치하지 않는 부분($i \neq j$)의 요소들만 새로운 변수 'OffDiagonal_Part(KKa, :)'에 대입한다.

그림 3-7 정규분포의 속성 [1]

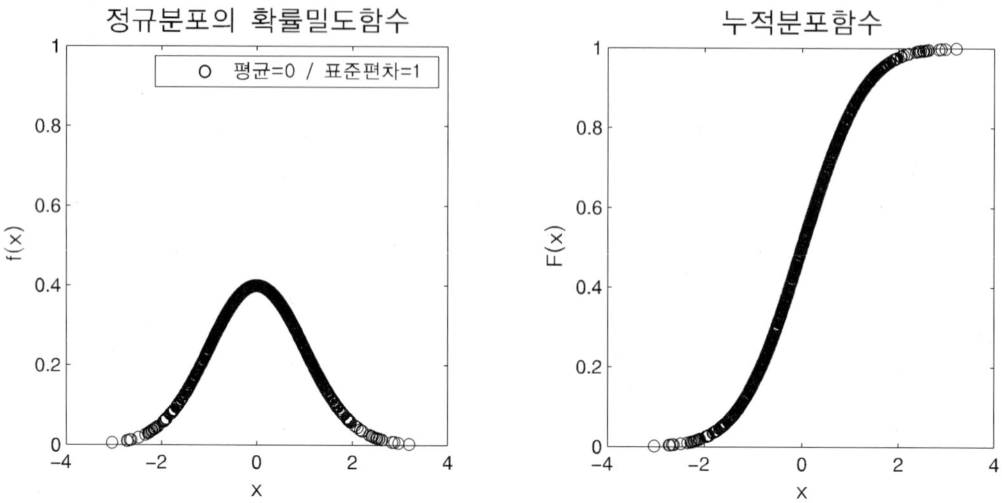

그림3-7 ▌ 그림은 표준정규분포의 확률밀도함수와 누적분포함수를 나타낸다.

1 | 목적

- 정규분포의 확률밀도함수(probability density function)와 누적분포함수(cumulative distribution function)를 관찰한다.
- 정규분포는 평균과 표준편차의 두가지 모수에 의하여 결정되고, 종 모양인 좌우대칭 구조를 갖는다. 정규분포에 있어서 모수 평균 '0'과 표준편차 '1'을 갖는 경우는 표준정규분포이다.

2 | 자료, 기간 및 방법

- 자료:

▷ 표준정규분포 (평균, $\mu = 0$, 표준편차, $\sigma = 1$)를 따르는 1,000개의 난수자료를 이용

- 방법:

▷ 표준정규분포 (모수 $\mu = 0$, $\sigma = 1$)의 확률밀도함수와 누적분포함수를 표시

▷ 정규분포, $f(x) = \frac{1}{\sigma\sqrt{2\pi}} e^{\frac{(x-\mu)^2}{2\sigma^2}}$,

▷ 표준정규분포, $f(x) = \frac{1}{\sqrt{2\pi}} e^{1-\frac{z^2}{2}}$ $(\because\ z = \frac{x-\mu}{\sigma})$

3 | 관찰결과

- 그림은 정규분포의 확률밀도함수와 누적분포함수를 구분 나타낸 것이다. 즉, 왼쪽 그림은 확률밀도함수이고, 오른쪽 그림은 누적분포함수이다.
- 관찰결과에서, 정규분포의 확률밀도함수는 X축의 자료범위에서 중심부분이 높고 꼬리부분이 얇은 종 모양의 좌우대칭구조를 갖는다. 그리고 누적분포함수는 X축의 자료범위에 속하는 모든 확률을 왼쪽에서 오른쪽 방향으로 순차적으로 누적한 것이다.

4 | Matlab을 이용한 분석팁

- MATLAB 기본 코드: '정규분포의 확률밀도함수와 누적확률분포'

```
① DataNUMBER = 1000;
   % parameters and random number
② Mu = 0;   Sigma = 1;
③ X = normrnd(Mu, Sigma, DataNUMBER, 1);
   % probability density function
④ PDF = normpdf(X, Mu, Sigma);
   % cumulative distrbution function
⑤ CDF = normcdf(X, Mu, Sigma);
```

▷ ①, 난수자료를 이용한 분석에 필요한 자료 숫자를 변수 'DataNUMBER'에 1,000개를 초기값으로 설정한다.

▷ ②, 정규분포의 모수인 평균과 표준편차을 설정한다. 즉, 평균에 대한 변수 'Mu'에 '0'을 대입하고, 표준편차에 대한 변수 'Sigma'에 '1'을 대입한다.

▷ ③, **'명령어, normrnd()'**를 이용하여 정규분포를 따르는 난수자료를 생성한다. 입력요소는 첫째, 모수인 평균('Mu'), 둘째, 모수인 표준편차('Sigma'), 셋째, 생성할 자료의 행 구조('DataNUMBER'), 넷째, 생성할 자료의 열 구조('1')이다. 즉, 앞의 ②에서 설정된 정규분포의 모수인 평균('Mu')과 표준편차('Sigma'), 그리고 ①에서 설정된 난수자료의 숫자('DataNUMBER')를 이용하여 행(row) 구조의 'DataNUMBER ×1' 자료를 설정한다. 그리고 그 결과를 새로운 변수 'X'에 대입한다.

▷ ④, **'명령어, normpdf()'**를 이용하여 정규분포의 확률밀도함수의 자료를 생성한다. 입력요소는 첫째, X축의 자료('X'), 둘째, 모수인 평균('Mu'), 셋째, 모수인 표준편차('Sigma')이다. 즉, 앞의 ③에서 정규분포를 따른 난수자료를 수록하고 있는 변수 'X'와 ②에서 설정한 동일한 평균('Mu')과 표준편차('Sigma')을 이용한다. 그 결과는 새로운 변수 'PDF'에 대입한다.

▷ ⑤, **'명령어, normcdf()'**를 이용하여 정규분포의 누적분포함수의 자료를 생성한다. 입력요소는 앞의 ④의 확률밀도함수의 경우와 동일하게, 첫째, X축의 자료('X'), 둘째, 모수인 평균('Mu'), 셋째, 모수인 표준편차('Sigma')이다. 그 결과는 새로운 변수 'CDF'에 대입한다.

그림 3-8 정규분포의 속성 [2]: 모수 평균의 영향

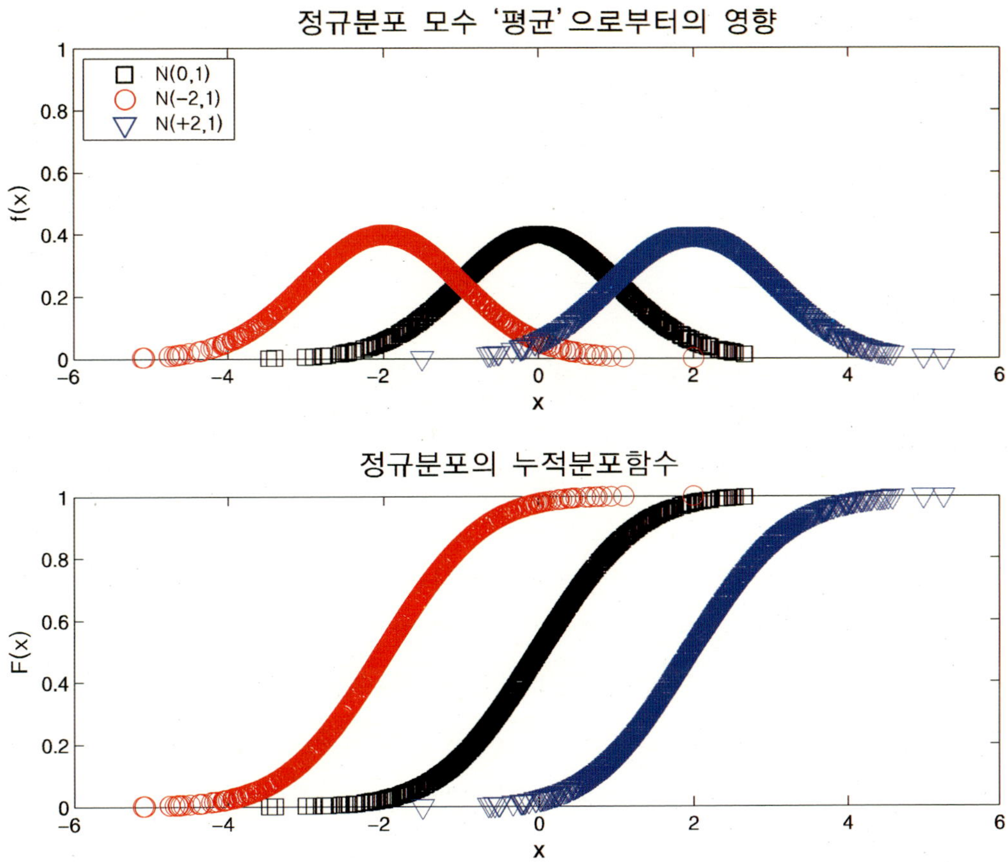

그림3-8 ▎ 그림은 정규분포에 있어서 모수인 평균의 변화(-2, 0, +2)에 따른 영향을 위 그림의 확률밀도함수와 아래 그림의 누적분포함수로 구분 표시하였다.

1 ▎ 목적

- 정규분포는 분포의 중심위치를 나타내는 평균과 분포의 퍼짐 정도를 나타내는 표준편차의 두가지 모수에 의하여 결정된다. 따라서 정규분포의 모수인 평균의 변화에 따른 확률밀도함수와 누적분포함수의 영향을 비교 관찰한다.
- 즉, 정규분포에 있어서 평균 '0'과 표준편차 '1'을 갖는 표준정규분포를 기준으로, 평균을 '-2'와 '+2'로 변경하였을 때, 확률밀도함수와 누적확률함수의 변화를 관찰한다.

2 | 자료, 기간 및 방법

- 정규분포를 따르는 1, 000개의 자료('x')를 이용하여, 확률밀도함수('f(x)')와 누적분포함수('F(x)')의 자료를 생성
- 정규분포의 3가지 종류의 모수를 갖는 난수자료
  - ▷ 모수 평균 '0'과 표준편차 '1'을 갖는 정규분포('$N(0,1)$')
  - ▷ 모수 평균 '-2'와 표준편차 '1'을 갖는 정규분포('$N(-2,1)$')
  - ▷ 모수 평균 '+2'와 표준편차 '1'을 갖는 정규분포('$N(+2,1)$')

3 | 관찰결과

- 그림은 정규분포의 모수인 평균의 변화에 따른 확률밀도함수와 누적분포함수로의 영향을 비교 관찰한 것이다. 위 그림은 확률밀도함수를, 아래 그림은 누적분포함수를 나타낸다. 그리고 정규분포의 모수 표준편차는 모두 동일한 '1'의 값으로 고정하고, 모수 평균의 변화는 '평균=0 ('□')', '평균=-2 ('○')', '평균=+2 ('▽')'의 3가지이다.
- 관찰결과에서, 정규분포의 평균은 분포의 중심위치에 관계되는 모수임을 알 수 있다. 즉, 분포의 퍼짐 정도를 나타내는 모수 표준편차는 모두 '1'의 값으로 동일한 조건에서 '평균=0'을 기준으로 '평균=-2'의 경우는 분포의 중심위치가 왼쪽으로 이동하고, '평균=+2'인 경우는 분포의 중심위치가 오른쪽으로 이동한다. 그리고 모수 평균의 변화를 통한 누적분포함수도 확률밀도함수에 대한 평균의 영향과 같이 왼쪽에서 오른쪽으로의 이동을 확인할 수 있다.

4 | Matlab을 이용한 분석팁

- MATLAB 기본 코드: '정규분포의 모수 평균 변화'

```
① DataNUMBER = 1000;
   % case 1
② Mu1 = 0;   Sigma = 1;
③ X = normrnd(Mu1, Sigma, DataNUMBER, 1);
④ PDF1 = normpdf(X, Mu1, Sigma);
⑤ CDF1 = normcdf(X, Mu1, Sigma);
⑥ clear X;
   % case 2
⑦ Mu2 = -2;   Sigma = 1;
```

```
⑧ X = normrnd(Mu2, Sigma, DataNUMBER, 1);
⑨ PDF2 = normpdf(X, Mu2, Sigma);
⑩ CDF2 = normcdf(X, Mu2, Sigma);
⑪ clear X;
   % case 3
⑫ Mu3 = +2;   Sigma = 1;
⑬ X = normrnd(Mu3, Sigma, DataNUMBER, 1);
⑭ PDF3 = normpdf(X, Mu3, Sigma);
⑮ CDF3 = normcdf(X, Mu3, Sigma);
⑯ clear X;
```

▷ ①, 난수자료를 이용한 분석에 필요한 자료 숫자를 변수 'DataNUMBER'에 1,000개로 초기값을 설정한다.

▷ ②, 정규분포의 모수인 평균과 표준편차을 설정한다. 즉, 평균에 대한 변수 'Mu1'에 '0'을 대입하고, 표준편차에 대한 변수 'Sigma'에 '1'을 대입한다.

▷ ③, **'명령어, normrnd()'**를 이용하여 정규분포를 따르는 난수자료를 생성한다. 입력요소는 첫째, 모수인 평균('Mu1'), 둘째, 모수인 표준편차('Sigma'), 셋째, 생성할 자료의 행 구조('DataNUMBER'), 넷째, 생성할 자료의 열 구조('1')이다. 즉, 앞의 ②에서 설정된 정규분포의 모수인 평균('Mu1')과 표준편차('Sigma=1'), 그리고 ①에서 설정된 변수 'DataNUMBER'를 이용하여 행(row) 구조인 'DataNUMBER×1' 자료를 설정한다. 그리고 그 결과를 새로운 변수 'X'에 대입한다.

▷ ④, **'명령어, normpdf()'**를 이용하여 정규분포의 확률밀도함수의 자료를 생성한다. 입력요소는 첫째, X축의 자료('X'), 둘째, 모수인 평균('Mu1'), 셋째, 모수인 표준편차('Sigma')이다. 즉, 앞의 ③에서 변수 'X'와 ②에서 설정한 평균('Mu1')과 표준편차('Sigma')을 이용한다. 그 결과는 새로운 변수 'PDF1'에 대입한다.

▷ ⑤, **'명령어, normcdf()'**를 이용하여 정규분포의 누적분포함수의 자료를 생성한다. 입력요소는 앞의 ④의 확률밀도함수의 경우와 동일하게, 첫째, X축의 자료('X'), 둘째, 모수인 평균('Mu1'), 셋째, 모수인 표준편차('Sigma')이다. 그 결과는 새로운 변수 'CDF1'에 대입한다.

▷ ⑥, **'명령어, clear'**를 이용하여 지정된 변수를 메모리에서 지운다. 즉, 앞의 ②의 조건에 만족하는 ③에 의하여 생성된 변수 'X'를 제거한다. 이는 분석과정에 동일한 이름('X')으로 조건 변경에 따라 새롭게 생성되는 자료를 동일한 변수('X')에 수록하기 위해서이다.

▷ ⑦~⑪, 정규분포의 모수를 ⑦과 같이 변경 ('Mu2=-2', 'Sigma=1')한 후에, 앞의 ③~

⑥과 동일한 과정을 반복한 후, 변경된 모수의 속성을 갖는 확률밀도함수 변수 'PDF2' (=normpdf(X, Mu2, Sigma))와 누적분포함수 변수 'CDF2' (=normcdf(X, Mu2, Sigma))를 생성한다.

▷ ⑫~⑯, 정규분포의 모수를 ⑫과 같이 변경 ('Mu3=+2', 'Sigma=1')한 후에, 앞의 ③~⑥과 동일한 과정을 반복한 후, 변경된 모수의 속성을 갖는 확률밀도함수 변수 'PDF3' (=normpdf(X, Mu3, Sigma))와 누적분포함수 변수 'CDF3' (=normcdf(X, Mu3, Sigma))를 생성한다.

그림 3-9 정규분포의 속성 [3]: Excel을 이용한 모수 평균의 영향

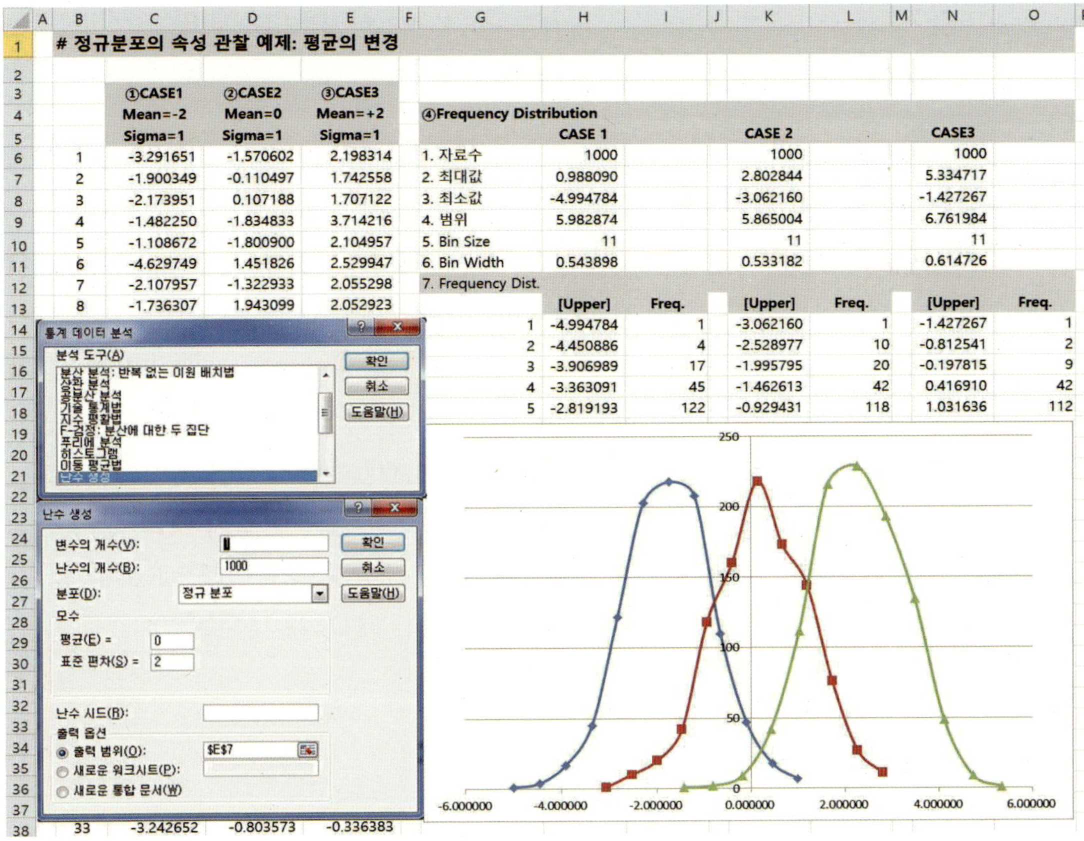

그림3-9 ▎ 그림은 Excel을 이용하여 정규분포의 모수인 평균의 변화에 따른 3가지 종류의 난수자료를 생성한 후, 각각의 난수자료를 이용하여 도출된 빈도분포를 나타낸다.

1 ▎ 목적

- Excel을 이용하여 정규분포의 모수인 평균의 변화에 따른 확률밀도함수의 영향을 비교 관찰한다.

2 ▎ 자료, 기간 및 방법

- Excel의 **MENU: '데이터/데이터분석' - '난수생성' - '정규분포+Option'**을 이용하여 실험조건의 모수 조합에 따라 정규분포를 따르는 난수를 생성 이용

- 정규분포의 3가지 종류의 모수를 갖는 난수자료별 빈도분포를 이용하여 모수 평균의 변화로부터 영향을 시각적으로 확인, 즉
  - ▷ 모수 평균 '0'과 표준편차 '1'을 갖는 정규분포('$N(0,1)$')의 난수자료
  - ▷ 모수 평균 '-2'와 표준편차 '1'을 갖는 정규분포('$N(-2,1)$')의 난수자료
  - ▷ 모수 평균 '+2'와 표준편차 '1'을 갖는 정규분포('$N(+2,1)$')의 난수자료

3 | Excel을 이용한 분석팁

- ①~③, Excel의 **MENU: '데이터/데이터분석' - '난수생성' - '정규분포+Option'**를 이용하여 주어진 모수의 속성을 갖는 정규분포의 난수를 생성한다. 즉, ①은 '평균=-2', '표준편차=1'인 조건의 정규분포를 따른 난수 1,000개를 생성하고, ②는 '평균=0', '표준편차=1'인 조건의 정규분포를 따른 난수 1,000개를 생성하며, 그리고 ③은 '평균=+2', '표준편차=1'인 조건의 정규분포를 따른 난수 1,000개를 생성한다.
- ④, Excel **'함수, frequency()'**를 이용하여, 3가지 종류의 평균 변화에 따라 각각 생성된 정규분포를 따르는 난수자료를 이용하여 빈도분포를 도출한다. Excel '함수, frequency()'의 사용에 관한 구체적 설명은 '〔그림2-1〕'에서 확인할 수 있다.

그림 3-10 정규분포의 속성 [4]: 모수 표준편차의 영향

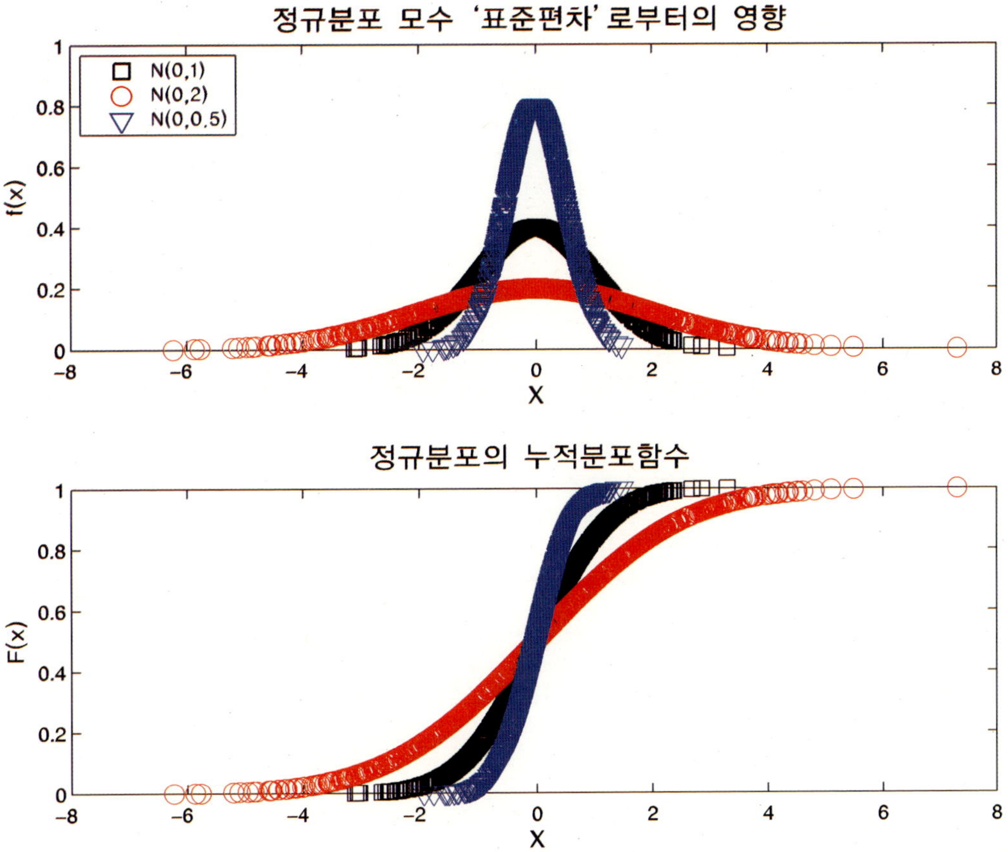

그림3-10 ▌ 그림은 정규분포에 있어서 모수인 표준편차의 변화에 따른 영향을 위 그림의 확률밀도함수와 아래 그림의 누적분포함수로 구분 표시하였다.

1 ┃ 목적

- 정규분포는 분포의 중심위치를 나타내는 평균과 분포의 퍼짐 정도를 나타내는 표준편차의 두가지 모수에 의하여 결정된다. 따라서 정규분포의 모수인 표준편차의 변화에 따른 확률밀도함수와 누적분포함수의 영향을 비교 관찰한다.
- 즉, 정규분포에 있어서 평균 '0'과 표준편차 '1'을 갖는 표준정규분포를 기준으로, 표준편차를 '2'와 '0.5'로 변경하였을 때, 확률밀도함수와 누적분포함수의 변화를 관찰한다.

2 | 자료, 기간 및 방법

- 정규분포를 따르는 1,000개의 자료('x')를 이용하여, 확률밀도함수('f(x)')와 누적분포함수('F(x)')의 자료를 생성
- 정규분포의 3가지 종류의 모수를 갖는 난수자료
  - ▷ 모수 평균 '0'과 표준편차 '1'을 갖는 정규분포('$N(0,1)$')
  - ▷ 모수 평균 '0'와 표준편차 '2'을 갖는 정규분포('$N(0,2)$')
  - ▷ 모수 평균 '0'와 표준편차 '0.5'을 갖는 정규분포('$N(0,0.5)$')

3 | 관찰결과

- 그림은 정규분포의 모수인 표준편차의 변화에 따른 확률밀도함수와 누적분포함수의 영향을 비교 관찰한 것이다. 위 그림은 확률밀도함수를, 아래 그림은 누적분포함수를 나타낸다. 그리고 정규분포의 모수 평균은 모두 동일한 '0'의 값으로 고정하고, 분포의 퍼짐의 정도를 나타내는 모수 표준편차는 '표준편차=1('□')', '표준편차=2('○')', '표준편차=0.5 ('▽')'의 3가지 경우이다.
- 관찰결과에서, 정규분포의 모수인 표준편차는 분포의 퍼짐의 정도를 나타내는 모수임을 알 수 있다. 즉, 분포의 중심위치를 나타내는 모수 평균은 모두 '0'으로 동일한 조건에서 '표준편차=1'을 기준으로 '표준편차=2'는 보다 넓게 퍼져있는 분포의 모양을 갖고, '표준편차=0.5'는 보다 좁게 퍼져있는 분포의 모양을 나타낸다. 그리고 누적분포함수에서 확률밀도함수의 보다 좁은 퍼짐의 정도를 갖는 '표준편차=0.5' 경우는 보다 넓은 퍼짐의 정도를 갖는 '표준편차=2'의 경우에 비교하여 누적분포함수의 바닥과 정상의 폭이 좁다.

4 | Matlab을 이용한 분석팁

- MATLAB 기본 코드: '정규분포의 모수 표준편차 변화'

```
① DataNUMBER = 1000;
   % case 1
② Mu = 0;   Sigma1 = 1;
③ X = normrnd(Mu, Sigma1, DataNUMBER, 1);
④ PDF1 = normpdf(X, Mu, Sigma1);
⑤ CDF1 = normcdf(X, Mu, Sigma1);
```

```
⑥ clear X;
   % case 2
⑦ Mu = 0;   Sigma2 = 2;
⑧ X = normrnd(Mu, Sigma2, DataNUMBER, 1);
⑨ PDF2 = normpdf(X, Mu, Sigma2);
⑩ CDF2 = normcdf(X, Mu, Sigma2);
⑪ clear X;
   % case 3
⑫ Mu = 0;   Sigma3 = 0.5;
⑬ X = normrnd(Mu, Sigma3, DataNUMBER, 1);
⑭ PDF3 = normpdf(X, Mu, Sigma3);
⑮ CDF3 = normcdf(X, Mu, Sigma3);
⑯ clear X;
```


▷ ①, 분석에 필요한 난수자료의 숫자를 변수 'DataNUMBER'에 1,000개를 설정한다.

▷ ②, 정규분포의 모수인 평균과 표준편차을 설정한다. 즉, 평균에 대한 변수 'Mu'에 '0'을 대입하고, 표준편차에 대한 변수 'Sigma1'에 '1'을 대입한다.

▷ ③, **'명령어, normrnd()'**를 이용하여 정규분포를 따르는 난수자료를 생성한다. 입력요소는 첫째, 모수인 평균('Mu'), 둘째, 모수인 표준편차('Sigma1'), 셋째, 생성할 자료의 행 구조('DataNUMBER'), 넷째, 생성할 자료의 열 구조('1')이다. 앞의 ②에서 설정된 정규분포의 모수인 평균('Mu')과 표준편차('Sigma1'), 그리고 ①에서 설정된 난수자료의 숫자('DataNUMBER')를 이용하여 행(row) 구조인 'DataNUMBER ×1' 자료를 설정한다. 그리고 그 결과를 새로운 변수 'X'에 대입한다.

▷ ④, **'명령어, normpdf()'**를 이용하여 정규분포의 확률밀도함수의 자료를 생성한다. 입력요소는 첫째, X축 자료('X'), 둘째, 모수인 평균('Mu'), 셋째, 모수인 표준편차('Sigma1')이다. 즉, 앞의 ③의 변수 'X'와 ②에서 설정한 평균('Mu')과 표준편차('Sigma1')을 이용한다. 그 결과는 새로운 변수 'PDF1'에 대입한다.

▷ ⑤, **'명령어, normcdf()'**를 이용하여 정규분포의 누적분포함수의 자료를 생성한다. 입력요소는 앞의 ④의 확률밀도함수의 경우와 동일하게, 첫째, X축 자료('X'), 둘째, 모수인 평균('Mu'), 셋째, 모수인 표준편차('Sigma1')이다. 그 결과는 새로운 변수 'CDF1'에 대입한다.

▷ ⑥, **'명령어, clear'**를 이용하여 지정된 변수를 메모리에서 지운다. 즉, 앞의 ②의 조건에 만족하는 ③에 의하여 생성된 변수 'X'를 제거한다. 이는 분석과정에 동일한 이름('X')으로 조건 변경에 따라 새롭게 생성되는 자료를 동일한 변수('X')에 수록하기 위해서이다.

▷ ⑦~⑪, 정규분포의 모수를 ⑦과 같이 변경 ('Mu=0', 'Sigma2=2') 한 후에, 앞의 ③~⑥과 동일한 과정을 반복한 후, 변경된 모수의 속성을 갖는 확률밀도함수 변수 'PDF2' (=normpdf(X, Mu, Sigma2))와 누적분포함수 변수 'CDF2' (=normcdf(X, Mu, Sigma2))를 생성한다.

▷ ⑫~⑯, 정규분포의 모수를 ⑫과 같이 변경 ('Mu=0', 'Sigma3=0.5') 한 후에, 앞의 ③~⑥과 동일한 과정을 반복한 후, 변경된 모수의 속성을 갖는 확률밀도함수 변수 'PDF3' (=normpdf(X, Mu, Sigma3))와 누적분포함수 변수 'CDF3' (=normcdf(X, Mu, Sigma3))를 생성한다.

그림 3-11 정규분포의 속성 [5]: Excel을 이용한 모수 표준편차의 영향

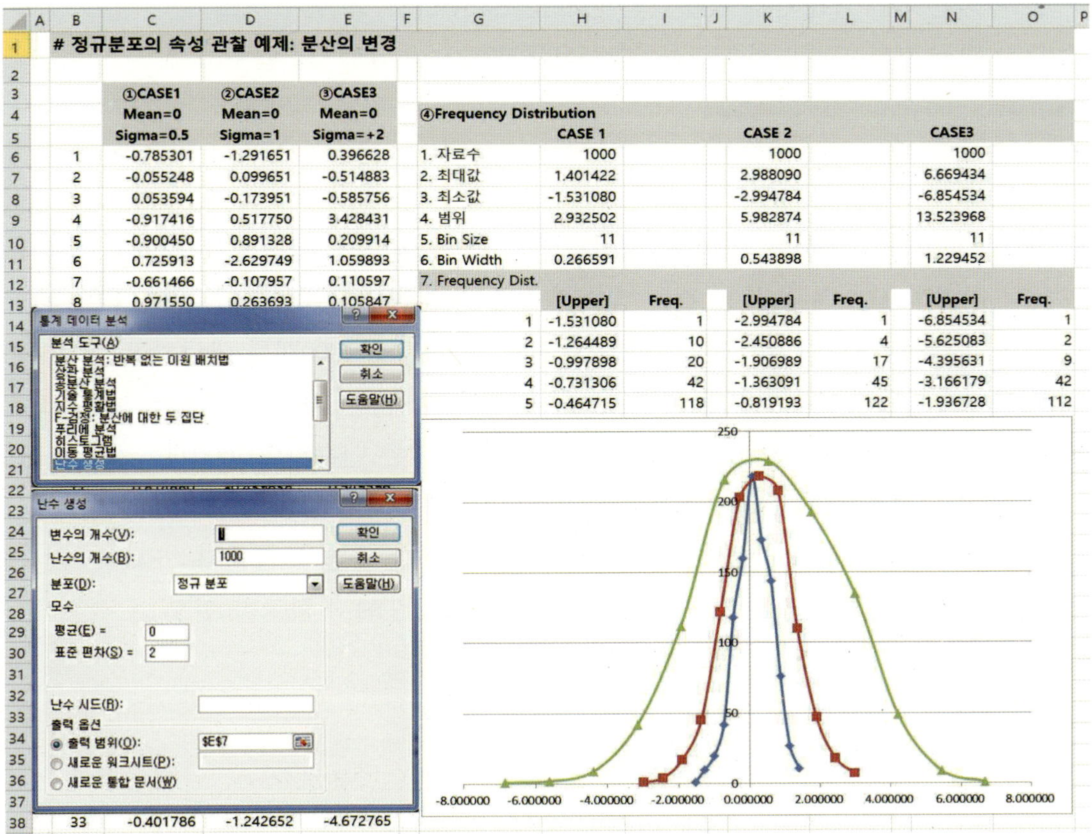

그림3-11 ▌ 그림은 Excel을 이용하여 정규분포의 모수인 표준편차의 변화에 따른 3가지 종류의 난수자료를 생성한 후, 각각의 난수자료를 이용하여 도출된 빈도분포를 나타낸다.

1 | 목적

- Excel을 이용하여 정규분포의 모수인 표준편차의 변화에 따른 확률밀도함수의 영향을 비교 관찰한다.

2 | 자료, 기간 및 방법

- Excel의 **MENU: '데이터/데이터분석' - '난수생성' - '정규분포+Option'**을 이용하여 실험조건의 주어진 모수 조합에 따라 정규분포를 따르는 난수를 생성 이용

- 정규분포의 3가지 종류의 모수를 갖는 난수자료별 빈도분포를 이용하여 모수 표준편차의 변화로부터 영향을 시각적으로 확인, 즉
  - ▷ 모수 평균 '0'과 표준편차 '1'을 갖는 정규분포('$N(0,1)$')의 난수자료
  - ▷ 모수 평균 '0'와 표준편차 '2'을 갖는 정규분포('$N(0,2)$')의 난수자료
  - ▷ 모수 평균 '0'와 표준편차 '0.5'을 갖는 정규분포('$N(0,0.5)$')의 난수자료

3 | Excel을 이용한 분석팁

- ①~③, Excel의 **MENU: '데이터/데이터분석' - '난수생성' - '정규분포+Option'**을 이용하여 주어진 모수의 속성을 갖는 정규분포의 난수자료를 생성한다. 즉, ①은 '평균=0', '표준편차=0.5'인 조건의 정규분포를 따른 난수자료 1000개를 생성하고, ②는 '평균=0', '표준편차=1'인 조건의 정규분포를 따른 난수자료 1000개를 생성하며, 그리고 ③은 '평균=0', '표준편차=+2'인 조건의 정규분포를 따른 난수자료 1000개를 생성한다.
- ④, Excel **'함수, frequency()'**를 이용하여, 3가지 종류의 분산 변화에 따라 각각 생성된 정규분포를 따르는 난수자료를 이용하여 빈도분포를 도출한다. Excel '함수, frequency()'의 사용에 관한 구체적 설명은 '[그림2-1]'에서 확인할 수 있다.

그림 3-12 중심극한정리 실험 [1]: 실험대상 확률분포

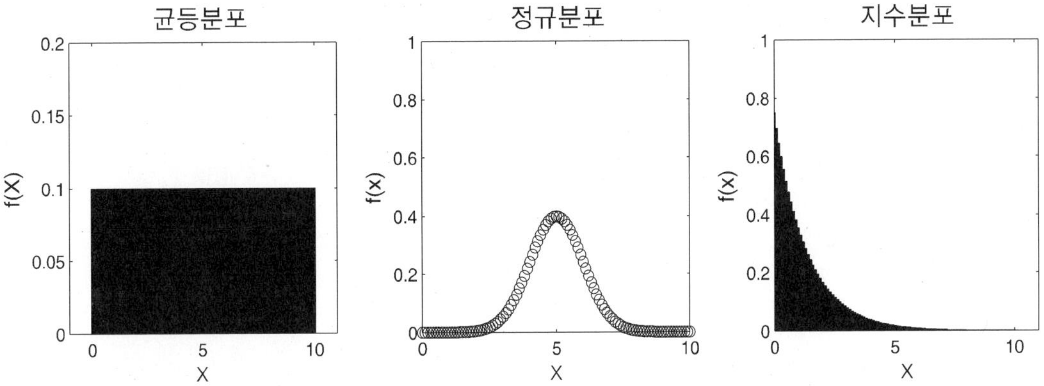

그림3-12 ▌ 그림은 균등분포(왼쪽), 정규분포(중앙), 지수분포(오른쪽) 각각의 확률밀도함수를 나타낸다.

1 | 목적

- 중심극한정리 (central limited theorem)에 의하면 특정 분포의 속성을 갖는 자료로부터의 표본평균(sample mean)의 분포는 자료 숫자가 증가함에 따라 정규분포에 가까워진다.
- 시각적으로 분명하게 구분되는 대표적 확률분포인 균등분포, 정규분포, 지수분포의 3가지를 중심극한정리의 반복실험 시뮬레이션 실험대상으로 이용한다.

2 | 자료, 기간 및 방법

- 3가지 확률분포 (균등분포, 정규분포, 지수분포)의 속성을 따른 난수자료를 이용
- 균등분포의 확률밀도함수, $f(x) = \frac{1}{b-a}$ $(\because\ a < x < b)$
- 정규분포의 확률밀도함수, $f(x) = \frac{1}{\sigma\sqrt{2\pi}} e^{-\frac{(x-\mu)^2}{2\sigma^2}}$
- 지수분포의 확률밀도함수, $f(x) = \frac{1}{\lambda} e^{-\frac{1}{\lambda}}$ $\left[E(x) = \frac{1}{\lambda},\ Var(x) = \frac{1}{\lambda}\right]$

3 | 관찰결과

- 그림은 균등분포, 정규분포, 지수분포 각각의 확률밀도함수를 나타낸다.
- 관찰결과에서, 균등분포와 지수분포의 확률밀도함수는 정규분포에 비교하여 분명하게 상이한 확률밀도함수의 모양을 갖는다는 것을 알 수 있다.

4 | Matlab을 이용한 분석팁

- MATLAB 기본 코드: '확률밀도함수: 균등분포, 정규분포, 지수분포'

```
① DataN = 10;
② Delta = 0.1;
③ X1 = 0 : Delta : DataN;
   %
④ PDF1 = unifpdf(X1, 0, DataN);  % Uniform Distribution
   %
⑤ Mu = median(X1);
⑥ Sigma = 1;
⑦ PDF2 = normpdf(X1, Mu, Sigma);    % Normal Distribution
   %
⑧ Lambda = 0.75;
⑨ PDF3 = exppdf(X1, 1/Lambda);    % Exponential Distribution
```

▷ ①, ②, ③, 확률분포의 X축을 구성하는 자료를 생성한다. 여기서 생성할 X축의 자료는 최솟값 0에서 최댓값 10의 범위에서 '0. 1'의 자료간격을 갖도록 만든다. 즉, ①의 변수 'DataN'은 최댓값 '10'을 갖도록 설정하고, ②의 자료 간격을 나타내는 변수 'Delta'는 0. 1을 설정한다. 따라서 ③에서 최솟값 '0'에서 최댓값 'DataN=10'의 범위에서 설정된 간격 'Delta=0. 1'에 의한 자료를 'X1=0:Delta:DataN' 생성하고, 그 결과를 변수 'X1'에 대입한다.

▷ ④, **'명령어, unipdf()'**를 이용하여 연속형 균등분포의 확률밀도함수의 자료를 생성한다. 입력요소는 첫째, X축의 자료(X1), 둘째, 범위의 최솟값('0'), 셋째, 범위의 최댓값('DataN')이다. 즉, 설정된 X축의 0~10 범위에서 균등한 확률을 갖도록 하는 확률밀도함수를 생성하고, 그 결과를 새로운 변수 'PDF1'에 대입한다.

▷ ⑤, ⑥, ⑦, 정규분포의 확률밀도함수를 생성한다. 정규분포의 모수는 평균과 표준편차이기 때문에, ⑤에서 **'명령어, median()'**을 이용하여 설정된 X축의 자료들 중에서 중앙값을 계산한 후에, 그 결과를 변수 'Mu=median(X1)'에 대입한다. 그리고 다른 모수인 표준편차는 'Sigma=1'로 설정한다. 그리고 ⑦에서 **'명령어, normpdf()'**를 이용하

여 정규분포의 확률밀도함수를 생성한다. 입력요소는 첫째, X축의 자료('X1'), 둘째, 모수인 평균('Mu'), 셋째, 모수인 표준편차('Sigma')이다. 즉, X축의 자료들 중에서 중앙값을 모수인 평균값('Mu')으로 하고, 주어진 표준편차('Sigma')와 함께 이용하여 정규분포의 확률밀도함수를 생성한다. 그 결과는 새로운 변수 'PDF2'에 대입한다.

▷ ⑧, ⑨, 지수분포의 확률밀도함수를 생성한다. 즉, ⑧에서 지수분포의 모수인 '1/λ'를 위하여 변수 'Lambda'에 '0. 75'로 설정한다. 그리고 **'명령어, exppdf()'**를 이용하여 지수분포의 확률밀도함수를 생성한다. 입력요소는 첫째, X축의 자료('X1'), 둘째, 모수 1/λ (1/Lambda)이다. 즉, 주어진 X축의 자료에 대하여 모수 '1/λ'에 대한 지수분포의 확률밀도함수를 생성하고, 그 결과를 새로운 변수 'PDF3'에 대입한다.

그림 3-13 중심극한정리 실험 [2]: 균등분포를 이용

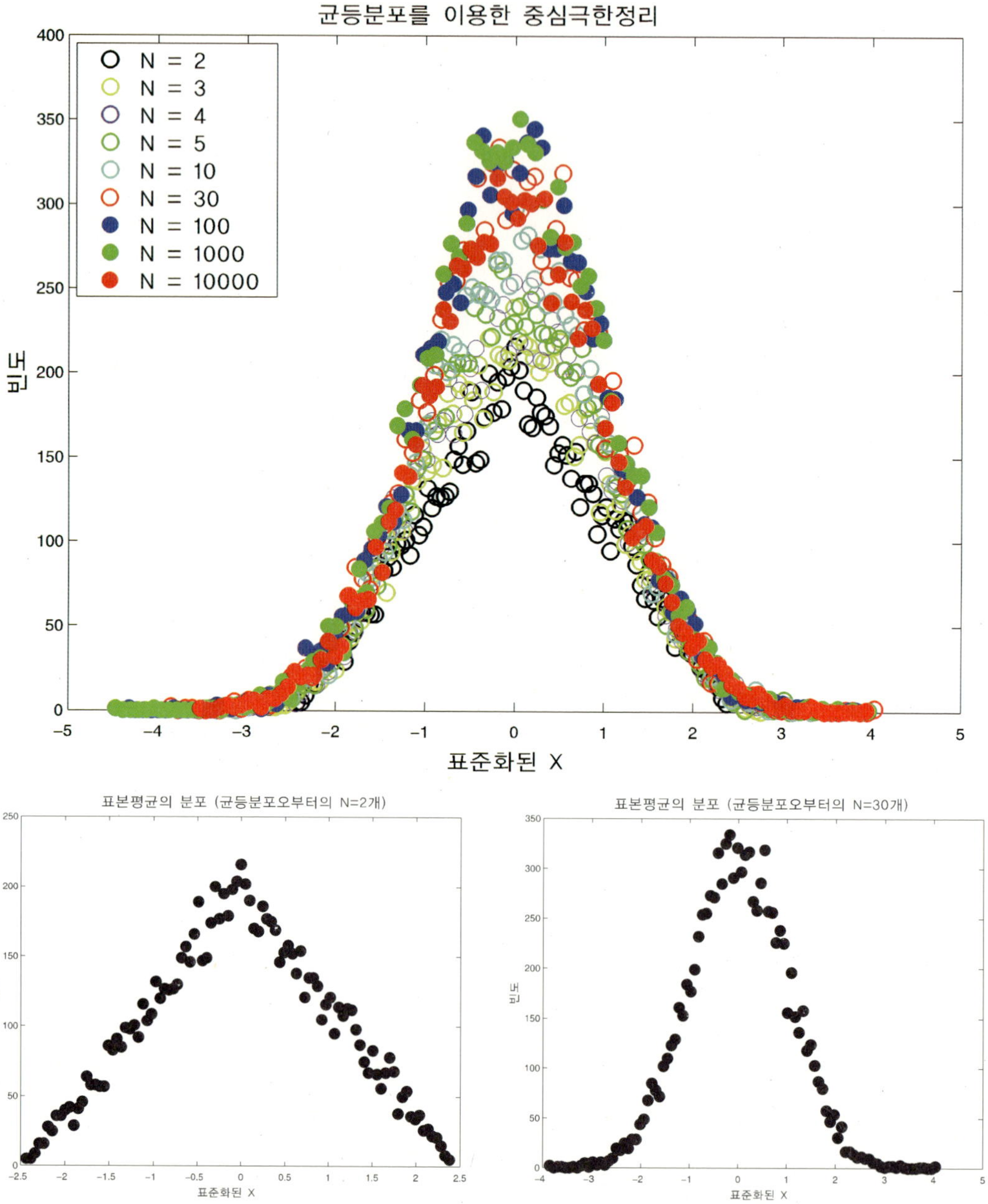

그림3-13 ▌ 그림은 균등분포를 따르는 난수자료의 숫자를 2~10,000개의 9가지 자료 숫자(2, 3, 4, 5, 10, 30, 100, 1,000, 10,000)별로 각각 10,000회의 반복실험 시뮬레이션을 실시하고, 각 시뮬레이션으로부터 산출된 표본평균을 이용하여 도출된 빈도분포를 나타냈다. 위 그림은 균등분포를 따르는 9가지 종류의 난수자료 숫자 모두를 함께 표시한 빈도분포이고, 아래 그림은 9가지 종류의 자료들 중에서 2개인 경우와 30개인 경우를 별도로 표시한 것이다. 즉, 아래그림에서 왼쪽은 균등분포를 따르는 2개의 난수자료의 표본평균을 이용한 빈도분포이고, 오른쪽은 균등분포를 따르는 30개의 난수자료의 표본평균을 이용한 빈도분포를 나타낸다.

1 | 목적

- 중심극한정리의 이해를 위하여, 균등분포를 따르는 난수자료로부터 산출된 표본평균의 빈도분포가 생성된 난수자료의 숫자 증가에 따라 점진적으로 정규분포에 가까워지는 것을 비교 관찰한다.
- 난수자료의 숫자는 최소 2개에서 최대 10,000개의 총 9가지에 대한 각각의 표본평균으로부터 도출된 빈도분포를 이용한다.

2 | 자료, 기간 및 방법

- 자료:
  - ▷ 균등분포를 따르는 난수자료의 9가지 종류의 자료 숫자 즉, $K=2,\ 3,\ 4,\ 5,\ 10,\ 30,\ 100,\ 1,000,\ 10,000$을 이용한다.
- 방법:
  - ▷ 각 난수자료의 숫자별로 표본평균($\overline{X_j}=\frac{1}{K}\sum_{k=1}^{K}x_{j,k}$)을 계산
  - ▷ 각 난수자료의 숫자별로 10,000회 ($j=1,2,...,10000$) 반복실험 시뮬레이션으로부터 산출된 총 10,000개의 표본평균을 이용하여 빈도분포를 도출
  - ▷ 동일한 그래프에서 상이한 크기를 갖는 9가지 종류의 자료 숫자별 빈도분포를 함께 비교 관찰하기 위하여, 표본평균의 자료 평균(μ)과 표준편차(σ)를 이용한 표준화 ($z_j=\frac{\overline{X_j}-\mu}{\sigma}$) 이후에 표준화된 자료를 이용하여 빈도분포를 도출한다.

3 | 관찰결과

- 그림은 균등분포로부터 생성된 난수자료의 표본평균을 이용한 빈도분포를 나타낸다. 생성된 난수자료의 숫자는 2개, 3개, 4개, 5개, 10개, 30개, 100개, 1,000개, 10,000개의 총 9가지이고, 각 자료숫자별로 10,000회 반복실험 시뮬레이션을 통하여 10,000개의 표본평균을 산출한다. 위 그림은 난수자료의 9가지 자료숫자별 10,000회 반복실험 시뮬레이션으로부터의 표본평균을 이용한 모든 빈도분포를 함께 나타낸 것이고, 아래 그림은 9가지 난수자료의 숫자들 중에서 2개 난수자료에 대한 10,000회 반복실험 시뮬레이션으로부터의 표본평균의 빈도분포와 30개 난수자료에 대한 동일한 반복실험 시뮬레이션으로부터의 표본평균의 빈도분포이다.

- 관찰결과에서, 균등분포를 따르는 난수자료로부터 산출된 표본평균($\overline{X}$)은 난수자료의 숫자가 최소 2개에서 최대 10,000개로 증가함에 따라 빈도분포는 종의 모양을 갖는 정규분포에 근접한 속성을 갖는다는 것을 알 수 있다.
- 예를 들어, 균등분포를 따르는 난수자료의 숫자가 2개인 경우에 산출한 10,000개의 표본평균으로부터의 빈도분포(왼쪽)와 난수자료의 숫자가 30개인 경우에 산출한 10,000개의 표본평균으로부터의 빈도분포(오른쪽)의 비교를 통하여, 자료숫자가 2개인 경우보다 30개인 경우에 보다 정규분포의 모양에 가깝다는 것을 알 수 있다.

4 | Matlab을 이용한 분석팁

- MATLAB 기본 코드: '균등분포를 이용한 중심극한정리 실험'

```
① SampleSIZE_DB = [2, 3, 4, 5, 10, 30, 100, 1000, 10000];
② [C, DataN] = size(SampleSIZE_DB);
   %
③ SimSTART = 1;   EndSTART = DataN;
④ SimulationSIZE = 10000;
⑤ while SimSTART <= EndSTART
      % 1 : Size of Sample
⑥    SampleSIZE = SampleSIZE_DB(1,SimSTART);
      % 2 : number of Simulation
⑦    for k = 1 : SimulationSIZE
⑧        RandomX = rand(SampleSIZE,1);
⑨        SampleMEAN(k,:) = mean(RandomX);
          clear RandomX;
⑩    end
      %
⑪    BinSIZE = ceil(SimulationSIZE*0.01);
⑫    [YAxis(:,SimSTART), XAxis(:,SimSTART)] = hist(zscore(SampleMEAN), BinSIZE);
      % 3 : GRAPH
      % 중간생략...
      % 4 : LOOP
⑬    SimSTART = SimSTART + 1;
⑭    clear SampleSIZE;   clear YAxis;   clear XAxis;   clear SampleMEAN;
⑮ end
```

▷ ①, 균등분포를 따르는 난수의 자료 숫자를 9가지로 설정한다. 즉, 자료의 숫자가 '2개', '3개', '4개', '5개', '10개', '30개', '100개', '1,000개', '10,000개'인 9가지로 구분하고, 이들의 집합을 하나로 묶기 위하여 대괄호 '〔 〕'를 이용한다. 그리고 그 결과는 변수 'SampleSIZE_DB'에 대입한다.

▷ ②, **'명령어, size()'**를 이용하여 변수의 자료구조를 조사한다. 즉, 앞의 ①에서 설정

한 변수 'SampleSIZE_DB'의 자료구조를 확인하고, 행(row) 정보를 변수 'C=1'와 열(column) 정보를 변수 'DataN=9'에 대입한다.

- ③, 반복실험 시뮬레이션을 위하여 반복실험 구분자 변수를 설정한다. 즉, 자료 숫자의 증가를 단계적으로 나타낼 구분자 변수 'SimSTART'에 '1'을 설정하고, 구분자 변수 'EndSTART'에 ②에서 확인된 변수 'DataN'를 대입한다. 예를 들어, 앞의 ①에서 설정된 변수 'SampleSIZE_DB'의 첫 번째('SimSTART=1') 자료 숫자는 2개이고, 두 번째('SimSTART=2') 자료 숫자는 3개이며, 동일한 과정을 반복하여 마지막('SimSTART=9', (=EndSTART)) 자료 숫자는 'DataN=10, 000개'이다.
- ④, 동일한 난수자료의 숫자를 갖는 10, 000회의 반복실험 시뮬레이션을 위하여 변수 'SimulationSIZE'에 10, 000을 설정한다.
- ⑤~⑮, **'명령어, while...end'**를 이용하여 조건에 부합하는 동안 **'while...end'**에 포함된 명령어들을 반복적으로 실행한다. 즉, 조건은 앞의 ③에서 설정한 자료 숫자의 구분자 변수 'SimSTART'와 변수 'EndSTART'의 비교이다. 여기서 실험설계에 따라 ①에서 9가지 자료 숫자의 종류를 설정하였기 때문에 변수 'EndSTART'는 'DataN=9'의 값을 갖고, 변수 'SimSTART'는 첫 번째 '1'의 값을 갖는다. 그리고 ⑬의 'SimSTART=SimSTART+1'에 의하여 '2, 3, . . , 9'로 증가한다. 변수 'SimSTART=10'이 되었을 때, **'while...end'**의 반복구문 명령어 실행을 빠져나온다.
- ⑥, 난수자료의 숫자를 결정한다. 앞의 ①에서 설정된 난수자료의 숫자 집합 변수인 'SampleSIZE_DB'에서 변수 'SimSTART'에 기록된 값에 해당하는 자료 숫자를 선택하고, 그 결과를 새로운 변수 'SampleSIZE'에 대입한다. 예를 들어, 명령어 'SampleSIZE_DB(1, SimSTART)'에서 첫 번째 자료 숫자('SimSTART=1')의 경우는 'SampleSIZE_DB(1, 1)=2'로 그 결과를 변수 'SampleSIZE =2'에 대입한다. 그리고 두 번째 자료 숫자('SimSTART=2')의 경우는 'SampleSIZE_ DB(1, 2)=3'으로 그 결과를 변수 'SampleSIZE=3'에 대입한다. 마지막 자료 숫자('SimSTART=9')의 경우는 'SampleSIZE_DB(1, 9)=10000'으로 그 결과를 변수 'Sample SIZE=10000'에 대입한다.
- ⑦~⑩, **'명령어, for...end'**를 이용하여 반복실험 시뮬레이션을 실행한다. 즉, ④에서 설정한 동일한 난수자료의 숫자를 갖는 10, 000회 반복실험 시뮬레이션을 실행한다. 반복실험 시뮬레이션의 구분자 변수 'k'를 이용하여 k=1, 2, . . . , 10000 각각에 대하여 **'for...end'** 사이의 명령어를 반복적으로 실행한다.
- ⑧, **'명령어, rand()'**를 이용하여 균등분포를 따르는 난수를 생성한다. 입력요소는 첫째, 생성할 자료의 행 정보('SampleSIZE'), 둘째, 생성할 자료의 열 정보('1')이다.

앞의 ⑥에서 설정한 자료의 숫자 변수 'SampleSIZE'에 따라 생성하고, 그 결과를 새로운 변수 'RandomX'에 대입한다. 여기서 생성될 변수 RandomX의 자료구조는 'SampleSIZE×1'이다.

▷ ⑨, **'명령어, mean()'**을 이용하여 자료의 표본평균(평균값)을 산출한다. 앞의 ⑧에서 생성된 난수의 자료('RandomX')를 이용하여 평균('mean(RandomX)')을 산출하고, 그 결과를 k번째 자료로 새로운 변수 'SimpleMEAN(k, :)'에 대입한다. 그리고 동일한 이름의 변수 'RandomX'의 반복실험 시뮬레이션에서의 계속 사용을 위하여 **'명령어, clear'**를 이용하여 변수 'RandomX'를 지운다. 한편 생성되는 결과 변수 'Sample MEAN'은 10,000회 반복실험 시뮬레이션 구분자 변수 'k'에 따라 10,000×1의 자료구조를 갖는다.

▷ ⑪, **'명령어, ceil()'**를 이용하여 빈도분포를 도출하기 위하여 필요한 자료구간의 숫자를 결정한다. 앞에서 생성된 총 시뮬레이션 숫자('SimulationSIZE=10000')의 10%('0.01') 만큼의 숫자를 새로운 변수 'BinSIZE'에 대입한다. 여기서 **'ceil()'**는 소숫점 이하를 반올림한 후에 버린다. 예를 들어 'ceil(10.9999)→11'.

▷ ⑫, **'명령어, hist()'**를 이용하여 빈도분포의 'X축'과 'Y축'의 자료를 생성한다. 즉, 앞의 명령어 ⑦~⑩의 반복 시뮬레이션 (SimulationSIZE=10000)에서 산출된 10,000개의 표본평균 'SampleMEAN'을 이용하여 앞의 ⑪에서 결정된 자료구간의 숫자 ('BinSIZE=100')만큼의 'X축' 자료를 선택하고, X축 각 자료구간별로 포함된 자료의 빈도를 'Y축'에 산출한다. 즉, 생성된 X축의 자료는 변수 'XAxis'에 대입하고, Y축의 자료는 변수 'YAxis'에 대입한다. 그리고 각각의 자료숫자의 종류별로 구분 기록하기 위하여 자료 숫자 종류에 대한 구분자 변수 'SimSTART'를 이용하여 각각 'YAxis(:, SimSTART)'와 'XAxis(:, SimSTART)'로 기록한다. 한편, 9가지 종류의 자료숫자별 표본평균은 상이한 크기를 가질 수 있기 때문에 동일한 기준의 빈도분포에서 비교 관찰을 위하여 10,000개 표본편균을 갖는 변수 'SampleMEAN'을 **'명령어, zscore()'**를 이용하여 '평균=0'과 '표준편차=1'을 갖는 분포가 되도록 표준화('zscore(SampleMEAN)')를 한다.

▷ ⑭, **'명령어, clear'**를 이용하여 지정된 변수들을 메모리에서 지운다. 즉, **'while... end'** 반복구문에서 동일한 이름의 변수로 반복실험 시뮬레이션에서 사용하기 위하여 변수 'SampleSIZE', 변수 'XAxis', 변수 'YAxis', 변수 'SampleMEAN'을 지운다.

그림 3-14 중심극한정리 실험 [3]: 지수분포를 이용

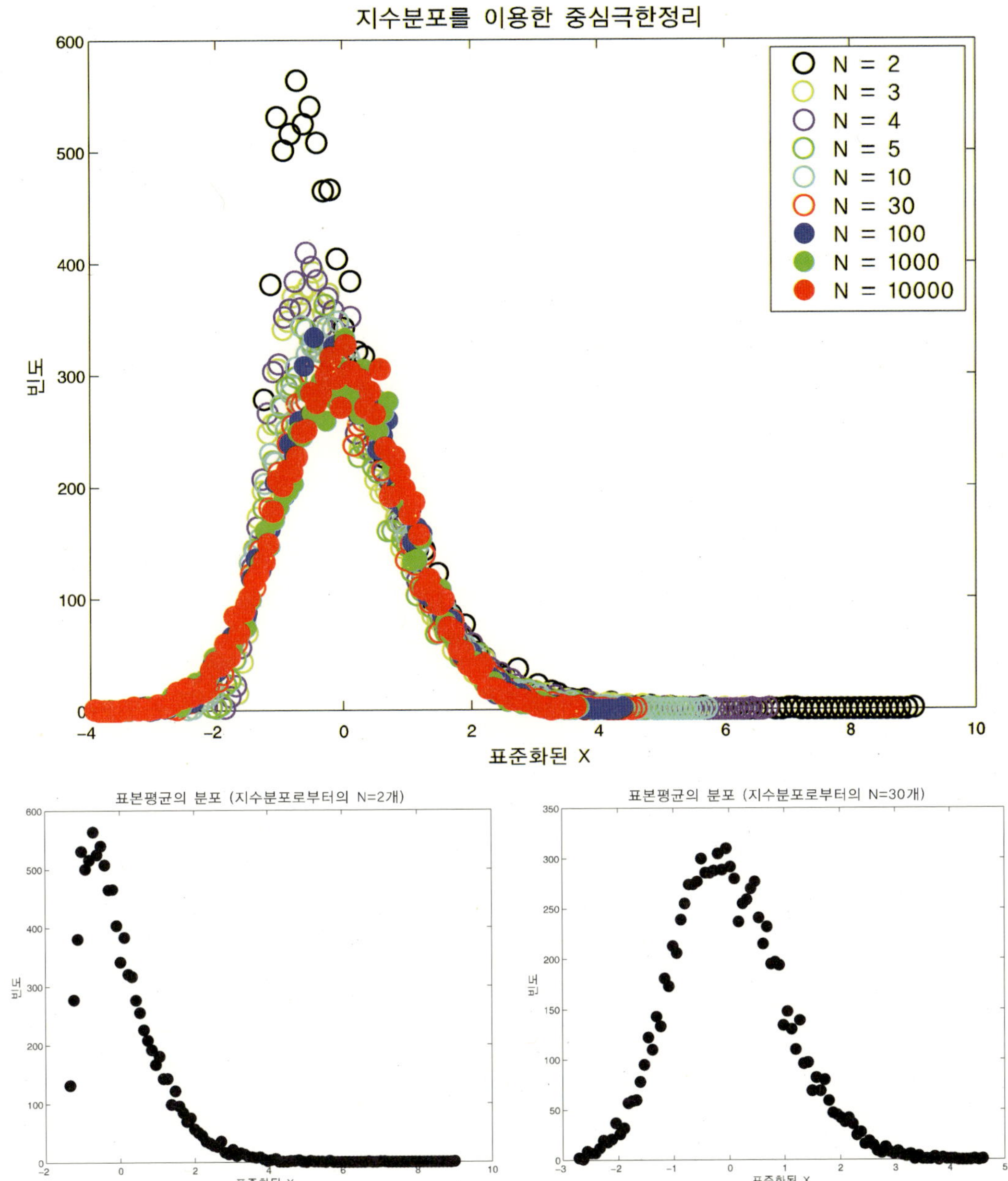

그림3-14 ▍ 그림은 지수분포를 따르는 난수자료의 숫자를 2~10,000개의 9가지 자료 숫자(2, 3, 4, 5, 10, 30, 100, 1,000, 10,000)별로 각각 10,000회의 반복실험 시뮬레이션을 실시하고, 각 시뮬레이션으로부터 산출된 표본평균을 이용하여 도출된 빈도분포를 나타냈다. 위 그림은 지수분포를 따르는 9가지 종류의 난수자료 숫자 모두를 함께 표시한 빈도분포이고, 아래 그림은 9가지 종류의 자료들 중에서 2개인 경우와 30개인 경우를 별도로 표시한 것이다. 즉, 아래그림에서 왼쪽은 지수분포를 따르는 2개의 난수자료의 표본평균을 이용한 빈도분포이고, 오른쪽은 지수분포를 따르는 30개의 난수자료의 표본평균을 이용한 빈도분포를 나타낸다.

Ⅲ 금융자료의 실증적 분포

1 | 목적

- 중심극한정리의 이해를 위하여, 지수분포를 따르는 난수자료로부터 산출된 표본평균의 빈도분포가 생성된 난수자료의 숫자 증가에 따라 점진적으로 정규분포에 가까워지는 것을 비교 관찰한다.
- 난수자료의 숫자는 최소 2개에서 최대 10,000개의 총 9가지에 대한 각각의 표본평균에 대한 빈도분포를 이용한다.

2 | 자료, 기간 및 방법

- 자료:
  - ▷ 지수분포를 따르는 난수자료의 9가지 종류의 자료 숫자 즉, $K=2,\ 3,\ 4,\ 5,\ 10,\ 30,\ 100,\ 1000,\ 10000$을 이용한다.
- 방법:
  - ▷ 각 난수자료의 숫자별로 표본평균$(\overline{X_j}=\frac{1}{K}\sum_{k=1}^{K}x_{j,k})$을 계산
  - ▷ 각 난수자료의 숫자별로 10,000회 $(j=1,2,\ldots,10000)$ 반복실험 시뮬레이션으로부터 산출된 총 10,000개의 표본평균을 이용하여 빈도분포를 도출
  - ▷ 동일한 그래프에서 상이한 크기를 갖는 9가지 종류의 자료 숫자별 빈도분포를 함께 비교 관찰하기 위하여, 표본평균의 자료 평균(μ)과 표준편차(σ)를 이용한 표준화$(z_j=\frac{\overline{X_j}-\mu}{\sigma})$ 이후에 표준화된 자료를 이용하여 빈도분포를 도출한다.

3 | 관찰결과

- 그림은 지수분포로부터 생성된 난수자료의 표본평균을 이용한 빈도분포를 나타낸다. 생성된 난수자료의 숫자는 2개, 3개, 4개, 5개, 10개, 30개, 100개, 1,000개, 10,000개의 총 9가지이고, 각 자료숫자별로 10,000회 반복실험 시뮬레이션을 통하여 10,000개의 표본평균을 산출한다. 위 그림은 난수자료의 9가지 자료숫자별 10000회 반복실험 시뮬레이션으로부터의 표본평균을 이용한 빈도분포를 함께 나타낸 것이고, 아래 그림은 9가지 자료 숫자들 중에서 2개 난수자료에 대한 표본평균의 빈도분포와 30개 난수자료에 대한 표본평균의 빈도분포이다.
- 관찰결과에서, 지수분포를 따르는 난수자료로부터 산출된 표본평균$(\overline{X})$은 난수자료

의 숫자가 최소 2개에서 최대 10,000개로 증가함에 따라 표본평균의 빈도분포는 종의 모양을 갖는 정규분포에 근접한 속성을 갖는다는 것을 알 수 있다.

- 예를 들어, 지수분포를 따르는 난수자료의 숫자가 2개인 경우에 산출한 10,000개의 표본평균으로부터의 빈도분포(왼쪽)와 난수자료의 숫자가 30개인 경우에 산출한 10,000개의 표본평균으로부터의 빈도분포(오른쪽)의 비교를 통하여, 자료숫자가 2개인 경우보다 30개인 경우에 보다 정규분포의 모양에 가깝다는 것을 알 수 있다.

4 | Matlab을 이용한 분석팁

- MATLAB 기본 코드: '지수분포를 이용한 중심극한정리 실험'

```
① SampleSIZE_DB = [2, 3, 4, 5, 10, 30, 100, 1000, 10000];
② [C, DataN] = size(SampleSIZE_DB);
   %
③ SimSTART = 1;   EndSTART = DataN;
④ SimulationSIZE = 10000;
⑤ while SimSTART <= EndSTART
      % 1 : Size of Sample
⑥    SampleSIZE = SampleSIZE_DB(1,SimSTART);
      % 2 : number of Simulation
⑦    Lambda = 2;
⑧    for k = 1 : SimulationSIZE
⑨        RandomX = exprnd(Lambda, SampleSIZE,1);
⑩        SampleMEAN(k,:) = mean(RandomX);
          clear RandomX;
⑪    end
      %
⑫    BinSIZE = ceil(SimulationSIZE*0.01);
⑬    [YAxis(:,SimSTART), XAxis(:,SimSTART)] = hist(zscore(SampleMEAN), BinSIZE);
      % 3 : GRAPH
      % 중간생략...
      % LOOP
⑭    SimSTART = SimSTART + 1;
⑮    clear SampleSIZE;   clear XAxis;   clear YAxis;   clear SampleMEAN;
⑯ end
```

▹ ①, 지수분포를 따르는 난수자료의 숫자를 9가지로 설정한다. 즉, 자료의 숫자가 '2개', '3개', '4개', '5개', '10개', '30개', '100개', '1,000개', '10,000개'인 9가지로 구분하고, 이들의 집합을 하나로 묶기 위하여 대괄호 '〔 〕'를 이용한다. 그리고 그 결과는 변수 'SampleSIZE_DB'에 대입한다.

▹ ②, **'명령어, size()'**를 이용하여 변수의 자료구조를 조사한다. 즉, 앞의 ①에서 설정한 변수 'SampleSIZE_DB'의 자료구조를 확인하고, 행(row) 정보를 변수 'C=1'와 열

(column) 정보를 변수 'DataN=9'에 대입한다.

▷ ③, 반복실험 시뮬레이션을 위하여 반복실험 구분자 변수를 설정한다. 즉, 자료 숫자의 증가를 단계적으로 나타낼 구분자 변수 'SimSTART'에 '1'을 설정하고, 구분자 변수 'EndSTART'에 ②에서 확인된 변수 'DataN'를 대입한다. 예를 들어, 앞의 ①에서 설정된 변수 'SampleSIZE_DB'의 첫 번째('SimSTART=1') 자료 숫자는 2개이고, 두 번째('SimSTART=2') 자료 숫자는 3개이며, 동일한 과정을 반복하여 마지막('SimSTART=9', (=EndSTART)) 자료 숫자는 'DataN=10,000개'이다.

▷ ④, 동일한 난수자료의 숫자를 갖는 10,000회의 반복실험 시뮬레이션을 위하여 변수 'SimulationSIZE'에 10,000을 설정한다.

▷ ⑤~⑯, **'명령어, while...end'**를 이용하여 조건에 부합하는 동안 **'while...end'**에 포함된 명령어들을 반복적으로 실행한다. 즉, 조건은 앞의 ③에서 설정한 자료 숫자의 구분자 변수 'SimSTART'와 변수 'EndSTART'의 비교이다. 여기서 실험설계에 따라 ①에서 9가지 자료 숫자의 종류를 설정하였기 때문에 변수 'EndSTART'는 'DataN=9'의 값을 갖고, 변수 'SimSTART'는 첫 번째 '1'의 값을 갖는다. 그리고 ⑭의 'SimSTART=SimSTART+1'에 의하여 '2, 3, . . . , 9'로 증가한다. 변수 'SimSTART=10'이 되었을 때, **'while...end'**의 반복구문 명령어 실행을 빠져나온다.

▷ ⑥, 난수자료의 숫자를 결정한다. 앞의 ①에서 설정된 난수자료의 숫자 집합 변수인 'SampleSIZE_DB'에서 변수 'SimSTART'에 기록된 값에 해당하는 자료 숫자를 선택하고, 그 결과를 새로운 변수 'SampleSIZE'에 대입한다. 예를 들어, 명령어 'SampleSIZE_DB(1, SimSTART)'에서 첫 번째 자료 숫자('SimSTART=1')의 경우는 'SampleSIZE_DB(1, 1)=2'로 그 결과를 변수 'SampleSIZE =2'에 대입한다. 그리고 두 번째 자료 숫자('SimSTART=2')의 경우는 'SampleSIZE_ DB(1, 2)=3'으로 그 결과를 변수 'SampleSIZE=3'에 대입한다. 마지막 자료 숫자('SimSTART=9')의 경우는 'SampleSIZE_DB(1, 9)=10000'으로 그 결과를 변수 'Sample SIZE=10000'에 대입한다.

▷ ⑦, 지수분포의 확률밀도함수의 입력요소인 모수(λ)를 설정한다. 지수분포의 평균과 분산은 모수(λ)에 대하여 '$\frac{1}{\lambda}$'의 동일한 값을 갖는다. 여기서, 변수 'Lambda'에 2의 값을 대입한다.

▷ ⑧~⑪, **'명령어, for...end'**를 이용하여 반복실험 시뮬레이션을 실행한다. 즉, ④에서 설정한 동일한 난수자료의 숫자를 갖는 10,000회 반복실험 시뮬레이션을 실행한다. 반복실험 시뮬레이션의 구분자 변수 'k'를 이용하여 k=1, 2, . . . , 10000 각각에 대하여 **'for...end'** 사이의 명령어를 반복적으로 실행한다.

- ⑨, **'명령어, exprnd()'**를 이용하여 지수분포를 따르는 난수자료를 생성한다. 입력요소는 첫째, 모수('Lambda'), 둘째, 생성할 자료의 행 정보('SampleSIZE'), 셋째, 생성할 자료의 열 정보('1')이다. 즉, 앞의 ⑦에서 설정한 모수 변수 'Lambda'와 ⑥에서 설정한 자료의 숫자 변수 'SampleSIZE'에 따라 생성하고, 그 결과를 새로운 변수 'RandomX'에 대입한다. 여기서 생성될 변수 RandomX의 자료구조는 'SampleSIZE×1'이다.
- ⑩, **'명령어, mean()'**을 이용하여 자료의 표본평균(평균값)을 산출한다. 앞의 ⑧에서 생성된 난수의 자료('RandomX')를 이용하여 평균('mean(RandomX)')을 산출하고, 그 결과를 k번째 자료로 새로운 변수 'SimpleMEAN(k, :)'에 대입한다. 그리고 동일한 이름의 변수 'RandomX'의 반복실험 시뮬레이션에서의 계속 사용을 위하여 **'명령어, clear'**를 이용하여 변수 'RandomX'를 지운다. 한편 생성되는 결과 변수 'Sample MEAN'은 10,000회 반복실험 시뮬레이션 구분자 변수 'k'에 따라 10,000×1의 자료구조를 갖는다.
- ⑫, **'명령어, ceil()'**를 이용하여 빈도분포를 도출하기 위하여 필요한 자료구간의 숫자를 결정한다. 앞에서 생성된 총 시뮬레이션 숫자('SimulationSIZE=10000')의 10%('0.01')만큼의 숫자를 새로운 변수 'BinSIZE'에 대입한다. 여기서 'ceil()'는 소숫점 이하를 반올림한 후에 버린다. 예를 들어 'ceil(10.5432)→11'.
- ⑬, **'명령어, hist()'**를 이용하여 빈도분포의 'X축'과 'Y축'의 자료를 생성한다. 즉, 앞의 명령어 ⑦~⑩의 반복 시뮬레이션 (SimulationSIZE=10000)에서 산출된 10,000개의 표본평균 'SampleMEAN'을 이용하여 앞의 ⑪에서 결정된 자료구간의 숫자 ('Bin SIZE=100')만큼의 'X축' 자료를 선택하고, X축 각 자료구간별로 포함된 자료의 빈도를 'Y축'에 산출한다. 즉, 생성된 X축의 자료는 변수 'XAxis'에 대입하고, Y축의 자료는 변수 'YAxis'에 대입한다. 그리고 각각의 자료숫자의 종류별로 구분 기록하기 위하여 자료 숫자 종류에 대한 구분자 변수 'SimSTART'를 이용하여 각각 'YAxis(:, SimSTART)'와 'XAxis(:, SimSTART)'로 기록한다. 한편, 9가지 종류의 자료숫자별 표본평균은 상이한 크기를 가질 수 있기 때문에 동일한 기준의 빈도분포에서 비교 관찰을 위하여 10,000개 표본편균을 갖는 변수 'SampleMEAN'을 **'명령어, zscore()'**를 이용하여 '평균=0'과 '표준편차=1'을 갖는 분포가 되도록 표준화('zscore(Sample MEAN)')를 한다.
- ⑮, **'명령어, clear'**를 이용하여 지정된 변수들을 메모리에서 지운다. 즉, **'while... end'** 반복구문에서 동일한 이름의 변수로 반복실험 시뮬레이션에서 사용하기 위하여 변수 'SampleSIZE', 변수 'XAxis', 변수 'YAxis', 변수 'SampleMEAN'을 지운다.

Ⅲ 금융자료의 실증적 분포

그림 3-15 자료의 표준화 방법 [1]

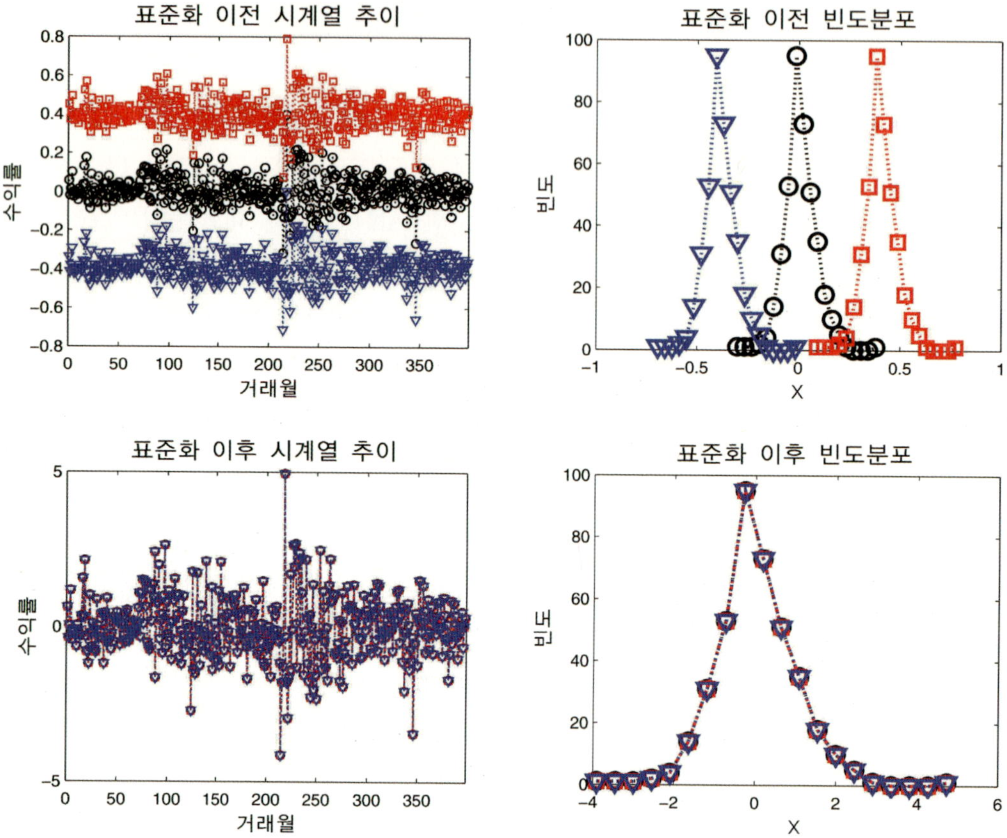

그림3-15 ▍ 그림은 1980년 1월부터 2012년 12월까지의 KOSPI 시장지수의 월별수익률 자료를 근거로 가상적으로 만들어진 3가지 종류의 자료를 이용하여 표준화과정을 관찰한다. 이용된 3가지 자료는 원래의 KOSPI 월별수익률('○')과 극단적 값으로 조정된 KOSPI 월별수익률('▽', '□')이다. 위 그림은 표준화과정 이전의 3가지 자료에 대한 각각의 시계열 추이(왼쪽)와 자료들로부터의 빈도분포(오른쪽)을 나타내고, 아래 그림은 표준화과정 이후의 3가지 자료에 대한 각각의 시계열 추이(왼쪽)와 자료들로부터의 빈도분포(오른쪽)을 나타낸다.

1 ▍목적

- 상이한 단위 혹은 크기를 갖는 자료들 간에 비교를 위하여, 동일한 단위로 조정하는 표준화과정(standardization)에 대한 이해를 위하여 가상적 자료들을 이용하여 자료의 표준화과정 이전과 이후를 비교 관찰한다.
- 재무 분야에서 널리 이용되는 표준화과정은 자료의 평균과 표준편차를 이용하여 조정하는 방법이다.

2 | 자료, 기간 및 방법

- 자료: KOSPI 시장지수 월별수익률 자료
- 기간: 1980년 1월부터 2012년 12월까지의 396개월
- 방법:

▷ 3가지 종류의 자료

첫째, KOSPI 시장지수 월별수익률, R_t, t=1, 2, . . . 396

둘째, 극단적으로 크게 조정된 월별수익률자료, $R_t^{UP} = R_t + 5\sigma$, 여기서, σ는 KOSPI 월별수익률로부터 산출된 표준편차

셋째, 극단적으로 작게 조정된 월별수익률자료, $R_t^{DOWN} = R_t - 5\sigma$,

▷ 3가지 종류의 자료에 대한 시계열 추이와 빈도분포 이용

▷ 표준화과정, $z_t = \dfrac{R_t - \mu}{\sigma}$, 여기서 μ는 자료의 평균이고, σ는 자료의 표준편차

3 | 관찰결과

- 그림은 가상적 자료를 이용하여 상이한 크기를 갖는 자료들로부터 표준화과정 전후의 변화를 나타낸다. 위 그림은 표준화과정 이전의 시계열 추이(왼쪽)와 빈도분포(오른쪽)를, 아래 그림은 표준화 과정 이후의 시계열 추이(왼쪽)와 빈도분포(오른쪽)를 나타낸다.
- 관찰결과에서, 동일한 자료에 대하여 가상적으로 상이한 크기를 갖도록 만든 자료들에 대한 표준화과정을 통하여 이용된 자료들이 모두 동일한 자료임을 확인한다. 즉, KOSPI 시장지수의 월별수익률을 원자료('○')로 월별수익률의 표준편차에 5배가 되는 값을 더하고('□') 뺀('▽') 2가지 가상적 자료를 이용하여 표준화과정을 한다.

4 | Matlab을 이용한 분석팁

- MATLAB 기본 코드: '가상적 자료의 생성과정'

```
① [TimeN, C] = size(MarketRET);
   %
② STD = std(MarketRET);
③ Z_Value = 5;
   %
④ UpperMARKET = MarketRET+(Z_Value*STD);
⑤ LowerMARKET = MarketRET-(Z_Value*STD);
```

Ⅲ 금융자료의 실증적 분포

▷ ①, **'명령어, size()'**를 이용하여 변수의 자료구조를 조사한다. 즉, KOSPI 월별수익률의 자료를 수록한 변수 'MarketRET'의 자료 구조에서 자료의 행 정보(396개월)은 변수 'TimeN=396'에, 열 정보는 변수 'C=1'에 대입한다.

▷ ②, **'명령어, std()'**를 이용하여 자료의 표준편차를 구한다. 즉, 변수 'MarketRET'에 대한 표준편차 'std(MarketRET)'를 산출하고, 그 결과를 새로운 변수 'STD'에 대입한다.

▷ ③, ④, ⑤, 극단값을 갖는 가상적 자료를 생성하는 과정이다. ③에서 자료에 대한 조정 상수 변수인 'Z_Value'에 5를 설정한다. 여기서 ②와 ③의 표준편차('STD')와 조정 상수('Z_Value')를 이용하여 극단적으로 높은 값을 갖는 자료와 극단적으로 낮은 값을 갖는 자료로 조정한다. 먼저, ④는 앞에서 언급하였듯이 조정식 '$R_t^{UP} = R_t + 5\sigma$'에 따라 KOSPI 월별수익률('MarketRET')에 표준편차 'STD'와 조정 상수 'Z_Value'를 곱한 값('Z_Value*STD')을 KOSPI 월별수익률 각각에 더하고 ('MarketRET+Z_Value*STD'), 그 결과를 새로운 변수 'UpperMARKET'에 대입한다. 여기서 변수 'UpperMARKET'의 자료구조는 KOSPI 월별수익률('MarketRET')과 동일한 396×1이다. 다음으로, ⑤에서 조정식 '$R_t^{DOWN} = R_t - 5\sigma$'에 따라 KOSPI 월별수익률('MarketRET')에 표준편차 'STD'와 조정 상수 'Z_Value'를 곱한 값을 KOSPI 월별수익률 각 자료에서 빼고 ('MarketRET-Z_Value*STD'), 그 결과를 새로운 변수 'LowerMARKET'에 대입한다.

■ MATLAB 기본 코드: '표준화 과정'

```
⑥ ZMarketRET = zscore(MarketRET);
⑦ ZUpperMARKET = zscore(UpperMARKET);
⑧ ZLowerMARKET = zscore(LowerMARKET);
```

▷ ⑥, ⑦, ⑧, **'명령어, zscore()'**를 이용하여 표준화과정을 통한 표준화된 자료를 생성한다. 앞의 ①, ④, ⑤의 3가지 종류의 자료인 'MarketRET', 'UpperMARKET', 'Lower MARKET' 각각을 표준화시킨 후, 그 결과를 새로운 변수 'ZMarketRET', 'ZUpper MARKET', 'ZLowerMARKET'에 대입한다.

그림 3-16 자료의 표준화 방법 [2]: Excel이용

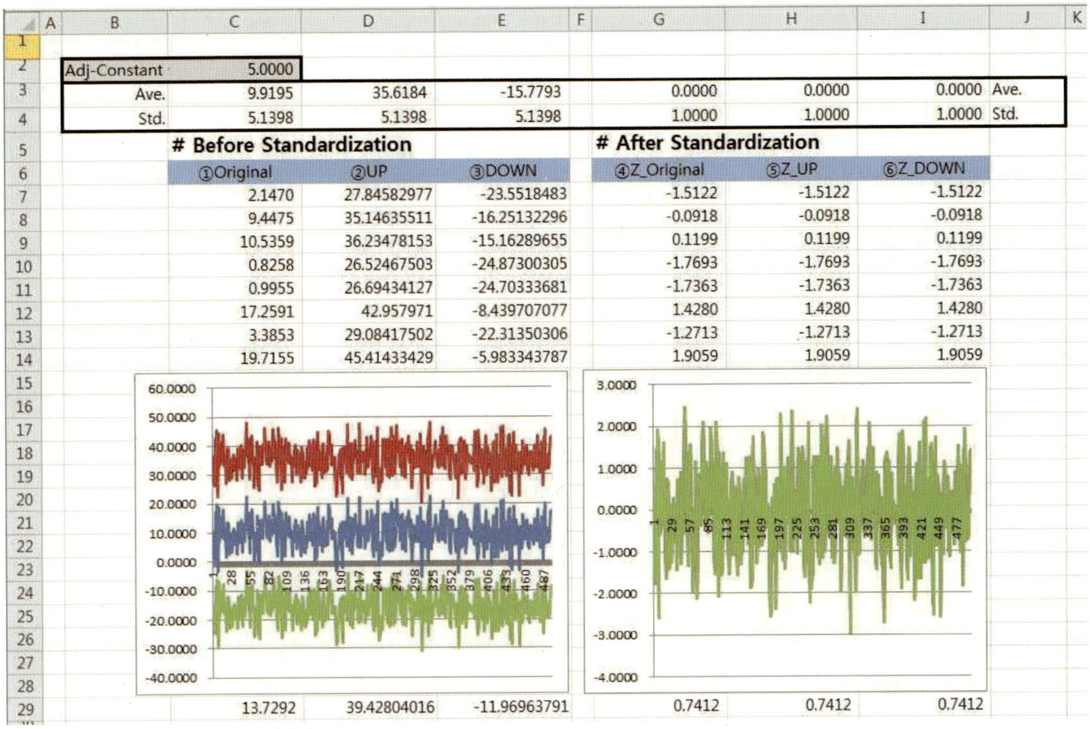

	C	D	E	G	H	I	J
Adj-Constant	5.0000						
Ave.	9.9195	35.6184	-15.7793	0.0000	0.0000	0.0000	Ave.
Std.	5.1398	5.1398	5.1398	1.0000	1.0000	1.0000	Std.
	# Before Standardization			# After Standardization			
	①Original	②UP	③DOWN	④Z_Original	⑤Z_UP	⑥Z_DOWN	
	2.1470	27.84582977	-23.5518483	-1.5122	-1.5122	-1.5122	
	9.4475	35.14635511	-16.25132296	-0.0918	-0.0918	-0.0918	
	10.5359	36.23478153	-15.16289655	0.1199	0.1199	0.1199	
	0.8258	26.52467503	-24.87300305	-1.7693	-1.7693	-1.7693	
	0.9955	26.69434127	-24.70333681	-1.7363	-1.7363	-1.7363	
	17.2591	42.957971	-8.439707077	1.4280	1.4280	1.4280	
	3.3853	29.08417502	-22.31350306	-1.2713	-1.2713	-1.2713	
	19.7155	45.41433429	-5.983343787	1.9059	1.9059	1.9059	
	13.7292	39.42804016	-11.96963791	0.7412	0.7412	0.7412	

그림3-16 ▌ 그림은 정규분포를 따르는 난수자료를 생성한 후, 생성된 자료를 기준으로 극단적으로 높은 값을 갖는 자료와 낮은 값을 갖는 자료를 생성한다. 그리고 3가지 종류의 자료를 표준화과정의 이전과 이후에 대하여 비교 관찰한다.

1 | 목적

- Excel을 이용하여, 가상적으로 조정된 자료들을 이용하여 표준화과정 이전과 이후를 비교 관찰한다.

2 | 자료, 기간 및 방법

- 자료: 표준정규분포를 따르는 난수자료 'X'를 500개 생성
- 방법:
  - ▷ 3가지 종류의 자료, 즉 원자료, X, 극단적으로 큰 값을 갖는 자료, $X+5\sigma$, 그리고 극단적으로 작은 값을 갖는 자료, $X-5\sigma$이다. 여기서, σ는 원자료로부터의 표준편차.

▷ 표준화과정($z = \frac{x-\mu}{\sigma}$, 여기서 μ는 자료 평균이고, σ는 자료의 표준편차) 전후의 3가지 종류의 자료에 대한 시계열 추이 관찰

3 Excel을 이용한 분석팁

- ①, 정규분포를 따르는 난수, 즉 원자료('X')
- ②, 원자료로부터 산출된 표준편차('C4=5. 1398')와 조정 상수('C2=5')를 이용하여, 조정식 '$X+5\sigma$'에 따라 극단적으로 높은 값을 갖는 자료 생성.
- ③, 원자료로부터 산출된 표준편차('C4=5. 1398')와 조정 상수('C2=5')를 이용하여, 조정식 '$X-5\sigma$'에 따라 극단적으로 작은 값을 갖는 자료 생성.
- ④, 원자료(X)의 평균('C3=9. 9195', μ)과 표준편차('C4=5. 1398', σ)를 이용하여 표준화식 $z = \frac{X-\mu}{\sigma}$에 의하여 산출된 값이다. 따라서 표준화된 자료로부터 산출된 평균과 표준편차는 각각 '0. 0'과 '1. 0'이다.
- ⑤, 조정된 자료($X+5\sigma$)의 평균('D3=35. 6184', μ)과 표준편차('D4=5. 1398', σ)를 이용하여 표준화식 $z = \frac{X-\mu}{\sigma}$에 의하여 산출된 값이다. 따라서 표준화된 자료로부터 산출된 평균과 표준편차는 각각 '0. 0'과 '1. 0'이다.
- ⑥, 조정된 자료($X-5\sigma$)의 평균('E3=-15. 7793', μ)과 표준편차('E4=5. 1398', σ)를 이용하여 표준화식 $z = \frac{X-\mu}{\sigma}$에 의하여 산출된 값이다. 따라서 표준화된 자료로부터 산출된 평균과 표준편차는 각각 '0. 0'과 '1. 0'이다.

그림 3-17 정규분포의 신뢰구간

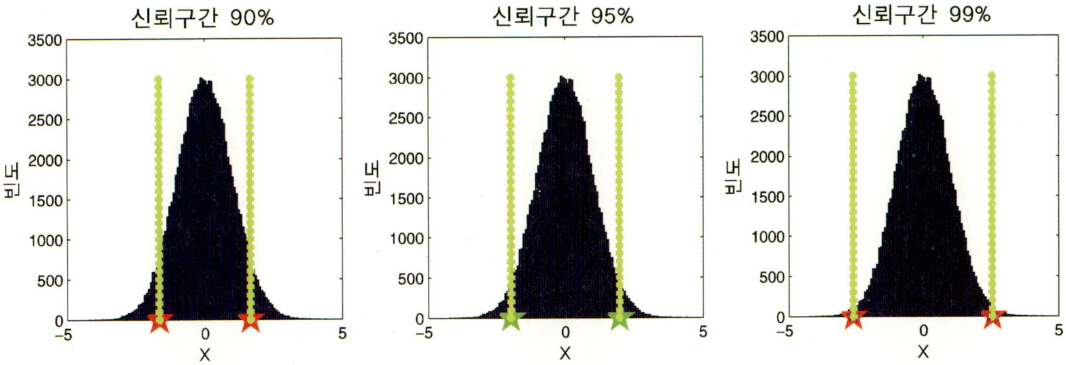

그림3-17 ▌ 그림은 정규분포에서 신뢰구간, 즉 분포의 중심부분이 90%(왼쪽), 95%(중앙), 99%(오른쪽)에 해당하는 임계치의 위치를 구분 표시한 것이다.

1 ▌ 목적

- 정규분포의 확률밀도함수에 대한 대표적 신뢰구간의 크기를 시각적으로 확인한다. 정규분포에 대한 대표적 3가지 신뢰구간은 90% ('$\mu \pm 1.68\sigma$'), 95% ('$\mu \pm 1.96\sigma$'), 99% ('$\mu \pm 2.57\sigma$')이다.

2 ▌ 자료, 기간 및 방법

- 자료: 표준정규분포를 따르는 난수 100,000개를 생성하여 이용
- 방법:

▷ 표준정규분포의 신뢰구간 90%의 임계치를 기준으로 범위에 속하는 자료의 빈도('N_x')를 산출 한 후에, 전체빈도($N = \sum_{k=1}^{K} N_k$)에 대한 확인된 빈도의 상대빈도($\frac{N_x}{N}$)를 산출.

▷ 확률분포의 중앙부분에 해당하는 대표적 3가지 신뢰구간은 다음과 같다.

신뢰구간 90%, 임계치 ±1.68, 범위 $-1.68 \le N_x \le +1.68$

신뢰구간 95%, 임계치 ±1.96, 범위 $-1.96 \le N_x \le +1.96$

신뢰구간 98%, 임계치 ±2.57, 범위 $-2.57 \le N_x \le +2.57$

3 | 관찰결과

- 그림에서 정규분포의 3가지 대표적 신뢰구간인 90%, 95%, 99%의 범위를 제시한다. 왼쪽 그림은 임계치 ±1.68의 수직선 사이의 90% 신뢰구간을, 중간그림은 임계치 ±1.96의 수직선 사이의 95% 신뢰구간을, 그리고 오른쪽 그림은 임계치 ±2.57의 수직선 사이의 99% 신뢰구간을 나타낸다.
- 관찰결과에서, 정규분포를 따르는 난수자료 100,000개를 이용하여 도출된 빈도분포에서 신뢰구간의 각 임계치 ±1.68, ±1.96, ±2.57 사이에 위치하는 자료의 전체 자료에 대한 상대빈도로 확인하였을 때, 이론적 신뢰구간의 확률 90%, 95%, 99%와 일치하는 것을 확인하였다.

4 | Matlab을 이용한 분석팁

- MATLAB 기본 코드: '분위수를 이용한 신뢰구간의 임계치'

```
① DataN = 100000;
② RandomX = randn(DataN,1);
   % Type 1 - 90%
③ ZProb1 = [5, 95];
④ ThresholdVALUE1 = prctile(RandomX, ZProb1);
   % Type 2 - 95%
⑤ ZProb2 = [2.5, 97.5];
⑥ ThresholdVALUE2 = prctile(RandomX, ZProb2);
   % Type 3 - 99%
⑦ ZProb3 = [0.5, 99.5];
⑧ ThresholdVALUE3 = prctile(RandomX, ZProb3);
```

▷ ①, 생성할 자료의 숫자('100,000개')를 변수 'DataN'에 설정한다.

▷ ②, **'명령어, randn()'**을 이용하여 표준정규분포를 따르는 난수를 생성한다. 입력요소는 첫째, 생성할 자료의 행 구조('DataN'), 둘째, 생성할 자료의 열 구조('1')이다. 즉, 표준정규분포를 따르는 100,000개('DataN')의 난수를 '100,000×1' 자료구조로 생성하고, 그 결과를 새로운 변수 'RandomX'에 대입한다.

▷ ③, ④, **'명령어, prctile()'**을 이용하여, 표준정규분포의 특정 확률에 해당하는 임계치를 산출한다. 입력요소는 첫째, 자료('RandomX'), 둘째, 확률('ZProb1')이다. 표준정규분포의 신뢰구간 90%에 대하여, ③에서 누적확률기준으로 5%('5')와 95%('95')를 설정하고 이를 변수 'ZProb1'에 '[5, 95]'로 설정한다. 그리고 ④에서 설정된 누적확

률의 경계선, 즉, 임계치를 **'명령어, prctile()'**을 이용하여 산출하고 그 결과를 새로운 변수 'ThresholdVALUE1'에 대입한다. 여기서 변수 'ThresholdVALUE1'의 구조는 변수 'ZProb1'와 동일한 '1×2' 자료구조를 갖는다.

▷ ⑤, ⑥, ⑦, ⑧, 앞에서 설명된 명령어 ③, ④와 동일하게 **'명령어, prctile()'**을 이용하여, 분포의 특정 확률에 해당하는 임계치를 산출한다. ⑤와 ⑥은 표준정규분포의 누적확률기준 2.5% ('2.5')와 97.5% ('97.5') 사이의 95% 확률범위의 경계선인 임계치를 산출하고, 그 결과를 변수 'ThresholdVALUE2'에 대입한다. 그리고 ⑦과 ⑧은 표준정규분포의 누적확률기준 0.5% ('0.5')와 99.5% ('99.5') 사이의 99% 확률범위의 경계선인 임계치를 산출하고, 그 결과를 변수 'ThresholdVALUE3'에 대입한다.

그림 3-18 실증적 분포의 관찰방법 [1]: 주식수익률의 실증적 분포

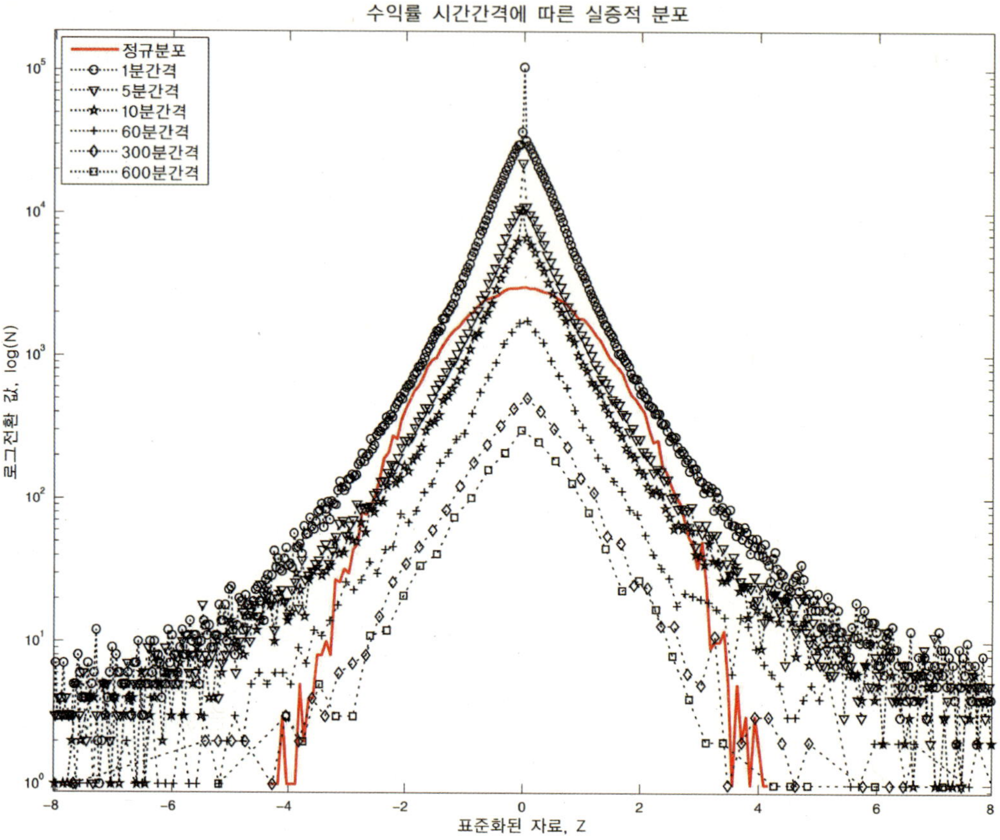

그림3-18 ▌ 그림은 1995년 1월 3일부터 2007년 7월 31일까지 1,058,197개의 1분 단위 고빈도 KOSPI 시장지수를 이용하여 다양한 시간간격(time scale)에 따라 산출된 수익률의 빈도분포를 나타낸다. 수익률의 측정시간간격은 '1분(○)', '5분(▽)', '10분(☆)', '60분(+)', '300분(◇)', '600분(□)'의 6가지 종류이다.

1 목적

- 재무 분야에서 주식가격을 수익률로 변환할 때 가격의 시간간격을 선택한다. 예를 들어, 가격간의 시간간격을 1일로 하는 경우에 산출되는 수익률은 일별(daily) 수익률이고, 가격간의 시간간격을 1주로 하는 경우는 주별(weekly) 수익률이다.
- 가격자료를 수익률자료로 전환할 때, 선택된 측정시간간격의 변화에 따라 수익률의 실증적 분포에 미치는 영향을 관찰하였다.[6] 즉, 고빈도 1분단위 KOSPI 시장지수

6) Mantegna, R. N., and H. E. Stanley (1995), 'Scaling Behavior in the Dynamics of an Economic Index,' Nature 376, 46-49.

자료를 이용하여 6가지 수익률 측정시간간격('1분', '5분', '10분', '60분', '300분', '600분')별로 산출된 수익률자료를 이용한 빈도분포(실증적 분포)를 비교 관찰한다.

2 | 자료, 기간 및 방법

- 자료: KOSPI 시장지수의 1분 가격자료 (1, 058, 196개)를 이용하고, 비교대상으로 표준정규분포를 따른 난수자료를 이용.
- 기간: 1995년 1월부터 2007년 7월까지의 기간
- 방법:

▷ 가격자료(KOSPI 시장지수)를 다양한 측정시간간격에 의한 수익률 자료로 변환하고, 그리고 각 수익률 각 자료를 이용하여 빈도분포를 도출한다.

▷ 6가지 측정시간간격에 따라 산출된 수익률자료를 이용한다. 즉, '1분 (1, 058, 196개)', '5분 (211, 640개)', '10분 (105, 820개)', '60분 (17, 637개)', '300분 (3, 528개)', '600분 (1, 764개)'

▷ 빈도분포 그래프의 각 축에 대한 조정

X축: 〔'표준화과정'〕 측정시간간격별 상이한 크기를 갖는 수익률 자료들을 동일한 기준으로 비교하기 위하여 자료의 표준화 과정, 즉 $Z = \frac{X - \overline{X}}{\sigma}$. 예를 들어, 1분간격의 수익률은 소수점 5~6자리에서 유효한 숫자를 갖는 반면에, 600분간격의 수익률은 소수점 2~3자리에서 유효한 숫자를 갖기 때문에 각 시간간격별 수익률의 크기는 현저한 차이를 갖는다. 따라서 동일한 기준으로 이러한 상이한 크기를 조정하기 위하여 표준화과정을 이용한다.

Y축: 〔'빈도분포의 높이 조정'〕 동일한 기간에 있어서 시간간격별 자료 간에는 현저한 자료 숫자의 차이를 갖는다. 이를 조정하기 위하여 Y축을 로그값으로 전환한다. 즉 $\log(N)$. 예를 들어, 1분 간격의 수익률에 대한 분포의 중심부분 90%범위에 포함된 빈도 숫자는 952, 376개이지만, 600분 간격의 수익률의 동일한 확률범위에 포함된 빈도 숫자는 1, 587개이다. 즉, 두가지 자료간의 현저한 빈도분포의 높이 차이로 인하여, 시각적으로 함께 비교 관찰하는 것이 어렵다. 따라서 이러한 현저한 빈도분포의 높이 차이를 갖는 빈도분포들을 비교하기 위하여 이용되는 것이 Y축의 로그변환과정이다.

3 | 관찰결과

- 그림은 다양한 측정시간간격별로 산출된 수익률의 실증적 분포를 비교한 것이다. 그림에서, 원모양('○')은 1분간격의 가격자료를 이용하여 산출된 수익률의 빈도분포이고, 삼각형('△')은 5분간격, 별모양('☆')은 10분간격, 플러스모양('+')은 60분간격, 다이아몬드모양('◇')은 300분간격, 그리고 사각형모양('□')은 600분간격의 가격자료를 이용하여 산출된 수익률의 빈도분포이다. 그리고 그림에서, (붉은색) 실선은 표준정규분포를 따르는 난수자료로부터 도출된 빈도분포이다.
- 관찰결과에 의하면, 수익률의 측정시간간격 변화는 수익률의 실증적 분포에 의미 있는 영향을 미친다는 것을 확인할 수 있다. 실증적 분포의 중심부분과 꼬리부분으로 구분하여 살펴본다. 먼저, 실증적 분포의 중심부분에서, 시간간격이 짧을수록 (1분간격 쪽으로), 분포의 중심부분이 보다 뾰쪽해지는 경향이 있는 반면에 시간간격이 길수록 (600분 간격 쪽으로) 분포의 중심부분의 높이가 낮아지는 경향이 있다. 다음으로, 실증적 분포의 꼬리부분에서, 시간간격이 짧을수록 (1분 간격 쪽으로), 꼬리부분이 두껍고 넓게 퍼지는 경향이 있는 반면에 시간간격이 길수록 (600분 간격 쪽으로) 분포의 꼬리부분이 얇고 좁아지는 경향이 있다.

4 | Matlab을 이용한 분석팁

- MATLAB 기본 코드: '측정시간간격별 수익률 산출'

```
   % Makret Index (Price) Data
① [TimeN, C] = size(MarketDATA);
   % Initialization
② MaxLOOP = [1 ; 5 ; 10 ; 60 ; 300 ; 600 ];
③ [MaxTimeScale, C] = size(MaxLOOP);

④ LOOP = 1;
⑤ while LOOP <= MaxTimeScale
⑥     KeyLOOP = MaxLOOP(LOOP,1);
      % 1 : Generating Time Index
⑦     TimeINDEX = 1 : KeyLOOP : TimeN;
      % 2 : Selecting Data of Price and Calculating Return
⑧     MarketPRICE = MarketDATA(TimeINDEX, :);
⑨     MarketRETURN = price2ret(MarketPRICE);
      % 3 :
⑩     LOOP = LOOP + 1;
⑪     clear TimeINDEX;  clear MarketPRICE;
⑫ end
```

▷ ①, **'명령어, size()'**를 이용하여 자료구조를 파악한다. 즉, 1분단위의 KOSPI 시장지수의 자료에 대하여 확인된 행(row, 시간, '1분')의 정보를 변수 'TimeN'에 대입하고, 열(column)의 정보를 'C'에 대입한다.

▷ ②, ③ 수익률의 6가지 시간간격을 설정한다. 즉, '1분', '5분', '10분', '60분', '300분', '600분'의 6가지 종류 '[1 ; 5 ; 10 ; 60 ; 300 ; 600]'를 행(row) 구조로 설정하고, 이를 새로운 변수 'MaxLOOP'에 대입한다. 여기서 대괄호 [ ]의 자료 사이에 있는 세미콜론(';')은 입력한 자료를 행 구조로 결합한다. 만약 콤마(',')로 자료를 구분하면 열 구조로 하나의 자료로 묶는다. 그리고 **'명령어, size()'**를 이용하여 변수 'MaxLOOP'의 자료구조를 확인하여, 행(row, 시간가격)의 정보를 새로운 변수 'MaxTimeScale'에 대입한다.

▷ ④, 수익률의 6가지 시간간격에 따른 반복실험 시뮬레이션의 진행 구분자로 변수 'LOOP'를 지정하고, 초기값('1')을 설정한다.

▷ ⑤~⑫, **'명령어, while...end'**를 이용하여 조건에 부합하는 동안 **'while...end'** 내부에 포함된 명령어들을 반복적으로 실행한다. 즉, 조건은 앞의 ③에서 설정한 수익률 측정 시간간격의 6가지 종류의 숫자정보를 갖는 변수 'MaxLOOP'와 ④의 진행 구분자 변수 'LOOP'의 비교이다. 여기서 변수 'MaxLOOP'는 '6'의 값을 갖고, 변수 'LOOP'는 첫 번째 '1'의 값을 가지며, ⑩의 'LOOP = LOOP+1'에 의하여 '2', '3', . . . , '6'로 증가한다. 그리고 변수 'LOOP=7'이 되었을 때, **'while...end'**의 반복구문 명령어 실행을 빠져나온다.

▷ ⑥, 수익률의 6가지 시간간격의 자료를 수록한 변수 'MaxLOOP'에서 선택한 시간간격('LOOP')을 새로운 변수 'KeyLOOP'에 대입한다. 즉, 만약, 'LOOP=1'인 경우 'MaxLOOP(1, :)'에 의하여 변수 'KeyLOOP=1'의 값이, 만약, 'LOOP=3'인 경우 'MaxLOOP(3, :)'에 의하여 변수 'KeyLOOP=10'의 값이 대입된다.

▷ ⑦, 설정된 시간간격의 자료번호를 생성한다. 즉, 자료의 첫번째 위치('1')에서 앞의 ①에서 확인된 마지막 위치('TimeN')까지이고, 자료 증분 변수 'KeyLOOP'에 따라 새로운 변수 'TimeINDEX'는 '1:KeyLOOP:TimeN' 방식으로 일정한 시간간격('KeyLOOP')을 갖는 자료를 갖는다.

▷ ⑧, 설정된 시간간격에 해당하는 가격자료를 추출한다. 즉, 앞의 ⑦에서 생성된 자료 위치정보의 변수 'TimeINDEX'를 이용하여, 변수에 포함된 위치정보에 해당하는 시장지수자료를 'MarketDATA(TimeINDEX, :)' 추출한 후에, 그 결과를 새로운 변수 'MarketPRICE'에 대입한다.

▷ ⑨, **'명령어, price2ret()'**를 이용하여 가격자료를 수익률로 변환한다. 입력요소는 가격자료이다.[7] 즉, 특정 시간간격의 가격자료를 수록하고 있는 변수 'MarketPRICE'를 이용하여 수익률로 전환 'price2ret(MarketPRICE)'하고, 그 결과를 새로운 변수 'MarketRETURN'에 수록한다.

▷ ⑪, **'명령어, clear'**를 이용하여 지정된 변수를 메모리에서 지운다. 즉, 반복실험 시뮬레이션 과정에서 동일한 이름으로 반복적으로 사용할 변수 'TimeINDEX', 변수 'MarketPRICE'를 지운다.

Ⅲ 금융자료의 실증적 분포

7) **'명령어, price2ret()'**의 입력요소는 첫째, 가격자료, 둘째, 시간간격, 셋째, 수익률 계산방법이다. 여기서 시간간격과 수익률 계산방법의 2가지 옵션이 있다. 먼저, 시간간격의 옵션은 Matlab에서 요구하는 시간에 따라 정형화된 자료의 경우에 적용하는 것이 좋다. 하지만 일반적으로 다양한 형태의 시간간격의 자료를 이용하는 경우에는 이 옵션을 사용하지 않는 것이 좋다. 다음으로, 수익률 계산방법의 옵션이다. 본문의 경우와 같이 수익률 계산방법의 옵션을 설정하지 않은 경우(default)는 'continue'의 연속형 수익률($R_t = \ln(P_t) - \ln(P_{t-1})$)방법으로 계산하고, 만약 'periodic'으로 설정한다면, 이산형 수익률($R_t = (P_t - P_{t-1})/P_{t-1}$)으로 계산한다. 수익률 계산방법에 관한 보다 구체적인 내용은 '주제1: 금융자료' 부분을 참조 바란다.

그림 3-19 실증적 분포의 관찰방법 [2]: X축의 표준화과정

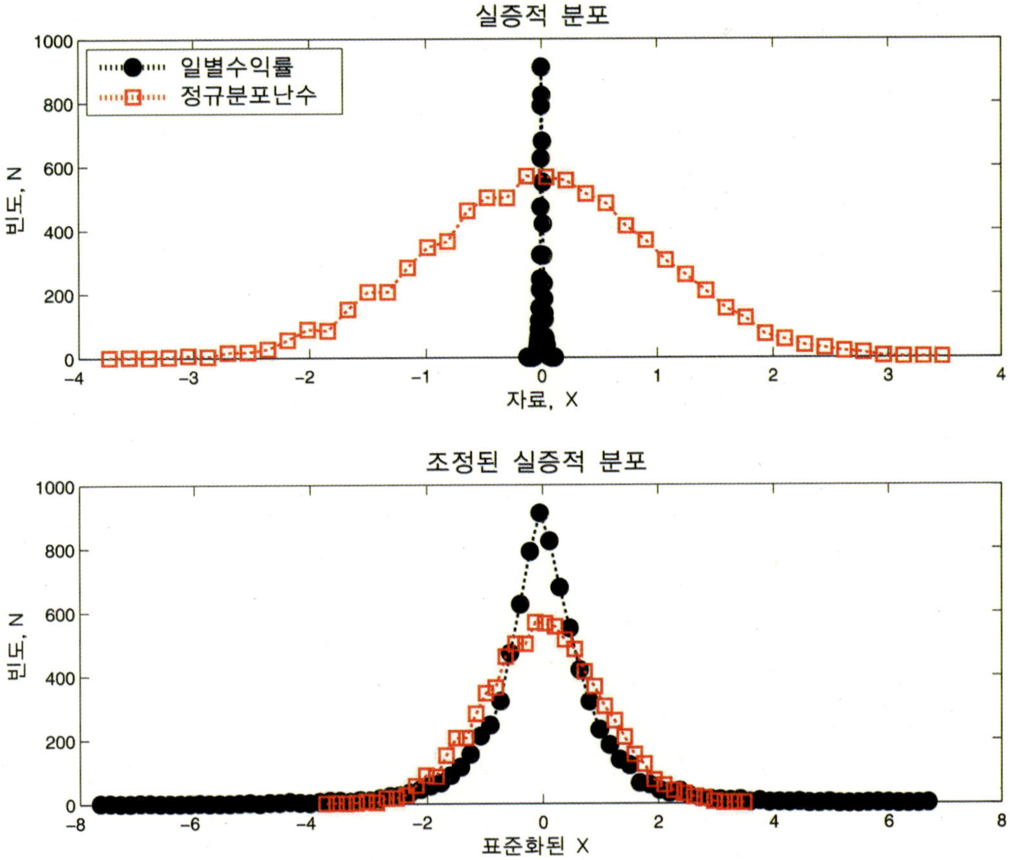

그림3-19 ▌ 그림은 1980년 1월부터 2012년 12월까지 KOSPI 시장지수의 일별수익률 자료(●)를 이용하여 도출한 빈도분포를 나타낸다. 비교기준으로 표준정규분포를 따르는 난수자료(□)를 이용한 빈도분포를 함께 나타낸다. 위 그림은 표준화과정 이전의 X축 자료를 표시한 것이고, 아래 그림은 표준화과정 이후의 X축 자료를 표시한 것이다.

1 | 목적

- 비교대상 자료간의 값 크기에서의 현저한 차이가 있다면, 빈도분포를 이용한 이들 자료간의 분포적 속성을 비교 관찰하는 것은 어렵다. 따라서 상이한 단위의 값을 갖는 자료의 분포를 '평균=0', '표준편차=1'을 갖도록 조정하는 것이 표준화작업이다.
- 따라서 주식수익률의 실증적 분포를 효과적으로 비교 관찰하기 위한 방법으로 X축의 자료를 표준화과정을 통하여 조정하는 방법을 관찰한다.

2 | 자료, 기간 및 방법

- 자료: KOSPI 시장지수의 일별 수익률 자료와 표준정규분포를 따르는 난수자료를 함께 이용한다.
- 기간: 1980년 1월부터 2012년 12월까지의 기간
- 방법

▷ 자료의 표준화 과정, $Z_k = \frac{X_k - \overline{X}}{\sigma}$, 여기서 $\overline{X}$는 자료의 평균이고, σ는 자료의 표준편차를 나타낸다.

3 | 관찰결과

- 그림은 상이한 자료 크기를 갖는 자료 간의 빈도분포를 효과적으로 비교하기 위하여 자료들을 표준화작업 이전과 이후로 구분하여 비교한 것이다. 위 그림은 표준화작업 이전의 KOSPI 일별수익률('●')과 정규분포의 난수자료('□')에 대한 빈도분포를, 아래 그림은 표준화작업 이후의 KOSPI 일별수익률과 정규분포의 난수자료에 대한 빈도분포를 나타낸다.
- 관찰결과에서, 표준화작업 이전과 이후로 빈도분포의 X축에 현저한 차이가 있다는 것을 알 수 있다. 즉, 표준화작업 이전의 위 그림에서 난수자료의 값 크기가 KOSPI 일별수익률보다 현저히 크기 때문에, 이들 자료로부터 도출된 빈도분포를 하나의 그림에 함께 비교 관찰하는 것이 어렵다. 반면에, 표준화작업 이후의 아래 그림은 빈도분포의 X축에 표준화된 자료를 이용함에 따라 난수자료와 KOSPI 일별수익률 간의 비교 관찰이 가능하다.

4 | Matlab을 이용한 분석팁

- MATLAB 기본 코드: 'X축의 표준화 작업'

```
① [TimeN, C] = size(MarketDAY);
② ZMarketDAY = zscore(MarketDAY);
③ RandomDATA = randn(TimeN,1);
   %
④ BinSIZE = ceil(log2(TimeN)+1);
⑤ [YAxis1, XAxis1] = hist(MarketDAY, BinSIZE);
⑥ [YAxis2, XAxis2] = hist(ZMarketDAY, BinSIZE);
⑦ [YAxis3, XAxis3] = hist(RandomDATA, BinSIZE);
```

▷ ①, **'명령어, size()'**를 이용하여 변수의 자료구조를 확인한다. 즉, KOSPI 시장지수의 일별수익률 자료를 수록하고 있는 변수 'MarketDAY'에 대하여 확인된 자료구조에서 행(row) 정보는 새로운 변수 'TimeN'에 대입하고, 열(column) 정보는 변수 'C'에 대입한다.

▷ ②, **'명령어, zscore()'**를 이용하여 자료의 표준화작업을 한다. 입력요소는 KOSPI 시장지수의 일별수익률('MarketDAY')이다. 표준화된 KOSPI 일별수익률의 자료를 새로운 변수 'ZMarketDAY'에 대입한다.

▷ ③, **'명령어, randn()'**을 이용하여 표준정규분포를 따르는 난수자료를 생성한다. 입력요소는 첫째, 생성할 자료의 행 구조('TimeN'), 둘째, 생성할 자료의 열 구조('1')이다. 즉 앞의 ①에서 확인된 변수 'MarketDAY'의 자료구조 변수 'TimeN'을 이용하여, 동일한 자료 숫자를 갖는 표준정규분포의 난수자료를 생성하고, 그 결과를 새로운 변수 'RandomDATA'에 대입한다.

▷ ④, **'명령어, ceil()'**를 이용하여 자료 값에서 소수점 이하를 반올림한 후에 소수점 이하를 버린다. 빈도분포의 X축 구간 숫자(k)를 결정하기 위하여 Struges(1926)의 방법을 이용한다. 즉, $k = 1 + \log_2(N)$, 여기서 N은 총 자료 숫자이다. 식에 의하여 산출된 자료값의 소수점 이하를 반올림한 이후에 소수점 이하를 제거한 값을 새로운 변수 'BinSIZE'에 대입한다.

▷ ⑤, ⑥, ⑦, **'명령어, hist()'**를 이용하여 빈도분포의 X축과 Y축의 자료를 생성한다. 입력요소는 첫째, 자료(①, ②, ③에서 생성된 자료), 둘째, 자료범위에서 구간 개수('BinSIZE')이다. 즉, ⑤의 KOSPI 일별수익률에 대한 빈도분포의 X축과 Y축의 자료를 생성하고, 그 결과를 각각 변수 'XAxis1'과 변수 'YAxis1'에 대입한다. 그리고 ⑥의 표준화된 KOSPI 일별수익률에 대한 빈도분포의 X축과 Y축의 자료는 각각 변수 'XAxis2'과 변수 'YAxis2'에 대입하고, ⑦의 표준정규분포의 난수자료에 대한 X축과 Y축의 자료는 각각 변수 'XAxis3'과 변수 'YAxis3'에 대입한다.

그림 3-20 실증적 분포의 관찰방법 [3]: Y축의 로그변환

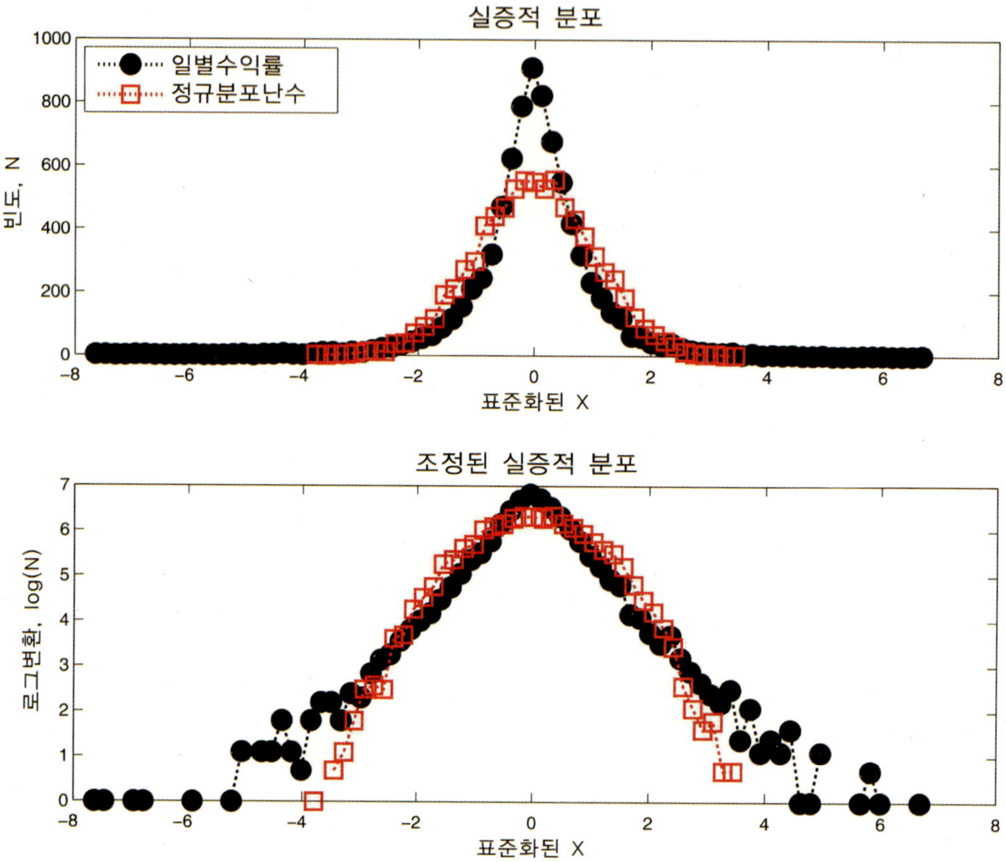

그림3-20 ▌ 그림은 1980년 1월부터 2012년 12월까지 KOSPI 시장지수의 표준화된 일별수익률 자료(●)를 이용하여 도출한 빈도분포를 나타낸다. 비교기준으로 표준정규분포를 따르는 난수자료(□)를 이용한 빈도분포를 함께 나타낸다. 그리고 위 그림은 Y축을 빈도로 표시한 것이고, 아래 그림은 Y축을 로그값으로 변환된 빈도를 표시한 것이다.

1 | 목적

- 분포의 중심부분에 낮은 빈도(low frequency)를 갖는 분포와 중심부분에 높은 빈도(high frequency)를 갖는 분포 간에 높이 차이로 인하여 동일한 그래프에 이들을 시각적으로 비교 관찰하는 것이 어렵다. 즉, 분포의 중심부분 높이에 현저한 차이가 있는 경우에 로그변환의 방법을 이용한다.
- 따라서 주식수익률의 실증적 분포를 효과적으로 비교 관찰하기 위한 방법으로 Y축의 빈도를 로그변환 방법을 관찰한다.

2 | 자료, 기간 및 방법

- 자료: KOSPI 시장지수의 일별 수익률 자료와 비교대상으로 표준정규분포를 따르는 난수자료를 이용
- 기간: 1980년 1월부터 2012년 12월까지 기간
- 방법
  - ▷ 낮은 빈도(중심부분의 적은 자료 숫자)와 높은 빈도(중심부분의 많은 자료 숫자)를 갖는 빈도분포들 간의 비교를 위하여 로그 변환한다. 즉 ln(N). 여기서 ln는 자연로그(natural log)를 나타낸다.

3 | 관찰결과

- 그림은 상이한 분포의 높이를 갖는 자료 간의 빈도분포를 효과적으로 비교하기 위하여 Y축 자료를 로그변환 이전과 이후로 구분하여 나타낸 것이다. 위 그림은 Y축의 로그변환 이전의 KOSPI 일별수익률('○')과 정규분포의 난수자료('□')이고, 아래 그림은 Y축의 로그변환 이후의 KOSPI 일별수익률과 정규분포의 난수자료의 빈도분포이다. 물론, X축은 앞의 〔그림3-19〕에서와 같이, 표준화된 자료를 이용한다.
- 관찰결과에서, Y축의 빈도를 로그변환 이전 (위 그림)에 비교하여 로그변환 이후(아래 그림)에 빈도분포의 높이 및 꼬리부분에 변화가 있음을 알 수 있다. 즉, 로그변환의 효과는 분포의 높이를 낮게 만듬에 따라 낮은 빈도를 갖는 분포와 높은 빈도를 갖는 분포를 보다 효과적으로 비교 관찰할 수 있다.
- 보다 분명한 예제는 앞의 〔그림3-18〕에서와 같이 1분단위의 수익률자료(1,058,196개)와 600분단위의 수익률자료(1,764개)의 실증적 분포를 빈도분포를 통하여 함께 비교 관찰한다면, 1분단위와 600분단위 간의 현저한 자료 숫자의 차이를 극복하는데 Y축에 대한 로그변환방법이 유용하다.

4 | Matlab을 이용한 분석팁

- MATLAB 기본 코드: 'Y축의 로그변환'

```
① [YAxis1, XAxis1] = hist(ZMarketDAY, BinSIZE);    % Daily
② [YAxis2, XAxis2] = hist(RandomDATA, BinSIZE);   % Random
   %
③ Fig = figure(1);
```

```
    set(Fig, 'position', [100,80,900,700],'color','white');
    set(Fig, 'NumberTitle','off','Name','Empirical Distribution');
    %
④ subplot(2,1,1)
⑤ plot(XAxis1, YAxis1, 'ko:', 'MarkerFaceColor', [0 0 0], 'MarkerSize', 12);
    % 중간생략
    hold on;
⑥ plot(XAxis2, YAxis2, 'rs:', 'MarkerSize', 12);
    %
⑦ subplot(2,1,2)
⑧ plot(XAxis1, log(YAxis1), 'ko:', 'MarkerFaceColor', [0 0 0], 'MarkerSize', 12);
    % 중간생략
    hold on;
⑨ plot(XAxis2, log(YAxis2), 'rs:', 'MarkerSize', 12);
```


▷ ①, ②, **'명령어, hist()'**를 이용하여 빈도분포의 X축과 Y축의 값을 산출한다. 즉, ①은 표준화된 일별수익률('ZMarketDAY')을 이용하여, 설정된 X축의 간격('BinSIZE')에 따라 산출된 X축의 구간을 새로운 변수 'XAxis1'에, 산출된 Y축의 빈도값을 새로운 변수 'YAxis1'에 대입한다. 동일한 방법으로, ②의 난수자료('RandomDATA')를 이용하여 설정된 X축의 간격에 따라 산출된 X축과 Y축의 값을 각각 새로운 변수 'XAxis2'와 ''YAxis2에 대입한다.

▷ ③, ④, ⑦, 그림을 하위그림으로 구성한다. 즉, 설정된 그림 'figure(1)'에 **'명령어, subplot()'**을 이용하여 2×1 행(row) 구조로 분리된 하위그림 'subplot(2, 1, . . .)'을 구현한다. 위 그림은 subplot(2, 1, 1)로, 아래 그림은 subplot(2, 1, 2)로 구분 생성한다.

▷ ⑤, ⑥, **'명령어, plot()'**를 이용하여 선 그래프를 그린다. 즉, 앞의 ①에서 일별수익률로부터 산출한 X축과 Y축의 자료 'XAxis1', 'YAxis1'를 이용하여 선 그래프 'plot(XAsis1, YAxis1, . . .)'을 표시하고, 또한 앞의 ②에서 난수자료로부터 산출한 X축과 Y축의 자료 'XAxis2', 'YAxis2'를 이용하여 역시 선 그래프 'plot(XAsis2, YAxis2, . . .)'을 표시한다.

▷ ⑧, ⑨, **'명령어, plot()'**를 이용하여 선 그래프를 그린다. 즉, 앞의 ①에서 일별수익률로부터 산출한 X축과 Y축의 자료 'XAxis1', 'YAxis1'에서, Y축의 값을 **'명령어, log()'**를 이용하여 로그전환한 후에, 이를 이용하여 선 그래프 'plot(XAsis1, log(YAxis1), . . .)'을 표시한다. 여기서, **'명령어, log()'**는 자연로그로 전환하는 명령어이다. 동일한 방법으로 앞의 ②에서 난수자료로부터 산출한 X축과 Y축의 자료 'XAxis2', 'YAxis2'를 이용하여 역시 선 그래프 'plot(XAsis2, log(YAxis2), . . .)'을 표시한다.

그림 3-21 실증적 분포의 관찰방법 [4]: Log-Log Plot방법의 분포 꼬리부분

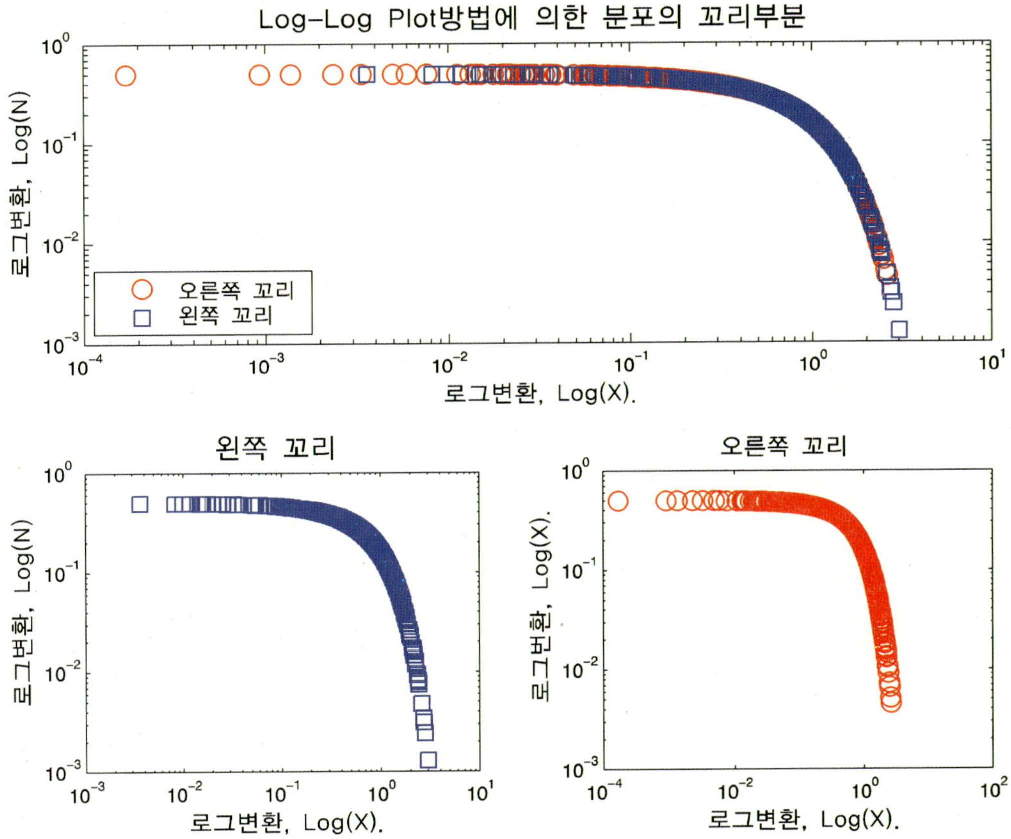

그림3-12 ▌ 그림은 표준정규분포를 따르는 난수자료를 이용하여 Log-Log Plot방법으로부터 도출된 꼬리부분 분포를 나타낸다. 위 그림은 난수자료로부터의 빈도분포에서 양(+)의 값을 갖는 오른쪽 꼬리부분과 음(-)의 값을 갖는 왼쪽 꼬리부분을 함께 나타낸 것이고, 아래 그림은 왼쪽 꼬리부분과 오른쪽 꼬리 부분을 각각 표시한 것이다.

1 ┃ 목적

- 실증적 분포의 속성을 관찰하기 위하여 일반적으로 분포를 중심부분과 꼬리부분으로 구분한다. 즉, 정규분포의 중심부분은 신뢰구간에 해당하는 대표적인 90%, 95%, 99%를 이용하고, 꼬리부분은 (양측검증의) 유의수준에 해당하는 10% (5.0%), 5% (2.5%), 1% (0.5%)를 이용한다.
- 정규분포와 같이 종 모양을 갖는 분포는 중심부분의 빈도가 높고, 꼬리부분의 빈도가 매우 낮기 때문에, 분포 그래프는 높은 중심부분으로 인하여 꼬리부분의 명확한 관찰이 어렵다.

- Log-Log Plot방법은 분포의 꼬리부분을 효과적으로 확인할 수 있는 방법으로 재무 분야에서 주식수익률의 실증적 분포를 관찰한 Mandelbrot (1963), Fama (1965) 등의 연구에서 사용되었다.[8)]

2 | 자료, 기간 및 방법

- 자료: 표준정규분포를 따르는 난수 1,000개 이용
- 방법:

▷ 분포의 꼬리부분에 대한 Log-Log Plot방법을 이용한 X축과 Y축의 조정과정은 다음과 같다.

▷ [단계1] 분포의 누적분포함수를 도출

▷ [단계2] 누적분포함수에서 X축의 양(+)의 값을 갖는 오른쪽 꼬리부분('〉 0')과 음(-)의 값을 갖는 왼쪽 꼬리부분('〈 0')으로 분리

▷ [단계3] X축의 양(+)의 값을 갖는 오른쪽 꼬리부분의 X축 자료와 Y축 자료에 대하여 다음과 같이 조정한다.

첫째, X축의 자료는 로그변환한다. 즉, ln(X)

둘째, Y축은 50%~100%의 누적확률을 갖기 때문에, 분포의 꼬리부분은 누적확률 100% 주변이다. 따라서 꼬리부분이 큰 값(100%)을 갖기 때문에, 작은 값으로 만들기 위하여 1을 차감('1-Y')하고, 그 값을 로그 변환한다. 즉 ln(1-Y).

▷ [단계4] X축의 음(-)의 값을 갖는 왼쪽 꼬리부분의 X축 자료와 Y축 자료에 대하여 다음과 같이 조정한다.

첫째, X축은 음(-)의 값을 갖기 때문에 로그변환이 어렵다. 따라서 X축의 값을 절댓값 취한 후에 로그 변환한다. 즉, 'ln(|X|)'

둘째, Y축은 0%~50%의 누적확률을 갖고, 분포의 꼬리부분은 누적확률 0%의 주변이다. 따라서 꼬리부분이 작은 값(0%)을 갖기 때문에 조정없이 로그 변환한다. 즉 ln(Y).

---

8) Mandelbrot B. (1963), "The Variation of Certain Speculative Prices," Journal of Business 36(4), 394-419; Fama, E., (1965), "The Behaviour of Stock-Market Prices," Journal of Business, 34-105.

3 | 관찰결과

- 그림은 분포의 꼬리부분을 효과적으로 관찰할 수 있는 Log-Log Plot방법을 정규분포에 적용한 예이다. 위 그림은 분포의 X축에서 양(+)의 값을 갖는 오른쪽 꼬리부분과 X축의 음(-)의 값을 갖는 왼쪽 꼬리부분을 Log-Log Plot방법으로부터의 결과를 함께 표시한 것이다. 아래 그림은 분포의 왼쪽 꼬리부분(왼쪽 그림)과 오른쪽 꼬리부분(오른쪽 그림)으로 구분하여 표시하였다.
- 정규분포는 종 모양의 좌우대칭구조를 갖기 때문에 오른쪽 꼬리부분과 왼쪽 꼬리부분은 동일하다. 따라서 관찰결과에 의하면 위 그림에서 Log-Log Plot방법에 의하여 도출된 왼쪽 꼬리부분과 오른쪽 꼬리부분이 동일함을 알 수 있다. 그리고 확률밀도함수에서 양쪽 꼬리부분은 Log-Log Plot방법의 그림에서는 오른쪽 아래부분이 꼬리부분에 해당한다.
- 재무 분야에서 알려진 주식수익률의 실증적 분포는 높은 중심부분과 두꺼운 꼬리부분을 갖는다. 정규분포에 비교하여 두꺼운 꼬리부분을 갖는지 여부의 평가는 Log-Log Plot방법의 그림에서 오른쪽의 아래쪽 부분이 보다 오른쪽으로 치우칠수록 더 두꺼운 꼬리부분을 갖는다는 것으로 본다.

4 | Matlab을 이용한 분석팁

- MATLAB 기본 코드: 'Log-Log Plot 방법'

```
① DataN = 1000;
② Mu = 0;   Sigma = 1;
③ X = normrnd(Mu, Sigma, DataN, 1);
④ CDF = normcdf(X, Mu, Sigma);
   % Decomposition between Right-Tail and Left-Tail
⑤ [PositiveINDEX, C] = find(X >= 0);    % Right-Tail : Positive
⑥ PX = X(PositiveINDEX);
⑦ P_CDF = 1-CDF(PositiveINDEX);
   %
⑧ [NegativeINDEX, C] = find(X < 0);    % Left-Tail : Negative
⑨ NX = abs(X(NegativeINDEX));
⑩ N_CDF = CDF(NegativeINDEX);
   %
⑪ Fig = figure(1);
   % 중간생략
⑫ subplot(2,2,1:2)
⑬ loglog(PX, P_CDF, 'ro', 'MarkerSize', 10);
   xlabel('Log-X.', 'Fontsize', 14);
```

```
    ylabel('Log-F(x)', 'Fontsize', 14);
    title('Tail parts of Dist. using Log-Log Plot', 'Fontsize', 14);
    hold on;
⑭  loglog(NX, N_CDF, 'bo', 'MarkerSize', 10);
    legend({'Right-Tail', 'Left-Tail'}, 3, 'FontSize', 14);
    %
⑮  subplot(2,2,3)
    % 중간생략
⑯  subplot(2,2,4)
    % 중간생략
```

▷ ①, 정규분포를 따르는 난수자료의 숫자를 설정한다. 즉, 자료숫자는 '1000개'로 새로운 변수 'DataN'에 대입한다.

▷ ②, ③, ④, 정규분포의 누적분포함수를 도출한다.

▷ ②, 정규분포의 모수인 평균('0')과 표준편차('1')을 새로운 변수 'Mu=0'와 'Sigma=1'에 설정한다.

▷ ③의 **'명령어, normrnd()'**를 이용하여 정규분포를 따르는 난수를 생성한다. 입력요소는 첫째, 모수인 평균('Mu'), 둘째, 모수인 표준편차('Sigma'), 셋째, 생성할 자료의 행 구조('DataN'), 넷째, 생성할 자료의 열 구조('1')이다. 즉, ②에서 설정한 평균('Mu')과 표준편차('Sigma')의 모수를 입력하고, 앞의 ①에서 설정한 자료 숫자('DataN')의 자료구조 'DataN×1'로 난수를 생성한 후에, 생성된 난수를 새로운 변수 'X'에 대입한다.

▷ ④, **'명령어, normcdf()'**를 이용하여 자료의 누적분포함수를 생성한다. 입력요소는 첫째, X축 자료('X'), 둘째, 모수인 평균('Mu'), 셋째, 모수인 표준편차('Sigma')이다. 즉, 앞의 ③에서 생성된 변수 'X'의 자료와 ②의 정규분포 모수인 평균('Mu')과 표준편차('Sigma')을 이용하여 생성된 누적분포함수를 새로운 변수 'CDF'에 대입한다.

▷ ⑤, ⑥, ⑦, Log-Log Plot방법에 적용할 X축의 양(+)의 값을 갖는 오른쪽 꼬리부분의 분리작업이다.

▷ ⑤, **'명령어, find()'**를 이용하여 조건에 부합하는 자료를 찾는다. ③의 X축 자료 변수 'X'에 수록된 자료들 중에서 양(+)의 값을 갖는 자료(X≧0, **find(X>=0)**)를 찾은 후에, 그 자료의 위치정보를 새로운 변수 'PositiveINDEX'에 입력한다. 여기서, **'명령어, find()'**는 변수 'X'의 자료구조와 동일하게 위치정보를 산출한다. 즉, 변수 X의 자료구조는 1000×1으로 행(row) 구조이기 때문에, **'find()'**의 결과는 '[Positive INDEX, C]'으로 위치정보를 행 변수 'PositiveINDEX'에 대입한다.

▷ ⑥, 앞에서 찾은 양(+)의 값을 갖는 자료의 위치정보('PositiveINDEX')를 이용하여 변수 'X'로부터 해당 위치에 있는 값('X(PositiveINDEX)')을 찾은 후에 그 결과를 새로운 변수 'PX'에 대입한다.

▷ ⑦, 앞에서 찾은 양(+)의 값을 갖는 자료의 위치정보('PositiveINDEX')를 이용하여, 앞의 ④의 CDF에서 해당 위치에 있는 값('CDF(PositiveINDEX)')을 찾은 후에 1에서 차감('1-CDF(PositiveINDEX)')한다. 그리고 그 결과를 새로운 변수 'P_CDF'에 대입한다.

▷ ⑧, ⑨, ⑩, Log-Log Plot방법에 적용할 X축의 음(-)의 값을 갖는 왼쪽 꼬리부분의 분리작업이다.

▷ ⑧, **'명령어, find()'**를 이용하여 조건에 부합하는 자료를 찾는다. ③의 X축 자료의 변수 'X'에 수록된 자료들 중에서 음(-)의 값을 갖는 자료(X〈0, **find(X<0)**)를 찾은 후에, 그 자료의 위치정보를 새로운 변수 'NegativeINDEX'에 입력한다.

▷ ⑨, 앞에서 찾은 음(-)의 값을 갖는 자료의 위치정보('NegativeINDEX')를 이용하여 변수 'X'로부터 해당 위치에 있는 값('X(NegativeINDEX)')을 찾은 후에 절대값('abs(X(NegativeINDEX))')으로 변환한다. 그리고 그 결과를 새로운 변수 'NX'에 대입한다. 이러한 변환의 이유는 ⑭에서 X축의 값을 로그변환할 때 음(-)의 값은 로그변환이 되지 않기 때문에 절대값으로 조정을 한다.

▷ ⑩, 앞에서 찾은 음(-)의 값을 갖는 자료의 위치정보('NegativeINDEX')를 이용하여, 앞의 ④의 CDF에서 해당 위치에 있는 값('CDF(NegativeINDEX)')을 찾은 후에 그 결과를 새로운 변수 'N_CDF'에 대입한다.

▷ ⑪, ⑫, ⑮, ⑯, 그림을 하위그림으로 구성한다. 즉, 설정된 그림 'figure(1)'에 **'명령어, subplot()'**을 이용하여 2×2 구조로 분리된 하위그림 'subplot(2, 2, . . .)'을 설정한다. 위 그림은 두가지 하위그림을 하나로 표시하는 subplot(2, 2, 1:2)이고, 아래 그림은 두가지로 구분한 subplot(2, 2, 3)과 subplot(2, 2, 4)이다.

▷ ⑬, ⑭, **'명령어 loglog()'**를 이용하여 X축과 Y축의 자료를 로그 변환한 값으로부터 그림을 도출한다. 즉, Log-Log Plot방법에 의하여, 그래프의 X축을 자연로그로, Y축도 자연로그로 전환하여 그래프를 도출한다. ⑬에서 X축은 양(+)의 값을 수록한 변수 'PX'를, Y축은 1에서 누적확률을 차감한 변수 'P_CDF'을 이용한다. ⑭에서 X축은 음(-)의 값을 절댓값으로 변환한 값을 수록한 변수 'NX'를, Y축은 누적확률 변수 'N_CDF'을 이용한다.

그림 3-22 실증적 분포의 관찰방법 [5]: Excel을 이용한 Log-Log Plot방법

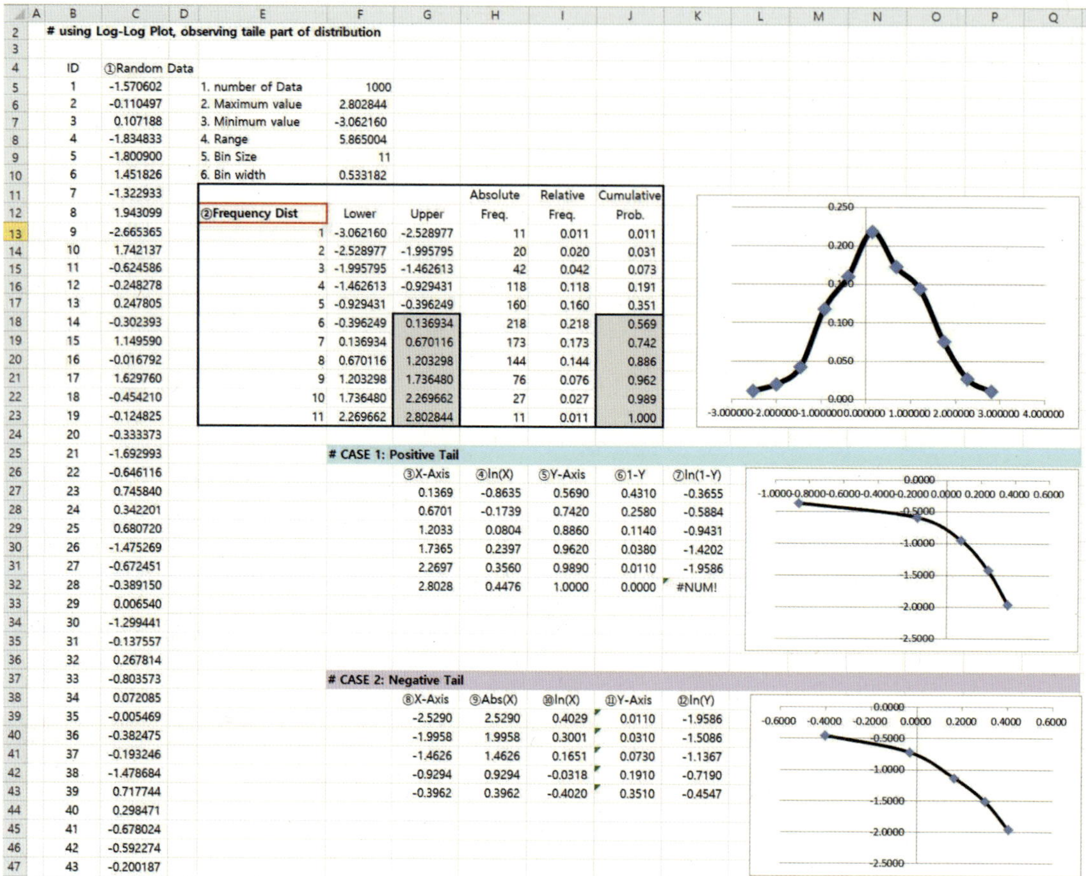

그림3-22 ▌ 그림은 Excel에서 생성된 표준정규분포를 따르는 난수자료를 이용하여 분포의 꼬리부분에 대하여 Log-Log Plot방법을 적용한 결과를 나타낸다.

1 | 목적

- Excel을 이용하여 확률분포의 꼬리부분을 효과적으로 관찰할 수 있는 Log-Log Plot 방법을 알아본다.

2 | 자료, 기간 및 방법

- 자료: Excel **'MENU: '데이터' - '데이터분석:난수생성'**을 이용하여 표준정규분포를 따르는 난수 1, 000개 생성 후에 이용

■ 방법:

▷ 분포의 꼬리부분에 대한 Log-Log Plot방법을 이용한 X축과 Y축의 조정과정은 다음과 같다.

▷ 〔단계1〕 분포의 누적분포함수를 산출

▷ 〔단계2〕 누적확률분포에서 X축의 양(+)의 값을 갖는 오른쪽 꼬리부분('〉 0')과 음(-)의 값을 갖는 왼쪽 꼬리부분('〈 0')으로 분리

▷ 〔단계3〕 X축의 양(+)의 값을 갖는 오른쪽 꼬리부분의 X축 자료와 Y축 자료에 대하여 다음과 같이 조정한다.

첫째, X축의 자료는 로그변환한다. 즉, ln(X)

둘째, Y축은 50%~100%의 누적확률을 갖기 때문에, 분포의 꼬리부분은 누적확률 100% 주변이다. 따라서 꼬리부분이 큰 값(100%)을 갖기 때문에, 보다 작은 값으로 만들기 위하여 1을 차감('1-Y')하고, 그 값을 로그변환, 즉 ln(1-Y).

▷ 〔단계4〕 X축의 음(-)의 값을 갖는 왼쪽 꼬리부분의 X축 자료와 Y축 자료에 대하여 다음과 같이 조정한다.

첫째, X축은 음(-)의 값을 갖기 때문에 로그변환이 어렵다. 따라서 X축의 값을 절댓값 취한 후에 로그변환한다. 즉, 'ln(|X|)'

둘째, Y축은 0%~50%의 누적확률을 갖고, 분포의 꼬리부분은 누적확률 0%의 주변이다. 따라서 꼬리부분이 작은 값(0%)을 갖기 때문에 조정없이 로그변환한다. 즉 ln(Y).

3 | Excel을 이용한 분석팁

■ ①, Excel **'MENU: 데이터/데이터분석 - 난수생성'**을 이용하여 표준정규분포를 따르는 난수 1,000개 생성한다.

■ ②, Excel **'함수, frequency()'**를 이용하여, 빈도분포를 산출한다. 빈도분포에서 'X축'은 'Upper'부분을 이용하고, 누적확률은 'Cumulative'부분을 이용한다. Excel **'함수, frequency()'**의 사용에 관한 구체적 설명은 앞의 〔그림2-1〕에서 확인할 수 있다.

■ ③~⑦, 확률분포의 양(+)의 값을 갖는 분포의 오른쪽 꼬리부분에 대한 Log-Log Plot방법을 적용한다. 즉, ③은 앞의 ②에서 결정한 빈도분포의 X축('upper')에서 양의 부분을 선택 후에 옮긴다. ④에서 선택된 값을 로그 변환한다. 즉, **'=log()'**. 그리고 Y축에 대하여 ⑤, ⑥, ⑦을 실행한다. 즉, ⑤에서 앞의 ②에서 산출된 누적확률

('cumulative') 부분들 중, 앞의 ③에 해당하는 누적확률을 선택하고, ⑥에서 선택된 누적확률에서 '1'을 차감하고, ⑦에서 ⑥의 값을 로그 변환한다.

- ⑧~⑫, 확률분포의 음(-)의 값을 갖는 분포의 왼쪽 꼬리부분에 대한 Log-Log Plot방법을 적용한다. X축에 대하여 ⑧, ⑨, ⑩을 실행한다. 즉, ⑧은 앞의 ②에서 결정한 빈도분포의 X축('upper')에서 음(-)의 부분을 선택 후에 옮긴다. ⑨에서 선택된 값의 절댓값을 산출한다. **'=abs()'**. 그리고 ⑩에서 로그 변환한다. 즉, **'=log()'**. 한편, Y축에 대하여 ⑪과 ⑫를 실행한다. 즉, ⑪에서 앞의 ②에서 산출된 누적확률('cumulative') 부분들 중, 앞의 ⑧에 해당하는 누적확률을 선택하고, ⑪에서 ⑧의 값을 로그 변환한다.

그림 3-23 정규분포의 적용 [1]: 주식수익률의 실증적 분포

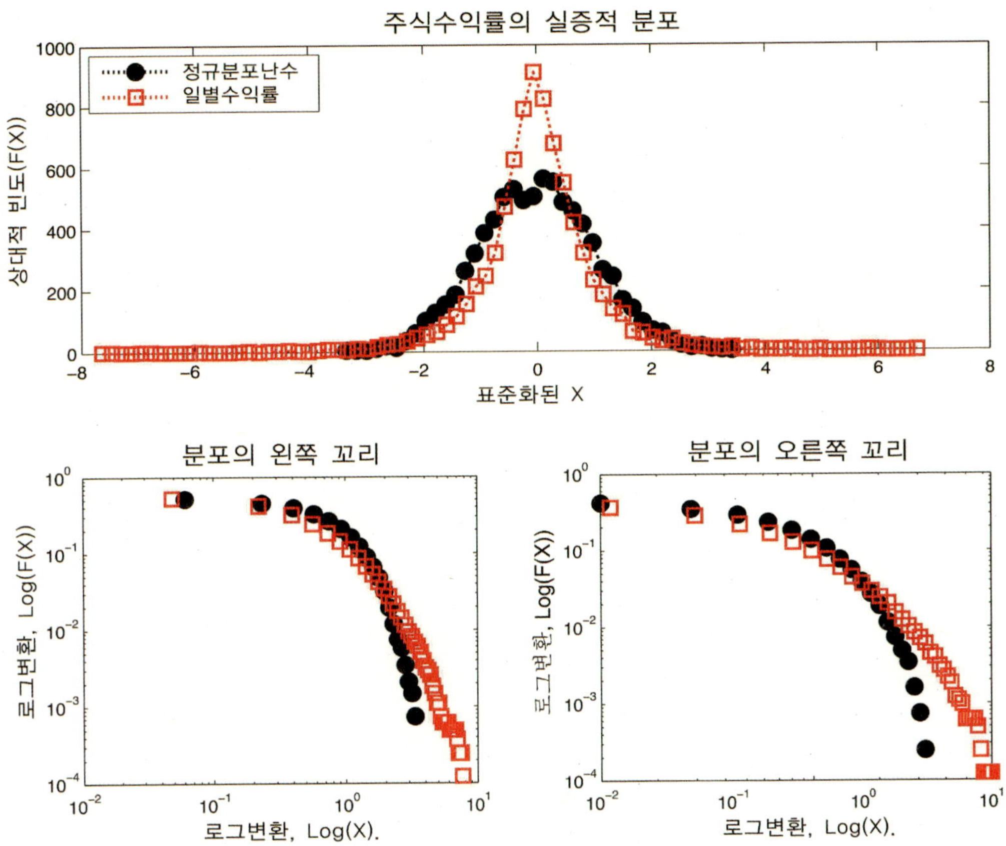

그림3-23 ▎ 그림은 1980년 1월부터 2012년 12월까지 KOSPI 시장지수의 일별수익률(□)를 이용하여 도출한 빈도분포를 나타낸다. 비교기준으로 정규분포를 따르는 난수(●)를 이용한 빈도분포를 함께 표시하였다. 아래 그림은 도출된 빈도분포에서 왼쪽 꼬리부분과 오른쪽 꼬리부분을 분리한 후에 각각에 대하여 Log-Log Plot방법을 이용하여 나타낸 것이다.

1 ▎ 목적

- 주식수익률의 실증적 분포는 정규분포에 비교하여 보다 높은 중심부분과 보다 두꺼운 꼬리부분을 갖는 것으로 알려져 있다.
- 따라서 주식수익률의 실증적 분포에 대한 속성을 관찰하기 위하여 분포의 중심부분과 꼬리부분으로 구분하여 비교 관찰한다. 즉, 분포의 중심부분은 빈도분포로 비교 관찰하고, 분포의 꼬리부분은 Log-Log Plot방법에 의한 비교 관찰한다.

2 | 자료, 기간 및 방법

- 자료: KOSPI 시장지수 일별수익률 자료를 이용하고, 비교대상으로 동일한 자료 숫자를 갖는 정규분포를 따르는 난수자료를 함께 이용
- 기간: 1980년 1월부터 2012년 12월까지 33년
- 방법:

▷ 일별수익률은 정규분포의 난수자료와 비교를 위하여 표준화과정을 통하여 조정함. 즉, $Z_k = \dfrac{X_k - \overline{X}}{\sigma}$, 여기서 $\overline{X}$는 자료의 평균을, σ는 자료의 표준편차를 나타낸다.

▷ 분포의 중심부분: 빈도분포의 방법을 이용

▷ 분포의 꼬리부분: Log-Log Plot방법을 이용

3 | 관찰결과

- 그림은 KOSPI 시장지수의 일별수익률로부터 도출된 실증적 분포를 나타낸다. 즉, 위 그림에서 KOSPI 시장지수의 일별수익률에 대한 빈도분포는 박스모양('□')으로, 비교대상인 정규분포의 빈도분포는 원모양('●')으로 나타내었다. 그리고 X축은 표준화된 자료를 이용하였다. 아래 그림에서 왼쪽은 빈도분포의 꼬리부분에서 음(-)의 값을 갖는 왼쪽 꼬리부분을, 오른쪽은 양(+)의 값을 갖는 오른쪽 꼬리부분을 구분 표시하였다. 그리고 X축과 Y축은 모두 로그 변환된 값들이다.
- 관찰결과에 의하면, 분포의 중심부분에서 KOSPI 일별수익률의 실증적 분포는 정규분포의 빈도분포에 비교하여 보다 높은 중심부분을 갖는다. 그리고 분포의 꼬리부분에서 KOSPI 일별수익률의 실증적 분포는 정규분포의 경우에 비교하여 보다 두꺼운 형태를 갖는다. 즉, Log-Log Plot방법에 의한 정규분포의 꼬리부분과 비교하면 KOSPI 일별수익률의 실증적 분포의 꼬리부분이 보다 오른쪽으로 치우친 위치에 있다.
- 이상의 결과에서 주식수익률의 실증적 분포는 이론적인 정규분포에 비교하여 중심부분은 보다 높고, 꼬리부분은 보다 두꺼운 형태를 갖는다는 것을 알 수 있다.

4 | Matlab을 이용한 분석팁

- MATLAB 기본 코드: ' 빈도분포와 Log-Log Plot 방법'

```
① ZMarketDAY = zscore(MarketDAY);   % Standardization
② [TimeN, C] = size(ZMarketDAY);
   % 중간생략
   % Frequency Distribution
   BinSIZE = ceil(log2(TimeN)+1);
③ [YAxis, XAxis] = hist(ZMarketDAY, BinSIZE2);
④ Y = YAxis./TimeN;
⑤ YCDF = cumsum(Y);
   % Positive Tail Part
⑥ PositiveINDEX = find(XAxis >= 0);
⑦ PositiveYAxis = 1-YCDF(PositiveINDEX);
⑧ PositiveXAxis = XAxis(PositiveINDEX);
   % Negative Tail Part
⑨ NegativeINDEX = find(XAxis2 < 0);
⑩ NegativeYAxis = YCDF(NegativeINDEX);
⑪ NegativeXAxis = abs(XAxis(NegativeINDEX));
```

- ▷ ①, **'명령어, zscore()'**를 이용하여 자료를 표준화시킨다. 즉, KOSPI의 일별수익률을 수록한 변수 'MarketDAY'를 표준화('zscore(MarketDAY)')시킨 후에, 그 결과를 새로운 변수 'ZMarketDAY'에 대입한다.
- ▷ ②, **'명령어, size()'**를 이용하여 자료의 구조를 확인한다. 즉, 앞의 ①에서 산출한 표준화된 수익률자료를 수록한 변수 'ZMarketDAY'의 행(row)과 열(column)의 자료구조 정보를 확인한 후에, 그 결과를 새로운 변수 'TimeN'과 'C'에 각각 대입한다.
- ▷ ③, ④, ⑤, 빈도분포의 X축과 Y축을 구한다.
- ▷ ③, **'명령어, hist()'**를 이용하여 빈도분포의 X축과 Y축의 값을 산출한다. 입력요소는 첫째, 자료('ZMarketDAY'), 둘째, 자료의 구간 숫자('BinSIZE')이다. 표준화된 수익률자료 변수 'ZMarketDAY'에 대하여, 설정된 빈도분포의 구간크기('BinSIZE')에 대한 X축과 Y축을 산출한다. X축의 결과는 새로운 변수 'XAxis'에, Y축의 결과는 새로운 변수 'YAxis'에 각각 대입한다.
- ▷ ④, 앞의 ③에서 산출된 빈도분포의 절대빈도를 상대빈도로 변환한다. 즉, 절대빈도의 값을 수록하고 있는 변수 'YAxis'를 자료숫자('TimeN')로 나눈 상대빈도(YAxis./TimeN)를 산출 한 후에 그 결과를 새로운 변수 'Y'에 대입한다. 여기서 분자 변수 'YAxis.'의 아래 부분에 있는 점('.')은 변수가 수록하는 자료의 각각에 대하여 분모 변수('TimeN')로 나누도록 지정한 것이다. 예를 들어, 〔2, 2, 1, 1, 2, 2〕라면, 〔2/10, 2/10, 1/10, 1/10, 2/10, 2/10〕과 같이 하는 방법이다.
- ▷ ⑤, **'명령어, cumsum()'**을 이용하여 누적된 값을 산출한다. 즉, 앞의 ④에서 산출된

상대빈도('Y')를 순차적으로 누적한 결과('cumsum(Y)')를 새로운 변수 'YCDF'에 대입한다. 예를 들어, 확률이 〔0.2, 0.2, 0.1, 0.1, 0.2, 0.2〕라면 '명령어, cumsum(Y)'에 의하여 〔0.2, 0.4, 0.5, 0.6, 0.8, 1.0〕과 같이 된다.

※ **추가설명**: 앞의 〔그림3-21〕에서는 **'명령어, cumsum()'**을 이용하지 않았다. 이유는 정규분포의 누적분포함수의 자료를 생성하는 **'명령어, normcdf()'**를 직접적으로 이용했기 때문이다.

▷ ⑥, ⑦, ⑧, Log-Log Plot방법에 적용할 X축의 양(+)의 값을 갖는 오른쪽 꼬리부분의 자료들을 분리하는 작업이다.

▷ ⑥, **'명령어, find()'**를 이용하여 조건에 부합하는 자료를 찾는다. 앞의 ③에서 KOSPI 일별수익률로부터의 빈도분포에서 X축 자료를 수록한 변수 'XAxis'에서, 양(+)의 값을 갖는 자료들을 'find(XAxis>=0)'을 이용하여 찾은 후에, 그 자료의 위치정보를 새로운 변수 'PositiveINDEX'에 입력한다.

▷ ⑦, 앞에서 찾은 X축의 양(+)의 값을 갖는 자료의 위치정보('PositiveINDEX')를 이용하여 ⑤의 Y축의 누적확률들 중에서 해당 위치에 있는 값을 찾은 후에 1에서 차감('1-YCDF(PositiveINDEX)')하고, 그 결과를 새로운 변수 'PositiveYAxis'에 대입한다.

▷ ⑧, 앞에서 찾은 X축의 양(+)의 값을 갖는 자료의 위치정보('PositiveINDEX')를 이용하여 X축의 자료들 중에서 해당 위치에 있는 값을 찾은 후에, 그 결과를 새로운 변수 'PositiveXAxis'에 대입한다.

▷ ⑨, ⑩, ⑪, Log-Log Plot방법에 적용할 X축의 음(-)의 값을 갖는 왼쪽 꼬리부분의 자료들을 분리하는 작업이다.

▷ ⑨, **'명령어, find()'**를 이용하여, 앞의 ③에서 일별수익률의 빈도분포에서 X축 자료를 수록한 변수 'XAxis'로부터 음(-)의 값을 갖는 자료('find(XAxis<0)')를 찾은 후에, 그 자료의 위치정보를 새로운 변수 'NegativeINDEX'에 대입한다.

▷ ⑩, 앞에서 찾은 X축의 음(-)의 값을 갖는 자료의 위치정보('NegativeINDEX')를 이용하여, ⑤의 Y축 누적확률로부터 위치에 있는 값('YCDF(NegativeINDEX)')을 찾은 후에, 그 결과를 새로운 변수 'NegativeYAxis'에 대입한다.

▷ ⑪, **'명령어, abs()'**를 이용하여 절댓값을 계산한다. 여기서 Log-Log Plot방법에 적용하기 위하여 음(-)의 값을 양(+)의 값을 변환하는 작업을 한다. 앞에서 찾은 X축의 음(-)의 값을 갖는 자료의 위치정보('NegativeINDEX')에 해당하는 음(-)의 값을 갖는 자료들을 찾은 후에, 그 자료들의 절댓값('abs(XAxis(NegativeINDEX))')을 새로운 변수 'NegativeXAxis'에 대입한다.

그림 3-24 정규분포의 적용 [2]: 분포의 중심부분 실제 확률

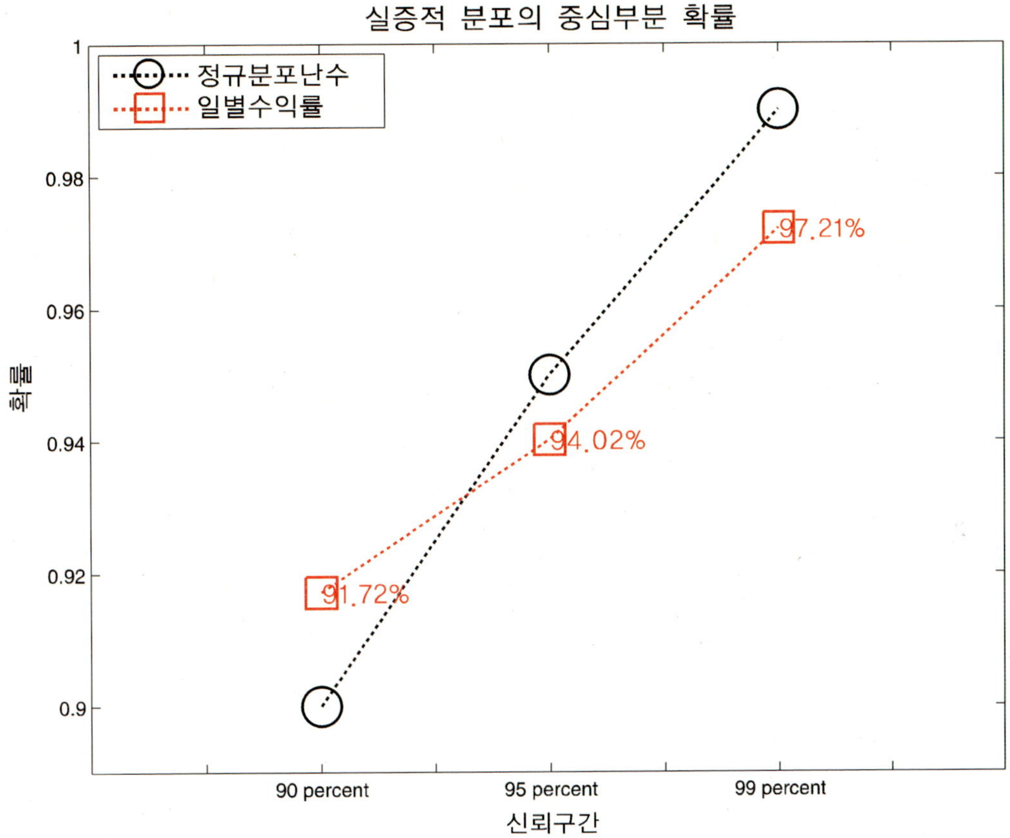

그림3-24 ▌ 그림은 1980년 1월부터 2012년 12월의 기간동안 KOSPI 시장지수의 일별수익률(□)을 이용하여, 실증적 분포의 중심부분 실제 확률크기를 정규분포를 따르는 난수자료(○)로부터의 결과와 비교 관찰한 것이다. 확률분포의 중심부분은 대표적 신뢰구간인 90%, 95%, 99%의 3가지로 구분하였다.

1 | 목적

- 주식수익률의 실증적 분포는 정규분포에 비교하여 보다 높은 중심부분과 보다 두꺼운 꼬리부분의 분포적 속성을 갖는 것으로 알려져 있다.
- 주식수익률의 실증적 분포에 있어서 중심부분의 실제적 확률(상대빈도)을 계산한 후에 정규분포의 중심부분 확률과 비교 관찰한다. 여기서 분포의 중심부분 확률은 정규분포의 대표적인 90%, 95%, 99%의 3가지 신뢰구간을 이용한다.

2 | 자료, 기간 및 방법

- 자료: KOSPI 시장지수 일별수익률 자료를 이용하고, 비교기준으로 동일한 자료 숫자를 갖는 정규분포를 따르는 난수자료를 함께 이용
- 기간: 1980년 1월부터 2012년 12월까지의 33년 기간
- 방법:

▷ KOSPI 일별수익률 자료를 정규분포의 난수자료와 비교하기 위하여 표준화과정을 통하여 조정함, $z_k = \dfrac{X_k - \overline{X}}{\sigma}$

▷ 표준화된 일별수익률 자료에 대한 특정 범위(90%, 95%, 99%)에서의 실제 확률(상대빈도, N_x/N, 여기서 N은 전체자료)을 계산, 즉

신뢰구간 90%, 임계치 ±1.68, 범위 $-1.68 \le N_x \le +1.68$,

신뢰구간 95%, 임계치 ±1.96, 범위 $-1.96 \le N_x \le +1.96$

신뢰구간 98%, 임계치 ±2.57, 범위 $-2.57 \le N_x \le +2.57$

3 | 관찰결과

- 그림은 KOSPI 시장지수의 일별수익률로부터 도출된 실증적 분포에서 중심부분의 실제 확률(통계적 확률)을 측정하고, 그 결과를 정규분포의 이론적 확률과 비교한 것이다. 분포의 중심부분은 정규분포의 대표적 3가지 신뢰구간인 90%, 95%, 99%를 이용하였다. 그림에서 KOSPI 일별수익률로부터 산출된 실제 확률은 박스모양('□')으로 표시하였고, 정규분포의 이론적 확률은 원모양('○')으로 나타내었다.
- 관찰결과에서, KOSPI 일별수익률의 실증적 분포로부터 확인된 분포 중심부분은 이론적 정규분포의 90% 수준에 비교하여 보다 높은 91.72%를 갖는다. 하지만, 정규분포의 95%와 99%와 비교하여 확인된 일별수익률의 실제 확률은 각각 94.02%와 97.21%로 작은 값을 갖는다.
- 따라서, 재무 분야에서 알려진 실증적 분포의 높은 중심부분은 95%를 기준으로 이론적 정규분포와 비교하여 90%기준으로 보다 높고, 99%기준으로 보다 낮은 경향이 있다는 것을 알 수 있다.

4 | Matlab을 이용한 분석팁

■ MATLAB 기본 코드: '분포의 중심부분 실제 확률'

```
   % Standardized Data
① SMarketRET = zscore(MarketRET);
② CV95 = [-1.96, +1.96];  % critical value in case of 95%
   % relative frequency in range
③ [Market_Index, C] = find(SMarketRET >= CV95(1,1) & SMarketRET <= CV95(1,2));
④ Market_RelativeFreq = length(Market_Index)/TimeN;
```

▷ ①, **'명령어, zscore()'**를 이용하여 자료의 표준화과정을 실행한다. 즉, KOSPI 시장지수 일별수익률의 자료를 수록하는 변수 'MarketRET'를 정규분포의 난수자료와 비교하기 위하여 표준화과정을 거치고, 그 결과('zscore(MarketRET)')를 새로운 변수 'SMarketRET'에 대입한다.

▷ ②, 정규분포에서 신뢰구간 95%의 임계치인 -1.96과 +1.96를 변수 'CV95'에 대입한다. 따라서 변수 'CV95'는 1×2의 자료구조를 갖는다.

▷ ③, **'명령어, find()'**를 이용하여 조건에 부합하는 자료의 위치정보를 찾는다. 즉, 신뢰구간 95%를 결정하는 임계치 ±1.96의 범위에 속하는 자료들을 찾는다. 정규분포에서 임계치 -1,96('CV95(1,1)')보다 크거나 같고, 임계치 +1.96('CV95(1,2)')보다 작거나 같은 범위에 속하는 중심부분의 자료들에 대한 확률은 95%이다. 따라서 조건 'SMarketRET〉=CV95(1,1) & SMarketRET〈=CV95(1,2)'에 해당하는 자료를 찾은 후에, 그 결과를 새로운 변수 'Market_Index'에 대입한다.

▷ ④, **'명령어, length()'**를 이용하여 자료의 숫자(길이)를 산출한다. 즉, 앞의 ③에서 중심부분 95%의 범위에 속하는 자료의 위치정보를 수록한 변수 'Market_Index'의 길이(자료 숫자)를 측정한다. 즉, 'length(Market_Index)'. 그리고 측정된 값을 총 자료의 숫자 변수 'TimeN'으로 나눈 후, 그 결과를 새로운 변수 'Market_RelativeFreq'에 대입한다. 여기서, 변수 'Market_RelativeFreq'는 상대빈도로써 통계적 확률에 해당한다.

그림 3-25 정규분포의 적용 [3]: 분포의 꼬리부분 실제 확률

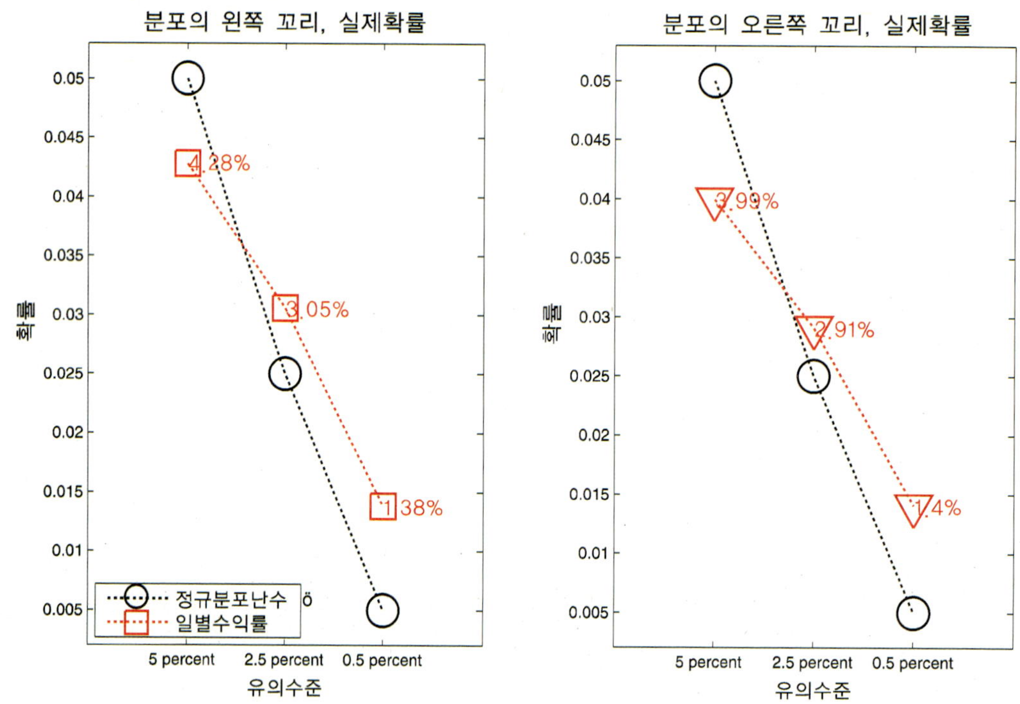

그림3-25 ❙ 그림은 1980년 1월부터 2012년 12월의 기간 동안 KOSPI 시장지수의 일별수익률(□, ▽)을 이용하여 확인된 실증적 분포의 꼬리부분 실제 확률크기를 정규분포를 따르는 난수자료(○)로부터의 결과와 비교한 것이다. 확률분포의 꼬리부분은 X축의 음(−)의 값을 갖는 왼쪽 부분(□)과 양(+)의 값을 갖는 오른쪽 부분(▽)으로 구분하였으며, 주요 확률은 신뢰구간인 90%, 95%, 99%의 3가지에 대한 양측검증의 유의수준인 5%, 2.5%, 0.5%로 각각 구분하였다.

1 ❙ 목적

- 주식수익률의 실증적 분포는 정규분포에 비교하여 보다 높은 중심부분과 보다 두꺼운 꼬리부분의 분포적 속성을 갖는 것으로 알려져 있다.
- 주식수익률의 실증적 분포에 있어서 두꺼운 꼬리부분의 관찰을 위하여, 분포의 실제 확률을 계산한 후에 정규분포의 꼬리부분 확률과 비교 관찰한다. 여기서 꼬리부분의 확률은 정규분포의 대표적 신뢰구간인 90%, 95%, 99% 각각의 양측검증 유의수준인 5.0%, 2.5%, 0.5%의 3가지를 이용한다.

2 | 자료, 기간 및 방법

- 자료: KOSPI 시장지수 일별수익률 자료를 이용하고, 비교기준으로 동일한 자료 숫자를 갖는 정규분포를 따르는 난수자료를 함께 이용
- 기간: 1980년 1월부터 2012년 12월까지의 33년 기간
- 방법:
  - ▷ KOSPI 일별수익률 자료를 정규분포의 난수자료와 비교하기 위하여 표준화과정을 통하여 조정함, $z_k = \dfrac{X_k - \overline{X}}{\sigma}$
  - ▷ 표준화된 일별수익률 자료에 대한 특정 범위(5%, 2.5%, 0.5%)에서의 실제 확률(상대빈도, N_x/N, 여기서 N은 전체자료)을 계산, 즉

    신뢰구간 90%, 임계치 ±1.68, 범위 (왼쪽) N_x<-1.68, (오른쪽) N_x>+1.68

    신뢰구간 95%, 임계치 ±1.96, 범위 (왼쪽) N_x<-1.96, (오른쪽) N_x>+1.96

    신뢰구간 98%, 임계치 ±2.57, 범위 (왼쪽) N_x<-2.57, (오른쪽) N_x>+2.57

3 | 관찰결과

- 그림은 KOSPI 시장지수의 일별수익률로부터 도출된 실증적 분포에서 꼬리부분의 실제 확률(통계적 확률)을 산출하고, 그 결과를 정규분포의 이론적 확률과 비교한 것이다. 분포의 꼬리부분은 정규분포의 대표적 3가지 신뢰구간인 90%, 95%, 99%에 대한 양측검증의 유의수준인 5.0%, 2.5%, 0.5%를 각각 이용하였다. 그림에서 KOSPI 일별수익률의 실증적 분포에서 X축의 음(-)의 값을 갖는 왼쪽 꼬리부분의 실제 확률은 왼쪽 그림에서 박스모양('□')으로 표시하였고, X축의 양(+)의 값을 갖는 오른쪽 꼬리부분의 실제 확률은 오른쪽 그림에서 삼각형모양('▽')으로 나타내었다. 그리고 비교대상인 정규분포의 꼬리부분 확률은 원모양('○')으로 표시하였다.
- 관찰결과에서, KOSPI 일별수익률의 실증적 분포로부터 확인된 분포의 꼬리부분은 정규분포의 중심부분 90% 수준에서 양쪽 꼬리부분에 해당하는 5.0% 보다는 낮은 실제 확률 4.28%/3.99%(왼쪽/오른쪽 꼬리부분)를 갖는다. 하지만, KOSPI 일별수익률의 실증적 분포의 중심부분 99% 수준의 양쪽 꼬리부분에 해당하는 0.5%보다는 높은 실제 확률 1.38%/1.40%(왼쪽/오른쪽 꼬리부분)를 갖는다. 이러한 관찰의 경제적 의미는 이론적 정규분포에서 예상하는 빈도보다 실제 금융시장에서 발생하는

극단적인 가격변화의 빈도가 보다 많다는 것을 나타낸다.

- 따라서, 재무 분야에서 알려진 실증적 분포의 두꺼운 꼬리부분은 신뢰구간 99%의 양측검증의 유의수준 0.5%의 구간에서 관찰되는 분포적 속성임을 알 수 있다. 즉, 신뢰구간 95%의 양측검증 유의수준 2.5%의 꼬리부분 기준으로, 이론적 정규분포와 비교하여 신뢰구간 90%의 양측검증 유의수준 5.0% 보다 얇고, 신뢰구간 99%의 양측검증 유의수준 0.5% 보다 두꺼운 경향이 있다는 것을 알 수 있다.

4 | Matlab을 이용한 분석팁

- MATLAB 기본 코드: '분포의 꼬리부분 실제 확률'

```
   % Standardized Data
① SMarketRET = zscore(MarketRET);
② ThresholdVALUE_90 = [-1.68, +1.68];   % critical value in case of 90%
   % Standardized Market Data
③ [Market_IndexNEGATIVE, C] = find(SMarketRET < ThresholdVALUE_90(1,1));
④ Market_FreqNEGATIVE = length(Market_IndexNEGATIVE)/TimeN;
⑤ [Market_IndexPOSITIVE, C] = find(SMarketRET > ThresholdVALUE_90(1,2));
⑥ Market_FreqPOSITIVE = length(Market_IndexPOSITIVE)/TimeN;
```

▷ ①, **'명령어, zscore()'**를 이용하여 자료의 표준화과정을 실행한다. 즉, KOSPI 시장지수의 일별수익률 자료를 수록하는 변수 'MarketRET'를 정규분포의 난수자료를 비교하기 위하여 표준화과정을 거친 후에, 그 결과('zscore(MarketRET)')를 새로운 변수 'SMarketRET'에 대입한다.

▷ ②, 표준정규분포에서 신뢰구간 90%의 임계치 ±1.68을 변수 'ThresholdVALUE_90'에 대입한다. 변수 'ThresholdVALUE_90'는 1×2의 자료구조를 갖는다.

▷ ③, ④, 분포에서 X축의 음(-)의 값을 갖는 왼쪽 꼬리부분의 실제 확률(상대빈도, 통계적 확률)을 산출한다.

▷ ③, **'명령어, find()'**를 이용하여 조건에 부합하는 자료의 위치정보를 찾는다. 신뢰구간 90%의 왼쪽 임계치 -1.68을 기준으로, 임계치보다 작은 값('ThresholdVALUE_90(1, 1)')을 갖는 5% 범위에 속하는 자료들을 찾는다. 즉, 분포의 꼬리부분 확률에 대한 임계치의 조건 'SMarketRET〈ThresholdVALUE_90(1, 1)'에 해당하는 자료를 찾은 후에, 그 결과를 새로운 변수 'Market_IndexNEGATIVE'에 대입한다.

▷ ④, **'명령어, length()'**를 이용하여 자료의 숫자(길이)를 산출한다. 즉, 앞의 ③에서 꼬리부분 임계치(-1.68)보다 작은 값을 갖는 자료의 위치정보를 수록한 변수 'Market

_IndexNEGATIVE'의 자료 숫자를 측정한다. 측정된 값을 총 자료 숫자 변수 'TimeN'으로 나눈 후, 그 결과를 새로운 변수 'Market_FreqNEGATIVE'에 대입한다. 변수 'Market_FreqNEGATIVE'는 분포의 왼쪽 꼬리부분의 상대빈도인 통계적 확률이다.

▷ ⑤, ⑥, 앞의 분포에 대한 왼쪽 꼬리부분의 자료 및 실제확률을 구하는 방법과 동일하게, 분포의 X축에서 양(+)의 값을 갖는 오른쪽 꼬리부분에 속하는 자료들과 해당 자료들로부터의 상대빈도에 의한 실제 확률을 구한다. 즉, ⑤에서 **'명령어, find()'**를 이용하여 신뢰구간 90%의 오른쪽 임계치 +1.68을 기준으로, 임계치보다 큰 값을 갖는 조건 'SMarketRET〉ThresholdVALUE_90(1, 1)'에 해당하는 자료를 찾은 후에, 그 결과를 새로운 변수 'Market_IndexPOSITIV'에 대입한다. 그리고 ⑥에서 **'명령어, length()'**를 이용하여 앞에서 확인된 변수 'Market_IndexNEGATIVE'의 길이(자료 숫자)를 측정하고, 총 자료 숫자('TimeN')로 나눈 후, 그 결과를 새로운 변수 'Market_FreqPOSITIVE'에 대입한다.

그림 3-26 로그정규분포의 속성 [1]

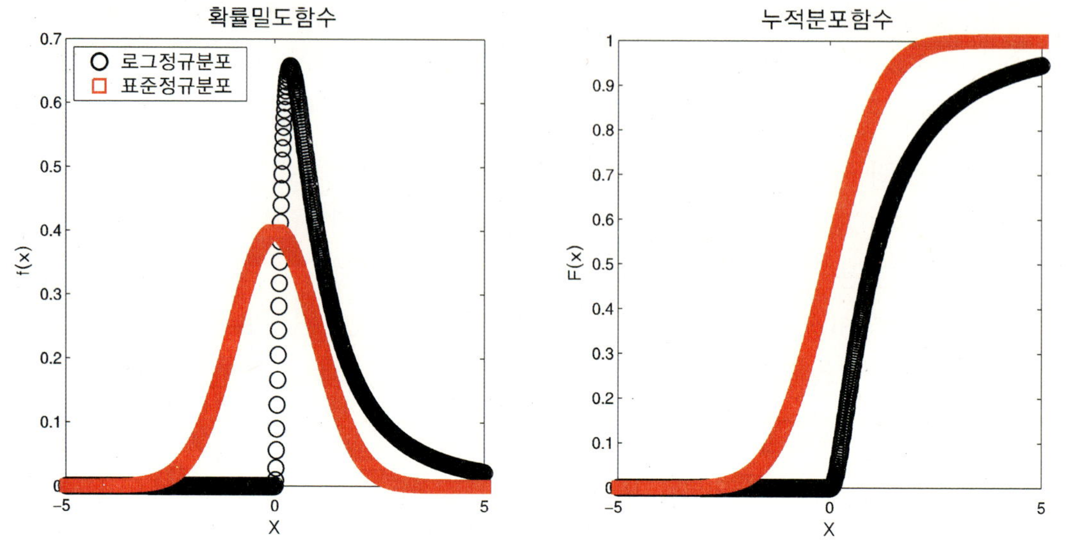

그림3-26 그림은 로그정규분포('○')에 있어서 확률밀도함수(왼쪽)와 누적분포함수(오른쪽)를 표준정규분포('□')와 함께 나타낸 것이다.

1 목적

- 로그정규분포(log-normal distribution)는 자연로그를 통하여 변환된 확률변수가 정규분포를 따르는 경우이다.
- 정규분포와 같이 로그정규분포의 모수는 평균과 표준편차이지만, 형태는 좌우대칭 구조가 아닌 왼쪽은 0 보다 작은 음(-)의 값은 없고, 모든 자료가 양(+)의 값으로 오른쪽으로 치우친 비대칭적 형태를 갖는다.

2 자료, 기간 및 방법

- 자료: X축의 자료는 -5~+5의 범위에서 '0.01' 증분으로 산출된 1,001개 이용
- 방법:
  - ▷ 동일한 모수인 평균(μ=0)과 표준편차(σ=1)를 갖는 로그정규분포와 표준정규분포의 확률밀도함수와 누적확률함수를 이용

▷ 정규분포, $f(x) = \frac{1}{\sigma\sqrt{2\pi}} e^{-\frac{(x-\mu)^2}{2\sigma^2}}$

▷ 로그정규분포, $f(x) = \frac{1}{x\sigma\sqrt{2\pi}} e^{-\frac{(\ln x-\mu)^2}{2\sigma^2}}$

3 | 관찰결과

- 그림은 로그정규분포의 확률밀도함수와 누적분포함수를 표준정규분포와 비교 제시한 것이다. 그림에서 로그정규분포는 원모양('○')으로, 표준정규분포는 박스모양('□')으로 구분 표시하였다.
- 로그정규분포는 정규분포와 같이 평균과 표준편차를 모수로 한다. 그리고 좌우대칭 구조를 갖는 정규분포와는 달리, 로그정규분포는 양(+)의 값만을 갖는 비대칭구조을 가진다.

4 | Matlab을 이용한 분석팁

- MATLAB 기본 코드: '로그정규분포의 확률밀도함수와 누적분포함수'

```
① DataX = -5 : 0.01 : 5;
② Mu=0;   Sigma=1;
   % pdf and cdf of Log-normal Distribution
③ LogNormalPDF = lognpdf(DataX, Mu, Sigma);   % PDF
④ LogNormalCDF = logncdf(DataX, Mu, Sigma);   % CDF
```

▷ ①, 확률밀도함수와 누적확률분포의 X축에 사용할 자료를 생성한다. 즉, 최솟값 -5와 최댓값 +5의 범위에서 0.01의 증분('-5:0.01:5')으로 생성된 1,001개의 자료를 새로운 변수 'DataX'에 대입한다.

▷ ②, 로그정규분포의 모수인 평균과 표준편차의 초기값을 설정한다. 즉, 평균 변수 'Mu'에 '0'을 대입하고, 표준편차 변수 'Sigma'에 1을 대입한다.

▷ ③, **'명령어, lognpdf()'**를 이용하여 로그정규분포의 확률밀도함수를 생성한다. 입력요소는 첫째, X축의 자료('DataX'), 둘째, 모수인 평균('Mu'), 셋째, 모수인 표준편차('Sigma')이다. 앞의 ①에서 생성된 X축의 자료 변수 'DataX'을 입력하고, 로그정규분포의 모수인 평균('Mu')과 표준편차('Sigma')을 입력한다. 그 결과는 새로운 변수 'LogNormalPDF'에 대입한다.

▷ ④, **'명령어, logncdf()'**를 이용하여 로그정규분포의 누적분포함수를 생성한다. 입력요소는 첫째, X축의 자료('DataX'), 둘째, 모수인 평균('Mu'), 셋째, 모수인 표준편차('Sigma')이다. 앞의 ①에서 생성된 X축의 자료 변수 'DataX'을 입력하고, 로그정규분포의 모수인 평균('Mu')과 표준편차('Sigma')을 입력한다. 그 결과는 새로운 변수 'LogNormalCDF'에 대입한다.

그림 3-27 로그정규분포의 속성 [2]: 모수 평균의 영향

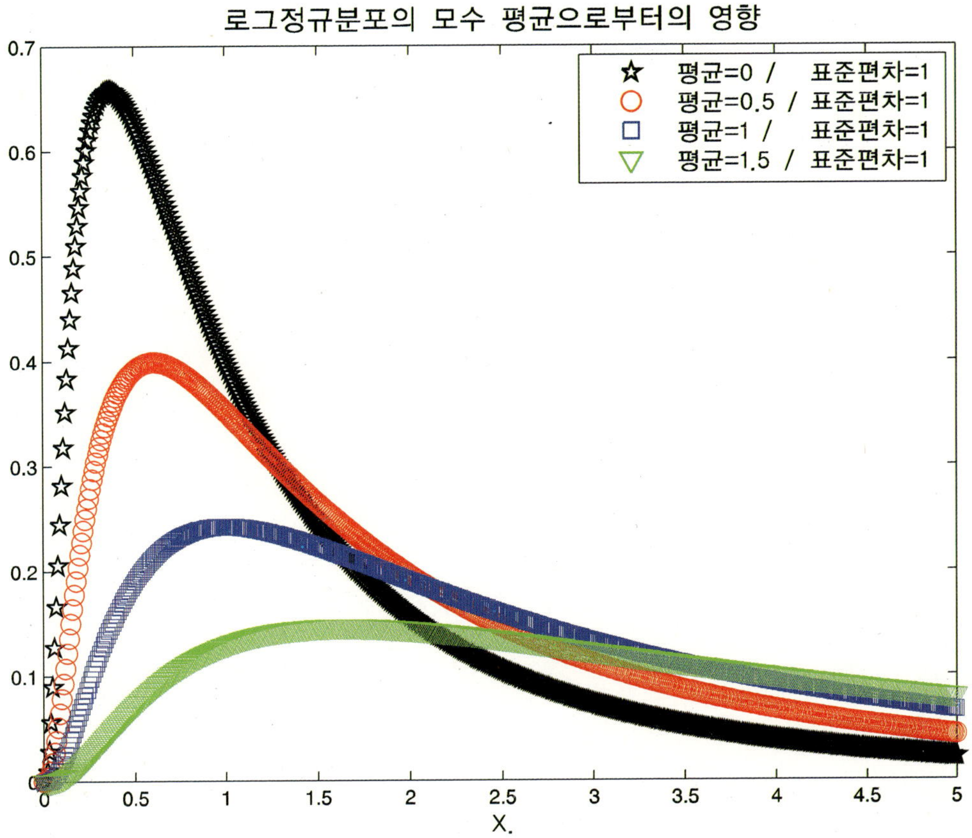

그림3-27 ▌ 그림은 로그정규분포의 모수인 평균의 변화에 따른 확률밀도함수의 변화를 나타낸다. 정규분포와 동일한 모수(평균=0, 표준편차=1)를 갖는 로그정규분포는 별모양(☆)으로 표시하였다.

1 ▌ 목적

- 로그정규분포의 모수 표준편차를 고정한 상태에서, 로그정규분포의 모수 평균 '0'과 표준편차 '1'을 기준으로 모수인 평균을 '0.5', '1', '1.5'로 변화시킴에 따라 확률밀도함수로의 영향을 비교 관찰한다.

2 ▌ 자료, 기간 및 방법

- 자료: X축의 자료는 0~+5의 범위에서 '0.01' 증분으로 산출된 501개 이용

■ 방법 :

▷ 로그정규분포의 모수인 표준편차는 '1'로 고정한 후, 모수인 평균을 '0', '0.5', '1.0', '1.5'의 4가지로 변화시킬 때, 각각의 확률밀도함수를 생성

3 | 관찰결과

- 그림은 로그정규분포의 모수 평균=0, 표준편차=1을 기준으로, 모수인 표준편차를 일정하게 고정시킨 조건에서 '평균=0', '평균=0.5', '평균=1.5' 등으로 변화시킴에 따른 로그정규분포의 확률밀도함수 변화를 나타낸다.
- 관찰결과에서, 로그정규분포에서 모수 평균이 증가('0.0→1.5')함에 따라 분포의 중심위치는 오른쪽으로 이동하고, 분포의 중심 높이는 낮아지며, 분포의 퍼짐 정도는 보다 넓어지는 경향을 확인할 수 있다.

4 | Matlab을 이용한 분석팁

- MATLAB 기본 코드: '로그정규분포의 모수 평균의 변화'

```
① DataX = 0 : 0.01 : 5;
   % 1:
② Mu = 0;   Sigma = 1;
③ LogNormalPDF1 = lognpdf(DataX, Mu, Sigma);   % PDF
   % 2:
④ Mu = 0.5;   Sigma = 1;
⑤ LogNormalPDF2 = lognpdf(DataX, Mu, Sigma);   % PDF
   % 3:
⑥ Mu = 1;   Sigma = 1;
⑦ LogNormalPDF3 = lognpdf(DataX, Mu, Sigma);   % PDF
   % 4:
⑧ Mu = 1.5;   Sigma = 1;
⑨ LogNormalPDF4 = lognpdf(DataX, Mu, Sigma);   % PDF
```

▷ ①, 확률밀도함수와 누적확률분포의 X축에 사용할 자료를 생성한다. 즉, 최솟값 0와 최댓값 +5의 범위에서 0.01의 증분('0:0.01:5')으로 생성된 501개의 자료를 새로운 변수 'DataX'에 대입한다.

▷ ②, 로그정규분포의 모수인 평균과 표준편차의 초기값을 설정한다. 즉, 평균 변수 'Mu'에 '0'을 대입하고, 표준편차 변수 'Sigma'에 1을 대입한다. 동일한 방법으로 '④', '⑥', '⑧'에 적용한다. 여기서 ②, ④, ⑥, ⑧에서 사용하는 변수 'Mu'와 변수 'Sigma'

는 동일한 이름으로 사용하지만, 앞에서 여러 그림에서 사용된 **'명령어, clear'**을 이용하여 지우지 않는다. 이유는 변수에 대입되는 값이 1개로 상수이기 때문이다. 즉, 새로운 값이 변수에 대입되면 자동적으로 이전에 수록된 값에 덮어 쓰기 때문이다.

▷ ③, **'명령어, lognpdf()'**를 이용하여 로그정규분포의 확률밀도함수를 생성한다. 입력요소는 첫째, X축의 자료('DataX'), 둘째, 모수인 평균('Mu'), 셋째, 모수인 표준편차('Sigma')이다. 즉, 앞의 ①에서 생성된 X축 자료의 변수 'DataX'을 입력하고, 분포의 모수인 평균('Mu')과 표준편차('Sigma')을 입력한다. 그 결과는 새로운 변수 'LogNormalPDF'에 대입한다. 동일한 방법으로 '⑤', '⑦', '⑨'에 적용한다.

그림 3-28 로그정규분포의 속성 [3]: 모수 표준편차의 영향

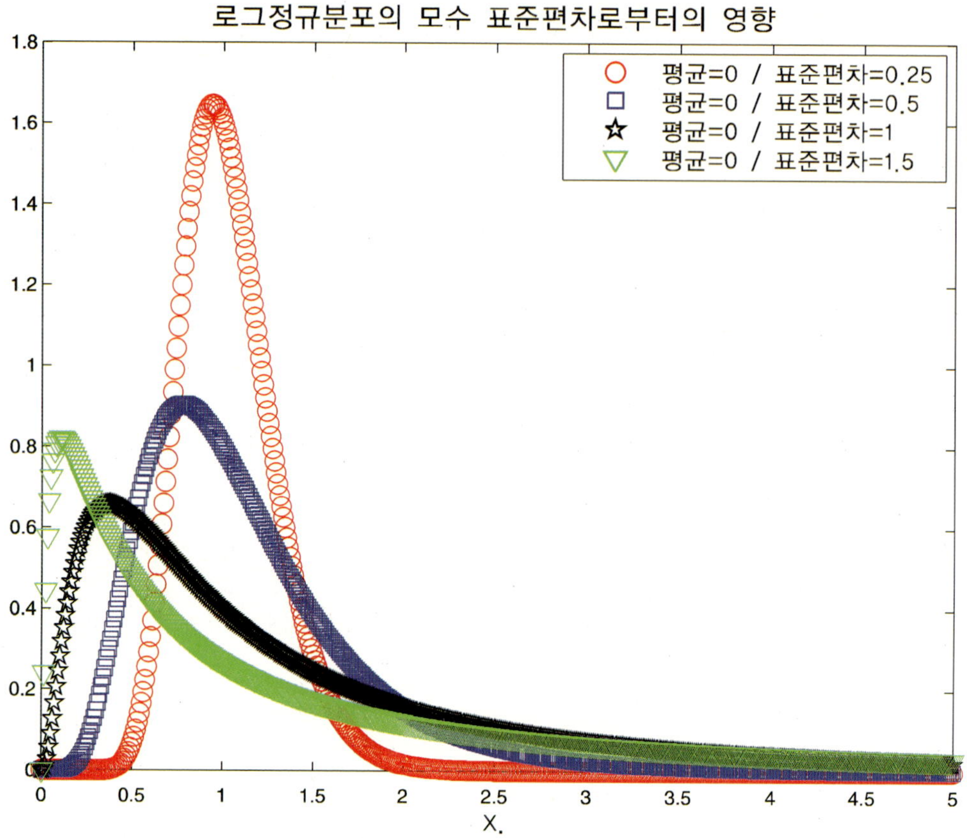

그림3-28 ❙ 그림은 로그정규분포의 모수인 표준편차의 변화에 따른 확률밀도함수의 변화를 나타낸다. 정규분포와 동일한 모수(평균=0, 표준편차산=1)를 갖는 로그정규분포는 별모양(☆)으로 표시하였다.

1 ❙ 목적

- 로그정규분포의 모수인 평균을 고정한 상태에서, 로그정규분포의 모수인 평균 '0'과 표준편차 '1'을 기준으로 모수인 표준편차를 '0. 25', '0. 5', '1. 5'로 변화시킴에 따른 확률밀도함수로의 영향을 비교 관찰한다.

2 ❙ 자료, 기간 및 방법

- 자료: X축의 자료는 0~+5의 범위에서 '0. 01' 증분으로 산출된 501개 이용

■ 방법 :

▷ 로그정규분포의 모수인 평균은 '0'로 고정한 후, 모수인 표준편차를 '0.25', '0.5', '1.0', '1.5'의 4가지로 변화시킬 때, 각각의 확률밀도함수를 생성

3 | 관찰결과

■ 그림은 로그정규분포의 모수인 평균=0, 표준편차=1을 기준으로, 모수인 평균을 일정하게 고정시킨 조건에서 모수인 표준편차를 '표준편차=0.25', '표준편차=0.5', '표준편차=1.0', '표준편차=1.5' 등으로 변화시킴에 따른 로그정규분포의 확률밀도함수의 변화를 비교한 것이다.

■ 관찰결과에서, 로그정규분포에서 모수인 표준편차가 증가(0.25→1.5)함에 따라 분포의 중심위치는 왼쪽으로 이동하고, 분포가 왼쪽 'X=0'지점으로 중심부분이 접근하는 경향을 확인할 수 있다.

4 | Matlab을 이용한 분석팁

■ MATLAB 기본 코드: ' 로그정규분포의 모수 표준편차의 변화'

```
① DataX = 0 : 0.01 : 5;
   % 1:
② Mu = 0;   Sigma = 0.25;
③ LogNormalPDF1 = lognpdf(DataX, Mu, Sigma);   % PDF
   % 2:
④ Mu = 0;   Sigma = 0.50;
⑤ LogNormalPDF2 = lognpdf(DataX, Mu, Sigma);   % PDF
   % 3:
⑥ Mu = 0;   Sigma = 1.00;
⑦ LogNormalPDF3 = lognpdf(DataX, Mu, Sigma);   % PDF
   % 4:
⑧ Mu = 0;   Sigma = 1.50;
⑨ LogNormalPDF4 = lognpdf(DataX, Mu, Sigma);   % PDF
```

▷ ①, 확률밀도함수와 누적확률분포의 X축에 사용할 자료를 생성한다. 즉, 최솟값 0와 최댓값 +5의 범위에서 0.01의 증분('0:0.01:5')으로 생성된 501개의 자료를 새로운 변수 'DataX'에 대입한다.

▷ ②, 로그정규분포의 모수인 평균과 표준편차의 초기값을 설정한다. 즉, 평균 변수 'Mu'에 '0'을 대입하고, 표준편차 변수 'Sigma'에 '0.25'를 대입한다. 동일한 방법으로

'④', '⑥', '⑧'에 적용한다.

▷ ③, **'명령어, lognpdf()'**를 이용하여 로그정규분포의 확률밀도함수를 생성한다. 입력요소는 첫째, X축의 자료('DataX'), 둘째, 모수인 평균('Mu'), 셋째, 모수인 표준편차('Sigma')이다. 즉, 앞의 ①에서 생성된 X축 자료의 변수 'DataX'을 입력하고, 로그정규분포의 모수인 평균('Mu')과 표준편차('Sigma')을 입력한다. 그 결과는 새로운 변수 'LogNormalPDF'에 대입한다. 동일한 방법으로 '⑤', '⑦', '⑨'에 적용한다.

그림 3-29 로그정규분포의 적용 [1]: 수익률과 변동성의 분포 비교

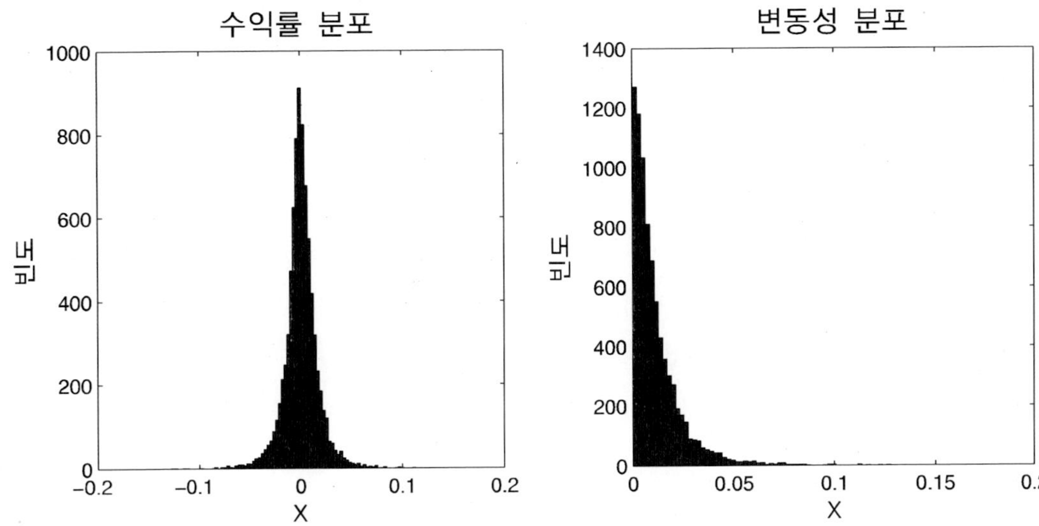

그림3-29 ▌ 그림은 1980년 1월부터 2012년 12월의 기간에서 KOSPI 시장지수의 일별수익률을 이용한 수익률(왼쪽)의 빈도분포와 변동성(오른쪽, 수익률의 절댓값)의 빈도분포를 나타낸다.

1 ▌ 목적

- 시장지수의 일별수익률 분포 모양은 정규분포에 근접하고, 변동성 분포 모양은 로그정규분포에 근접하는 속성을 갖는다. 따라서 KOSPI 시장지수의 일별수익률을 이용하여 수익률과 변동성 각각의 실증적 분포를 비교 관찰한다.

2 ▌ 자료, 기간 및 방법

- 자료: KOSPI 시장지수 일별수익률 자료 이용
- 기간: 1980년 1월부터 2012년 12월의 기간
- 방법:

▷ 재무 분야에서 일반적으로 사용되는 변동성은 과거자료로부터 산출된 변동성(분산, 표준편차), ARCH/GARCH 모형으로부터 추정된 변동성, 옵션가격결정모형으로부터의 내재적 변동성, 그리고 수익률의 제곱(R_t^2) 혹은 절댓값($|R_t|$)으로부터의 변동성 지표 등이 있다. 본 예제는 수익률 절댓값의 변동성 지표를 이용한다.

▷ 시장지수의 수익률, $R_t = \ln P_t - \ln P_{t-1}$

▷ 시장지수 수익률의 분해, $R_t = |R_t| \times D_t$, 만약 $\begin{cases} R_t \geq 0, D_t = +1 \\ R_t < 0, D_t = -1 \end{cases}$, 즉 변화의 크기와 변화의 방향으로 분해

▷ 시장지수 수익률의 변화의 크기, $|R_t|$를 변동성의 대용변수로 이용

3 | 관찰결과

- 그림은 KOSPI 시장지수의 일별수익률 자료를 이용하여, 수익률과 변동성 각각에 대하여 도출된 빈도분포를 나타낸다. 즉, 왼쪽 그림은 수익률에 대한 빈도분포이고, 오른쪽 그림은 변동성에 대한 빈도분포이다.
- 관찰결과에 의하면, 왼쪽 그림의 KOSPI 시장지수 일별수익률은 정규분포에 근접한 모양을 갖고, 오른쪽 그림의 수익률 변동성은 로그정규분포에 근접한 분포적 모양을 보인다.

4 | Matlab을 이용한 분석팁

- MATLAB 기본 코드: '변동성지표: 수익률의 절댓값'

```
① MarketRET = MarketDATA(:,2);      % Return Series
② MarketVAR = abs(MarketRET);       % Volatility Series by Absolute Values
```

▷ ①, 분석에 이용될 자료(수익률)을 선택 추출한다. 즉, KOSPI 시장지수 자료를 수록하고 있는 변수 'MarketDATA'의 두 번째 열('MarketDATA(:, 2)')에 있는 수익률 자료를 새로운 변수 'MarketRET'에 대입한다.

▷ ②, **'명령어, abs()'**를 이용하여 절댓값을 계산한다. 즉, KOSPI 시장지수의 수익률 자료를 수록하고 있는 변수 'MarkeRET'에 대한 절댓값('abs(MarketRET))')을 산출한 후에, 그 결과를 새로운 변수 'MarketVAR'에 대입한다.

그림 3-30 로그정규분포의 적용 [2]: 정규분포에 대한 수익률과 변동성 분포

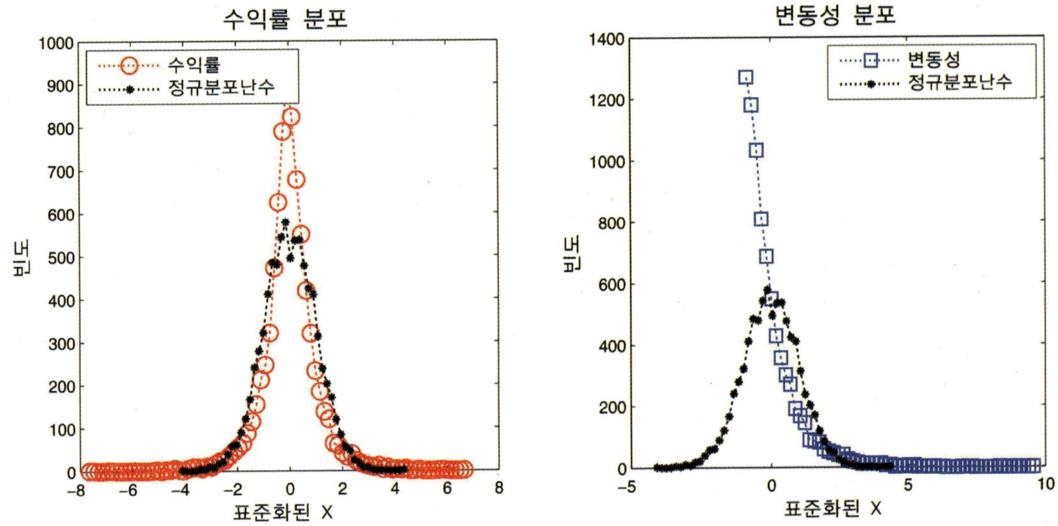

그림3-30 ❙ 그림은 1980년 1월부터 2012년 12월의 기간에서 KOSPI 시장지수의 일별수익률을 이용한 수익률(왼쪽)의 빈도분포와 변동성(오른쪽, 수익률의 절댓값)의 빈도분포를 나타낸다. 그리고 비교기준으로 정규분포를 따르는 난수자료(*)를 이용한 빈도분포를 함께 표시하였다.

1 ❙ 목적

- 표준정규분포를 따르는 난수자료의 빈도분포를 비교기준으로, KOSPI 시장지수의 수익률과 변동성 각각의 실증적 분포를 비교 관찰한다. 이를 통하여, 수익률의 실증적 분포가 정규분포의 속성에 근접하는지 그리고 변동성의 실증적 분포가 정규분포의 속성에 근접하는지를 시각적으로 확인할 수 있다.

2 ❙ 자료, 기간 및 방법

- 자료: KOSPI 시장지수의 일별수익률 자료와 비교기준으로 표준정규분포를 따르는 난수자료를 생성 이용
- 기간: 1980년 1월부터 2012년 12월까지의 33년 기간
- 방법:

▷ 시장지수의 수익률, $R_t = \ln P_t - \ln P_{t-1}$

▷ 시장지수의 수익률을 분해, $R_t = |R_t| \times D_t$, 만약 $\begin{cases} R_t \geq 0, D_t = +1 \\ R_t < 0, D_t = -1 \end{cases}$, 즉 변화의 크기와 변화의 방향으로 분해

▷ 시장지수 수익률의 변화의 크기, $|R_t|$를 변동성의 대용변수로 이용

▷ 자료의 비교 관찰을 위하여 표준화과정에 의한 조정

3 | 관찰결과

- 그림은 KOSPI 시장지수의 일별수익률을 이용하여, 수익률('○')과 변동성('□')에 대한 빈도분포를 나타낸다. 그리고 비교대상으로 정규분포를 따르는 난수자료('*')로부터의 빈도분포도 함께 표시하였다. 그림에서 X축은 표준화된 자료이고 Y축은 빈도이다.
- 관찰결과에 의하면, 왼쪽 그림에서 수익률은 정규분포의 난수자료로부터 도출된 빈도분포와 매우 유사한 형태를 갖지만, 반면에 오른쪽 그림의 변동성은 정규분포의 난수자료로부터 도출된 빈도분포와 분명하게 상이한 형태를 갖는다.
- 따라서, 재무 분야에서 널리 알려져 있듯이, 수익률의 실증적 분포는 정규분포에 근접한 분포적 속성을 갖지만, 반면에 변동성의 실증적 분포는 정규분포와는 상이한 분포적 속성을 갖는다는 것을 분명하게 확인할 수 있다.

4 | Matlab을 이용한 분석팁

- MATLAB 기본 코드: '표준화된 자료로부터의 빈도분포'

```
   [TimeN, C] = size(MarketDATA);
① MarketRETURN = zscore(MarketDATA(:,2));          % Standardized Return
   %
   BinSIZE = ceil(log2(TimeN)+1);
② [YAxis1, XAxis1] = hist(MarketRETURN, BinSIZE);
   %
③ MarketABS = zscore(abs(MarketDATA(:,2)));        % Standardized Volatility
④ [YAxis2, XAxis2] = hist(MarketABS, BinSIZE);
   %
   Mu=0;   Sigma=1;
⑤ RandomDATA = normrnd(Mu, Sigma, TimeN, 1);     % Standardized Random Number
⑥ [YAxis3, XAxis3] = hist(RandomDATA, BinSIZE);
```

▷ ①, **'명령어, zscore()'**를 이용하여 자료에 대한 표준화과정을 한다. 즉, KOSPI 시장지수의 일별수익률 자료를 수록하고 있는 변수 'MarketDATA(:, 2)'에 대한 표준화과정을 거친 후, 그 결과를 새로운 변수 'MarketRETURN'에 대입한다.

▷ ②, **'명령어, hist()'**를 이용하여 빈도분포의 X축과 Y축의 자료를 생성한다. 입력요소는 첫째, 자료('MarketRETURN'), 둘째, 자료의 구간 숫자('BinSIZE')이다. 즉, 앞의 ①에서 표준화된 변수 'MarketRETURN'과 빈도분포의 구간 개수의 변수 'BinSIZE'을 이용하여 생성된 빈도분포의 X축 자료를 새로운 변수 'XAxis1'에 대입하고, Y축의 자료를 새로운 변수 'YAxis1'에 대입한다.

▷ ③, ④, 수익률의 변동성(수익률의 절댓값) 자료에 대한 표준화과정과 빈도분포의 자료를 생성한다.

▷ ③, **'명령어, abs()'**를 이용하여 KOSPI 시장지수 수익률의 변수 'MarketDATA(:, 2)'에 대한 절댓값('abs(MarketDATA(:, 2))')을 산출한 후에, 이를 **'명령어, zscore()'**를 통하여 표준화과정을 실행한다. 그리고 그 결과를 새로운 변수 'MarketABS'에 대입한다.

▷ ④, **'명령어, hist()'**를 이용하여 빈도분포의 X축과 Y축의 자료를 생성한다. 입력요소는 앞의 ②와 동일하게, 첫째, 자료('MarketABS'), 둘째, 자료의 구간 숫자('BinSIZE')이다. 즉, 앞의 ③에서 표준화된 변수 'MarketABS'을 이용하여, 빈도분포의 구간 개수의 변수 'BinSIZE' 조건으로부터 생성된 빈도분포의 X축 자료를 새로운 변수 'XAxis2'에 대입하고, Y축의 자료를 새로운 변수 'YAxis2'에 대입한다.

▷ ⑤, ⑥, 정규분포를 따르는 난수자료와 그 빈도분포를 생성한다.

▷ ⑤, **'명령어, normrnd()'**를 이용하여 정규분포를 따르는 난수자료를 생성한다. 입력요소는 첫째, 모수인 평균('Mu'), 둘째, 모수인 표준편차('Sigma'), 셋째, 생성할 자료의 행 구조('TimeN'), 넷째, 생성할 자료의 열 구조('1')이다. 생성된 난수자료는 모수가 평균=0, 표준편차=1이기 때문에 표준정규분포의 속성을 갖는다. 따라서 앞의 ①과 ③과 같이 표준화과정으로 자료를 조정하지 않는다. 생성된 자료는 새로운 변수 'RandomDATA'에 대입한다.

▷ ⑥, **'명령어, hist()'**를 이용하여 빈도분포의 X축과 Y축의 자료를 생성한다. 입력요소는 앞의 경우와 동일하게, 첫째, 자료('RandomDATA'), 둘째, 자료의 구간 숫자('BinSIZE')이다. 즉, 앞의 ⑤에서 변수 'RandomDATA'을 이용하여, 빈도분포의 구간 개수의 변수 'BinSIZE' 로부터 생성된 빈도분포의 X축 자료를 새로운 변수 'XAxis3'에 대입하고, Y축의 자료를 새로운 변수 'YAxis3'에 대입한다.

그림 3-31 로그정규분포의 적용 [3]: 로그정규분포에 대한 수익률과 변동성 분포

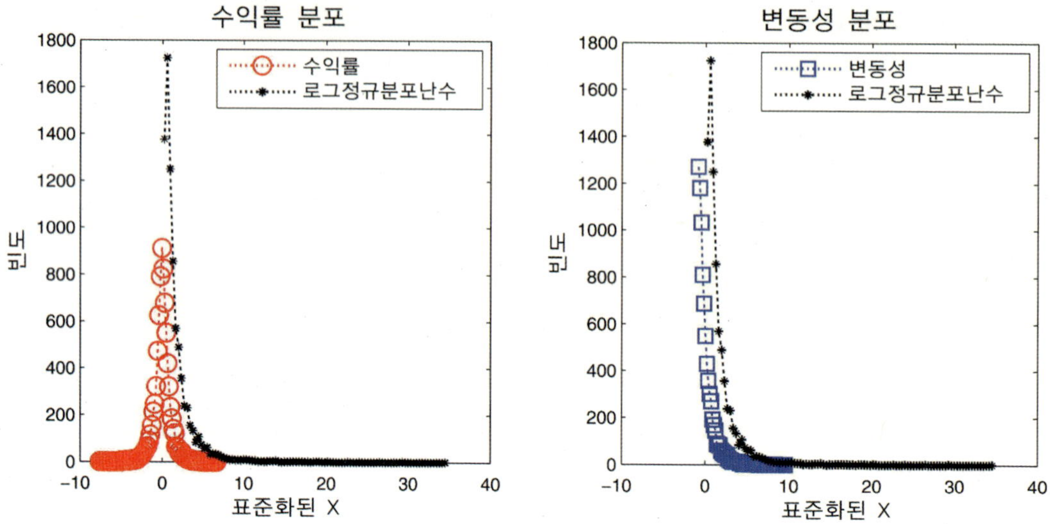

그림3-31 ▌ 그림은 1980년 1월부터 2012년 12월의 기간에서 KOSPI 시장지수의 일별수익률을 이용한 수익률(왼쪽)의 빈도분포와 변동성(오른쪽, 수익률의 절댓값)의 빈도분포를 나타낸다. 그리고 비교기준으로 로그정규분포를 따르는 난수자료(*)를 이용한 빈도분포를 함께 나타낸다.

1 | 목적

- 로그정규분포를 따르는 난수자료의 빈도분포를 비교기준으로, KOSPI 시장지수의 수익률과 변동성 각각의 실증적 분포를 비교 관찰한다. 이를 통하여, 수익률의 실증적 분포가 로그정규분포의 속성에 근접하는지 그리고 변동성의 실증적 분포가 로그정규분포의 속성에 근접하는지를 시각적으로 확인할 수 있다.

2 | 자료, 기간 및 방법

- 자료: KOSPI 시장지수의 일별수익률 자료와 비교기준으로 로그정규분포를 따르는 난수자료를 생성 이용
- 기간: 1980년 1월부터 2012년 12월까지의 33년 기간
- 방법:

▷ 시장지수의 수익률, $R_t = \ln P_t - \ln P_{t-1}$

▷ 시장지수의 수익률을 분해, $R_t = |R_t| \times D_t$, 만약 $\begin{cases} R_t \geq 0, D_t = +1 \\ R_t < 0, D_t = -1 \end{cases}$], 즉 변화의 크기와 변화의 방향으로 분해

▷ 시장지수 수익률의 변화의 크기, $|R_t|$를 변동성의 대용변수로 이용

▷ 자료의 비교 관찰을 위하여 표준화과정에 의한 조정

3 | 관찰결과

- 그림은 KOSPI 시장지수의 일별수익률을 이용하여 수익률('○')과 변동성('□')에 대한 빈도분포를 나타낸다. 그리고 비교대상으로 로그정규분포를 따르는 난수자료('*')로부터 도출된 빈도분포를 함께 표시하였다.
- 관찰결과에 의하면, 왼쪽 그림에서 수익률은 로그정규분포로부터 생성된 난수자료의 빈도분포와 분명하게 상이한 형태를 갖지만, 반면에 오른쪽 그림에서 변동성은 로그정규분포의 난수로부터 도출된 빈도분포와 매우 유사한 형태를 갖는다.
- 따라서, 재무 분야에서 널리 알려져 있듯이, 변동성의 실증적 분포는 로그정규분포에 근접하는 분포적 형태를 갖지만, 반면에 수익률의 실증적 분포는 로그정규분포와는 상이한 형태를 갖는다는 것을 알 수 있다.

4 | Matlab을 이용한 분석팁

- MATLAB 기본 코드: '표준화된 자료로부터의 빈도분포'

```
   [TimeN, C] = size(MarketDATA);
① MarketRETURN = zscore(MarketDATA(:,2));            % Standardized Return
   BinSIZE = ceil(log2(TimeN)+1);
② [YAxis1, XAxis1] = hist(MarketRETURN, BinSIZE);
   %
③ MarketABS = zscore(abs(MarketDATA(:,2)));           % Standardized Volatility
④ [YAxis2, XAxis2] = hist(MarketABS, BinSIZE);
   %
   Mu=0;  Sigma=1;
⑤ RandomDATA = zscore(lognrnd(Mu, Sigma, TimeN, 1));  % Standardized Random Number
⑥ [YAxis3, XAxis3] = hist(RandomDATA, BinSIZE);
```

▷ ①, **'명령어, zscore()'**를 이용하여 자료에 대한 표준화과정을 한다. 즉, KOSPI 시장지수의 일별수익률 자료를 수록하고 있는 변수 'MarketDATA(:, 2)'에 대한 표준화과정을 거친 후, 그 결과를 새로운 변수 'MarketRETURN'에 대입한다.

▷ ②, **'명령어, hist()'**를 이용하여 빈도분포의 X축과 Y축의 자료를 생성한다. 입력요소는 첫째, 자료('MarketRETURN'), 둘째, 자료의 구간 숫자('BinSIZE')이다. 즉, 앞의 ①에서 표준화된 변수 'MarketRETURN'을 이용하여, 빈도분포의 구간 개수의 변수 'BinSIZE' 조건으로부터 생성된 빈도분포의 X축 자료를 새로운 변수 'XAxis1'에 대입하고, Y축의 자료를 새로운 변수 'YAxis1'에 대입한다.

▷ ③, ④, 수익률의 변동성(수익률의 절댓값) 자료에 대한 표준화과정과 빈도분포의 자료를 생성한다.

▷ ③, **'명령어, abs()'**를 이용하여 KOSPI 시장지수 수익률의 변수 'MarketDATA(:, 2)'에 대한 절댓값('abs(MarketDATA(:, 2))')을 산출한 후에, 이를 **'명령어, zscore()'**를 통하여 표준화과정을 실행한다. 그리고 그 결과를 새로운 변수 'MarketABS'에 대입한다.

▷ ④, **'명령어, hist()'**를 이용하여 빈도분포의 X축과 Y축의 자료를 생성한다. 입력요소는 앞의 ②와 동일하게, 첫째, 자료('MarketABS'), 둘째, 자료의 구간 숫자('BinSIZE')이다. 즉, 앞의 ③에서 표준화된 변수 'MarketABS'을 이용하여, 빈도분포의 구간 개수의 변수 'BinSIZE' 조건으로부터 생성된 빈도분포의 X축 자료를 새로운 변수 'XAxis2'에 대입하고, Y축의 자료를 새로운 변수 'YAxis2'에 대입한다.

▷ ⑤, ⑥, 로그정규분포를 따르는 난수자료와 그 빈도분포를 생성한다.

▷ ⑤, **'명령어, lognrnd()'**를 이용하여 로그정규분포를 따르는 난수자료를 생성한다. 입력요소는 첫째, 모수인 평균('Mu'), 둘째, 모수인 표준편차('Sigma'), 셋째, 생성할 자료의 행 구조('TimeN'), 넷째, 생성할 자료의 열 구조('1')이다. 그리고 생성된 난수자료에 대하여 표준화과정을 실행하고, 그 결과를 새로운 변수 'RandomDATA'에 대입한다.

▷ ⑥, **'명령어, hist()'**를 이용하여 빈도분포의 X축과 Y축의 자료를 생성한다. 입력요소는 앞의 경우와 동일하게, 첫째, 자료('RandomDATA'), 둘째, 자료의 구간 숫자('BinSIZE')이다. 즉, 앞의 ⑤에서 표준화된 변수 'RandomDATA'을 이용하여, 빈도분포의 구간 개수의 변수 'BinSIZE'로부터 생성된 빈도분포의 X축 자료를 새로운 변수 'XAxis3'에 대입하고, Y축의 자료를 새로운 변수 'YAxis3'에 대입한다.

그림 3-32 t 분포의 속성 [1]

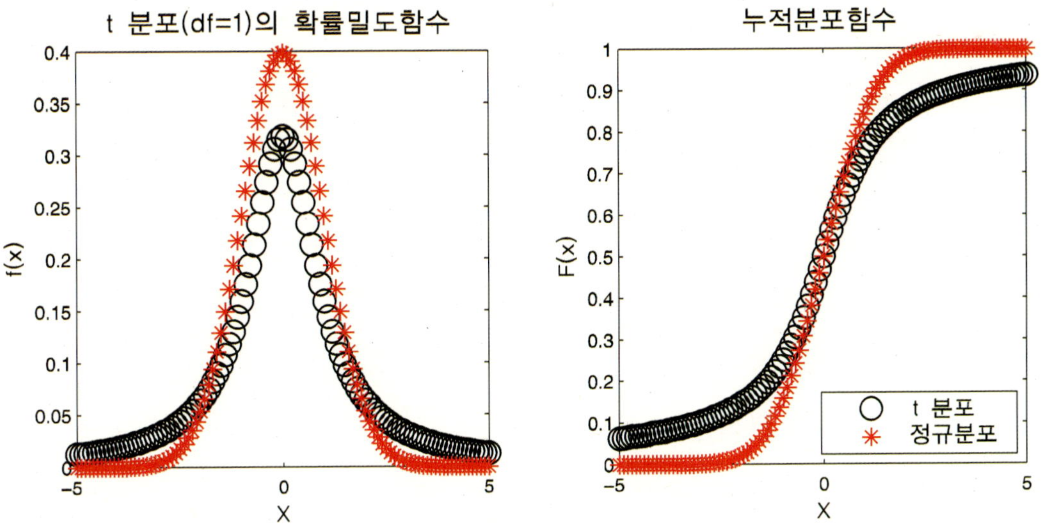

그림3-32 ▌ 그림은 t 분포(자유도, df=1, 'O')의 확률밀도함수(왼쪽 그림)와 누적분포함수(오른쪽 그림)을 나타낸다. 그리고 비교대상으로 정규분포('*')의 확률밀도함수와 누적분포함수를 함께 표시하였다.

1 | 목적

- t 분포의 분포적 속성을 관찰한다.
- 정규분포는 높은 중심부분과 얇은 꼬리부분을 갖는 좌우대칭구조의 분포적 속성을 갖는다. 반면에, t 분포는 높은 중심부분을 갖는 좌우대칭구조이지만, 모수인 자유도(degree of freedom)에 따라 두꺼운 꼬리부분을 갖는 분포적 속성을 갖는다.

2 | 자료, 기간 및 방법

- t 분포의 확률밀도함수와 누적분포함수를 이용
- 비교대상인 정규분포의 확률밀도함수와 누적분포함수를 이용
- t 분포의 확률밀도함수, $f(x) = \dfrac{\Gamma(\frac{v+1}{2})}{\Gamma(v/2)\sqrt{v\pi}} \cdot [1+\dfrac{x^2}{v}]^{-(\frac{v+1}{2})}$
  - ▷ 여기서, $\Gamma(\cdot)$는 감마함수이고, $v\ (v>0)$는 자유도
  - ▷ 따라서, t 분포의 모수는 자유도 'v'이다.

3 | 관찰결과

- 그림은 자유도 df=1을 갖는 t 분포('○')의 확률밀도함수(왼쪽 그림)와 누적분포함수(오른쪽 그림)을 나타낸다. 그리고 비교대상으로 정규분포('*')의 확률밀도함수와 누적분포함수를 함께 표시하였다.
- t 분포는 정규분포와 같이 좌우대칭구조의 분포적 속성을 갖는다. 특징적인 점으로는 t 분포는 모수인 자유도의 조정에 따라 정규분포와 차별적인 두꺼운 꼬리를 갖는다.
- 관찰결과에서, t 분포의 모수인 자유도는 '$df = 1$'의 값을 갖기 때문에, 정규분포와 비교하여 두꺼운 꼬리부분을 갖는다는 것을 알 수 있다. 만약, 자유도의 값을 증가시킨다면, 분포의 꼬리부분은 엷아지고 정규분포에 매우 근접한 속성을 갖게 된다.

4 | Matlab을 이용한 분석팁

- MATLAB 기본 코드: 't 분포의 확률밀도함수와 누적분포함수'

```
① X = -5 : 0.1 : 5;
② DF = 1;
   %
③ PDF1 = tpdf(X, DF);
④ CDF1 = tcdf(X, DF);
```

▷ ①, 확률분포의 X축 자료를 생성한다. 즉, 최솟값 '-5'에서 최댓값 '+5'의 범위에서 '0. 1'의 증분으로 생성된 자료 ('-5:0. 1:+5')를 새로운 변수 'X'에 대입한다.

▷ ②, t 분포의 모수인 자유도를 설정한다. 즉, 입력모수 자유도를 '1'로 설정하고, 그 결과를 새로운 변수 'DF'에 대입한다.

▷ ③, **'명령어, tpdf()'**를 이용하여 t 분포의 확률밀도함수의 자료를 생성한다. 입력요소는 첫째, X축의 자료('X'), 둘째, 모수인 자유도('DF')이다. 즉, X축의 자료 변수 'X'와 모수인 자유도 변수 'DF'를 이용하여, 생성된 결과를 새로운 변수 'PDF1'에 대입한다.

▷ ④, **'명령어, tcdf()'**를 이용하여 t 분포의 누적확률분포의 자료를 생성한다. 입력요소는 앞의 ③과 동일하게 첫째, X축의 자료('X'), 둘째, 모수인 자유도('DF')이다. 즉, X축의 자료 변수 'X'와 모수인 자유도 변수 'DF'를 이용하여, 생성된 결과를 새로운 변수 'CDF1'에 대입한다.

그림 3-33 t 분포의 속성 [2]: 분포의 꼬리부분

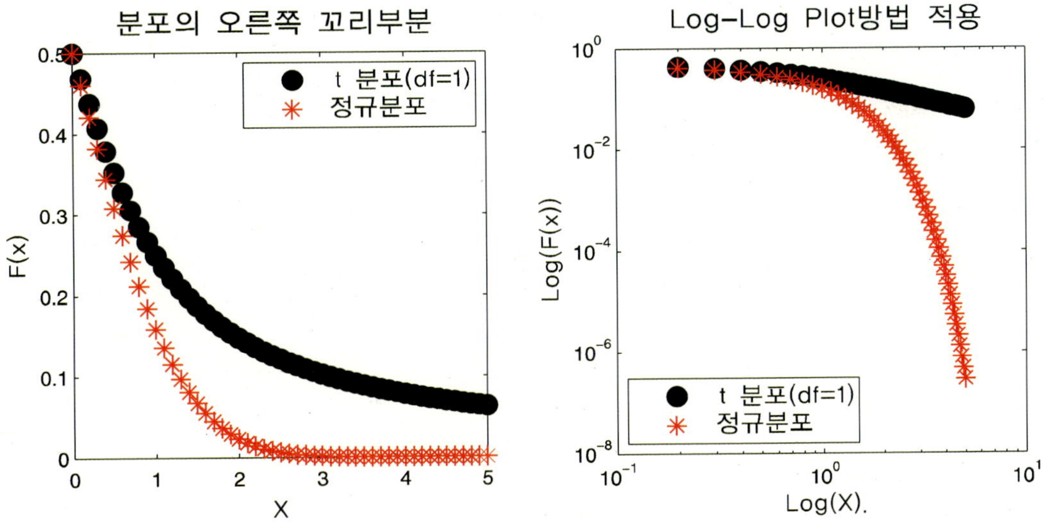

그림3-33 ▌ 그림은 t 분포(자유도, df=1, '●')의 확률밀도함수를 이용하여, 분포의 오른쪽 꼬리부분을 나타낸 경우(왼쪽 그림)와 누적확률분포를 이용하여 Log-Log Plot방법에 의한 오른쪽 꼬리부분을 나타낸 경우(오른쪽 그림)로 구분 제시하였다. 비교대상으로 정규분포('*')의 경우를 함께 표시하였다.

Ⅲ 금융자료의 실증적 분포

1 | 목적

- t 분포의 꼬리부분에 대한 분포적 속성을 관찰한다.
- t 분포는 정규분포에 비교하여 모수인 자유도에 따라 보다 두꺼운 꼬리를 갖는다. 따라서 분포의 두꺼운 꼬리부분에 대한 효과적 관찰을 위하여 Log-Log Plot방법을 이용하여 t 분포와 정규분포의 꼬리부분 간의 차이를 비교 관찰한다.

2 | 자료, 기간 및 방법

- 자료: t 분포에 대한 확률밀도함수에서 X축의 자료가 양(+)의 값을 갖는 오른쪽 부분만을 분석대상으로 이용한다. 왜냐하면, t 분포는 정규분포와 같이 좌우대칭구조를 갖는 분포이기 때문에 왼쪽 꼬리부분과 오른쪽 꼬리부분은 동일하다.
- 방법:
  - ▷ 분포의 꼬리부분에 대한 Log-Log Plot방법을 이용한 X축과 Y축의 조정과정은 다음과 같다.

▹ 〔단계1〕 분포의 누적분포함수를 산출

▹ 〔단계2〕 누적분포함수에서 X축의 양(+)의 값을 갖는 오른쪽 꼬리부분('〉 0')과 음(-)의 값을 갖는 왼쪽 꼬리부분('〈 0')으로 분리

▹ 〔단계3〕 X축의 양(+)의 값을 갖는 오른쪽 꼬리부분의 X축 자료와 Y축 자료에 대하여 다음과 같은 조정과정을 거친다.

첫째, X축의 자료는 자연로그변환, 즉, ln(X)

둘째, Y축은 50%~100%의 누적확률을 갖기 때문에, 분포의 꼬리부분은 누적확률 100% 주변이다. 따라서 꼬리부분이 큰 값(100%)을 갖기 때문에, 보다 작은 값으로 만들기 위하여 1을 차감('1-Y')하고, 그 값을 로그변환, 즉 ln(1-Y).

3 | 관찰결과

- 그림은 모수인 자유도 *df*=1을 갖는 t 분포와 정규분포 간의 꼬리부분을 비교한 것이다. 왼쪽 그림은 t 분포와 정규분포의 확률밀도함수에서 X축 자료가 양(+)의 값을 갖는 오른쪽 꼬리부분을 나타낸 것이고, 오른쪽 그림은 왼쪽 그림과 동일한 자료에 대하여 누적분포함수에 대한 Log-Log Plot방법으로 꼬리부분을 나타낸 것이다.
- 관찰결과에서 모수인 자유도 *df*=1을 갖는 t 분포의 꼬리부분이 정규분포에 비교하여 분명하게 보다 두꺼운 꼬리부분을 갖는다는 것을 알 수 있다. 특히, Log-Log Plot방법에서 표준정규분포에 비교하여 t 분포의 꼬리부분이 오른쪽으로 매우 치우친 두꺼운 꼬리부분을 갖는다는 것을 분명하게 관찰할 수 있다.

4 | Matlab을 이용한 분석팁

- MATLAB 기본 코드: 't 분포의 꼬리부분'

```
   % t Distribution
① DF = 1;
② CDF1 = tcdf(X, DF);
③ [PositiveINDEX, C] = find(X >= 0);   % Right-Tail : Positive
④ P_CDF1 = CDF1(PositiveINDEX);
```

▹ ①, t 분포의 모수인 자유도를 설정한다. 즉, 모수인 자유도를 '1'로 설정하고, 그 결과를 새로운 변수 'DF'에 대입한다.

▹ ②, **'명령어, tcdf()'**를 이용하여 t 분포의 누적확률분포의 자료를 생성한다. 입력요소는

첫째, X축의 자료('X'), 둘째, 모수인 자유도('DF')이다. 즉, X축의 자료 변수 'X'와 모수인 자유도 변수 'DF'를 이용하여, 생성된 결과를 새로운 변수 'CDF1'에 대입한다.

▹ ③, **'명령어, find()'**를 이용하여 조건에 부합하는 자료를 찾는다. 즉, 입력된 조건은 자료들('X') 중에서 양(+)의 값('≥0')을 갖는 자료의 위치정보를 찾은 후, 그 결과에서 행(row)의 정보를 새로운 변수 'PositiveINDEX'에 대입하고, 열(column)의 정보를 변수 'C'에 대입한다.

▹ ④, 앞의 '③'에서 확인된 양(+)의 값을 갖는 X축 자료들('PositiveINDEX')의 위치정보를 이용하여 앞의 '②'에서 산출한 t 분포의 누적분포함수의 변수 'CDF1'로부터 선택한다. 즉, 'CDF1(PositiveINDEX)'. 그리고 그 결과를 새로운 변수 'P_CDF1'에 대입한다.

그림 3-34 t 분포의 속성 [3]: 분포 중심부분의 자유도 변화 영향

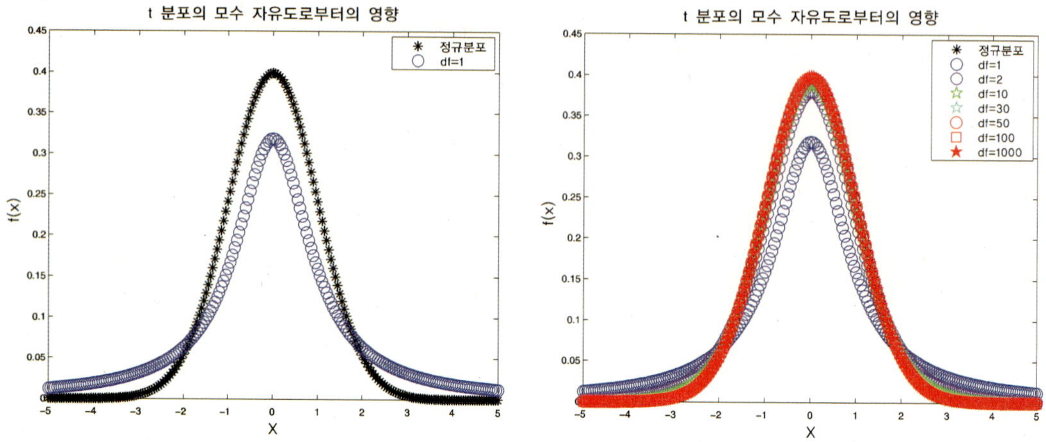

그림3-34 ▌ 그림에서 왼쪽은 t 분포의 확률밀도함수에서 자유도가 '1'인 경우('○')이고, 오른쪽은 자유도를 '5', '10', '30', '50', '100', '1000'으로 증가시켰을 경우의 t 분포의 확률밀도함수의 변화를 나타낸 것이다. 그리고 비교 대상으로 표준정규분포('*')의 확률밀도함수를 함께 표시하였다.

1 | 목적

- 통계학에서 일반적으로 알려진 t분포의 속성은 모수인 자유도가 증가($df \to \infty$) 함에 따라 정규분포에 근접하는 분포적 속성을 갖는다는 것이다. 따라서 t 분포의 모수인 자유도를 '1', '5', '10', '30', '50', '100', '1000'의 7가지로 변화시킴에 따른 분포의 변화를 비교 관찰한다.

2 | 자료, 기간 및 방법

- 자료:
  - ▷ 다양한 자유도를 갖는 t 분포의 확률밀도함수 이용
  - ▷ 정규분포의 확률밀도함수 이용
- 방법:
  - ▷ 자유도(df)의 변화: '1', '5', '10', '30', '50', '100', '1000'의 7가지

3 | 관찰결과

- 그림은 t 분포의 모수인 자유도를 최소 '1'에서 최대 '1000'으로 증가시킴에 따른 t 분

포의 확률밀도함수에서의 변화를 나타낸다. 비교대상인 정규분포('*')의 확률밀도함수도 함께 표시하였다.

- 관찰결과에서, t 분포는 정규분포와 같이 좌우대칭구조를 갖지만, 정규분포에 비교하여 모수인 자유도에 따라 두꺼운 꼬리부분을 갖는다. 그리고 자유도가 최소 1에서 최대 1000으로 증가함에 따라 t 분포는 정규분포에 근접하는 분포적 속성을 가진다는 것을 확인할 수 있다.

4 | Matlab을 이용한 분석팁

- MATLAB 기본 코드: '자유도 변화에 따른 t 분포의 확률밀도함수'

```
① DF_Bank = [1, 5, 10, 30, 50, 100, 1000];
   %
② StartNUMBER = 1;  EndNUMBER = 7;
③ while StartNUMBER <= EndNUMBER
     % 1 : Initial Condition
④    DF = DF_Bank(1,StartNUMBER);
     % 2 : PDF of t Dist.
⑤    PDF1 = tpdf(X, DF);
     % 3 : GRAPH
     Fig = figure(1);
     % 중간생략
⑥    switch StartNUMBER
⑦       case 1
⑧           plot(X, PDF1, 'bo', 'linewidth', 1, 'MarkerSize', 12);
            % 중간생략
⑨           hold on;
        case 2
            plot(X, PDF1, 'mo', 'linewidth', 1, 'MarkerSize', 12);
        % 중간생략
        case 7
        % 중간생략
⑩    end
     % LOOP
⑪    StartNUMBER = StartNUMBER + 1;
⑫    clear PDF1;
⑬ end
```

▷ ①, 반복실험 시뮬레이션을 통하여 t 분포에 사용할 자유도의 집합을 생성한다. 즉, 7가지 값의 자유도 집합 '[1, 5, 10, 30, 50, 100, 1000]'을 새로운 변수 'DB_Bank'에 대입한다.

▷ ②, 반복실험 시뮬레이션을 위하여 구분자 변수를 생성한다. 즉, 자유도 변화의 구분자 변수 'StartNUMBER'에 첫 번째 실험의 '1'의 값을 대입한다. 즉, 'StartNUMBER

=1'. 그리고 끝을 나타내는 변수 'EndNUMBER'에 7을 대입한다.

▷ ③~⑬, **'명령어, while...end'**를 이용하여 조건에 부합하는 동안 **'while...end'** 내부에 포함된 명령어들을 반복적으로 실행한다. 즉, 조건은 앞의 ②에서 설정한 반복실험 시뮬레이션의 구분자 변수 'StartNUMBER'와 'EndNUMBER'간의 크기 비교이다. 여기서 변수 'EndNUMBER=7'로 고정되어 있고, 첫 번째 시뮬레이션에서 변수 'StartNUMBER=1'을 가지며, ⑪의 'StartNUMBER=StartNUMBER+1'에 의하여 반복실험 시뮬레이션에 따라 '2', '3', . . . , '7'로 증가한다. 그리고 변수 'StartNUMBER=8'이 되었을 때, 조건인 'EndNUMBER=7' 보다 큰 값을 갖기 때문에 **'while...end'**를 빠져 나온다.

▷ ④, 자유도 집합에서 특정 자유도를 선택한다. 즉, 앞의 '①'에서 7가지 자유도 자료를 수록한 변수 'DB_Bank'에서 반복실험 시뮬레이션의 구분자 변수 'StartNUMBER'에 해당하는 자료 'DB_Bank (1, StartNUMBER) '를 새로운 변수 'DF'에 대입한다.

▷ ⑤, **'명령어, tpdf()'**를 이용하여 t 분포의 확률밀도함수의 자료를 생성한다. 입력요소는 첫째 X축의 자료('X'), 둘째 모수인 자유도('DF')이다. 즉, X축의 자료 변수 'X'와 모수인 자유도 변수 'DF'를 이용하여 생성된 결과를 새로운 변수 'PDF1'에 대입한다.

▷ ⑥~⑩, **'명령어, switch...case...end'**를 이용하여, 설정변수('StartNUMBER')에서 지정된 부분('case #')의 명령어들을 실행한다. 즉, **'switch StartNUMBER'**에서 구분자 변수 'StartNUMBER'이 갖는 자료 번호에 해당하는 **'case'**로 이동한 후에, 포함된 명령어를 모두 실행하고 **'end'**로 빠져나온다. 예를 들어, 첫 번째 시뮬레이션의 경우는 'StartNUMBER=1'이기 때문에 ⑦의 'case 1'으로 이동한 후에, ⑧의 **'명령어, plot()'**를 실행한다. 두 번째 시뮬레이션의 경우는 구분자 변수 'StartNUMBER=2'이기 때문에 'case 2'로 이동한 후에 포함된 모든 명령어를 실행한다. 이러한 과정은 구분자 변수 'StartNUMBER'가 가질 수 있는 값 '1~7'의 범위에서 동일한 과정으로 실행한다.

▷ ⑨, **'명령어, hold on'**을 이용하여, 여러 그림을 겹쳐서 그린다. 즉, 7가지 자유도 각각의 t 분포에 대한 확률밀도함수를 도출하고, 모두를 하나의 그림('Fig = figure (1) ')에 겹쳐서 그리기 위하여 **'명령어, hold'**을 이용한다. 겹침은 **'on'**이고, 아닌 경우는 **'off'**의 옵션을 이용한다.

▷ ⑫, **'명령어, clear'**를 이용하여 지정된 변수를 메모리에서 지운다. 즉, 동일한 이름으로 반복적으로 사용되는 변수 'PDF1'를 지운다.

그림 3-35 t 분포의 속성 [4]: 분포 꼬리부분의 자유도 변화 영향

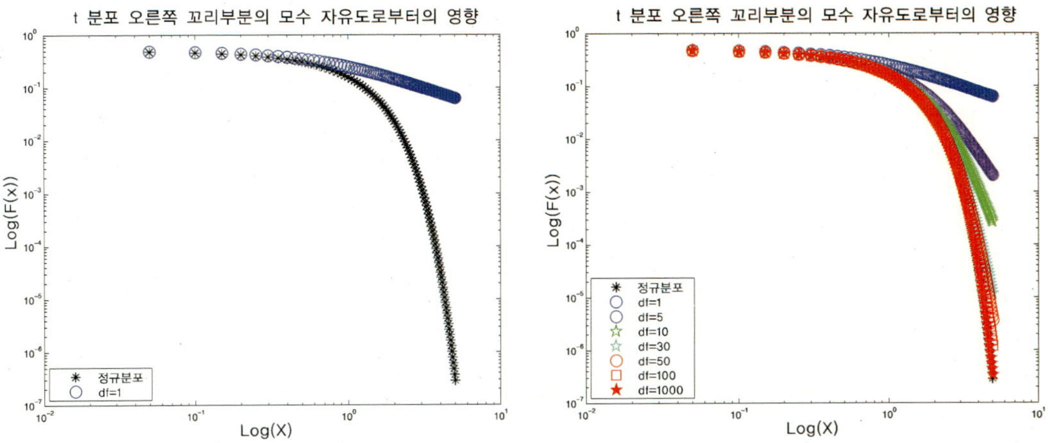

그림3-35 ▌ 그림에서 왼쪽은 t 분포의 확률밀도함수 오른쪽 꼬리부분에서 자유도가 '1'인 경우('○')이고, 오른쪽은 자유도를 '5', '10', '30', '50', '100', '1000'으로 증가시켰을 경우의 t 분포의 확률밀도함수 오른쪽 꼬리부분의 변화를 나타낸 것이다. 그리고 비교대상으로 정규분포('*')의 확률밀도함수를 함께 표시하였다.

1 | 목적

- t 분포는 모수인 자유도에 따라 정규분포와 구분되는 보다 두꺼운 꼬리부분을 갖지만, 모수인 자유도가 증가함에 따라 정규분포에 근접하는 분포적 속성을 갖는다. 따라서 t 분포의 자유도 변화에 따른 분포의 꼬리부분 변화를 비교 관찰한다.
- 분포의 꼬리부분에 대한 효과적 비교 관찰을 위하여 Log-Log Plot방법을 이용하여, t 분포의 자유도를 '1', '5', '10', '30', '50', '100', '1000'의 7가지로 증가시킴에 따라 t 분포의 오른쪽 꼬리부분에 대한 변화를 확인한다.

2 | 자료, 기간 및 방법

- 자료:
  - ▷ 다양한 자유도를 갖는 t 분포의 확률밀도함수 생성 이용
  - ▷ 정규분포의 확률밀도함수 생성 이용
- 방법:
  - ▷ 자유도(df)의 변화: '1', '5', '10', '30', '50', '100', '1000'

▷ 정규분포와 t 분포는 좌우대칭구조를 갖는 분포이기 때문에, 오른쪽 양(+)의 꼬리부분과 왼쪽 음(-)의 꼬리부분이 동일하다. 따라서 오른쪽 꼬리부분만을 사용한다.

▶ Log-Log Plot방법의 검증단계:

▷ 〔단계1〕 분포의 누적분포함수을 산출

▷ 〔단계2〕 누적분포함수에서 X축의 양(+)의 값을 갖는 오른쪽 꼬리부분('> 0')과 음(-)의 값을 갖는 왼쪽 꼬리부분('< 0')으로 분리

▷ 〔단계3〕 X축의 양(+)의 값을 갖는 오른쪽 꼬리부분의 X축 자료와 Y축 자료에 대하여 다음과 같은 조정과정을 거친다.

첫째, X축의 자료는 자연로그변환, 즉, ln(X)

둘째, Y축은 50%~100%의 누적확률을 갖기 때문에, 분포의 꼬리부분은 누적확률 100% 주변이다. 따라서 꼬리부분이 큰 값(100%)을 갖기 때문에, 보다 작은 값으로 만들기 위하여 1을 차감('1-Y')하고, 그 값을 로그변환, 즉 ln(1-Y).

3 | 관찰결과

■ 그림은 t분포의 모수인 자유도의 증가에 따라 t 분포의 꼬리부분의 변화를 관찰한 것이다. 왼쪽 그림은 모수인 자유도가 '1'인 경우의 t 분포의 꼬리부분을 Log-Log Plot 방법으로 나타낸 것이고, 오른쪽 그림은 모수인 자유도를 '1', '5', '10', . . . , '1000'으로 증가시킴에 따른 t 분포의 꼬리부분의 변화를 Log-Log Plot방법을 이용하여 표시하였다. 비교대상으로 정규분포('*')의 꼬리부분을 함께 나타내었다.

■ t 분포는 정규분포와 같이 좌우대칭구조를 갖지만, 정규분포에 비교하여 자유도의 조정에 따라 두꺼운 꼬리를 갖는다. 관찰결과에서 자유도가 최소 1에서 최대 1000으로 증가함에 따라 t 분포의 꼬리부분은 정규분포의 꼬리부분에 접근하는 변화를 확인할 수 있다. 즉, Log-Log Plot방법에 의하여 모수인 자유도 df=1의 t분포의 꼬리부분은 정규분포의 꼬리부분보다 오른쪽으로 매우 치우친 두꺼운 모양을 보여주지만, 자유도 최대 1000으로 증가시킨 경우는 t 분포의 꼬리부분이 왼쪽에 위치한 정규분포의 꼬리부분에 매우 근접한 형태를 확인할 수 있다.

4 | Matlab을 이용한 분석팁

■ MATLAB 기본 코드: '자유도 변화에 따른 t 분포의 꼬리부분'

```
① X = -5 : 0.05 : 5;
② [PositiveINDEX, C] = find(X' >= 0);
③ PX = X(PositiveINDEX);
   %
④ DF_Bank = [0.5, 1, 5, 30, 50, 100, 1000];
⑤ StartNUMBER = 1;   EndNUMBER = 7;
⑥ while StartNUMBER <= EndNUMBER
     % 1 :
⑦    DF = DF_Bank(1,StartNUMBER);
     % 2 :
⑧    CDF1 = tcdf(X, DF);
⑨    P_CDF1 = CDF1(PositiveINDEX);
     % 3 : GRAPH
     Fig = figure(1);
     % 중간생략
⑩    switch StartNUMBER
⑪       case 1
⑫          loglog(PX, 1-P_CDF1, 'bo', 'linewidth', 1, 'MarkerSize', 12);
           % 중간생략
⑬          hold on;
⑭       case 2
        % 중간생략
⑮       case 7
        % 중간생략
⑯    end
     % LOOP
⑰    StartNUMBER = StartNUMBER + 1;
⑱    clear CDF1;   clear P_CDF1;
⑲ end
```

▷ ①, 확률분포의 X축 자료를 생성한다. 즉, 최솟값 '-5'에서 최댓값 '+5'의 범위에서 '0. 1'의 증분으로 생성된 자료 ('-5:0. 1:+5')를 새로운 변수 'X'에 대입한다.

▷ ②, **'명령어, find()'**를 이용하여 조건에 부합하는 자료를 찾는다. 즉, 조건은 자료들('X') 중에서 양(+)의 값('≥0')을 갖는 자료이다. 이들 자료들의 위치정보를 찾은 후, 그 결과에서 행(row)의 정보를 새로운 변수 'PositiveINDEX'에 대입하고, 열(column)의 정보를 변수 'C'에 대입한다. 여기서, 앞의 ①에서 생성된 자료('X')의 구조는 열(column) 구조이기 때문에, 명령어에서 열구조를 행구조로 변경하여 적용하였다. 즉, 'find(X′ >= 0)'와 같이, 자료('X')를 전치(transpose)하여 'X''로 설정한다. 그리고 **'명령어, find()'**를 통하여 확인된 위치정보는 행('PositiveINDEX')의 변수에 수록된다.

Ⅲ 금융자료의 실증적 분포

- ▷ ③, 앞의 '②'에서 확인된 양(+)의 값을 갖는 X축 자료들('PositiveINDEX')의 위치정보를 이용하여 X축 자료들로부터 양(+)의 값을 갖는 자료들을 찾고, 그 결과를 새로운 변수 'PX'에 대입한다.
- ▷ ④, 반복실험 시뮬레이션을 통하여 t 분포에 사용할 자유도의 집합을 생성한다. 즉, 7가지의 자유도 집합 '〔1, 5, 10, 30, 50, 100, 1000〕'을 새로운 변수 'DB_Bank'에 대입한다.
- ▷ ⑤, 반복실험 시뮬레이션을 위하여 구분자 변수를 생성한다. 자유도 변화의 구분자 변수 'StartNUMBER'에 첫 번째 실험의 '1'의 값을 대입한다. 즉, 'StartNUMBER=1'. 그리고 끝을 나타내는 변수 'EndNUMBER'에 7을 대입한다.
- ▷ ⑥~⑲, **'명령어, while...end'**를 이용하여 조건에 부합하는 동안 **'while...end'** 내부에 포함된 명령어들을 반복적으로 실행한다. 즉, 조건은 앞의 ⑤에서 설정한 반복실험 시뮬레이션의 구분자 변수 'StartNUMBER'와 'EndNUMBER'간의 크기 비교이다. 여기서 변수 'EndNUMBER=7'로 고정되어 있고, 첫 번째 시뮬레이션에서 변수 'Start NUMBER=1'을 가지며, ⑰의 'StartNUMBER=StartNUMBER+1'에 의하여 반복실험 시뮬레이션에 따라 '2', '3', . . . , '7'로 증가한다. 그리고 변수 'StartNUMBER=8'이 되었을 때, 조건인 'EndNUMBER=7' 보다 큰 값을 갖기 때문에 **'while...end'**를 빠져나온다.
- ▷ ⑦, 자유도 집합에서 특정 자유도를 선택한다. 즉, 앞의 '④'에서 7가지 자유도 자료의 변수 'DB_Bank'에서 반복실험 시뮬레이션의 구분자 변수 'StartNUMBER'에 해당하는 자료 'DB_Bank(1, StartNUMBER)'를 새로운 변수 'DF'에 대입한다.
- ▷ ⑧, **'명령어, tcdf()'**를 이용하여 t 분포의 누적분포함수의 자료를 생성한다. 입력요소는 첫째, X축의 자료('X'), 둘째, 모수인 자유도('DF')이다. 즉, X축의 자료 변수 'X'와 모수인 자유도 변수 'DF'를 이용하여, 생성된 결과를 새로운 변수 'CDF1'에 대입한다.
- ▷ ⑨, 앞의 '②'에서 확인된 양(+)의 값을 갖는 X축 자료들('PositiveINDEX')의 위치정보를 이용하여 앞의 '⑧'에서 산출한 t 분포의 누적분포함수의 변수 'CDF1'로부터 선택한다. 즉, 'CDF1(PositiveINDEX)'. 그리고 그 결과를 새로운 변수 'P_CDF1'에 대입한다.
- ▷ ⑩~⑯, **'명령어, switch...case...end'**를 이용하여, 설정변수('StartNUMBER')에서 지정된 부분('case #')의 명령어들을 실행한다. 즉, **'switch StartNUMBER'**에서 구분자 변수 'StartNUMBER'이 갖는 자료 번호에 해당하는 **'case'**로 이동한 후에, 포함된 명령어를 모두 실행한 후에 **'end'**로 빠져나온다. 예를 들어, 첫 번째 시뮬레이션의 경

우는 'StartNUMBER=1'이기 때문에 ⑪의 'case 1'으로 이동한 후에, ⑫의 **'명령어, loglog()'**를 이용하여 Log-Log Plot방법을 실행한다.

- ⑫, **'명령어 loglog()'**를 이용하여 X축과 Y축의 자료를 로그 변환한 값으로부터 그림을 도출한다. 즉, Log-Log Plot방법에 의하여, 그래프의 X축을 자연로그로, Y축도 자연로그로 전환하여 그래프를 도출한다. ③에서 X축은 양(+)의 값을 수록한 변수 'PX'를, ⑨에서, Y축은 누적확률 변수 'P_CDF'을 1에서 차감한 값('1-P_CDF')을 이용한다.
- ⑬, **'명령어, hold on'**을 이용하여, 여러 그림을 겹쳐서 그린다. 즉, 7가지 자유도 각각의 t 분포에 대한 확률밀도함수를 도출하고, 모두를 하나의 그림('Fig = figure(1)')에 겹쳐서 그리기 위하여 **'명령어, hold'**을 이용한다. 겹침은 **'on'**이고, 아닌 경우는 **'off'**의 옵션을 이용한다.
- ⑱, **'명령어, clear'**를 이용하여 지정된 변수를 메모리에서 지운다. 즉, 동일한 이름으로 반복적으로 사용되는 변수 'CDF1', 변수 'P_CDF1' 등을 지운다.

그림 3-36 t 분포의 적용 [1]: 주식수익률 실증적 분포의 중심부분

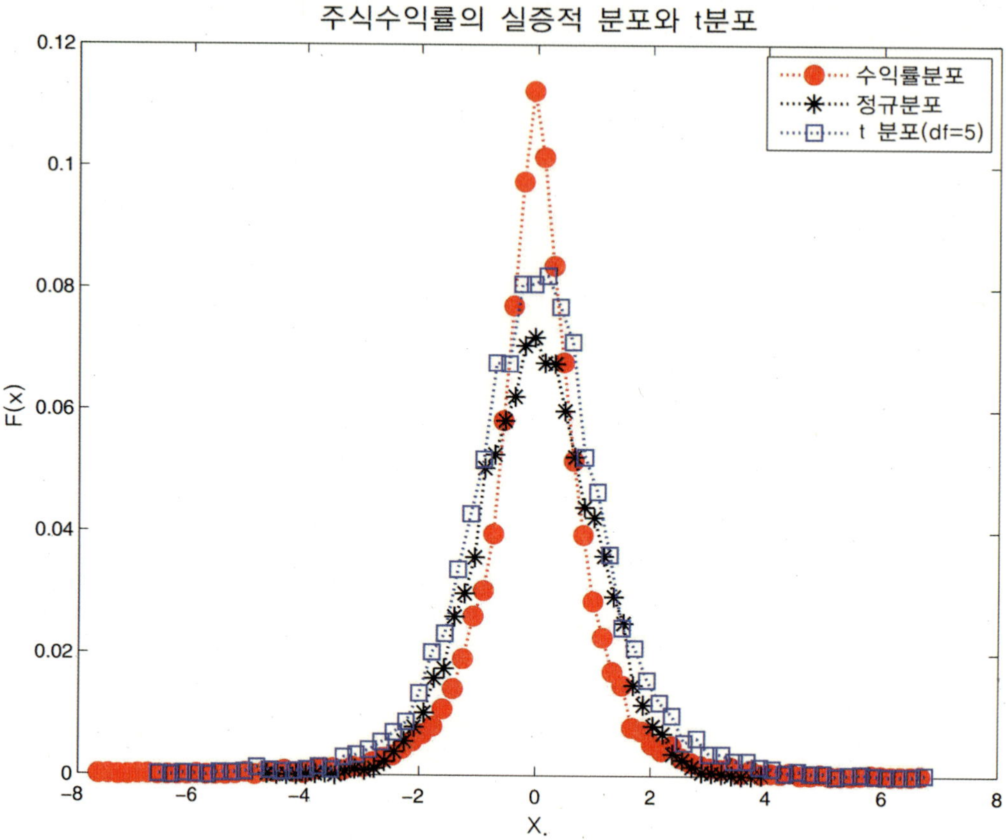

그림3-36 ▌ 그림은 KOSPI 시장지수의 일별수익률 자료를 이용한 빈도분포('○')에 대하여, 비교기준으로 정규분포를 따르는 난수자료를 이용한 빈도분포('*')와 자유도 '5'를 갖는 t 분포를 따르는 난수자료를 이용한 빈도분포('□')를 비교한 것이다.

1 ┃ 목적

- 재무 분야에서 수익률의 실증적 분포는 높은 중심부분과 두꺼운 꼬리부분의 분포적 속성을 갖는 것으로 잘 알려져 있다.
- 정규분포는 높은 중심부분과 얇은 꼬리부분을 갖는 좌우대칭구조의 분포적 속성을 갖는 반면에, t 분포는 높은 중심부분을 갖는 좌우대칭구조이지만, 모수인 자유도에 따라 두꺼운 꼬리부분의 분포적 속성을 갖는다.
- 따라서 수익률의 실증적 분포는 좌우대칭구조에 얇은 꼬리부분을 갖는 정규분포와 차이를 갖지만, 두꺼운 꼬리부분을 갖는 t 분포와는 유사점을 갖는다. 확률밀도함수

를 이용하여, 수익률의 실증적 분포에 대한 정규분포와 t 분포($df = 5$)의 중심부분을 비교 관찰한다.

2 | 자료, 기간 및 방법

- 자료: KOSPI 시장지수의 일별수익률와 함께, 동일한 자료 숫자를 갖는 정규분포를 따르는 난수자료와 자유도 df=5를 갖는 t 분포를 따르는 난수자료를 이용
- 기간: 1980년 1월부터 2012년 12월까지의 33년 기간
- 방법:

▷ 각 자료들부터 빈도분포를 도출하고 비교 관찰.

3 | 관찰결과

- 그림은 KOSPI 시장지수의 일별수익률로부터의 실증적 분포('○'), 그리고 정규분포('*')와 t 분포(df=5, '□')를 따르는 난수자료로부터의 빈도분포를 비교한 것이다.
- 관찰결과에서, KOSPI 시장지수의 일별 수익률에 대한 실증적 분포의 중심부분은 정규분포보다 t 분포(자유도 5)에 보다 가까운 분포적 속성을 갖는다.

4 | Matlab을 이용한 분석팁

- MATLAB 기본 코드: 't 분포의 빈도분포'

```
   [TimeN, C] = size(MarketRET;
① DF = 5;
② RandomY = trnd(DF, TimeN, 1);
③ H = 3.5*std(RandomY)*TimeN^(-1/3);
④ T_Min = min(RandomY) - 0.0000001;
⑤ T_Max = max(RandomY) + 0.0000001;
⑥ Range = T_Max - T_Min;
⑦ BinSIZE = ceil(Range/H);
⑧ clear H;  clear T_Min;  clear T_Max;  clear Range;
⑨ [YAxis, XAxis] = hist(RandomY, BinSIZE);  % Histogram of t Distribution.
⑩ YAxis = YAxis./TimeN;
```

▷ ①, t 분포의 모수인 자유도의 초기값을 설정한다. 즉, 자유도 변수 'DF=5'를 설정한다.

▷ ②, **'명령어, trnd()'**를 이용하여 t 분포의 속성을 따르는 난수자료를 생성한다. 입력요소는 첫째, 자유도('DF'), 둘째, 생성할 자료의 행 구조('TimeN'), 셋째, 생성할

자료의 열 구조('1')이다. 즉, 앞 ①에서 설정한 자유도 변수 'DF', 그리고 KOSPI 시장지수의 일별수익률의 거래일 기간정보(33년)를 갖는 변수 'TimeN'이다. 따라서 입력요소에 근거하여 생성된 t 분포를 따르는 난수자료는 새로운 변수 'RandomY'에 대입되며, 자료의 구조는 'TimeN×1'이다.

▷ ③~⑥, Scott(1992) 방법에 의하여 자료 구간의 숫자를 산출하는 과정이다.

즉, $k = \dfrac{(D_{\max} + AF) - (D_{\min} - AF)}{3.5\sigma \times N^{-\frac{1}{3}}}$

▷ ③은 식의 분모를 계산한다. 즉 분모를 '3.5*std(MarketRET)*TimeN^(-1/3)'와 같이 코딩한 후, 산출된 결과값을 새로운 변수 'H'에 대입한다. 여기서 **'명령어, std()'**를 이용하여 자료의 표준편차을 계산한다. 즉, t 분포의 난수자료를 수록한 변수 'RandomY'에 대한 표준편차('std(RandomY')를 계산한다.

▷ ④~⑥은 식의 분자를 계산한다. 즉, 분자인 '$(D_{\max} + AF) - (D_{\min} - AF)$'은 자료의 범위에 해당하는 것으로 최댓값($D_{\max}$)보다 0.0000001 크고, 최솟값($D_{\min}$)보다 0.0000001 작은 위치에서 범위를 산출한다. 여기서, '0.0000001'은 임의로 설정된 값으로 최솟값과 최댓값의 바깥부분에 해당 범위를 '0.0000001'의 값으로 조정한 것이다.

▷ ④, **'명령어, min()'**을 이용하여 자료의 최솟값을 찾는다. 즉, t 분포의 난수자료('RandomY')에 있어서 최솟값('min(RandomY)')을 찾고, 최솟값에서 조정값(0.0000001)을 뺀 후에 그 결과를 새로운 변수 'T_Min'에 대입한다.

▷ ⑤, **'명령어, max()'**를 이용하여 자료의 최댓값을 찾는다. 즉, t 분포의 난수자료('RandomY')에 있어서 최댓값('max(RandomY)')을 찾고, 최댓값에서 조정값(0.0000001)을 더한 후에 그 결과를 새로운 변수 'T_Max'에 대입한다.

▷ ⑥, 분모의 값을 산출하기 위하여 ⑤의 조정된 최댓값에서 ④의 조정된 최솟값을 차감한 값('T_Max - T_Min')을 새로운 변수 'Range'에 대입한다.

▷ ⑦, **'명령어, ceil()'**을 이용하여 반올림된 정수를 산출한다. 즉, 앞의 ⑥에서 산출된 분자항목('Range')을 앞의 ③의 분모항목('H')으로 나누고 ('Range/H'), 그 계산된 값을 '명령어, ceil(Range/H)'를 이용하여 소수점 이하를 반올림한 후에 정수로 만든다. 그리고 그 결과를 새로운 변수 'BinSIZE'에 대입한다.

▷ ⑧, **'명령어, clear'**을 이용하여 사용중인 변수들을 메모리에서 지운다. 즉, 프로그램에서 동일한 변수 이름으로 반복적으로 사용될 변수 ③의 'H', ④의 'T_Min', ⑤의 'T_Max', ⑥의 'Range'를 지운다.

▷ ⑨, **'명령어, hist()'**를 이용하여 빈도분포의 구간 및 구간별로 포함하는 자료개수를 산출한다. 입력요소는 첫째, 자료('RandomY'), 둘째 앞의 '⑦'에서 산출한 구간 개수('BinSIZE')이다. 그리고 결과는 빈도분포의 X축과 Y축 각각의 자료로 빈도분포의 Y축 자료는 변수 'YAxis'에, 빈도분포의 X축 자료는 변수 'XAxis'에 대입한다. 여기서, 명령어로부터의 결과가 2가지 이상인 경우는 '[YAxis, XAxis]'와 같이 대괄호, '[ ]'를 이용한다.

▷ ⑩, 상대빈도(통계적 확률)를 계산하는 과정이다. 앞의 ⑨에서 계산된 절대빈도를 갖는 변수 'YAxis'를 전체 자료숫자를 갖는 변수 'TimeN'으로 나눈다. 그리고 명령어 'YAxis./TimeN'에서 분자의 끝 부분에 위치한 점('.')은 'YAxis'의 자료 각각을 'TimeN'으로 나눌 수 있도록 설정하는 것이다. 예를 들어, 'YAxis'은 [4, 1, 7, ...]의 자료하면, 명령어 'YAxis./TimeN'에 따라 [4/8105, 1/8105, 7/8105, ...]와 같이 계산하도록 설정한 것이다.

Ⅲ 금융자료의 실증적 분포

그림 3-37 t 분포의 적용 [2]: 주식수익률 실증적 분포의 꼬리부분

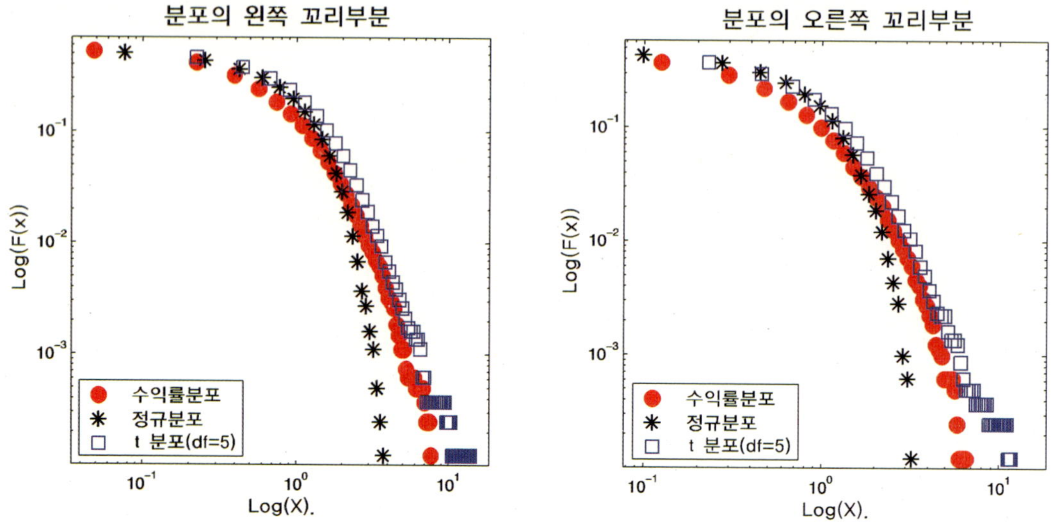

그림3-37 ▌ 그림은 KOSPI 시장지수 일별수익률 자료를 이용하여 Log-Log Plot방법으로부터 도출된 왼쪽 꼬리부분('●')과 오른쪽 꼬리부분('●')을 나타낸다. 그리고 비교기준로 정규분포를 따르는 난수자료를 이용한 분포('*')와 자유도 '5'를 갖는 t 분포를 따르는 난수자료를 이용한 분포('ㅁ')를 비교한 것이다.

1 ┃ 목적

- 재무 분야에서 수익률의 실증적 분포는 높은 중심부분과 두꺼운 꼬리부분의 분포적 속성을 갖는 것으로 잘 알려져 있고, 그리고 t 분포는 정규분포와 달리 자유도의 조정에 따라 두꺼운 꼬리부분을 갖는 것으로 알려져 있다.
- 분포의 꼬리부분에 대한 효과적 관찰을 위하여 Log-Log Plot방법으로부터, 수익률의 실증적 분포의 꼬리부분, 그리고 비교대상인 정규분포와 t 분포($df = 5$)의 꼬리부분을 비교 관찰한다.

2 ┃ 자료, 기간 및 방법

- 자료: KOSPI 시장지수의 일별수익률과 함께, 동일한 자료 숫자를 갖는 정규분포를 따르는 난수자료와 자유도 df=5를 갖는 t 분포를 따르는 난수자료를 이용
- 기간: 1980년 1월부터 2012년 12월까지의 33년 기간

■ 방법:

▷ 분포의 꼬리부분에 대하여 Log-Log Plot방법을 이용하여 X축과 Y축의 조정과정은 다음과 같다.

▷ 〔단계1〕 분포의 누적분포함수을 산출

▷ 〔단계2〕 누적확률분포에서 X축의 양(+)의 값을 갖는 오른쪽 꼬리부분('> 0')과 음(-)의 값을 갖는 왼쪽 꼬리부분('< 0')으로 분리

▷ 〔단계3〕 X축의 양(+)의 값을 갖는 오른쪽 꼬리부분의 X축 자료와 Y축 자료에 대하여 다음과 같은 조정과정을 거친다.

첫째, X축의 자료는 자연로그변환, 즉, ln(X)

둘째, Y축은 50%~100%의 누적확률을 갖기 때문에, 분포의 꼬리부분은 누적확률 100% 주변이다. 따라서 꼬리부분이 큰 값(100%)을 갖기 때문에, 보다 작은 값으로 만들기 위하여 1에서 차감('1-Y')하고, 그 값을 로그변환, 즉 ln(1-Y).

▷ 〔단계4〕 X축의 음(-)의 값을 갖는 왼쪽 꼬리부분의 X축 자료와 Y축 자료에 대하여 다음과 같은 조정과정을 거친다.

첫째, X축은 음(-)의 값을 갖기 때문에 로그변환이 어렵다. 따라서 X축의 값을 절댓값 취한 후에 로그변환. 즉, 'ln(|X|)'

둘째, Y축은 0%~50%의 누적확률을 갖고, 분포의 꼬리부분은 누적확률 0%의 주변이다. 따라서 꼬리부분이 작은 값(0%)을 갖기 때문에 조정 없이 로그변환, 즉 ln(Y).

3 | 관찰결과

■ 그림은 KOSPI 시장지수의 일별수익률에 대한 실증적 분포('●')의 꼬리부분에 대한 속성을 정규분포('*')와 t 분포('□')의 꼬리부분과 비교한 것이다. 그리고 꼬리부분의 속성을 보다 효과적으로 비교 관찰하기 위하여 Log-Log Plot방법을 이용하였다.

■ 관찰결과에서 t 분포의 꼬리부분에 대한 속성이 정규분포에 비교하여 보다 KOSPI 일별수익률의 꼬리부분의 속성에 근접함을 알 수 있다. 즉, 그림에서 Log-Log Plot방법에 의하여 확인된 정규분포의 꼬리부분 보다 t 분포의 꼬리부분이 보다 오른쪽에 위치하고, KOSPI 일별수익률에 보다 가깝다. 한편, KOSPI 일별수익률의 실증적 분포의 꼬리부분과 t 분포의 꼬리부분 간에는 차이는 확인되지만, 그 차이는 정규분포와 KOSPI 일별수익률의 분포의 꼬리부분 간의 차이에 비교하여 분명하게 작다.

4 | Matlab을 이용한 분석팁

■ MATLAB 기본 코드: '분포의 꼬리부분 분리작업'

```
% t distribution
DF = 5;
RandomY = trnd(DF, TimeN, 1);
H = 3.5*std(RandomY)*TimeN^(-1/3);
T_Min = min(RandomY) - 0.0000001;
T_Max = max(RandomY) + 0.0000001;
Range = T_Max - T_Min;
BinSIZE = ceil(Range/H);
clear H;   clear T_Min;   clear T_Max;   clear Range;
% Histogram
[YAxis, XAxis] = hist(RandomY, BinSIZE);
YAxis = YAxis./TimeN;
% Tail part
① YCDF = cumsum(YAxis);
% Right-Tail : Positive
② [PositiveINDEX, C] = find(XAxis' >= 0);
③ PX = XAxis(PositiveINDEX);
④ PY = YCDF(PositiveINDEX);
% Left-Tail : Negative
⑤ [NegativeINDEX, C] = find(XAxis' < 0);
⑥ NX = abs(XAxis(NegativeINDEX));
⑦ NY = YCDF(NegativeINDEX);
```

※ 위의 앞 부분 명령어들은 〔그림3-36〕의 Matlab을 이용한 분석팁에서의 설명과 동일하다.

▷ ①, **'명령어, cumsum()'**을 이용하여 누적된 값을 산출한다. 즉, 앞의 빈도분포에서 산출된 Y축의 확률값을 수록하고 있는 변수 'YAxis'의 값들을 순차적으로 누적한 결과를 새로운 변수 'YCDF'에 대입한다. 예를 들어, Y = 〔0. 1, 0. 1, 0. 2, 0. 2, 0. 4〕라면, 명령어 'cumsum(Y)'에 의하여 산출되는 결과는 〔0. 1, 0. 2, 0. 4, 0. 6, 1. 0〕이 된다.

▷ ②, ③, ④, 확률분포에서 오른쪽 꼬리에 대한 작업 과정이다.

▷ ②, **'명령어, find()'**를 이용하여 조건에 부합하는 자료를 찾는다. 빈도분포의 X축 자료를 수록하고 있는 'XAxis'에 수록된 자료들 중에서 양(+)의 값을 갖는 자료(X≧0)를 'find(XAxis′>=0)'를 이용하여 찾은 후에, 그 자료의 위치정보를 새로운 변수 'PositiveINDEX'에 입력한다. 여기서 변수 'XAxis'의 윗 첨자(' ′ ')는 자료의 구조를 전치(transpose)하는 것으로 열 구조(1×N)를 행 구조(N×1)으로 변경한다. 그리고 **'명령어, find()'**는 변수 'XAxis′'의 자료구조와 동일한 구조의 위치정보를 산출한다.

즉, 변수 'XAxis''의 자료구조는 행(row) 구조이기 때문에, **'find()'**의 결과는 '[Positive INDEX, C]'의 구조이다.

▷ ③, ④, 앞에서 찾은 양(+)의 값을 갖는 자료의 위치정보('PositiveINDEX')를 이용하여 X축의 변수(XAxis)와 Y축의 변수(YCDF)에 수록된 위치의 값을 찾는다. 즉, X축의 경우는 ③의 'XAxis(PositiveINDEX)'으로부터 결과를 새로운 변수 'PX'에 대입하고, Y축의 경우는 ④의 'YCDF(PositiveINDEX)'에 해당하는 결과를 새로운 변수 'PY'에 대입한다.

▷ ⑤, ⑥, ⑦, 확률분포에서 왼쪽 꼬리에 대한 작업 과정이다.

▷ ⑤, **'명령어, find()'**를 이용하여 조건에 부합하는 자료를 찾는다. 빈도분포의 X축 자료를 수록하고 있는 'XAxis'에 수록된 자료들 중에서 음(-)의 값을 갖는 자료(X<0)를 'find(XAxis'<0)'를 이용하여 찾은 후에, 그 자료의 위치정보를 새로운 변수 'Negative INDEX'에 입력한다.

▷ ⑥, ⑦, 앞에서 찾은 음(-)의 값을 갖는 자료의 위치정보('NegativeINDEX')를 이용하여 X축의 변수(XAxis)와 Y축의 변수(YCDF)에 수록된 위치의 값을 찾는다. 즉, X축의 경우는 ⑥의 'XAxis(NegativeINDEX)'으로부터 값을 **'명령어, abs()'**를 이용하여 절댓값('abs(XAxis(NegativeINDEX))') 취한 후, 그 결과를 새로운 변수 'NX'에 대입하고, Y축의 경우는 ⑦의 'YCDF(NegativeINDEX)'에 해당하는 결과를 새로운 변수 'NY'에 대입한다. 여기서 X축의 값을 절댓값 취하는 이유는 Log-Log Plot방법에 의하여 X축의 값을 로그변환하기 위해서이다.

■ MATLAB 기본 코드: 'Log-Log Plot방법'

```
   % Log-Log Plot GRAPH
   Fig = figure(1);
   % 중간생략
   subplot(1,2,1)
①  loglog(NX, NY, 'ro', 'MarkerFaceColor', [1 0 0], 'MarkerSize', 10);
   % 중간 생략
   subplot(1,2,2)
②  loglog(PX, 1-PY, 'ro', 'MarkerFaceColor', [1 0 0], 'MarkerSize', 10);
   % 중간생략
```

▷ ①, **'명령어, loglog()'**를 이용하여 Log-Log Plot방법의 그래프를 도출한다. 즉, 분포의 왼쪽 꼬리부분에 대한 X축과 Y축의 자료를 로그변환한 후에 그래프를 그린다. 여기서 X축은 분포의 왼쪽꼬리의 자료 값을 갖는 변수 'NX'이고 Y축은 X축에 상응하는

누적확률을 수록한 변수 'NY'이다. 그리고 추가적 옵션으로 'ro'는 빨간색의 원모양(○)을, 'MarkerFaceColor'의 지정으로 빨간색('[1 0 0]')으로 원모양 안을 채우고, 'MarkerSize'의 지정으로 원모양의 크기는 '10'으로 한다.

▷ ②, **'명령어, loglog()'**를 이용하여 Log-Log Plot방법의 그래프를 도출한다. 즉, 분포의 오른쪽 꼬리부분에 대한 X축과 Y축의 자료를 로그변환한 후에 그래프를 그린다. 여기서 X축은 분포의 오른쪽 꼬리부분의 자료 값을 갖는 변수 'PX'이고 Y축은 X축에 상응하는 누적확률('PY')에서 1을 뺀 '1-PY'이다. 누적확률에 의한 양(+)의 꼬리부분(50~100%)은 100% 주변에 위치하기 때문에 Log-Log Plot방법에 의하여 꼬리부분을 아래 방향으로 조정하기 위하여 1을 차감함으로서 중심부분(50%주변)에 비교하여 꼬리부분(100%주변)이 작은 값을 갖게 되고, 그래프의 아래쪽에 위치된다.

그림 3-38 t 분포의 적용 [3]: 분포의 중심부분 실제 확률

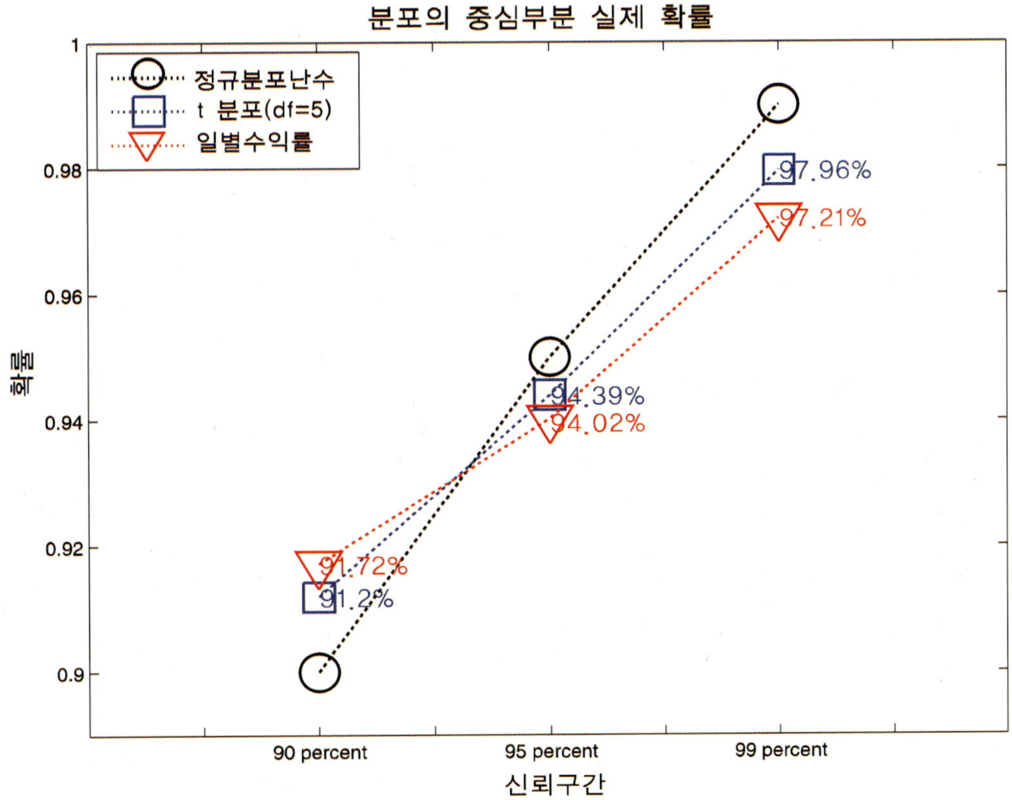

그림3-38 ▌ 그림은 1980년 1월부터 2012년 12월의 기간 동안 KOSPI 시장지수의 일별수익률을 이용하여 확률분포의 중심부분 실제 확률크기(▽), 그리고 비교대상으로 정규분포를 따르는 난수자료(○)와 t 분포를 따르는 난수자료(□)를 각각 이용한 확률분포의 중심부분 확률크기를 나타낸다. 확률분포의 중심부분은 90%, 95%, 99%의 3가지로 구분하였다.

1 | 목적

- 주식수익률의 실증적 분포에 있어서 중심부분의 실제 확률을 t 분포와 정규분포로부터의 난수자료에서 확인된 분포의 중심부분 확률과 비교 관찰한다. 여기서, 중심부분의 확률은 정규분포의 대표적 3가지 신뢰구간인 '90%', '95%', '99%'를 이용한다.

2 | 자료, 기간 및 방법

- 자료: KOSPI 시장지수의 일별수익률와 함께, 동일한 자료 숫자를 갖는 표준정규분포를 따르는 난수자료와 자유도 df=5를 갖는 t 분포를 따르는 난수자료를 이용

- 기간: 1980년 1월부터 2012년 12월까지의 33년 기간
- 방법:

▷ KOSPI 일별수익률 자료를 정규분포와 t분포의 난수자료와 비교하기 위하여 표준화 과정을 통하여 조정함, $z_k = \dfrac{X_k - \overline{X}}{\sigma}$

▷ 표준화된 일별수익률 자료에 대한 특정 범위(90%, 95%, 99%)에서의 실제 확률(상대빈도, N_x/N, 여기서 N은 전체자료)을 계산, 즉

신뢰구간 90%, 임계치 ±1.68, 범위 $-1.68 \le N_x \le +1.68$,

신뢰구간 95%, 임계치 ±1.96, 범위 $-1.96 \le N_x \le +1.96$

신뢰구간 98%, 임계치 ±2.57, 범위 $-2.57 \le N_x \le +2.57$

3 | 관찰결과

- 그림은 KOSPI 시장지수의 일별수익률로부터 도출된 실증적 분포('▽')에서 분포의 중심부분에 대한 실제 확률(상대빈도)의 크기를 보여준다. 비교대상은 정규분포('○')와 t 분포('□')를 따르는 난수자료로부터 도출된 분포의 중심부분 확률이다. 그리고 분포의 중심부분은 정규분포의 대표적 3가지 신뢰구간인 90%, 95%, 99%이다. 그림에서 X축은 3가지 (90%, 95%, 99%) 신뢰구간의 확률, Y축은 실제적으로 계산된 상대빈도(확률)이다.
- 관찰결과에서 정규분포의 중심부분 90%에 있어서, KOSPI 시장지수의 일별수익률에 대한 실증적 분포는 91.72%, t 분포는 91.20%로 정규분포에 비하여 높은 실제 확률 크기를 갖는다. 반면에, 정규분포의 중심부분 95%와 99%에 있어서, KOSPI 일별수익률의 실증적 분포는 각각 94.02%와 97.21%, t 분포는 각각 94.39%와 97.96%로 정규분포에 비하여 낮은 수준의 중심부분 실제확률 크기를 갖는다.
- 따라서 t 분포의 중심부분 확률이 정규분포에 비교하여 KOSPI 시장지수의 일별수익률의 분포의 속성에 보다 근접한다. 한편, 재무 분야에서 일반적으로 알려진 실증적 분포의 높은 중심부분은 95%를 기준으로 이론적 정규분포와 비교하여 90% 수준보다 높고, 99% 수준보다 낮은 경향이 있다는 것을 알 수 있다. 또한 이러한 관찰점은 t 분포에서도 유사하다.

4 | Matlab을 이용한 분석팁

■ MATLAB 기본 코드: '분포의 중심부분 실제 확률'

```
   % confidence 90 percent
① TV90 = [-1.68, +1.68];
② [Random_IndexCENTER, C] = find(SRandomT >= TV90(1,1) & SRandomT <= TV90(1,2));
③ RandomT_FreqCENTER = length(Random_IndexCENTER)/TimeN;
④ clear Random_IndexCENTER;
   % confidence 95 percent
⑤ TV95 = [-1.96, +1.96];
⑥ [Random_IndexCENTER, C] = find(SRandomT >= TV95(1,1) & SRandomT <= TV95(1,2));
⑦ RandomT_FreqCENTER = length(Random_IndexCENTER)/TimeN;
⑧ clear Random_IndexCENTER;
   % confidence 99 percent
⑨ TV99 = [-2.57, +2.57];
⑩ [Random_IndexCENTER, C] = find(SRandomT >= TV99(1,1) & SRandomT <= TV99(1,2));
⑪ RandomT_FreqCENTER = length(Random_IndexCENTER)/TimeN;
⑫ clear Random_IndexCENTER;
```

▷ ①, ②, ③, ④, 신뢰구간 90%에 대한 분포의 중심부분 실제 확률을 산출한다.

▷ ①, 정규분포의 신뢰구간 90%에 대한 임계치 '±1.68'를 새로운 변수 'TV90'에 설정한다. 즉, 변수 'TV95'는 〔-1.68, +1.68〕의 '1×2' 자료구조를 갖는다.

▷ ②, **'명령어, find()'**를 이용하여 신뢰구간 90%를 결정하는 임계치의 범위에 속하는 자료들을 찾는다. 즉 정규분포에서 임계치 -1.68('TV90(1, 1)')보다 크거나 같고, 임계치 +1.68('TV90(1, 2)')보다 작거나 같은 범위에 속하는 중심부분의 자료들에 대한 확률은 90%이다. 따라서 **'명령어, find()'**를 이용하여 분포의 중심부분 확률에 대한 임계치의 조건 'SRandomT〉=TV90(1, 1) & SRandomT〈=TV90(1, 2)'에 해당하는 자료를 찾은 후에, 그 결과를 새로운 변수 'Random_IndexCENTER'에 대입한다.

▷ ③, **'명령어, length()'**를 이용하여 변수에 수록되어 있는 자료의 숫자를 산출한다. 즉, 앞의 ②에서 중심부분 90%의 범위에 속하는 자료의 위치정보를 수록한 변수 'Random_IndexCENTER'의 길이(자료 숫자, 'length(Random_IndexCENTER')를 측정한다. 그리고 측정된 값을 총 자료의 숫자를 수록하고 있는 변수 'TimeN'으로 나눈 후, 산출된 상대빈도의 결과를 새로운 변수 'RandomT_FreqCENTER'에 대입한다.

▷ ④, **'명령어, clear'**를 이용하여 지정된 변수를 메모리에서 지운다. 즉, 프로그램에서 동일한 이름으로 반복적으로 사용될 변수 'Random_IndexCENTER'를 지운다.

▷ ⑤, ⑥, ⑦, ⑧, 표준정규분포의 신뢰구간 95%에 대한 분포의 중심부분 실제 확률을 산출하는 과정으로 앞의 ①~④에서 설명한 과정과 동일하다.

▷ ⑨, ⑩, ⑪, ⑫, 표준정규분포의 신뢰구간 99%에 대한 분포의 중심부분 실제 확률을 산출하는 과정으로 앞의 ①~④에서 설명한 과정과 동일하다.

그림 3-39 t 분포의 적용 [4]: 분포의 꼬리부분 실제 확률

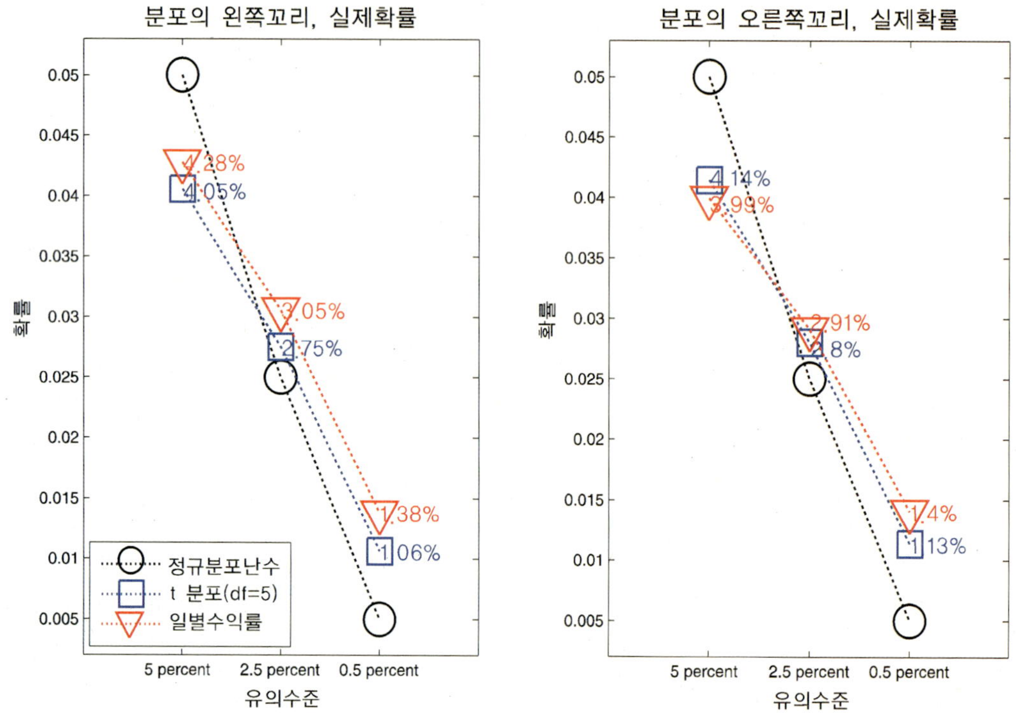

그림3-39 ▌ 그림은 1980년 1월부터 2012년 12월의 기간 동안 KOSPI 시장지수의 일별수익률(▽)을 이용하여 확률분포의 꼬리부분을 Log-Log Plot방법으로 나타낸 것이다. 즉, 왼쪽 그림은 X축의 음(-)의 값을 갖는 확률분포의 왼쪽 꼬리, 오른쪽 그림은 X축의 양(+)의 값을 갖는 확률분포의 오른쪽 꼬리의 실제 확률크기를 각각 나타낸다. 그리고 비교대상으로 정규분포를 따르는 난수자료(○)와 t 분포를 따르는 난수자료(□)를 각각 이용한 확률분포의 꼬리부분 확률을 이용한다. 확률분포의 꼬리부분은 정규분포의 양측검증 유의수준에 해당하는 5%, 2.5%, 0.5%의 3가지로 구분하였다.

1 ▌ 목적

- 주식수익률의 실증적 분포는 높은 중심부분과 두꺼운 꼬리부분의 분포적 속성을 갖고, t 분포는 자유도의 조정에 따라 두꺼운 꼬리부분을 갖는 특징이 있다.
- 분포의 꼬리부분에 대한 효과적인 비교 관찰을 위하여 Log-Log Plot방법으로부터 수익률의 실증적 분포와 t 분포(df=5)의 꼬리부분에 대한 실제 확률 크기를 측정하여 이들 간의 유사점을 비교 관찰한다. 그리고 비교대상으로 정규분포의 꼬리부분 확률 크기를 함께 비교한다.
- 확률분포의 꼬리부분은 왼쪽 꼬리부분과 오른쪽 꼬리부분으로 구분하고, 각각의 확률은 정규분포의 양측검증 유의수준에 해당하는 '5%', '2.5%', '0.5%'를 이용한다.

2 | 자료, 기간 및 방법

- 자료: KOSPI 시장지수의 일별수익률와 함께, 동일한 자료 숫자를 갖는 정규분포를 따르는 난수자료와 자유도 df=5를 갖는 t 분포를 따르는 난수자료를 이용
- 기간: 1980년 1월부터 2012년 12월까지의 33년 기간
- 방법:

▷ KOSPI 일별수익률 자료를 정규분포와 t분포의 난수자료와 비교하기 위하여 표준화 과정을 통하여 조정함, $z_k = \dfrac{X_k - \overline{X}}{\sigma}$

▷ 표준화된 일별수익률 자료에 대한 특정 범위(5%, 2.5%, 0.5%)에서의 실제 확률(상대빈도, N_x/N, 여기서 N은 전체자료)을 계산, 즉

신뢰구간 90%, 임계치 ±1.68, 범위 (왼쪽) N_x〈-1.68, (오른쪽) N_x〉+1.68

신뢰구간 95%, 임계치 ±1.96, 범위 (왼쪽) N_x〈-1.96, (오른쪽) N_x〉+1.96

신뢰구간 98%, 임계치 ±2.57, 범위 (왼쪽) N_x〈-2.57, (오른쪽) N_x〉+2.57

▷ 분포의 꼬리부분에 있어서 Log-Log Plot방법을 이용한 X축과 Y축의 조정과정은 다음과 같다.

▷ 〔단계1〕 분포의 누적확률분포을 산출

▷ 〔단계2〕 누적확률분포에서 X축의 양(+)의 값을 갖는 오른쪽 꼬리부분('〉 0')과 음(-)의 값을 갖는 왼쪽 꼬리부분('〈 0')으로 분리

▷ 〔단계3〕 X축의 양(+)의 값을 갖는 오른쪽 꼬리부분의 X축 자료와 Y축 자료에 대하여 다음과 같은 조정과정을 거친다.

첫째, X축의 자료는 자연로그변환, 즉, ln(X)

둘째, Y축은 50%~100%의 누적확률을 갖기 때문에, 분포의 꼬리부분은 누적확률 100% 주변이다. 따라서 꼬리부분이 큰 값(100%)을 갖기 때문에, 보다 작은 값으로 만들기 위하여 1을 차감('1-Y')하고, 그 값을 로그변환, 즉 ln(1-Y).

▷ 〔단계4〕 X축의 음(-)의 값을 갖는 왼쪽 꼬리부분의 X축 자료와 Y축 자료에 대하여 다음과 같은 조정과정을 거친다.

첫째, X축은 음(-)의 값을 갖기 때문에 로그변환이 어렵다. 따라서 X축의 값을 절댓값 취한 후에 로그변환한다. 즉, 'ln(|X|)'

둘째, Y축은 0%~50%의 누적확률을 갖고, 분포의 꼬리부분은 누적확률 0%의 주변이다. 따라서 꼬리부분이 작은 값(0%)을 갖기 때문에 조정 없이 로그변환, 즉 ln(Y).

3 | 관찰결과

- 그림은 KOSPI 시장지수의 일별수익률로부터 도출된 실증적 분포의 꼬리부분('▽')에 대한 실제확률(상대빈도)를 보여준다, 꼬리부분은 X축의 음(-)의 값을 갖는 자료들의 왼쪽 꼬리부분과 양(+)의 값을 갖는 자료들의 오른쪽 꼬리부분으로 구분한다. 비교대상은 정규분포('○')와 t 분포('□')의 난수자료에 대한 빈도분포의 꼬리부분 확률을 이용한다. 그림에서 X축은 정규분포의 대표적 3가지 신뢰구간인 90%, 95%, 99%의 양측검증 유의수준인 5.0%, 2.5%, 0.5%이고, Y축은 산출된 실제확률(상대빈도)을 나타낸다.
- 관찰결과에서 정규분포의 왼쪽 꼬리부분의 5%에 있어서, KOSPI 시장지수 일별수익률에 대한 분포의 꼬리부분은 4.28%, t 분포는 4.05%로 정규분포에 비교하여 낮은 수준의 실제확률을 갖는다. 정규분포의 오른쪽 꼬리부분의 5%에 비교하여 역시 KOSPI 일별수익률의 분포의 꼬리부분은 3.99%, t 분포는 4.14%로 낮은 수준이다. 한편, 표준정규분포의 꼬리부분의 2.5%와 0.5%에 있어서 KOSPI 일별수익률의 실증적 분포에 대한 왼쪽(오른쪽) 꼬리부분은 각각 3.05%(2.91%)와 1.38%(1.40%)이고, t 분포는 각각 2.75%(2.80%)와 1.06%(1.13%)로 정규분포에 비교하여 높은 수준의 실제확률크기를 갖는다.
- 따라서, 재무 분야에서 일반적으로 알려진 실증적 분포의 두꺼운 꼬리부분은 분포의 중심부분 99%인 양측검증의 유의수준 0.5%의 구간에서 관찰되는 분포적 속성임을 알 수 있다. 즉, 신뢰구간 95%의 양측검증 유의수준 2.5%의 꼬리부분 기준으로, 이론적 정규분포와 비교하여 유의수준 5.0%(90%) 보다 얇고, 0.5%(99%) 보다 두꺼운 꼬리부분을 갖는다. 또한 이러한 관찰점은 t 분포에서도 유사하게 관찰된다. 한편 KOSPI 일별수익률의 실증적 분포의 꼬리부분 속성은 정규분포 보다는 t분포의 꼬리부분 속성에 근접한다.

4 | Matlab을 이용한 분석팁

- MATLAB 기본 코드: '분포의 꼬리부분 실제 확률'

```
① TV90 = [-1.68, +1.68];   % Confidence 90%
② [Random_IndexNEGATIVE, C] = find(SRandomT < TV90(1,1));
③ RandomT_FreqNEGATIVE = length(Random_IndexNEGATIVE)/TimeN;
④ [Random_IndexPOSITIVE, C] = find(SRandomT > TV90(1,2));
⑤ RandomT_FreqPOSITIVE = length(Random_IndexPOSITIVE)/TimeN;
⑥ clear Random_IndexNEGATIVE;   clear Random_IndexPOSITIVE;
```

▷ ①, ②, ③, ④, ⑤, ⑥, 신뢰구간 90%에 대한 분포의 꼬리부분 실제 확률을 산출한다.

▷ ①, 정규분포의 신뢰구간 90%에 대한 임계치 '±1.68'를 새로운 변수 'TV90'에 설정한다. 즉, 변수 'TV90'는 [-1.68, +1.68]의 '1×2' 자료구조를 갖는다.

▷ ②, **'명령어, find()'**를 이용하여 신뢰구간 90%의 왼쪽 임계치보다 작은 값을 갖는 범위에 속하는 자료들을 찾는다. 즉 왼쪽 꼬리부분의 임계치 -1.68('TV90(1, 1)') 보다 작은 범위에 속하는 자료들에 대한 확률은 5%이다. 따라서 **'명령어, find()'**를 이용하여 분포의 꼬리부분 확률에 대한 임계치의 조건 'SRandomT<TV90(1, 1)'에 해당하는 자료를 찾은 후에, 그 결과를 새로운 변수 'Random_IndexNEGATIVE'에 대입한다.

▷ ③, **'명령어, length()'**를 이용하여 자료의 숫자를 산출한다. 즉, 앞의 ②에서 꼬리부분 5%의 범위에 속하는 자료의 위치정보를 수록한 변수 'Random_IndexNEGATIV'의 길이(자료 숫자)를 측정한다. 즉, length(Random_IndexNEGATIV). 그리고 측정된 값을 총 자료의 숫자를 수록하고 있는 변수 'TimeN'으로 나눈 후, 산출된 상대빈도의 결과를 새로운 변수 'RandomT_FreqNEGATIVE'에 대입한다.

▷ ④, ⑤, 앞의 분포에 대한 왼쪽 꼬리부분의 자료 및 실제 확률을 구하는 방법과 동일하게, 분포의 오른쪽 꼬리부분에 속하는 자료들과 해당 자료들로부터의 상대빈도에 의한 실제 확률을 구한다. 즉, ④에서 **'명령어, find()'**를 이용하여 신뢰구간 90%의 오른쪽 임계치보다 큰 값을 갖는 조건 'SRandomT>TV90(1, 1)'에 해당하는 자료를 찾은 후에, 그 결과를 새로운 변수 'Random_IndexPOSITIVE'에 대입한다. 그리고 ⑤에서 **'명령어, length()'**를 이용하여 앞에서 확인된 변수 'Random_IndexPOSITIVE'의 길이(자료 숫자)를 측정하고, 총 자료의 숫자('TimeN')로 나눈 후, 산출된 상대빈도의 결과를 새로운 변수 'RandomT_FreqPOSITIVE'에 대입한다.

▷ ⑥, **'명령어, clear'**를 이용하여 지정한 변수들을 메모리에서 지운다. 즉, 프로그램에서 동일한 이름으로 반복적으로 사용하게 될 변수 ②의 'Random_IndexNEGATIVE', ④의 'Random_IndexPOSITIVE'를 지운다.

TOPIC Ⅳ

금융자료의 통계적 가설검증

학·습·목·표

통계학은 수집된 표본자료(sample)으로부터 모집단(population)의 모수 및 그 속성을 신뢰할 수 있게 추론하고 평가하는 방법을 제시한다. 즉, 단 하나뿐인 모집단을 이용하지 않는 한 수집된 표본자료로부터 측정된 통계량들은 분석에 선택 및 사용된 표본자료에 따라 항상 상이한 값을 산출할 수밖에 없다. 따라서 표본자료로부터 측정된 통계량에 대한 신뢰할 수 있는 추론 및 해석을 위한 평가기준이 필요하며, 이를 위한 것이 가설검증(hypothesis test)이다. 본 주제의 학습목표는 표본자료로부터 측정된 통계량에 대한 가설검증의 개념, 단계 및 방법, 그리고 이를 통한 통계적 추론 등을 학습하는 것이다.

학·습·포·인·트

01. 가설검증의 주요 내용 [◖그림 4-1◗] • 283

- 표본자료를 이용한 통계적 가설검증의 주요 단계별 용어들 및 관련 내용들을 정리한다.

02. 가설검증 [1]: 신뢰구간과 임계치 [◖그림 4-2◗] • 289

- 정규분포에 있어서 대표적인 90%, 95%, 99%의 신뢰구간과 각 신뢰구간의 경계선에 해당하는 임계치 간의 관계를 관찰한다.
- [Matlab코드 예제] '임계치와 통계적 확률'

03. 가설검증 [2]: 가설검증과 t 값 [◖ 그림 4-3 ◗] • 293

- 측정된 평균값에 대한 t 값을 통해 측정된 평균값이 통계적으로 의미 있는 값인지 여부를 가설 검증한다. 즉, 귀무가설로 '측정된 평균값은 0과 의미 있는 차이가 없다'로 설정하고, 대립가설은 '측정된 평균값은 0과 의미 있는 차이가 있다'로 설정한다.
- [Matlab코드 예제] 't 값의 계산'

04. 가설검증 [3]: 표본자료의 숫자 변화에 따른 t 값의 영향 [◖ 그림 4-4 ◗] • 296

- 가설검증의 통계적 유의성을 평가하는 기준인 t 값에 영향을 미칠 수 있는 요소들 중에서 표본자료의 숫자 증가에 따른 영향을 반복실험 시뮬레이션을 통해 t 값 산출식의 구성요소별로 비교 관찰한다.
- [Matlab코드 예제] '동일한 평균과 표준편차를 갖는 자료생성 방법'

05. 가설검증 [4]: 극단치 존재에 따른 t 값의 영향 [◖ 그림 4-5 ◗] • 302

- 표본자료 속에 극단값들이 포함된 경우에 가설검증의 통계적 유의성을 평가하는 t 값에 미치는 영향을 반복실험 시뮬레이션을 통해 t 값 산출식의 각 구성요소별로 비교 관찰한다.
- [Matlab코드 예제] '극단값을 갖는 인위적 자료생성 방법'

그림 4-1 가설검증의 주요 내용

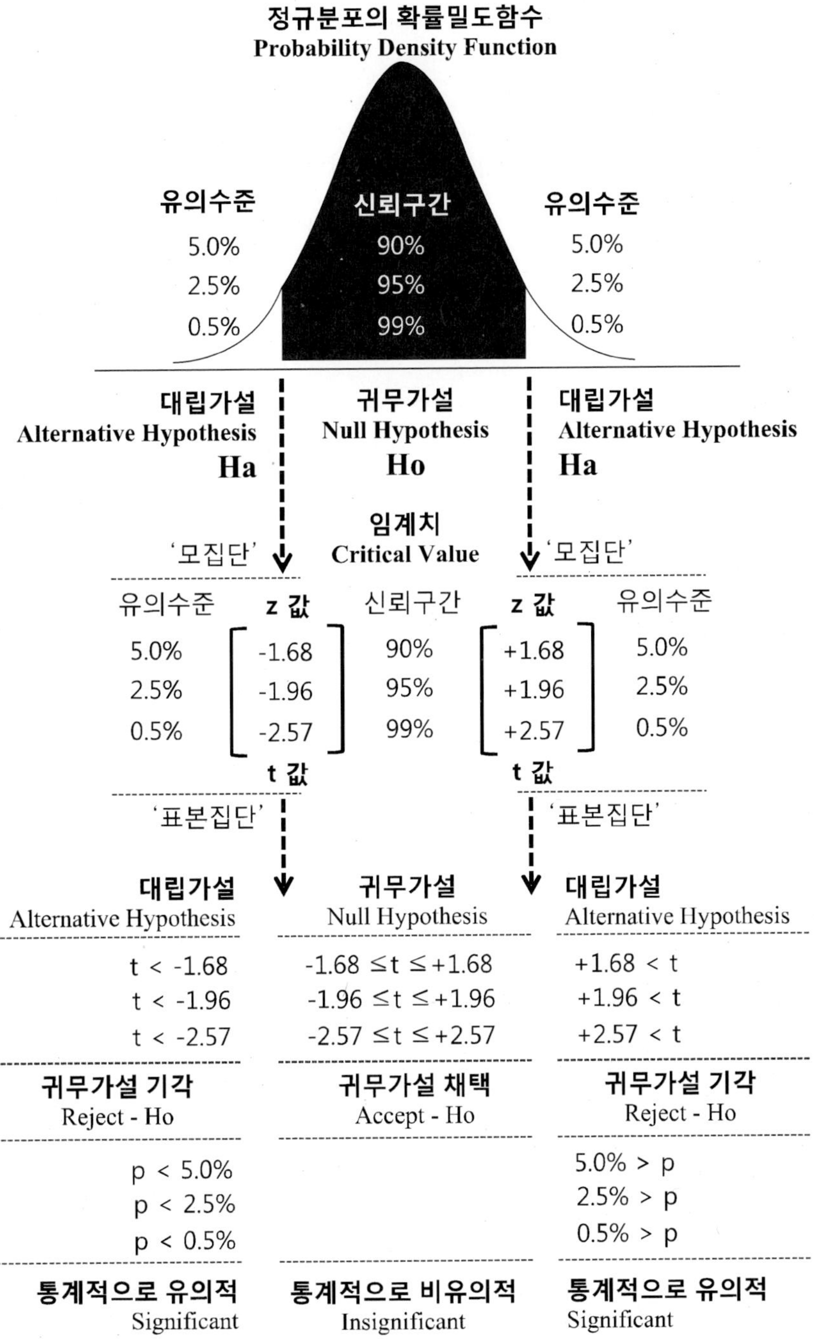

그림4-1 ▎ 그림은 통계적 가설검증에 관련된 주요 용어들 및 그 관계를 요약 정리한 것이다.

1 | 목적

- 표본자료를 이용한 통계적 가설검증의 주요 단계별 용어들 및 관련 내용들을 정리한다.

2 | 가설검증을 위한 단계별 방법

단계1: 가설설정

- 귀무가설(null hypothesis, H_o): 거짓임이 판명되기 전 진실로 인정되는 전제
- 대립가설(alternative hypothesis, H_a): 귀무가설이 기각되었을 때 채택되는 가설
- 일반적으로 가설을 설정할 때, 연구자가 입증하고자 하는 사실은 대립가설에 설정한다.

- 양측검증(two-tail hypothesis test)
  - ▷ 귀무가설 H_o: $\overline{X}=0$, 대립가설 H_a $\overline{X}\neq 0$,
  - ▷ 설정 목적: 측정된 값($\overline{X}$)이 통계적으로 의미 있는 값을 갖고 '0'이 아님을 평가함.
- 단측검증(one-tail hypothesis test)
  - ▷ 귀무가설 H_o: $\overline{X}=0$, 대립가설 H_a $\overline{X}\neq 0$ & $\overline{X}>0$,
  - ▷ 귀무가설 H_o: $\overline{X}=0$, 대립가설 H_a $\overline{X}\neq 0$ & $\overline{X}<0$,
  - ▷ 설정목적: 측정된 값($\overline{X}$)이 통계적으로 의미 있는 값을 갖고 '0'이 아니며, 그 값은 양(+)의 값 혹은 음(-)의 값을 갖는지를 평가함
- 일반적으로 가설설정에서 단측검증('0 (혹은 특정값) 보다 크다/작다')의 가설검증이 양측검증('0 인지 아닌지')의 가설검증에 비교하여 보다 강한 의견이 반영된 것이다.

※ 예제:

- Fama & MacBeth(1973) 연구[9]에 근거한 자본자산가격결정모형(capital asset pricing model, CAPM)의 검증가설 설정
  - ▷ 기대모형(이론적 모형) $E(R_j)=R_f+[E(R_m)-R_f]\beta_j$

    여기서 $E(R_j)$: j주식의 기대수익률, R_f: 무위험수익률,

    $E(R_m)$: 시장의 기대수익률, β_j: j기업의 시장베타
  - ▷ 검증모형(실증적 모형) $R_{j,t}-R_{f,t}=\alpha_j+[R_{m,t}-R_{f,t}]\beta_j+\epsilon_{j,t}$

    여기서 R_j: j주식의 수익률, R_m: 시장수익률, β_j: j기업의 시장베타

---

9) Fama, E. F. and J. D. MacBeth (1973), "Risk, Return, and Equibirium: Empirical Tests," Journal of Political Economy 81(3), 607-636.

- Fama & MacBeth (1973) 연구에 의한 횡단면(cross-sectional) 검증단계 및 가설

▷ STEP1: 과거기간$(t-1)$에서 베타계수$(\beta_{j,t-1})$ 추정

"$R_{j,t-1} - R_{f,t-1} = \alpha_j + [R_{m,t-1} - R_{f,t-1}]\beta_{j,t-1} + \epsilon_{j,t-1}$"

▷ STEP2: 미래기간(t)에서 추정된 베타계수$(\beta_{j,t-1})$에 대한 주식수익률$(R_{j,t})$의 회귀적 관계 추정

"$R_{j,t} - R_{f,t} = \gamma_j + \gamma_1\beta_{j,t-1} + \epsilon_{j,t}$

($\because$ γ_1은 '$R_{m,t} - R_{f,t}$'의 경제적 의미)"

▷ 〔가설설정〕 귀무가설 'H_0: $\gamma_1 = 0$', 대립가설 'H_a: $\gamma_1 \neq 0$ and $\gamma_1 > 0$'

첫째, 위험프리미엄의 회귀계수('γ_1')가 양(+)의 값을 갖는지 여부를 평가한다. 양(+)의 값을 갖는 경우에, 위험요소인 시장베타$(\beta_{j,t-1})$의 증가에 따라 개별주식의 초과수익률$(R_{j,t} - R_{f,t})$는 증가한다. 이는 위험과 수익간의 양(+)의 관계를 지지하는 증거로 본다.

둘째, 위험프리미엄의 회귀계수('γ_1')가 통계적으로 의미 있는 음(-)의 값을 갖는다면, 그 의미는 위험요소인 시장베타$(\beta_{j,t-1})$의 증가에 따라 개별주식의 초과수익률$(R_{j,t} - R_{f,t})$는 감소한다는 것으로 위험과 수익간의 양(+)의 관계에 대한 부정적 증거가 된다.

셋째, 위험프리미엄 회귀계수('γ_1')가 통계적으로 의미 없다면, 즉, 귀무가설(H_0: $\gamma_1 = 0$)을 기각하지 못한다면, 역시 위험과 수익간의 관계를 부정하는 증거가 된다.

단계2: 확률분포의 통계량 산출

- 가정: 모집단 및 표본의 확률분포는 정규분포를 따른다.
- 통계량의 산출식, "$\dfrac{\text{표본통계량} - \text{귀무가설의 설정값}}{\text{표본의 표준오차}}$"

▷ 모집단의 분산(σ^2, 표준편차 σ)이 알려져 있는 경우, $z = \dfrac{\overline{X} - \mu}{\sigma/\sqrt{n}}$

▷ 모집단의 분산(표준편차)이 알려져 있지 않은 경우, $t = \dfrac{\overline{X} - \mu}{s/\sqrt{n}}$ (s-표본표준편차)

- 산출되는 통계량에 영향을 미칠 수 있는 요소는 '분자의 측정값$(\overline{X})$'과 '분모의 표본오차$(s/\sqrt{n})$, 즉 표준편차(s)와 자료 숫자(n)'이다.

IV 금융자료의 통계적 가설검증

▷ 다른 조건이 일정한 경우, 표본자료로부터의 측정된 평균값에 대해 통계적으로 의미 있는 t 값을 갖게 하는 요소는 '분자의 측정값($\overline{X}$)'이 큰 값을 갖거나 혹은 '분모의 표준오차($s/\sqrt{n}$)'가 작은 값을 갖는 경우이다.

▷ 한편, 분모의 표준오차($s/\sqrt{n}$)가 작은 값을 갖는 경우는 다른 조건이 일정한 경우에 '표본 표준오차(s)'가 작은 값을 갖거나 혹은 표준오차의 분모인 '자료 숫자(n)'가 큰 경우이다.

※ **예제:**

▷ 귀무가설 H_o: $\mu = 0$, 대립가설 H_a: $\mu \neq 0$

▷ 통계량 $= \dfrac{\text{표본통계량} - \text{귀무가설의 설정값}}{\text{표본의 표준오차}}$; $t = \dfrac{\overline{X} - \mu}{s/\sqrt{n}}$ (s-표본표준편차)

▷ 귀무가설의 설정에서 $\mu = 0$이기 때문에, 설정 통계량은 "$t = \dfrac{\overline{X}}{s/\sqrt{n}}$".

단계3: 유의수준과 그 통계적 해석

■ 신뢰구간(confidence interval, $1-\alpha$)과 유의수준(significance level, α)의 관계:

▷ 통계적 가설검증에 널리 이용되는 대표적인 3가지 신뢰구간($1-\alpha$)은 '90%', '95%', '99%' 이다.

▷ 통계적 가설검증에 널리 이용되는 3가지 신뢰구간인 90%, 95%, 99%에 대한 유의수준(α)은 '10%', '5%', '1%' 이다.

▷ 가설검증이 양측검증인 경우의 유의수준은 '$\alpha/2$ = 5.0%, 2.5%, 0.5%', 반면에, 단측검증인 경우는 유의수준이 'α = 10%, 5%, 1%'이다.

■ 유의수준과 임계치(critical value)의 관계:

▷ 확률분포에서 '$\alpha/2$ = 5.0%'의 누적확률에 대한 임계치는 '±1.68' 이다. 즉, 임계치 -1.68은 확률분포의 누적확률이 5%되는 지점이고, 임계치 +1.68은 확률분포의 누적확률이 95%되는 지점이다. 〔※ 신뢰구간 90% = 95%-5%〕

▷ 확률분포에서 '$\alpha/2$ = 2.5%'의 누적확률에 대한 임계치는 '±1.96' 이다. 즉, 임계치 -1.96은 확률분포의 누적확률이 2.5%되는 지점이고, 임계치 +1.96은 확률분포의 누적확률이 97.5%되는 지점이다. 〔※ 신뢰구간 95% = 97.5%-2.5%〕

▷ 확률분포에서 '$\alpha/2$ = 0.5%'의 누적확률에 대한 임계치는 '±2.57' 이다. 즉, 임계치

-2.57은 확률분포의 누적확률이 0.5%되는 지점이고, 임계치 +2.57은 확률분포의 누적확률이 99.5%되는 지점이다. 〔※ 신뢰구간 99% = 99.5%-0.5%〕

■ 유의수준 및 임계치를 기준으로 t통계량에 의한 가설의 평가:

▷ 귀무가설을 기각하지 못함 (accept null hypothesis), 즉 귀무가설 채택.

$\alpha/2 = 5.0\%$ → '$-1.68 < t < +1.68$'

$\alpha/2 = 2.5\%$ → '$-1.96 < t < +1.96$'

$\alpha/2 = 0.5\%$ → '$-2.57 < t < +2.57$'

▷ 귀무가설을 기각함 (reject null hypothesis), 즉 대립가설을 채택.

$\alpha/2 = 5.0\%$ → '$t \leqq -1.68$', '$t \geqq +1.6$'

$\alpha/2 = 2.5\%$ → '$t \leqq -1.96$', '$t \geqq +1.96$'

$\alpha/2 = 0.5\%$ → '$t \leqq -2.57$', '$t \geqq +2.57$'

■ 유의수준(α)의 의미:

▷ 확률분포의 통계량('t값')과 유의수준이 결정된 후에, 설정된 가설에 대한 평가는 '귀무가설을 기각한다 (대립가설을 채택한다)', '대입가설을 기각한다 (귀무가설을 기각하지 못한다)' 등으로 평가한다.

▷ Type I 오류(α): 귀무가설이 진실임에도 불구하고 귀무가설을 기각하는 오류에 해당하며, 설정된 유의수준(α)의 크기가 Type I 오류의 크기에 해당한다. 따라서 유의수준(α)는 연구자의 주장/결론에서 틀릴 오류의 크기를 의미한다. 즉,

첫째, 유의수준 'α=10%'에서의 연구자가 통계적으로 유의적인 결과(귀무가설 기각)를 얻었다면, 통계적 유의성의 평가기준인 유의수준 'α=10%'가 연구자의 주장이 잘못될 수 있는 오류('Type I 오류')의 크기이고, 통계적으로 '약한 증거'에 해당한다.

둘째, 유의수준 'α=5%'에서의 연구자가 통계적으로 유의적인 결과(귀무가설 기각)를 얻었다면, 통계적 유의성의 평가기준인 유의수준 'α=5%'가 연구자의 주장이 잘못될 수 있는 오류('Type I 오류')의 크기이고, 통계적으로 '강한 증거'에 해당한다.

셋째, 유의수준 'α=1%'에서의 연구자가 통계적으로 유의적인 결과(귀무가설 기각)를 얻었다면, 통계적 유의성의 평가기준인 유의수준 'α=1%'가 연구자의 주장이 잘못될 수 있는 오류('Type I 오류')의 크기이고, 통계적으로 '매우 강한 증거'에 해당한다.

▷ Type II 오류(β) - 귀무가설이 거짓임에도 불구하고 귀무가설을 기각하지 못하는 오류에 해당한다.

■ 통계적 표현:

▷ 일반적으로 귀무가설을 기각하는 경우를 '통계적으로 유의적 (statistically significance)' 이라 표현하고, 귀무가설을 기각하지 못하는 경우는 '통계적으로 비유의적 (statistically insignificant)'이라고 표현한다.

■ "p값(p-value)"을 이용한 가설의 평가:

▷ 통계적 검증에서 이용되는 p값은 확률분포에서 측정된 누적확률을 나타내고, p값을 이용한 통계적 유의성의 평가기준은 유의수준 α=1%, 5%, 10%을 이용한다.

▷ 예를 들어, 신뢰구간 95%의 양측검증에 대한 유의수준 '$\alpha/2$=2.5%'는 임계치 -1.96 지점까지 확률분포의 누적확률이 2.5%에 해당하고, 임계치 -1.96지점부터 +1.96 지점까지의 확률분포 누적확률은 97.5%이며, 임계치 +1.96지점 이후 남은 영역 확률분포의 누적확률은 100%(2.5%=100%-97.5%)가 된다.

▷ 따라서 확률분포 왼쪽의 p값=2.5%는 임계치 -1.96지점까지의 유의수준 $\alpha/2$=2.5%에 해당하는 누적확률이기 때문에 임계치 -1.96지점과 동일한 의미를 갖고, 확률분포 오른쪽의 p값=2.5%는 임계치 +1.96지점 이후의 유의수준 $\alpha/2$=2.5%에 해당하는 누적확률이기 때문에 임계치 +1.96지점과 동일한 의미를 갖는다.

▷ 결국, 유의수준 $\alpha/2$=2.5%보다 작은 p값(p≤2.5%)의 의미는 t 값이 임계치 ±1.96 보다 바깥쪽의 값('t≥+1.96', 't≤-1.96')을 갖는 것이기 때문에 귀무가설을 기각할 수 있다. 반면에, 유의수준 $\alpha/2$=2.5%보다 큰 p값(p>2.5%)의 의미는 t 값이 임계치 ±1.96의 안쪽의 값('-1,96≤t≤+1.96')이기 때문에 귀무가설을 기각하지 못한다.

▷ 이상의 p값, 유의수준(α), t값 간의 관계에 의한 통계적 유의성 평가는 다음과 같다,

▸ 귀무가설을 기각하지 못함 (accept null hypothesis), 즉 귀무가설을 채택.

$\alpha/2 = 5.0\%$ → 양측검증 '$p > \alpha/2(= 5.0\%)$' ; 단측검증 '$p > \alpha(= 10\%)$'

$\alpha/2 = 2.5\%$ → 양측검증 '$p > \alpha/2(= 2.5\%)$' ; 단측검증 '$p > \alpha(= 5\%)$'

$\alpha/2 = 0.5\%$ → 양측검증 '$p > \alpha/2(= 0.5\%)$' ; 단측검증 '$p > \alpha(= 1\%)$'

▸ 귀무가설을 기각함 (reject null hypothesis), 즉 대립가설을 채택.

$\alpha/2 = 5.0\%$ → 양측검증 '$p \leq \alpha/2(= 5.0\%)$' ; 단측검증 '$p \leq \alpha(= 10\%)$'

$\alpha/2 = 2.5\%$ → 양측검증 '$p \leq \alpha/2(= 2.5\%)$' ; 단측검증 '$p \leq \alpha(= 5\%)$'

$\alpha/2 = 0.5\%$ → 양측검증 '$p \leq \alpha/2(= 0.5\%)$' ; 단측검증 '$p \leq \alpha(= 1\%)$'

그림 4-2 가설검증 [1]: 신뢰구간과 임계치

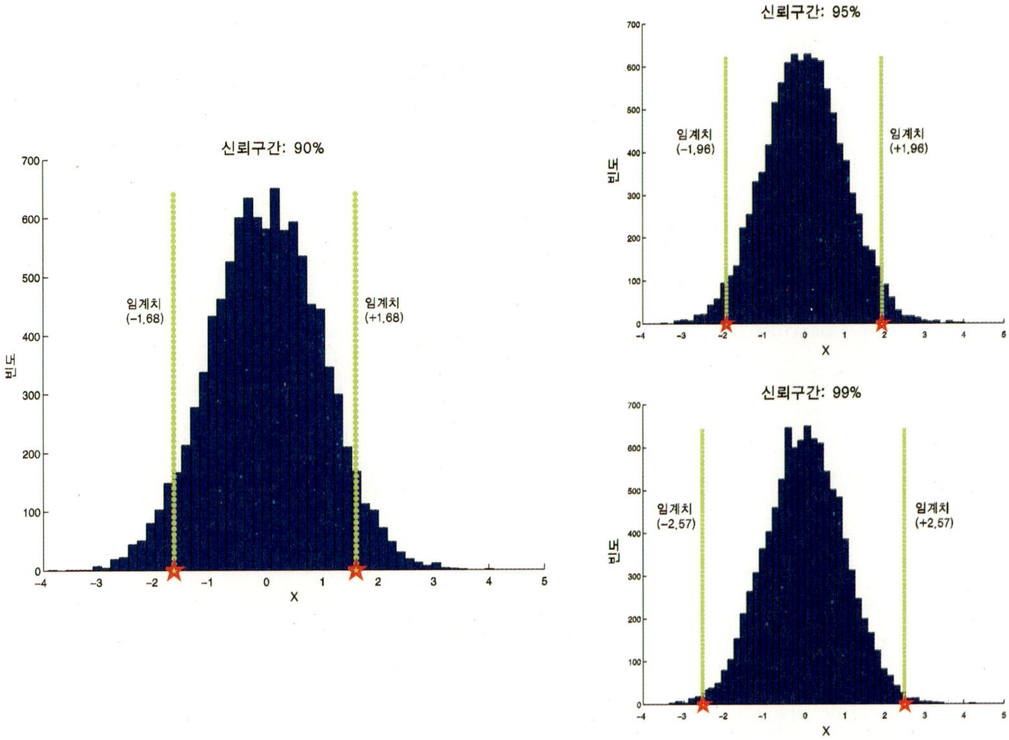

그림4-2 ▌ 그림은 정규분포의 확률밀도함수에 있어서 가설검증에 이용되는 대표적인 3가지 신뢰구간인 90%, 95%, 99%의 영역 및 그 영역을 구분 짓는 경계선인 임계치를 함께 표시하였다.

1 | 목적

- 정규분포에 있어서 대표적인 90%, 95%, 99%의 신뢰구간(confidence interval)과 각 신뢰구간의 경계선에 해당하는 임계치(critical value) 간의 관계를 관찰한다.

2 | 자료, 기간 및 방법

- 자료: 표준정규분포를 따르는 난수 10000개 생성
- 방법:

▷ 생성된 난수자료(10,000개)를 분위수(백분위, percentile) 기준으로 누적확률(유의수준, $\alpha/2$)이 '5%', '2.5%', '0.5%'에 해당하는 자료 값(경계값, 임계치)을 탐색.

▷ 탐색된 자료 값(임계치)을 기준으로 자료 값 사이에 존재하는 빈도의 비율(상대빈도)을 산출.

3 | 관찰결과

- 그림은 정규분포의 대표적 3가지 신뢰구간인 90%, 95%, 99%를 나타내고, 각 신뢰구간의 확률범위에 대한 경계선인 임계치 ±1.68, ±1.96, ±2.57을 각각 표시하였다. 그림에서 왼쪽의 큰 그림은 신뢰구간 90%와 그 임계치인 ±1.68를 표시한 것이고, 오른쪽의 작은 그림은 신뢰구간 95%(위 그림)와 99%(아래그림), 그리고 각각의 임계치 ±1.96과 ±2.57을 표시하였다.
- 관찰결과에서, 정규분포를 따르는 난수자료 10,000개를 이용하여 난수자료의 빈도분포를 산출하였다. 그리고 빈도분포에 대하여 3가지 신뢰구간의 임계치 범위($-1.68 \le X_k \le +1.68$, $-1.96 \le X_k \le +1.96$, $-2.57 \le X_k \le +2.57$)에 속하는 자료 숫자(F_N)를 확인한 후, 이 자료 숫자를 총 자료숫자(10,000, F_T)와 비교하였을 때, 그 비율($\frac{F_N}{F_T}$)이 각각 90%, 95%, 99%의 값을 갖는다는 것을 확인하였다.

4 | Matlab을 이용한 분석팁

- MATLAB 기본 코드: '임계치와 통계적 확률'

```
DataNUMBER = 10000;
RandomX = randn(DataNUMBER,1);
%
ZProb = [5, 95];    % confidence interval 90%
ThresholdVALUE = prctile(RandomX, ZProb);  % Percentile
% Counting
KKa = 0;
for k = 1 : DataNUMBER
    if RandomX(k,:) >= ThresholdVALUE(1,1) & RandomX(k,:) <= ThresholdVALUE(1,2)
        KKa = KKa + 1;
    end
end
AbsoluteFREQ = KKa;
RelativeFREQ = AbsoluteFREQ/DataNUMBER;
```

▷ ①, ②, **'명령어, randn()'**을 이용하여 표준정규분포를 따르는 난수를 생성한다. 입력요소는 첫째, 생성할 자료의 행 구조('DataNUMBER'), 둘째, 생성할 자료의 열 구조('1')이다. 앞의 ①에서 생성할 자료 숫자를 '10,000'을 새로운 변수 'DataNUMBER'에 설정한다. 생성할 난수자료의 구조는 '10000×1'으로 행은 '10000'이고 열은 '1'이다. 그리고 그 결과를 새로운 변수 'RandomX'에 대입한다.

▷ ③, ④, **'명령어, prctile()'**를 이용하여 확률분포의 지정 누적확률의 임계치(경계값)을 찾는다. 입력요소는 첫째, 자료('RandomX'), 둘째, 누적확률의 지점('ZProb')이다. 앞의 ③에서 지정한 특정 누적확률은 5%와 95%의 2가지이다. 즉, 확률분포의 누적확률이 5%인 지점과 누적확률 95%인 지점으로 설정된 범위내의 확률크기는 90%가 된다. 두가지 누적확률을 '[5, 95]'의 형식으로 새로운 변수 'ZProb'에 대입한다. 그리고 앞의 ②에서 생성한 난수자료의 변수 'RandomX'와 지정된 누적확률의 변수 'ZProb'를 명령어 'prctile(RandomX, ZProb)'에 대입한 후에 찾은 두가지 임계치를 새로운 변수 'ThresholdVALUE'에 대입한다. 여기서 변수 'ThresholdVALUE'의 자료구조는 설정된 변수 'ZProb'의 구조와 동일한 '1×2'를 갖는다.

▷ ⑤, 특정 범위에 속하는 자료 숫자를 확인하기 위한 구분자 변수 'KKa'에 초기값('0')을 설정한다. 즉, ⑦의 **'명령어, if...end'**의 조건에 부합한다면 ⑧의 'KKa=KKa+1'명령어에 의하여 구분자 변수 'KKa'의 값은 '1'씩 증가한다. 따라서 최종단계에서 변수 'KKa'에 수록된 값이 조건에 부합하는 총 자료 숫자가 된다.

▷ ⑥~⑩, **'명령어, for...end'**를 이용하여 반복과정을 수행한다. 즉, 반복과정의 구분자 변수 'k'는 최소 '1'부터 최대 'DataNUMBER=10000'까지 **'for...end'** 사이에 있는 모든 명령어를 반복 실행한다.

▷ ⑦~⑨, **'명령어, if...end'**를 이용하여 조건에 부합하면 포함된 명령어들을 실행한다. 설정된 조건은 앞의 ④에서 변수 'ThresholdVALUE'에 수록된 누적확률 5%와 95%의 각 경계값(임계치)을 이용하여, 난수자료 변수 'RandomX'의 자료들이 범위에 속하는지 여부이다. 만약, 조건에 부합('yes')하면, **'if...end'**사이의 명령어를 실행한다. 즉, 5%의 임계치보다 크거나 같고 (RandomX(k, :)〉=ThresholdVALUE(1, 1)), 그리고 95%의 임계치보다 작거나 같은 (RandomX(k, :)〈=ThresholdVALUE(1, 2)) 두가지 조건을 함께 만족시키는 범위('&')에 속하는 자료이면 **'명령어, if..end'** 사이의 구분자 변수 'KKa=KKa+1'을 실행한다. 만약, 조건에 부합하지 않는 5%와 95%의 임계치 범위 밖에 속하는 난수자료라면 **'if..end'** 사이의 명령어를 실행하지 않는다.

▹ ⑪, 절대빈도를 확인한다. 즉, 앞의 ⑥~⑩, **'명령어, for...end'**에서 ⑦~⑨, **'명령어, if...end'**을 통하여 최종단계에서 ⑧의 구분자 변수 'KKa'에 수록된 값을 이용한다. 따라서 최소 k=1에서 최대 k=DataNUMBER('=10, 000')의 **'명령어, for...end'**과정에서 **'명령어, if...end'**을 통하여 난수자료 변수 'RandomX'에서 확인된 신뢰구간 95%범위에 속하는 자료의 총 숫자이다. 그 결과는 새로운 변수 'AbsoluteFREQ'에 대입한다.

▹ ⑫, 상대빈도를 계산한다. 즉, 앞의 ⑪에서 확인된 절대빈도의 변수 'AbsoluteFREQ'에 수록된 값을 변수 'RandomX'의 총 자료 숫자('DataNUMBER = 10000')으로 나눈 후, 그 결과를 새로운 변수 'RelativeFREQ'에 대입한다.

그림 4-3 가설검증 [2]: 가설검증과 t 값

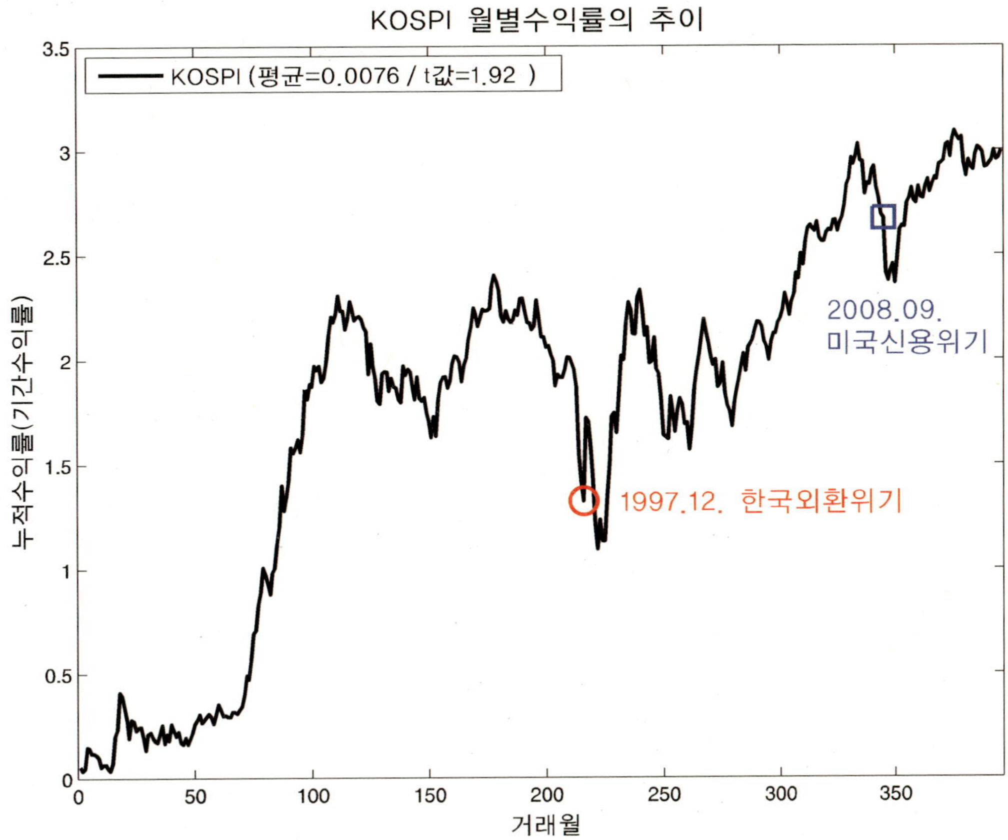

그림4-3 그림은 1980년 1월부터 2012년 12월까지 396개월 KOSPI 월별수익률의 추이를 나타낸 것으로, X축은 거래월을, Y축은 누적수익률에 의한 기간수익률을 나타낸다. 그리고 1997년 12월 한국외환위기('○')와 2008년 9월 미국신용위기('ㅁ')를 함께 표시하였다.

1 | 목적

- 한국주식시장의 대표적 시장지수인 KOSPI의 월별수익률을 이용하여 계산된 평균값이 통계적으로 의미 있는 값인지 여부를 가설검증을 통하여 평가한다.
- 즉, 귀무가설로 '평균값은 0과 의미 있는 차이가 없다 (H_0; μ=0)'로 설정하고, 대립가설은 '평균값은 0과 의미 있는 차이가 있다 (H_a; $\mu \neq 0$)'로 설정한다. 그리고 측정된 평균값에 대한 t 값을 통하여 가설을 평가한다.

2 | 자료, 기간 및 방법

- 자료: KOSPI 시장지수의 월별수익률
- 기간: 1980년 1월부터 2012년 12월의 396개월
- 방법:

▷ 귀무가설 H_o: $\mu = 0$, 대립가설 H_a: $\mu \neq 0$

▷ 평균값 산출, $\overline{X} = \frac{1}{T}\sum_{t=1}^{T} R_t$, 여기서 R_t는 KOSPI 월별수익률, T는 396개월

▷ t통계량 산출, $\frac{\text{표본통계량} - \text{귀무가설의 설정값}}{\text{표본의 표준오차}}$

▷ 따라서, 통계량 $t = \frac{\overline{X} - \mu}{s/\sqrt{n}}$는 설정된 귀무가설 '$\mu = 0$'에 따라 $t = \frac{\overline{X}}{s/\sqrt{n}}$로 표시

3 | 관찰결과

- 그림은 1980년 1월부터 2012년 12월의 396개월의 기간에 KOSPI 시장지수의 월별수익률 추이를 나타내고, 그리고 해당 기간 동안의 월별수익률의 평균값과 그 t 값을 함께 표시하였다.
- 관찰결과에서, KOSPI 월별수익률의 평균값은 0.76% (년간, 9.12%=0.76%×12) 이고, 이 평균값에 대한 t 값은 '1.92'로 유의수준 α=10%에서 유의적이다.
- 즉, 평균값에 대한 t=1.92는 신뢰구간 90%에 대한 양측검증의 유의수준 α=10%에 대한 임계치 +1.68보다 크고, 신뢰구간 95%의 유의수준 α=5%의 임계치 +1.96보다 작기 때문에, 유의수준 10%에서 '귀무가설: 평균값=0 이다'을 기각한다. 따라서 그림에 보고된 평균값 0.76%는 통계적 유의수준 10%에서 유의적인 값이다.

4 | Matlab을 이용한 분석팁

- MATLAB 기본 코드: 't 값 계산'

```
   [TimeN, C] = size(MarketRET);
① AVE = mean(MarketRET);
② STD = std(MarketRET);
③ STD_Error = STD/sqrt(TimeN);
④ t_value = AVE/STD_Error;
```

▷ ①, **'명령어, mean()'**을 이용하여 평균값을 계산한다. 입력요소는 자료('MarketRET')이다. 즉, KOSPI 월별수익률의 자료를 수록하고 있는 변수 'MarketRET'에 대한 평균값을 산출하고, 그 결과를 새로운 변수 'AVE'에 대입한다.

▷ ②, **'명령어, std()'**을 이용하여 표준편차를 계산한다. 입력요소는 자료('MarketRET')이다. 즉, KOSPI 월별수익률의 자료를 수록하고 있는 변수 'MarketRET'에 대한 표준편차를 산출하고, 그 결과를 새로운 변수 'STD'에 대입한다.

▷ ③, 표준오차($s/\sqrt{n}$)를 계산한다. 즉, 앞의 ②에서 산출된 표준편차('STD', s)를 제곱근의 자료 숫자($\sqrt{n}$)로 나눈다. KOSPI 월별수익률의 자료 숫자(396개월)는 변수 'TimeN'에 수록되어 있고 제곱근은 **'명령어, sqrt()'**를 이용하여 'sqrt(TimeN)'의 형식으로 산출한다. 따라서 표준편차를 자료 숫자로 조정한 표준오차 'STD/sqrt(TimeN)'를 산출한 후에, 그 결과를 새로운 변수 'STD_Error'에 대입한다.

▷ ④, t 값 ($\frac{\overline{X}}{s/\sqrt{n}}$)을 산출한다. 분자는 앞의 ①에서 산출한 평균값을 수록한 변수 'AVE'을 이용하고, 분모는 ③에서 산출한 표준오차의 변수 'STD_Error'를 이용한다. 즉, 변수 'AVE'를 변수 'STD_Error'로 나눈 값이 t 값이 되고, 그 결과는 새로운 변수 't_value'에 대입한다.

Ⅳ 금융자료의 통계적 가설검증

그림 4-4 가설검증 [3]: 표본자료의 숫자 변화에 따른 t 값의 영향

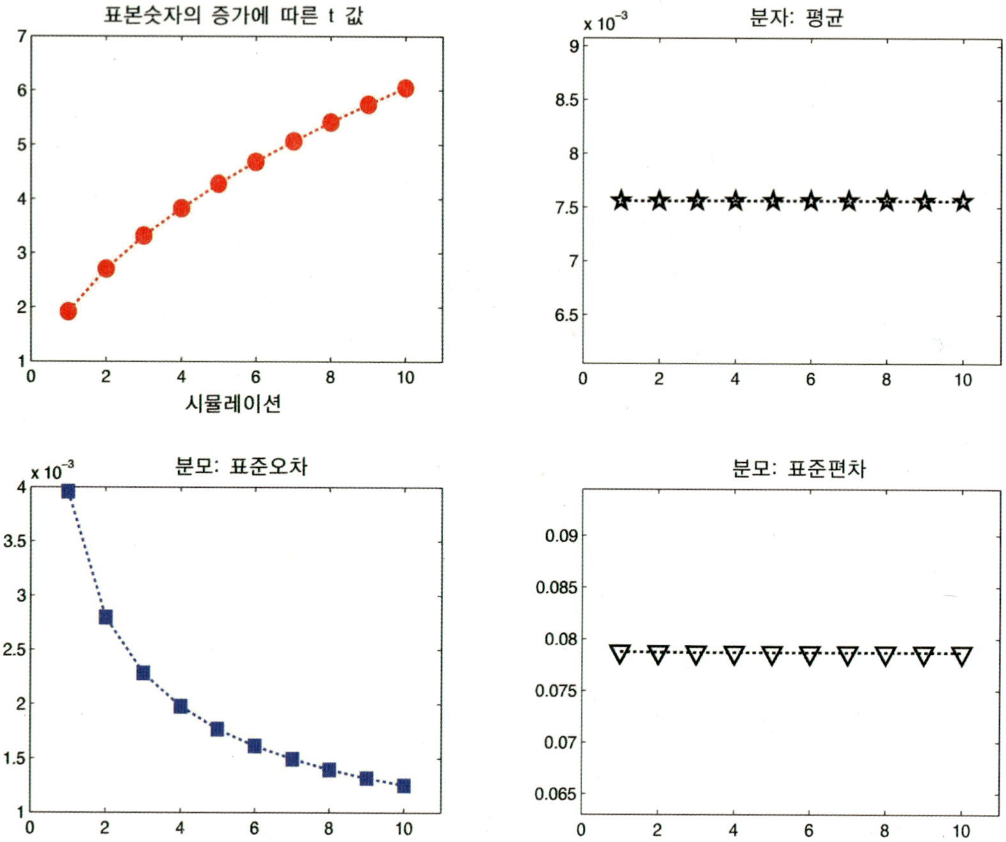

그림4-3 ▎ 그림은 1980년 1월부터 2012년 12월의 KOSPI 시장지수의 월별수익률 자료를 이용하여, t 값의 산출에 있어서 사용되는 자료 숫자의 변화(10가지: 396, 792, 1188, 1584, 1980, 2376, 2772, 3168, 3568, 3960)에 따른 t 값으로의 영향을 관찰한 것이다. 그림에서 X축은 10가지 자료 숫자의 구분자 표시이다. 즉, 1='396', 2='792',..., 10='3960'과 같다. 위 그림에서 왼쪽은 t 값을, 오른쪽은 평균값을 나타내고, 아래 그림에서 왼쪽은 표준오차를, 오른쪽은 표준편차를 나타낸다.

1 ▎ 목적

- 표본자료로부터의 측정치에 대한 가설검증을 통한 통계적 유의성을 평가하는 기준인 t 값에 영향을 미칠 수 있는 요소들 중에서 자료숫자의 증가에 따른 영향을 비교 관찰한다.
- 즉, t 값의 산출식 ($t = \dfrac{\overline{X} - \mu}{s/\sqrt{n}}$)에서 t 값에 영향을 미칠 수 있는 요소들로는 첫째, 분

자의 평균($\overline{X}$), 둘째, 분모의 표준오차($s/\sqrt{n}$)이고, 분모의 표준오차는 표준편차(s)와 분석에 이용된 자료 숫자(n)이다.

- 따라서 반복실험 시뮬레이션을 통하여, 영향 요소들 중에서 측정값($\overline{X}$)과 표준편차(s)를 동일하게 설정 한 후에, 단지 분석에 이용된 자료 숫자(n)만을 증가시킬 경우에 t 값에서의 변화를 관찰한다.

2 | 자료, 기간 및 방법

- 자료: KOSPI 시장지수의 월별수익률
- 기간: 1980년 1월부터 2012년 12월의 396개월
- 방법:

▷ 실험목적에 따라 동일한 평균과 표준편차의 조건을 만족시키기 위하여 동일한 자료를 반복적으로 사용한다. 즉, 자료 숫자만을 인위적으로 증가시키는 반복실험 시뮬레이션을 이용한다.

▶ 반복실험 시뮬레이션 과정

▷ 〔단계1〕 KOSPI 시장지수의 n=396개월 월별수익률로부터 평균($\overline{X}$)과 표준편차(s)를 계산한다.

▷ 〔단계2〕 앞 단계에서 계산된 평균($\overline{X}$), 표준편차(s), 그리고 자료숫자(n)를 이용하여 t 값($=\dfrac{\overline{X}}{s/\sqrt{n}}$)을 산출한다.

▷ 〔단계3〕 실험목적에 따라, 동일한 KOSPI 시장지수의 자료를 앞의 '단계1~2'에서 사용된 자료에 추가적 포함하여 새로운 자료를 생성한다. 즉 $k=2$; $k\times(n=396)$의 방법으로 동일한 자료를 두 번 포함하는 새로운 자료를 만든다. 물론, 동일한 평균과 표준편차를 갖는 자료이기 때문에, 새로운 자료에 대하여 계산될 평균과 표준편차는 변화지 않는다. 그리고 조정된 792개(=396×2)의 자료를 이용하여 앞의 '단계 1~2'의 평균, 표준편차, 그리고 t 값을 계산한다.

▷ 〔단계4〕 앞의 단계3에서 $k=3,\ldots,10$으로 단계적으로 k를 증가시킴에 따라 새롭게 만들어진 자료들을 이용하여 앞의 단계 1~2를 반복실험 시뮬레이션 한다.

3 | 관찰결과

- 그림은 동일한 평균과 표준편차를 갖는 자료들에 있어서, 단지 자료 숫자만을 변화시킴에 따라 t 값으로의 영향을 나타낸 것이다. 즉, 동일한 평균과 표준편차를 갖는 10가지의 자료 숫자, '396개', '792개', '1, 188개', '1, 584개', '1, 980개', '2, 376개', '2, 772개', '3, 168개', '3, 568개', '3, 960개'를 이용하고, 그림에서 X축의 구분번호 1, 2, . . . , 10으로 나타낸다. 위 그림에서 왼쪽 그림은 10가지 자료숫자별로 계산된 t 값을, 오른쪽 그림은 t 값의 산출식의 분자항목인 평균값을 나타내고, 아래 그림에서 왼쪽 그림은 10가지 자료숫자별로 t 값 산출식의 분모항목인 표준오차를, 오른쪽 그림은 표준오차의 분자인 표준편차를 나타낸다.
- 관찰결과에서, 반복실험 시뮬레이션 설계에 따라 자료숫자의 변화에 관계없이 평균값(위-오른쪽 그림)과 표준편차(아래-오른쪽 그림)는 동일한 일정한 값을 갖는다는 것을 알 수 있다. 하지만, t 값 산출식의 분모인 표준오차($s/\sqrt{n}$, 아래-왼쪽 그림)는 자료 숫자가 최소 396개에서 최대 3, 960개로 증가함에 따라 지속적으로 감소하는 패턴을 보여준다. 결국, t 값 산출식의 분모인 표준오차가 자료숫자의 증가에 따라 감소하기 때문에 t 값(위-왼쪽 그림)은 자료숫자의 증가에 따라 증가하는 패턴을 보여준다.
- 통계적 분석에서, 다른 모든 조건이 동일하다는 조건하에 분석과정에 보다 많은 자료를 이용하면 보다 유의적인 t 값을 구할 수 있다. 따라서 보다 많은 표본자료를 사용할수록 표본자료가 모집단에 근접하게 되는 것을 의미하기 때문에, 가설검증에 대한 신뢰성을 높이는 결과를 낳는다.

4 | Matlab을 이용한 분석팁

- MATLAB 기본 코드: '동일한 평균과 표준편차를 갖는 자료생성 방법'

```
StartSIM = 1;   EndSIM = 10;
while StartSIM <= EndSIM
    % 1. Creating Data
    if StartSIM == 1
        TestDATA = MarketRET;
    else
        TestDATA = [TestDATA ; MarketRET];
    end
    % 2. Statistics
```

```
⑧     AVE = mean(TestDATA);
⑨     STD = std(TestDATA);
⑩     STD_Error = STD/sqrt(length(TestDATA));
⑪     t_value = AVE/STD_Error;
      % 3. Results
⑫     RESULT(StartSIM,:) = [StartSIM, AVE, STD, STD_Error, t_value];
      % 0: LOOP
⑬     StartSIM = StartSIM + 1;
⑭     clear AVE;   clear STD;   clear STD_Error;   clear t_value;
⑮ end
```

▷ ①, 반복실험 시뮬레이션을 위한 구분자 변수를 설정한다. 즉, 총 10회의 반복실험 시뮬레이션을 위하여, 첫번째 실험의 구분자 변수 'StartSIM'에 '1'의 값을 설정하고, 마지막 실험의 구분자 변수 'EndSIM'에 '10'의 값을 설정한다. 그리고 두 번째 실험은 ⑬의 'StartSIM=StartSIM+1'의 반복과정에서 구분자 변수는 'StartSIM=2'이 되고, 이러한 과정은 최종 실험인 'EndSIM=10'까지 단계적으로 진행된다.

▷ ②~⑮, **'명령어, while...end'**를 이용하여, 조건에 부합하는 동안 **'while...end'**에 포함된 모든 명령어를 실행한다. 즉, 조건은 앞의 ①에서 설정한 10회 반복실험 시뮬레이션을 위하여 설정한 변수 'StartSIM'과 'EndSIM'간의 조건 'StartSIM<=EndSIM'이다. 예를 들어, 첫 번째 실험 'StartSIM=1'은 최종 실험인 'EndSIM=10'보다 작기 때문에 **'while...end'**에 포함된 모든 명령어를 실행한다. 그리고 ⑬의 'StartSIM=StartSIM+1'에 따라 구분자 변수 'StartSIM=2'을 산출하고, 조건('StartSIM<=EndSIM')의 비교를 통한 **'while...end'**에 포함된 명령어 실행 등을 판단한다. 따라서 최종실험인 10회를 마무리 한 단계에서 구분자 변수 'StartSIM'은 ⑬의 'StartSIM=StartSIM+1'에 의하여 'StartSIM=11'이 되고, 이는 조건('StartSIM<=EndSIM')을 만족시키지 못하기 때문에 ⑮의 **'end'**로 빠져나온다.

▷ ③~⑦, **'명령어, if...else...end'**를 이용하여 조건에 부합하는 부분의 명령어를 실행한다. 즉, 동일한 평균과 표준편차를 갖지만 자료 숫자만 다르게 만드는 반복실험 시뮬레이션을 위한 필요 자료를 생성한다. 생성되는 자료는 동일한 변수 'TestDATA'에 대입한다. **'명령어, if...else'**에서 조건은 'StartSIM==1'이다. 즉, 첫 번째 실험이면, **'if...else'** 사이의 명령어를 실행하고 ⑦의 **'end'**로 빠져나온다. KOSPI 시장지수의 396개월 월별수익률 자료를 수록하고 있는 변수 'MarketRET'를 분석에 이용될 새로운 변수 'TestDATA'에 대입한다. 변수 'TestDATA'는 변수 'MarketDATA'와 동일한 자료구조인 '396×1'을 갖는다. 다음으로, ⑬의 'StartSIM=StartSIM+1'에 의하여 'Start

SIM=2'가 되면, 조건은 'StartSIM==1'에 부합하지 않기 때문에 **'명령어, else...end'** 사이의 명령어를 실행한 후에 ⑦의 **'end'**로 빠져나온다. 즉, 두 번째 실험에 사용될 자료('TestDATA')를 'TestDATA=[TestDATA;MarketRET]'의 방법으로 생성한다. 여기서 오른쪽의 변수 'TestDATA'는 직전의 실험('StartSIM=1')에서 생성된 자료(396×1)이고, 변수 'MarketRET'는 KOSPI의 396개월 월별수익률(396×1)이며, 대괄호 '[]'를 이용하여 두가지 자료 변수들을 하나로 만든 후에 왼쪽의 새로운 변수 'TestDATA'에 대입한다. 하나의 자료로 만드는 방법은 행(row) 구조로 조정한다. 즉, 대괄호 []의 변수사이에 표시된 세미콜론(';')은 줄을 바꾸어 행으로 자료를 추가하는 옵션이다. 기존('StartSIM=1')의 변수 'TestDATA, (396×1)'에 KOSPI 월별수익률 변수 'MarktRET, (396×1)'를 행 구조를 결합하기 때문에 새로운 변수 'TestDATA'는 '792×1'의 구조를 갖는 자료가 된다. 동일한 과정으로 3번째 실험('StartSIM=3')으로 시뮬레이션을 진행한다면 ⑥의 명령어에서 생성되는 변수 'TestDATA'는 '1188×1'의 구조를 갖게 되며, 마지막 10번째 실험('StartSIM=10')의 시뮬레이션에서 생성되는 변수 'TestDATA'는 '3960×1'의 구조를 갖게 된다.

▷ ⑧~⑪, t 값을 관련된 평균, 표준편차, 표준오차 등을 산출한다. 즉, 앞의 ③~⑦의 과정에서 생성된 자료의 변수 'TestDATA'를 이용하여, ⑧에서 **'명령어, mean()'**로부터 평균값('AVE=mean(TestDATA)')을 계산하고, ⑨에서 **'명령어, std()'**로부터 표준편차('STD=std(TestDATA)')를 계산하며, 그리고 ⑩에서 산출된 표준편차('STD')를 자료 숫자로 나눈 표준오차('STD_error')를 계산한다. 자료 숫자는 **'명령어, length()'**를 이용하여, 'length(TestDATA)' 산출하고, 산출된 자료숫자는 **'명령어, sqrt()'**를 이용하여 제곱근, 'sqrt(length(TestDATA))'으로 계산한다. 그리고 ⑨에서 산출된 표준편차('STD')에 자료숫자의 제곱근 값('sqrt(length(TestDATA))')을 나눈 결과를 새로운 변수 'STD_error'에 대입한다. 마지막으로 ⑪에서 ⑧의 평균('AVE')과 ⑩의 표준오차('STD_error')를 이용하여 t 값을 산출하고, 그 결과를 새로운 변수 't_value'에 대입한다.

▷ ⑫, 반복실험 시뮬레이션으로부터 산출된 각 결과들을 하나의 변수에 모두 묶어 기록한다. 즉, 시뮬레이션의 진행 구분자 변수 'StartSIM', ⑧의 평균값 변수 'AVE', ⑨의 표준편차 변수 'STD', ⑩의 표준오차 변수 'STD_error', 그리고 ⑪의 t 값 변수 't_value'를 대괄호 [ ]를 이용하여 하나로 묶고, 그 결과를 새로운 변수 'RESULT'에 대입한다. 그리고 총 10회의 반복실험 시뮬레이션의 각 과정별로 언급된 변수별 결과들을 구분 기록하기 위하여 시뮬레이션의 진행 구분자 변수 'StartSIM'을 이용하여

변수 'RESULT(StartSIM, :)'고 같이 설정한다. 예를 들어, 첫 번째 실험('StartSIM=1')으로부터의 결과는 변수 'RESULT(1, :)'에 기록하고, 두번째 실험('StartSIM=2')으로부터의 결과는 변수 'RESULT(2, :)'에 기록한다. 동일한 과정은 마지막 10회 실험('Start SIM=10')에서 변수 'RESULT(10, :)'에 기록된다.

▷ ⑭, **'명령어, clear'**를 이용하여 지정된 변수를 메모리에서 지운다. 즉, 동일한 이름으로 시뮬레이션 과정에서 반복적으로 사용되는 변수들, 즉 평균('AVE'), 표준편차('STD'), 표준오차('STD_Error') 그리고 t통계량('t_value')을 계속 사용하기 위하여 지운다.

그림 4-5　가설검증 [4]: 극단치 존재에 따른 t 값의 영향

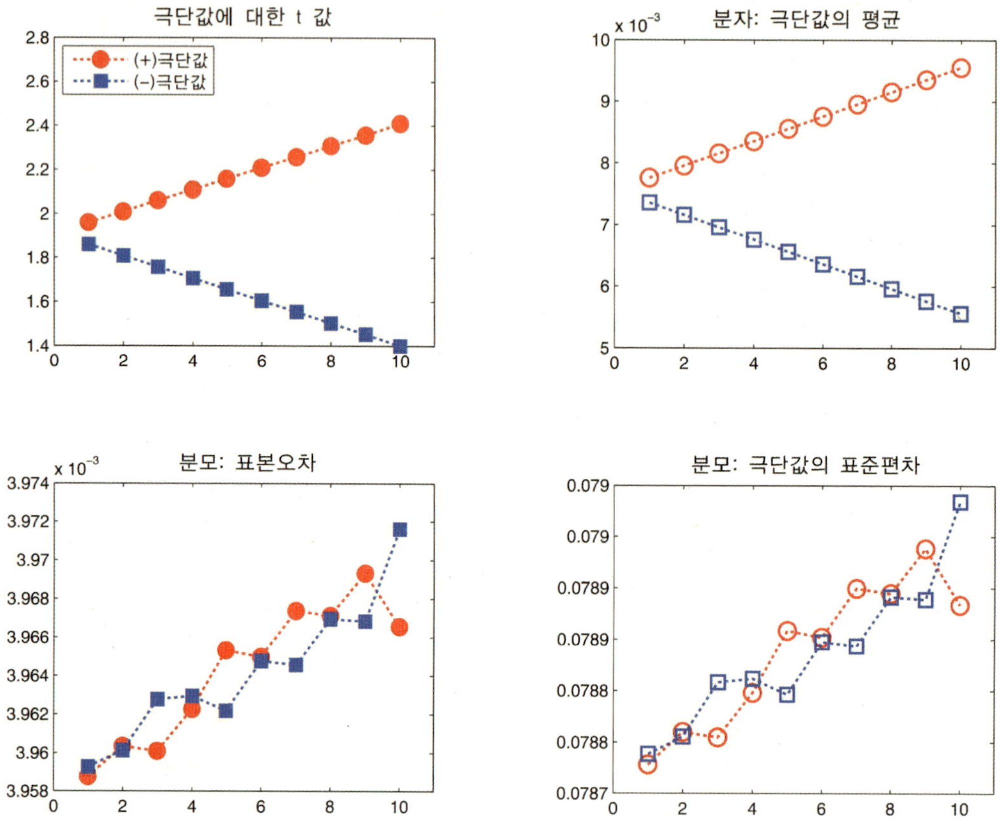

그림4-5 ▌ 그림은 1980년 1월부터 2012년 12월의 396개의 KOSPI 시장지수의 월별수익률 자료를 이용하여, 원자료에 일정 숫자의 극단치(4의 배수로 10가지 경우, 즉 최소 4개에서 최대 40개)를 포함한 경우에 t 값에 미치는 영향을 나타낸 것이다. 즉, 그림에서 X축은 자료 속에 포함되는 극단치의 자료의 구분자 표시이다. 즉, 1='4', 2='8', 3='12',..., 10='40'이다. 그리고 위 그림에서 왼쪽은 t 값을, 오른쪽은 평균을, 아래 그림에서 왼쪽은 표준오차를, 오른쪽은 표준편차를 나타낸다.

1 ┃ 목적

- 표본자료 속에 극단값들이 포함된 경우에 가설검증의 통계적 유의성을 평가하는 t 값에 미치는 영향을 t 값 산출식의 각 구성요소별로 비교 관찰한다. 여기서, t 값의 산출식 $(t = \frac{\overline{X} - \mu}{s/\sqrt{n}})$의 구성요소인, 첫째, 분자의 평균$(\overline{X})$, 둘째, 분모의 표준오차$(s/\sqrt{n})$이다. 여기서, 자료 숫자$(n)$은 동일하기 때문에 표준편차에 대한 영향만을 확인한다.

- 설계목적에 따라 10회 (k=1, 2, . . . , 10) 반복실험 시뮬레이션에서 원자료(KOSPI 월별수익률)의 396개 자료들 중, 4배수($4k$=4, 8, 12, . . ., 40) 자료를 임의로 선택한 후, 해당자료를 극단값으로 조정한 후에, 조정된 자료를 이용하여 실험을 한다.

2 | 자료, 기간 및 방법

- 자료: KOSPI 시장지수의 월별수익률
- 기간: 1980년 1월부터 2012년 12월의 396개월
- 방법:

▷ KOSPI 시장지수 월별수익률 자료(396개)에서 임의로 선택된 자료들을 극단치로 조정한 후, 이들 극단치를 포함하는 새로운 자료들을 이용하여 반복실험 시뮬레이션을 수행한다.

▷ 극단값은 두가지 경우로 구분하여 각각을 생성한다.

첫째, 극단적으로 큰 값을 갖도록 조정, '$X+5\frac{s}{\sqrt{n}}$'

둘째, 극단적으로 작은 값을 갖도록 조정, '$X-5\frac{s}{\sqrt{n}}$',

여기서, X는 KOSPI 월별수익률(396개)들 중에서 임의로 선택된 자료이고, s는 KOSPI 월별수익률의 표준편차이며, n은 자료 숫자 396이다.

▷ 설계목적에 따라 10회 (k=1, 2, . . . , 10) 반복실험 시뮬레이션에서 원자료에 포함시킬 극단값의 자료 숫자는 4 배수로 한다. 즉, 'm=4k' (k=1, 2, . . . , 10, m=4, 8, . . . , 40)이다.

▶ 반복실험 시뮬레이션 설계

▷ 〔단계1〕 원자료(KOSPI 월별수익률, 396개)에서 설정한 자료 숫자('m=4k, k=1')만큼의 수익률을 임의로 선택한다. 무작위 선택방법은 월별수익률의 거래월 숫자 구분자 1~396의 값을 갖도록 설정한 이산형 균등분포를 이용한다. 즉, 생성된 난수자료의 번호에 해당하는 거래월의 수익률 자료를 극단값을 갖는 조정대상 자료로 한다.

▷ 〔단계2〕 앞의 '단계 1'에서 선택된 무작위 난수자료 'm=4'('m=4k, k=1')에 수록된 번호에 해당하는 자료를 KOSPI 396개 월별수익률로부터 선택한 후, 각각을 극단값을 갖도록 조정한다. 그리고 조정된 극단값을 갖는 자료를 각각 '자료 A' (큰 극단값을 갖는 자료)와 '자료 B' (작은 극단값을 갖는 자료)로 구분한다.

▷ 〔단계3〕 앞의 '단계 2'에서 조정한 2가지 자료군('자료 A', '자료 B')를 각각 이용하여 t 값 산출식의 구성요소들인 평균, 표준편차, 표준오차, 그리고 t 값을 계산한다.

▷ 〔단계 4〕 앞의 '단계 1~3'의 과정에 대한 견고한 결과를 도출하기 위하여 100회의 반복실험 시뮬레이션을 실시한다. 즉, 앞에서 설정한 'm=4k, k=1'의 조건에 따라 무작위로 선택된 극단치를 이용한 분석과정을 100번 반복실험한 후에, 산출된 100개 측정치들의 평균값을 산출한다.

▷ 〔단계5〕 앞의 '단계1'에서 무작위로 선택되는 자료의 숫자를 'm=4k, k=2, . . . , 10'로 변경한 후, 앞의 '단계 2~4'을 반복적으로 실행한다.

3 | 관찰결과

- 그림은 KOSPI 시장지수의 월별수익률자료를 이용하여, 원자료에 인위적으로 일정 숫자의 극단값을 갖도록 생성한 새로운 자료를 이용하여, 극단값이 t 값에 미치는 영향을 나타낸다. 즉, 극단값은 10회(k=1, 2. . . , 10)의 반복실험 시뮬레이션에 4배수로 증가시킨다. 즉, (k=1, m=4개), (k=2, m=8개), (k=3, m=12개), . . . , (k=10, m=40개)이다. 그리고 그림에서 X축의 구분번호 1, 2, . . . , 10로 이들을 구분 표시하였다. 위 그림에서 왼쪽 그림은 10가지 경우별로 계산된 t 값을, 오른쪽 그림은 t 값의 산출식의 분자항목인 평균값을 나타낸다. 아래 그림에서 왼쪽 그림은 10가지 경우별로 t 값 산출식의 분모항목인 표준오차를, 오른쪽 그림은 표준오차의 분자인 표준편차를 나타낸다. 그리고 각 그림에서 큰 값의 극단값을 갖는 경우('○', $X+5s/\sqrt{n}$)와 작은 값의 극단값을 갖는 경우('□', $X-5s/\sqrt{n}$)로 구분 표시 하였다.
- 관찰결과에서, 극단값은 일차적으로 t 값 산출식의 분자항목인 평균값(위-오른쪽 그림)에 직접적으로 영향을 미침을 알 수 있다. 즉, 큰 값의 극단값을 갖는 자료로부터의 평균값은 증가하고, 작은 값의 극단값을 갖는 자료로부터의 평균값은 감소한다. 그리고, t 값 산출식의 분모항목인 표준오차(아래-왼쪽 그림)와 표준편차(아래 오른쪽 그림)는 큰 값의 극단값과 작은 값의 극단값의 구분에 관계없이 극단값이 존재함에 따라 증가한다. 여기서, 표준오차의 분모항목인 자료숫자는 모든 경우에 동일하기 때문에 분자항목의 표준편차와 계산된 표준오차는 동일한 값을 갖는다.
- 따라서 극단값의 존재는 t 값 산출식의 구성요소인 평균과 표준오차 모두에 영향을 미치기 때문에, t 값 역시 극단값의 존재에 대하여 의미 있는 영향을 받는다는 증거를 확인할 수 있다.
- 또한, 자료에 극단값이 포함된 경우에 극단값에 기인하여 가설검증의 평가 결과에도 영향을 미칠 수 있다.

4 | Matlab을 이용한 분석팁

■ MATLAB 기본 코드: '극단값을 갖는 인위적 자료생성 방법'

```
   [TimeN, C] = size(MarketRET);
①  KeyAVE = mean(MarketRET);
②  KeySTD = std(MarketRET);
③  KeySTD_Error = KeySTD/sqrt(TimeN);
   % Simulation
④  StartSIM = 1;   EndSIM = 10;
⑤  number_of_simulation = 100;
⑥  while StartSIM <= EndSIM
     %
⑦    SampleDATA = StartSIM*4;
⑧    for KKa = 1 : number_of_simulation
⑨        CODE(:,KKa) = randsample(TimeN, SampleDATA)
⑩    end
     %
⑪    for k = 1 : number_of_simulation
         % Creating Data: Up-case
⑫        TestDATA_UP = MarketRET;
⑬        TestDATA_UP(CODE(:,k),1) = TestDATA_UP(CODE(:,k),1) + 5*KeySTD_Error;
         % Creating Data: Down-case
⑭        TestDATA_DN = MarketRET;
⑮        TestDATA_DN(CODE(:,k),1) = TestDATA_DN(CODE(:,k),1) - 5*KeySTD_Error;
         % 중간생략
⑯        clear TestDATA_UP;   clear TestDATA_DN;
⑰    end   %%% FUNCTION 'for'
     % LOOP
⑱    StartSIM = StartSIM + 1;
     clear CODE;
     %
⑲ end   %%% FUNCTION 'while'
```

▷ ①, ②, ③, 극단값을 산출하는데 필요한 구성요소들을 산출한다. 즉, KOSPI의 396개월 월별수익률 자료('MarketRET')을 이용하여, ①에서 **'명령어, mean()'**로부터 평균('KeyAVE')을 계산하고, ②에서 **'명령어, std()'**를 이용하여 표준편차('KeySTD')를 계산하며, 그리고 ③에서 **'명령어, sqrt()'**를 이용하여 표준오차('KeySTD_Error')를 계산한다.

▷ ④, 반복실험 시뮬레이션을 위한 구분자 변수를 설정한다. 즉, 총 10회의 반복실험 시뮬레이션을 위하여, 첫번째 실험의 구분자 변수 'StartSIM'에 '1'의 값을 설정하고, 마지막 실험의 구분자 변수 'EndSIM'에 '10'의 값을 설정한다. 그리고 두 번째 실험은 ⑱의 'StartSIM=StartSIM+1'의 반복과정에서 구분자 변수는 'StartSIM=2'이 되고, 이러한 과정은 최종 실험인 'EndSIM=10'까지 단계적으로 진행된다.

▹ ⑤, 각 실험별로 반복실험할 시뮬레이션의 회수를 설정한다. 즉, 구분자 변수 'StartSIM'이 1, 2, 3, . . . , 10의 10가지 각각에 대하여 100번 반복실험의 구분자 변수 'number_of_simulation'에 '100'을 설정한다. 이는 설명될 ⑪~⑰의 **'명령어, for...end'** 반복구문에 사용된다.

▹ ⑥~⑲, **'명령어, while...end'**를 이용하여, 조건에 부합하는 동안 **'while...end'**에 포함된 모든 명령어를 실행한다. 즉, 조건은 앞의 ④에서 설정한 10회 반복실험 시뮬레이션을 위하여 설정한 변수 'StartSIM'과 'EndSIM'간의 조건 'StartSIM<=EndSIM'이다. 예를 들어, 첫 번째 실험 'StartSIM=1'은 최종 실험인 'EndSIM=10'보다 작기 때문에 **'while...end'**에 포함된 모든 명령어를 실행한다. 그리고 ⑱의 'StartSIM=StartSIM+1'에 따라 구분자 변수 'StartSIM=2'을 산출하고, 조건('StartSIM<=EndSIM')의 비교를 통한 **'while...end'**에 포함된 명령어 실행 등을 판단한다. 따라서 최종실험인 10회를 마무리 한 단계에서 구분자 변수 'StartSIM'은 ⑱의 'StartSIM=StartSIM+1'에 의하여 'StartSIM=11'이 되고, 이는 조건('StartSIM<=EndSIM')을 만족시키지 못하기 때문에 ⑲의 **'end'**로 빠져나온다.

▹ ⑦, 극단값의 자료 숫자를 결정한다. 즉, 무작위로 선택될 자료 숫자는 4의 배수로 앞의 ④와 ⑱에서의 반복실험 시뮬레이션 구분자 변수 'StartSIM'에 '4'를 곱한 값('StartSIM*4')을 새로운 변수 'SampleDATA'에 대입한다.

▹ ⑧~⑩, **'명령어, for...end'**를 이용하여 설정된 100회 반복실험 시뮬레이션을 실행한다. 즉, 진행 구분자 변수 'KKa=1'에서 'KKa=number_of_simulation(=100)'까지 포함된 명령어를 반복적으로 실행한다. 이 과정의 목적은 **'명령어, randsample()'**을 이용하여 앞의 ⑦에서 결정된 무작위 난수자료의 숫자('SampleDATA')를 고정한 후, 이들 숫자에 대한 100회 반복실험 시뮬레이션을 수행할 난수자료의 집합을 생성하는 것이다. 입력요소는 첫째, 생성할 난수자료의 최댓값('TimeN=396'), 둘째, 생성할 난수자료의 숫자('SampleDATA')이다. 여기서, 세번째 옵션으로 난수 추출방법을 지정하지 않았기 때문에 기본적으로 'false' 옵션에 해당하고, 비복원추출방법을 이용한다. 만약, 옵션으로 'true'를 설정하면 추출방법은 복원추출방법이 된다. 그리고 결과는 새로운 변수 'CODE'에 대입한다. 한편 100회의 반복적 난수자료 추출 및 기록을 위하여 구분자 변수 'KKa'를 이용하여 변수 'CODE(, KKa)'와 같이 설정한다. 즉, 첫 번째 실험('KKa=1')에서 사용할 무작위 선택대상은 변수 'CODE(:, 1)'에 기록하고, 두번째 실험('KKa=2')에서 사용할 무작위 선택대상은 변수 'CODE(:, 2)'에 기록한다. 동일한 과정은 마지막 100회 실험('KKa=100')에서 변수 'CODE(:, 100)'에 기

록된다. 이러한 과정을 통하여 생성되는 변수 'CODE'의 자료구조는 앞의 ⑦의 변수 'SampleDATA (=4, 8, 12, . . . , 40)'에 따라 'SampleDATA×100'의 자료구조를 갖는다.

▷ ⑪~⑰, **'명령어, for...end'**를 이용하여 설정된 100회 반복실험 시뮬레이션을 실행한다. 즉, 진행 구분자 변수 'k=1'에서 'k=number_of_simulation (100)'까지 포함된 명령어를 반복적으로 실행한다. 앞의 ⑦에서 고정된 극단값을 가질 자료 숫자의 변수 'SampleDATA'에 대하여 ⑨에서 생성된 100가지의 무작위 난수자료의 번호 집합 변수 'CODE' 각각에 대하여, 극단값을 갖도록 조정한다. 즉, 큰 값의 극단값을 갖도록 조정하는 ⑫와 ⑬, 작은 값의 극단값을 갖도록 조정하는 ⑭와 ⑮를 각각 실행한다.

▷ ⑫, ⑬, 큰 값의 극단값을 갖는 자료를 생성한다. ⑫에서 원래의 KOSPI 월별수익률 자료를 수록하고 있는 변수 'MarketRET'를 새로운 변수 'TestDATA_UP'에 대입한다. 여기서 변수 'TestDATA_UP'은 'MarketRET'와 동일한 396×1의 자료구조를 갖는다. 그리고 ⑬에서 실험목적으로 사전 설정한 산출식 ($X+5s/\sqrt{n}$)에 따라 식을 만들고 계산한다. 즉, 변수 'TestDATA_UP'에 수록된 396개의 월별수익률들 중, 1~396의 범위에서 무작위로 선택된 난수자료의 변수 'CODE (:, k)'에 포함된 번호의 자료를 ('TestDATA_UP (CODE (:, k), :)')를 각각 선택하고, 그 값에 큰 값의 극단값을 갖도록 표준오차 ('KeySTD_error')에 5를 곱한 값을 더한다. 그 결과는 동일한 변수 'Test DATA_UP'에서 무작위로 선택된 자료의 동일한 위치 'TestDATA_UP (CODE (:, k), :)'에 다시 대입한다. 이 과정을 통해 변수 'TestDATA_UP'의 396개 자료중에서 변수 'CODE (:, k)'의 자료번호에 해당하는 자료는 원자료 수익률 ('MarketRET')에서 극단값 수익률로 교체된다. 물론, 이러한 과정은 설정된 **'for...end'**의 100회 반복실험 시뮬레이션인 'k=100'까지 반복하게 된다.

▷ ⑭, ⑮, 작은 값의 극단값을 갖는 자료를 생성한다. 이 과정은 앞의 ⑫와 ⑬에 대한 것과 동일하다. 단지 작은 극단값을 갖는 변수 'TestDATA_DN'와 이를 산출하도록 설정된 산출식 ($X-5s/\sqrt{n}$)에만 차이가 있다.

▷ ⑯, **'명령어, clear'**를 이용하여 지정한 변수를 메모리에서 지운다. 즉, 동일한 이름으로 시뮬레이션 과정에서 반복적으로 사용되는 변수들, 'TestDATA_UP'와 'TestDATA_DOWN'을 지운다. 또한 동일한 목적으로 무작위 난수자료 번호의 집합 변수 'CODE'도 지운다.

TOPIC V

금융자료의 상관관계 분석

학·습·목·표

재무 분야에서 다변량통계분석은 다양한 자산들 간의 관계를 규명하는데 이용되며, 특히 포트폴리오관리, 위험관리 등의 연구주제에서 기본적으로 사용된다. 다변량통계분석에 있어서 기초가 되는 측정치로는 공분산(covariance)과 상관관계(correlation)가 있으며, 이들 측정치들은 특히, 포트폴리오 이론에서 언급되는 위험과 수익에 직접적 혹은 간접적으로 높은 관련성을 갖는다. 본 주제의 학습목표는 상관관계 측정치에 대한 다양한 통계적 속성 및 경제적 의미를 알아보고, 또한 포트폴리오 이론과의 결합을 통한 적용사례들을 학습하는 것이다.

학·습·포·인·트

01. 분산-공분산행렬과 상관관계행렬의 구조 및 관계 [◖ 그림 5-1 ◗] • 314

- 분산-공분산행렬과 상관관계행렬 각각의 구조를 비교하고, 이들 간의 관계를 확인한다.

02. 상관관계행렬의 속성 [1]: 자료구조 [◖ 그림 5-2 ◗] • 317

- KOSPI 시장지수를 구성하는 개별주식들의 일별수익률 간의 상관관계행렬을 측정한 후, 측정된 상관관계행렬의 구성요소를 Excel을 이용하여 확인한다.
- [Matlab코드 예제] '상관관계행렬 산출'

V 금융자료의 상관관계분석

03. 상관관계행렬의 속성 [2]: 구성요소 숫자 [◖ 그림 5-3 ◗] • 320

- 포트폴리오를 구성하는 개별주식의 숫자가 증가함에 따라 상관관계행렬의 구성요소 숫자는 기하급수적으로 증가하며, 이를 관찰한다.
- [Matlab코드 예제] '상관관계행렬 구성요소의 숫자'

04. 상관관계행렬의 속성 [3]: 관련성의 정도 [◖ 그림 5-4 ◗] • 323

- 재무 분야에서 주식들간의 상관관계는 2가지 주식들의 가격변화가 동일한 방향 혹은 다른 방향으로 움직이는 관계 정도를 계량적으로 계산하는 측정치이다. 따라서 상관관계행렬의 구성요소들 중에서 가장 큰 값과 가장 작은 값을 갖는 개별주식 조합에 대한 관계정도를 비교 관찰한다.
- [Matlab코드 예제] '상관관계행렬의 평균값과 그 t 값'

05. 상관관계행렬의 속성 [4]: 행렬의 대각선 및 비대각선 구성요소 [◖ 그림 5-5 ◗] • 328

- 상관관계행렬의 구조는 주식, 자기 자신에 대한 상관관계의 대각선 $(i=j)$ 구성요소와 다른 주식들에 대한 상관관계의 비대각선 $(i \neq j)$ 구성요소로 구성된다. 따라서 상관관계행렬에서 비대각선과 대각선 각각의 구성요소들을 비교 관찰한다.
- [Matlab코드 예제] '상관관계행렬의 구성요소 분해'

06. 상관관계행렬의 속성 [5]: 분산-공분산행렬과의 비교Ⅰ [◖ 그림 5-6 ◗] • 332

- 개별주식간 분산-공분산행렬의 구조는 동일한 주식들 간의 분산인 대각선 $(i=j)$ 구성요소와 다른 주식들 간의 공분산인 비대각선 $(i \neq j)$ 구성요소로 구성된다. 따라서 개별주식들 간의 분산-공분산행렬에서 비대각선과 대각선 각각의 구성요소들에 대하여 비교 관찰한다.
- [Matlab코드 예제] '분산-공분산행렬의 구성요소 분해'

07. 상관관계행렬의 속성 [6]: 분산-공분산행렬과의 비교Ⅱ [◖ 그림 5-7 ◗] • 336

- 포트폴리오 이론에서 개별주식간 상관관계행렬은 분산-공분산행렬과 매우 밀접한 관련성을 갖기 때문에, 상관관계행렬과 분산-공분산행렬간의 관련성을 관찰한다.
- [Matlab코드 예제] '공분산과 상관관계의 관계'

08. 시장지수와의 상관관계 속성 [1] [◖ 그림 5-8 ◗] • 339

- 시장에서 거래되는 개별주식의 수익률 변화와 시장지수수익률의 변화는 밀접한 관련성을 갖는다. 즉, KOSPI 100 시장지수를 구성하는 개별주식수익률과 시장지수 수익률간의 상관관계를 관찰한다.
- [Matlab코드 예제] '시장지수와 개별주식간의 상관관계'

09. 시장지수와의 상관관계 속성 [2]: 공분산과 상관관계의 관계 [◖ 그림 5-9 ◗] • 342

- 시장에서 거래되는 개별주식수익률과 시장지수수익률 간의 공분산 측정치와 상관관계 측정치간의 관계를 관찰한다.
- [Matlab코드 예제] '시장지수와 개별주식간의 상관관계와 공분산의 관계'

10. 시장지수와의 상관관계 속성 [3]: 시장베타와의 관계 [◖ 그림 5-10 ◗] • 345

- 재무 분야에서 널리 이용하는 시장베타의 위험측정치에 대한 개별주식과 시장지수간의 공분산 측정치와 상관관계 측정치의 관계를 비교 관찰한다.
- [Matlab코드 예제] '시장베타'

11. 상관관계 분석에서 주의할 점: 비선형성, 극단값 등 [◖ 그림 5-11 ◗] • 348

- 상관관계는 자료들 간의 선형관계를 측정한다. 따라서 자료들 간의 실제적 관계가 비선형 관계인 경우, 혹은 자료에 극단치가 존재하는 경우 등이 상관관계 측정치에 미치는 영향을 관찰한다.
- [Matlab코드 예제] '직접 자료입력'

12. 상관관계의 동적 속성 [1]: 시간가변성 [◖ 그림 5-12 ◗] • 352

- 개별주식들 간의 상관관계행렬이 시간의 흐름에 따라 변화하는 속성, 즉 시간가변성 혹은 동적 속성을 관찰한다.
- [Matlab코드 예제] '분석기간 이동방법의 반복실험 시뮬레이션', '상관관계행렬의 평균과 분위수'

13. 상관관계의 동적 속성 [2]: 시장붕괴시점의 특징 [◖ 그림 5-13 ◗] • 359

- 시장붕괴사건 전후의 주식수익률간의 특징적인 상관관계행렬의 변화를 확인하기 위하여, 한국주식시장의 대표적 시장붕괴사건인 1997년 12월의 외환위기 영향권기간에서 측정된 상관관계행렬을 관찰한다.

- [Matlab코드 예제] '시장상황에 따른 자료구분'

14. 상관관계행렬에 포함된 공통요인의 속성 [1] [◖ 그림 5-14 ◗] • 363

- 개별주식들 간의 상관관계행렬은 개별주식들의 가격변화가 동일한 방향으로 움직이는 정도를 계량적으로 측정하는 것으로, 이는 개별주식들 간에 공통성이 존재한다는 것을 의미한다. 따라서 개별주식들 간의 상관관계행렬 속에 포함된 개별주식들의 공통적 속성을 실증적 자료에서 비교 관찰한다.
- [Matlab코드 예제] '개별주식의 평균과 표준편차를 이용한 정규분포의 난수 생성'

15. 상관관계행렬에 포함된 공통요인의 속성 [2]: 시장요인 [◖ 그림 5-15 ◗] • 367

- 재무 분야에서 대표적인 공통요인은 시장요인이다. 개별주식수익률로부터 산출된 상관관계행렬 속에 공통요인의 속성이 포함되었는지 여부를 실증적으로 확인하기 위하여, 대표적 공통요인인 시장요인의 존재를 상관관계행렬에서 확인한다.
- [Matlab코드 예제] '시장요인의 속성을 제거하는 방법'

16. 상관관계행렬에 포함된 공통요인의 속성 [3]: 시계열적 관찰 [◖ 그림 5-16 ◗] • 371

- 개별주식들간 상관관계행렬의 동적 속성에 있어서 시장요인의 속성이 미치는 영향을 실증적으로 확인하기 위하여 시장요인의 속성이 제거된 전후의 개별주식간 상관행렬의 시계열 추이를 비교 관찰한다.
- [Matlab코드 예제] '상관관계행렬의 평균값과 분위수'

17. 상관관계행렬의 적용 [1]: 분산투자효과 I [◖ 그림 5-17 ◗] • 376

- 포트폴리오의 구성주식 숫자가 증가함에 따라 포트폴리오의 위험이 감소하는 것을 포트폴리오 분산투자 효과라고 한다. 포트폴리오 분산투자효과를 실증적으로 관찰한다.
- [Matlab코드 예제] '무작위로 선택방법에 의한 포트폴리오 분산투자효과'

18. 상관관계행렬의 적용 [2]: 분산투자효과 II (분산과 공분산) [◖ 그림 5-18 ◗] • 381

- 포트폴리오 위험의 구성요소를 분산과 공분산으로 구분한 후에 포트폴리오의 구성주식 숫자가 증가함에 따라 포트폴리오 위험의 각 구성요소들의 변화를 관찰한다.
- [Matlab코드 예제] '포트폴리오 위험과 수익 계산'

19. 상관관계행렬의 적용 [3]: 분산투자효과Ⅲ(체계적 위험과 비체계적 위험) [◖ 그림 5-19 ◗]

• 387

- 포트폴리오 구성주식 숫자가 증가함에 따라 감소하는 포트폴리오 위험을 분산 가능한 비체계적 위험과 분산 불가능한 체계적 위험으로 구분하여 그 변화를 비교 관찰한다.
- [Matlab코드 예제] '시장모형을 이용한 개별주식의 체계적 위험과 비체계적 위험'

20. 상관관계행렬의 적용 [4]: 분산투자효과Ⅳ(상관관계 크기로 집단 구분) [◖ 그림 5-20 ◗]

• 392

- 포트폴리오의 분산투자효과에 포트폴리오 구성주식들 간의 상관관계 크기 정도가 미치는 영향을 관찰하기 위하여 높은 상관관계를 갖는 주식집단과 낮은 상관관계를 갖는 주식집단으로 구분하는 방법을 알아본다.
- [Matlab코드 예제] '상관관계 크기에 의한 집단구분'

21. 상관관계행렬의 적용 [5]: 분산투자효과Ⅴ(상관관계의 영향) [◖ 그림 5-21 ◗] • 397

- 포트폴리오 구성주식들 간에 높은 상관관계를 갖는 주식집단으로부터 관찰된 분산투자효과와 포트폴리오 구성주식들 간에 낮은 상관관계를 갖는 주식집단으로부터 관찰된 분산투자효과 간에 차이점을 비교 관찰한다.

그림 5-1 분산-공분산행렬과 상관관계행렬의 구조 및 관계

1. 분산-공분산행렬(Variance-Covariance Matrix)

- 포트폴리오 위험(표준편차), $\sigma_p = \sqrt{\sum_{i=1}^{N}\sum_{j=1}^{N} w_i w_j \sigma_{i,j}}$ (1)

▷ 여기서, $\sigma_{i,j}$는 i주식과 j주식간의 공분산, w_j는 구성주식들에 대한 투자비중

▷ 즉, 위험자산으로 구성된 포트폴리오의 위험을 표준편차 측정치로 표시함.

- 포트폴리오 위험(분산), $\sigma_p^2 = \sum_{i=1}^{N}\sum_{j=1}^{N} w_i w_j \sigma_{i,j}$ (2)

▷ 표준편차에 의한 포트폴리오 위험을 분산 측정치로 표시함.

▷ 분산 측정치에 의한 포트폴리오 위험은 $N\times N$구조의 분산-공분산행렬로 나타내면,

▷ $\sigma_p^2 =$

$w_1w_1\sigma_{1,1}$	$w_1w_2\sigma_{1,2}$	…	$w_1w_{N-1}\sigma_{1,N-1}$	$w_1w_N\sigma_{1,N}$
$w_2w_1\sigma_{2,1}$	$w_2w_2\sigma_{2,2}$	…	…	$w_2w_N\sigma_{2,N}$
…	…	…	…	…
$w_{N-1}w_1\sigma_{N-1,1}$	…	…	$w_{N-1}w_{N-1}\sigma_{N-1,N-1}$	$w_{N-1}w_N\sigma_{N-1,N}$
$w_Nw_1\sigma_{N,1}$	…	…	$w_Nw_{N-1}\sigma_{N,N-1}$	$w_Nw_N\sigma_{N,N}$

$(N\times N)$

▷ 즉, $N\times N$구조의 분산-공분산행렬에서 모든 구성요소들을 합한 것이, 식(2)의 분산 측정치에 의한 포트폴리오 위험이고, 합산한 값을 제곱근을 취한 것이 식(1)의 표준편차 측정치에 의한 포트폴리오 위험임.

- 포트폴리오 위험(분산-공분산행렬), $\sigma_p^2 = \underset{(i=j)}{\sum_{j=1}^{N} w_j^2\sigma_j^2} + \underset{(i\neq j)}{\sum_{i=1}^{N}\sum_{j=1}^{N} w_i w_j \sigma_{i,j}}$ (3)

▷ $N\times N$구조의 분산-공분산행렬에서 동일한 주식들 간의 분산은 대각선$(i=j)$ 구성요소이고, 상이한 주식들 간의 공분산은 비대각선$(i\neq j)$ 구성요소임.

▷ 즉, 식(3)은 분산-공분산행렬의 구조에서 대각선$(i=j)$의 구성요소와 비대각선$(i\neq j)$의 구성요소를 분해한 후, 각각을 합산한 식으로 표현한 것임.

- $N\times N$구조의 분산-공분산행렬의 구성요소 숫자

▷ 분산-공분산행렬의 모든 구성요소들의 총 숫자는 '$N\times N = N^2$개'

▷ 분산-공분산행렬의 대각선 $(i=j)$ 구성요소인 분산 숫자는 'N개'

▷ 분산-공분산행렬의 비대각선 $(i \neq j)$ 구성요소인 공분산 숫자는 '$N^2 - N$개'

▷ 분산-공분산행렬은 대각선을 중심으로 대칭행렬 $(\sigma_{i,j} = \sigma_{j,i})$이기 때문에, 상이한 값만을 갖는 공분산의 숫자는 '$\frac{N(N-1)}{2}$개'

2. 상관관계행렬(Correlation Matrix)

■ 상관관계의 측정식, $\rho_{i,j} = \dfrac{\sigma_{i,j}}{\sigma_i \sigma_j}$ (4)

▷ $\sigma_{i,j}$는 i주식과 j주식간의 공분산이고, σ_i, σ_j는 개별주식들의 표준편차

▷ 즉, 상관관계 측정식의 분자항목은 공분산이고, 분모항목은 표준편차로 구성됨.

▷ 분자항목인 공분산은 앞에서 설명한 포트폴리오 위험에 대한 분산-공분산행렬로, 식에서 투자비중 (w_j)을 제외하고 다시 정리하면,

▷ $\sigma_{i,j}$ =

$\sigma_{1,1}$	$\sigma_{1,2}$	…	$\sigma_{1,N-1}$	$\sigma_{1,N}$
$\sigma_{2,1}$	$\sigma_{2,2}$	…	…	$\sigma_{2,N}$
…	…	…	…	…
$\sigma_{N-1,1}$	…	…	$\sigma_{N-1,N-1}$	$\sigma_{N-1,N}$
$\sigma_{N,1}$	…	…	$\sigma_{N,N-1}$	$\sigma_{N,N}$

$(N \times N)$

▷ 그리고 다음과 같이, 위의 $N \times N$구조의 분산-공분산행렬의 각 구성요소들을 표준편차$(\sigma_i,\ \sigma_j)$로 나누어 구성한 것이 상관관계행렬임.

▷ $\rho_{i,j}$ =

$\rho_{1,1} = \dfrac{\sigma_{1,1}}{\sigma_1 \sigma_1}$	$\rho_{1,2} = \dfrac{\sigma_{1,2}}{\sigma_1 \sigma_2}$	…	$\rho_{1,N-1}$	$\rho_{1,N}$
$\rho_{2,1} = \dfrac{\sigma_{2,1}}{\sigma_2 \sigma_1}$	$\rho_{2,2}$	…	…	$\rho_{2,N}$
…	…	…	…	…
$\rho_{N-1,1}$	…	…	$\rho_{N-1,N-1}$	$\rho_{N-1,N}$
$\rho_{N,1}$	…	…	$\rho_{N,N-1}$	$\rho_{N,N}$

$(N \times N)$

▷ 즉, 상관관계행렬은 동일한 자산 간의 상관관계인 대각선$(i=j)$의 구성요소와 상이한 자산 간의 상관관계인 비대각선$(i \neq j)$의 구성요소로 구성된다.

▷ 상관관계행렬에서 대각선$(i=j)$의 구성요소들은 '$\rho_{i,j} = \dfrac{\sigma_{i,j}}{\sigma_i \sigma_j} = \dfrac{\sigma_{i,i}}{\sigma_i \sigma_i} = \dfrac{\sigma_i^2}{\sigma_i^2} = 1.0$'이고, 비대각선$(i \neq j)$의 구성요소들은 '$\rho_{i,j} \neq 1$' 임.

- $N \times N$구조의 상관관계행렬의 구성요소 숫자
  - ▷ 상관관계행렬의 모든 구성요소들의 총 숫자는 '$N \times N = N^2$개'
  - ▷ 상관관계행렬의 대각선 $(i = j)$ 구성요소는 'N개'
  - ▷ 상관관계행렬의 비대각선 $(i \neq j)$ 구성요소는 '$N^2 - N = N(N-1)$개'
  - ▷ 상관관계행렬은 대각선을 중심으로 대칭행렬 $(\sigma_{i,j} = \sigma_{j,i})$이기 때문에, 상이한 값만 을 갖는 상관관계의 숫자는 '$\frac{N(N-1)}{2}$개'

그림 5-2 상관관계행렬의 속성 [1]: 자료구조

상관관계행렬(707×707) ▷

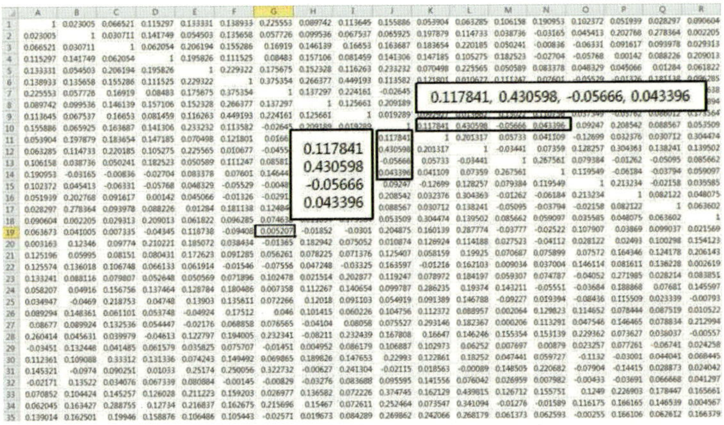

상관관계행렬(707×707) ▷

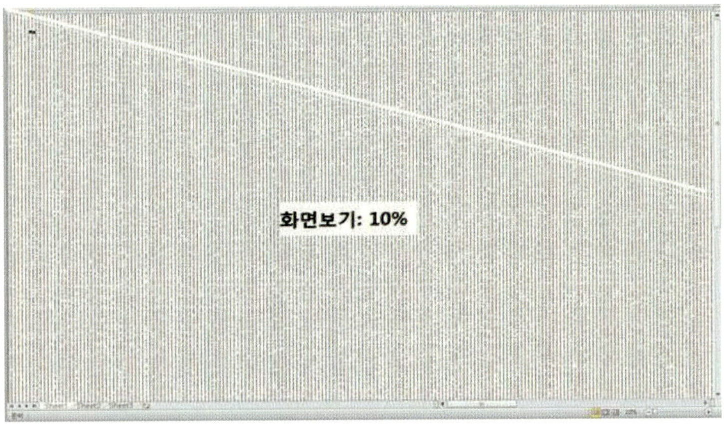

그림5-2 ▎ 그림은 2012년 1월부터 2012년 12월의 기간에서 KOSPI 시장지수를 구성하는 707개 개별주식들의 일별수익률 간의 상관관계행렬을 측정한 것이다. 위 그림은 측정된 707×707 구조의 상관관계행렬을 Excel에서 확대 확인한 것이고, 아래 그림은 Excel의 화면출력크기를 최소화(화면보기:10%)시켰을 때의 상관관계행렬을 보여준다. 아래 그림에서 대각선의 일부분을 시각적으로 확인할 수 있다.

1 ▎ 목적

- 개별주식수익률 간의 상관관계행렬을 관찰한다. 즉, KOSPI 시장지수를 구성하는 707개 개별주식들의 일별수익률 간의 상관관계행렬을 측정한 후, 측정된 상관관계행렬의 구성요소인 '707×707 구조'를 Excel을 이용하여 확인한다.

2 | 자료, 기간 및 방법

- 자료: KOSPI 시장지수의 707개 개별주식 일별 수익률 자료
- 기간: 2012년 1월부터 2012년 12월까지의 1년
- 방법:

▷ 상관관계 계산식: $\rho_{i,j} = \dfrac{\sigma_{i,j}}{\sigma_i \sigma_j}$

여기서, $\sigma_{i,j}$는 i주식과 j주식간의 공분산, σ_i와 σ_j는 i주식과 j주식 각각의 표준편차

3 | 관찰결과

- 그림은 KOSPI 시장지수를 구성하는 707개 개별주식들의 일별수익률 자료를 이용하여 측정된 상관관계행렬을 보여준다. 위 그림은 측정된 707×707 구조를 갖는 개별주식수익률간의 상관관계행렬을 Excel에서 확인한 것이고, 아래 그림은 Excel의 화면출력을 최소화 (화면보기 크기, 10%) 하였을 때의 그림이다.
- 관찰결과에서, 상관관계행렬의 구성요소는 대각선 $(i=j)$ 부분에 동일한 주식들에 대한 '$\rho_{i,i} = \rho_{j,j} = 1$'을 갖고, 비대각선 $(i \neq j)$ 부분에 다른 주식들에 대한 '$\rho_{i,j} \neq 1$'을 갖는다. 그리고 상관관계행렬은 대각선을 중심으로 대칭행렬이기 때문에, 그림에 표시된 박스의 내용에서 확인할 수 있듯이 동일한 상관관계의 값 '$\rho_{i,j} = \rho_{j,i}$'을 확인할 수 있다.
- 아래 그림에서, 707×707구조의 상관관계행렬의 구성요소 숫자는 '707×707=499, 849개'이기 때문에, 그림에서 알 수 있듯이 Excel에서 대용량 개별주식들로부터 측정된 상관관계행렬의 전체 구성요소들을 시각적으로 구분 및 확인하는 것은 어렵다.

4 | Matlab을 이용한 분석팁

- MATLAB 기본 코드: '상관관계행렬 산출'

```
① [TimeN, FirmN] = size(StockDATA);
② CorMATRIX = corrcoef(StockDATA);
```

▷ ①, **'명령어, size()'**를 이용하여 자료의 구조를 확인한다. 즉, 개별주식수익률의 자료를 수록하고 있는 변수 'StockDATA'의 자료구조를 확인한 후, 자료 구조의 행 정보('기간 길이')를 새로운 변수 'TimeN'에, 열 정보('주식 숫자')를 새로운 변수 'FirmN'에 대입한다.

▷ ②, **'명령어, corrcoef()'**를 이용하여 자료간의 상관관계행렬을 산출한다. 즉, 앞의 ①에서 확인된 'TimeN×FirmN' 자료구조를 갖는 변수 'StockDATA'를 이용하여 'FirmN×FirmN' 구조의 상관관계행렬을 산출하고, 그 결과를 새로운 변수 'CorMATRIX'에 대입한다. 여기서, Matlab은 별도의 사용자 지정이 없다면, 열 기준으로 결과를 산출한다. 즉, 열 기준인 주식 숫자('FirmN')에 대한 'FirmN×FirmN'구조의 상관관계행렬을 산출한다.

V 금융자료의 상관관계분석

그림 5-3 상관관계행렬의 속성 [2]: 구성요소 숫자

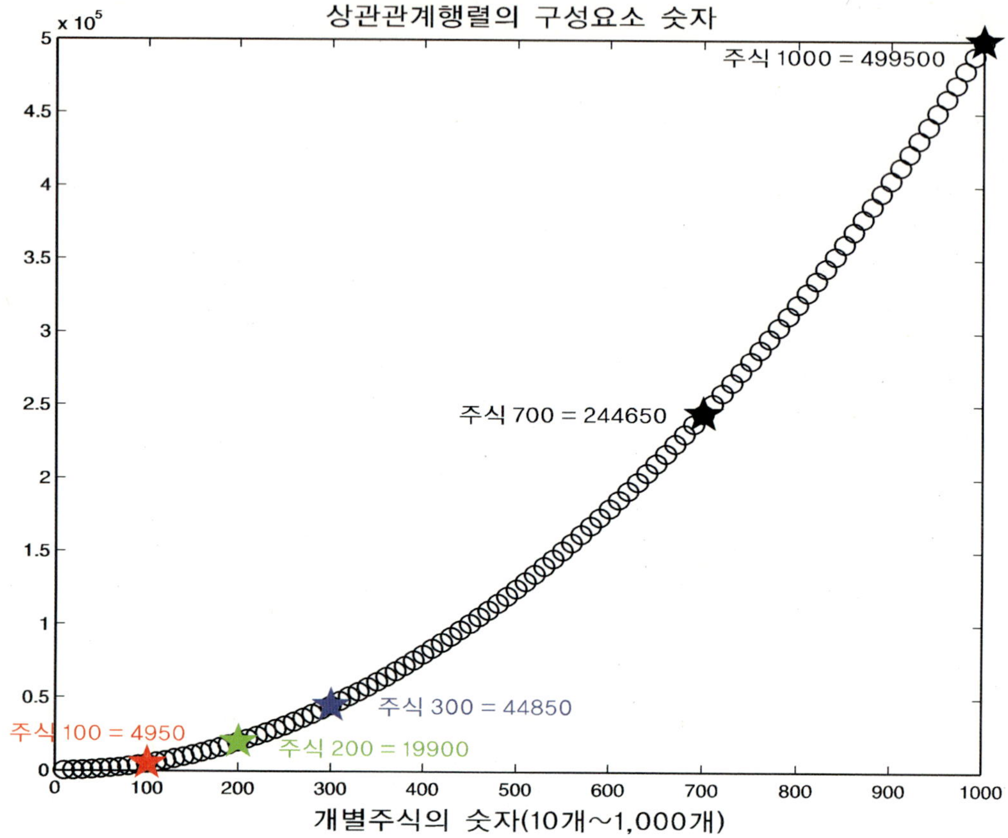

그림5-3 ▌ 그림은 개별주식의 숫자가 최소 10개에서 최대 1,000개까지 증가할 때, 상관관계행렬의 비대각선을 구성하는 요소들의 숫자($N(N-1)/2$)를 나타낸 것이다. 그림에서 별모양(☆)으로 구분 표시한 것은 주식숫자가 100개, 200개, 300개, 700개, 그리고 1,000개인 각각의 경우에 대한 상관관계행렬의 비대각선 구성요소들의 숫자들(100개=4,950, 200개=19,900, 300개=44,850, 700개=244,650, 1,000개=499,500)이다.

1 ┃ 목적

- 포트폴리오를 구성하는 개별주식의 숫자가 증가함에 따라 개별주식들로부터 측정될 상관관계행렬의 구성요소 숫자는 기하급수적으로 증가한다.
- 상관관계행렬은 대각선과 비대각선으로 분명하게 구분되는 구성요소를 갖고, 상관관계행렬은 대칭행렬이기 때문에 비대각선의 구성요소들 중, 아래쪽 혹은 위쪽의 한 부분만을 고려한다.
- 따라서 그림에 제시된 상관관계행렬의 구성요소 숫자는 개별주식 N개에 대한 비대

각선 구성요소의 '$N(N-1)/2$개'이고, 개별주식 숫자의 증가에 따른 상관관계행렬의 비대각선 구성요소의 숫자 변화를 관찰한다.

2 | 자료, 기간 및 방법

- 주식 숫자(N)를 최소 10개에서 최대 1,000개로 10개 단위로 단계적으로 증가시킴에 따른 상관관계행렬의 비대각선 부분의 구성요소 숫자인 '$\frac{N(N-1)}{2}$'를 계산한다.

3 | 관찰결과

- 그림은 개별주식 숫자(N)의 변화에 따라 이들 개별주식들로부터 산출된 상관관계행렬의 비대각선 구성요소 숫자 '$\frac{N(N-1)}{2}$'의 변화를 제시한 것이다. 그림에서 X축은 개별주식의 숫자가 최소 10개에서 최대 1000개까지 10개씩 증가하는 지점을 표시하였고, Y축은 상관관계행렬의 비대각선의 구성요소 숫자를 나타낸다. 그리고 대표적으로 개별주식의 숫자가 50개, 100개, 200개, 700개, 1000개인 각각의 경우를 구분 표시하였다.
- 관찰결과에서, 개별주식의 숫자가 증가함에 따라 개별주식들로부터 측정되는 상관관계행렬의 비대각선 구성요소 숫자는 기하급수적으로 증가하는 형태를 확인할 수 있다. 예를 들어, 개별주식 숫자 N=50개인 경우는 상관관계행렬 비대각선의 한쪽 부분 구성요소 숫자는 4,950개이고, N=100개는 19,900개, N=200개는 44,850개, N=700개는 244,650개, 그리고 N=1000개는 499,500개이다. 따라서 개별주식 숫자(50→1000)가 19배 증가 한 것에 비교하여 상관관계행렬의 구성요소 숫자(4950→499500)는 9,891배 증가하였다.
- 재무 분야에서 대용량 개별주식들(50개, 100개, 200개 등)로 구성된 포트폴리오 관리에서 필요한 상관관계행렬의 비대각선 구성요소 숫자는 매우 큰 값(4,950개, 19,900개, 44,850개)을 갖기 때문에, 이러한 상관관계행렬로부터 효과적으로 유용한 정보를 추출하기 위한 통계적 분석방법들이 필요하다.

4 | Matlab을 이용한 분석팁

- MATLAB 기본 코드: '상관관계행렬 구성요소 숫자'

```
① MinN = 10;   MaxN = 1000;
   % Calculating # of elements of Correlation Matrix
② KKa = 0;
③ for k = MinN : 10 : MaxN
④      KKa = KKa + 1;
⑤      CorrNUMBER(KKa,:) = [k, k*(k-1)/2];
⑥ end
```

▷ ①, 초기값을 설정한다. 즉, 가장 작은 값('10')을 변수 'MinN=10'에 설정하고, 가장 큰 값('1000')을 변수 'MaxN=1000'을 설정한다.

▷ ②, 생성되는 결과값을 저장하기 위한 구분자 변수를 설정한다. 즉, 구분자 변수 'KKa'의 초기값('0')을 설정한다. 해당 변수는 ④의 'KKa=KKa+1'에 의하여 1씩 증가한다.

▷ ③~⑥, **'명령어, for...end'**를 이용하여 포함된 명령어들을 반복 실행한다. ③에서 앞의 ①에서 설정한 최솟값('MinN=10')과 최댓값('MaxN=1000')을 기준으로 증분값 '10'을 이용하여 반복 실행한다. 즉, 'k = MinN : 10 : MaxN'. 예를 들어, 첫번째 구분자 변수 'k'는 '10(=MinN)'을 갖고, 두번째 k는 증분값('10')이 더해진 '20'을 갖고, 세번째 k는 증분값('10')이 더해진 '30'의 값을 가지며, 이러한 과정은 마지막 최댓값('MaxN=1000')까지 반복된다.

▷ ④, 반복적으로 실행되는 명령어로부터 생성되는 결과물을 순차적으로 기록하기 위하여, 앞의 ②에서 설정한 구분자 변수 'KKa'를 이용한다. 즉, 'KKa=KKa+1'의 명령어를 통하여 변수 'KKa'는 '1', '2', '3', . . . , 100 등의 명령어 실행 순서에 일치하는 값을 갖게 된다. 예를 들어, k=10인 경우는 KKa=1이고, k=20은 KKa=2이며, k=30은 KKa=3이다. 마지막으로 k=1000은 KKa=100이 된다.

▷ ⑤, 상관관계행렬의 비대각선 부분의 구성요소 숫자를 계산하고, 그 결과를 새로운 변수 'CorrNUMBER'에 대입한다. 즉, N개의 주식으로 산출된 상관관계행렬의 비대각부분 구성요소는 'N(N-1)/2개'를 갖는다. 따라서 주식숫자를 나타내는 구분자 변수 'k'에 수록된 값을 기준으로 앞의 산출식에 따라 'k*(k-1)/2'을 설정하고, 계산된 결과를 변수 'CorrNUMBER'에 대입한다. 대입할 때, 계산식에 적용된 주식숫자의 구분자 변수 'k'와 산출식의 결과를 함께 수록한다. 즉, '[k, k*(k-1)/2]'. 여기서 2가지 이상의 결과를 하나로 만들기 위하여 '대괄호 [ ]'를 이용한다. 그리고 변수 'CorrNUMBER'는 산출결과 등을 구분자 변수 'KKa'에 기준하여 순차적으로 기록한다. 즉, 'CorrNUMBER(1, :), CorrNUMBER(2, :), . . . CorrNUMBER(100, :)'의 방식이다. 따라서 최종적으로 변수 'CarrNUMBER(.)'의 자료구조는 100×2이다.

그림 5-4 상관관계행렬의 속성 [3]: 관련성의 정도

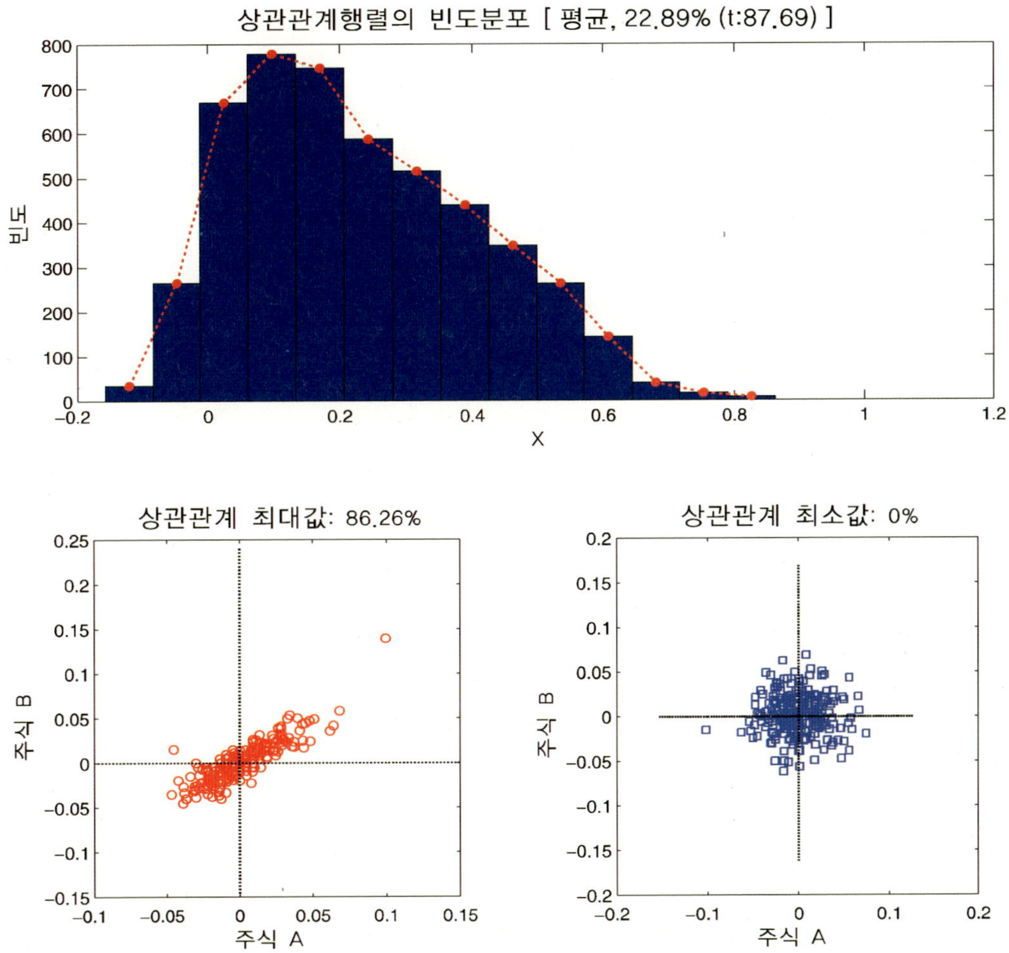

그림5-4 ▌ 그림은 2012년 1월부터 2012년 12월의 기간에서 KOSPI 100 시장지수를 구성하는 개별주식들의 상관관계행렬에서 비대각선 부분의 구성요소들을 이용한 빈도분포(위 그림)를 나타내고, 그리고 이들 비대각선부분의 개별주식간 상관관계 값들 중에서 절댓값 기준으로 최댓값(86.26%)과 최솟값(0.0%)을 갖는 개별주식의 조합(A,B)을 각각 확인한 후, 이들 주식들의 수익률을 이용한 산포도를 아래 그림에 나타내었다.

1 ┃ 목적

- 주식간의 상관관계는 2가지 주식들의 가격변화가 동일한 방향 혹은 다른 방향으로 움직이는 정도를 계량적으로 계산하는 측정치이다. 만약, 동일한 방향으로 움직인다면 상관관계의 값은 '+1'에 접근하고, 다른 방향으로 움직인다면 '-1'에 접근한다.
- 따라서 KOSPI 100 시장지수를 구성하는 개별주식 수익률로부터 산출된 상관관계행

렬의 비대각선 구성요소들의 값들에 대한 빈도분포를 도출하고, 또한 이들 상관관계 행렬의 비대각선 구성요소들 중에서 가장 큰 값과 가장 작은 값을 갖는 개별주식 조합에 대한 관계정도를 산포도를 이용하여 비교 관찰한다.

2 | 자료, 기간 및 방법

- 자료: KOSPI 100 시장지수를 구성하는 100개 개별주식들의 일별수익률 이용
- 기간: 2012년 01월부터 2012년 12월까지의 248거래일(1년)
- 방법:

▷ 개별주식 N=100개에 대한 상관관계행렬의 비대각선 구성요소 $N(N-1)/2$=(100(99)/2)=4,950개에 대한 모든 상관관계를 계산하고, 그 값들을 이용하여 빈도분포를 도출한다.

▷ 계산된 상관관계들 중에서 절댓값 기준으로 가장 큰 값을 갖는 (i,j) 주식 조합과 가장 작은 값을 갖는 (i,j) 주식 조합을 선택 후, 각각에 대한 산포도를 도출한다.

3 | 관찰결과

- 그림은 KOSPI 100 시장지수를 구성하는 100개 개별주식들 간의 상관관계행렬을 산출하고, 상관관계행렬의 구성요소들 중에서 비대각선 부분에 해당하는 4,950개 상관관계 값들을 빈도분포(위 그림)로 나타낸 것이다. 그리고 아래 그림은 산출된 4,950개 상관관계들 중에서 절댓값 기준으로 가장 큰 값을 갖는 개별주식의 조합(왼쪽 그림)과 가장 작은 값을 갖는 개별주식 조합(오른쪽 그림) 각각에 대한 산포도를 나타낸다.
- 관찰결과에서, KOSPI 100 시장지수를 구성하는 개별주식들 간의 상관관계는 통계적으로 유의적인 평균 22.89% (t값: 87.69)이다. 그리고 상관관계행렬의 비대각선 구성요소들에 대한 빈도분포는 오른쪽 꼬리가 왼쪽꼬리에 비교하여 분명하게 길고, 중심부분은 '0'을 기준으로 오른쪽에 위치한다. 따라서 개별주식들 간의 상관관계는 대부분 양(+)의 값을 가지며, 모든 주식들간의 공통적 가격변화의 움직임 정도(22.89%)가 높음을 알 수 있다.
- 한편, KOSPI 100을 구성하는 주식들에 대한 상관관계행렬의 4,950개 구성요소들 중에서 절댓값 기준으로 가장 큰 값을 갖는 (i,j)주식조합은 86.25%이고, 가장 작은 값은 약 0%이다. 가장 큰 상관관계(86.25%)를 갖는 (i,j)주식조합은 산포도에서

시각적으로 2가지 주식들간의 분명한 방향성(양(+)의 방향)을 확인할 수 있지만, 가장 작은 상관관계(약 0%)를 갖는 (i,j) 주식조합은 산포도에서 주식들 간의 변화의 방향성을 확인할 수 없다. 따라서 높은 상관관계를 갖는다는 것은 2가지 주식 간에 뚜렷한 동일방향으로의 움직임을 확인할 수 있고, 반면에 낮은 상관관계는 2가지 주식에서 방향성을 확인하는 것이 쉽지 않다.

4 | Matlab을 이용한 분석팁

■ MATLAB 기본 코드: '상관관계행렬의 평균값과 그 t 값'

```
① KKa = 0;
② for ka = 1 : FirmN
③     for kb = ka+1 : FirmN-1
④         KKa = KKa + 1;
⑤         CorrTEMP = corrcoef(StockDATA(:,ka), StockDATA(:,kb));
⑥         CorrMATRIX(KKa,:) = [ka, kb, CorrTEMP(1,2)];
⑦         clear CorrTEMP;
⑧     end
⑨ end
⑩ [DataN, C] = size(CorrMATRIX);
   % t-value
⑪ AVE = mean(CorrMATRIX(:,3));
⑫ STD_Error = std(CorrMATRIX(:,3))/sqrt(DataN);
⑬ TValue = AVE/STD_Error;
```

▷ ①, 생성되는 결과값을 저장하기 위한 구분자 변수를 설정한다. 즉, 구분자 변수 'KKa'의 초기값('0')을 설정한다. 구분자 변수 'KKa'는 ④의 'KKa=KKa+1' 명령어에 의하여 '1'씩 증가하는 값을 갖는다.

▷ ②~⑨, **'명령어, for...for...end...end'**의 중첩 for문을 이용하여 포함된 명령어들을 반복적으로 실행한다. 즉, 바깥 부분의 **'for...end'**는 구분자 변수 'ka'에 의한 ②+⑨이고, 안쪽 부분의 **'for...end'**는 구분자 변수 'kb'에 의한 ③+⑧이다. 구분자 변수 'ka'와 'kb'는 상관관계행렬의 비대각부분 구성요소 만을 추출하기 위하여 사용한다. 개별주식의 수익률 자료를 수록한 변수 'StockDATA'는 'TimeN×FirmN'의 구조를 갖는다. 이 자료를 이용하여 산출될 상관관계행렬의 구조는 주식의 숫자에 대한 'FirmN×FirmN'의 구조이다. 따라서 비대각부분의 구성요소($i \neq j$, 한쪽 부분)만을 선택하기 위하여 행의 'i'에 해당하는 'ka=1:FirmN-1'와 열의 'j'에 해당하는 'kb=ka+1:FirmN'으로 설정한다. 예를 들어, 'ka=1'로 지정된 후, 'kb'는 '2(=ka+1), 3, 4, ... FirmN'까지

반복한다. 다음으로 'ka=2'로 지정된 후에 'kb'는 '3(=ka+1), 4, ..., FirmN'까지, 그리고 'ka=3'로 지정된 후에 'kb'는 '4(=ka+1), 5, ..., FirmN'까지 반복되며, 마지막으로 'ka=FirmN-1'로 지정된 후에 'kb'는 'FirmN'이다. 따라서 비대각부분의 구성요소($i \neq j$, 한쪽 부분)에 대한 상관관계를 산출 할 수 있다.

▷ ④, 반복적으로 실행되는 명령어로부터 생성되는 결과물을 순차적으로 기록하기 위하여, 앞의 ①에서 설정한 구분자 변수 'KKa'를 이용한다. 즉, 'KKa=KKa+1'의 명령어를 통하여 'KKa'는 '1', '2', '3', ... 등의 명령어 실행 순서에 일치하는 값을 갖게 된다.

▷ ⑤, **'명령어, corrcoef()'**를 이용하여 상관관계를 계산한다. 즉, 행 구조의 구분자 변수 'ka'에서 지정한 주식수익률 자료의 변수 'StockDATA(:, ka)'와 열 구조의 구분자 변수 'kb'에서 지정한 주식수익률 자료의 변수 'StockDATA(:, kb)'를 이용하여 산출된 2×2 구조의 상관관계행렬을 새로운 변수 'CorrTEMP'에 대입한다. 여기서 'corrcoef(StockDATA(:, ka), StockDATA(:, kb))의 첫번째 항과 두번째 항은 앞의 ③에서 설명된 'ka=1, 2, ..., FirmN-1'와 'kb=ka+1, ... FirmN'의 변화에 따라 반복된다.

▷ ⑥, 상관관계행렬의 비대각부분 구성요소를 선택한 후에 기록한다. 즉, 2가지 주식간의 상관관계행렬의 결과를 수록한 변수 'CorrTEMP'는 2×2의 구조로 대각선 부분 (1, 1), (2, 2)는 '1'의 값을 갖고, 비대각선 부분 (1, 2), (2, 1)은 대칭행렬의 속성에 따라 서로 동일한 값을 갖는다. 따라서 (1, 2)의 위치에 수록된 값('CorrTEMP(1, 2)')만을 결과에 기록하고, 그 결과를 새로운 변수 'CorrMATRIX(KKa, :)'에 대입한다. 변수에 반복적으로 실행되는 명령으로부터 생성되는 결과물을 순차적으로 기록하기 위하여, 앞의 ④에서 설정한 구분자 변수 'KKa'를 이용한다. 또한 2가지 주식간의 상관관계를 구분 확인하기 위하여 개별주식의 구분자 변수 'ka'와 'kb'를 함께 결과물에 수록한다. 즉, 대괄호 '[ka, kb, CorrTEMP(1, 2)]'를 이용하여 2개 이상의 자료를 하나로 만든다.

▷ ⑦, **'명령어, clear'**을 이용하여 지정한 변수들을 메모리에서 제거한다. 즉, 동일한 이름으로 반복적으로 사용하는 변수 'CorrTEMP'를 **'for...end'**문에서 계속 사용하기 위하여 제거한다.

▷ ⑩, **'명령어, size()'**를 이용하여 자료의 구조를 확인한다. 즉, 개별주식수익률 간 상관관계행렬의 비대각선부분 구성요소에 대한 자료 구조의 행 정보('상관관계 숫자')를 새로운 변수 'DataN'에, 열 정보를 새로운 변수 'C'에 대입한다.

▷ ⑪~⑬, 통계량 t값을 계산한다. 즉, 통계량 t값은 평균(⑪, 분자)을 표준오차(⑫, 분모)로 나눈 값이고, 표준오차는 표준편차(분자)를 제곱근의 자료숫자(분모)로 나눈

값이다. ⑪에서 **'명령어, mean()'**을 이용하여 상관관계행렬의 평균을 계산한다. 즉, 앞의 ⑥에서 변수 'CorrMATRIX'의 3번째 열에 상관관계행렬의 비대각부분 구성요소가 기록되어 있다. 이 자료로부터 평균('mean(CorrMATRIX(:, 3))')을 구하고, 그 결과를 새로운 변수 'AVE'에 대입한다. 또한 ⑫에서 **'명령어, std()'**를 이용하여 상관관계행렬의 비대각부분 구성요소의 표준편차('std(CorrMATRIX(:, 3))')를 계산하고, 자료숫자('DataN')의 제곱근 값('sqrt(DataN)', 여기서 **'명령어, sqrt()'**는 제곱근($\sqrt{x}$)을 계산)으로 나누어 표준오차를 산출한다. 그리고 그 결과를 새로운 변수 'STD_Error'에 대입한다. 마지막으로 앞의 ⑪과 ⑫에서 각각 구한 평균('AVE')과 표준오차('STD_Error')를 이용하여 계산된 통계량 t값을 새로운 변수 'TValue'에 대입한다.

그림 5-5 **상관관계행렬의 속성 [4]: 행렬의 대각선 및 비대각선 구성요소**

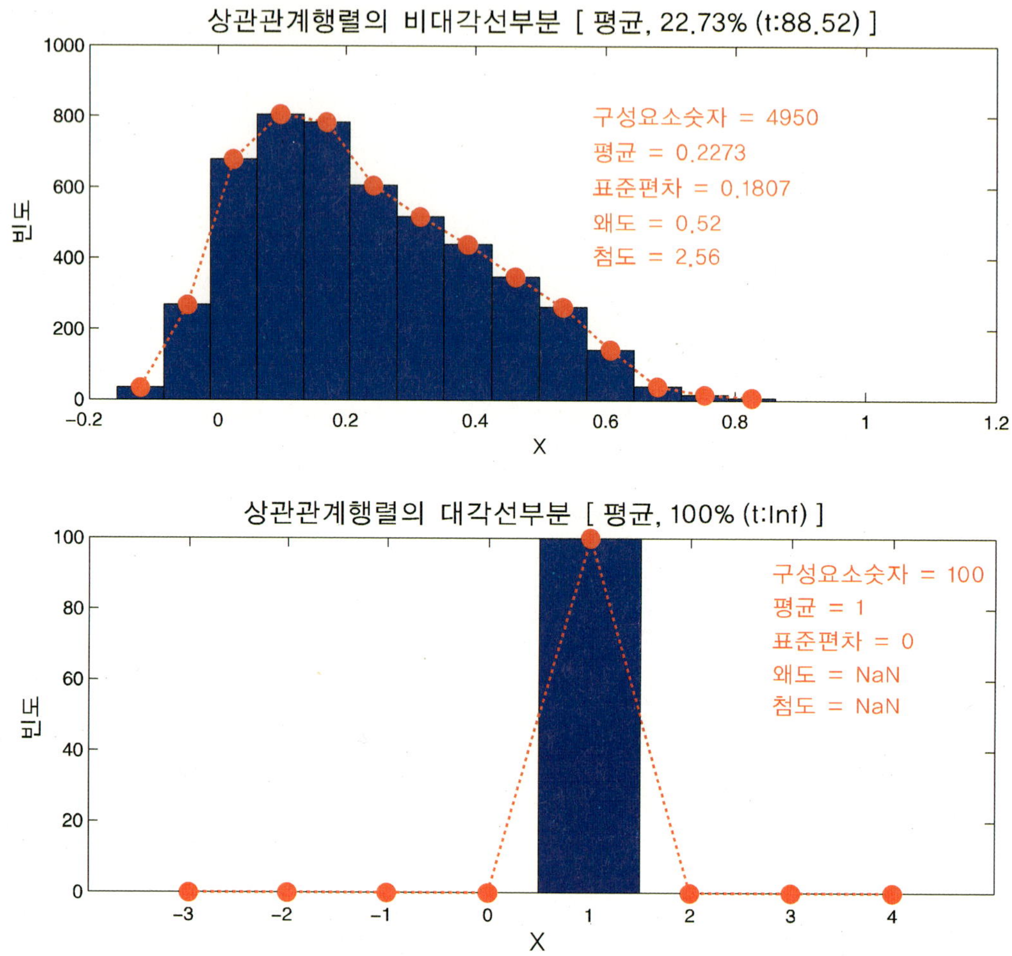

그림5-5 그림은 2012년 1월부터 2012년 12월의 기간에서 KOSPI 100 시장지수를 구성하는 개별주식들의 상관관계행렬의 비대각선 부분의 구성요소들(위 그림)과 대각선 부분의 구성요소들(아래 그림)로 구분하여 각각의 빈도분포를 나타낸 것이다.

1 | 목적

- 개별주식간 상관관계행렬의 구조는 동일한 주식들에 대한 상관관계의 대각선$(i=j)$ 구성요소와 다른 주식들에 대한 상관관계의 비대각선$(i \neq j)$ 구성요소로 구성된다. 그리고 대각선의 구성요소들은 동일한 주식들에 대한 상관관계이기 때문에, '$\rho_{i,j}=1$'을 갖고, 비대각선의 구성요소들은 다른 주식들에 대한 상관관계이기 때문에 '$\rho_{i,j} \neq 1$'을 갖는다. $N \times N$ 상관관계행렬의 구성요소들의 숫자는 대각선이 'N개'와 비

대각선이 'N^2-N=N(N-1)개'이고, 대칭행렬의 속성을 고려하면 비대각선은 N(N-1)/2개의 구성요소를 분석에 이용할 수 있다.

- 따라서, 개별주식들 간의 상관관계행렬에서 비대각선과 대각선의 각 구성요소들에 대한 빈도분포를 비교 관찰한다.

2 | 자료, 기간 및 방법

- 자료: KOSPI 100 시장지수를 구성하는 100개 개별주식의 일별수익률
- 기간: 2012년 1월부터 2012년 12월까지의 248거래일(1년)
- 방법:

▷ 개별주식수익률의 상관관계행렬 산출, $\rho_{i,j} = \dfrac{\sigma_{i,j}}{\sigma_i \sigma_j}$, $(i = 1,2,\ldots,N,\ j = 1,2,\ldots,N)$

▷ 개별주식의 숫자, 'N = 100개'

▷ 대각선의 구성요소: N개 = 100개

▷ 비대각선의 구성요소 (대칭행렬고려) : N(N-1)/2 = 100(99)/2 = 4,950개

▷ 대각선과 비대각선의 각 구성요소로부터 빈도분포 도출 및 기초통계량 계산

▷ 기초통계량: 평균(분포의 중심위치), 표준편차(분포의 퍼짐정도), 왜도(분포의 치우침 정도), 첨도(분포의 뾰쪽한 정도)

3 | 관찰결과

- 그림은 개별주식들 간 상관관계행렬의 대각선과 비대각선 구성요소들에 대한 각각의 빈도분포를 나타낸다. 즉, 위 그림은 상관관계행렬의 비대각선 구성요소인 4,950개의 상관관계 값들에 대한 빈도분포이고, 아래 그림은 대각선 구성요소인 100개 상관관계 값들에 대한 빈도분포이다.
- 관찰결과에서, 상관관계행렬의 구성요소들 중에서 비대각선 부분과 대각선 부분의 구성요소들에 대한 빈도분포 간에는 분명한 차이가 있음을 알 수 있다. 즉, 대각선 부분을 구성하는 상관관계는 동일한 주식들에 대한 상관관계이기 때문에 모두 '$\rho_{i,j} = 1$'을 갖는 빈도분포를 확인할 수 있다. 반면에 비대각선 부분을 구성하는 상관관계는 다른 주식들에 대한 상관관계이기 때문에 모두 '$\rho_{i,j} \neq 1$'인 값을 갖고 모양은 오른쪽 꼬리부분으로 치우친 빈도분포를 확인할 수 있다.

4 | Matlab을 이용한 분석팁

■ MATLAB 기본 코드: '상관관계행렬의 구성요소 분해'

```
① CorMATRIX = corrcoef(StockDATA);
② for k = 1 : FirmN
③     DigPART(k,:) = CorMATRIX(k,k);
④ end
⑤ for k = 1 : FirmN-1
⑥     if k == 1
⑦         Off_DigPART = CorMATRIX(k,k+1:FirmN)';
⑧     else
⑨         Off_DigPART = [Off_DigPART ; CorMATRIX(k,k+1:FirmN)'];
⑩     end
⑪ end
```

▷ ①, **'명령어, corrcoef()'**를 이용하여 상관관계행렬을 산출한다. 즉, 개별주식수익률 자료('TimeN×FirmN'구조)를 수록하고 있는 변수 'StockDATA'를 이용하여, 'FimrN×FirmN'구조를 갖는 상관관계행렬을 산출하고, 그 결과를 새로운 변수 'CorrMATRIX'에 대입한다.

▷ ②~④, **'명령어, for...end'**을 이용하여 상관관계행렬의 대각선부분의 구성요소($i = j$)를 선택 추출한다. 즉, 구분자 변수 'k'를 첫번째 주식의 '1'에서 마지막 주식의 'FirmN'까지 순차적으로 변화를 시키며, 앞의 ①에서 생성된 상관관계행렬의 대각선부분 구성요소('$i = j$')를 선택한다. 즉, 행('$i = k$')과 열('$j = k$')이 동일한 위치에 수록된 자료('CorMATRIX(k, k)')를 새로운 변수 'DigPART(k, :)'에 수록한다.

▷ ⑤~⑪, **'명령어, for...end'**을 이용하여 상관행렬의 비대각선부분의 구성요소($i \neq j$)를 선택 추출한다. 앞에서 〔그림5-4〕의 '4. Matlab을 이용한 분석팁'에서 설명한 방법으로 상관관계행렬의 비대각선부분 구성요소들을 선택할 수 있다. 여기에서는 다른 방법을 이용한 분해방법을 소개한다.

▷ ⑥~⑩, **'명령어, if...else...end'**을 이용하여 조건에 따른 명령어를 구분 실행한다. 즉, 행렬의 첫번째 행(k=1)의 경우('if k==1')에는 ⑥~⑧의 **'if...else'** 사이에 있는 명령어를 실행하고, 아닌 경우(k≥2)에는 ⑧~⑩의 **'else...end'** 사이에 있는 명령어를 실행한다.

▷ ⑦, 첫번째 행('k=1')의 경우, ⑦의 명령어를 실행한다. 앞의 ①에서 산출된 상관관계행렬의 변수 'CorrMATRIX'에서 지정된 행('k')을 기준으로 모든 열('k+1:FirmN')의 구성요소 'CorMATRIX(k, k+1:FirmN)'를 선택한다. 즉, 100×100 상관관계행렬('CorMATRIX')에서 'k=1' 주식을 고정한 후, 'k=2'에서 'k=100'까지 주식들과의 상

관관계(99개)를 선택한다. 그리고 선택된 상관관계의 값들의 열 구조('1×(FirmN-1)', '1×99')를 행 구조('(FirmN-1)×1', '99×1')로 전치(transpose)한 결과 'CorMATRIX(.)′' 를 새로운 변수 'Off_ DigPART'에 대입한다.

▷ ⑨, 두 번째 행('k≥2')부터는 앞의 ⑦에서 설명된 방법과 동일하게 자료를 선택 및 기록하지만, 기존에 수록된 자료에 추가적으로 자료를 첨부하는 방식을 사용한다. 즉, 명령어 '[Off_DigPART ; CorMATRIX(k, k+1:FirmN)′]'에서, 뒷부분의 'CorMATRIX(k, k+1:FirmN)′'는 앞의 ⑦에서 설명한 내용과 동일하다. 그리고 앞 부분의 변수 'Off_DigPART'는 직전 단계에서 기록한 자료를 갖는 변수이다. 예를 들어, 앞의 ⑦에서 행 구조('(FirmN-1)×1)', '99×1')로 결과를 수록하고 있는 변수 'Off_DigPART'과 새롭게 생성된 결과('CorMATRIX(k, k+1:FirmN)′')의 행 구조('(FirmN-2)×1'. '98×1')를 행의 방향(';', 아랫방향으로 붙임)으로 추가 결합한 구조('((FirmN-1)+(FirmN-2))×1', '(99+98)×1=197×1')의 결과를 변수 "Off_DigPART'에 수록한다. 다음 단계('k=3')에서도 동일하다. 즉, 앞에서 생성된 기존의 자료('(2FirmN-3)×1', '197×1')를 갖는 대괄호 속에 있는 변수 'Off_DigPART'에 새롭게 선택된 자료('(FirmN-3)×1', '97×1')를 행의 방향으로 추가 결합한 자료('(3FirmN - 6)×1', '(197+97)×1=294×1')를 명령어 왼쪽의 변수 'Off_DigPART'에 대입한다. 이러한 과정은 'k=FirmN-1'까지 반복적으로 실행된다.

그림 5-6 상관관계행렬의 속성 [5]: 분산-공분산행렬과의 비교 I

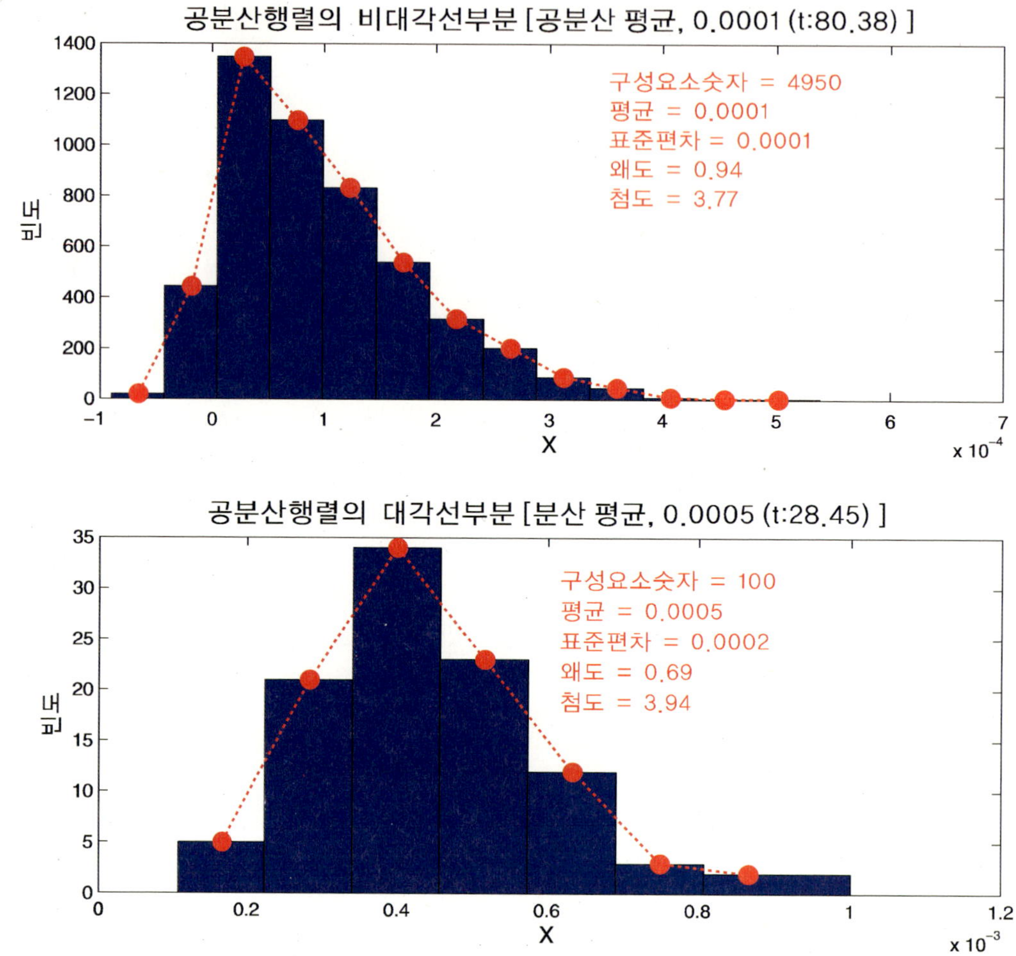

그림5-6 ▎ 그림은 2012년 1월부터 2012년 12월까지의 기간에서 KOSPI 100 시장지수를 구성하는 개별주식들로부터 산출된 분산-공분산행렬에서 비대각선부분의 구성요소들(위 그림)과 대각선부분의 구성요소들(아래 그림)을 이용하여 도출된 각각의 빈도분포들이다.

1 | 목적

- 개별주식간 분산-공분산행렬의 구조는 대각선부분 $(i=j)$에 동일한 주식들 간의 분산(variance)과 비대각선부분 $(i \neq j)$에 다른 주식들 간의 공분산(covariance)으로 구분된다. 따라서, 개별주식들 간의 분산-공분산행렬에서 비대각선과 대각선의 각 구성요소들에 대한 빈도분포를 비교 관찰한다.

2 | 자료, 기간 및 방법

- 자료: KOSPI 100 시장지수를 구성하는 100개 개별주식의 일별수익률
- 기간: 2012년 1월부터 2012년 12월까지의 248거래일(1년)
- 방법:
  - ▷ 개별주식의 분산-공분산행렬 산출, $\sigma_{i,j} = \sigma_i \sigma_j \rho_{i,j}$ $(i = 1, 2, ..., N, \ \ j = 1, 2, ..., N)$
  - ▷ 개별주식의 숫자 'N = 100개'
  - ▷ 대각선의 구성요소: N개 = 100개
  - ▷ 비대각선의 구성요소 (대칭행렬고려): N(N-1)/2 = 100(99)/2 = 4,950개
  - ▷ 대각선과 비대각선의 각 구성요소로부터 빈도분포 도출 및 기초통계량 계산
  - ▷ 기초통계량: 평균(분포의 중심위치), 표준편차(분포의 퍼짐정도), 왜도(분포의 치우침 정도), 첨도(분포의 뾰쪽한 정도)

3 | 관찰결과

- 그림은 개별주식들 간 분산-공분산행렬의 대각선과 비대각선 구성요소들에 대한 각각의 빈도분포를 나타낸다. 즉, 위 그림은 분산-공분산행렬의 비대각선 구성요소인 4,950개의 공분산 값들에 대한 빈도분포이고, 아래 그림은 대각선 구성요소인 100개 분산 값들에 대한 빈도분포이다.
- 관찰결과에서, 분산-공분산행렬의 구성요소들 중에서 비대각선 부분과 대각선 부분에서의 구성요소들에 대한 빈도분포 간에는 분명한 차이가 있음을 알 수 있다. 즉, 대각선 부분을 구성하는 분산은 동일한 주식들에 대한 값으로 모두 양(+)의 값을 갖는 반면에, 비대각선 부분을 구성하는 공분산은 다른 주식들 간의 관계를 나타내는 값으로 양(+) 혹은 음(-)의 값을 가질 수 있다. 하지만 대부분의 공분산은 양(+)의 값을 갖기 때문에 공분산의 빈도분포는 오른쪽 꼬리로 치우친 형태의 분포모양을 갖는다.

4 | Matlab을 이용한 분석팁

- MATLAB 기본 코드: '분산-공분산행렬의 구성요소 분해'

```
① CovMATRIX = cov(StockDATA);
② for k = 1 : FirmN
③     DigPART(k,:) = CovMATRIX(k,k);
④ end
⑤ KKa = 0;
⑥ for k = 1 : FirmN-1
⑦     if k == 1
⑧         Off_DigPART = CovMATRIX(k,k+1:FirmN)';
⑨     else
⑩         Off_DigPART = [Off_DigPART ; CovMATRIX(k,k+1:FirmN)'];
⑪     end
⑫ end
```

▹ ①, **'명령어, cov()'**를 이용하여 분산-공분산행렬을 산출한다. 즉, 개별주식수익률 자료('TimeN×FirmN'구조)를 수록하고 있는 변수 'StockDATA'를 이용하여 'FimrN×FirmN'구조를 갖는 분산-공분산행렬을 산출하고, 그 결과를 새로운 변수 'CovMATRIX'에 대입한다.

▹ ②~④, **'명령어, for...end'**을 이용하여 분산-공분산행렬의 대각선부분의 구성요소($i = j$)를 선택 추출한다. 즉, 구분자 변수 'k'를 첫번째 주식의 '1'에서 마지막 주식의 'FirmN'까지 순차적으로 변화를 시키며, 앞의 ①에서 생성된 분산-공분산행렬의 대각선부분 구성요소('$i = j$')를 선택한다. 즉, 행('$i = k$')과 열('$j = k$')이 동일한 위치에 수록된 자료('CovMATRIX(k, k) ;')를 새로운 변수 'DigPART(k, :)'에 수록한다.

▹ ⑤~⑪, **'명령어, for...end'**을 이용하여 분산-공분산행렬의 비대각선부분의 구성요소($i \neq j$)를 선택 추출한다.

▹ ⑥~⑩, **'명령어, if...else...end'**을 이용하여 조건에 따른 명령어를 구분 실행한다. 즉, 행렬의 첫번째 행('k=1')의 경우('if k==1')에는 ⑥~⑧의 **'if...else'** 사이에 있는 명령어를 실행하고, 아닌 경우('k≥2')에는 ⑧~⑩의 **'else...end'** 사이에 있는 명령어를 실행한다.

▹ ⑧, 첫번째 행('k=1')의 경우에 실행하는 명령어이다. 앞의 ①에서 산출된 분산-공분산행렬의 변수 'CovMATRIX'에서 지정된 행('k')을 기준으로 모든 열('k+1:FirmN')의 구성요소 'CovMATRIX(k, k+1:FirmN)'를 선택한다. 그리고 선택한 공분산 자료의 열 구조(1×(FirmN-1))를 행 구조((FirmN-1)×1)로 전치(transpose)한 결과 'CovMATRIX(k, k+1:FirmN)''를 새로운 변수 'Off_DigPART'에 대입한다. 예를 들어, 행 'k=1'인 경우, 열은 '2(=k+1), 3, 4, . . . , FirmN(=100)'이 되고, 자료구조는 열 구조('1×(FirmN-1)', '1×99')이고, 전치한 자료의 행 구조('FirmN-1)×1', '99×1')가 된다.

▷ ⑩, 두 번째 행 이후('k≥2')에 대하여 실행하는 명령어이다. 앞의 ⑦에서 설명된 방법과 동일하게 자료를 선택 및 수록한다. 차이점은 기존에 수록된 자료에 추가적으로 자료를 첨부하는 방식을 사용한다. 즉, 명령어 '[Off_DigPART ; CovMATRIX(k, k+1:FirmN)']'에서, 뒷부분의 'CovMATRIX(k, k+1:FirmN)''는 앞의 ⑦에서 설명한 내용과 동일하다. 그리고 앞 부분의 변수 'Off_DigPART'는 직전 단계에서 기록된 자료를 갖는 변수이다. 예를 들어, 앞의 ⑦에서 행 구조('(FirmN-1)×1)', '99×1')로 결과를 수록하고 있는 변수 'Off_DigPART'과 새롭게 생성된 결과('CovMATRIX(k, k+1:FirmN)'')의 행 구조('(FirmN-2)×1', '98×1')를 행의 방향(';', 아래 방향으로 자료를 추가)으로 결합한 구조('((FirmN-1)+(FirmN-2))×1', '(99+98)×1=197×1')의 결과를 변수 "Off_DigPART'에 수록한다. 다음 단계('k=3')에서도 동일하다. 앞에서 생성된 기존의 자료('(2FirmN-3)×1', '197×1')의 변수 'Off_DigPART'에 새롭게 선택된 자료('(FirmN-3)×1', '97×1')를 행의 방향으로 추가 결합한 자료('(3FirmN-6)×1', '(197+97)×1=294×1')를 명령어 왼쪽에 있는 변수 'Off_DigPART'에 대입한다. 이러한 과정은 'k=FirmN-1'까지 반복적으로 실행된다.

V 금융자료의 상관관계분석

그림 5-7 상관관계행렬의 속성 [6]: 분산-공분산행렬과의 비교 Ⅱ

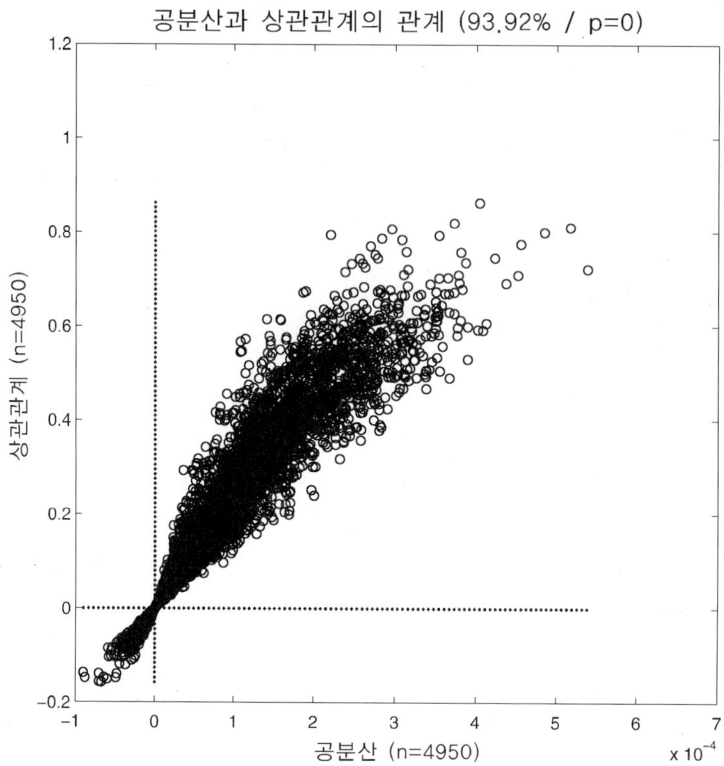

그림5-7 ▌ 그림은 2012년 1월부터 2012년 12월까지 기간 동안에 KOSPI 100 시장지수를 구성하는 개별주식들을 이용하여 산출된 분산-공분산행렬과 상관관계행렬의 각 비대각선 구성요소($N(N-1)/2$)를 X축과 Y축에 설정하고 도출한 산포도이다.

1 | 목적

- 포트폴리오 이론에서 이용되는 개별주식간 상관관계행렬은 분산-공분산행렬과 매우 밀접한 관련성을 갖는다. 따라서 상관관계행렬과 분산-공분산행렬의 비대각선 구성요소들에 대한 관련성 정도를 산포도를 이용하여 관찰한다.

2 | 자료, 기간 및 방법

- 자료: KOSPI 100 시장지수를 구성하는 100개 개별주식의 일별수익률
- 기간: 2012년 1월부터 2012년 12월까지의 248거래일(1년)

■ 방법 :

▷ 개별주식수익률의 상관관계행렬과 분산-공분산행렬을 산출

▷ 공분산, '$\sigma_{i,j} = \sigma_i \sigma_j \rho_{i,j}$', 상관관계, '$\rho_{i,j} = \dfrac{\sigma_{i,j}}{\sigma_i \sigma_j}$' $(i = 1,2,...,N,\ \ j = 1,2,...,N)$

▷ 개별주식의 숫자, 'N = 100개'

▷ 대각선의 구성요소: N개 = 100개

▷ 비대각선의 구성요소 (대칭행렬고려) : N(N-1)/2 = 100(99)/2 = 4,950개

▷ 즉, 상관관계행렬의 비대각선 구성요소(4,950개)와 공분산 행렬의 비대각선 구성요소(4,950개)를 각각 Y축과 X축으로 설정하여 산포도를 도출.

3 | 관찰결과

■ 그림은 개별주식들 간의 분산-공분산행렬과 상관관계행렬에 있어서, 각 행렬의 비대각선 부분의 구성요소들에 대한 산포도를 나타낸 것이다. 그림에서 X축은 분산-공분산행렬의 비대각선 구성요소인 4,950개의 공분산이고, Y축은 상관관계행렬의 비대각선 구성요소인 4,950개의 상관관계이다.

■ 관찰결과에서, 개별주식들로부터 산출된 분산-공분산행렬의 비대각선 구성요소들과 상관관계행렬의 비대각선 구성요소들 간의 관련성은 통계적으로 유의적인 93.92% (p값 0.0)의 매우 높은 값을 갖는다. 즉, 높은 상관관계를 갖는 주식들은 높은 공분산을 갖고, 낮은 상관관계를 갖는 주식들은 낮은 공분산을 갖는다.

4 | Matlab을 이용한 분석팁

■ MATLAB 기본 코드: '공분산과 상관관계의 관계'

```
% variance-covariance matrix
CovMATRIX = cov(StockDATA);
for k = 1 : FirmN-1
    if k == 1
        Off_DigPART_COV = CorMATRIX(k,k+1:FirmN)';
    else
        Off_DigPART_COV = [Off_DigPART_COV ; CorMATRIX(k,k+1:FirmN)'];
    end
end
% correlation matrix
CorMATRIX = corrcoef(StockDATA);
```

```
⑩ for k = 1 : FirmN-1
⑪     if k == 1
⑫         Off_DigPART_COR = CorMATRIX(k,k+1:FirmN)';
⑬     else
⑭         Off_DigPART_COR = [Off_DigPART_COR ; CorMATRIX(k,k+1:FirmN)'];
⑮     end
⑯ end
   % degree of relationship
⑰ [Relation, p_value] = corrcoef(Off_DigPART_COV, Off_DigPART_COR);
```

▷ ①~⑧, 분산-공분산행렬의 비대각선 부분의 구성요소를 선택 추출하는 과정이다. 본 과정은 〔그림5-6〕의 '4. Matlab을 이용한 분석팁'에서 자세히 설명되어 있다.

▷ ⑨~⑯, 상관관계행렬의 비대각선 부분의 구성요소를 선택 추출하는 과정이다. 본 과정은 〔그림5-5〕의 '4. Matlab을 이용한 분석팁'에서 자세히 설명되어 있다.

▷ ⑰, **'명령어, corrcoef()'**를 이용하여 상관관계를 산출한다. 앞의 과정에서 선택 추출한 분산-공분산행렬의 비대각선 구성요소의 변수 'Off_DigPART_COV'와 상관관계행렬의 비대각선 구성요소의 변수 'Off_DigPART_COR'를 이용하여, 2가지 변수들 간의 관계정도를 측정한 후, 결과인 2×2 구조를 갖는 새로운 변수 'Relation'에 대입한다. 그리고 산출된 결과 변수 'Relation'에 대한 통계적 유의성 ($H_0 : \rho_{i,j} = 0$, $H_a : \rho_{i,j} \neq 0$)의 평가기준인 p값을, 변수 'Relation'과 동일한 구조인 2×2로 새로운 변수 'p_value'에 대입한다. 물론, 〔그림5-7〕에 표시된 '93.92%/p=0'부분은 Relation(1, 2)와 p_value(1, 2)에 수록된 값을 출력한 것이다.

그림 5-8 시장지수와의 상관관계 속성 [1]

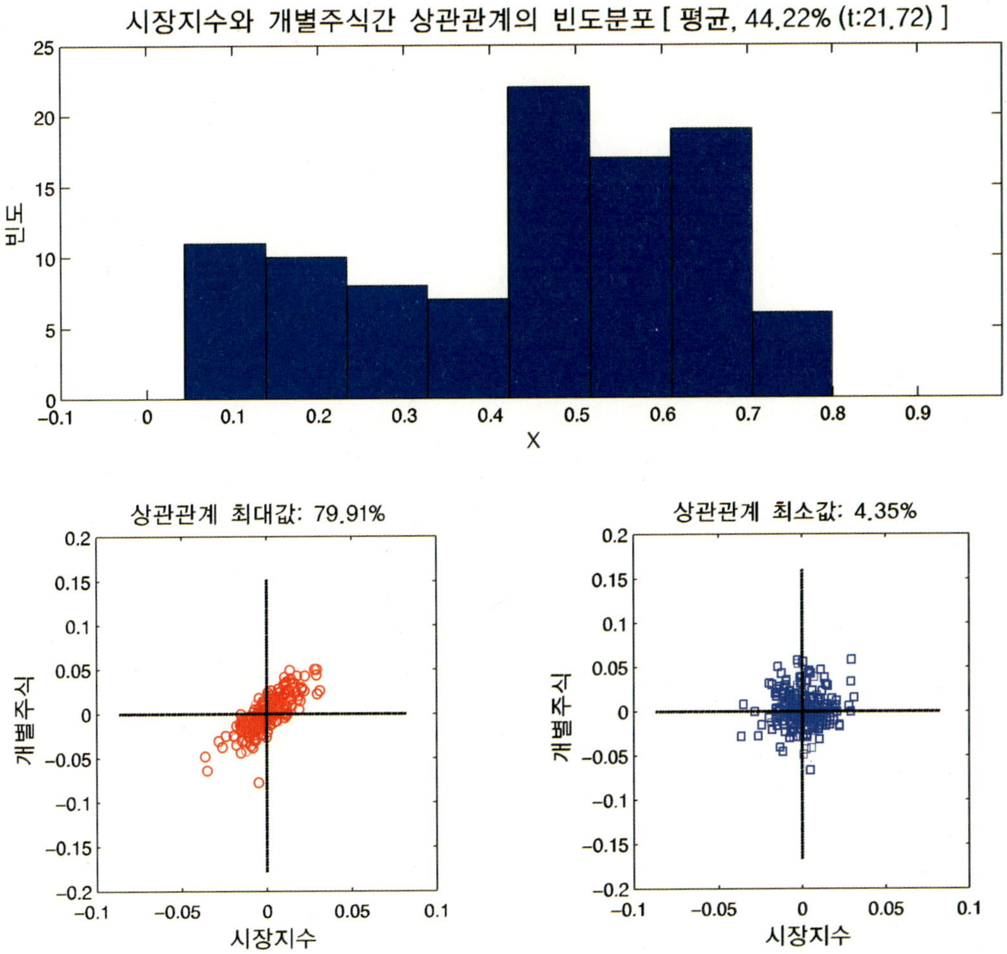

그림5-8 ▎ 그림은 2012년 1월부터 2012년 12월까지의 기간동안 KOSPI 100을 구성하는 개별주식들과 KOSPI 100 시장지수 간의 상관관계를 측정한 후, 측정된 상관관계의 빈도분포(위 그림)를 나타낸 것이다. 그리고 산출된 상관관계들 중에서 절댓값을 기준으로 최댓값(79.91%)과 최솟값(4.35%)을 갖는 개별주식들을 확인한 후, 시장지수와 이들 주식수익률간의 산포도(아래 그림)를 나타낸 것이다.

1 | 목적

- 주식시장에서 거래되는 개별주식의 가격변화는 시장지수의 변화에 직접적으로 영향을 받는다. 즉, 개별주식수익률과 시장지수수익률 간에는 평균적으로 높은 관련성을 갖는다. 따라서 시장에서 거래되는 개별주식수익률과 시장지수수익률 간의 상관관계를 관찰한다.

2 | 자료, 기간 및 방법

- 자료: KOSPI 100 시장지수를 구성하는 100개 개별주식들의 일별수익률, 그리고 KOSPI 100 시장지수의 일별수익률 이용
- 기간: 2012년 01월부터 2012년 12월까지의 1년
- 방법:

▷ 시장지수 'M=1개'와 개별주식 'N=100개'에 대한 상관관계, $\rho_{j,M} = \frac{\sigma_{j,M}}{\sigma_i \sigma_M}$, 를 측정

▷ 측정된 '100개' 상관관계에 대한 빈도분포를 도출

▷ 시장지수와 개별주식간에 측정된 상관관계들 중에서 절댓값 기준으로 가장 큰 값을 갖는 개별주식과 가장 작은 값을 갖는 개별주식을 선택 후, 개별주식을 시장지수에 대한 산포도로 나타냄.

3 | 관찰결과

- 그림은 KOSPI 100 시장지수를 구성하는 100개 개별주식들과 KOSPI 시장지수 간의 상관관계를 산출하고, 산출된 100개 상관관계 값들을 이용하여 도출된 빈도분포(위 그림)를 나타낸 것이다. 그리고 아래 그림은 산출된 100개 상관관계들 중에서 절댓값 기준으로 가장 큰 값을 갖는 개별주식(왼쪽 그림)과 가장 작은 값을 갖는 개별주식(오른쪽 그림) 각각을 이용하여 시장지수에 대한 산포도이다.
- 관찰결과에서, KOSPI 100 시장지수를 구성하는 개별주식들과 KOSPI 시장지수 간의 상관관계는 통계적으로 유의적인 평균 44.22% (t값: 21.72)이다. 즉, 개별주식은 주식시장의 움직임에 독립적인 관계를 가질 수 없기 때문에, 일반적으로 대부분의 개별주식들은 시장 움직임에 대하여 공통분모를 갖는다. 그림에서 확인할 수 있듯이, KOSPI 100 시장지수에 포함된 개별주식들은 KOSPI 100 시장지수의 움직임에 대하여 평균적으로 44.2%의 공통분모를 갖는다.
- 한편, KOSPI 100을 구성하는 개별주식들과 시장지수 간의 상관관계에서 절댓값 기준으로 가장 큰 값을 갖는 주식은 79.91%이고, 가장 작은 값을 갖는 주식은 4.35%의 관계정도를 갖는다. 따라서 가장 큰 상관관계(79.91%)를 갖는 개별주식과 시장지수간의 산포도는 시각적으로 분명한 방향성(양(+)의 방향)을 확인할 수 있지만, 가장 작은 상관관계(4.35%)를 갖는 개별주식과 시장지수에 대한 산포도는 방향성을 확인하기 어렵다.

4 | Matlab을 이용한 분석팁

■ MATLAB 기본 코드: '시장지수와 개별주식간의 상관관계'

```
① for k =  1 : FirmN
②      COR = corrcoef(MarketDATA, StockDATA(:,k));
③      CorMATRIX(k,:) = [k, COR(1,2)];
④      clear COR;
⑤ end
```

▷ ①~⑤, **'명령어, for...end'**를 이용하여 명령어들을 반복적으로 실행한다. 즉, 구분자 변수 'k'를 첫번째 주식의 '1'에서 마지막 주식의 'FirmN'까지 반복한다.

▷ ②, **'명령어, corrcoef()'**를 이용하여 시장지수수익률('MarketDATA')과 개별주식수익률('StockDATA') 간의 상관관계를 계산한다. 시장지수의 자료는 모든 개별종목에 대하여 동일하게 적용되기 때문에 **'for...end'**문의 구분자 변수 'k'에 영향을 받지 않는다. 반면에 개별주식의 자료는 'FirmN개'의 주식을 포함하기 때문에, 구분자 변수 'k'의 변화에 따라 영향을 받는다. 즉, 'StockDATA(:, k)'. 결국, 시장지수수익률을 고정시킨 후에 각각의 개별주식수익률자료, 'k=1, 2, . . . , FirmN'와의 상관관계를 측정하는 것이다. 즉, 'corrcoef(MarketDATA, StockDATA(:, k))'. 그리고 계산된 상관관계 결과는 새로운 변수 'COR'에 대입한다.

▷ ③, 상관행렬의 비대각부분의 구성요소를 선택한 후에 결과로 기록한다. 즉, 시장지수와 개별주식간의 상관관계의 결과를 수록한 변수 'COR'는 2×2의 구조로 대각선 부분 (1, 1), (2, 2)는 '1'의 값을 갖고, 비대각선 부분 (1, 2), (2, 1)은 대칭행렬의 속성에 따라 서로 동일한 값을 갖는다. 따라서 (1, 2)의 위치에 수록된 값('COR(1, 2)') 만을 새로운 변수 'CorMATRIX(k, :)'에 대입한다. 또한 개별주식별의 구분 확인을 위하여 구분자 변수 'k'를 함께 결과에 기록한다. 즉, '〔k, COR(1, 2)〕'. 여기서 2가지 이상의 결과를 하나의 변수로 묶어 기록하기 위하여 '대괄호 〔 〕'를 이용한다.

▷ ④, **'명령어, clear'**을 이용하여 지정한 변수를 메모리에서 제거한다. 즉, 동일한 이름으로 반복적으로 사용하는 변수 'COR'를 **'for...end'**문에서 계속 사용하기 위하여 제거한다.

그림 5-9 시장지수와의 상관관계 속성 [2]: 공분산과 상관관계의 관계

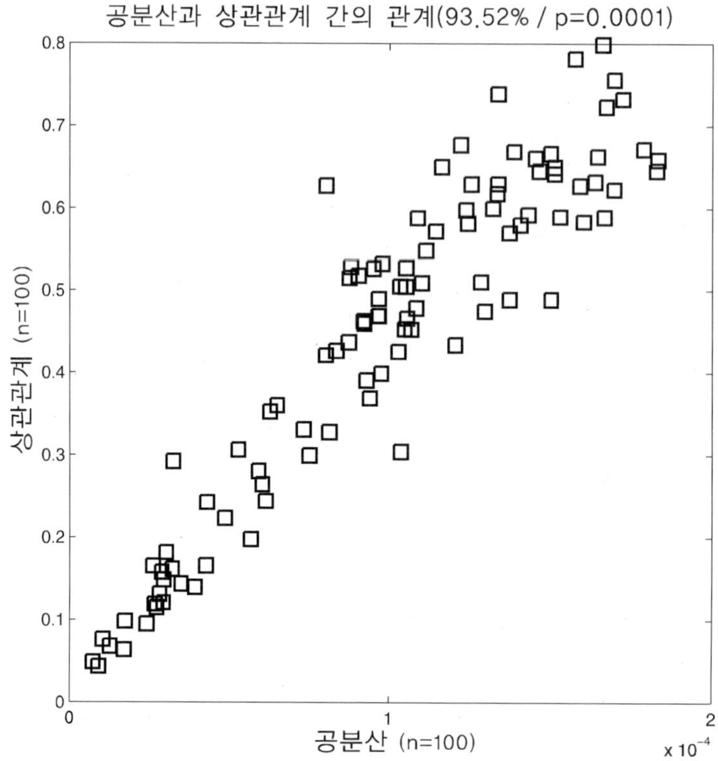

그림5-9 ▌ 그림은 2012년 1월부터 2012년 12월까지 기간 동안에 KOSPI 100 시장지수를 구성하는 개별주식들과 KOSPI 100 시장지수 간의 공분산과 상관관계간의 관계를 산포도를 이용하여 나타낸 것이다. 그림에서 X축은 공분산이고, Y축은 상관관계이다.

1 ▌ 목적

- 포트폴리오 이론에 있어서 공분산과 상관관계는 매우 중요한 측정치들이다. 즉, 위험과 수익 관계, 포트폴리오 선택, 가격결정모형 등의 중요한 입력요인으로 사용된다. 따라서 시장에서 거래되는 개별주식수익률과 시장지수수익률 간의 공분산 측정치와 상관관계 측정치간의 관계를 관찰한다.

2 ▌ 자료, 기간 및 방법

- 자료: KOSPI 100 시장지수를 구성하는 100개 개별주식들의 일별수익률, 그리고 KOSPI 100 시장지수의 일별수익률 이용

- 기간: 2012년 01월부터 2012년 12월까지의 248거래일(1년)
- 방법:
  - ▷ 개별주식과 시장지수간의 공분산, '$\sigma_{i,M} = \sigma_i \sigma_M \rho_{i,M}$', $(i = 1, 2, ..., N)$
  - ▷ 개별주식과 시장지수간의 상관관계, '$\rho_{i,M} = \dfrac{\sigma_{i,M}}{\sigma_i \sigma_M}$'
  - ▷ 개별주식의 숫자(N) = 100개, 시장지수의 숫자(M) = 1개
  - ▷ 즉, 시장지수와 개별주식 간의 공분산과 상관관계는 개별주식의 숫자와 동일한 100개이고, 각각의 공분산(100개)과 상관관계(100개)를 각각 X축과 Y축으로 설정한 산포도를 도출.

3 | 관찰결과

- 그림은 시장지수와 개별주식들 간의 공분산 측정치와 상관관계 측정치에 대한 관계를 산포도를 통하여 확인한 것이다. 그림에서 X축은 시장지수와 개별주식간의 공분산 측정치(100개)이고, Y축은 상관관계 측정치(100개)이다.
- 관찰결과에서, 시장지수와 개별주식들 간에 측정된 공분산과 상관관계 간에는 통계적으로 유의적인 93.52% (p값, 0.0)의 매우 높은 관련성을 갖는다는 것을 확인할 수 있다. 즉, 개별주식과 시장지수간의 높은 상관관계에 대하여 높은 공분산을 갖고, 낮은 상관관계에 대하여 낮은 공분산을 갖는다.

4 | Matlab을 이용한 분석팁

- MATLAB 기본 코드: '시장지수와 개별주식간의 상관관계와 공분산 관계'

```
% Variance-Covariance Matrix
for k =  1 : FirmN
    COV = cov(MarketDATA, StockDATA(:,k));
    CovMATRIX(k,:) = COV(1,2);
    clear COV;
end
% Correlation Matrix
for k =  1 : FirmN
    COR = corrcoef(MarketDATA, StockDATA(:,k));
    CorMATRIX(k,:) = COR(1,2);
    clear COR;
end
% Relationship
[Relation, p_value] = corrcoef(CovMATRIX, CorMATRIX);
```

▷ ①~⑤, **'명령어, for...end'**를 이용하여 공분산을 계산하기 위한 명령어들을 반복적으로 실행한다. 즉, 구분자 변수 'k'를 첫번째 주식의 '1'에서 마지막 주식의 'FirmN'까지 반복한다.

▷ ②, **'명령어, cov()'**를 이용하여 시장지수수익률('MarketDATA')과 개별주식수익률('StockDATA') 간의 공분산을 계산한다. 시장지수의 자료는 모든 개별종목에 대하여 동일하게 적용되기 때문에 **'for...end'**문의 구분자 변수 'k'에 영향을 받지 않지만, 개별주식의 자료는 구분자 변수 'k'의 변화에 따라 영향을 받는다. 즉, 'StockDATA(:, k)'. 그리고 계산된 공분산 결과는 새로운 변수 'COV'에 대입한다.

▷ ③, 공분산의 비대각부분의 구성요소를 선택한 후에 결과로 수록한다. 즉, 시장지수와 개별주식간의 공분산 행렬의 결과를 수록한 변수 'COV'는 2×2의 구조로 비대각선부분 (1, 2)의 위치에 수록된 값('COV(1, 2)') 만을 결과에 수록하고, 그 결과를 새로운 변수 'CovMATRIX(k, :)'에 대입한다.

▷ ④, **'명령어, clear'**을 이용하여 지정한 변수를 메모리에서 지운다. 즉, 반복적으로 동일한 이름으로 사용하는 변수 'COV'를 계속 사용하기 위하여 제거한다.

▷ ⑥~⑩, **'명령어, for...end'**를 이용하여 상관관계를 계산하기 위한 명령어들을 반복적으로 실행한다. 즉, 구분자 변수 'k'를 첫번째 주식의 '1'에서 마지막 주식의 'FirmN'까지 반복한다.

▷ ⑦, **'명령어, corrcoef()'**를 이용하여 시장지수수익률('MarketDATA')과 개별주식수익률('StockDATA') 간의 상관관계행렬을 계산한다. 그리고 계산된 상관관계 결과는 새로운 변수 'COR'에 대입한다.

▷ ⑧, 상관관계행렬의 비대각부분의 구성요소를 선택한 후에 기록한다. 즉, 시장지수와 개별주식간의 상관관계행렬의 결과를 수록한 변수 'COR'는 2×2의 구조로 비대각선 부분 (1, 2)의 위치에 수록된 값('COR(1, 2)') 만을 결과에 수록하고, 그 결과를 새로운 변수 'CorMATRIX(k, :)'에 대입한다.

▷ ⑨, **'명령어, clear'**을 이용하여 지정한 변수를 메모리에서 지운다. 즉, 반복적으로 동일한 이름으로 사용하는 변수 'COR'를 계속 사용하기 위하여 제거한다.

▷ ⑪, **'명령어, corrcoef()'**를 이용하여 상관관계를 산출한다. 앞의 과정에서 결과를 수록한 공분산 변수 'CovMATRIX'와 상관관계 변수 'CorMATRIX'를 이용하여, 2가지 변수들간의 관계정도를 측정한 후, 결과인 2×2 구조로 새로운 변수 'Relation'에 대입한다. 그리고 산출된 변수 'Relation'의 통계적 유의성($H_0 : \rho_{i,j} = 0$, $H_a : \rho_{i,j} \neq 0$)의 평가기준인 p값을 상관관계행렬의 동일한 구조인 2×2로 새로운 변수 'p_value'에 대입한다. 물론, 〔그림5-9〕의 제목에 표시된 '93.52%/p=0.0001'부분은 Relation(1, 2)와 p_value(1, 2)를 출력한 것이다.

그림 5-10 시장지수와의 상관관계 속성 [3]: 시장베타와의 관계

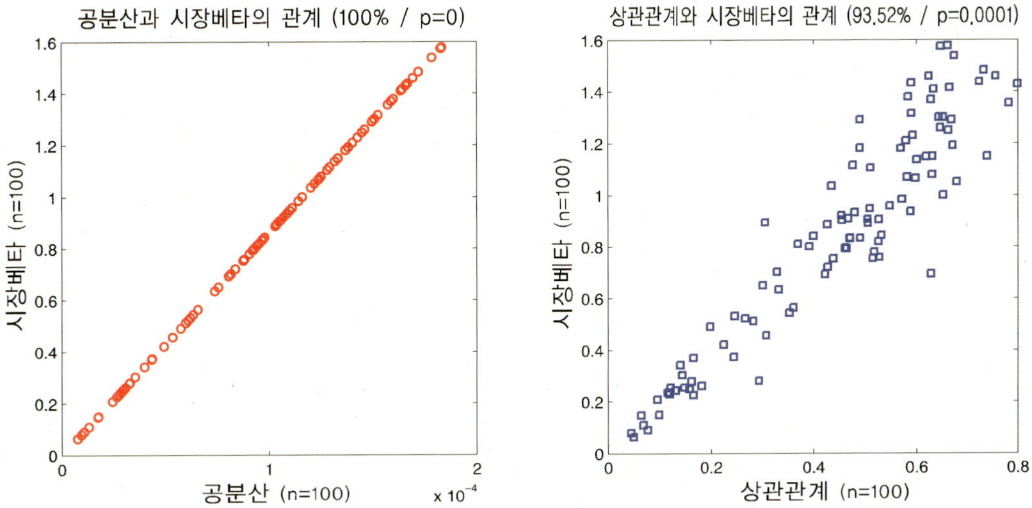

그림5-10 ▌ 그림은 2012년 1월부터 2012년 12월까지 기간 동안에 KOSPI 100 시장지수를 구성하는 개별주식들과 KOSPI 100 시장지수 간에 산출된 상관관계, 공분산, 시장베타 간의 관계를 산포도로 나타낸 것이다. 왼쪽 그림은 공분산(X축)과 시장베타(Y축)의 관계를, 그리고 오른쪽 그림은 상관관계(X축)와 시장베타(Y축)의 관계를 표시하였다.

1 | 목적

- 개별주식과 시장지수 간의 공분산은 개별주식과 시장지수 각각의 표준편차와 개별주식과 시장지수 간의 상관관계의 곱으로 산출된다. 한편, 개별주식과 시장지수 간의 시장베타(market beta)는 분자항목에 개별주식과 시장지수간의 공분산, 분모항목에 시장지수의 분산에 의하여 산출된다. 결국 개별주식과 시장지수 간의 공분산, 상관관계, 시장베타는 모두 상관관계 측정치를 공통요소로 갖는다.
- 따라서 시장베타에 대한 개별주식과 시장지수간의 간의 공분산 측정치와 상관관계 측정치와의 관계를 비교 관찰한다.

2 | 자료, 기간 및 방법

- 자료: KOSPI 100 시장지수를 구성하는 100개 개별주식들의 일별수익률, 그리고 KOSPI 100 시장지수의 일별수익률 이용
- 기간: 2012년 1월부터 2012년 12월까지의 248거래일(1년)

■ 방법:

▷ 개별주식과 시장지수간의 공분산, '$\sigma_{i,M} = \sigma_i \sigma_M \rho_{i,M}$', $(i = 1, 2, ..., N)$

▷ 개별주식과 시장지수간의 상관관계, '$\rho_{i,M} = \dfrac{\sigma_{i,M}}{\sigma_i \sigma_M}$'

▷ 개별주식과 시장지수간의 시장베타, $\beta_i = \dfrac{\sigma_{i,M}}{\sigma_M^2} = \dfrac{\sigma_i \sigma_M \rho_{i,M}}{\sigma_M^2} = \dfrac{\sigma_i \rho_{i,M}}{\sigma_M}$

▷ 개별주식의 숫자(N) = 100개, 시장지수의 숫자(M) = 1개

▷ 즉, 시장지수와 개별주식 간의 공분산 측정치와 상관관계 측정치는 개별주식의 숫자와 동일한 100개이고, 시장지수와 개별주식 간에 측정되는 시장베타도 역시 100개

▷ 시장베타(100개)에 대한 공분산(100개)과 상관관계(100개) 각각의 산포도를 도출

3 | 관찰결과

■ 그림은 시장지수와 개별주식 간의 시장베타 측정치에 대하여 공분산과 상관관계 각각의 관계를 산포도를 이용하여 확인한 것이다. 즉, 왼쪽 그림은 시장지수와 공분산 간의 산포도로 X축은 공분산을, Y축은 시장베타를 나타낸다. 그리고 오른쪽 그림은 시장지수와 상관관계 간의 산포도로 X축은 상관관계를, Y축은 시장베타를 나타낸다.

■ 관찰결과에서, 시장지수와 개별주식에 대한 시장베타는 공분산과 100% 관계('$\rho = 1$')를 갖는다. 즉, 왼쪽 그림의 산포도에서 시장베타와 공분산의 관계는 선형 직선 관계를 보여준다. 이러한 관찰 이유는, 시장베타 산출식의 분자항목이 시장지수와 개별주식간의 공분산 측정치이기 때문이다. 즉, 공분산의 상승과 하락은 직접적으로 시장베타의 상승과 하락에 영향을 미친다.

■ 시장지수와 개별주식에 대한 시장베타는 역시 상관관계와 통계적으로 유의적인 93.52% (p값, 0.0)의 매우 높은 값을 갖는다. 즉, 오른쪽 그림의 산포도에서 시장베타와 상관관계간의 관계정도는 시각적으로 분명한 양(+)의 방향으로의 움직임을 관찰할 수 있다. 이와 같은 결과는 시장베타의 산출식에서 분자항목인 공분산은 상관관계로부터 직접적으로 영향을 받기 때문에, 상관관계의 상승과 하락은 공분산의 상승과 하락에 영향을 미치고, 이는 시장베타의 상승과 하락에 영향을 미치게 된다.

4 | Matlab을 이용한 분석팁

■ MATLAB 기본 코드: '시장베타'

```
① X = MarketDATA;
② for k = 1 : FirmN
③     Y = StockDATA(:,k);
④     ModelTYPE = 'Linear';
⑤     STATS = regstats(Y, X, ModelTYPE);
⑥     BETA(k,:) = STATS.beta(2,1);
⑦     clear Y;   clear STATS;
⑧ end
```

▷ ①, 시장지수수익률의 자료를 수록하고 있는 변수('MarketDATA')를 새로운 변수 'X'에 대입한다. 즉, 회귀분석의 독립변수('X')로 이용된다.

▷ ②~⑧, **'명령어, for...end'**를 이용하여 사이에 있는 명령어들을 반복적으로 실행한다. 즉, 개별주식들에 대한 시장베타(β_j)를 산출한다. 개별주식수익률의 자료를 수록한 변수 'StockDATA'는 'TimeN×FirmN'의 구조를 갖고 있다. 따라서 **'for...end'**의 반복실행 구분자 변수 'k'는 첫 번째 개별주식('k=1')에서 마지막 개별주식('k=FirmN')까지 반복한다.

▷ ③, 회귀분석의 종속변수인 개별주식의 수익률을 설정한다. 즉, 'k번째' 개별주식의 수익률('StockDATA(:, k)')을 새로운 변수 'Y'에 대입한다.

▷ ⑤, **'명령어, regstats()'**를 이용하여 회귀분석을 한다. 입력요소는 첫째, 회귀모형의 종속변수('Y'), 둘째, 회귀모형의 독립변수('X'), 셋째, 회귀모형의 형태 지정('ModelTYPE')이다. 즉, 종속변수는 앞의 ③에서 개별주식수익률 별로 생성하는 변수 'Y'이고, 독립변수는 앞의 ①에서 시장지수수익률인 변수 'X'이다. 그리고 회귀모형의 형태는 선형회귀모형('Linear')을 지정한다. 시장베타는 종속변수인 개별주식수익률에 대하여 시장지수수익률의 독립변수를 통하여 추정되는 기울기인 회귀계수(β)이다. **'명령어, regstats()'**는 회귀계수 베타 이외에 많은 결과물을 동시에 제공하고, 그 결과를 새로운 변수 'STATS'대입한다. 결과들 중에서 본 과정에서 필요한 시장베타는 'STATS. beta(2, 1)'의 위치에 있다.[10] 이를 ⑥에서와 같이 새로운 변수 'BETA'에 'k'번째 주식의 시장베타로 기록한다. 즉, 'BETA(k, :) =STATS. beta(2, 1)'.

▷ ⑥, **'명령어, clear'**을 이용하여 지정된 변수를 지운다. 즉, 동일한 이름으로 반복적으로 사용하는 변수 'Y'과 'STATS'를 계속 사용하기 위하여 제거한다.

10) **'명령어, regstats()'**로부터 산출되는 많은 결과들 및 각각의 구체적 내용은 Matlab을 이용한 통계프로그램 매뉴얼 책자 혹은 도움말 'help regstats' 등에서 확인할 수 있다.

그림 5-11 상관관계 분석에서 주의할 점: 비선형성, 극단값 등

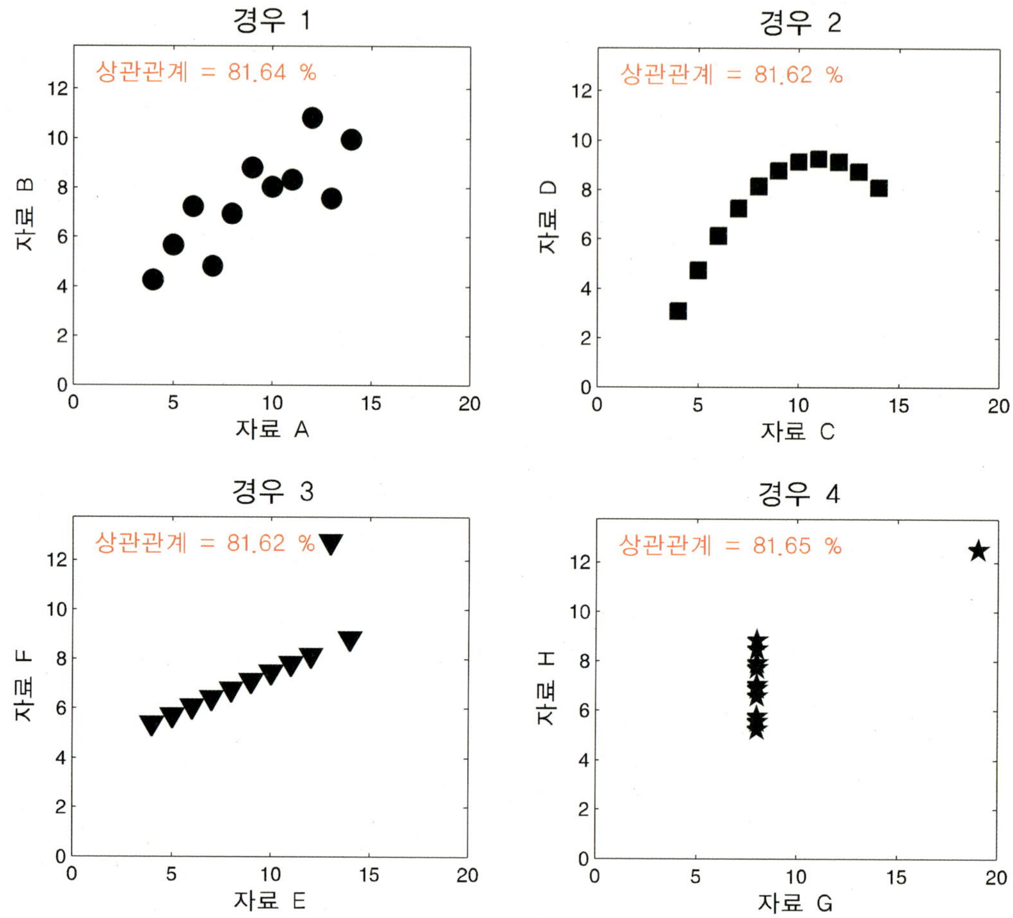

그림5-11 ▌ 그림은 Martinez et al. (2005)에 의하여 제공된 극단치, 비선형관계 등의 속성을 갖는 가상자료들을 이용하여 자료들 간의 산포도와 측정된 상관관계를 함께 나타낸 것이다.

1 ▌ 목적

- 일반적으로 상관관계는 2가지 자료간의 선형(linear) 관계를 측정한다. 그런데 만약, 2가지 자료 간의 실제적 관계가 비선형(nonlinear) 관계인 경우에 상관관계로부터 측정된 결과는 잘못된 관계정도의 해석을 야기한다. 또한 자료에 극단치가 존재하는 경우에는 상관관계 산출식의 항목인 평균과 표준편차에 영향을 미치고, 결국 잘못된 관계정도의 해석을 만들 수 있다.

■ 따라서 비선형관계, 극단치의 존재 등이 일반적인 상관관계 측정에 미치는 영향을 비교 관찰한다.

2 | 자료, 기간 및 방법

■ 자료:

▷ 실험목적에 사용된 가상자료는 Martinez et al. (2005) 의 Exploratory Data Analysis with MATLAB, p. 244, Figure 7. 3. 을 참고.

■ 방법:

▷ 상관관계, $\rho_{A,B} = \dfrac{\sum_{k=1}^{N}[A_k - \overline{A}][B_k - \overline{B}]}{\sqrt{\sum_{k=1}^{N}[A_k - \overline{A}]^2}\sqrt{\sum_{k=1}^{N}[B_k - \overline{B}]^2}} = \dfrac{\sigma_{A,B}}{\sigma_A \sigma_B}$

3 | 관찰결과

■ 그림은 가상자료들 간에 측정된 상관관계와 산포도를 나타낸다. 즉, 상관관계 측정에 이용된 4가지 자료 조합 (자료 A, 자료 B), (자료 C, 자료 D), (자료 E, 자료 F), (자료 G, 자료 H) 각각으로부터 도출된 산포도를 함께 제시하였다.

■ 관찰결과에서, '경우 1'은 일반적인 상관관계 측정에서 기대되는 형태이다. 즉, 자료 A와 자료 B의 산포도에서 알 수 있듯이 분명한 양(+)의 방향으로 증가하는 방향성을 확인할 수 있기 때문에, 2가지 자료간의 상관관계는 높은 약 82%수준이다.

■ 한편, '경우 2'는 자료 C와 자료 D의 산포도에서 알 수 있듯이, 2가지 자료 간에는 분명한 비선형관계를 갖지만, 선형관계를 전제한 상관관계를 측정함에 따라 '경우 2'를 앞의 '경우 1'에서 확인된 관계와 동일하게 해석하는 잘못된 오류를 야기한다.

■ 또한, '경우 3'과 '경우 4'는 산포도에서 알 수 있듯이 각각 극단값을 자료 속에 포함하고 있다. 즉, '경우 3'은 100% 선형관계를 갖는 자료이지만, 극단값으로 인하여 약 82% 수준의 상관관계로 앞의 '경우 1'과 동일하게 해석하는 잘못을 야기하고, '경우 4'도 역시 극단값으로 인하여 잘못된 관계정도의 해석을 하게 된다.

■ 따라서 2가지 자료간의 선형관계를 측정하는 상관관계는 그 값의 측정과 함께 산포도를 함께 관찰함으로서 측정된 상관관계의 견고한 해석을 할 수 있다.

4 | Matlab을 이용한 분석팁

■ MATLAB 기본 코드: '직접 자료입력'

```
   % Data Types base on Martinez et al. (2005)
① X1_Var = [10, 8, 13, 9, 11, 14, 6, 4, 12, 7, 5]';
② Y1_Var = [8.04, 6.95, 7.58, 8.81, 8.33, 9.96, 7.24, 4.26, 10.84, 4.82, 5.68]';
   %
③ X2_Var = [10, 8, 13, 9, 11, 14, 6, 4, 12, 7, 5]';
④ Y2_Var = [9.14, 8.14, 8.74, 8.77, 9.26, 8.1, 6.13, 3.1, 9.13, 7.26, 4.74]';
   %
⑤ X3_Var = [10, 8, 13, 9, 11, 14, 6, 4, 12, 7, 5]';
⑥ Y3_Var = [7.46, 6.77, 12.74, 7.11, 7.81, 8.84, 6.08, 5.39, 8.15, 6.42, 5.73]';
   %
⑦ X4_Var = [8, 8, 8, 8, 8, 8, 8, 8, 8, 8, 19]';
⑧ Y4_Var = [6.58, 5.76, 7.71, 8.84, 8.47, 7.04, 5.25, 5.56, 7.91, 6.89, 12.5]';
   % Correlation Coefficient
⑨ TempCORR = corrcoef(X1_Var, Y1_Var);
⑩ CORR1 = TempCORR(1,2);   clear TempCORR;
   %
⑪ TempCORR = corrcoef(X2_Var, Y2_Var);
⑫ CORR2 = TempCORR(1,2);   clear TempCORR;
   %
⑬ TempCORR = corrcoef(X3_Var, Y3_Var);
⑭ CORR3 = TempCORR(1,2);   clear TempCORR;
   %
⑮ TempCORR = corrcoef(X4_Var, Y4_Var);
⑯ CORR4 = TempCORR(1,2);   clear TempCORR;
```

※ 입력된 가상적 자료는 Martinez et al. (2005)의 *Exploratory Data Analysis with MATLAB*, p. 244, Figure 7.3. 을 참고했다.

▷ ①~⑧, 자료를 직접 Matlab 프로그램 내에서 입력하는 방법이다. 즉, ①은 산포도의 X축에 해당하는 자료로 입력하는 모든 숫자를 큰 괄호'〔 〕'로 묶어 하나로 만든다. 그리고 입력된 자료는 열(column) 구조인데 이를 행(row) 구조로 전치(transpose)하기 위하여 대괄호 바깥부분에 '〔10, 8, . . . 7, 5〕''과 같이 처리한다. 그리고 그 결과를 새로운 변수 'X1_Var'에 대입한다. ②은 산포도의 Y축에 사용할 자료로 앞의 ①과 동일한 방법으로 행 구조의 입력 자료('〔8. 04, 6. 95, . . . , 4. 82, 5. 68〕'')로 새로운 변수 'Y1_Var'에 대입한다. 그리고 '③+④', '⑤+⑥', '⑦+⑧'의 경우도 동일한 방법으로 산포도에 필요한 자료를 생성한다.

▷ ⑨~⑩, **'명령어, corrcoef()'**를 이용하여 상관관계행렬을 산출한다. 즉, 앞의 ①과 ②에서 생성한 변수 'X1_Var'과 'Y1_Var'간의 상관관계('corrcoef(X1_Var, Y1_Var)')를

산출하고, 그 결과를 새로운 변수 'TempCORR'에 대입한다. ⑩에서 생성된 상관관계행렬 'TempCORR'는 2×2 구조의 자료로 비대각선 구성요소('(1, 2)')를 새로운 변수 'CORR1'에 대입한다. 그리고 동일한 이름의 변수 'TempCORR'을 반복적으로 사용하기 위하여 **'명령어, clear'**을 이용하여 제거한다.

▷ ⑪~⑯, 앞의 ⑨~⑩의 경우와 동일한 과정을 통하여 각각의 상관관계행렬의 비대각부분의 구성요소를 갖는 새로운 변수 'CORR2', 'CORR3', 'CORR4'을 생성한다.

그림 5-12 상관관계의 동적 속성 [1]: 시간가변성

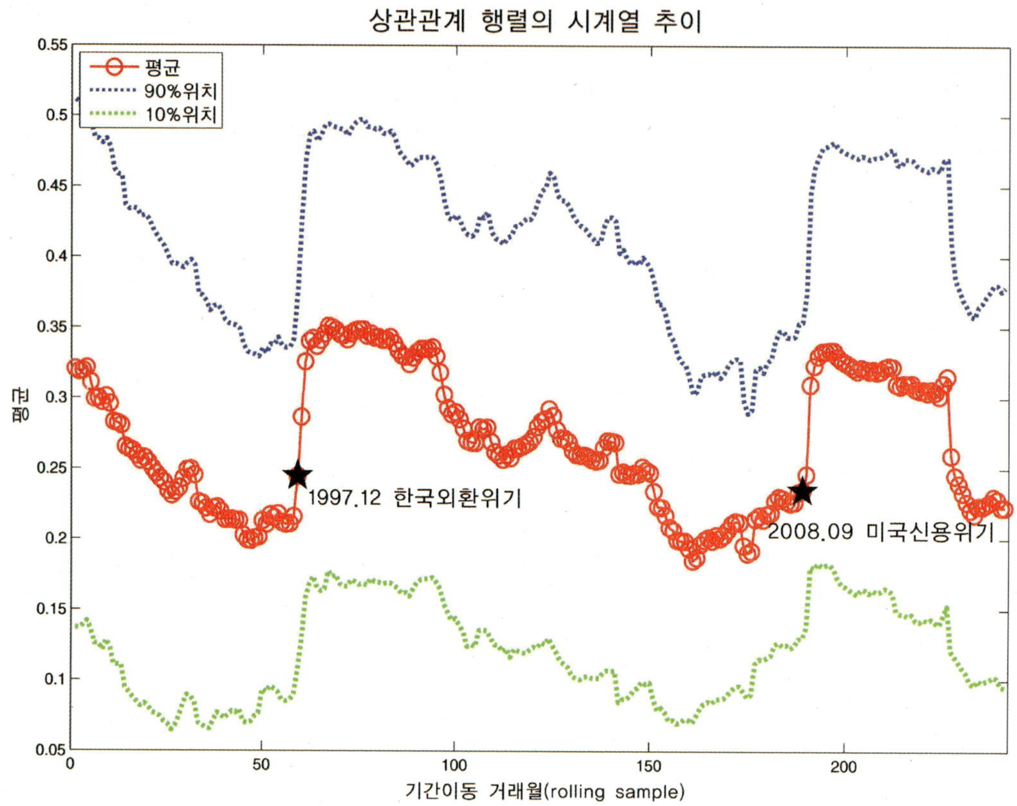

그림5-12 ▌ 그림은 1990년 1월부터 2012년 12월까지의 기간에서 KOSPI 200 시장지수를 구성하는 개별주식 일별 수익률을 이용하여 분석기간 이동방법(rolling sample method)에 근거하여 측정된 각 시점별 상관관계행렬의 비대각선 구성요소들의 평균에 대한 시계열추이('○')를 나타낸다. 그리고 상관관계행렬의 비대각선 구성요소들의 값들 중에서 분포의 10%와 90%에 위치하는 값들의 시계열 추이('..')를 함께 표시하였다. 또한, 분석기간 중 대표적 시장위기인 1997년 12월의 한국외환위기와 2008년 9월의 미국신용위기 발생시기를 별모양('★')으로 표시하였다.

1 ┃ 목적

■ 재무 분야에서 널리 알려진 상관관계행렬의 동적 속성을 관찰한다. 즉, 시장에서 거래되는 개별주식들의 가격은 예상치 못한 다양한 시장상황의 변화, 개별기업 상황의 변화 등으로 시간의 흐름에 따라 지속적으로 변화한다. 결국, 상관관계행렬의 분석 대상인 개별주식들이 시간의 흐름에 따라 변화하기 때문에 이를 이용하여 측정되는 상관관계행렬도 역시 시간의 흐름에 따라 변화하게 된다. 이와 같은 속성을 시간가변성(time-varying property) 혹은 동적 속성 (dynamic property)이라 한다.

■ 시간의 흐름에 따른 측정값의 변화를 관찰할 수 있는 분석기간 이동방법(rolling sample method)을 이용하여, KOSPI 200 시장지수를 구성하는 개별주식들 간의 상관관계행렬이 시간의 흐름에 따라 변화하는 속성을 관찰한다.

2 | 자료, 기간 및 방법

■ 자료: KOSPI 200 시장지수를 구성하는 개별주식들 중에서, 설정된 기간에 모든 가격정보를 갖는 98개 개별주식들의 일별 수익률

■ 기간: 1990년 1월부터 2012년 12월까지의 5,667거래일 기간

■ 방법:

▷ 개별주식간 상관관계행렬의 시계열 추이를 관찰하기 위하여 분석기간 이동방법을 이용하여 개별주식간의 상관관계를 측정한다.

▷ 분석기간이동방법의 설정: 개별주식간 상관관계행렬의 측정기간 '36개월', 기간이동 길이 '1개월', 따라서 분서기간중 241회의 반복적 상관관계행렬의 측정이 가능, 즉

하위기간 1: 1990.01~1992.12,

하위기간 2: 1990.02~1993.01,

하위기간 3: 1990.03~1993.02,

....

하위기간 241: 2010.01~2012.12

▷ 각 하위기간별로 측정된 개별주식(N=98개)간 상관관계행렬에서 비대각선의 구성요소인 'N(N-1)/2=98(97)/2=4,753개'를 이용하여 평균값을 측정

▷ 그리고 4,753개의 자료에서 분위수(백분율, percentile) 기준으로 분포의 10%와 90%에 위치하는 값을 추가적으로 선택

3 | 관찰결과

■ 그림은 분석기간 이동방법에 의하여 관찰된 개별주식간 상관관계행렬의 시계열 추이를 나타낸 것이다. 즉, 각 하위기간별로 측정된 상관관계행렬의 비대각선 구성요소들의 평균값('○')의 시계열 추이를 나타낸다. 그리고 상관관계행렬의 비대각선 구성요소들의 분포에서 상위 90%와 하위 10%에 위치하는 상관관계 값을 점선('...')으로 함께 나타내었다. 또한 분석기간 중에 대표적 시장붕괴사건인 1997년 12월의 한국외환위기와 2008년 9월의 미국신용위기를 함께 표시하였다.

- 관찰결과에서, KOSPI 200 시장지수를 구성하는 개별주식들 간의 상관관계행렬은 시간의 흐름에 따라 지속적으로 변하는 것을 확인할 수 있다. 즉, 분석기간 이동방법에 의하여 측정된 각 하위기간별 상관관계행렬의 평균값은 시간의 흐름에 따라 일정하지 않고, 큰 폭의 변동을 포함하여 지속적인 변화를 한다. 또한 함께 표시된 상관관계행렬 분포의 80% 중심부분(점선, 하위 10%~상위90%)의 변화에서도 동일한 결과를 확인할 수 있다.
- 한편, 시간의 흐름에 따라 변화하는 개별주식간 상관관계행렬의 시계열 추이에서, 시장붕괴시점에서의 특징적인 변화패턴을 확인할 수 있다. 즉, 1997년 12월 한국외환위기와 2008년 9월 미국신용위기의 발생시점 전후로 개별주식간 상관관계행렬의 평균값은 급격한 상승패턴을 보여준다. 이는 시장붕괴사건에 시장에서 거래되는 대부분의 개별주식들이 한쪽 방향으로의 가격변화를 경험하게 되고, 이로 인하여 개별주식간의 동일한 가격변화 움직임으로 인하여 상관관계행렬의 값도 상승하게 된다.

4 | Matlab을 이용한 분석팁

- MATLAB 기본 코드: '분석기간 이동방법의 반복실험 시뮬레이션'

```
① [TimeX, FirmX] = size(StockDATA);
② [TotalMONTH, C] = size(CalendarDATA);
  %% SIMULATION
③ EstimationMONTH = 36;
④ MovingMONTH = 1;
  %
⑤ StartMONTH = 1;
⑥ EndMONTH = StartMONTH + EstimationMONTH - 1;
  %
⑦ mbc = 0;
⑧ while EndMONTH <= TotalMONTH
    %
⑨   mbc = mbc + 1;
    % 1. Stock Data
⑩   StockTEST = StockDATA(CalendarDATA(StartMONTH,5):CalendarDATA(EndMONTH,6),:);
    [TimeN, FirmN] = size(StockTEST);
    % 2. Correlation Matrix
⑪   CorMATRIX = corrcoef(StockTEST);
⑫   for k = 1 : FirmN-1
⑬       if k == 1
⑭           Off_DigPART = CorMATRIX(k,k+1:FirmN)';
⑮       else
```

```
⑯            Off_DigPART = [Off_DigPART ; CorMATRIX(k,k+1:FirmN)'];
⑰         end
⑱    end
⑲    clear StockTEST;   clear CorMATRIX;
     % 3: RESULT
⑳    RESULT(:,mbc) = Off_DigPART ;
㉑    clear Off_DigPART;
     % LOOP
㉒    StartMONTH = StartMONTH + MovingMONTH;
㉓    EndMONTH = EndMONTH + MovingMONTH;
㉔ end
```

▷ ①, ②, **'명령어, size()'**를 이용하여 자료의 구조를 확인한다. 먼저, ①은 개별주식수익률의 자료를 수록하고 있는 변수 'StockDATA'의 자료구조를 확인한 후, 자료 구조의 행(row) 정보('분석기간의 거래일 길이, 5,667일')를 새로운 변수 'TimeX'에, 열(column) 정보('주식 숫자')를 새로운 변수 'FirmX'에 대입한다. 그리고 ②은 분석기간 내 거래월의 정보를 갖고 있는 변수 'CalendarDATA'의 자료구조를 확인한 후, 자료 구조의 행 정보('분석기간의 거래월 길이, 276월')를 새로운 변수 'TotalMonth'에 대입한다.

▷ ③~⑥, 시뮬레이션의 구분자를 설정한다. ③에서 개별주식수익률간의 상관관계행렬을 산출하기 위한 기간길이를 나타내는 변수 'EstimationMONTH'에 36개월을 설정하고, ④에서 분석기간 이동을 위한 기간길이 변수 'MovingMONTH'에 1개월을 설정한다. 그리고 하위기간의 기간길이를 설정하기 위하여, 하위기간 1에 대한 초기값을 설정한다. 즉, ⑤에서 하위기간 1의 첫번째 거래월인 1990년 1월에 해당하는 구분자('1')를 변수 'StartMONTH=1'에 설정하고, ⑥은 하위기간 1의 마지막 거래월인 1992년 12월을 앞의 ③의 변수 'EstimationMONTH'을 이용하여 새로운 변수 'EndMONTH'에 설정한다. 즉, 36개월(=StartMONTH+EstimationMONTH - 1)이다. 그리고 하위기간 간의 기간이동은 ㉒와 ㉓에서 앞의 ④에서 설정된 기간이동 길이의 변수 'MovingMONTH'를 이용하여 하위기간의 시작월과 끝월인 ⑤와 ⑥에 각각 'StartMONTH=StartMONTH+MovingMONTH'과 'EndMONTH=EndMONTH+MovingMONTH'으로 조정한다. 예를 들어, 하위기간 2는 'StartMONTH=2 (1990. 02)'와 'EndMONTH=37 (1993. 01)'이 되고, 하위기간 3은 'StartMONTH=3 (1990. 03)'와 'EndMONTH=38 (1993. 02)'이 된다. 이와 같은 방법으로 마지막 하위기간까지 반복된다.

▷ ⑦, ⑨, 분석기간의 이동에 따라 진행되는 과정을 확인하기 위하여 임의로 설정한 구

분자 변수 'mbc'이다. 즉, 각 하위기간별 분석과정이 진행됨에 따라 반복실험 시뮬레이션 내에서 ⑨의 'mbc=mbc+1'에 의하여 순차적으로 '1'씩 증가한다.

▷ ⑧~㉔, **'명령어,while...end'**를 이용한 반복실험 시뮬레이션이다. 자료에서 설정한 기간의 조건 'EndMONTH<=TotalMONTH('276')'에 대한 반복실험 시뮬레이션을 수행하기 위하여 **'while...end'**를 이용한다. 즉, 하위기간 1의 끝월(1992. 12)은 변수 'EndMONTH=36'이고, 진행과정에 ㉒와 ㉓에서 변수 'MovingMONTH'에 의하여 1개월씩 증가하며, 이러한 과정은 변수 'Total_Month (=276)'에 대해 변수 'EndMONTH'가 작거나 같은 값을 갖는 동안에 **'while...end'**에서 계속 수행된다. 즉, 마지막 하위기간의 끝월(2012. 12)인 'EndMONTH=276'에서 반복실험 시뮬레이션을 실행한 후에, ㉓에 의하여 변수 'EndMONTH=277'이 되고, 이는 변수 'Total_Month (=276)'과의 조건('EndMONTH<=TotalMONTH')에 벗어나기 때문에 **'while...end'**을 빠져나온다.

▷ ⑩, 하위기간에 해당하는 주식수익률 자료를 선택 추출한 후, 그 자료를 새로운 변수에 대입한다. 즉, 개별주식의 일별수익률을 수록한 변수 'StockDATA'에 대하여 변수 'StartMONTH'와 변수 'EndMONTH'에서 설정된 기간에 해당하는 자료를 추출한 후에, 추출된 자료를 새로운 변수 'StockTEST'에 대입한다. 특정 하위기간의 기간내 일별자료의 추출은 거래월 정보와 거래월 내의 거래일 정보를 수록한 변수 'Calendar DATA'를 이용한다. 예를 들어, 설정된 하위기간 1의 'StartMONTH=1' 거래월(1990. 01)에서 변수 'EndMONTH=36' 거래월(2012. 12)에 해당하는 일별 주식수익률 자료를 추출하기 위하여, 1990년 1월의 첫 번째 거래일인 3일 ('CalendarDATA(Start MONTH, 5)=1')에서 1992년 12월의 마지막 거래일인 28일 ('CalendarDATA(End MONTH, 6)=732')까지의 일별 달력 정보를 이용한다. 여기서, 변수 'CalendarDATA'는 각 거래월의 시작거래일 위치정보를 '5열'에, 끝 거래일의 위치정보를 '6열'에 수록하고 있다. 즉, 하위기간 1에서의 일별수익률자료는 'StockDATA(CalendarDATA (StartMONTH, 5) : CalendarDATA(EndMONTH, 6), :)'에 있고, 이를 새로운 변수 'StockTEST'에 대입한다.

▷ ⑪, **'명령어, corrcoef()'**를 이용하여 하위기간의 개별주식수익률에 대한 상관관계행렬을 산출한다. 즉, 개별주식수익률 자료('TimeN×FirmN')를 수록하고 있는 변수 'StockTEST'를 이용하여, 'FimrN×FirmN' 상관관계행렬을 산출하고, 그 결과를 새로운 변수 'CorrMATRIX'에 대입한다.

▷ ⑫~⑱, **'명령어, for...end'**을 이용하여 하위기간의 개별주식수익률로부터 산출된 상관행렬의 비대각선부분의 구성요소('$i \neq j$')를 선택 추출한다. 즉, 구분자 변수 'k'를 첫

번째 주식의 '1'에서 마지막 주식의 'FirmN-1'까지 순차적으로 증가시키면서, 앞의 ⑪에서 생성된 상관관계행렬의 비대각선부분 구성요소를 선택한다.

▷ ⑬~⑰, **'명령어, if...else...end'**을 이용하여 조건에 따른 명령어를 구분 실행한다. 즉, 행렬의 첫번째 행(k=1)의 경우(**'if k==1'**)에는 ⑬~⑮의 **'if...else'** 사이에 있는 명령어를 실행하고, 아닌 경우(k≥2)에는 ⑮~⑰의 **'else...end'** 사이에 있는 명령어를 실행한다.

▷ ⑭, 첫번째 행('k=1')의 경우에 명령어를 실행한다. 앞의 ⑪에서 산출된 상관관계행렬의 변수 'CorrMATRIX'에서 지정된 행('k')을 기준으로 모든 열('k+1:FirmN')의 구성요소 'CorMATRIX(k, k+1:FirmN)'를 추출하고, 추출된 열 구조('1×(FirmN-1)')의 자료를 행 구조('(FirmN-1)×1')로 전치(transpose)한 결과 'CorMATRIX(.)''를 새로운 변수 'Off_DigPART'에 대입한다.

▷ ⑯, 두 번째 행('k≥2')부터는 앞의 ⑭에서 설명된 방법과 동일하게 자료를 선택 및 기록하지만, 기존에 수록된 자료에 추가적으로 자료를 첨부하는 방식을 사용한다. 즉, 명령어 '[Off_DigPART ; CorMATRIX(k, k+1:FirmN)']'에서, 변수 'Off_DigPART'는 직전단계에서의 결과를 수록한 변수이고, 뒷부분에서 'CorMATRIX(k, k+1:FirmN)''는 앞⑭에서 설명한 내용과 동일하다. 예를 들어, 앞의 ⑭에서 행구조'(FirmN-1)×1)'로 결과를 수록하고 있는 변수 'Off_DigPART'과 새롭게 생성된 결과('CorMATRIX(k, k+1:FirmN)'')의 행구조('(FirmN-2)×1')를 행의 방향(';', 아랫방향으로 붙임)으로 추가 결합한 구조('((FirmN-1)+(FirmN-2))×1')의 결과를 변수 'Off_DigPART'에 수록한다. 다음 단계('k=3')에서도 동일하다. 즉, 앞에서 생성된 기존의 자료('(2FirmN-3)×1')를 갖는 대괄호 속에 있는 변수 'Off_DigPART'에 새롭게 선택된 자료('(FirmN-3)×1')를 행의 방향으로 추가 결합한 자료('(3FirmN-6)×1')를 명령어 왼쪽의 변수 'Off_DigPART'에 대입한다. 이러한 과정은 'k=FirmN-1'까지 반복적으로 실행된다.

▷ ⑲, **'명령어, clear'**을 이용하여 지정된 변수를 지운다. 즉, 동일한 이름으로 반복적으로 사용하는 변수 'StockTEST'과 변수 'CorMATRIX'를 계속 사용하기 위하여 제거한다.

▷ ⑳, 하위기간에 대하여 산출된 상관관계행렬의 비대각선 구성요소만을 결과물로 저장한다. 즉, 변수 앞의 ⑫~⑱과정에서 산출된 상관관계행렬의 비대각선 구성요소를 수록한 변수 'Off_DigPART'를 새로운 변수 'RESULT'에 수록한다. 변수 'RESULT'는 각 하위기간별로 상관관계행렬의 비대각선 구성요소를 수록하기 위하여, 하위기간의 구분자 변수 'mbc'를 열(column)으로 설정하고, 비대각선의 구성요소 (N(N-1)

/2개)를 행(row)로 설정한자. 즉, RESULT(:, mbc)이다.

▷ ㉑, **'명령어, clear'**을 이용하여 지정된 변수를 지운다. 즉, 동일한 이름으로 반복적으로 사용하는 변수 'Off_DigPART'를 계속 사용하기 위하여 제거한다.

■ MATLAB 기본 코드: '상관관계행렬의 평균과 분위수'

```
① AVE1 = mean(CorrMATRIX);       % average
② Per90 = prctile(CorrMATRIX,90);  % a point at percentile 90%
③ Per10 = prctile(CorrMATRIX,10);  % a point at percentile 10%
```

▷ ①, **'명령어, mean()'**을 이용하여 평균을 산출한다. 즉, 개별주식수익률 간 상관관계 행렬에서 비대각부분의 구성요소들 만으로 구성된 변수 'CorrMATRIX'에 대한 평균('mean(CorrMATRIX)')을 산출하고, 그 결과를 새로운 변수 'AVE1'에 대입한다.

▷ ②, ③, **'명령어, prctile()'**을 이용하여 확률분포에서 특정 누적확률 크기를 결정하는 경계값(임계치)을 찾는다. 입력요소는 첫째, 분석대상자료('CorMATRIX'), 둘째, 누적확률 크기('90', '10')이다. 즉, ②에서 N개 개별주식수익률 간 상관관계행렬에서 비대각부분의 구성요소들('N(N-1)/2') 만으로 구성된 변수 'CorrMATRIX'의 자료들 중에서, 누적확률이 90%가 되는 지점의 경계값(임계값, 'prctile(CorrMATRIX, 90)')을 찾고, 그 결과를 새로운 변수 'Per90'에 대입한다. 또한 동일한 방법으로 ③에서 누적확률 10%가 되는 지점의 경계값(임계값)을 찾고, 그 결과를 새로운 변수 'Per10'에 대입한다.

그림 5-13 상관관계의 동적 속성 [2]: 시장붕괴시점의 특징

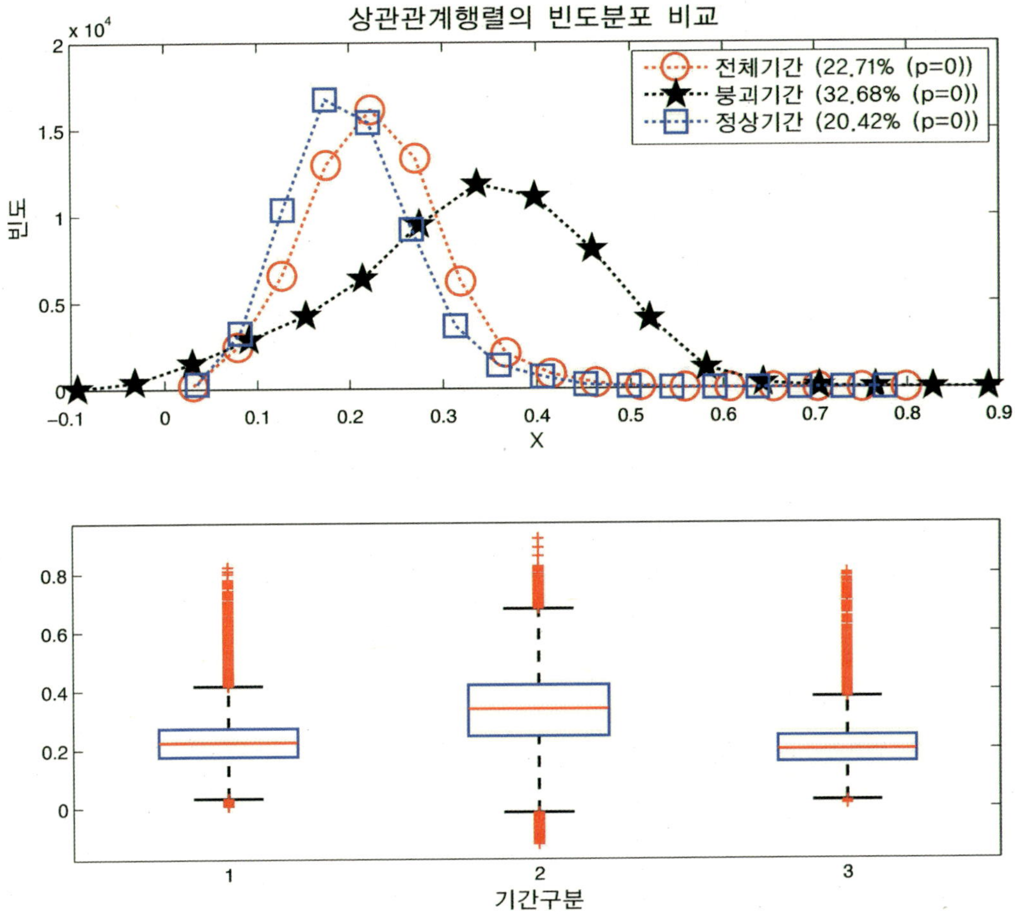

그림5-13 ▌ 그림은 1990년 1월부터 2012년 12월까지의 기간동안 KOSPI 시장지수를 구성하는 351개 개별주식 자료를 이용하여, 시장상황에 따라 전체기간('O'), 붕괴기간('★'), 정상기간('ㅁ')으로 구분한 후에 상관관계행렬을 산출하고, 산출된 상관관계행렬의 비대각선 구성요소들의 빈도분포를 나타낸 것이다. 아래 그림은 동일한 관찰결과를 Box-plot방법으로 표시한 것이다.

1 | 목적

- 상관관계행렬의 동적 속성 중에서 시장붕괴와 같은 사건발생 전후로 급격히 증가하는 상관관계행렬의 특징적 행태를 빈도분포를 통하여 관찰한다.
- 즉, 시장붕괴사건 전후의 특징적인 상관관계행렬의 증가 현상을 실증적으로 확인하기 위하여, 한국주식시장의 대표적 시장붕괴사건인 1997년 12월의 한국외환위기의 영향권기간(1997. 01~1998. 12)을 붕괴기간을 설정한 후에 전체기간과 정상기간(시

장붕괴기간을 제외한 나머지 기간) 각각에서 측정된 상관관계행렬의 빈도분포 및 Boxplot을 비교 관찰한다.

2 | 자료, 기간 및 방법

- 자료: KOSPI 시장지수를 구성하는 개별주식들 중에서, 설정된 기간에 모든 정보를 갖는 N=351개 개별주식들의 일별 수익률
- 기간: 1990년 1월부터 2012년 12월까지의 5,667거래일 기간
- 방법:

▷ 기간구분:

첫째, 전체기간: 1990년 1월~2012년 12월의 23년

둘째, 붕괴기간: 1997년 1월~1998년 12월의 2년 (한국외환위기 영향권기간)

셋째, 정상기간: 1990년 1월~2012년 12월에서 붕괴기간을 제외, 즉 21년

▷ 개별주식간 상관관계행렬의 비대각선 구성요소들을 산출, $\frac{N(N-1)}{2}$ = 61,425개

▷ 3가지로 구분된 각 기간에서 측정된 상관관계행렬의 비대각선 구성요소(61,425개)의 자료를 이용하여 빈도분포와 Box-plot을 도출

3 | 관찰결과

- 그림은 1997년 12월에 발생한 한국외환위기의 시장붕괴사건을 중심으로 전체기간('○'), 붕괴기간('★'), 정상기간('□')의 각 기간별 개별주식 자료로부터 측정된 상관관계행렬의 빈도분포(위 그림), 그리고 동일한 자료를 이용한 Box-plot방법의 결과(아래 그림, '1' 전체기간, '2' 붕괴기간, '3' 정상기간)을 보여준다.
- 관찰결과에서, 시장붕괴기간에서 개별주식간 상관관계행렬의 크기가 다른 기간의 결과와 비교하여 분명하게 큰 값을 갖는다는 것을 확인할 수 있다. 즉, 시장붕괴기간의 개별주식간 상관관계행렬의 평균은 유의수준 1%에서 통계적으로 유의적인 32.68%인데 비교하여, 전체기간과 정상기간 각각의 평균은 유의적인 22.71%와 20.42%을 갖는다.
- 따라서 재무 분야에서 널리 알려졌듯이 개별주식간의 상관관계행렬은 시간의 흐름에 따라 변화하는 동적 속성을 갖고 있으며, 특히 시장붕괴와 같은 사건발생 전후로 주식수익률 간 상관관계행렬의 평균값이 급격하게 증가하는 특징을 보여준다.

4 | Matlab을 이용한 분석팁

■ MATLAB 기본 코드: '시장상황에 따른 자료구분'

```
① StartDATE = 1713;   % 1997.01
② EndDATE = 2200;    % 1998.12
   % 1. Total Data
③ CorMATRIX1 = corrcoef(StockDATA);
   % 2. Market Crash
④ StockCRASH = StockDATA(StartDATE:EndDATE,:);
⑤ CorMATRIX2 = corrcoef(StockCRASH);
   % 3. Normal market
⑥ StockNORMAL = StockDATA;
⑦ StockNORMAL(StartDATE:EndDATE,:) = [ ];
⑧ CorMATRIX3 = corrcoef(StockNORMAL);
```

▷ ①, ②, 특정 기간의 시작 자료 번호와 끝 자료 번호를 설정한다. 즉, 1997년 12월에 발생한 한국외환위기의 영향권 기간으로 가정한 1997년 1월부터 1998년 12월의 기간에 대한 자료번호를 지정한다. 1997년 1월의 첫 번째 거래일의 자료번호('1713')를 변수 'StartDATE'에 입력하고, 1998년 12월의 마지막 거래일의 자료번호('2200')를 변수 'EndDATE'에 대입한다.

▷ ③, **'명령어, corrcoef()'**를 이용하여 전체기간에 대한 상관관계행렬을 산출한다. 개별주식수익률의 자료를 수록한 변수 'StockDATA'를 이용한 상관관계행렬('corrcoef(StockDATA)')을 산출하고, 그 결과를 새로운 변수 'CorMATRIX1'에 대입한다.

▷ ④, 앞의 ①과 ②에서 설정한 특정 기간 내의 자료만을 추출한다. 즉, 전체기간의 개별주식수익률 자료를 수록한 변수 'StockDATA'에서 시작 거래일의 변수 'StartDATE'에서 마지막 거래일의 변수 'EndDATE'까지의 자료들('StartDATE:EndDATE')을 새로운 변수 'StockCRASH'에 대입한다. 따라서 변수 'StockCRASH'는 한국외환위기의 영향권 기간(1997. 01~1998. 12)의 자료만을 수록한다.

▷ ⑤, **'명령어, corrcoef()'**를 이용하여 앞 ④에서 생성한 한국외환위기의 자료 변수 'StockCRASH'를 이용한 상관관계행렬('corrcoef(StockCRASH)')을 산출하고, 그 결과를 새로운 변수 'CorMATRIX2'에 대입한다.

▷ ⑥~⑧, 전체기간에서 시장붕괴기간(1997. 01~1998. 12)을 제외한 나머지 기간의 자료를 선택 추출한 후, 그 자료로부터 상관관계행렬을 산출하는 과정이다. ⑥에서 전체기간의 개별주식수익률 자료를 수록한 변수 'StockDATA'를 정상시장의 자료를 수록할 새로운 변수 'StockNORMAL'에 대입한다. ⑦에서, 시장붕괴기간의 거래일 변수

'StartDATE'와 'EndDATE'를 이용하여 ⑥에서 생성한 변수 'StockNORMAL'에서 해당 기간의 자료만을 제거한다. 즉, 변수 'StockNORMAL'에 수록된 자료들 중에서 시장붕괴기간의 자료('StartDATE:EndDATE, :')'를 빈 큰 괄호 '〔 〕'를 이용하여 제거한다. 이는 변수 'StockNORMAL'에 있어서 변수 'StartDATE'로부터 변수 'EndDATE'까지의 범위에 있는 모든 자료(':')를 지운다('〔 〕'). 즉, 'StockNORMAL(StartDATE:EndDATE. :)=〔 〕'. 따라서 ⑥과 ⑦에서 동일한 이름의 변수 'StockNORMAL'는 ⑥에서 전체자료를 수록하고, ⑦에서는 전체자료들 중에서 시장붕괴기간의 자료들이 제거된 후의 자료를 수록한다. 그리고 ⑧에서 **'명령어, corrcoef()'**를 이용하여 앞 ⑦에서 생성한 정상시장에서의 자료 변수 'StockNORMAL'를 이용한 상관관계행렬('corrcoef(StockNORMAL)')을 산출하고, 그 결과를 새로운 변수 'CorMATRIX3'에 대입한다.

그림 5-14 상관관계행렬에 포함된 공통요인의 속성 [1]

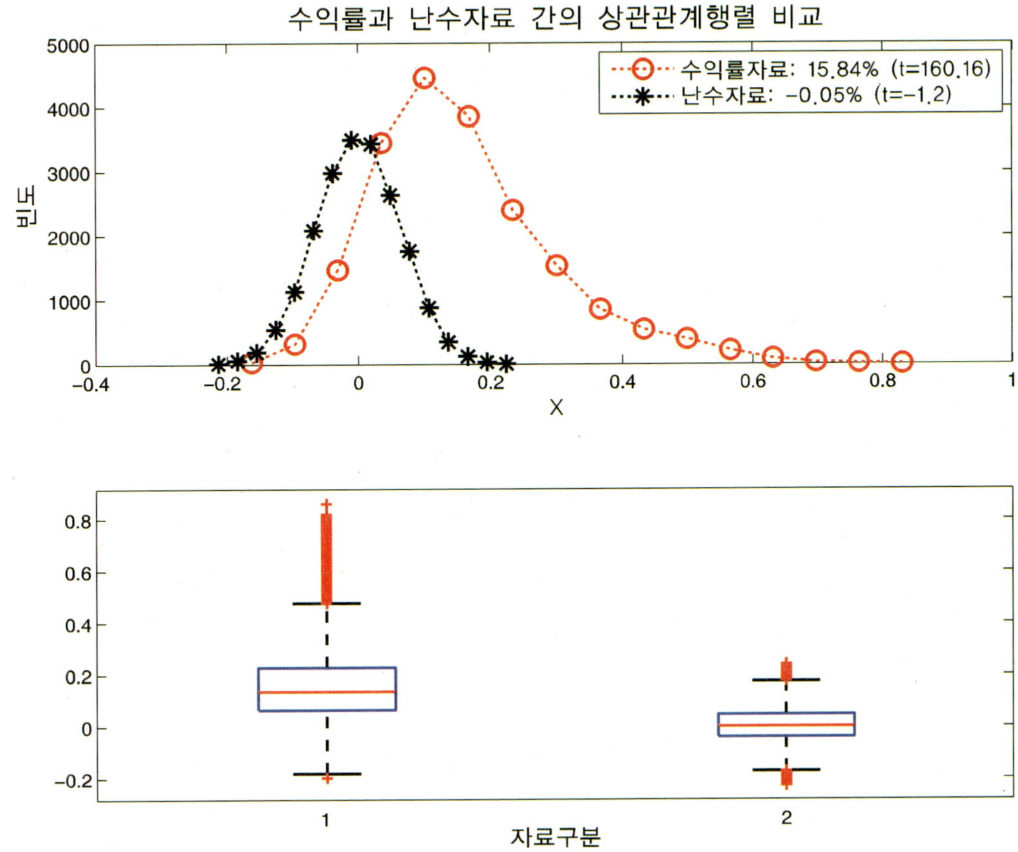

그림5-14 ▌ 그림은 2012년 1월부터 2012년 12월까지의 기간동안에 KOSPI 200을 구성하는 개별주식들의 일별수익률로부터 산출된 상관관계행렬의 비대각선 구성요소로부터 도출된 빈도분포('O')를 표시한 것이다. 비교대상으로 정규분포를 따르는 난수자료를 생성한 후, 이들 난수자료의 상관관계행렬에 대한 빈도분포('*')를 함께 표시하였다. 그리고 아래 그림은 동일한 자료를 이용하여 Box-plot방법으로 각각을 비교 관찰한 것으로 '1'은 주식수익률간의 상관관계행렬, '2'는 난수자료간의 상관관계행렬로 구분 표시 하였다.

1 ┃ 목적

- 개별주식간의 상관관계행렬은 개별주식들의 가격변화가 동일한 방향으로 움직이는 정도를 계량적으로 측정한 것이다. 즉, 개별주식들의 수익률 변화에서의 공통분모와 그 정도에 해당한다. 만약, 개별주식들 간에 공통분모가 많다면 개별주식들 간의 상관관계행렬은 높은 값을 가질 것이고, 반면에 공통분모가 작다면 낮은 상관관계행렬의 크기를 가질 것이다.

■ 주식수익률의 상관관계행렬과 난수자료의 상관관계행렬 간에는 분명한 차이가 존재한다. 왜냐하면, 독립적인 관계를 갖는 난수자료에 비교하여, 주식수익률 간 상관관계행렬 속에는 개별주식의 수익률 변화에 공통적으로 영향을 미치는 요인, 즉 공통요인이 존재하기 때문이다. 따라서 주식수익률의 상관관계행렬과 난수자료의 상관관계행렬로부터 각각 도출된 빈도분포와 Bxplot을 이용하여 비교 관찰한다.

2 | 자료, 기간 및 방법

■ 자료: KOSPI 200 시장지수를 구성하는 개별주식들 중에서, 설정된 기간에 모든 가격정보를 갖는 N=199개 개별주식들의 일별 수익률, 그리고 199개 개별주식별로 산출된 평균과 표준편차를 모수로 하는 정규분포의 난수자료를 함께 이용.

■ 기간: 2012년 1월부터 2012년 12월까지의 248거래일 기간

■ 방법:

▷ 개별주식의 수익률자료와 난수자료 각각에 대한 상관관계행렬 측정,

▷ 상관관계행렬, $\rho_{i,j} = \dfrac{\sigma_{i,j}}{\sigma_i \sigma_j} \quad (i = 1,2,...,N,\;\; j = 1,2,...,N)$

▷ 상관관계행렬의 비대각부분의 구성요소 'N(N-1)/2=19,701개' 를 이용

3 | 관찰결과

■ 그림에서, 위 그림은 개별주식 자료를 이용하여 측정된 상관관계행렬의 비대각선 구성요소들의 빈도분포('○')이다. 그리고 비교대상으로 동일한 자료구조를 갖도록 정규분포를 따르는 난수자료를 생성한 후, 이들 자료로부터 도출된 빈도분포('*')이다. 아래 그림은 동일한 자료를 이용하여 Box-plot방법으로부터 도출된 결과로, X축의 '1'은 개별수익률의 자료를, '2'는 난수자료를 이용한 경우이다.

■ 관찰결과에 의하면, 실제 개별주식수익률 자료로부터의 상관관계행렬과 정규분포를 따르는 난수자료로부터의 상관관계행렬 간에는 분명한 차이가 있음을 확인할 수 있다. 즉, 빈도분포에서 실제 수익률자료로부터의 상관관계행렬의 비대각선 구성요소들에 대한 평균값은 유의적인 15.84%을 갖고, 분포의 모양은 평균보다 큰 값이 많은 오른쪽으로 치우친 분포를 갖는다. 반면에, 정규분포를 따르는 난수자료로부터 측정된 상관관계행렬의 평균값은 약 0.0% 수준이 있고, 분포의 모양은 좌우 대칭구조를 갖는다.

■ 따라서 개별주식수익률 자료로부터의 상관관계행렬의 통계적으로 유의적인 15.84%가 갖는 경제적 의미는, 개별주식의 가격변화에 있어서 공통분모에 해당하는 공통요인의 속성이 상관관계행렬 속에 포함되어 있다는 것을 의미한다.

4 Matlab을 이용한 분석팁

■ MATLAB 기본 코드: '개별주식의 평균과 표준편차를 이용한 정규분포 난수 생성'

```
   [TimeN, FirmN] = size(StockRET);
①  MU = mean(StockRET);
②  SIGMA = std(StockRET);
③  for k = 1 : FirmN
④      RandomDATA(:,k) = normrnd(MU(1,k), SIGMA(1,k), TimeN, 1);
⑤  end
```

▷ ①, ②, **'명령어, mean()'**과 **'명령어, std()'**를 이용하여 평균과 표준편차를 각각 계산한다. 정규분포의 모수인 평균('MU')과 표준편차('SIGMA')를 산출한다. 즉, ①에서 **'명령어, mean()'**을 이용하여 평균을 구한다. 개별주식수익률 자료를 수록하는 변수 'StockRET'로부터 평균을 산출하고 그 결과를 새로운 변수 'MU'에 대입한다. 그리고 ②에서 **'명령어, std()'**를 이용하여 표준편차를 구한다. 즉, 변수 'StockRET'로부터 산출된 표준편차를 새로운 변수 'SIGMA'에 대입한다. 여기서 산출된 변수 'MU'와 'SIGMA'는 변수 'StockRET'에 수록된 개별주식의 숫자 'FirmN'에 대한 '1×FirmN'의 구조를 갖는다. 왜냐하면, Matlab은 연구자가 별도로 지정을 하지 않으면, 자료의 열(column) 구조로 결과를 산출한다. 즉, 변수 'StockRET'는 'TimeN×FirmN'의 구조를 갖기 때문에, '명령어, mean(StockRET)'와 '명령어, std(StockRET)'로부터 산출되는 결과는 '1×FirmN'의 구조를 갖는다.

▷ ③~⑤, **'명령어, for...end'**를 이용하여 포함된 명령어들을 반복적으로 실행한다. 즉, 구분자 변수 'k'를 이용하여 첫 번째 주식('k=1')에서 마지막 주식('k=FirmN')까지 반복한다.

▷ ④, **'명령어, normrnd()'**를 이용하여 정규분포의 난수자료를 생성한다. 입력요소는 첫째, 모수인 평균('MU'), 둘째, 모수인 표준편차('SIGMA'), 셋째, 생성할 자료의 행 구조('TimeN'), 넷째, 생성할 자료의 열 구조('1')이다. 평균과 표준편차는 앞의 ①과 ②에서 생성한 결과를 이용한다. 즉, k번째 개별주식의 평균 'MU(1, k)'과 표준편차 'SIGMA(1, k)'를 이용한다. 그리고 개별주식수익률 자료를 수록하고 있는 변수

'StockRET'와 동일한 자료구조 'TimeN×FirmN'를 갖는 난수자료를 생성하기 위하여, 행의 자리에 'TimeN'을 열의 자리에 '1'을 입력한다. 따라서 k번째 개별주식의 평균과 표준편차를 모수로 이용한 정규분포의 난수자료는 'TimeN×1'의 구조를 갖고, 그 결과를 새로운 변수 'RandomDATA(:, k)'에 대입한다. 생성된 변수 "RandomDATA(:, k)'의 자료구조는 'TimeN×k'이다. 그리고 이러한 과정은 **'for...end'**문에 의하여 'k=2, 3, . . . FirmN'까지 반복적으로 적용되어, 마지막 주식 'k=FirmN'에 대하여 생성된 자료 'RandomDATA(:, k)'의 자료구조는 'TimeN×FirmN'이 된다. 결국, 변수 'StockRET'의 평균과 표준편차를 모수로 한 동일한 자료구조를 갖는 난수자료('RandomDATA')를 생성한다.

그림 5-15 상관관계행렬에 포함된 공통요인의 속성 [2]: 시장요인

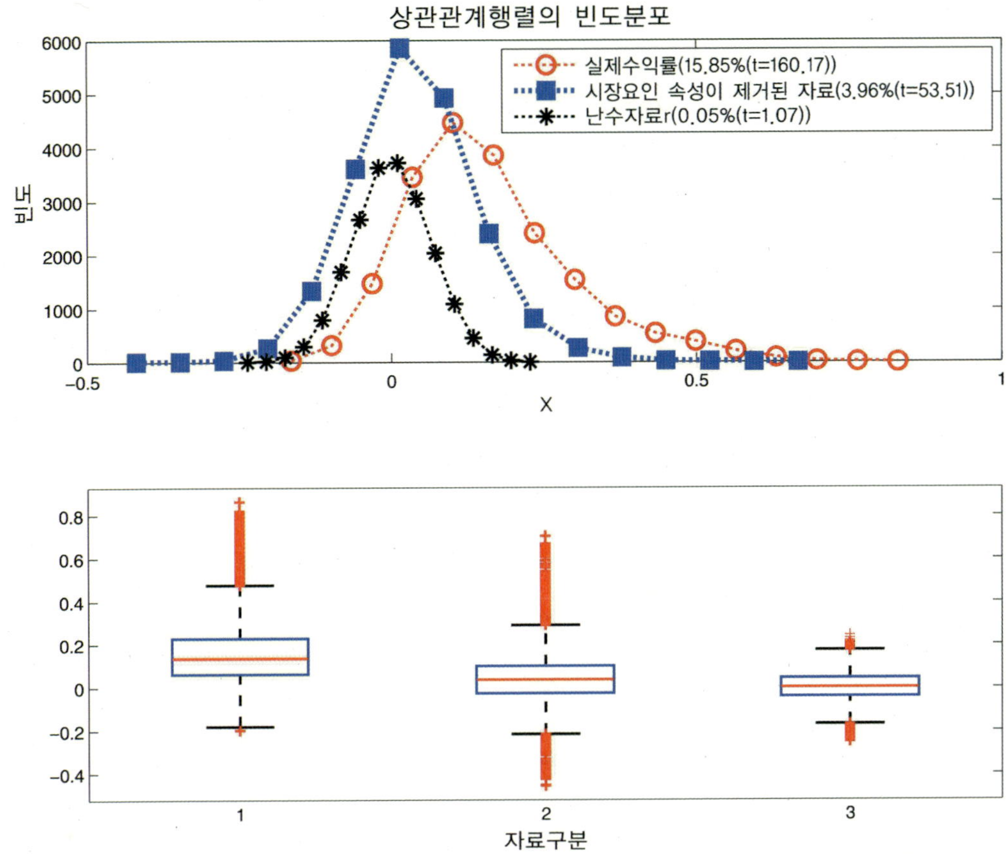

그림5-15 ▌ 그림은 2012년 1월부터 2012년 12월까지의 기간 동안에 KOSPI 200을 구성하는 개별주식들의 일별수익률로부터 산출된 상관관계행렬의 비대각선 구성요소를 이용하여 도출된 빈도분포를 표시한 것이다. 즉, 주식수익률로부터 도출된 빈도분포('○'), 시장요인의 속성이 제거된 수익률로부터 도출된 빈도분포('□'), 그리고 정규분포를 따르는 난수자료로부터 도출된 빈도분포('*')이다. 그리고 아래 그림은 동일한 자료를 이용하여 Box-plot방법으로부터 도출된 분포로 '1'은 실제자료(주식수익률)를, '2'는 시장요인이 제거된 수익률을, 그리고 '3'는 난수자료를 각각 구분 표시하였다.

1 | 목적

- 재무 분야에서 개별주식들의 가격변화에서 의미 있는 영향을 미치는 대표적인 공통요인은 시장요인(market factor)이다. 즉, 시장의 상승과 하락과 같은 지속적인 시장 상황의 변화에 대하여 개별주식의 가격변화는 시장에 대하여 독립적 관계를 가질 수 없다. 따라서 시장요인은 재무 분야에서 개별주식수익률의 변화를 설명하는 대표적인 설명변수로 이용된다.

- 개별주식 수익률로부터 산출된 상관관계행렬 속에 공통요인의 속성을 포함하고 있는지 여부를 실증적으로 확인하기 위하여, 재무 분야에서 대표적 공통요인인 시장요인의 속성을 개별주식수익률로부터 제거한 자료로부터의 상관관계행렬을 비교 관찰한다.

2 | 자료, 기간 및 방법

- 자료:
  - ▷ KOSPI 200 시장지수를 구성하는 개별주식들 중에서, 설정된 기간에 모든 가격 정보를 갖는 N=199개 개별주식들의 일별 수익률,
  - ▷ 동일한 기간에서 KOSPI 200 시장지수의 일별수익률
  - ▷ 199개 개별주식별로 산출된 평균과 표준편차를 모수로 하는 정규분포의 난수자료를 함께 이용.
- 기간: 2012년 1월부터 2012년 12월까지의 248거래일 기간
- 방법:
  - ▷ 분석에 3가지 종류의 자료, 즉 첫째, 주식수익률 자료, 둘째, 시장요인의 속성이 제거된 수익률 자료, 셋째, 난수자료 각각으로부터 산출된 상관관계행렬 측정, 즉,
  - ▶ $\rho_{i,j} = \dfrac{\sigma_{i,j}}{\sigma_i \sigma_j} \quad (i = 1,2,...,N,\ \ j = 1,2,...,N)$
  - ▷ 각 자료별로 N=199 수익률자료를 이용하여 산출될 상관관계행렬의 비대각부분 구성요소의 숫자는 'N(N-1)/2=19,701개'

  - ▷ 시장요인의 속성을 제거한 수익률 자료를 생성하는 방법:
  - ▶ 시장모형(market model)을 이용: $R_{j,t} = \alpha_j + R_{M,t}\beta_j + \epsilon_{j,t}$
  - ▶ 여기서, $R_{j,t}$는 개별주식수익률, $R_{M,t}$은 시장지수수익률, α_j, β_j는 회귀계수, $\epsilon_{j,t}$는 잔차
  - ▶ 시장모형의 가정:
  - ▶ 첫째, $Cov(R_{M,t}, \epsilon_{j,t}) = 0$, 즉, 독립변수($R_{M,t}$)와 모형으로부터 산출된 잔차($\epsilon_{j,t}$) 간에는 관련성이 전혀 없다.
  - ▶ 둘째, $Cov(\epsilon_i, \epsilon_j) = 0$, 즉, 독립변수($R_{M,t}$)이외에 개별주식수익률의 변화를 설명할 수 있는 다른 독립변수는 없다.

▶ 따라서, 시장모형에서 산출되는 잔차($\epsilon_{j,t}$)는 단순회귀분석에 의하여 독립변수($R_{M,t}$)의 속성을 갖지 않는 자료이기 때문에, 시장요인의 속성이 제거된 수익률 자료로 추정된 잔차를 이용

3 | 관찰결과

- 그림에서, 위 그림은 3가지 자료별로 측정된 상관관계행렬의 비대각선 구성요소들을 이용하여 도출된 빈도분포이다. 즉, 개별주식의 수익률자료를 이용하여 산출된 상관관계행렬의 비대각선 구성요소에 대한 빈도분포('○'), 개별주식수익률에서 시장요인의 속성을 제거한 자료를 이용한 빈도분포('□'), 그리고 정규분포를 따르는 난수자료를 이용한 빈도분포('*')이다. 아래 그림은 빈도분포에서 사용한 동일한 자료를 이용하여 Box-plot방법으로부터 도출된 결과로, X축의 '1'은 개별수익률의 자료를, '2'는 시장요인의 속성이 제거된 자료를, '3'은 난수자료를 이용한 경우로 구분 표시하였다.
- 관찰결과에 의하면, 먼저, 원래 개별주식수익률 자료로부터의 상관관계행렬 빈도분포('○')와 정규분포를 따르는 난수자료로부터의 상관관계행렬 빈도분포('*') 간에는 분명한 차이가 있음을 확인할 수 있다. 즉, 실제 수익률자료로부터의 상관관계행렬의 비대각선 구성요소들에 대한 평균값은 유의적인 15.84%을 갖고, 반면에, 정규분포를 따르는 난수자료로부터 측정된 상관관계행렬의 평균값은 약 0.0% 수준을 갖는다. 결국, 상호독립관계의 난수자료 간에는 존재하지 않지만, 개별주식간 상관관계행렬의 속성에는 공통요인(공통분모)의 속성이 포함되어 있다는 것을 나타낸다.
- 다음으로, 개별주식수익률 자료로부터의 상관관계행렬 빈도분포('○')와 개별주식수익률 자료로부터 시장요인의 속성을 제거한 잔차 자료로부터의 상관관계행렬 빈도분포('□') 간에 차이점을 확인할 수 있다. 즉, 개별주식수익률로부터 시장요인을 제거한 잔차 자료로부터의 상관관계행렬('3.96%')은 원래의 개별주식수익률로부터의 상관관계행렬('15.84%')보다 현저하게 감소된 값(11.89%=15.85%-3.96%)을 갖는다.
- 따라서 주식수익률 상관관계행렬 속에는 시장요인의 속성이 포함되어 있다는 실증적 증거를 확인할 수 있다. 또한 이러한 증거를 일반적 관점에서 해석하면, 상관관계행렬 속에는 개별주식의 수익률 변화에 의미 있는 영향을 미칠 수 있는 공통요인의 속성이 포함되어 있다는 것을 의미한다.

4 | Matlab을 이용한 분석팁

■ MATLAB 기본 코드: '시장요인의 속성을 제거하는 방법'

```
① X = MarketDATA;
② for k = 1 : FirmN
③     Y = StockDATA(:,k);
④     ModelTYPE = 'Linear';
⑤     STATS = regstats(Y, X, ModelTYPE);
⑥     StockRESIDUAL(:,k) = STATS.r;
⑦     clear Y;   clear STATS;
⑧ end
```

▷ ①, 시장지수수익률의 자료를 수록하고 있는 변수('MarketDATA')를 새로운 변수 'X'에 대입한다. 즉, 회귀분석의 독립변수('X')를 설정한다.

▷ ②~⑧, **'명령어, for...end'**를 이용하여 사이에 있는 명령어들을 반복적으로 실행한다. 즉, 반복 실행 구분자 변수 'k'는 첫 번째 개별주식('k=1')에서 마지막 개별주식('k= FirmN')까지 반복한다.

▷ ③, 회귀분석의 종속변수인 개별주식의 수익률을 설정한다. 즉, k번째 개별주식의 수익률('StockDATA(:, k)')을 새로운 변수 'Y'에 대입한다.

▷ ⑤, ⑥, **'명령어, regstats()'**를 이용하여 회귀분석을 한다. 입력요소는 첫째, 회귀모형의 종속변수('Y'), 둘째, 회귀모형의 독립변수('X'), 셋째, 회귀모형의 형태 지정('ModelTYPE')이다. 즉, 종속변수는 앞의 ③에서 k번째 개별주식수익률 의 변수 'Y'이고, 독립변수는 앞의 ①에서 시장지수수익률인 변수 'X'이다. 그리고 회귀모형의 형태는 선형회귀모형('Linear')을 지정한다. **'명령어, regstats()'**는 많은 결과물을 동시에 제공하고, 그 결과를 새로운 변수 'STATS'대입한다. 그리고 결과들 중에서 본 예제에서 필요한 잔차는 'STATS. r'에 수록되어 있다. ⑥에서 k번째 주식의 잔차를 새로운 변수 'StockRESIDUAL(:, k) =STATS. r'에 대입한다.

▷ ⑥, **'명령어, clear'**을 이용하여 지정한 변수를 제거한다. 즉, 동일한 이름으로 반복적으로 사용하는 변수 'Y'과 'STATS'를 계속 사용하기 위하여 제거한다.

그림 5-16 상관관계행렬에 포함된 공통요인의 속성 [3]: 시계열적 관찰

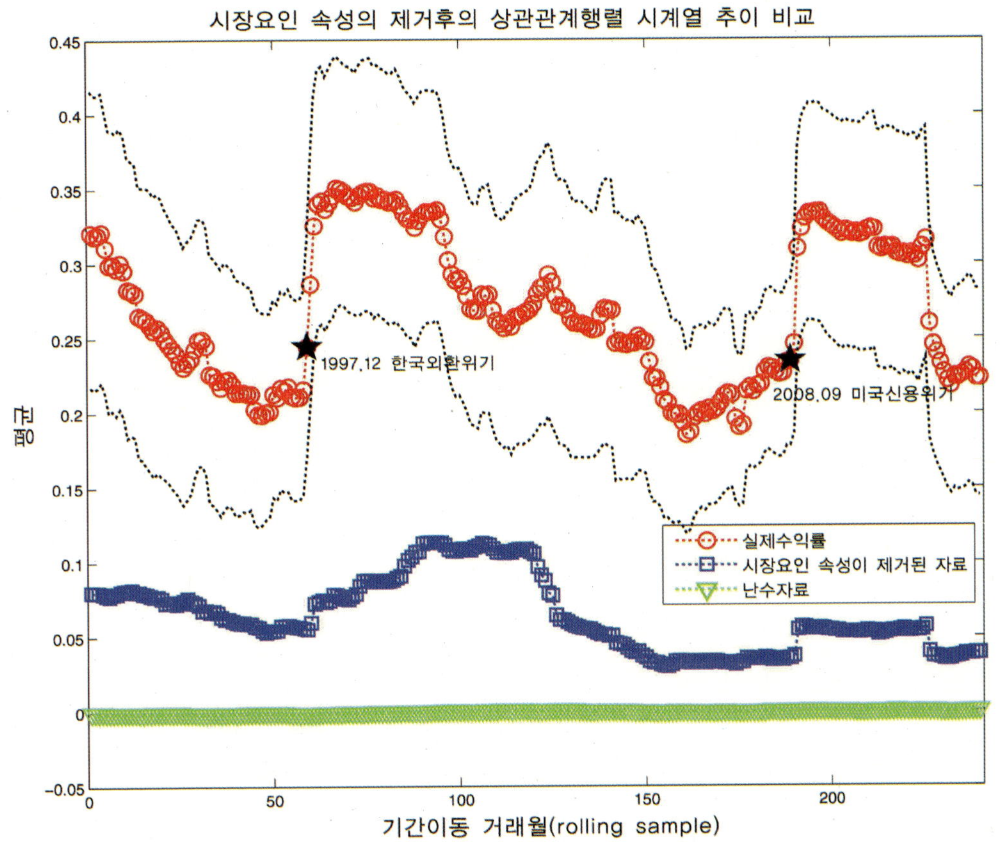

그림5-16 | 그림은 1990년 1월부터 2012년 12월의 기간에서 KOSPI 200 시장지수를 구성하는 개별주식 일별수익률을 이용하여 분석기간 이동방법에 근거하여 측정된 각 시점별 상관관계행렬의 비대각선 구성요소들의 평균값에 대한 시계열추이를 나타낸다. 즉, 주식수익률로부터의 상관관계행렬 시계열추이('○'), 시장요인의 속성이 제거된 수익률로부터의 상관관계행렬 시계열추이('□'), 그리고 정규분포를 따르는 난수자료로부터의 상관관계행렬 시계열추이('▽')이다. 그리고 실제수익률의 상관관계행렬 비대각선 구성요소들 중에서 분포의 25%와 75%에 위치하는 값들의 시계열 추이(점선, '...')를 함께 표시하였다. 분석기간 중 대표적 시장위기인 1997년 12월의 한국외환위기와 2008년 9월의 미국신용위기 발생 시기를 별모양('★')으로 표시하였다.

1 | 목적

- 개별주식간 상관관계행렬의 동적 속성에 있어서 시장요인의 속성이 미치는 영향을 실증적으로 확인하기 위하여, 분석기간 이동방법을 이용하여 시장요인의 속성이 제거된 전후의 개별주식간 상관행렬의 시계열 추이를 비교 관찰한다.

2 | 자료, 기간 및 방법

- 자료:
  - ▷ KOSPI 200 시장지수를 구성하는 개별주식들 중에서, 설정된 기간에 모든 가격 정보를 갖는 N=199개 개별주식들의 일별 수익률,
  - ▷ 동일한 기간에서 KOSPI 200 시장지수의 일별수익률
  - ▷ 199개 개별주식별로 산출된 평균과 표준편차를 모수로 하는 정규분포의 난수자료를 함께 이용.
- 기간: 2012년 1월부터 2012년 12월까지의 248거래일 기간
- 방법:
  - ▷ 시장요인의 속성을 제거한 수익률 자료를 생성하는 방법:
  - ▶ 시장모형 (market model) 을 이용: $R_{j,t} = \alpha_j + R_{M,t}\beta_j + \epsilon_{j,t}$
  - ▶ 여기서, $R_{j,t}$는 개별주식수익률, $R_{M,t}$은 시장지수수익률, α_j, β_j는 회귀계수, $\epsilon_{j,t}$는 잔차
  - ▶ 시장모형의 가정:
  - ▶ 첫째, $Cov(R_{M,t}, \epsilon_{j,t}) = 0$, 즉, 독립변수($R_{M,t}$)와 모형으로부터 산출된 잔차($\epsilon_{j,t}$) 간에는 관련성이 전혀 없다.
  - ▶ 둘째, $Cov(\epsilon_i, \epsilon_j) = 0$, 즉, 독립변수($R_{M,t}$)이외에 개별주식수익률의 변화를 설명할 수 있는 다른 독립변수는 없다.
  - ▶ 따라서, 시장모형에서 산출되는 잔차($\epsilon_{j,t}$)는 단순회귀분석에 의하여 독립변수($R_{M,t}$)의 속성을 갖지 않는 자료이기 때문에, 시장요인의 속성이 제거된 수익률 자료로 시장모형으로부터 추정된 잔차를 이용

  - ▷ 개별주식간 상관관계행렬의 시계열 추이를 관찰하기 위하여 분석기간 이동방법을 이용하여 개별주식간의 상관관계를 측정
  - ▶ 분석기간이동방법의 설정: 개별주식간 상관관계행렬의 측정기간 '36개월', 기간이동 길이 '1개월', 따라서 분석기간 중 241회의 반복적 상관관계행렬의 측정이 가능, 즉
    하위기간 1: 1990. 01~1992. 12,
    하위기간 2: 1990. 02~1993. 01,
    하위기간 3: 1990. 03~1993. 02,

················

하위기간 241: 2010. 01~2012. 12

- 각 하위기간별로 분석에 3가지 종류의 자료, 즉 첫째, 주식수익률 자료, 둘째, 시장요인의 속성이 제거된 수익률 자료, 셋째, 난수자료 각각으로부터 산출된 상관관계행렬 측정, 즉,
- $\rho_{i,j} = \dfrac{\sigma_{i,j}}{\sigma_i \sigma_j}$ $(i = 1,2,...,N,\ \ j = 1,2,...,N)$
- 각 자료별로 N=199 수익률자료를 이용하여 산출될 상관관계행렬의 비대각부분 구성요소의 숫자는 'N(N-1)/2=19,701개'이고, 이들 자료로부터 평균값을 측정
- 그리고 19,701개의 자료에서 분위수(백분율, percentile) 기준으로 분포의 25%와 75%에 위치하는 값을 선택 후에 함께 표시

3 | 관찰결과

- 그림은 분석기간 이동방법에 의하여 관찰한 자료간 상관관계행렬의 시계열 추이를 나타낸 것이다. 즉, 첫째, 실제 개별주식수익률 자료를 이용하여 각 하위기간별로 측정된 상관관계행렬 평균값의 시계열 추이('○'), 둘째, 개별주식수익률에서 시장요인의 속성을 제거한 잔차 자료를 이용하여 각 하위기간별로 측정된 상관관계행렬 평균값의 시계열 추이('□'), 셋째, 정규분포를 따르는 난수자료를 이용한 상관관계행렬 평균값의 시계열 추이('▽')이다. 그리고 개별주식수익률 자료로부터의 상관관계행렬의 비대각선 구성요소들의 분포에서 상위 75%와 하위 25%에 위치하는 상관관계 값을 점선('...')으로 함께 나타내었다. 또한 분석기간 중에 대표적 시장붕괴사건인 1997년 12월의 한국외환위기와 2008년 9월의 미국신용위기를 함께 표시하였다.
- 관찰결과에서, KOSPI 200 시장지수를 구성하는 개별주식들 간의 상관관계행렬은 시간의 흐름에 따라 지속적으로 변화하는 시계열 추이('○')를 나타낸다. 또한 함께 표시된 상관관계행렬 분포의 50% 중심부분(점선, 하위 25%~상위 75%)의 변화에서도 동일한 결과를 확인할 수 있다. 하지만, 정규분포를 따르는 난수자료로부터 산출된 상관관계행렬은 시간의 흐름에 따라 일정한 '0' 주변에서 변화가 없다. 즉, 시간의 흐름에 따라 변화하는 상관관계행렬의 동적 속성은 자료들 간에 독립적인 난수자료가 아닌 실제 시장에서 거래되는 수익률자료에서만 관찰되는 속성임을 알 수 있다.
- 한편, 시장에서 거래되는 개별주식수익률에 공통적으로 포함되어 있는 시장요인의

속성을 제거한 자료(잔차)로부터 산출된 상관관계행렬의 시간흐름에 따른 시계열 추이는 원래의 개별주식수익률 자료(시장요인의 속성이 포함된 자료)로부터의 상관관계행렬 시계열 추이에 비교하여 분명하게 매우 낮은 평균값과 안정적인 추이로 변경되었음을 알 수 있다. 즉, 원래의 개별주식수익률로부터의 상관관계행렬의 크기에 비하여, 시장지수의 속성이 제거된 잔차자료로부터의 상관관계행렬의 크기가 현저하게 작아졌다. 비록, 시장붕괴 사건 전후의 상승하는 특징을 갖지만, 그 변동 폭은 현저하게 작아졌다.

- 이상의 관찰에서, 개별주식수익률간의 상관관계행렬이 시간의 흐름에 따라 변화하는 동적 속성은 공통요인으로부터 의미 있는 영향을 받을 수 있으며, 특히 대표적 공통요인인 시장요인의 영향을 높게 받는다는 것을 확인할 수 있다. 또한 개별주식수익률로부터의 상관관계행렬의 시간가변성의 변화 크기는 공통요인인 시장요인에 상당부분 기인한 현상임을 알 수 있다.

4 | Matlab을 이용한 분석팁

- MATLAB 기본 코드: '상관관계행렬의 평균과 분위수 산출'

```
   % 1. Stock returns
① AVE1 = mean(CorrMATRIX1);
② Per75a = prctile(CorrMATRIX1,75);  % a point at percentile 75%
③ Per25a = prctile(CorrMATRIX1,25);  % a point at percentile 25%
   % 2. Residual
④ AVE2 = mean(CorrMATRIX2);
⑤ Per75b = prctile(CorrMATRIX2,75);
⑥ Per25b = prctile(CorrMATRIX2,25);
   % 3. Random
⑦ AVE3 = mean(CorrMATRIX3);
⑧ Per75c = prctile(CorrMATRIX3,75);
⑨ Per25c = prctile(CorrMATRIX3,25);
```

※ 상관관계행렬에서 비대각선 구성요소를 분해하는 과정은 앞의 〔그림5-12〕의 'Matlab 기본코드'에 설명과 동일하다.

▷ ①, **'명령어, mean()'**을 이용하여 평균을 산출한다. 즉, 개별주식수익률 간 상관관계행렬에서 비대각부분의 구성요소들 만으로 구성된 변수 'CorrMATRIX1'에 대한 평균('mean(CorrMATRIX1)')을 산출하고, 그 결과를 새로운 변수 'AVE1'에 대입한다.

▷ ②, ③, **'명령어, prctile()'**을 이용하여 확률분포에서 특정 누적확률 크기를 결정하는 경

계값(임계치)를 찾는다. 입력요소는 첫째, 분석대상자료('CorMATRIX1'), 둘째, 누적확률 크기('75')이다. 즉, N개 개별주식수익률 간 상관관계행렬에서 비대각부분의 구성요소들만으로 구성된 변수 'CorrMATRIX1'의 자료들 중에서, 누적확률이 75%가 되는 지점의 경계값(임계값, 'prctile(CorrMATRIX1, 75)')을 찾고, 그 결과를 새로운 변수 'Per75a'에 대입한다. 또한 동일한 방법으로 ③에서 누적확률 25%가 되는 지점의 경계값(임계값)을 찾고, 그 결과를 새로운 변수 'Per25a'에 대입한다.

▷ ④~⑥, 개별주식 자료에서 시장요인의 속성을 제거한 잔차(residual)를 이용하여 산출된 상관관계행렬의 비대각선 구성요소의 자료 변수 'CorrMATRIX2'를 대상으로, 앞의 ①~③에서와 같이, 잔차의 상관관계행렬로부터 평균, 75%지점의 값, 25%지점의 값을 산출하고 그 결과를 각각 'AVE2', 'Per75b', 'Per75b'에 대입한다.

▷ ⑦~⑨, 개별주식의 평균과 표준편차를 모수로 동일한 구조를 갖는 정규분포를 따르는 난수자료를 이용하여 산출된 상관관계행렬의 비대각부분 구성요소의 자료 변수 'CorrMATRIX3'를 대상으로, 앞의 ①~③과 ④~⑥에서와 같이, 난수자료의 상관관계행렬로부터 평균, 75%지점의 값, 25%지점의 값을 산출하고 그 결과를 각각 'AVE3', 'Per75c', 'Per25'에 대입한다.

그림 5-17 상관관계행렬의 적용 [1]: 분산투자효과 I

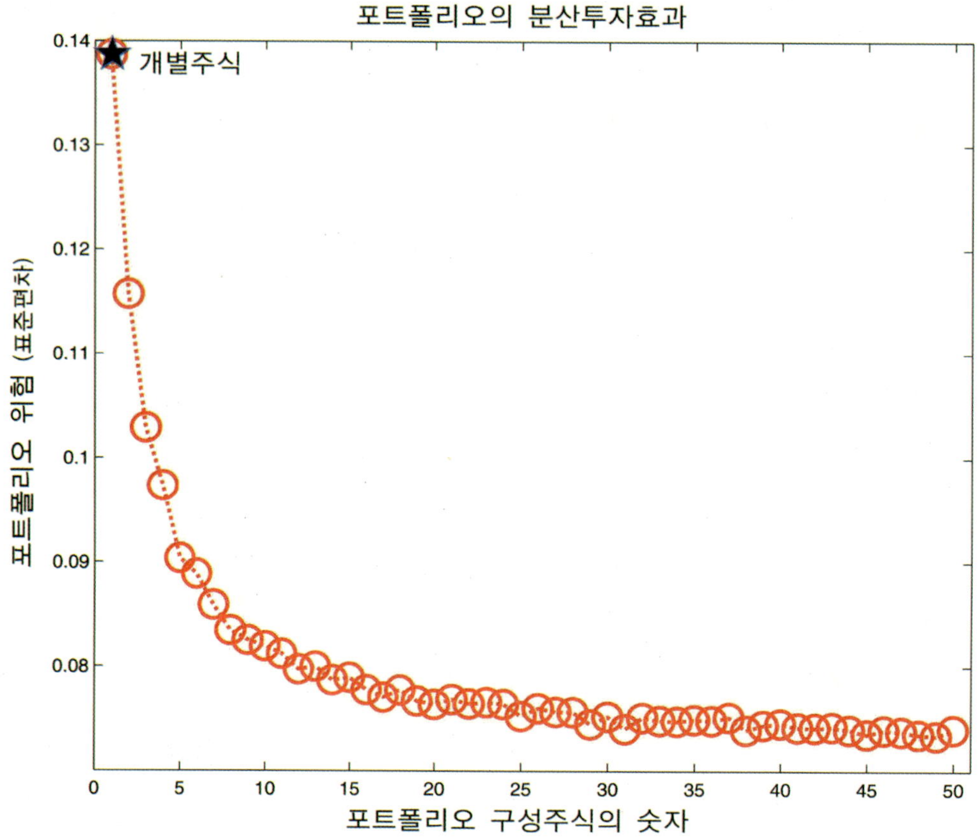

그림5-17 | 그림은 2003년 1월부터 2012년 12월까지 10년동안의 기간에서 KOSPI 시장지수를 구성하는 553개 개별주식들의 월별수익률을 이용하여 포트폴리오를 구성한 후, 포트폴리오의 위험을 측정한 것이다. 그림의 X축에 표시된 포트폴리오의 구성주식 숫자는 최소 1개에서 최대 50개까지 증가시킨다. 그리고 Y축은 포트폴리오의 위험(표준편차)을 나타낸다.

1 | 목적

- Evans & Archer (1968)의 연구[11]에 근거하여, 포트폴리오의 구성주식 숫자가 증가함에 따라 포트폴리오의 위험이 감소하는 포트폴리오 분산투자 효과(diversification effect)를 관찰한다.

---

11) Evans, J. L. and S. H. Archer (1968), "Diversification and the Reduction of Dispersion: An Empirical Analysis," Journal of Finance 23(5), 761-767

2 | 자료, 기간 및 방법

- 자료: KOSPI 시장지수를 구성하는 주식들 중에서 분석기간에 필요한 모든 가격정보를 갖는 553개 개별주식의 월별수익률을 이용
- 기간: 2003년 1월부터 2012년 12월의 120개월 (10년)
- 방법:

▷ 포트폴리오 분산투자효과의 검증은 포트폴리오 구성주식 숫자(독립변수, X축)의 변화에 따른 포트폴리오의 위험(종속변수, Y축)의 변화를 검증[12)]

▷ 독립변수(X축): 포트폴리오 구성주식 숫자는 최소 1개에서 최대 50개로 설정

▷ 종속변수(Y축): 포트폴리오의 위험(표준편차, σ_p),

---

12) 포트폴리오 분산투자효과를 분석적으로 증명하면 다음과 같다.

첫째, 포트폴리오의 위험(σ_p^2)인 분산-공분산행렬에서 대각선 부분인 분산($i=j$)과 비대각선 부분인 공분산($i \neq j$)으로 구분한다.

$$\sigma_p^2 = \underset{(i=j)}{\sum_{j=1}^{N} X_j^2 \sigma_j^2} + \underset{(i \neq j)}{\sum_{j=1}^{N}\sum_{k=1}^{N} X_j X_k \sigma_{j,k}} \text{ (단, } j \neq k,\ N \text{ 포트폴리오의 구성주식 숫자)} \quad \text{(식 A)}$$

둘째, 포트폴리오 구성주식들 각각에 대한 투자비중은 동일가중방법을 이용한다. 즉, $X_i = 1/N$. 따라서 (식 A)은 다음과 같이 변경할 수 있다.

$$\sigma_p^2 = \sum_{j=1}^{N} \left(\frac{1}{N}\right)^2 \sigma_j^2 + \sum_{j=1}^{N}\sum_{k=1}^{N} \left(\frac{1}{N}\right)\left(\frac{1}{N}\right)\sigma_{j,k} \quad \text{(식 B)}$$

셋째, $N \times N$ 구조를 갖는 분산-공분산행렬에서 대각선 구성요소인 분산은 '$\sigma^2 = N$개'이고, 비대각선 구성요소인 공분산은 '$\sigma_{i,j} = N(N-1)$ 개'이다. 여기서 (식 B)를 각 구성요소의 평균(=합계/숫자) 산출방식으로 변경한다. 즉, 평균 분산은 $\overline{\sigma_j} = (\sum_{j=1}^{N} \sigma_j^2)/N$, 평균 공분산은 $\overline{\sigma_{i,j}} = (\sum_{j=1}^{N} \sigma_{i,j})/N(N-1)$을 이용한다.

$$\sigma_p^2 = \frac{1}{N}\sum_{j=1}^{N}\left(\frac{1}{N}\right)\sigma_j^2 + \frac{N(N-1)}{N}\sum_{j=1}^{N}\sum_{k=1}^{N}\left(\frac{1}{N(N-1)}\right)\sigma_{j,k} \text{ (단, } j \neq k) \quad \text{(식 C)}$$

$$\therefore \sigma_p^2 = \frac{1}{N}\sum_{j=1}^{N}\overline{\sigma_j^2} + \frac{N(N-1)}{N}\sum_{j=1}^{N}\sum_{k=1}^{N}\overline{\sigma_{j,k}} \quad \text{(식 D)}$$

이제, 포트폴리오 구성주식 숫자(N)의 증가에 따라 포트폴리오의 위험에 어떤 변화가 있는지를 분석적으로 확인하기 위하여, 포트폴리오 구성주식의 숫자를 무한히 증가시킨다. 즉, $N \to \infty$. 앞의 (식 D)은 포트폴리오 구성주식 숫자가 증가함에 따라 첫 번째 항인 분산의 경우는 $\lim_{N\to\infty}\frac{1}{N}\sum_{j=1}^{N}\overline{\sigma_j^2} \approx 0$, 두 번째 항인 공분산의 경우는 $\lim_{N\to\infty}\frac{N(N-1)}{N}\sum_{j=1}^{N}\overline{\sigma_{i,j}} \approx \overline{\sigma_{i,j}}$이 된다. 결국, 포트폴리오 구성주식 숫자가 증가함에 따라 포트폴리오의 위험은 평균 공분산 '$\overline{\sigma_{i,j}}$'에 접근하게 됨을 알 수 있다.

V 금융자료의 상관관계 분석

$$\sigma_p = \sqrt{\sum_{i=1}^{N}\sum_{j=1}^{N} w_i w_j \sigma_{i,j}}$$ 〔여기서, 투자비중 $w_i = \frac{1}{N} = w_j$, 동일가중방식〕

▹ 반복실험 시뮬레이션: 무작위로 선택된 개별주식을 이용한 포트폴리오 구성방법

▹ 〔단계1〕 분석대상 553개 개별주식의 고유번호, 즉 1~533의 번호를 개별주식의 고유번호로 설정

▹ 〔단계2〕 지정된 개별주식 숫자(최소1개~최대50개) 만큼의 난수자료를 이산형 균등분포를 이용하여 100회의 반복실험 시뮬레이션에 필요한 자료를 생성. 즉, 생성될 난수자료의 구조는 '주식숫자×100'임.

▹ 〔단계3〕 반복실험 시뮬레이션을 위하여 생성된 100가지의 자료조합(난수자료)를 이용하여 각각의 조합별 포트폴리오 위험(표준편차)을 측정, 즉

$$\sigma_p = \sqrt{\sum_{i=1}^{N}\sum_{j=1}^{N} w_i w_j \sigma_{i,j}}$$, 여기서 N=포트폴리오의 구성주식 숫자

그리고, 100개 포트폴리오 위험의 평균값을 산출, 즉

$$\overline{\sigma_p} = \frac{1}{K}\sum_{j=1}^{K}\sigma_{p.k},\ \ k = 1, 2, \ldots, K(=100)$$ 시뮬레이션의 숫자

▹ 〔단계4〕 설정된 포트폴리오 구성주식 숫자인 최소 1개에서 최대 50개 범위에서 단계별로 개별주식의 숫자를 선택 후 앞의 '단계 2~3'을 반복함. 최종단계는 개별주식 숫자는 50개임.

▹ 〔단계5〕 앞의 '단계 4'까지의 과정에서 포트폴리오 구성주식 숫자를 X축, 각 개별주식 숫자별로 산출된 100회 반복실험 시뮬레이션으로부터의 평균 포트폴리오 위험을 Y축을 한 후, 포트폴리오 분산투자효과의 그래프를 확인.

3 | 관찰결과

- 그림은 포트폴리오의 구성주식 숫자가 증가함에 따라 산출된 포트폴리오 위험의 변화를 나타낸 것이다. 그림에서 X축은 포트폴리오를 구성하는 개별주식의 숫자로 최소 1개에서 최대 50개까지의 범위를 나타내고, Y축은 포트폴리오를 구성하는 개별주식의 숫자별로 측정된 평균 포트폴리오 위험을 나타낸다.
- 관찰결과에 의하면, X축의 포트폴리오 구성주식 숫자가 왼쪽(1개)에서 오른쪽(50개)로 증가함에 따라 Y축의 포트포폴리오 위험은 분명하게 감소함을 알 수 있다. 즉, Evans & Archer(1968)의 연구에서와 같이, 실증적으로 포트폴리오 분산투자효과를 확인할 수 있다.

4 | Matlab을 이용한 분석팁

■ MATLAB 기본 코드: '무작위 선택방법에 의한 포트폴리오 분산투자효과'

```
① StockCODE = randsample(FirmN, SampleMinSTOCK);  % Sampling without replacement
   % case of portfolio
   % 1. weight
② for k = 1 : SampleMinSTOCK
③     Wgt(k,:) = 1 / SampleMinSTOCK;  % k x 1 vector
④ end
   % 2. Risk
⑤ TestDATA = StockRET(:,StockCODE);
⑥ CovMATRIX = cov(TestDATA);
⑦ PortRISK = sqrt(Wgt'*CovMATRIX*Wgt);     % Portfolio Risk
```

▷ ①, **'명령어, randsample()'**를 이용하여 무작위로 자료를 추출한다. 입력요소는 첫째, 총 자료 숫자('FirmN'), 둘째, 무작위로 선택할 자료 숫자('SampleSTOCK')이다. 즉, 전체 주식의 숫자('FirmN=553')에서 무작위로 일정 숫자의 주식들('SampleMin STOCK')을 선택한 후, 그 결과를 새로운 변수 'StockCODE'에 대입한다. 반복실험 시뮬레이션에 의한 무작위로 선택할 일정 숫자는 최소 'SampleMinSTOCK=1'에서 최대 'SampleMinSTOCK=50'이다.

▷ ②~④, **'명령어, for...end'**를 이용하여 반복적으로 명령어를 실행한다. 즉, 구분자 변수 'k'는 최소 '1'에서 최대 'SampleMinSTOCK'까지 반복 실행한다. 예를 들어, 앞의 ①에서 설명하였듯이, 'SampleMinSTOCK=5'라면, k=1, 2, 3, 4, 5의 5번을 반복 실행한다.

▷ ③, 포트폴리오 분산투자효과의 검증설계에서, 동일가중 포트폴리오를 가정하였기 때문에, 선택된 주식들에 대한 동일한 가중치($=1/N$)를 부여한다. 즉, 앞의 ①에서 선택된 주식 숫자(N='SampleMinSTOCK')를 이용하여 모든 주식들에 동일한 가중치를 구분자 변수 'k'에 따라 부여한다. 그리고 그 결과는 새로운 변수 'Wgt(k, :)'에 대입한다. 변수 'Wgt'는 행 구조를 갖는다. 즉 'k×1'이다.

▷ ⑤, 앞의 ①에서 무작위적으로 선택된 주식들의 수익률자료를 추출한다. 즉, 모든 주식들의 수익률 자료를 수록하는 변수 'StockRET'에서 앞의 ①에서 선택된 일정 숫자의 주식(코드)에 따라 수익률 자료를 추출('StockRET(:, StockCODE)')하고, 그 결과를 새로운 변수 'TestDATA'에 대입한다.

▷ ⑥, **'명령어, cov()'**를 이용하여 공분산 행렬을 산출한다. 즉, 앞의 ⑤에서 선택한 주식수익률 자료('TestDATA')를 이용하여 포트폴리오 위험의 산출과정에 이용될 분산-공분산행렬을 산출한다. 그리고 그 결과는 새로운 변수 'CovMATRIX'에 대입한다.

▷ ⑦, 행렬의 곱셈방법을 이용하여 포트폴리오의 위험을 산출한다. 즉, ④의 투자비중('Wgt')과 ⑥의 분산-공분산행렬('CovMATRIX')을 이용하여 포트폴리오 위험('PortRISK')을 산출한다. 포트폴리오 위험의 산출식($\sum_{i=1}^{N}\sum_{j=1}^{N} w_i w_j \sigma_{i,j} = W' \Sigma W$, 행렬구조 $(1 \times N) \cdot (N \times N) \cdot (N \times 1)$)에 따라 계산한다. ④에서 산출한 투자비중('Wgt')은 '$N \times 1$'의 구조를 갖고, ⑥에서 구한 분산-공분산행렬('CovMATRIX')은 '$N \times N$'의 구조를 갖는다. 즉, 'Wgt′*CovMATRIX*Wgt'. 그리고 표준편차로 계산하기 위하여 **'명령어, sqrt()'**를 이용하여 산출된 값('sqrt(Wgt′*CovMATRIX*Wgt)')에 제곱근을 구한다. 그리고 그 결과를 새로운 변수 'PortRISK'에 대입한다.

그림 5-18 상관관계행렬의 적용 [2]: 분산투자효과Ⅱ(분산과 공분산)

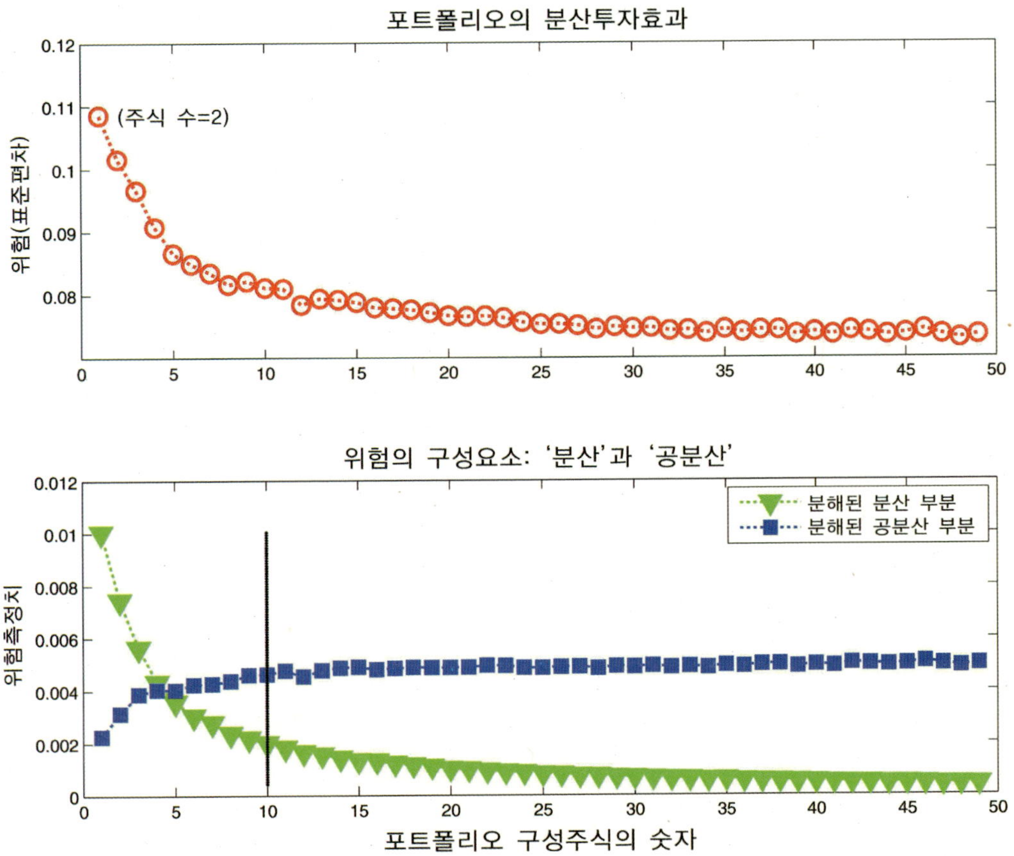

그림5-18 ▌ 그림은 2003년 1월부터 2012년 12월까지 10년 기간에서 KOSPI 시장지수를 구성하는 개별주식들의 월별수익률을 이용하여 포트폴리오 분산투자효과를 검증한 것이다. 위 그림은 포트폴리오 구성주식 숫자를 최소 2개에서 최대 50개까지 증가시킴에 따른 포트폴리오 위험(표준편차)의 변화를 나타낸 것이다. 아래 그림은 위 그림에서 확인된 포트폴리오 위험(분산-공분산행렬)을 분산과 공분산으로 분해한 후에, 포트폴리오 구성주식 숫자를 최소 2개에서 최대 50개까지 증가시킴에 따라 각각의 변화를 나타낸 것이다.

1 ┃ 목적

- 포트폴리오의 구성주식 숫자의 증가에 따른 포트폴리오 위험 및 그 구성성분(분산과 공분산)의 변화를 관찰한다. 즉, 포트폴리오 위험은 분산-공분산행렬에 근거하여 산출되며, 분산-공분산행렬은 대각선부분 구성요소인 분산 측정치와 비대각선부분 구성요소인 공분산 측정치로 분해된다.
- 따라서 포트폴리오의 구성주식 숫자가 증가함에 따라 포트폴리오 위험이 감소하는

포트폴리오 분산투자 효과를 포트폴리오 위험의 구성요소인 분산과 공분산으로 분해하여 각각의 변화를 함께 관찰한다.

2 | 자료, 기간 및 방법

- 자료: KOSPI 시장지수를 구성하는 주식들 중에서 분석기간에 필요한 모든 가격정보를 갖는 553개 개별주식의 월별수익률을 이용
- 기간: 2003년 1월부터 2012년 12월의 120개월 (10년)
- 방법:

▷ 포트폴리오의 분산투자효과의 검증은 포트폴리오 구성주식 숫자(독립변수, X축)의 변화에 따른 포트폴리오의 위험(종속변수, Y축)의 변화를 검증하는 것

▷ 독립변수(X축): 포트폴리오 구성주식 숫자는 최소 2개에서 최대 50개로 설정

▷ 종속변수(Y축): 포트폴리오의 위험(표준편차, σ_p),

$\sigma_p = \sqrt{\sum_{i=1}^{N}\sum_{j=1}^{N} w_i w_j \sigma_{i,j}}$ 〔여기서, 투자비중 $w_i = \frac{1}{N} = w_j$, 동일가중방식〕

▷ 종속변수(Y축): 포트폴리오 위험(분산-공분산행렬)의 구성성분, 즉 첫째, 대각선 구성요소인 '분산', 둘째, 비대각선 구성요소인 '공분산'

$$\sigma_p^2 = \sum_{\substack{j=1 \\ (j=k)}}^{N} \left(\frac{1}{N}\right)^2 \sigma_j^2 + \sum_{\substack{j=1 \\ (j \neq k)}}^{N} \sum_{k=1}^{N} \left(\frac{1}{N}\right)\left(\frac{1}{N}\right) \sigma_{j,k}$$

▷ 반복실험 시뮬레이션: 무작위로 선택된 개별주식을 이용한 포트폴리오 구성방법

▷ 〔단계1〕 분석대상 553개 개별주식의 고유번호, 즉 1~533의 번호를 개별주식의 고유번호로 설정

▷ 〔단계2〕 지정된 개별주식 숫자(최소1개~최대50개)만큼의 난수자료를 이산형 균등분포를 이용하여, 100회의 반복실험 시뮬레이션에 필요한 난수자료 생성. 즉, 난수자료의 구조는 '주식숫자×100'임.

▷ 〔단계3〕 반복실험 시뮬레이션을 위하여 생성된 100가지의 자료조합(난수자료)를 이용하여 각각의 조합별 포트폴리오 위험(표준편차)을 측정, 즉

분산 구성요소: $\sigma_j^2 = \sum_{j=1}^{N} \left(\frac{1}{N}\right)^2 \sigma_j^2$,

V 금융자료의 상관관계분석

공분산 구성요소: $\sigma_{i,j} = \sum_{j=1}^{N}\sum_{k=1}^{N}(\frac{1}{N})(\frac{1}{N})\sigma_{j,k}$

포트폴리오 위험: $\sigma_p^2 = \sigma_j^2 + \sigma_{i,j} \rightarrow \sigma_p = \sqrt{\sigma_j^2 + \sigma_{i,j}}$

그리고, 각 위험별로 산출된 100개 값들의 평균을 산출, 즉

포트폴리오 위험의 평균값, $\overline{\sigma_p} = \frac{1}{K}\sum_{j=1}^{K}\sigma_{p.k}$, $k = 1, 2, ..., K(=100)$

포트폴리오 위험에서 분산 구성요소의 평균값, $\overline{\sigma_j^2} = \frac{1}{K}\sum_{j=1}^{K}\sigma_{j,k}^2$,

포트폴리오 위험에서 공분산 구성요소의 평균값, $\overline{\sigma_{i,j}} = \frac{1}{K}\sum_{j=1}^{K}\sigma_{i,j,k}$,

▷ 〔단계4〕 설정된 포트폴리오 구성주식 숫자인 최소 2개~최대 50개 범위에서 단계별로 개별주식의 숫자를 선택 후 앞의 '단계 2~3'을 반복함. 최종단계는 최대 개별주식 숫자인 50개까지임.

▷ 〔단계5〕 앞의 '단계 4'까지의 과정에서 포트폴리오 구성주식 숫자를 X축, 각 개별주식 숫자별로 산출된 100회 반복실험 시뮬레이션으로부터의 평균 포트폴리오 위험의 구성요소, 즉 총위험, 분산, 공분산 각각을 Y축으로 한 후, 포트폴리오 분산투자효과의 그래프를 확인.

3 | 관찰결과

- 그림은 포트폴리오 분산투자효과에서 포트폴리오의 구성주식 숫자가 변함에 따라 포트폴리오 위험 및 구성성분인 분산과 공분산에 어떤 변화가 발생하는지를 관찰한 검증결과이다. 그림에서 X축은 포트폴리오를 구성하는 개별주식의 숫자로 최소 2개에서 최대 50개까지의 범위를 나타낸다. 그리고 위 그림에서 Y축은 포트폴리오 위험('○')이고, 아래 그림에서 Y축은 포트폴리오 위험의 구성성분인 분산('▽')과 공분산('□')을 나타낸다.
- 관찰결과에 의하면, 위 그림에서 X축의 포트폴리오 구성주식 숫자가 왼쪽(2개)에서 오른쪽(50개)로 증가함에 따라 Y축의 포트포폴리오 위험은 분명하게 감소함을 알 수 있다. 즉, 포트폴리오의 분산투자효과에 대한 증거이다.
- 한편, 아래 그림에서 X축의 포트폴리오 구성주식 숫자가 증가함에 따라 포트폴리오 위험의 구성성분인 분산과 공분산에 있어서 상이한 패턴을 확인할 수 있다. 즉, 포트폴리오 위험에서 분산의 구성성분은 포트폴리오 구성주식 숫자가 증가함에 따라 지속

V 금융자료의 상관관계분석

적으로 감소하는 패턴을 나타낸다. 반면에 포트폴리오 위험에서 공분산의 구성성분은 구성주식 숫자가 증가함에 따라, 일정한 수준에 수렴하는 형태를 확인할 수 있다.

- 따라서 포트폴리오를 구성하는 개별주식 각각의 위험 성격을 갖는 분산 부분은 포트폴리오 분산투자에 의하여 분명하게 감소하지만, 개별주식들 간의 위험 속성을 갖는 공분산 부분은 포트폴리오 분산투자에 의하여 감소하지 않는다. 즉, 포트폴리오 분산투자효과에 의하여 제거되는 위험은 개별주식의 위험인 분산 부분이고, 제거할 수 없는 위험은 개별주식들 간의 위험인 공분산 부분이다.

4 | Matlab을 이용한 분석팁

- MATLAB 기본 코드: '포트폴리오 위험과 수익의 계산'

```
   % Variance-Covariance Matrix
①  CovMATRIX = cov(StockDATA);
   %
②   KKa = 0;
③    Off_DigPART = CovMATRIX;
   %
④    for ka = 1 : SampleMinSTOCK
⑤        for kb = 1 : SampleMinSTOCK
           % for finding ONLY elements of Diagonal Part in Matrix
⑥          if ka == kb
⑦              KKa = KKa + 1;
⑧              DigPART(KKa,:) = CovMATRIX(ka,kb);   % diagonal part
⑨              Off_DigPART (ka,kb) = 0.0;           % off-diagonal part
⑩          end  %%% IF
           %
⑪      end
⑫   end
   % portfolio return
⑬  PortRETURN = WgT'*StockAVE;
   % decomposition
⑭  VARIANCE = (WgT.^2)'*DigPART;                  % variance part
⑮  COVARIANCE = WgT'*Off_DigPART*WgT;         % covariance part
   %
⑯  PortRISK = sqrt(VARIANCE + COVARIANCE);  % Portfolio Risk
```

▷ ①, **'명령어, cov()'**를 이용하여 공분산 행렬을 산출한다. 즉, 선택한 주식수익률 자료('StockDATA')를 이용하여 포트폴리오 위험의 산출과정에 이용될 분산-공분산행렬을 산출한다. 그리고 그 결과는 새로운 변수 'CovMATRIX'에 대입한다.

▷ ②, 분산-공분산행렬에서 대각선 구성요소에 대한 구분자 변수 'KKa'의 초기값을 설

정한다. 구분자 변수 'KKa'는 분산-공분산행렬의 대각선 구성요소 여부를 평가하는 과정의 ⑦에서 'KKa=KKa+1'에 의하여 증가한다. 최종적으로 변수 'KKa'에 수록되는 값은 포트폴리오를 구성하는 주식 숫자(변수 'SampleMinSTOCK')와 동일하다.

▹ ③, 분산-공분산행렬에서 대각선 구성요소는 '0'으로, 비대각선의 구성요소는 원래 분산-공분산행렬과 동일하게 값들을 수록하는 조정된 분산-공분산행렬을 생성하기 위하여 새로운 변수 'Off_DigPART'에 원래의 분산-공분산행렬('CovMATRIX')을 대입한다.

▹ ④~⑫, **'명령어, for...for...end...end'**을 이용하여 분산-공분산행렬의 대각선 구성요소 $(i=j)$와 비대각선부분의 구성요소$(i \neq j)$를 분해한다. 앞에서 〔그림 5-7〕에서 설명한 분산-공분산행렬의 분해방법과의 차이점은 분산-공분산행렬에서 대각선 구성요소의 값들은 '0'으로 만들고 비대각선 구성요소의 값들은 동일하게 구성된 조정된 분산-공분산행렬을 생성하는 것이다. 분산-공분산행렬의 구조에서 행(row)구조는 ④~⑫의 바깥쪽 **'명령어, for...end'**에 의하여 'ka=1'에서 'ka=SampleMinSTOCK'까지 반복하고, 열(column)구조는 ⑤~⑪의 안쪽 **'명령어, for...end'**에 의하여 'kb=1'에서 'kb=SampleMinSTOCK'까지 반복한다. 여기서 변수 'SampleMinSTOCK'는 포트폴리오를 구성하는 주식 숫자로 최소 N=2개에서 최대 N=50개이다.

▹ ⑥~⑩, **'명령어, if...end'**을 이용하여 분산-공분산행렬의 대각선 구성요소의 조건 $(i=j)$를 찾는다. 즉, 분산-공분산행렬의 구조에서 행('ka')과 열('kb')이 같다면, 즉 'ka==kb', **'if...end'**에 포함된 명령어들을 실행한다.

▹ ⑧, 분산-공분산행렬에서 대각선 구성요소만으로 구성된 새로운 변수 'DigPART'를 생성한다. 즉, 앞의 ⑥~⑩, **'명령어, if...end'**의 조건('ka==kb')에 부합하면, 'CovMATRIX(ka, kb)'는 대각선 구성요소에 해당한다. 이 요소를 변수 'DigPART(KKa, :)'에 대입한다. 여기서 변수'KKa'는 앞의 ②와 ⑦에서 설정되었듯이, 반복과정에서의 최종적으로 수록되는 값은 포트폴리오를 구성하는 주식 숫자('N')와 일치한다.

▹ ⑨, 분산-공분산행렬에서 대각선의 구성요소는 '0'으로 만들고, 비대각선의 구성요소만으로 구성된 새로운 분산-공분산행렬을 생성한다. 즉, 앞의 ③에서 변수 'Off_DigPART'에 $N \times N$구조의 원래 분산-공분산행렬('CovMATRIX')을 대입하였다. 그리고 앞의 ⑥~⑩, **'명령어, if...end'**의 조건('ka==kb')에 부합하는 대각선 구성요소의 위치'Off_DigPART(ka, kb)'에 '0'을 대입한다. 즉, 'Off_DigPART(ka, kb) = 0.0'. 따라서 ④~⑫의 모든 과정이 종료되면, 변수 'Off_DigPART'는 원래 분산-공분산행렬('CovMATRIX')과 동일한 $N \times N$구조에서 비대각선 구성요소와는 동일한 값을 갖지

V 금융자료의 상관관계분석

만, 대각선 구성요소는 모두 '0'의 값을 갖게 된다.

▷ ⑬, 포트폴리오 수익 ($R_p = \sum_{j=1}^{N} W_j \overline{R_j} = W' \cdot R$) 을 행렬의 곱을 이용하여 산출한다. 즉, 개별주식에 대한 투자비중 변수 'WgT'는 '$N \times 1$'의 구조를 갖고, 개별주식의 평균수익률 변수 'StockAVE'는 '$N \times 1$'의 구조를 갖는다. 따라서 행렬 곱의 규칙에 따라 투자비중 변수를 전치 (transpose, WgT′, $(1 \times N)$) 한 후에 개별주식의 평균수익률을 곱한 결과 (WgT′*StockAVE, $(1 \times N) \cdot (N \times 1) = (1 \times 1)$) 인 포트폴리오 수익을 새로운 변수 'PortRETURN'에 대입한다.

▷ ⑭, 분산-공분산행렬에서 분해된 대각선 구성요소의 변수 'DigPART'를 이용하여 분산 ($i = j$, $\sum_{j=1}^{N} w_j^2 \sigma_j^2 = W' \cdot V$) 을 계산한다. 투자비중 ('WgT') 각각의 제곱값을 계산하기 의하여 'WgT.^2'의 명령어를 사용한다. 여기서 **'^2'**은 제곱을 하는 명령어이고, 변수에 붙인 '.'은 구성요소 각각에 대한 값을 의미한다. 결국 명령어 'WgT.^2'는 개별주식의 투자비중 각각을 제곱하라는 것이다. 그리고, 산출된 투자비중을 이용하여 행렬의 곱으로부터 포트폴리오 위험에서의 분산을 산출한다. 즉, '(Wgt.^2)′* DiagPART' 여기서 구조는 $(1 \times N) \cdot (N \times 1) = (1 \times 1)$ 이다.

▷ ⑮, 분산-공분산행렬에서 분해된 비대각선 구성요소의 변수 'Off_DigPART'를 이용하여 공분산 ($i \neq j$, $\sum_{i=1}^{N} \sum_{j=1}^{N} w_i w_j \sigma_{i,j} = W' \cdot \Sigma \cdot W$) 을 계산한다. 여기서, 비대각선의 구성요소만을 갖는 공분산 행렬 ('Off_DigPART') 은 대각선 부분 ($i = j$) 의 구성요소 ('$\sigma_{i,i} = \sigma_i^2$') 가 모두 '0'의 값을 갖고, 비대각선 부분 ($i \neq j$) 의 구성요소 ($\sigma_{i,j}$) 를 갖는 공분산 행렬 ($N \times N$) 이다. 산출식에 의하여 투자비중 변수 'WgT'와 비대각선 구성요소만을 갖는 공분산 행렬 변수 'Off_DigPART'를 이용하여 'WgT′*Off_DigPART* WgT' 산출 식으로부터 포트폴리오 위험에서의 공분산 부분을 산출한다. 여기서 구조는 $(1 \times N) \cdot (N \times N) \cdot (N \times 1) = (1 \times 1)$ 이다.

▷ ⑯, 포트폴리오의 위험 ('PortRISK') 을 산출한다. 즉, 앞의 ⑭에서 산출한 분산 (VARIANCE) 과 ⑮에서 산출한 공분산 (COVARIANCE) 을 더한 후, **'명령어, sqrt()'**를 이용하여 산출된 값 ('sqrt (VARIANCE + COVARIANCE)') 에 제곱근을 구한다. 그리고 그 결과를 새로운 변수 'PortRISK'에 대입한다.

그림 5-19 상관관계행렬의 적용 [3]: 분산투자효과Ⅲ(체계적 위험과 비체계적 위험)

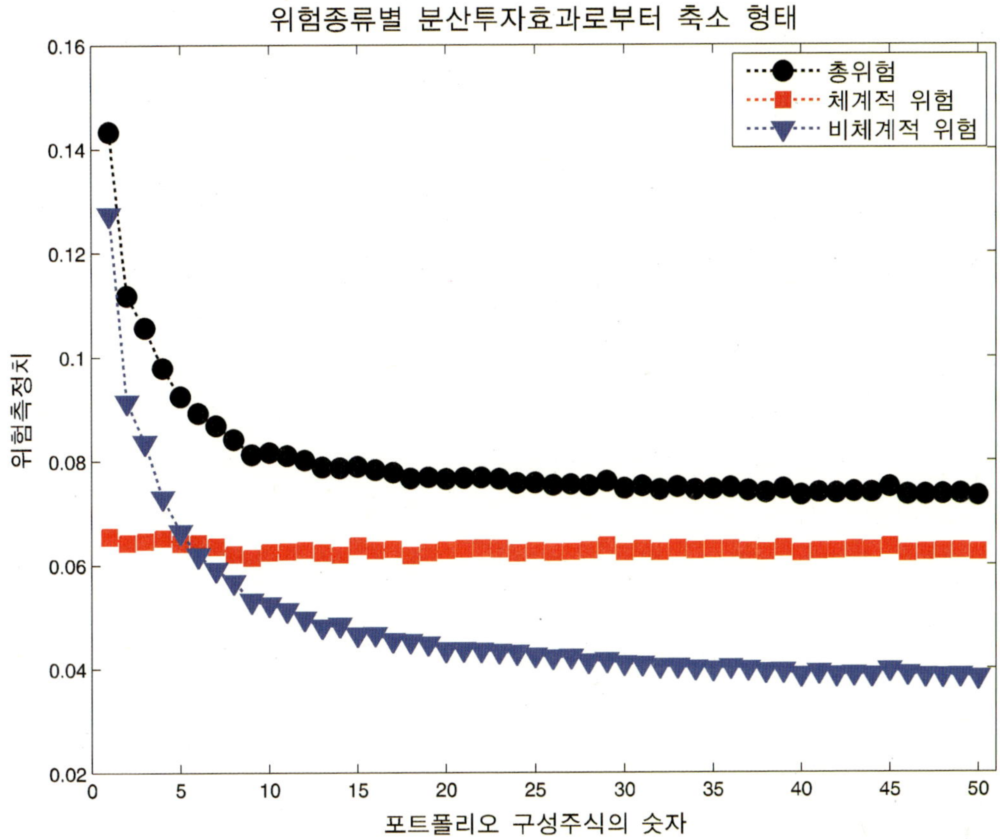

그림5-19 ▌ 그림은 2003년 1월부터 2012년 12월까지 10년동안의 기간에서 KOSPI 시장지수를 구성하는 개별주식들의 월별수익률을 이용하여 포트폴리오를 구성한 후, 그 포트폴리오 위험을 측정한 것이다. 여기서 측정된 포트폴리오 위험은 총위험('●'), 체계적 위험('■'), 비체계적 위험('▼')으로 구분하여 산출하였다. 그리고 그림의 X축은 포트폴리오 구성주식의 숫자로 최소 2개에서 최대 50개이다.

1 | 목적

- 시장모형을 이용하여 생성된 포트폴리오의 총위험(total risk), 체계적 위험(systematic risk), 비체계적 위험(unsystematic risk) 각각을 이용하여, 포트폴리오 구성주식 숫자의 증가에 따라 포트폴리오 분산투자효과를 3가지 위험 종류를 통하여 관찰한다.

2 자료, 기간 및 방법

- 자료: KOSPI 시장지수를 구성하는 주식들 중에서 분석기간에 필요한 모든 가격정보를 갖는 553개 개별주식의 월별수익률을 이용
- 기간: 2003년 1월부터 2012년 12월의 120개월 (10년)
- 방법:

▷ 시장모형에 의한 포트폴리오의 총위험, 체계적 위험, 비체계적 위험의 분해는 다음과 같다[13].

▷ $\sigma_p^2 = \beta_p^2\sigma_M^2 + \sigma_\epsilon^2$,

▷ 포트폴리오 총위험 (σ_p^2) = 체계적 위험 ($\beta_p^2\sigma_M^2$) + 비체계적 위험 (σ_ϵ^2),

▷ 반복실험 시뮬레이션: 무작위로 선택된 개별주식을 이용한 포트폴리오 구성방법

▷ 〔단계1〕 분석대상 553개 개별주식의 고유번호, 즉 1~533의 번호를 개별주식의 고유번호로 설정

▷ 〔단계2〕 지정된 개별주식 숫자(최소2개~최대50개) 만큼의 난수자료를 이산형 균등분포를 이용하여, 100회의 반복실험 시뮬레이션에 필요한 난수자료 생성. 즉, 난수자료의 구조는 '주식숫자×100'임.

▷ 〔단계3〕 반복실험 시뮬레이션을 위하여 생성된 100가지의 자료조합(난수자료)를 이용하여 각각의 조합별 포트폴리오 총위험, 체계적 위험, 비체계적 위험을 각각 측정한다. 즉,

---

13) 재무 분야에서 널리 알려진 시장모형은 시장요인(대용변수로 시장지수 R_M)를 독립변수로 하여 개별주식 혹은 포트폴리오 수익률(R_p)의 변화를 설명하는 단일요인의 선형회귀모형이다. 즉,

→ 검증 시장모형, $R_{p,t} = \alpha_p + \beta_p R_{M,t} + \epsilon_{p,t}$ (식 A)

여기서, α_p와 β_p는 회귀계수이고, ϵ_p는 잔차이다. 그리고 (식 A)의 기대모형(expected model)은 다음과 같다.

→ 기대 시장모형, $E(R_p) = \alpha_p + \beta_p E(R_M) + E(\epsilon_p)$ (식 B)

그럼, (식 A)에서 (식 B)를 뺀 식은,

→ 차이: $[R_{p,t} - E(R_p)] = \beta_p[R_{M,t} - E(R_M)] + [\epsilon_{p,t} - E(\epsilon_p)]$ (식 C)

그리고 (식 C)의 양변을 제곱하면,

→ 양변 제곱, $[R_{p,t} - E(R_p)]^2 = \beta_p^2[R_{M,t} - E(R_M)]^2 + [\epsilon_{p,t} - E(\epsilon_p)]^2$ (식 D)

여기서, 선형회귀식을 전개하는데 사용된 단순회귀식의 가정들, 즉 독립변수와 잔차항 간에는 독립관계가 성립한다. 즉, $cov(R_{M,t}, \epsilon_p) = 0$. 따라서, 이 가정을 이용하여 (식 D)를 정리하면 다음의 식을 도출할 수 있다.

→ $\sigma_p^2 = \beta_p^2\sigma_M^2 + \sigma_\epsilon^2$ (식 E)

결국, (식 E)로부터 총위험(σ_p^2)은 체계적 위험($\beta_p^2\sigma_M^2$)과 비체계적 위험(σ_ϵ^2)의 합으로 구성됨을 알 수 있다.

V 금융자료의 상관관계분석

총위험, $\sigma_p^2 = \sum_{i=1}^{N}\sum_{j=1}^{N} w_i w_j \sigma_{i,j}$ 〔여기서, 투자비중 $w_i = \frac{1}{N} = w_j$, 동일가중방식〕

체계적 위험, $\beta_p^2 \sigma_M^2$

비체계적 위험, $\sigma_\epsilon^2 = \sigma_p^2 - \beta_p^2 \sigma_M^2$

그리고, 각 위험별로 산출된 100개 값들의 평균을 산출, 즉

포트폴리오 총위험의 평균: $\overline{\sigma_p^2} = \frac{1}{K}\sum_{j=1}^{K} \sigma_p^{2.k}$, $k = 1,2,...,K(=100)$

포트폴리오 체계적 위험의 평균: $\overline{\beta_p^2 \sigma_M^2} = \frac{1}{K}\sum_{j=1}^{K} (\beta_p^2 \sigma_M^2)_k$,

포트폴리오 비체계적 위험의 평균: $\overline{\sigma_\epsilon^2} = \frac{1}{K}\sum_{j=1}^{K} (\sigma_\epsilon^2)_k$,

▹ 〔단계4〕 설정된 포트폴리오 구성주식 숫자인 최소 2개~최대 50개 범위에서 단계별로 개별주식의 숫자를 선택 후 앞의 '단계 2~3'을 반복함. 최종단계는 최대 개별주식 숫자인 50개까지임.

▹ 〔단계5〕 앞의 '단계 4'까지의 과정에서 포트폴리오 구성주식 숫자를 X축, 각 개별주식 숫자별로 산출된 100회 반복실험 시뮬레이션으로부터의 평균 포트폴리오 위험요소, 즉 총위험, 체계적 위험, 비체계적 위험 각각을 Y축으로 한 후, 포트폴리오 분산투자효과의 그래프를 확인.

3 | 관찰결과

- 그림은 포트폴리오의 구성주식 숫자가 변함에 따라 산출된 포트폴리오의 총위험('●'), 체계적 위험('■'), 비체계적 위험('▼') 각각에 어떤 변화가 발생하는지를 관찰한 포트폴리오 분산투자효과의 검증결과이다. 그림에서 X축은 포트폴리오를 구성하는 개별주식의 숫자로 최소 2개에서 최대 50개까지의 범위를 나타내고, Y축은 각 개별주식의 숫자별로 측정된 평균 포트폴리오 위험들이다.
- 관찰결과에 의하면, X축의 포트폴리오 구성주식 숫자가 왼쪽(2개)에서 오른쪽(50개)로 증가함에 따라 Y축의 포트포폴리오 총위험은 분명하게 감소함을 알 수 있다. 즉, Evans & Archer (1968)의 연구에 근거하여 실증적으로 확인된 포트폴리오의 분산투자효과에 대한 증거를 나타낸다.
- 한편, 그림에서 X축의 포트폴리오 구성주식 숫자가 증가함에 따라 포트폴리오의 체

V 금융자료의 상관관계분석

계적 위험과 비체계적 위험에 있어서 상이한 패턴을 확인할 수 있다. 즉, 포트폴리오의 비체계적 위험은 포트폴리오 구성주식 숫자가 증가함에 따라 지속적으로 감소하는 패턴을 나타내는 반면에, 포트폴리오의 체계적 위험은 구성주식 숫자가 증가함에 따라 일정한 수준을 유지한다.

- 따라서 포트폴리오를 구성하는 개별주식 각각의 위험 성격을 갖는 비체계적 위험은 포트폴리오 분산투자효과에 의하여 분명하게 감소하지만, 시장위험의 성격을 갖는 체계적 위험은 포트폴리오 분산투자효과에 의하여 감소하지 않는다.

4 | Matlab을 이용한 분석팁

- MATLAB 기본 코드: '시장모형을 이용한 개별주식의 체계적 위험과 비체계적 위험'

```
① TRisk = var(TestSTOCK(:,k));
   %
② Y = TestSTOCK(:,k);
③ X = MarketRET;
④ ModelTYPE = 'Linear';
⑤ STATS = regstats(Y, X, ModelTYPE);
⑥ BetaCOEFF = STATS.beta(2,1);
⑦ clear Y;   clear STATS;
   %
⑧ SRisk = BetaCOEFF^2*(var(X));
⑨ URisk = TRisk - SRisk;
```

▷ ①, **'명령어, var()'**을 이용하여 분산을 산출한다. 즉, k번째 개별주식의 수익률 자료 'TestSTOCK(:, k)'를 이용하여 분산('var(TestSTOCK(:, k))')을 산출한 후, 그 결과를 새로운 변수 'TRisk'에 대입한다. 여기서 계산된 개별주식 수익률의 분산은 개별주식의 총위험에 해당한다.

▷ ②~⑦, 시장수익률($R_{m,t}$, 'X')을 이용하여 개별주식 수익률($R_{j,t}$, 'Y')의 변화를 설명하는 회귀분석($R_{j,t} = \alpha_j + \beta_j R_{m,t} + \epsilon_{j,t}$)에 있어서 회귀계수($\beta$)를 산출하는 과정이다. 따라서 ②에서 종속변수인 k번째 개별주식의 수익률('TestSTOCK(:, k)')을 새로운 변수 'Y'에 대입하고, ③에서 독립변수인 시장수익률('MarketRET')을 새로운 변수 'X'에 대입한다.

▷ ④, ⑤, ⑥, **'명령어, regstats()'**를 이용하여 회귀분석을 한다. 입력요소는 첫째, 회귀모형의 종속변수('Y'), 둘째, 회귀모형의 독립변수('X'), 셋째, 회귀모형의 형태 지정('ModelTYPE')이다. 즉, 종속변수는 앞의 ③에서 k번째 개별주식수익률 의 변수

V 금융자료의 상관관계분석

'Y'이고, 독립변수는 앞의 ①에서 시장지수수익률인 변수 'X'이다. 그리고 회귀모형의 형태는 선형회귀모형('Linear')을 지정한다. **'명령어, regstats()'**는 많은 결과물을 동시에 제공하고, 그 결과를 새로운 변수 'STATS'대입한다. 그리고 결과들 중에서 본 과정에서 필요한 시장베타는 'STATS. beta(2, 1)'의 위치에 있기 때문에, 이를 새로운 변수 'BetaCOEFF'에 대입한다. 여기서 'STATS. beta(1, 1)' 위치에 있는 것은 회귀식의 절편인 알파 회귀계수(α)이다.

▷ ⑦, **'명령어, clear'**을 이용하여 지정한 변수를 지운다. 즉, 동일한 이름으로 반복적으로 사용하는 변수 'Y'과 'STATS'를 계속 사용하기 위하여 제거한다.

▷ ⑧, 체계적 위험($\beta_j^2\sigma_m^2$)을 산출한다. 즉, 회귀식으로부터의 시장베타(β_j, 'BetaCOEFF')와 시장수익률의 분산(σ_m^2, 'var(X)')을 이용하여 산출한다. 즉, 'BetaCOEFF^2*(var(X))'. 그리고 그 결과는 새로운 변수 'SRisk'에 대입한다.

▷ ⑨, 앞의 ①에서 산출한 총위험('TRisk')과 ⑧에서 산출한 체계적 위험('SRisk')의 차이를 통하여 비체계적 위험을 산출한다. 그리고 그 결과는 새로운 변수 'URisk'에 대입한다. 즉, 'URisk = TRisk - SRisk'.

V 금융자료의 상관관계분석

그림 5-20 상관관계행렬의 적용 [4]: 분산투자효과Ⅳ(상관관계 크기로 집단 구분)

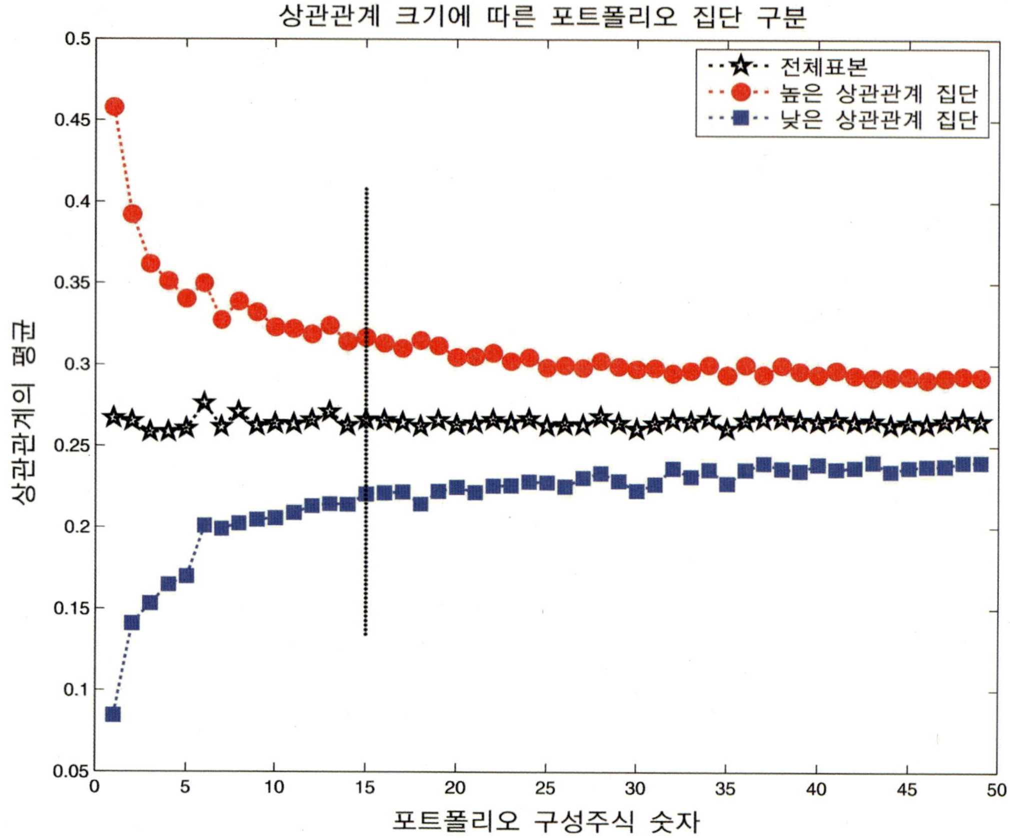

그림5-20 ▌ 그림은 2003년 1월부터 2012년 12월까지 10년 동안의 기간에서 KOSPI 시장지수를 구성하는 개별주식들의 월별수익률을 이용하여, 포트폴리오를 구성하는 개별주식들 간의 상관관계 크기를 나타낸다. 측정된 상관관계의 크기에 따라 전체 분석대상('☆'), 개별주식들 간에 높은 상관관계를 갖는 포트폴리오('○'), 개별주식들 간에 낮은 상관관계를 갖는 포트폴리오('□')의 3가지 집단으로 구분하였다. 포트폴리오의 구성주식 숫자는 최소 2개에서 최대 50개이고, 이를 X축에 나타내었다.

1 목적

- 포트폴리오의 분산투자효과에 포트폴리오 구성주식들 간의 상관관계 크기 정도가 미치는 영향을 관찰하기 위하여 구성주식들 간에 높은 상관관계를 갖는 집단과 낮은 상관관계를 갖는 집단으로 구분하는 방법을 알아본다. 즉, 포트폴리오를 구성하는 개별주식들 간의 상관관계 크기를 기준으로 높은 상관관계와 낮은 상관관계를 갖는 2가지 포트폴리오 집단으로 구분하고 그 결과를 비교 관찰한다.

2 | 자료, 기간 및 방법

- 자료: KOSPI 시장지수를 구성하는 주식들 중에서 분석기간에 필요한 모든 가격정보를 갖는 553개 개별주식의 월별수익률을 이용
- 기간: 2003년 1월부터 2012년 12월의 120개월 (10년)
- 방법:

▷ 포트폴리오 구성주식들 간의 상관관계 크기에 따라 구분된 집단을 이용한 반복실험 시뮬레이션의 단계는 다음과 같음.

▷ 〔단계1〕 포트폴리오 구성주식 숫자들 결정 〔최소 2개에서 최대 50개, $n=2,3,\ldots,50$〕

▷ 〔단계2〕 분석대상 주식들(N=553개) 중에서 무작위로 '단계1'에서 결정된 숫자(n)의 개별주식을 중복되지 않는 200가지 경우(조합, k=1, 2, . . . 200 (=K))를 생성.

▷ 〔단계3〕 앞의 '단계2'에서 선택된 200가지 조합별로 포트폴리오 구성주식들 간의 상관관계행렬의 평균값을 산출, $\overline{\rho_k}=\frac{1}{n(n-1)/2}\sum_{i=1}^{n}\sum_{j=1}^{n}\rho_{i,j}$ (단, $i \neq j$)

▷ 〔단계4〕 200가지 조합에 대한 각각의 상관관계행렬의 평균값에 대한 분포에서 상위 80%이상($H=40$)과 하위 20%이하($L=40$)에 속하는 조합들을 각각 높은 상관관계를 갖는 구성주식들의 조합과 낮은 상관관계를 갖는 구성주식들의 조합으로 구분

▷ 〔단계5〕 상위 80%에 속하는 높은 상관관계를 갖는 조합 각각에 대한 상관관계행렬의 평균값을 산출하고, 산출된 평균값으로부터 높은 상관관계를 갖는 집단의 평균 상관관계를 측정, 즉

$$\overline{\rho_{k,H}}=\frac{1}{H}\sum_{k=1}^{H}\left[\frac{1}{n(n-1)/2}\sum_{i=1}^{n}\sum_{j=1}^{n}\rho_{i,j}\right] \text{ (단, } i \neq j)$$

또한, 동일한 방법으로 하위 20%에 속하는 낮은 상관관계를 갖는 조합 각각에 대한 상관관계행렬의 평균값을 산출하고, 산출된 평균값으로부터 낮은 상관관계를 갖는 집단의 평균 상관관계를 측정, 즉

$$\overline{\rho_{k,L}}=\frac{1}{L}\sum_{k=1}^{L}\left[\frac{1}{n(n-1)/2}\sum_{i=1}^{n}\sum_{j=1}^{n}\rho_{i,j}\right] \text{ (단, } i \neq j)$$

한편, 200가지 모든 조합에 대한 상관관계행렬의 평균을 산출하고, 산출된 평균값으로부터 모든 조합을 포함한 집단의 평균 상관관계로 측정, 즉

$$\overline{\rho_{k,K}} = \frac{1}{K}\sum_{k=1}^{K}[\frac{1}{n(n-1)/2}\sum_{i=1}^{n}\sum_{j=1}^{n}\rho_{i,j}]$$

▷ 〔단계6〕 포트폴리오 구성주식 숫자가 최소 2개에서 최대 50개까지, 위의 '단계2~5'를 반복한다.

3 | 관찰결과

- 그림은 포트폴리오 구성주식 숫자의 변화에 따라 포트폴리오를 구성하는 주식들 간의 상관관계 크기를 기준으로 구분된 집단의 평균 상관관계의 변화를 나타낸다. 여기서 그림에 표시된 3가지 집단은 전체 표본('★'), 높은 상관관계를 갖는 집단('○'), 낮은 상관관계를 갖는 집단('□')이다. 그림에서, X축은 포트폴리오의 구성주식 숫자(최소2개~최대50개)를 나타내고, Y축은 3가지 집단으로부터 각각 산출된 평균 상관관계를 나타낸다.
- 관찰결과에 의하면, 포트폴리오를 구성하는 주식들 간의 상관관계 크기를 기준으로 구분된 높은 상관관계를 갖는 집단과 낮은 상관관계를 갖는 집단이 포트폴리오 구성주식 숫자의 변화에 관계없이 분명하게 잘 구분된다는 것을 확인할 수 있다. 즉, 높은 상관관계를 갖는 주식집단은 전체 주식의 경우보다 항상 큰 값을 갖고, 낮은 상관관계를 갖는 주식집단은 전체 주식의 경우보다 항상 작은 값을 갖는다.
- 한편, 흥미로운 관찰은, 각 집단별 평균 상관관계는 포트폴리오의 구성주식 숫자가 증가함에 따라 일정한 수준으로 수렴하는 경향을 나타낸다. 이러한 관찰은 포트폴리오 선택문제에서 일정 상관관계(constant correlation)의 방법 및 특징을 언급한 Elton & Gruber (1973) 연구[14]의 주장과 일치한다.

4 | Matlab을 이용한 분석팁

- MATLAB 기본 코드: '상관관계 크기에 의한 집단 구분'

```
   % Grouping by Percentile
① ZProb = [20  80];
② ThresholdVALUE = prctile(CorAVE, ZProb);
```


14) Elton E. J. and J. Griber (1973), "Estimating the Dependence Structure of Share Prices – Implications for Portfolio Selection," Journal of Finance 25(5), 1203-1232.

```
③ [Low_CODE, C] = find(CorAVE <= ThresholdVALUE(1,1));   % the Lowest
④ [High_CODE, C] = find(CorAVE >= ThresholdVALUE(1,2));  % the Highest
⑤ clear ThresholdVALUE;
  % Correlation for EACH Group
⑥ CorrelationALL = mean(CorAVE);                % ALL
⑦ CorrelationLOW = mean(CorAVE(Low_CODE,:));    % Group with Low Correlation
⑧ CorrelationHIGH = mean(CorAVE(High_CODE,:));  % Group with High Correlation
⑨ clear CorAVE;
```

▷ ①~⑤, 200번의 반복실험 시뮬레이션을 통하여 산출된 상관관계행렬 비대각선 부분의 평균값('CorAVE', 총200개)을 이용하여 2가지 집단을 구분 형성한다. 즉, 200개 평균값들 중에서 가장 높은 상위 80%이상 (80%~100%)과 가장 낮은 하위 20%이하 (0%~20%)를 각각 높은 상관관계를 갖는 집단과 낮은 상관관계를 갖는 집단으로 구분하는 과정이다. 이를 위하여 ①에서 분포의 누적확률이 20%인 위치와 80%인 위치를 새로운 변수 'ZProb'에 설정('ZProb=〔20 80〕')한 후, ②에서 **'명령어, prctile()'**의 입력요소로 대입한다. 입력요소는 첫째, 분석대상자료('CorAVE'), 둘째, 누적확률 ('ZProb')이다. 즉, 'prctile (CorAVE, ZProb)'. 이를 통하여 200개 상관관계 평균값들의 분포에서 누적확률이 20%와 80%에 위치하는 임계값을 찾고, 그 결과를 새로운 변수 'ThresholdVALUE'에 대입한다. 여기서 변수 'ThresholdVALUE'의 구조는 '1×2'이다.

▷ ③, ④, **'명령어, find()'**를 이용하여 조건에 부합하는 상관관계의 조합을 찾는다. 즉, ③에서 하위 20%의 임계치를 갖는 변수 'ThresholdVALUE(1, 1)' 보다 같거나 작은 값을 갖는 상관관계 평균('CorAVE<=ThresholdVALUE(1, 1)')의 위치 정보를 찾고, 그 결과는 변수 'Low_CODE'에 대입한다. 여기서, **'명령어, find()'**를 통하여 구하는 위치정보는 입력요소로 사용된 자료('CorAVE', (200×1))의 구조에 의존한다. 즉, 사용된 자료구조는 행(row) 구조이기 때문에, 확인된 위치정보는 행 구조를 갖는다. 전체자료 '200×1' 중에서 20%인 '40×1'의 위치정보 자료를 생성한다. 마찬가지로 ④에서 상위 80%의 임계치를 갖는 변수 'ThresholdVALUE(1, 2)' 보다 같거나 큰 값을 갖는 상관관계 평균('CorAVE>=ThresholdVALUE(1, 2)')의 위치 정보를 찾고, 그 결과는 변수 'High_CODE'에 대입한다.

▷ ⑤, **'명령어, clear'**을 이용하여 지정한 변수를 지운다. 즉, 동일한 이름으로 반복적으로 사용하는 변수 'ThresholdVALUE'를 계속 사용하기 위하여 제거한다.

▷ ⑥~⑨, 앞의 과정에서 확인한 위치정보에 속하는 상관관계 평균값의 평균을 산출한

다. 즉, **'명령어, mean()'**을 이용하여 평균값을 산출한다. 앞의 ③에서 하위 20%의 낮은 상관관계 평균값의 위치 정보를 갖는 변수 'Low_CODE'와 ④에서 상위 80%의 높은 상관관계 평균값의 위치 정보를 갖는 변수 'High_CODE'를 각각 이용하여 상관관계 평균값이 높은 집단의 평균값(⑦, 'mean(CorAVE(Low_CODE, :))')과 상관관계 평균값이 낮은 집단의 평균값(⑧, 'mean(CorAVE(High_CODE, :))')을 산출한다. 그리고 그 결과를 새로운 변수 'CorrelationLOW'와 'CorrelationHIGH'에 각각 대입한다. 한편, 모든 상관관계 평균값에 대한 전체 평균값은 ⑤에서와 같이 산출한다. 즉, 'Correlation ALL =mean(CorAVE)'. 마지막으로, ⑨에서 **'명령어, clear'**을 이용하여 동일한 이름으로 반복적으로 사용하는 변수 'CorAVE'를 계속 사용하기 위하여 제거한다.

그림 5-21 상관관계행렬의 적용 [5]: 분산투자효과 V (상관관계의 영향)

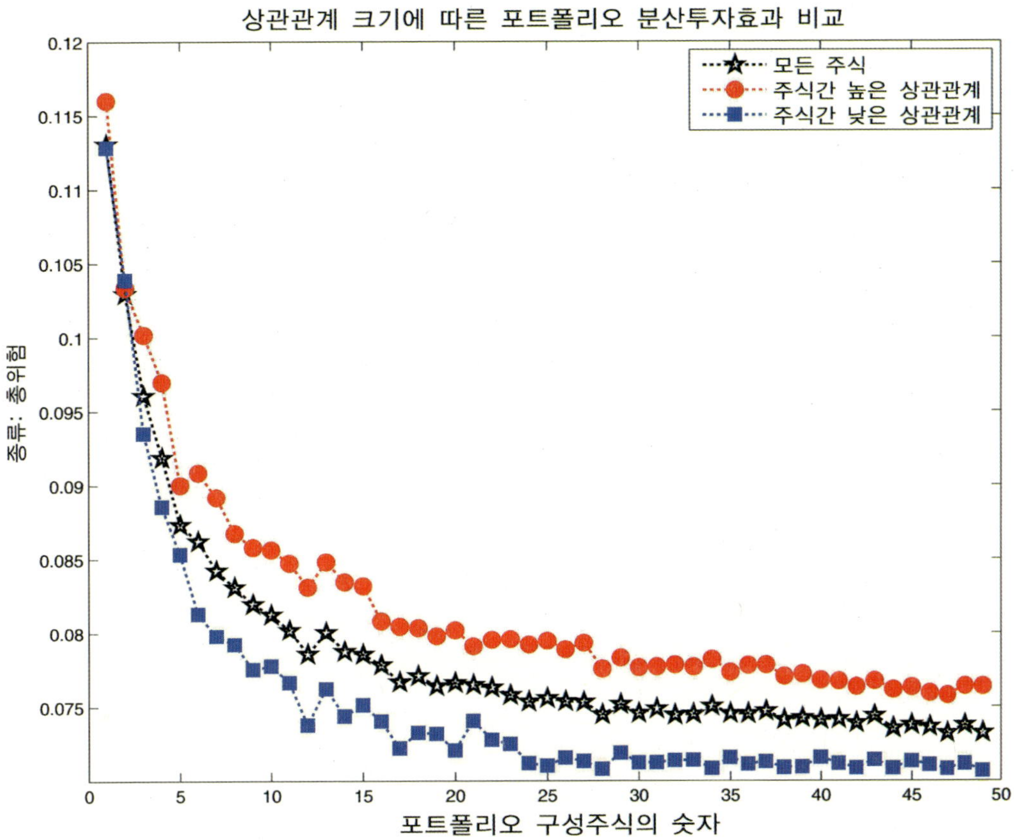

그림5-21 ▌ 그림은 2003년 1월부터 2012년 12월까지 10년 기간에서 KOSPI 시장지수를 구성하는 553개 개별주식들의 월별수익률을 이용하여 포트폴리오를 구성하는 개별주식들 간의 상관관계 크기를 측정하고, 측정된 상관관계의 크기에 따라 전체 분석대상('☆'), 높은 상관관계를 갖는 포트폴리오('○'), 낮은 상관관계를 갖는 포트폴리오('□')로 구분하였다. 그리고 3가지 집단 각각에 대한 포트폴리오의 위험을 측정한 것이다. 그림의 X축은 포트폴리오의 구성주식 숫자로 최소 2개에서 최대 50개이다.

1 ┃ 목적

- 포트폴리오의 분산투자효과에 있어서, 포트폴리오를 구성하는 주식들 간의 상관관계 크기가 분산투자효과에 미치는 영향을 비교 관찰한다. 즉, 포트폴리오 구성주식들 간에 높은 상관관계를 갖는 집단으로부터 관찰된 분산투자효과와 포트폴리오 구성주식들 간에 낮은 상관관계를 갖는 집단으로부터 관찰된 분산투자효과 간에 차이점을 확인한다.

2 | 자료, 기간 및 방법

- 자료: KOSPI 시장지수를 구성하는 주식들 중에서 분석기간에 필요한 모든 가격정보를 갖는 553개 개별주식의 월별수익률을 이용
- 기간: 2003년 1월부터 2012년 12월의 120개월 (10년)
- 방법:

▷ 포트폴리오를 구성하는 주식들 간의 상관관계 크기에 따라 구분된 2가지 집단을 이용한 반복실험 시뮬레이션의 단계는 다음과 같음.

▷ 〔단계1〕 포트폴리오 구성주식 숫자들 결정 〔최소 2개에서 최대 50개, $n=2,3,\ldots,50$〕

▷ 〔단계2〕 분석대상 주식들(N=553개) 중에서 무작위로 '단계1'에서 결정된 숫자(n)의 개별주식을 중복되지 않는 200가지 경우(조합, k=1, 2, . . . 200 (=K))를 생성.

▷ 〔단계3〕 앞의 '단계2'에서 선택된 200가지 조합별로 포트폴리오 구성주식들 간의 상관관계행렬의 평균값을 산출, $\overline{\rho_k}=\dfrac{1}{n(n-1)/2}\sum_{i=1}^{n}\sum_{j=1}^{n}\rho_{i,j}$ (단, $i \neq j$)

▷ 〔단계4〕 200가지 조합에 대한 상관관계행렬의 평균값에 대한 분포에서 상위 80%이상($H=40$)과 하위 20%이하($L=40$)에 속하는 조합들을 각각 높은 상관관계를 갖는 구성주식들의 조합과 낮은 상관관계를 갖는 구성주식들의 조합으로 구분

▷ 〔단계5〕 상관관계 크기 기준으로 상위 80%이상에 속하는 높은 상관관계를 갖는 구성주식들의 조합 각각에 대하여 포트폴리오 위험을 측정한 후, 산출된 포트폴리오 위험의 평균값을 산출, 즉 $\overline{\sigma_{k,H}}=\dfrac{1}{H}\sum_{k=1}^{H}\sigma_{p,k}$

또한, 동일한 방법에 따라 상관관계 크기 기준으로 하위 20%이하에 속하는 낮은 상관관계를 갖는 구성주식들의 조합 각각에 대하여 포트폴리오 위험을 측정한 후에, 산출된 포트폴리오 위험의 평균값을 산출, 즉 $\overline{\sigma_{k,L}}=\dfrac{1}{L}\sum_{k=1}^{L}\sigma_{p,k}$.

비교기준으로 200가지 모든 조합에 대한 각각의 포트폴리오 위험을 측정한 후에, 산출된 포트폴리오 위험의 평균값을 산출, 즉 $\overline{\sigma_k}=\dfrac{1}{K}\sum_{k=1}^{K}\sigma_{p,k}$

▷ 〔단계6〕 포트폴리오 구성주식 숫자가 최소 2개에서 최대 50개까지, 위의 '단계2~5'를 반복한다.

3 | 관찰결과

- 그림은 포트폴리오의 구성주식 숫자가 변함에 따라 포트폴리오를 구성하는 개별주식들 간의 상관관계 크기에 따라 구분된 3가지 집단 각각에 대한 포트폴리오 위험의 변화를 나타낸 것이다. 즉, 200가지의 조합들에 있어서 첫째, 200가지 모든 조합에 대한 포트폴리오 위험의 평균(★), 둘째, 200가지 조합들 중에서 구성주식들 간에 높은 상관관계를 갖는 상위 80%이상에 속하는 조합들에 대한 포트폴리오 위험의 평균(○), 그리고 셋째, 200가지 조합들 중에서 구성주식들 간에 낮은 상관관계를 갖는 하위 20%이하에 속하는 조합에 대한 포트폴리오 위험의 평균(□)이다. 그림에서 X축은 포트폴리오를 구성하는 개별주식의 숫자로 최소 2개에서 최대 50개까지의 범위를 나타내고, Y축은 각 집단별로 측정된 평균 포트폴리오 위험을 나타낸다.
- 관찰결과에서, 포트폴리오의 구성주식 숫자가 증가함에 따라 상관관계 크기에 따라 구분된 3가지 종류의 포트폴리오에 대한 위험은 분명하게 감소하는 형태의 포트폴리오 분산투자효과를 확인할 수 있다.
- 한편, 높은 상관관계를 갖는 조합들에 대한 포트폴리오 위험의 감소 크기는 낮은 상관관계를 갖는 조합들에 비교하여 포트폴리오 위험의 감소 정도가 작다. 즉, 낮은 상관관계를 갖는 주식집단의 포트폴리오 위험 감소정도가 높은 상관관계를 갖는 주식집단의 포트폴리오 위험 감소 정도에 비교하여 크다.
- 따라서 포트폴리오 구성주식들 간에 높은 상관관계를 갖는 포트폴리오는 낮은 상관관계를 갖는 포트폴리오에 비교하여 동일한 수준의 위험을 달성하는데 보다 많은 구성주식들을 포트폴리오에 포함해야만 한다. 예를 들어 그림에서, 구성주식 숫자 10개에서 낮은 상관관계를 갖는 포트폴리오가 실현한 위험 수준과 동일한 크기를 높은 상관관계를 갖는 포트폴리오로부터 산출하기 위해서는 구성주식 숫자를 50개 이상 포함해야지만 가능하다. 따라서, 낮은 상관관계를 갖는 구성주식들로 구성된 포트폴리오가 높은 상관관계를 갖는 구성주식들로 구성된 포트폴리오 보다 효과적으로 위험을 축소할 수 있다.

4 | Matlab을 이용한 분석팁

- MATLAB 기본 코드: '실험목적에 부합하는 시뮬레이션의 설계'는 앞의 〔그림5-17〕과 〔그림5-20〕에 제시된 Matlab 프로그램을 결합하여 적용하면, 〔그림5-21〕의 결과를 검증할 수 있다.

TOPIC VI

금융자료의 회귀분석

학·습·목·표

재무 분야에서 주식가격의 변화를 잘 설명할 수 있는 공통요인의 탐색 노력은 중요한 과제이고, 또한 공통요인을 이용한 가격결정모형의 개발도 많은 연구자들의 관심을 갖게 하는 중요한 연구주제이다. 예를 들어 대표적인 가격결정모형과 그 공통요인들로는 자본자산가격결정모형(Capital Asset Pricing Model, CAPM)에서의 시장요인, 재정가격결정모형(Arbitrage Pricing Model, APM)에서의 K개 공통요인 등이 있다. 본 주제의 학습목표는 단순회귀분석, 다중회귀분석 등의 방법에 대한 기본적 이해와 함께 재무이론으로의 적용사례 등을 학습하는 것이다.

학·습·포·인·트

01. 단순회귀분석과 다중회귀분석에 관한 주요 내용 [◖ 그림 6-1 ◗] • 404

- 단순회귀분석과 다중회귀분석에 대한 정의 및 주요 평가내용을 확인한다.

02. 단순회귀분석 [1]: 상관관계분석과 회귀분석 [◖ 그림 6-2 ◗] • 415

- 상관관계분석과 회귀분석은 서로 높은 관련성을 갖는다. 따라서 시장지수와 개별주식을 이용하여 상관관계분석과 회귀분석의 결과를 비교 관찰한다.
- [Matlab코드 예제] '상관관계 크기를 기준으로 주식 선택'

03. 단순회귀분석 [2]: 주요 결과와 그 해석 [◀ 그림 6-3 ▶] • 420

- 단순회귀분석의 주요결과를 관찰한다.
- 〔Matlab코드 예제〕'단순회귀분석의 주요 결과'

04. 단순회귀분석 [3]: 설명력, 회귀계수, F-통계량 간의 관계 [◀ 그림 6-4 ▶] • 425

- 단순회귀분석의 주요 결과들 중에서 설명력의 크기를 기준으로 베타계수, 통계량 t값, 통계량 F값 등과의 관계를 관찰한다.
- [Matlab코드 예제] '설명력 크기를 기준으로 정렬'

05. 단순회귀분석의 가정 [1]: 독립변수와 잔차 간의 관계 [◀ 그림 6-5 ▶] • 429

- 단순회귀분석에서는 독립변수인 시장지수와 모형으로부터 추정된 잔차 간의 공분산(상관관계)는 독립관계('0')임을 가정한다. 따라서 단순회귀분석의 가정을 실증적으로 확인한다.
- [Matlab코드 예제] '독립변수와 잔차자료 간의 상관관계'

06. 단순회귀분석의 가정 [2]: 잔차 간의 관계 [◀ 그림 6-6 ▶] • 433

- 단순회귀분석에서는 모형으로부터 추정된 잔차 간의 공분산(상관관계)은 독립관계임을 가정한다. 따라서 단순회귀분석의 가정을 실증적으로 확인한다.
- [Matlab코드 예제] '잔차자료 간의 관계'

07. 단순회귀분석의 독립변수 [1]: 시장요인 [◀ 그림 6-7 ▶] • 438

- 재무 분야에서 대표적인 공통요인인 시장요인(시장포트폴리오)의 대용변수는 동일가중수익률, 가치가중수익률, 실제 시장지수수익률의 3가지가 있다. 따라서 시장요인의 속성을 갖는 3가지 공통요인의 관계를 비교 관찰한다.
- [Matlab코드 예제] '동일가중수익률과 가치가중수익률'

08. 단순회귀분석의 독립변수 [2]: 시장베타 [◀ 그림 6-8 ▶] • 444

- 단순회귀분석에서 개별주식수익률을 종속변수로 하고, 독립변수인 동일가중수익률, 가치가중수익률, 시장지수수익률의 3가지 시장요인으로부터 추정된 시장베타 회귀계수들 간의 관계를 비교 관찰한다.
- [Matlab코드 예제] '시장요인별 개별주식의 시장베타'

09. 다중회귀분석 [1]: 주요 결과와 그 해석 [◖ 그림 6-9 ◗] • 448

- 다중회귀분석과 단순회귀분석의 주요 결과를 비교 관찰한다.
- [Matlab코드 예제] '다중회귀분석의 주요 결과'

10. 다중회귀분석 [2]: 독립변수 숫자와 설명력의 관계 [◖ 그림 6-10 ◗] • 454

- 다중회귀분석에서 독립변수의 숫자를 증가시킴에 따른 종속변수의 변화에 대한 설명력 변화를 비교 관찰한다.
- [Matlab코드 예제] '다중회귀분석의 설명력 반복실험 시뮬레이션'

11. 다중회귀분석의 가정 [1]: 독립변수와 잔차 [◖ 그림 6-11 ◗] • 460

- 다중회귀분석에서는 독립변수와 모형으로부터 산출된 잔차 간의 공분산(상관관계)은 독립관계임을 가정한다. 또한 모형에 이용된 독립변수들 간의 공분산(상관관계)도 독립관계임을 가정한다. 따라서 다중회귀모형에서의 대표적 가정들을 실증적으로 확인한다.
- [Matlab코드 예제] '다중회귀모형의 가정들'

12. 다중회귀분석의 가정 [2]: 잔차자료 간 관계 [◖ 그림 6-12 ◗] • 464

- 다중회귀분석의 가정들 중에서 모형으로부터 산출된 잔차 간의 공분산(상관관계)은 독립관계임을 가정한다. 따라서 다중회귀분석에서 독립변수의 숫자가 증가함에 따라 잔차 간의 상관관계 변화 추이를 비교 관찰한다.
- [Matlab코드 예제] '다중회귀분석의 잔차간 상관관계 반복실험 시뮬레이션'

13. 다중회귀분석의 문제점: 다중공선성 [◖ 그림 6-13 ◗] • 470

- 다중회귀분석은 독립변수의 숫자를 증가시킴에 따라 종속변수 변화에 대한 설명력을 개선하지만, 만약 추가된 독립변수들 간에 독립적이지 못하면 다중공선성(multicollinearity)의 문제점을 야기한다. 따라서 다중공선선 문제점이 다중회귀분석의 주요 검증결과에 미치는 영향을 비교 관찰한다.
- [Matlab코드 예제] '3-요인 다중회귀모형의 주요 결과'

그림 6-1 단순회귀분석과 다중회귀분석에 관한 주요 내용

1 | 단순회귀분석(simple regression analysis)

■ 상관관계와 인과관계의 차이

▷ 상관관계는 2가지 자료들 간의 방향성이 없는 관계(X↔Y)를 측정하는 것으로, 이를 계량적으로 측정하는 방법들 중에 상관관계분석이 있다. 보다 구체적인 내용은 '주제Ⅴ: 금융자료의 상관관계분석'에서 확인할 수 있다.

▷ 인과관계(causality)는 영향변수(원인)와 현상(결과) 간의 방향성을 갖는 관계(X→Y 혹은 X←Y)를 측정하는 것으로, 이를 계량적으로 측정하는 방법들 중에 회귀분석이 있다. 즉, 영향변수인 독립변수(independent variable)와 현상인 종속변수(dependent variable)가 회귀모형에 설정된다.

▷ 〔예제〕 범죄율과 경찰 숫자 간에는 높은 상관관계를 갖는다. 하지만 상관관계가 높다는 것이 인과관계를 의미하지는 않는다. 즉, 경찰의 숫자를 줄인다고 범죄율이 감소하지 않는다.

■ 단순회귀분석과 다중회귀분석의 구분 기준:

▷ 단순회귀분석은 1개의 종속변수에 대한 1개의 독립변수간의 인과관계를 측정.

▷ 다중회귀분석은 1개의 종속변수에 대한 2개 이상의 독립변수들 간의 인관관계를 측정.

■ 회귀분석에 있어서 종속변수와 독립변수간의 회귀선(추세선)은 일반적으로 최소자승법(Ordinary Least Square, OLS)을 이용한다.

▷ 회귀적 관계: $X \rightarrow Y$; $Y = f(X) + \epsilon$, (1)

▷ 식(1)에서 X는 독립변수이고, Y는 종속변수이며, ϵ은 잔차이다.

▷ 만약, 독립변수(X)를 통하여 종속변수(Y)의 변화를 100% 설명한다면, 식(1)의 두 번째 항인 잔차(ϵ)가 없는 '식: $Y = f(X)$'이 된다. 즉, 함수적 관계이다.

▷ 만약, 독립변수(X)를 통하여 종속변수(Y)의 변화를 100% 설명하지 못한다면, 식(1)의 두 번째 항인 잔차(ϵ)가 있는 '식: $Y = f(X) + \epsilon$'이 된다. 즉, 통계학에서의 회귀적 관계이다.

▷ 최소자승법(OLS)에 의한 회귀선($\hat{Y}=\hat{\alpha}+\hat{\beta}X$)을 추정하는 방법

▷ 최소자승법의 목적함수: '잔차 최소화', $\sum_{t=1}^{T}\epsilon_t^2=\sum_{t=1}^{T}[Y_t-\hat{Y}_t]^2$

▷ 즉, 실제 종속변수(Y)와 독립변수(X)로부터 추정된 종속변수($\hat{Y}$) 간의 차이('$Y-\hat{Y}$')인 잔차(ϵ)를 최소화하는 방법이다. 만약, 독립변수를 통해 종속변수의 변화를 100% 설명하면, 실제 종속변수와 추정 종속변수는 동일한 값($Y=\hat{Y}$)을 갖기 때문에 잔차(오류)는 없다. 즉, '$\epsilon=Y-\hat{Y}=0$'. 하지만, 독립변수를 통해 종속변수의 변화를 100% 설명하지 못하면, 실제 종속변수와 추정 종속변수는 다른 값($Y\neq\hat{Y}$)을 갖기 때문에 잔차는 존재한다. 즉, '$\epsilon=Y-\hat{Y}\neq 0$'.

▷ 최소자승법에 의하여 추정된 회귀선, $\hat{Y}=\hat{\alpha}+\hat{\beta}X$, (2)

▷ 여기서, $\hat{\alpha}$와 $\hat{\beta}$는 최소자승법에 의하여 추정된 회귀계수(regression coefficients)이다.

▷ 즉, 회귀적 관계, '$X\rightarrow Y$'에서 회귀분석의 최소자승법으로 추정된 회귀계수($\hat{\alpha}$, $\hat{\beta}$)를 이용하여 종속변수를 추정한다. 즉, '$\hat{Y}=f(X;\ \hat{\alpha},\hat{\beta})+\epsilon$; $\hat{\alpha}_i+\hat{\beta}_iX\rightarrow\hat{Y}$'.

2 | 단순회귀분석의 주요 통계량 및 평가

■ 시계열(time series) 회귀분석과 횡단면(cross-section) 회귀분석의 구분

▷ 시계열 회귀분석: 변화하는 시간의 구분자, $t=1,2,\ldots T$에 의하여 회귀식은 일반적으로 '$Y_t=\alpha+\beta X_t+\epsilon_t$'로 표현된다.

▷ 예를 들어, 1980년 1월부터 2012년 12월까지의 기간에서 종속변수인 특정 개별주식의 월별수익률($Y_t=R_t$, $t=1,2,\ldots,T(=396)$)을 독립변수인 KOSPI 시장지수의 월별 시장수익률($X_t=R_{m,t}$)을 이용하여 설명하는 회귀식(시장모형), '$R_t=\alpha+\beta R_{m,t}+\epsilon_t$'이다.

▷ 횡단면 회귀분석: 변화하는 기업의 구분자, $j=1,2,\ldots,N$에 의한 회귀식은 일반적으로 '$Y_j=\alpha+\beta X_j+\epsilon_j$'로 표현된다.

▷ 예를 들어, 2012년 12월 시점('$t=T$로 고정')에서 종속변수인 KOSPI 시장지수를 구성하는 700개 개별주식의 월별수익률($Y_j=R_j$, $j=1,2,\ldots,N$)을 독립변수인 각 주식별 기업규모($X_j=SIZE_j$)로 설명하는 회귀식(규모효과 검증모형), '$R_j=\gamma_0+\gamma_1 SIZE_j+\epsilon_j$'이다.

■ 단순회귀분석의 최소자승법에 의한 회귀적 관계, '$X\rightarrow Y$'; $Y=f(X)+\epsilon$

▷ 회귀식: $Y=\alpha+\beta X+\epsilon$, 추정식: $\hat{Y}=\hat{\alpha}+\hat{\beta}X$

〔평가요소1〕 회귀계수 $\hat{\alpha}$, $\hat{\beta}$와 그 통계적 유의성(통계량, t값)

〔평가요소2〕 회귀적 관계($X \rightarrow Y$)에 대한 통계적 유의성(통계량, F값)

〔평가요소3〕 독립변수에 의하여 설명되는 종속변수 변화의 정도 (결정계수 R^2)

〔평가요소4〕 단순회귀분석의 가정들

2.1. [평가요소1] 회귀계수의 평가

■ 첫째, 회귀계수 '베타=기울기', $\beta = \frac{\sigma_{X,Y}}{\sigma_X^2}$

▷ 여기서, X는 독립변수, Y는 종속변수의 구분자이다. σ_X^2는 독립변수의 분산이고, $\sigma_{X,Y}$는 독립변수와 종속변수간의 공분산을 나타낸다.

▷ 베타계수는 독립변수의 변화(ΔX)에 대한 종속변수의 변화(ΔY)의 기울기($\frac{\Delta Y}{\Delta X}$)에 해당하며, 따라서 독립변수의 변화에 대한 종속변수의 민감도 정도(degree of sensitivity)의 경제적 의미를 갖는다.

▷ 〔가설〕 귀무가설; 'H_0 β=0', 대립가설; 'H_a $\beta \neq 0$'

▷ 가설검증을 위한 통계량: t값, $t = \frac{\hat{\beta} - \beta}{s/\sqrt{(T)}} = \frac{\hat{\beta}}{s/\sqrt{(T)}}$,

▷ 여기서 s는 표준편차이고, T는 자료 숫자이다. 그리고 분모 '$s/\sqrt{T}$'는 표준오차를 나타낸다.

▷ 통계량 t값에 의한 베타계수가 유의적인 값('$\beta \neq 0$')을 갖기 위해서는 정규분포의 대표적인 3가지 신뢰구간 90%, 95%, 99%의 양측검증 유의수준인 5.0%, 2.5%, 0.5%에서 각 임계치, '±1.68', '±1.96', '±2,57'의 절댓값보다 t값이 큰 값을 가져야 한다.[15]

▷ 단순회귀분석에서 1개의 독립변수에 대한 베타계수는 통계적으로 유의적인 값('$\beta \neq 0$')을 가져야 한다. 즉, $\hat{Y} = \hat{\alpha} + \hat{\beta} X$이다. 만약, 통계적으로 유의적이지 못한 값(β=0)을 갖는다면, $\hat{Y} = \hat{\alpha} + \hat{\beta} X \rightarrow \hat{Y} = \hat{\alpha}$으로 회귀식이 성립하지 않는다. 따라서 단순회귀분석에서 회귀식의 베타계수는 통계적으로 유의적인 값을 갖지 않으면 회귀적 관계는 성립하지 않는다.

■ 둘째, 회귀계수, '알파=절편', $\alpha = \overline{Y} - \beta \overline{X}$

15) 가설검증에 대한 구체적인 내용은 '주제Ⅳ: 금융자료의 가설검증'을 참고.

▷ 여기서, X는 독립변수, Y는 종속변수의 구분자이다. $\overline{X}$는 독립변수의 평균이고, $\overline{Y}$는 종속변수의 평균이며, β는 추정된 회귀계수이다.

▷ 알파계수는 $Y=\alpha+\beta X+\epsilon$에서, $\beta=0$인 경우는 $\alpha=\overline{Y}-\beta\overline{X}=\overline{Y}$으로, 독립변수에 관계없는 종속변수의 평균의 경제적 의미를 갖는다.

▷ 〔가설〕 귀무가설; 'H_0 $\alpha=0$', 대립가설; 'H_a $\alpha\neq 0$'

▷ 가설검증을 위한 통계량: t값, $t=\dfrac{\hat{\alpha}-\alpha}{s/\sqrt{(T)}}=\dfrac{\hat{\alpha}}{s/\sqrt{(T)}}$,

▷ 여기서 s는 표준편차이고, T는 자료 숫자이다. 그리고 분모 '$s/\sqrt{T}$'는 표준오차를 나타낸다.

▷ 통계량 t값에 의한 알파계수가 유의적인 값('$\alpha\neq 0$')을 갖기 위해서는 정규분포의 대표적인 3가지 신뢰구간 90%, 95%, 99%의 양측검증 유의수준인 5.0%, 2.5%, 0.5%에서 각 임계치, '±1.68', '±1.96', '±2,57'의 절댓값보다 t값이 큰 값을 가져야 한다.

▷ 단순회귀분석에서 알파계수는 통계적으로 유의적인 값('$\alpha\neq 0$')을 가져야 한다. 즉, $\hat{Y}=\hat{\alpha}+\hat{\beta}X$이다. 만약, 통계적으로 유의적이지 못한 값(α=0)을 갖는다면, $\hat{Y}=\hat{\alpha}+\hat{\beta}X$ → $\hat{Y}=\hat{\beta}X$이 된다. 하지만 단순회귀분석에서 회귀식의 알파계수는 통계적으로 유의적인 값을 갖지 않아도 회귀적 관계는 여전히 성립한다.

2.2. [평가요소2] 회귀적 관계의 평가

■ 설정된 회귀적 관계인 독립변수(X)와 종속변수(Y) 간의 인관관계, 즉 $X\rightarrow Y$, $Y=f(X)+\epsilon$는 통계량 F값에 의하여 평가된다.

▷ 〔가설〕 귀무가설; 'H_0 β=0', 대립가설; 'H_a $\beta\neq 0$'

▷ 가설검증을 위한 통계량: $F=\dfrac{RSS/(df=1)}{SSE/(df=n-2)}$,

▷ 여기서 df는 자유도(degree of freedom)이고, n은 자료 숫자이다. 그리고 RSS는 회귀편차(regression sum of square)이고, SSE는 잔차편차(sum of squared error)이다.

▷ 통계량 F값에서, 분자항목은 '독립변수를 통하여 종속변수의 변화가 설명되는 부분'이고, 분모항목은 '독립변수를 통하여 종속변수가 설명되지 않는 부분'이다.

▷ 따라서 통계적으로 유의적인 F-통계량을 산출하기 위해서는 분자항목이 분모항목보다 더 큰 값을 가져야 한다. 즉, 회귀적 관계, $X\rightarrow Y$에서 독립변수(X)에 의하여

종속변수(Y)의 변화를 유의적인 베타계수($\hat{\beta}$)를 통하여 잘 설명한다면, 통계량 F 값은 유의적인 값을 갖고, 회귀적 관계, $Y=f(X;\ \hat{\beta})$이 성립한다.

▷ 즉, 단순회귀분석에서 유의적인 통계량 F값을 갖기 위해서는 반드시 통계적으로 유의적인 베타계수 $\hat{\beta}\neq 0$를 가져야 한다.

■ 총변동성(TSS) = 회귀편차(RSS) + 잔차편차(SSE)

▷ 총변동(TSS) : 종속변수(Y) 자신에 대한 부분.

▷ 즉, 만약 회귀식에서 통계적으로 유의적인 베타계수가 존재하지 않는다면, '$\beta=0$'이기 때문에, 잔차 '$\epsilon = Y-\hat{Y}$'이므로, '$\epsilon = Y-(\hat{\alpha}+\hat{\beta}X) = Y-\hat{\alpha}$'이 된다.

▷ 그리고 '$\hat{\alpha}=\overline{Y}-\hat{\beta}\overline{X}$'에서 '$\hat{\beta}$=0'이기 때문에 '$\hat{\alpha}=\overline{Y}$'이 된다. 결국 '$\epsilon = Y-\overline{Y}$'이다.

▷ 총변동성(TSS) : $TSS=\sum_{t=1}^{T}[Y_i-\hat{Y}]^2 = \sum_{t=1}^{T}[Y_i-\overline{Y}]^2$.

▷ 잔차편차(SSE) : $SSE=\sum_{i=1}^{N}\epsilon_i^2 = \sum_{i=1}^{N}[Y_i-\hat{Y}_i]^2$

▷ 회귀편차(RSS) : 총변동성(TSS)에서 잔차편차(SSE)를 차감하면, 회귀편차를 구할 수 있다. 즉, $RSS = TSS - SSE = [Y-\overline{Y}]-[Y-\hat{Y}] = [\hat{Y}-\overline{Y}]$

따라서, $RSS=\sum_{i=1}^{N}[\hat{Y}_i-\overline{Y_i}]^2$

▷ 이상에서, $TSS = RSS + SSE$; $\sum_{t=1}^{T}[Y_i-\overline{Y}]^2 = \sum_{i=1}^{N}[\hat{Y}_i-\overline{Y_i}]^2 + \sum_{i=1}^{N}[Y_i-\hat{Y}_i]^2$

■ 〔비교〕 통계량 F값에 대한 가설검증은 단순회귀분석의 경우(귀무가설; '$H_0\ \beta$=0', 대립가설; '$H_a\ \beta\neq 0$')에 앞의 회귀계수 베타에 대한 검증가설(귀무가설; '$H_0\ \beta$=0', 대립가설; '$H_a\ \beta\neq 0$')과 구분되지 않는다. 하지만, 앞으로 설명될 다중회귀분석의 경우에 있어서 통계량 F값에 대한 가설검증은 독립변수 숫자($k=1,2,...,K$)에 따라 구분된다.

▷ 단순회귀분석: 귀무가설 '$H_0\ \beta$=0',
　　대립가설 '$H_a\ \beta\neq 0$'

▷ 다중회귀분석: 귀무가설 '$H_0\ \beta_1=\beta_2=...=\beta_K$=0',
　　대립가설 '$H_a\ \beta_1\neq 0$ 혹은 $\beta_2\neq 0$ 혹은 ... 혹은 $\beta_K\neq 0$'

2.3. [평가요소3] 회귀식의 설명력

■ 회귀식에서 독립변수(X)에 의하여 종속변수(Y)의 변화를 설명하는 정도는 결정계수(deterministic coefficient, R^2)에 의하여 측정한다.

▷ 결정계수, $R^2 = \frac{RSS}{TSS} = 1 - \frac{SSE}{TSS}$

$$\left[\because\ TSS = RSS + SSE,\ \rightarrow 1 = \frac{RSS}{TSS} + \frac{SSE}{TSS}\right]$$

▷ 여기서 RSS는 회귀편차이고, SSE는 잔차편차이며, TSS는 총변동성이다.

▷ 식에서 분자항목(RSS)은 '독립변수에 의하여 종속변수의 변화를 설명하는 정도'이고, 분모항목(TSS)은 '종속변수의 총 변화'이다. 즉, 종속변수의 총 변화 중에서 독립변수에 의하여 설명되는 정도를 의미한다. 따라서 분자항목이 커지면 커질수록 독립변수에 의하여 종속변수의 변화를 설명하는 정도는 커진다. 즉, '$R^2 \rightarrow 100\%$'.

■ [예제] 시장모형(market model)을 이용한 단순회귀모형에서

▷ 총위험 = 체계적 위험+ 비체계적 위험16), 즉 '$\sigma(R_j)^2 = \beta_j^2\sigma(R_m)^2 + \sigma(\epsilon_j)^2$'

▷ 따라서 시장모형에서 R^2는 다음과 같다.

▷ $$\frac{RSS}{TSS} = \frac{\beta^2\sigma(R_m)^2}{\sigma(R_j)^2} = \frac{[\frac{\sigma_{j,m}}{\sigma_m^2}]^2\sigma_m^2}{\sigma_j^2} = \frac{\frac{(\sigma_{j,m})^2}{\sigma_m^2}}{\sigma_j^2} = [\frac{\sigma_{j,m}}{\sigma_m\sigma_j}]^2 = R^2$$

▷ 여기서, $\frac{\sigma_{j,m}}{\sigma_j\sigma_m}$는 개별주식 j와 시장요인 m간의 상관관계($\rho_{j,m}$)이다. 즉, 단순회귀분석의 설명력 R^2는 독립변수와 종속변수 간의 상관관계를 제곱($(\rho_{j,m})^2$)한 것과 동일하다.

2.4. [평가요소4] 단순회귀분석의 주요 가정들

■ 첫 번째 가정, $Cov(X,\epsilon) = 0$,

▷ 독립변수(X)와 잔차(ϵ) 간에 관계가 없다.

▷ 이는 회귀식, '$Y = \alpha + \beta X + \epsilon$'에서 독립변수($X$)의 종속변수($Y$)에 대한 모든 관계, 영향, 설명 등은 추장된 회귀계수 'α', 'β'에 모두 반영된다.

16) 시장모형을 이용하여 총위험(TSS), 체계적 위험(RSS), 비체계적 위험(SSE)을 유도하는 과정은 앞의 [그림5-19]에서 설명된 주식에서 확인할 수 있다.

▷ 따라서 독립변수에 관련되는 모든 부분이 회귀계수에 반영되었다면, 잔차(ϵ)에는 독립변수에 관련된 부분을 전혀 포함하지 않는다. 즉, 잔차와 독립변수는 독립관계를 갖게 된다.

■ 두 번째 가정, $Cov(\epsilon_i, \epsilon_j) = 0$,

▷ 잔차 간에 관계가 없다. 이는 단순회귀분석에 사용된 독립변수(X)가 종속변수를 충분하게 설명할 수 있는 유일한 변수임을 나타낸다.

▷ 잔차의 통계적 의미는 회귀식에서 벗어난 오류항이지만, 재무 분야에서는 생략된 변수들의 집합의 의미를 갖는다.

▷ 만약 독립변수에 의하여 종속변수의 변화를 충분하게 설명한다면, 즉 '$R^2 \rightarrow 100$'이면, '$\epsilon \rightarrow 0$'이 되고, 1개의 독립변수에 의해 '$Y = f(X) + \epsilon \;\rightarrow\; Y = f(X)$'가 된다. 이러한 경우에 독립변수는 종속변수를 충분히 설명하는 유일의 독립변수가 되고, 잔차에는 더 이상 종속변수를 설명하는 속성이 없기 때문에, 잔차 간에는 독립관계가 성립한다.

▷ 하지만, 만약 $Cov(\epsilon_i, \epsilon_j) \neq 0$이라면, 단순회귀분석에 사용된 독립변수는 종속변수의 변화를 충분하게 설명하지 못하기 때문에, 잔차에는 종속변수를 설명할 수 있는 다른 가능한 독립변수(공통요인)의 속성이 포함되어 있고, 이는 결국 잔차 간에 독립관계가 성립하지 않는다는 것을 의미한다.

3 | 다중회귀분석(multiple regression analysis)

■ 선형 단순회귀모형과 다중회귀모형의 구분은 회귀식에 사용된 독립변수의 숫자에 있다.

▷ 단순회귀분석: 종속변수 '1개'와 독립변수 '1개'

▷ 다중회귀분석: 종속변수 '1개'와 독립변수 '2개 이상'

■ 다중회귀분석에 있어서 종속변수와 독립변수간의 회귀선(추세선)은 일반적으로 최소자승법(OLS)을 이용한다.

▷ 회귀적 관계: $X_k \rightarrow Y$; $Y = f(X_k) + \epsilon, \quad k = 1, 2, \ldots, K$ (3)

▷ 식(3)에서 X_k는 '$k \geq 2$'개의 독립변수이고, Y는 종속변수이며, ϵ은 잔차이다.

▷ 최소자승법 (OLS) 에 의한 회귀선을 추정하는 방법은 단순회귀분석과 동일하게 잔차를 최소화하는 방법이다. 즉, '잔차 최소화', $\sum_{t=1}^{T}\epsilon_t^2 = \sum_{t=1}^{T}[Y_t - \widehat{Y_t}]^2$

4 | 다중회귀분석의 주요 통계량 및 평가

■ 다중회귀분석의 회귀식과 추정식 비교:

▷ 회귀식: $Y = \alpha + \beta_1 X_1 + \beta_2 X_2 + \ldots + \beta_K X_K + \epsilon$; $Y = \alpha + \sum_{k=1}^{K}\beta_k X_k + \epsilon$

▷ 추정식: $\widehat{Y} = \widehat{\alpha} + \widehat{\beta_1} X_1 + \widehat{\beta_2} X_2 + \ldots + \widehat{\beta_K} X_K$; $\widehat{Y} = \widehat{\alpha} + \sum_{k=1}^{K}\widehat{\beta_k} X_k$

■ 다중회귀분석의 추정식에서 주요 평가요소들

〔평가요소1〕 회귀계수 $\widehat{\alpha}$, $\widehat{\beta_k}$와 그 통계적 유의성 (통계량, t값)

〔평가요소2〕 회귀적 관계 ($X_k \rightarrow Y$) 에 대한 통계적 유의성 (통계량, F값)

〔평가요소3〕 독립변수에 의하여 설명되는 종속변수 변화의 정도 (결정계수 R^2)

〔평가요소4〕 단순회귀분석의 가정들

4.1. [평가요소1] 회귀계수의 평가

■ 첫째, 회귀계수 '베타=기울기', β_k $(k = 1, 2, \ldots, K)$

▷ 베타계수는 독립변수의 변화 (ΔX) 에 대한 종속변수의 변화 (ΔY) 의 기울기 ($\frac{\Delta Y}{\Delta X}$) 에 해당하기 때문에, 민감도의 경제적 의미를 갖는다.

▷ 〔가설〕 귀무가설; 'H_0 β_k=0', 대립가설; 'H_a $\beta_k \neq 0$' $(k = 1, 2, \ldots, K)$

▷ 가설검증을 위한 통계량: t값, $t = \frac{\widehat{\beta_k} - \beta_k}{s/\sqrt{(T)}} = \frac{\widehat{\beta_k}}{s/\sqrt{(T)}}$,

▷ 여기서 s는 표준편차이고, T는 자료 숫자이다. 그리고 분모 '$s/\sqrt{T}$'는 표준오차를 나타낸다.

▷ 통계량 t값에 의한 베타계수가 유의적인 값('$\beta_k \neq 0$') 을 갖기 위해서는 정규분포의 대표적인 3가지 신뢰구간 90%, 95%, 99%의 양측검증 유의수준인 5.0%, 2.5%, 0.5%에서 각 임계치, '±1.68', '±1.96', '±2,57'의 절댓값보다 t값이 큰 값을 가져야 한다.

▷ 다중회귀분석에서 '$k \geq 2$개'의 독립변수에 대한 베타계수는 통계적으로 유의적인 값('$\beta_k \neq 0$')을 가지면, 즉, $\widehat{Y} = \hat{\alpha} + \widehat{\beta_k} X_k$이다.

▷ 만약, '$k \geq 2$개'의 독립변수에 대한 모든 베타계수가 통계적으로 유의적이지 못한 값(β_k=0)을 갖는다면, $\widehat{Y} = \hat{\alpha} + \widehat{\beta_k} X_k$ → $\widehat{Y} = \hat{\alpha}$으로 회귀식이 성립하지 않는다.

▷ 따라서 '$k \geq 2$개'의 모든 독립변수가 통계적으로 유의적이지 않는 경우를 제외하면, 독립변수들 중에서 1개 이상의 베타계수가 통계적으로 유의적이기 때문에 회귀식은 성립한다.

■ 둘째, 회귀계수, '알파=절편', α

▷ 알파계수는 $Y = \alpha + \beta_k X_k + \epsilon$에서, $\beta_k = 0$인 경우는 $\alpha = \overline{Y} - \beta_k \overline{X_k} = \overline{Y}$으로, 독립변수에 관계없는 종속변수의 평균의 경제적 의미를 갖는다.

▷ 〔가설〕 귀무가설; '$H_0 \; \alpha = 0$', 대립가설; '$H_a \; \alpha \neq 0$'

▷ 가설검증을 위한 통계량: t값, $t = \dfrac{\hat{\alpha} - \alpha}{s/\sqrt{(T)}} = \dfrac{\hat{\alpha}}{s/\sqrt{(T)}}$,

▷ 여기서 s는 표준편차이고, T는 자료 숫자이다. 그리고 분모 '$s/\sqrt{T}$'는 표준오차를 나타낸다.

▷ 통계량 t값에 의한 알파계수가 유의적인 값('$\alpha \neq 0$')을 갖기 위해서는 정규분포의 대표적인 3가지 신뢰구간 90%, 95%, 99%의 양측검증 유의수준인 5.0%, 2.5%, 0.5%에서 각 임계치, '±1.68', '±1.96', '±2,57'의 절댓값보다 t값이 큰 값을 가져야 한다.

4.2. [평가요소2] 회귀적 관계의 평가

▷ 설정된 회귀적 관계인 '$k \geq 2$개'의 독립변수(X_k)와 종속변수(Y) 간의 인관관계, 즉 $X_k \rightarrow Y$, $Y = f(X_k) + \epsilon$는 통계량 F값에 의하여 평가된다.

▷ 〔가설〕 귀무가설 '$H_0 \; \beta_1 = \beta_2 = \ldots = \beta_K$=0',

대립가설; '$H_a \; \beta_1 \neq 0$ 혹은 $\beta_2 \neq 0$ 혹은 ... 혹은 $\beta_K \neq 0$'

▷ 즉, $k \geq 2$개의 독립변수들에 대한 베타계수들 중에서, 모든 베타계수가 함께 비유의적인 경우, 즉 '$\beta_1 = \beta_2 = \ldots = \beta_K$=0'에 설정한 회귀적 관계는 성립하지 않는다. 하지만, $k \geq 2$개의 독립변수들 중에서 1개 이상의 독립변수에 대한 베타계수가 통계적으

로 유의적이라면, 즉 '$\beta_1 \neq 0$ 혹은 $\beta_2 \neq 0$ 혹은 ... 혹은 $\beta_K \neq 0$'에 설정한 회귀적 관계는 성립하게 된다.

▷ 가설검증을 위한 통계량: $F = \dfrac{RSS/(df = k)}{SSE/(df = n-(k+1))}$

▷ 여기서 df는 자유도이고, n은 자료 숫자이다. 그리고 RSS는 회귀편차이고, SSE는 잔차편차이다.

▷ 통계량 F값에서, 분자항목(RSS)은 '독립변수를 통하여 종속변수의 변화가 설명되는 부분'이고, 분모항목(SSE)은 '독립변수를 통하여 종속변수가 설명되지 않는 부분'이다.

▷ 따라서 통계적으로 유의적인 F-통계량을 산출하기 위해서는 분자항목이 분모항목보다 더 큰 값을 가져야 한다. 즉, 회귀적 관계, $X_k \rightarrow Y$에서 독립변수(X_k)에 의하여 종속변수(Y)의 변화를 유의적인 베타계수($\widehat{\beta_k}$)를 통하여 잘 설명한다면, 통계량 F값은 유의적인 값을 갖고 그 회귀적 관계 $Y = f(X_k;\ \widehat{\beta_k})$이 성립한다.

4.3. [평가요소3] 회귀식의 설명력

▷ 다중회귀분석은 단순회귀분석에 비교하여 보다 많은 독립변수를 이용하여 종속변수의 변화를 더욱 잘 설명하기 위한 방법이다. 즉, 설명변수의 숫자가 증가함에 따라 독립변수에 의한 종속변수의 변화를 설명하는 정도는 높아진다.

▷ 따라서 다중회귀분석에서는 독립변수에 의한 종속변수 변화의 설명정도는 회귀식에 사용된 독립변수의 숫자만큼을 조정한 결정계수를 이용한다. 즉,

▷ 조정된 설명계수 $adj.R^2 = 1-(1-R^2)(\dfrac{n-1}{n-k-1})$,

▷ 여기서, n은 자료 숫자이고, k는 독립변수의 숫자이며, R^2는 단순회귀분석에서와 같이 일반적으로 산출된 결정계수이다.

4.4. [평가요소4] 다중회귀분석의 주요 가정들

■ 첫 번째 가정, $Cov(X_{k,}\epsilon) = 0$,

▷ 독립변수(X_k)와 잔차(ϵ) 간에 관계가 없다.

▷ 이는 회귀식, '$Y = \alpha + \sum_{=1}^{K}\beta_k X_k + \epsilon$'에서 독립변수($X_k$)의 종속변수($Y$)에 대한 모든

관계, 영향, 설명 등은 추정된 회귀계수 'α', 'β_k'에 모두 반영된다.

▷ 따라서 독립변수에 관련되는 모든 부분이 회귀계수에 반영되었다면, 잔차(ϵ)에는 독립변수에 관련된 부분을 전혀 포함하지 않는다.

▷ 결국, 잔차와 독립변수는 독립관계를 갖게 된다.

■ 두 번째 가정, $Cov(\epsilon_i, \epsilon_j) = 0$,

▷ 잔차 간에 관계가 없다. 이는 다중회귀분석에 사용된 독립변수(X_k)가 종속변수를 충분하게 설명한다는 것이다.

▷ 잔차의 통계적 의미는 회귀식에서 벗어난 오류항이지만, 재무 분야에서는 생략된 변수들의 집합의 의미를 갖는다.

▷ 만약 독립변수에 의하여 종속변수의 변화를 충분하게 설명한다면, 즉 '$R^2 \rightarrow 100$'이면, '$\epsilon \rightarrow 0$'이 되고, k개 독립변수에 의해 '$Y = f(X_k) + \epsilon \rightarrow Y = f(X_k)$'가 된다. 이러한 경우에 독립변수는 종속변수를 충분히 설명하고, 잔차에는 더 이상 종속변수를 설명하는 속성이 없기 때문에, 잔차 간에는 독립관계가 성립한다.

▷ 하지만, 만약 $Cov(\epsilon_i, \epsilon_j) \neq 0$이라면, 사용된 k개 독립변수로 종속변수의 변화를 충분하게 설명하지 못하기 때문에, 잔차에는 종속변수를 설명할 수 있는 속성이 존재하게 되고, 이는 결국 잔차 간에 독립관계가 성립하지 않는다는 것을 의미한다.

■ 세번째 가정, $Cov(X_i, X_j) = 0$,

▷ 회귀식에서 사용된 독립변수들 간에는 독립적인 관계이다.

▷ 다중회귀분석은 종속변수의 변화를 보다 잘 설명하기 위하여 '$k \geq 2$개'의 독립변수들을 이용하는데, 각 독립변수는 종속변수의 변화에 대한 고유한 설명부분을 가져야만 한다. 이러한 종속변수에 대한 고유한 설명부분을 독립변수는 회귀계수인 베타계수에 충분히 반영한다. 만약, 유사한 속성 혹은 중복되는 속성을 갖는 2개 이상의 독립변수들, 즉 높은 상관관계를 갖는 2가지 변수들이 동시에 회귀식에 사용된다면, 추정된 회귀계수들은 종속변수에 대한 독립변수 각각의 고유한 부분이 반영되지 못하고, 독립변수들 간의 공통부분이 회귀계수에 중복적으로 반영될 수 있다.

▷ 따라서 이러한 독립변수들 간의 높은 상관관계에 의하여 의심스러운 다중회귀분석의 결과를 도출할 수 있는 문제점을 다중공선성(multicollinearity)라고 한다.

그림 6-2 단순회귀분석 [1]: 상관관계분석과 회귀분석

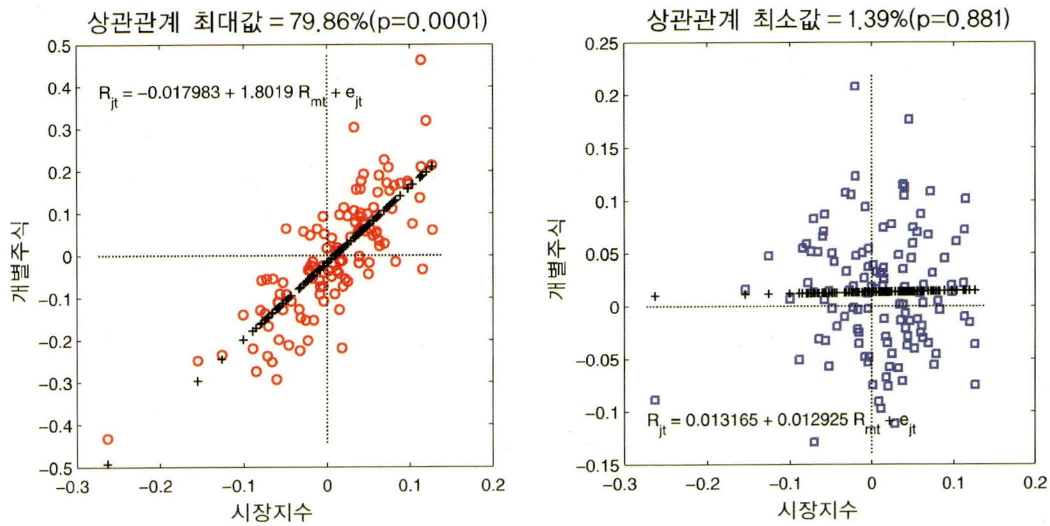

그림6-2 | 그림은 2003년 1월부터 2012년 12월의 10년의 기간에서 KOSPI 시장지수의 월별수익률(X축)과 개별주식의 월별수익률(Y축) 간의 산포도와 추세선을 함께 표시한 것이다. 왼쪽 그림은 분석대상 553개 개별주식들 중에서 시장지수와 가장 높은 상관관계를 갖는 개별주식에 대한 결과이고, 오른쪽 그림은 가장 낮은 상관관계를 갖는 개별주식에 대한 결과이다.

1 | 목적

- 상관관계분석과 회귀분석 간에는 높은 관련성을 갖는다. 즉, 상관관계분석은 개별주식과 시장지수 간에 동일한 방향으로의 가격 움직임의 관계 정도를 계량적으로 측정하는 것이고, 회귀분석은 시장지수(독립변수)를 통하여 개별주식(종속변수)의 변화를 설명하는 인과관계를 계량적으로 측정하는 것이다.
- 따라서 시장지수와 개별주식을 이용하여 상관관계분석과 회귀분석의 결과를 비교 관찰한다.

2 | 자료, 기간 및 방법

- 자료: KOSPI 시장지수의 월별수익률, 그리고 동일한 기간에 모든 가격정보를 갖는 553개 개별주식들의 월별수익률을 이용
- 기간: 2003년 1월부터 2012년 12월까지 120개월 동안의 기간

■ 방법:

▷ 시장지수와 개별주식간의 상관관계를 측정한 후에, 측정된 상관관계들 중에서 절댓값 기준으로 시장지수와 가장 큰 상관관계를 갖는 개별주식과 가장 작은 상관관계를 갖는 개별주식을 찾은 후에, 이들 주식들을 이용하여 시장지수에 대한 각각의 산포도와 추세선을 도출.

▶ 검증단계:

▷ 〔단계1〕 상관관계 측정,

$\rho_{j,M}=\dfrac{\sigma_{j,M}}{\sigma_j\sigma_M}$, 여기서 $\sigma_{j,M}$은 시장지수와 개별주식간의 공분산이고, σ_i와 σ_M은 개별주식과 시장지수 각각의 표준편차.

▷ 〔단계2〕 산출된 상관관계의 절댓값 기준으로 가장 높은 상관관계를 갖는 개별주식과 가장 낮은 상관관계를 갖는 개별주식을 탐색

▷ 〔단계3〕 가장 높은(낮은) 상관관계를 갖는 개별주식의 월별수익률($R_{j,t}$)을 종속변수('Y축')로 하고, 시장지수의 월별수익률($R_{M,t}$)을 독립변수('X축')로 한 산포도를 도출하고, 또한 동일한 자료를 이용하여 단순회귀분석($R_{j,t}=\alpha_j+\beta_j R_{M,t}+\epsilon_{j,t}$)으로부터 확인된 추세선(회귀식), $\widehat{R_{j,t}}=\widehat{\alpha_j}+\widehat{\beta_j}R_{M,t}$를 산출한 후에, 그 추정치($\widehat{R_{j,t}}$)를 산포도와 함께 나타냄.

3 | 관찰결과

■ 그림은 시장지수와 개별주식 간의 산포도 및 추세선을 나타낸 것이다. 즉, 왼쪽 그림은 시장지수와 가장 높은 상관관계를 갖는 개별주식을 이용한 산포도와 추세선이고, 오른쪽 그림은 시장지수와 가장 낮은 상관관계를 갖는 개별주식으로부터의 산포도와 추세선이다. 그림의 X축은 시장지수수익률이고, Y축은 개별주식수익률이다.

■ 검증결과에 의하면, 왼쪽 그림은 시장지수와 79.86%의 가장 높은 상관관계를 갖는 개별주식으로부터 도출된 산포도로, 시장지수와 개별주식간의 분명한 양(+)의 방향으로의 움직임을 시각적으로 확인할 수 있다. 한편, 오른쪽 그림은 시장지수와 1.39%의 가장 낮은 상관관계를 갖는 개별주식으로부터 도출된 산포도이고, 도출된 산포도로부터 변수간의 분명한 방향성의 움직임을 확인하기 어렵다.

■ 따라서 시장지수와 개별주식간에 높은 상관관계를 갖는 경우는 변수간의 변화에 대한 분명한 방향성을 갖기 때문에, 이는 시장지수와 개별주식을 이용한 회귀분석으로

부터 독립변수와 종속변수간의 보다 분명한 회귀적 관계를 관찰할 수 있는 가능성이 높다는 것을 의미한다. 반면에, 시장지수와 개별주식간에 낮은 상관관계를 갖는 것은 두가지 변수간의 변화에 대한 방향성이 분명하지 않기 때문에, 회귀분석으로부터 독립변수와 종속변수간의 의미 있는 회귀적 관계를 관찰하기 어려울 가능성이 있다는 것을 의미한다.

- 이와 같은 설명의 가능한 이유는 다음과 같다. 단순회귀분석으로부터 추정된 시장베타 회귀계수, $\beta_j = \frac{\sigma_{j,M}}{\sigma_M^2}$의 분자항목은 개별주식과 시장지수 간의 공분산('$\sigma_{j,M} = \sigma_j \sigma_M \rho_{j,M}$')이고, 공분산은 개별주식의 표준편차($\sigma_j$), 시장지수의 표준편차($\sigma_M$), 그리고 개별주식과 시장지수간의 상관관계($\rho_{j,M}$)로 구성되어 있다. 따라서 시장지수와 높은 상관관계를 갖는 개별주식의 시장베타는 상대적으로 낮은 상관관계를 갖는 개별주식에 비교하여 높는 시장베타를 갖는 경향이 있다. 즉 왼쪽 그림의 높은 상관관계(79.86%)를 갖는 경우에 베타계수는 '약 1.802'이고, 오른쪽 그림의 낮은 상관관계(1.39%)를 갖는 경우에 베타계수는 '약 0.013'이다.

4 | Matlab을 이용한 분석팁

- MATLAB 기본 코드: '상관관계 크기를 기준으로 주식 선택 '

```
① [TimeN, FirmN] = size(StockRET);
② for k = 1 : FirmN
③     COR = corrcoef(MarketRET, StockRET(:,k));
④     CorMATRIX(k,:) = [k, COR(1,2)];
⑤     clear COR;
⑥ end
   % a Stock with maximum correlation
⑦ [MaxVALUE, MaxINDEX] = max(abs(CorMATRIX(:,2)));
⑧ MaxSTOCK = StockRET(:,MaxINDEX);
   % a Stock with minimum correlation
⑨ [MinVALUE, MinINDEX] = min(abs(CorMATRIX(:,2)));
⑩ MinSTOCK = StockRET(:,MinINDEX);
```

▷ ①, **'명령어, size()'**를 이용하여 자료의 구조를 확인한다. 즉, 개별주식의 월별수익률을 수록하고 있는 변수 'StockRET'의 자료구조를 확인한 후에, 그 결과인 자료구조의 행(row) 정보를 변수 'TimeN'에, 열(column) 정보를 변수 'FirmN'에 대입한다.

▷ ②~⑥, **'명령어, for...end'**을 이용하여 반복적으로 명령어를 실행한다. 즉, 구분자 변

수 'k'를 이용하여 첫 번째 개별주식 'k=1'으로부터 마지막 개별주식 'k=FirmN'까지 반복하여 명령어를 실행한다.

▷ ③, **'명령어, corrcoef()'**를 이용하여 자료간의 상관관계를 계산한다. 즉, KOSPI 시장지수의 월별수익률을 수록한 변수 'MarketRET'와 k번째 개별주식의 월별수익률을 수록한 변수 'StockRET(:, k)'간의 상관관계를 측정한 후에, 그 결과를 새로운 변수 'COR'에 대입한다. 변수 'COR'의 자료구조는 2가지 자료간의 상관관계이기 때문에 '2×2'이다.

▷ ④, 개별주식별로 시장지수와 측정된 상관관계를 기록한다. 즉, 앞의 ③에서 측정된 상관관계 변수 'COR'에서 비대각선 부분의 값 'COR(1, 2)'과 개별주식의 구분자 변수 'k'를 '대괄호 〔 〕'를 이용하여 하나의 변수로 묶은 후에, 그 결과를 개별주식과 동일한 'k번째' 위치에 변수 'CorMATRIX(k, :)'에 기록한다. 따라서 첫 번째(k=1) 개별주식에서 마지막(k=FirmN) 개별주식에 대한 반복적 명령어 실행 과정이 끝난 후, 변수 'CorMATRIX'의 자료 구조는 'FirmN×2'가 된다.

▷ ⑤, **'명령어, clear'**를 이용하여 지정된 변수를 메모리에서 지운다. 즉, 동일한 이름으로 반복적인 사용을 위하여 변수 'COR'을 지운다.

▷ ⑦, ⑧ 측정된 상관관계 변수 'CorMATRIX'를 이용하여, 가장 높은 상관관계를 갖는 개별주식을 찾는다.

▷ ⑦, **'명령어, max()'**를 이용하여 상관관계들 중에서 최댓값과 그 최댓값을 갖는 개별주식의 위치를 찾는다. 즉, 앞의 ④에서 측정된 상관관계 변수 'CorMATRIX'의 자료구조는 1열의 개별주식 위치정보와 2열의 상관관계 측정값이다. 따라서 2열에 있는 상관관계 측정값 'CorMATRIX(:, 2)' 중에서 절댓값('abs(CorMATRIX(:, 2))') 기준으로 가장 큰 값을 찾는다. 여기서 **'명령어, abs()'**는 절댓값을 구한다. 명령어의 결과는 최댓값을 변수 'MaxVALUE'에, 개별주식의 위치정보는 변수 'MaxINDEX'에 대입한다.

▷ ⑧, 상관관계의 최댓값을 갖는 개별주식의 자료만을 추출 및 선택한다. 즉, 개별주식의 월별수익률를 수록하는 변수 'StockRET'의 자료구조는 앞의 ①에서 'TimeN×FirmN'이다. 따라서 앞의 ⑦에서 찾은 상관관계 최댓값을 갖는 개별기업의 위치정보 변수 'MaxINDEX'를 이용하여 개별주식 월별수익률 변수 'StockRET(:, MaxINDEX)'로부터 선택하고, 그 결과를 새로운 변수 'MaxSTOCK'에 대입한다. 변수 'Max STOCK'의 자료구조는 'TimeN×1'이다.

▷ ⑨, ⑩ 측정된 상관관계 변수 'CorMATRIX'를 이용하여, 가장 낮은 상관관계를 갖는

개별주식을 찾는다. 먼저, ⑨의 **'명령어, min()'**을 이용하여 상관관계들 중에서 최솟값과 그 최솟값을 갖는 개별주식의 위치를 찾는다. 상관관계 측정값 'CorMATRIX(:, 2)' 중에서 절댓값('abs(CorMATRIX(:, 2))') 기준으로 가장 작은 값을 찾는다. 그리고 그 결과는 최솟값을 변수 'MinVALUE'에, 개별주식의 위치정보는 변수 'MinINDEX'에 대입한다. 다음으로, ⑧에서 최솟값 상관관계를 갖는 개별주식의 자료만을 추출 및 선택한다. 즉, 앞에서 찾은 최솟값 상관관계를 갖는 개별기업의 위치정보 변수 'MinINDEX'를 이용하여 개별주식 월별수익률 변수 'StockRET(:, MinINDEX)'로부터 선택하고, 그 결과를 새로운 변수 'MinSTOCK'에 대입한다. 변수 'MinSTOCK'의 자료구조는 'TimeN×1'이다.

그림 6-3 단순회귀분석 [2]: 주요 결과와 그 해석

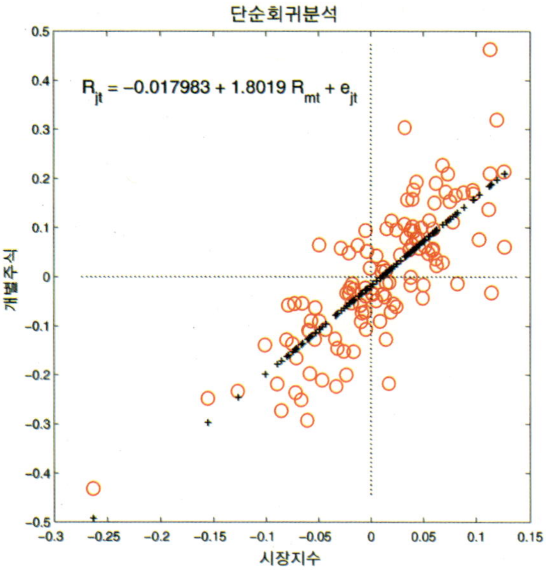


```
# 단순회귀분석의 주요 결과 :::::::::::::::::
R_{jt} = -0.017983 + 1.8019 R_{mt} + e_{jt}
          (t값:-2.29)    (t값:14.42)
          (p값:0.03)     (p값:0)
 통계량 F값 : 207.7431 (p값:0)
 설명력 R2  : 63.78%
```

그림6-3 ▎ 그림은 2003년 1월부터 2012년 12월의 10년 동안에서 KOSPI 시장지수의 월별수익률(독립변수)과 개별주식의 월별수익률(종속변수) 간의 산포도와 추세선을 표시한 것이다. 그림에서 X축은 시장지수의 월별수익률이고, Y축은 개별주식의 월별수익률이다. 그리고 단순회귀분석의 주요결과인 회귀계수, 통계량 t값, 통계량 F값, 설명력 R^2 등을 보여준다.

1 ▎목적

- 단순회귀분석의 주요결과 및 그 해석을 관찰한다.
- 즉, 독립변수인 시장지수수익률($R_{m,t}$)와 종속변수인 개별주식수익률($R_{j,t}$)간의 산포도와 추정된 회귀선, 그리고 독립변수의 변화에 대한 종속변수의 변화 민감도인 회귀계수(절편 'α'과 기울기 'β')와 그 통계량 t값, 독립변수와 종속변수간의 회귀적 관계에 대한 통계량 F값, 독립변수를 이용하여 종속변수의 변화를 설명하는 정도인 R^2이다.

2 ▎자료, 기간 및 방법

- 자료: KOSPI 시장지수의 월별수익률, 그리고 동일한 기간에 모든 가격정보를 갖는 553개 개별주식들의 월별수익률을 이용

■ 기간: 2003년 1월부터 2012년 12월까지 120개월 동안의 기간

■ 방법:

▷ 시장지수수익률과 개별주식수익률 간의 상관관계를 측정한 후에, 측정된 상관관계들 중에서 절댓값을 기준으로 가장 큰 상관관계를 갖는 개별주식을 선택하고, 선택된 개별주식과 시장지수간의 단순회귀분석 결과를 확인

▶ 단순회귀분석: $R_{j,t} = \alpha_j + \beta_j R_{m,t} + \epsilon_{j,t}$

▷ 주요결과:

▷ 첫째, 회귀식의 회귀계수인 절편 '알파계수 α_j'과 그 통계량 t값 및 p값

▷ 둘째, 회귀식의 회귀계수인 기울기 '베타계수 β_j'과 그 통계량 t값 및 p값

▷ 셋째, 종속변수와 독립변수 간 회귀적 관계에 대한 통계량 F값과 p값

▷ 넷째, 독립변수에 의한 종속변수의 설명 정도인 결정계수 R^2

3 | 관찰결과

■ 그림은 KOSPI 시장지수를 구성하는 533개 개별주식들 중에서 시장지수와 가장 높은 상관관계를 갖는 개별주식을 선택한 후에, 선택된 개별주식과 시장지수간의 산포도와 단순회귀분석의 회귀식 및 주요결과를 제시한 것이다. 그림에서 시장지수의 월별수익률을 독립변수(X축)로, 개별주식의 월별수익률은 종속변수(Y축)로 이용한다.

■ 관찰결과에 의하면, 산포도에서 시장지수와 가장 높은 상관관계(79.86%)를 갖는 개별주식을 선택하였기 때문에, X축의 시장지수와 Y축의 개별주식간에는 분명한 양(+)의 방향으로 움직이는 정도를 확인할 수 있다. 단순회귀분석의 베타계수, $\beta_j = (\sigma_{j,M})/(\sigma^2_M)$의 분자항목은 개별주식과 시장지수 간의 공분산('$\sigma_{j,M}=\sigma_j \cdot \sigma_M \cdot \rho_{j,M}$')으로, 개별주식과 시장지수간의 상관관계($\rho_{j,M}$)로부터 영향을 받기 때문에, 시장지수와 높은 상관관계를 갖는 개별주식의 베타계수는 높은 시장베타('약 1.802')를 갖는다.

■ 단순회귀분석으로부터 산출된 주요 결과 및 그 해석은 다음과 같다.

▶ 첫째, 회귀식의 절편 알파계수(α_j)는 '-0.018'이고, 그 통계량 t값(p값)은 통계적으로 5% 유의수준(t값=±1.96)에서 유의적인 't=-2.29 (≤-1.96)/p=0.03 (≤0.05)'이다. 즉, 귀무가설 '$H_0 : \alpha = 0$'을 기각한다.

▸ 둘째, 회귀식의 기울기 베타계수(β_j)는 '1.802'이고, 그 통계량 t값(p값)은 통계적으로 1% 유의수준(t값=±2.57)에서 유의적인 't=14.42 (≥2.57)/p=0.0 (≤0.01)'이다. 즉, 귀무가설 '$H_0 : \beta = 0$'을 기각한다.

▸ 셋째, 독립변수(시장지수)와 종속변수(개별주식) 간의 회귀적 관계(인과관계, $X \rightarrow Y$)를 확인한 통계량 F값은 매우 높은 '207.7'이고, 통계적으로도 1% 유의수준에서 유의적인 p값('0.0')을 갖는다. 따라서 독립변수(시장지수)와 종속변수(개별주식) 간의 회귀적 관계가 성립한다.

▸ 넷째, 독립변수인 시장지수의 변화(ΔX)를 통하여 종속변수인 개별주식의 변화(ΔY)를 설명하는 정도인 R^2는 '63.78%'이다.

4 | Matlab을 이용한 분석팁

■ MATLAB 기본 코드: '단순회귀분석의 주요결과'

```
① Y = MaxSTOCK;  % a stock having the highest correlation
② X = MarketDATA;
   % Regression
③ ModelTYPE = 'Linear';
④ STATS = regstats(Y, X, ModelTYPE);
   % intercept, alpha
⑤ ALPHA = STATS.beta(1,1);
⑥ ALPHA_T = STATS.tstat.t(1,1);
⑦ ALPHA_P = STATS.tstat.pval(1,1);
   % slope, beta
⑧ BETA = STATS.beta(2,1);
⑨ BETA_T = STATS.tstat.t(2,1);
⑩ BETA_P = STATS.tstat.pval(2,1);
   % F-statistic
⑪ FVALUE = STATS.fstat.f;
⑫ FVALUE_P = STATS.fstat.pval;
   % determinant coefficient
⑬ RSQUARE = STATS.rsquare;
   % estimated dependent variable, Y
⑭ EstimatedVALUE = STATS.yhat;
```

▹ ①, ②, 단순회귀분석의 독립변수(X)와 종속변수(Y)를 설정한다. 즉, KOSPI 시장지수의 월별수익률을 수록하는 변수 'MarketDATA'를 새로운 변수 'X'에 대입하고, 시장지수와의 가장 높은 상관관계를 갖는 개별주식의 월별수익률을 수록하는 변수 'MaxSTOCK'를 새로운 변수 'Y'에 대입한다.

- ③, ④, **'명령어, regstats()'**를 이용하여 회귀분석을 한다. 입력요소는 첫째, 회귀모형의 종속변수('Y'), 둘째, 회귀모형의 독립변수('X'), 셋째, 회귀모형의 형태 지정('ModelTYPE')이다. 즉, 종속변수는 앞의 ①에서 개별주식수익률의 변수 'Y'이고, 독립변수는 앞의 ②에서 시장지수수익률의 변수 'X'이다. 그리고 회귀모형의 형태는 ③에서 지정한 변수 'ModelTYPE='Linear''로 선형회귀모형이다. **'명령어, regstats()'**는 많은 결과를 동시에 제공하고, 그 결과를 새로운 변수 'STATS'대입한다.
- ⑤, ⑥, ⑦, 단순회귀분석의 결과를 모두 수록한 변수 'STATS'에서, 회귀식의 절편인 알파계수에 대한 회귀계수, 통계량 t값과 p값을 추출한다. 첫째, ⑤에서, 회귀계수는 변수 'STATS'에서 **옵션 'beta'**를 이용한다. 즉, STATS. beta (1, 1). 여기서 옵션 'beta'는 행(row) 구조로 독립변수의 숫자에서 '1'을 더한 숫자이다. 단순회귀분석에서 독립변수는 1개이므로, 절편을 포함하여 2개의 회귀계수를 추정한다. 추정된 절편의 결과는 새로운 변수 'ALPHA=STATS. beta (1, 1)'에 대입한다. 둘째, ⑥과 ⑦에서, 회귀계수의 통계량 t값과 p값 **옵션 'tstat.t'**와 옵션 **'tstat.pval'**이다. 즉, t값의 'STATS. tstat. t (1, 1)'와 p값의 'STATS. tstat. pval (1, 1)'이다. 여기서 **옵션 'tstat'**는 행 구조로 독립변수의 숫자에서 '1'을 더한 숫자이다. 즉 회귀계수 'STATS. beta'와 'STATS. tstat'는 동일한 구조를 갖는다. 추정된 결과는 새로운 변수 'ALPHA_T = STATS. tstat. t (1, 1)'와 변수 'ALPHA_P = STATS. tstat. pval (1, 1)'에 대입한다.
- ⑧, ⑨, ⑩, 단순회귀분석의 결과를 모두 수록한 변수 'STATS'에서, 회귀식의 기울기인 베타계수에 대한 회귀계수, 통계량 t값과 p값을 추출한다. 첫째, ⑧에서, 회귀계수는 변수 'STATS'에서 **옵션 'beta'**를 이용한다. 즉, STATS. beta (2, 1). 앞의 ⑤에서 절편의 회귀계수는 '(1, 1)'이고, 독립변수의 회귀계수는 '(2, 1)'이다. 추정된 결과는 새로운 변수 'BETA = STATS. beta (2, 1)'에 대입한다. 둘째, ⑨과 ⑩에서, 회귀계수 베타의 통계량 t값과 p값의 **옵션 'tstat.t'**와 옵션 **'tstat.pval'**이다. 즉, 베타계수의 t값 'STATS. tstat. t (2, 1)'와 p값 'STATS. tstat. pval (2, 1)'이다. 역시 앞의 ⑥과 ⑦에서 절편의 t값과 p값은 '(1, 1)'이고, 독립변수인 베타계수의 t값과 p값은 '(2, 1)'이다. 추정된 결과는 새로운 변수 'BETA_T = STATS. tstat. t (2, 1)'와 변수 'BETA_P = STATS. tstat. pval (2, 1)'에 대입한다.
- ⑪, ⑫, 단순회귀분석의 결과를 모두 수록한 변수 'STATS'에서, 독립변수와 종속변수 간의 회귀적 관계에 대한 평가를 위한 통계량 F값과 p값을 추출한다. 변수 'STATS'에서 **옵션 'fstat'**에 대한 통계량 F값은 **'fstat.f'**이고, p값은 **'fstat.pval'**이다. 즉, 첫째, ⑪에서, 통계량 F값의 **옵션 'fstat.f'**를 이용하여 'STATS. fstat. f'의 값(1개)을 새로운

변수 'FVALUE = STATS. fstat. f'에 대입한다. 둘째, ⑫에서, 통계량 F값의 p값 **옵션 'fstat.pval'**을 이용하여, 'STATS. fstat. pval'의 값(1개)을 새로운 변수 'FVALUE_P = STATS. fstat. pval'에 대입한다.

▷ ⑬, 단순회귀분석의 결과를 모두 수록한 변수 'STATS'에서, 독립변수에 의하여 설명되는 종속변수의 설명력, R^2를 추출한다. 독립변수에 의한 종속변수의 설명력은 변수 'STATS'에서 **옵션 'rsquare'**를 이용한다. 즉, 'STATS. rsquare'. 회귀분석에서 설명력의 측정치 R^2는 1개이기 때문에, 측정된 R^2는 새로운 변수 'RSQUARE = STATS. rsquare'에 대입한다.

▷ ⑭, 단순회귀분석의 결과를 모두 수록한 변수 'STATS'에서, 추정된 회귀계수로부터 추정된 종속변수($\hat{Y}$)의 값들을 추출한다. 즉, 앞의 ⑤에서 추정된 회귀식의 절편('ALPHA')과 ⑨에서 추정된 회귀식의 기울기('BETA')를 이용하여, 주어진 독립변수('X')를 추정된 회귀식에 대입하여 종속변수의 추정값들($\hat{Y}$)을 생성한다. 즉, '$\hat{Y}$=ALPHA+(BETA×X)'이다. 종속변수의 추정값들은 변수 'STATS'에서 **옵션 'yhat'**를 이용하고, 즉, 'STATS. yhat'이다. 그리고 추정된 결과는 새로운 변수 'EstimatedVALUE = STATS. yhat'에 대입한다.

그림 6-4 단순회귀분석 [3]: 설명력, 회귀계수, F-통계량 간의 관계

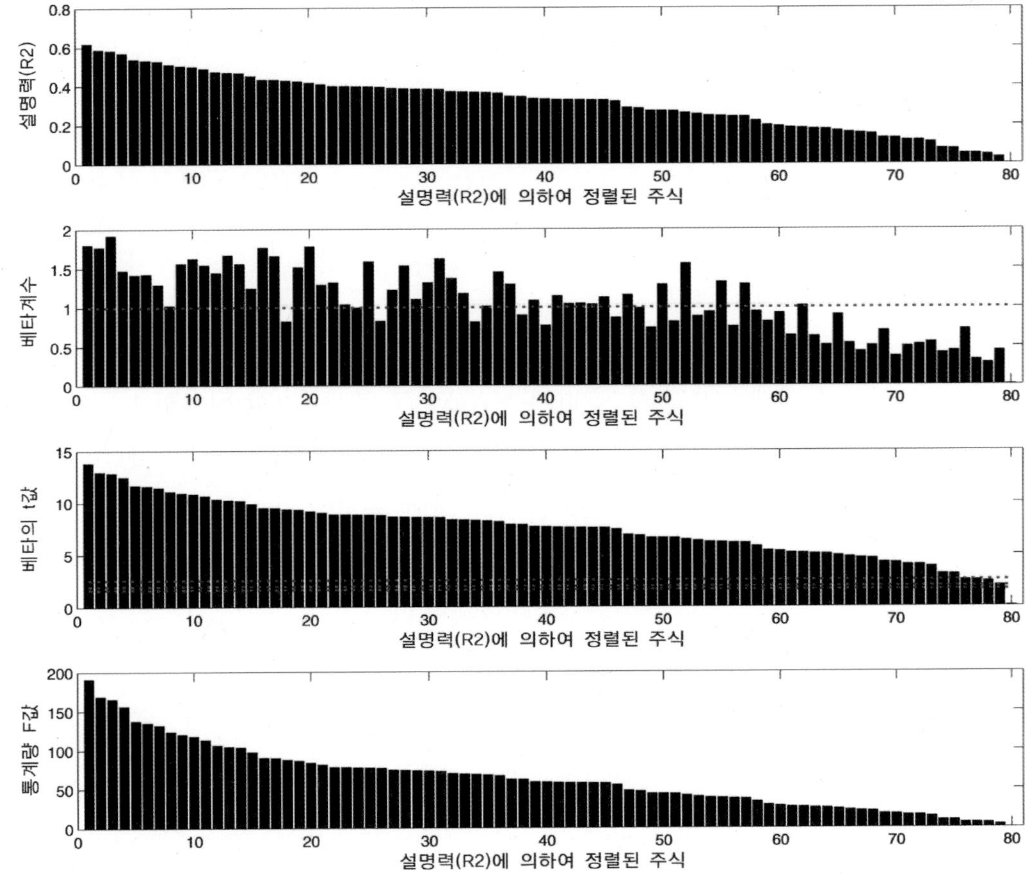

그림6-4 ▮ 그림은 2003년 1월부터 2012년 12월까지의 기간에서 KOSPI 100 시장지수의 월별수익률에 대하여 시장지수를 구성하는 80개 개별주식의 월별수익률 각각에 대하여 단순회귀분석으로부터 산출된 설명력(R^2), 시장베타 회귀계수(β) 및 그 t값, 그리고 통계량 F값 간의 관계를 나타낸 것이다. 가장 위 그림은 80개 개별주식과 시장지수 간의 회귀분석으로부터 확인된 설명력(R^2)을 크기 기준(왼쪽에 가장 높은 설명력을, 오른쪽에 가장 작은 설명력을 위치)으로 80개 개별주식을 정렬한 것이다. 다음 그림은 동일하게 설명력(R^2)의 크기 기준에 따라 정렬된 개별주식들에 대한 각각의 베타계수와 그 t값, 그리고 통계량 F값을 나타낸 것이다.

1 ▮ 목적

- 단순회귀분석에서 독립변수인 시장지수를 이용하여 종속변수인 개별주식의 변화를 설명하는 정도, 즉 설명력(R^2)의 크기를 기준으로 정렬된 개별주식들에 대한 베타계수와 그 t값, 통계량 F값 등과의 관계를 관찰한다.

2 | 자료, 기간 및 방법

- 자료: KOSPI 100 시장지수의 월별수익률, 그리고 동일한 기간에 모든 가격정보를 갖는 80개 개별주식들의 월별수익률을 이용
- 기간: 2003년 1월부터 2012년 12월까지 120개월 동안의 기간
- 방법:

▷ KOSPI 100 시장지수의 월별수익률($R_{M,t}$)을 독립변수로 고정하고, KOSPI 100 시장지수를 구성하는 80개 개별주식의 월별수익률($R_{j,t}$)을 각각 종속변수로 한 단순회귀분석을 한다. 즉,

▶ 단순회귀분석: $R_{j,t} = \alpha_j + \beta_j R_{m,t} + \epsilon_{j,t}$

▷ 주요결과:

▷ 첫째, 회귀식의 회귀계수인 절편 '알파계수 α_j'과 그 통계량 t값 및 p값

▷ 둘째, 회귀식의 회귀계수인 기울기 '베타계수 β_j'과 그 통계량 t값 및 p값

▷ 셋째, 종속변수와 독립변수 간 회귀적 관계에 대한 통계량 F값과 p값

▷ 넷째, 독립변수에 의한 종속변수의 설명 정도인 결정계수 R^2

▶ 설명력(R^2)에 의하여 자료를 정렬하는 방법

▷ 〔단계1〕 80개 개별주식으로부터 산출된 80개 R^2를 크기 순(내림차순)으로 정렬

▷ 〔단계2〕 정렬된 개별주식들 각각에 대한 베타계수(β)와 그 t값, 통계량 F값을 선택

▷ 〔단계3〕 모든 그래프의 X축은 설명력의 크기에 의하여 정렬된 개별주식으로, Y축은 각 개별주식들의 설명력(R^2), 베타계수(β)와 그 t값, 통계량 F값을 나타냄

3 | 관찰결과

- 그림은 단순회귀분석의 주요결과인 설명력(R^2), 베타계수와 그 t값, 통계량 F값 간의 관계를 관찰한 것이다. 그림에서 위 그림은 설명력의 크기에 의하여 정렬된 개별주식들을 X축에, 그리고 각 개별주식들의 설명력을 Y축에 나타낸 것이다. 다음의 아래 그림들은 동일한 X축에 대하여 각 개별주식들의 베타계수와 t값, 그리고 통계량 F값을 Y축에 표시하였다.
- 관찰결과에 의하면, 위 그림에서 설명력의 크기에 의하여 개별주식들이 잘 정렬되었음을 확인할 수 있다. 즉, 그림의 왼쪽이 가장 설명력이 높고, 오른쪽으로 이동할수

록 설명력이 낮아짐을 알 수 있다.

- 아래 그림들에서, 설명력의 크기에 의하여 정렬된 개별주식들의 베타계수와 그 t값, 통계량 F값 간의 높은 관련성을 확인할 수 있다. 즉, 독립변수인 시장베타에 의하여 개별주식의 변화가 잘 설명되는 주식들(왼쪽에 위치)일수록 베타계수는 높고 유의적인 경향이 있으며, 또한 통계량 F값이 높다. 반대로 시장지수에 의하여 잘 설명되지 않는 개별주식들(오른쪽에 위치)일수록 베타계수는 작고 비유의적인 경향이 있으며, 또한 통계량 F값은 작다.
- 이러한 설명이 가능한 이유는 다음과 같다. 단순회귀분석으로부터 설명력($R^2 = \frac{RSS}{TSS}$)이 높다는 것은 분자항목인 RSS(설명변수에 의하여 종속변수의 변화를 설명하는 부분)가 분모항목인 TSS(종속변수의 총 변화)에서 차지하는 비중이 높다는 것이다. 따라서 RSS가 크다는 것은 종속변수의 변화에 대한 독립변수의 속성을 반영한 베타계수(β)가 의미가 있고 유의적이며, 또한 통계량 F값 ($=\frac{RSS/1}{SSE/(n-1)}$)의 분자항목이 커지므로 F값도 커지는 경향을 갖는다.

4 | Matlab을 이용한 분석팁

- MATLAB 기본 코드: '설명력 크기를 기준으로 정렬'

```
① MODE = 'descend';  % option 'ascend' or 'descend'
② [SortVALUE, SortINDEX] = sort(RSQUARE, MODE);
③ S_RSquare = SortVALUE;          % R-square
④ S_BETA = BETA(SortINDEX,:);     % Beta Coefficient
⑤ S_BETA_T = BETA_T(SortINDEX,:);  % Beta Coefficient's t-value
⑥ S_F = FVALUE(SortINDEX,:);      % F-statistic
```

▷ ①, ②, ③ **'명령어, sort()'**를 이용하여 정렬된 자료와 그 위치정보를 확인한다. 즉, 단순회귀분석으로부터 KOSPI 100 시장지수를 구성하는 80개 개별주식들에 대한 시장지수의 설명력 크기를 기준으로 내림차순으로 정렬하는 것이다. 입력요소는 첫째, 분석대상자료('RSQUARE'), 둘째, 정렬방식('MODE')이다. ①에서 정렬방식을 내림차순에 대한 **옵션 'descend'**를 새로운 변수 'MODE'에 대입하였다. 그리고 이를 ②의 정렬방식에 적용하였다. 만약 오름차순으로 정렬한다면 **옵션 'ascend'**를 설정하면 된다. **'명령어, sort()'**로부터 결과는 첫째, 정렬된 값들('SortVALUE'), 둘째, 정렬된 값들의 위치정보('SortINDEX')이다. 즉, 원래의 자료를 정렬함에 따라 자료는 정렬

방식에 의하여 순서를 조정된다. 따라서 원래 자료들의 고유한 번호를 변경된 자료 각각에 일치시킨다. 이러한 위치정보를 이용하여 역방향, 즉 정렬된 자료를 원래의 자료로 재변경할 수 있다. 한편, ③에서 정렬된 값을 기록한 변수 'SortVALUE'를 새로운 변수 'S_RSquare'에 대입한다.

▷ ④, ⑤, ⑥, 앞의 ②에서 설명력 크기에 의하여 정렬된 개별주식의 위치정보를 이용하여, 단순회귀분석의 다른 주요 결과인 베타계수, t값, 그리고 통계량 F값을 정렬한다. 즉, ④에서, 정렬된 개별주식의 위치정보 변수 'SortINDEX'를 단순회귀분석의 베타계수 값들을 수록하고 있는 변수 'BETA'에 입력('BETA(SortINDEX, :)')하여, 설명력 크기에 의하여 정렬된 개별주식의 순서에 일치하도록 베타계수의 순서를 조정한다. 여기서 80개 개별주식의 베타계수를 수록한 변수 'BETA'의 자료구조는 행구조로 '80×1'이다. 그리고 그 결과는 새로운 변수 'S_BETA'에 대입한다. 또한 동일한 방식에 의하여 ⑤와 ⑥에서 베타계수의 t값을 수록한 변수 'BETA_T'와 통계량 F값을 수록한 변수 'FVALUE'에 위치정보 변수 'SortINDEX'를 각각 적용하여, 정렬된 베타계수의 t값과 정렬된 통계량 F값을 산출한다. 각각의 결과는 새로운 변수 'S_BETA_T'와 변수 'S_F'에 대입한다.

그림 6-5 단순회귀분석의 가정 [1]: 독립변수와 잔차 간의 관계

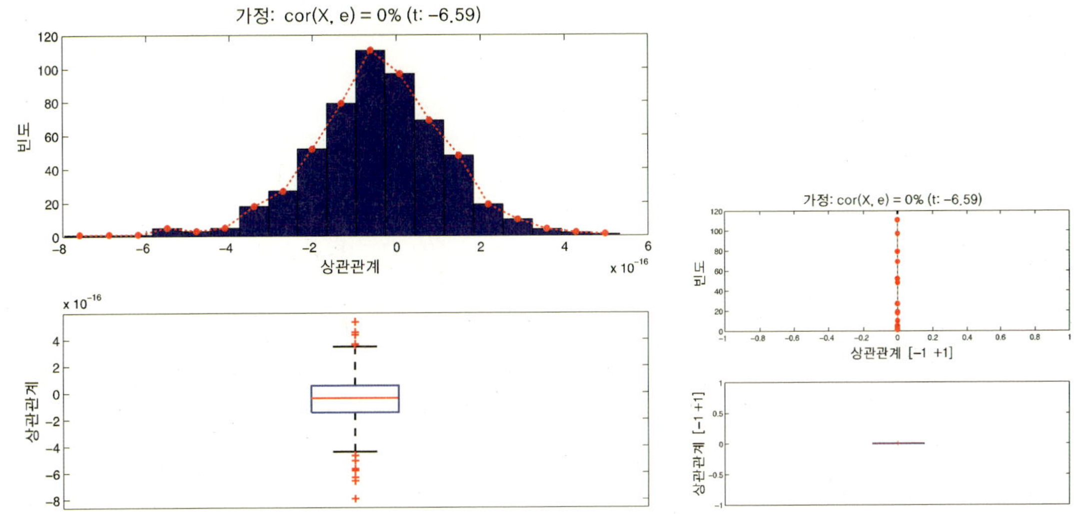

그림6-5 | 그림은 2003년 1월부터 2012년 12월까지의 기간에서 553개 개별주식과 시장지수간의 단순회귀분석으로부터 산출된 잔차와 단순회귀분석의 독립변수로 이용된 시장지수 간의 상관관계 측정결과를 빈도분포와 Box-plot으로 나타낸 것이다. 오른쪽의 작은 그림은 왼쪽 그림과 동일한 결과이지만, 빈도분포의 X축과 Box-plot 그림의 Y축의 범위를 상관관계의 범위인 최소 -1과 최대 +1로 고정한 경우이다.

1 | 목적

- 단순회귀분석에서는 독립변수인 시장지수와 단순회귀분석으로부터 추정된 잔차 간의 공분산(상관관계)는 독립관계('0')임을 가정한다. 즉, 종속변수인 주식수익률과 독립변수인 시장지수수익률간의 단순회귀분석으로부터 추정된 잔차의 속성은 독립변수인 시장지수수익률의 속성을 전혀 갖고 있지 않다는 것이다.
- 따라서, 단순회귀분석의 가정인 독립변수와 잔차 간에 관련성이 없다는 것을 관찰한다.

2 | 자료, 기간 및 방법

- 자료: KOSPI 시장지수의 월별수익률, 그리고 동일한 기간에 모든 가격정보를 갖는 553개 개별주식들의 월별수익률을 이용
- 기간: 2003년 1월부터 2012년 12월까지 120개월 동안의 기간

■ 방법 :

▷ 최소자승법에 의한 회귀분석: $R_{j,t} = \alpha_j + \beta_j R_{M,t} + \epsilon_{j,t}$

▷ 〔가정〕 $cov(R_{M,t}, \epsilon_{j,t})$=0 혹은 $cor(R_{M,t}, \epsilon_{j,t})$=0, 즉 독립변수$(R_{M,t})$와 잔차$(\epsilon_{j,t})$간에 관련성이 없다.

▶ 검증단계

▷ 〔단계1〕 분석대상 개별주식 각각을 종속변수$(j = 1,2,...,N(553))$로 하고, KOSPI 시장지수를 독립변수(1)로 한 단순회귀분석으로부터 개별주식에 대한 각각의 잔차$(j = 1,2,...,N(553))$를 추정, 즉 $\widehat{\epsilon_{j,t}} = R_{j,t} - \widehat{R_{j,t}} = R_{j,t} - (\alpha_j + \beta_j R_{M,t})$.

▷ 〔단계2〕 추정된 잔차$(j = 1,2,...,N(553))$와 독립변수(1)로 이용된 KOSPI 시장지수 간의 상관관계를 측정, 즉 $\rho_{j,M} = cor(R_{M,t}, \epsilon_{j,t})$.

▷ 〔단계3〕 측정된 상관관계, $\rho_{j,M}(j = 1,2,...,N(553))$를 이용하여 빈도분포와 Box-plot 방법의 그래프를 도출한다.

3 | 관찰결과

■ 그림은 최소자승법의 단순회귀분석에서 종속변수인 개별주식수익률과 독립변수인 시장지수수익률을 이용하여 추정된 잔차와 독립변수인 시장지수수익률 간에 상관관계를 측정한 후에, 측정된 상관관계를 빈도분포와 Box-plot으로 나타낸 것이다. 오른쪽 그림은 왼쪽 그림과 동일한 결과이지만, 빈도분포의 X축과 Box-plot그래프의 Y축의 상관관계 범위를 최소 -1과 최대 +1로 고정한 경우이다.

■ 관찰결과에 의하면, 최소자승법에 의한 단순회귀분석으로부터 추정된 잔차$(\widehat{\epsilon_{j,t}})$와 독립변수인 시장지수수익률 간의 상관관계는 유의적으로 관련성이 없다는 것을 알 수 있다. 즉, 통계적 유의수준 1%에서 상관관계는 '0.0%'이다$(Cor(R_{M,t}, \epsilon_{j,t})$=0 $(t$:-6.59)).

■ 이 가정이 의미하는 것은 단순회귀분석으로부터 추정된 잔차 자료 속에는 독립변수(시장지수)에 관련된 속성이 없다는 것을 의미하고, 또한 회귀식에서 종속변수의 변화를 설명하는 독립변수(시장지수)의 모든 속성은 추정된 회귀계수인 알파계수와 베타계수에 모두 충분하게 반영되었다는 것을 의미한다.

4 | Matlab을 이용한 분석팁

■ MATLAB 기본 코드: '독립변수와 잔차자료 간의 상관관계'

```
   % Market Model
① ModelTYPE = 'Linear';
② for k = 1 : FirmN
③     STATS = regstats(StockDATA(:,k), MarketDATA, ModelTYPE);
④     RESIDUAL(:,k) = STATS.r;
⑤     clear STATS;
⑥ end
   % Correlation between Residuals and Market
⑦ for k = 1 : FirmN
⑧     CorrTEMP = corrcoef(RESIDUAL(:,k), MarketDATA);
⑨     CorrRESIDUAL(k,:) = CorrTEMP(1,2);
⑩     clear CorrTEMP;
⑪ end
⑫ AVE = mean(CorrRESIDUAL);
```

▷ ①, 선형 (linear) 단순회귀모형의 형태를 지정한다. 즉, 변수 'ModelTYPE'에 **'명령어, regstats()'**의 옵션인 'Linear'를 대입한다.

▷ ②~⑥, **'명령어, for...end'**를 이용하여 반복적으로 명령어를 실행한다. 즉, 구분자 변수 'k'를 이용하여 첫 번째 개별주식 ('k=1') 에서 마지막 개별주식 ('k=FirmN') 까지를 반복한다.

▷ ③, **'명령어, regstats()'**를 이용하여 회귀분석을 한다. 입력요소는 첫째, 회귀모형의 종속변수 ('StockDATA'), 둘째, 회귀모형의 독립변수 ('MarketDATA'), 셋째, 회귀모형의 형태 지정 ('ModelTYPE') 이다. 즉, k번째 개별주식의 수익률 ('StockDATA (:, k)') 을 종속변수로 하고, KOSPI 시장지수의 수익률 ('MarketDATA') 을 독립변수하여, 앞의 ①에서 지정한 'ModelTYPE=Linear'에 따라 회귀분석을 실시한다. 그리고 **'명령어, regstats()'**는 많은 결과를 동시에 제공하고, 그 결과를 새로운 변수 'STATS'대입한다.

▷ ④, 단순회귀분석의 결과를 모두 수록한 변수 'STATS'에서 회귀식의 잔차를 추출한다. 회귀식으로부터의 잔차는 모든 결과를 수록하고 있는 변수 'STATS'에서 **옵션 'r'**을 이용하여 추출한다. 즉, 'STATS. r'이고, 자료구조는 'TimeN×1'이다. 그리고 종속변수인 개별주식수익률의 변수 'StockDATA'와 동일한 자료구조 ('TimeN×FirmN') 를 갖도록 회귀분석으로부터 산출된 잔차자료를 변수 'RESIDUAL (:, k) '에 기록한다. 예를 들어, 첫 번째 (k=1) 개별주식으로부터의 잔차자료를 변수 'RESIDUAL (:, 1) '에 기록하고, 두 번째 (k=2) 개별주식의 잔차자료를 변수 'RESIDUAL (:, 2) '에 기록하며, 그리고 마지막 (k=FirmN) 개별주식의 잔차자료를 변수 'RESIDUAL (:, FirmN) '에 기록한다.

▷ ⑤, **'명령어, clear'**를 이용하여 지정된 변수를 지운다. 즉, 동일한 이름으로 반복적인 사용을 위하여 변수 'STATS'를 지운다.

▷ ⑦~⑪, **'명령어, for...end'**를 이용하여 반복적으로 명령어를 실행한다. 즉, 구분자 변수 'k'를 이용하여 첫 번째 잔차자료('k=1')에서 마지막 잔차('k=FirmN')까지를 반복한다.

▷ ⑧, **'명령어, corrcoef()'**를 이용하여 2가지 변수간의 상관관계를 계산한다. 즉, k번째 잔차자료의 변수 'RESIDUAL(:, k)'와 앞의 ③에서 독립변수인 시장지수의 변수 'MarketDATA'를 이용하여 상관관계를 계산하고, 그 결과는 새로운 변수인 'CorrTEMP'에 대입한다. 여기서, k번째 주식에 대한 잔차 변수 'RESIDUAL(:, k)'의 자료구조는 'TimeN×1'이고, 시장지수의 변수 'MarketDATA'의 자료구조는 'TimeN×1'이기 때문에, '명령어, corrcoef(RESIDUAL(:, k), MarketDATA)'에서 사용된 2가지 변수의 자료구조는 'TimeN×2'이다. 따라서 Matlab에서 특정한 지정이 없는 경우에 열 구조로 결과를 산출하기 때문에 결과 변수 'CorrTEMP'의 자료구조는 '2×2'가 된다.

▷ ⑨, 산출된 상관관계 결과들 중에서 비대각선부분의 구성요소만을 별도로 추출하여 기록한다. 즉, 변수 'CorrTEMP'에서 비대각선 구성요소 ('1×2')를 k번째 상관관계의 결과로 새로운 변수 'CorrRESIDUAL(k, :)'에 대입한다. 여기서 변수 'CorrRESIDUAL'의 자료구조는 'FirmN×1'이다. 예를 들어, 첫 번째(k=1) 잔차자료와 시장지수간의 상관관계 결과는 'CorrRESIDUAL(1, :)'에 기록하고, 두 번째(k=2) 잔차자료의 시장지수간의 상관관계 결과는 'CorrRESIDUAL(2, :)'에 기록하며, 그리고 마지막 (k=FirmN) 잔차자료의 시장지수간의 상관관계 결과는 'CorrRESIDUAL(FirmN, :)'에 기록된다.

▷ ⑩, **'명령어, clear'**를 이용하여 지정된 변수를 지운다. 즉, 동일한 이름으로 반복적인 사용을 위하여 변수 'CorrTEMP'를 지운다.

▷ ⑫, **'명령어, mean()'**을 이용하여 평균을 계산한다. 즉, 앞의 ⑨에서 잔차자료와 독립변수인 시장지수의 수익률자료로부터 산출된 상관관계 변수 'CorrRESIDUAL'의 평균값을 산출한다. 여기서 변수 'CorrRESIDUAL'의 자료구조는 'FirmN×1'이고, Matlab에서 특정한 지정이 없는 경우에 열 구조로 결과를 산출하기 때문에, 산출된 평균의 결과는 '1×1'의 자료구조로 변수 'AVE'에 대입한다.

그림 6-6 단순회귀분석의 가정 [2]: 잔차 간의 관계

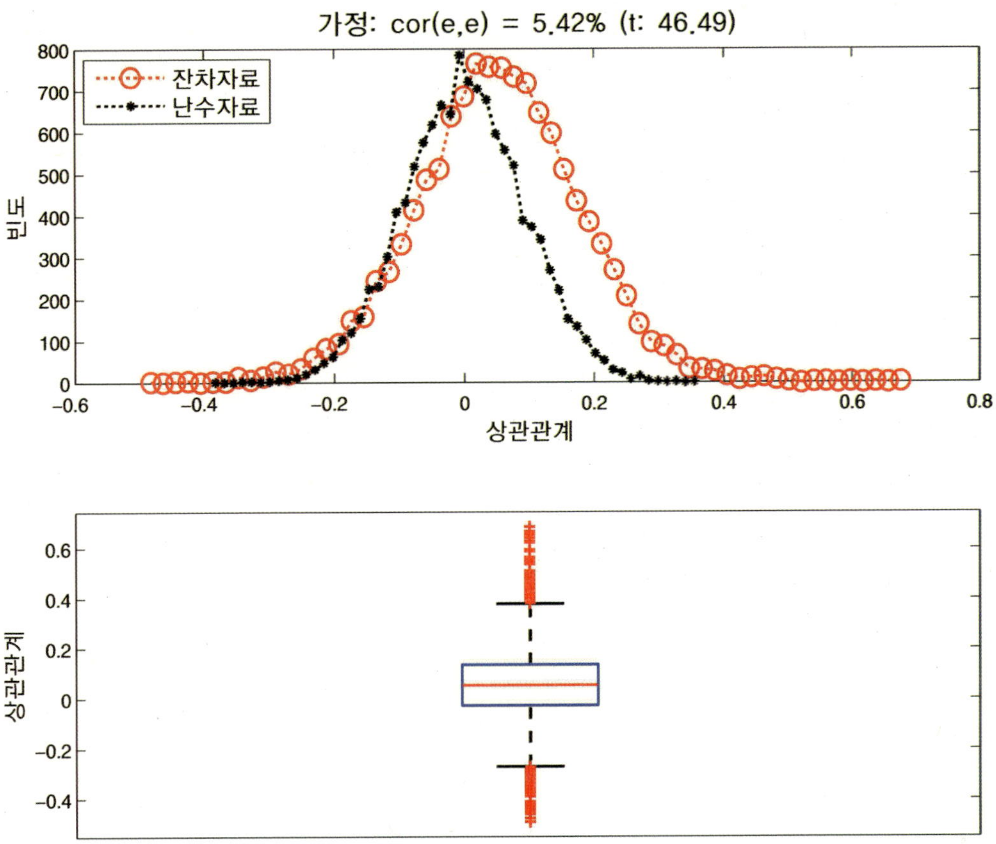

그림6-6 ▎ 그림은 2003년 1월부터 2012년 12월까지의 기간에서 KOSPI 200을 구성하는 155개 개별주식과 시장지수간의 단순회귀분석을 통하여 추정된 잔차 간에 측정된 상관관계를 빈도분포와 Box-plot 그래프로 나타낸 것이다. 빈도분포의 그래프에서 정규분포를 따르는 난수자료간의 상관관계 결과('*')와 단순회귀분석의 잔차 간의 상관관계 결과('O')를 함께 나타내었다.

1 ┃ 목적

- 단순회귀분석에서 독립변수인 시장지수를 이용하여 종속변수인 개별주식의 변화를 설명할 때, 모형에서의 암묵적 가정은 독립변수인 시장지수가 종속변수인 개별주식의 변화를 충분하게 설명할 수 있는 유일한 변수라는 것이다.
- 만약, 회귀분석에 사용된 독립변수가 종속변수의 변화를 설명할 수 있는 유일한 변수라면, 분석에 이용된 독립변수의 속성을 전혀 갖지 않는 잔차 간에는 종속변수의 변화를 설명할 수 있는 공통성이 없다. 즉, 잔차 간의 상관관계는 '0'이다. 그런데,

만약 잔차 간에 통계적으로 의미 있는 관계(공통성의 존재, 즉 $cor(\epsilon_i, \epsilon_j) \neq 0$)를 갖는다면, 잔차 속에는 종속변수의 변화를 설명할 수 있는 생략된 (고려하지 못한) 공통요인이 존재할 수 있음을 의미하고, 이러한 증거는 모형에 다른 독립변수를 포함하는 다중회귀분석의 필요성을 의미한다.

- 따라서, 단순회귀분석의 가정인 잔차 간에 관련성이 없다는 것을 관찰한다.

2 | 자료, 기간 및 방법

- 자료: KOSPI 200 시장지수의 월별수익률, 그리고 동일한 기간에 모든 가격정보를 갖는 155개 개별주식들의 월별수익률을 이용
- 기간: 2003년 1월부터 2012년 12월까지 120개월 동안의 기간
- 방법:

▷ 최소자승법에 의한 회귀분석: $R_{j,t} = \alpha_j + \beta_j R_{M,t} + \epsilon_{j,t}$

▷ 〔가정〕 $cov(\epsilon_{i,t}, \epsilon_{j,t})$=0 혹은 $cor(\epsilon_{i,t}, \epsilon_{j,t})$=0, 즉 잔차$(\epsilon_{j,t})$ 간에 관련성이 없다.

▸ 검증단계

▷ 〔단계1〕 분석대상 개별주식 각각을 종속변수$(j = 1,2,...,N(155))$로 하고, KOSPI 200 시장지수를 독립변수(1)로 한 단순회귀분석으로부터 개별주식에 대한 각각의 잔차자료$(j = 1,2,...,N(155))$를 추정, 즉 $\widehat{\epsilon_{j,t}} = R_{j,t} - \widehat{R_{j,t}} = R_{j,t} - (\alpha_j + \beta_j R_{M,t})$

▷ 〔단계2〕 추정된 잔차자료$(j = 1,2,...,N(155))$ 간의 상관관계를 측정, 즉 $\rho_{i,j} = cor(\epsilon_{i,t}, \epsilon_{j,t})$

▷ 〔단계3〕 산출된 상관관계행렬에서 비대각선부분의 구성요소$(N(N-1)/2)$를 추출

▷ 〔단계4〕 추출된 비대각선부분 구성요소(155(154)/2=11,935개)를 이용하여 빈도분포와 Box-plot 그래프를 도출

3 | 관찰결과

- 그림은 최소자승법의 단순회귀분석에서 종속변수인 개별주식수익률과 독립변수인 시장지수수익률을 이용하여 추정된 잔차 간의 상관관계행렬에 대한 빈도분포와 Box-plot 그래프를 나타낸 것이다. 빈도분포와 Boxplot에 이용된 상관관계행렬은 비대각선부분의 구성요소$(N(N-1)/2)$를 이용하였다. 그리고 빈도분포 그래프에서 정규분포를 따르는 난수자료간의 상관관계에 대한 결과('*')와 단순회귀분석의 잔차자료간의 상관관계에 대한 결과('○')를 함께 나타내었다.

- 관찰결과에 의하면, 최소자승법을 이용한 단순회귀분석으로부터 도출된 잔차($\epsilon_{j,t}$) 간의 상관관계는 통계적으로 1% 유의수준에서 의미 있는 '5.42%'의 값을 갖는다. 즉, $Cor(\epsilon_{i,t}, \epsilon_{j,t}) \neq 0$ (t:46.49). 이는 회귀분석으로부터 도출된 잔차자료 속에는 시장지수 이외에 종속변수의 변화를 설명할 수 있는 다른 공통요인(독립변수)이 존재할 수 있다는 것을 의미한다.
- 이러한 설명에 대한 가능한 이유는 다음과 같다. 단순회귀분석에서 유일한 독립변수로 종속변수의 변화를 충분하게 설명한다면, 그 설명력인 $R^2 = \frac{RSS}{TSS}$에서 분자항목인 RSS(설명변수에 의하여 종속변수의 변화를 설명하는 부분)가 분모항목인 TSS(종속변수의 총 변화)에서 차지하는 비중이 매우 높을 것이다. 또한 총변동성의 구성요소 TSS=RSS+SSE에서 SSE(생략된 가능한 모든 독립변수의 집합)가 총변동성 TSS에서 차지하는 비중 $\frac{SSE}{TSS}$이 매우 작을 것이다. 하지만 설명력 R^2이 충분하게 높지 않다는 것은 분자항목인 RSS가 충분하게 커지 않다는 것이고, 또한 SSE을 무시할 수 있을 정도로 충분하게 작지 않다는 것으로 볼 수 있다. 따라서 총변동성 TSS에서 SSE의 비중이 높기 때문에, 설명력 R^2을 충분하게 높이기 위해서는 SSE('잔차')에 포함된 다른 공통요인(독립변수)을 회귀식에 추가적으로 고려할 필요가 있다는 것을 의미한다.

4 | Matlab을 이용한 분석팁

- MATLAB 기본 코드: '잔차자료 간의 상관관계'

```
  % Market Model
  ModelTYPE = 'Linear';
  for k = 1 : FirmN
     STATS = regstats(StockDATA(:,k), MarketDATA, ModelTYPE);
     RESIDUAL(:,k) = STATS.r;
     clear STATS;
  end
  % Correlation between Residuals
① KKa = 0;
② for k = 1 : FirmN-1
③    for kb = ka+1 : FirmN
④       KKa = KKa + 1;
⑤       CorrTEMP = corrcoef(RESIDUAL(:,ka), RESIDUAL(:,kb));
```

```
⑥          CorrRESIDUAL(KKa,:) = CorrTEMP(1,2);
⑦          clear CorrTEMP;
⑧      end
⑨  end
```

※ 앞부분은 '〔그림6-5〕의 Matlab 기본코드'에서 설명된 부분과 동일하다.

▷ ①, 생성되는 결과를 저장하기 위한 구분자 변수를 설정한다. 즉, 구분자 변수 'KKa'의 초기값('0')을 설정한다. 구분자 변수 'KKa'는 ④의 'KKa=KKa+1' 명령어에 의하여 '1'씩 증가하는 값을 갖는다.

▷ ②~⑨, **'명령어, for...for...end...end'**의 중첩 for문을 이용하여 포함된 명령어들을 반복적으로 실행한다. 즉, 바깥 부분의 **'for...end'**는 구분자 변수 'ka'에 의한 ②+⑨이고, 안쪽 부분의 **'for...end'**는 구분자 변수 'kb'에 의한 ③+⑧이다. 구분자 변수 'ka'와 'kb'는 상관관계행렬의 비대각부분 구성요소 만을 추출하기 위하여 사용한다. 개별주식의 잔차 자료를 수록한 변수 'RESIDUAL'는 'TimeN×FirmN'의 구조를 갖는다. 이 자료를 이용하여 산출될 상관관계행렬의 구조는 잔차자료(개별주식)의 숫자에 대한 'FirmN×FirmN'의 구조이다. 따라서 비대각부분의 구성요소($i \neq j$)만을 선택하여 생성하기 위하여 행의 'i'에 해당하는 'ka=1:FirmN-1'와 열의 'j'에 해당하는 'kb=ka+1:FirmN'로 설정한다. 예를 들어, 'ka=1'로 지정된 후, 'kb'는 '2(=ka+1), 3, 4, ... FirmN'까지 반복한다. 다음으로 'ka=2'로 지정된 후에 'kb'는 '3(=ka+1), 4, ..., FirmN'까지, 그리고 'ka=3'로 지정된 후에 'kb'는 '4(=ka+1), 5, ..., FirmN'까지 반복되며, 마지막으로 'ka=FirmN-1'로 지정된 후에 'kb'는 'FirmN'이다. 즉, 상관관계행렬의 대각선을 중심으로 윗 삼각형에 해당하는 비대각선 구성요소만을 산출하기 위한 설정이다.

▷ ④, 반복적으로 실행되는 명령어로부터 생성되는 결과물을 순차적으로 기록하기 위하여, 앞의 ①에서 설정한 구분자 변수 'KKa'를 이용한다. 즉, 'KKa=KKa+1'의 명령어를 통하여 'KKa'는 '1', '2', '3', ... 등의 명령어 실행 순서에 일치하는 값을 갖게 된다.

▷ ⑤, **'명령어, corrcoef()'**를 이용하여 상관관계를 계산한다. 즉, 행 구조의 구분자 변수 'ka'에서 지정한 잔차자료의 변수 'RESIDUAL(:, ka)'와 열 구조의 구분자 변수 'kb'에서 지정한 잔차자료의 변수 'RESIDUAL(:, kb)'를 이용하여 산출된 2×2 구조의 상관관계행렬을 새로운 변수 'CorrTEMP'에 대입한다. 여기서 'corrcoef(RESIDUAL(:, ka), RESIDUAL(:, kb))의 첫번째 항과 두번째 항은 앞의 ②와 ③에서 설명된 'ka=1, 2, ..., FirmN-1'와 'kb=ka+1, ... FirmN'의 변화에 따라 반복된다.

▷ ⑥, 상관행렬의 비대각부분 구성요소를 선택한 후에 기록한다. 즉, 2가지 잔차자료간의 상관관계행렬의 결과를 수록한 변수 'CorrTEMP'는 2×2의 구조로 대각선 부분 (1, 1), (2, 2)는 '1'의 값을 갖고, 비대각선 부분 (1, 2), (2, 1)은 대칭행렬의 속성에 따라 서로 동일한 값을 갖는다. 따라서 (1, 2)의 위치에 수록된 값('CorrTEMP(1, 2)')만을 결과에 기록하고, 그 결과를 새로운 변수 'CorrRESIDUAL(KKa, :)'에 대입한다. 변수에 반복적으로 실행되는 명령으로부터 생성되는 결과물을 순차적으로 기록하기 위하여, 앞의 ④에서 설정한 구분자 변수 'KKa'를 이용한다.

▷ ⑦, **'명령어, clear'**를 이용하여 지정된 변수를 지운다. 즉, 동일한 이름으로 반복적인 사용을 위하여 변수 'CorrTEMP'를 지운다.

그림 6-7 단순회귀분석의 독립변수 [1]: 시장요인

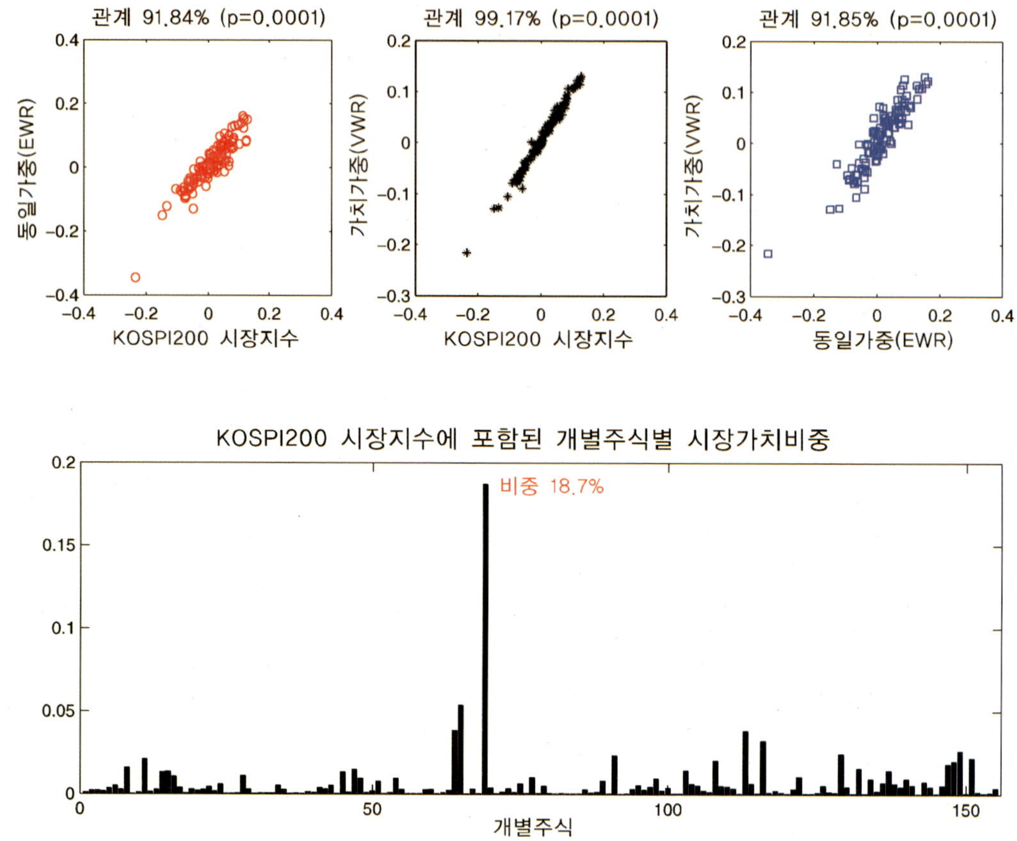

그림6-7 ▌ 그림은 2003년 1월부터 2012년 12월까지의 기간에서 KOSPI 200을 구성하는 155개 개별주식의 월별수익률을 이용하여 시장요인의 속성을 갖는 3가지 공통요인을 생성하고, 이들 공통요인간의 관계를 산포도로 나타낸 것이다. 여기서 시장요인의 속성을 갖는 3가지 공통요인은 동일가중수익률(EWR), 가치가중수익률(VWR), 그리고 시장지수수익률(KOSPI200)이다. 즉, 위 그림에서 왼쪽은 동일가중수익률(Y축)과 시장지수수익(X축)간의 산포도이고, 중간은 가치가중수익률(Y축)과 시장지수수익률(X축)간의 산포도이며, 그리고 오른쪽은 가치가중수익률(Y축)과 동일가중수익률(X축)간의 산포도이다. 한편, 아래 그림은 가치가중수익률의 산출에 사용된 개별주식별 가중치인 기업규모의 시장가치를 나타낸다. 분석기간에서 시장가치의 평균값을 기준으로 가장 높은 가중치는 18.7%의 삼성전자 주식이다.

1 목적

- 재무 분야에서 대표적 가격결정모형인 자본자산가격결정모형(CAPM)의 유일한 독립변수는 시장포트폴리오이다. 실증적 분석에서 일반적으로 시장요인(시장포트폴리오)의 속성을 갖는 공통요인으로 사용되는 3가지 대용변수는 동일가중 포트폴리오 수익률(equal-weighted returns, EWR), 가치가중 포트폴리오 수익률(value-weighted returns, VWR), 그리고 시장지수의 수익률(returns of a market index)이다.

- 언급된 3가지 공통요인은 개별주식들에 대한 비중을 결정하는 방법에서 차이점이 있다. 즉, 동일가중수익률(EWR)은 분석에 이용된 155개 개별주식에 동일하게 가중치를 부여하여 산출된 수익률이고, 가치가중수익률은 분석에 이용된 155개 개별주식의 시장가치(=주식가격×상장주식수) 크기에 따라 가중치를 부여하여 산출된 수익률이며, 시장지수수익률은 KOSPI 200에 속한 200개 개별주식들의 시장가치에 따라 산출된 수익률이다.
- 따라서, 시장요인의 속성을 갖는 공통요인인 동일가중수익률, 가치가중수익률, 시장지수수익률의 3가지 자료들 간의 관계를 비교 관찰한다.

2 | 자료, 기간 및 방법

- 자료: KOSPI 200 시장지수의 월별수익률, 그리고 동일한 기간에 모든 가격정보를 갖는 155개 개별주식들의 월별수익률을 이용
- 기간: 2003년 1월부터 2012년 12월까지 120개월 동안의 기간
- 방법:

▷ 시장요인의 속성을 갖는 3가지 공통요인의 수익률 산출 방법

▷ 첫째, KOSPI 200 시장지수의 수익률, $R_{m,t}$

▷ 둘째, 동일가중수익률, $R_{p,t} = \sum_{j=1}^{N} w_{,t} R_{j,t}$, $t = 1,2,...,120$, $j = 1,2,...,155$

여기서 가중치는 $w_{j,t} = \frac{1}{N} = w_{i,t}$

▷ 셋째, 가치가중수익률, $R_{p,t} = \sum_{j=1}^{N} w_{j,t} R_{j,t}$,

여기서 가중치는 $w_{j,t} = \frac{MV_{j,t}}{\sum_{j=1}^{N} MV_{j,t}}$, (시장가치, MV_j = 주식가격 × 상장주식수)

3 | 관찰결과

- 그림은 시장요인의 속성을 갖는 3가지 종류의 수익률간의 관계를 나타낸 것이다. 여기서, 시장요인의 속성을 갖는 3가지 공통요인은 동일가중수익률(EWR), 가치가중수익률(VWR), 그리고 시장지수수익률(KOSPI200)이다. 위 그림에서 왼쪽 그림은 동일가중수익률(Y축)과 시장지수수익률(X축) 간의 산포도이고, 중간 그림은 가치가

중수익률(Y축)과 시장지수수익률(X축) 간의 산포도이며, 그리고 오른쪽 그림은 가치가중수익률(Y축)과 동일가중수익률(X축) 간의 산포도이다. 아래 그림은 가치가중수익률(VWR)의 산출에 사용된 개별주식별 가중치인 시장가치(=주식가격×상장주식수)를 나타낸다.

- 관찰결과에 의하면, 시장속성(시장포트폴리오)을 갖는 요인의 대용변수로 사용되는 3가지 공통요인의 자료 간에 높은 관련성이 있다는 것을 알 수 있다. 즉, 동일가중수익률과 KOSPI 200의 시장지수수익률 간에는 통계적으로 유의적인 91.84% (p=0.0)의 상관관계를 갖고, 가치가중수익률과 시장지수수익률 간에는 유의적인 99.17% (p=0.0)의 보다 높은 상관관계를 가지며, 또한 동일가중수익률과 가치가중수익률 간에도 역시 통계적으로 유의적인 91.85% (p=0.0)의 상관관계를 갖는다. 따라서 155개 개별주식 자료로부터 산출된 동일가중수익률과 가치가중수익률, 그리고 실제 시장지수로부터의 수익률 간에는 공통적으로 시장요인의 속성을 포함하고 있다는 것을 의미한다.
- 한편, 가치가중수익률의 산출과정에 모든 개별주식들의 전체 시장가치($\sum_{j=1}^{N} MV_{j,t}$)에 대한 각 개별주식들의 시장가치(=$MV_{j,t}$)의 비중(가중치, $w_{j,t} = MV_{j,t} / \sum_{j=1}^{N} MV_{j,t}$)을 관찰하면, KOSPI 200 시장지수를 구성하는 155개 개별주식들 중에서 평균적으로 가장 높은 가중치를 갖는 개별주식은 삼성전자로 '18.7%'이다. 따라서 가치가중방법에 의하여 산출되는 한국주식시장의 시장지수들은 높은 시장가치를 갖는 개별주식들의 가격 변동에 보다 많은 영향을 받게 된다.

4 | Matlab을 이용한 분석팁

- MATLAB 기본 코드: '동일가중수익률과 가치가중수익률'

```
   [TimeN, FirmN] = size(StockDATA);
   % equal-weighted returns
①  EWR = mean(StockDATA')';
   % value-weighted returns
   [TimeN, FirmN] = size(MarketVALUE);
②  for ka = 1 : TimeN
③      totel_MarketVALUE = sum(MarketVALUE(ka,:));
④      for kb = 1 : FirmN
⑤          StockWGT(ka,kb) = MarketVALUE(ka,kb)/totel_MarketVALUE;
```

```
⑥     end
⑦     SUM = 0;
⑧     for kc = 1 : FirmN
⑨         SUM = SUM + StockWGT(ka,kc)*StockDATA(ka,kc);
⑩     end
⑪     VWR(ka,:) = SUM;
⑫     clear totel_MarketVALUE;
⑬ end
```

▷ ①, **'명령어, mean()'**을 이용하여 평균을 계산한다. 즉, 시간의 흐름에 따라 포트폴리오를 구성하는 개별주식 모두에게 동일한 가중치($w_{j,t} = 1/N = w_{i,t}$)를 부여하는 방법으로 동일가중수익률을 계산한다. 통계적으로는 단순 평균과 일치한다. 동일가중수익률을 계산하기 위하여 사용된 개별주식수익률의 자료를 수록하고 있는 변수 'StockDATA'의 자료구조는 'TimeN×FirmN'이다. 만약, Matlab에서 별도의 지정이 없이 '명령어, mean(StockDATA)'와 같이 실행한다면, 산출된 결과의 구조는 '1×FirmN'으로 개별주식별 평균값이 된다. 즉, 시간의 흐름에 따라 모든 개별주식의 평균 수익률이 아니라 개별주식별 전체기간에 대한 평균 수익률이다. 따라서 시장속성을 갖는 동일가중수익률은 지정된 시점에서의 모든 개별주식수익률의 평균값이기 때문에, 시간의 흐름에 따라 개별주식들에 동일한 가중치를 부여하는 방법으로 동일가중 포트폴리오수익률을 계산하기 위해서 변수 'StockDATA'를 전치(transpose, StockDATA′)한다. 즉, 자료구조는 'FirmN×TimeN'으로 변경되고, '명령어, mean(StockDATA′)'에 의하여 산출되는 결과의 구조는 '1×TimeN'으로 시간의 흐름에 따라 계산된 모든 개별주식들의 평균값이다. 그리고 계산된 동일가중 포트폴리오 수익률을 행 구조('TimeN×1')의 시계열자료로 변경하기 위하여 결과를 다시 전치(mean(StockDATA′)′)시킨 후에 새로운 변수 'EWR'에 대입한다.

▷ ②~⑬, **'명령어, for..for...end..end'**의 중첩 for문을 이용하여 반복적인 명령어를 실행한다. 즉 시간 흐름('TimeN')의 구분자 변수 'ka'는 ②~⑬ 사이의 명령어들에 관계되고, 개별주식('FirmN')의 시장가치의 구분자 변수 'kb'는 ④~⑥ 사이의 명령어들에 관계되며, 개별주식('FirmN')의 구분자 변수 'kc'는 ⑧~⑩ 사이의 명령어들에 관계된다.

▷ ③~⑥, 개별주식별 시장가치(=주식가격×상장주식수, $MV_{j,t}$)의 크기를 이용하여, 전체 시장가치($\sum_{j=1}^{N} MV_{j,t}$)에서 개별주식들이 갖는 상대적 비중을 계산하는 과정이다.

▷ ③, **'명령어, sum()'**을 이용하여 합계를 계산한다. 즉, ka번째 거래월('시간의 고정')에 있어서 모든 개별주식의 총 시장가치를 산출한다. 개별주식별 시장가치 자료를

수록하고 있는 변수 'MarketVALUE'의 자료구조는 'TimeN×FirmN'이다. 따라서 ka번째 거래월에 있어서 모든 개별주식의 시장가치('1×FirmN')를 갖는 'MarketVALUE(ka, :)'의 합계를 산출하고, 그 결과를 새로운 변수 'total_MarketVALUE'에 대입한다. 여기서 계산된 합계 값을 갖는 변수 'total_MarketVALUE'의 자료구조는 '1×1'이다.

▷ ④, ⑤, ⑥, **'명령어, for...end'**를 이용하여 각 개별주식들의 가중치를 시장가치 기준으로 계산한다. 즉, 구분자 변수 'kb'는 첫 번째('kb=1') 개별주식에서 마지막('kb=FirmN') 개별주식까지를 반복한다. ⑤는 앞의 ③에서 산출된 모든 개별주식들의 총 시장가치('total_MarketVALUE')를 이용하여 각 개별주식의 시장가치('MarketVALUE')에 대한 상대적 시장가치 비중('MarketVALUE/total_MarketVALUE')을 계산한다. 여기서 구분자 변수 'ka'는 ②에서 지정한 시간 흐름의 거래월을 나타내고, 'kb'는 개별주식을 나타낸다. 따라서 변수 'MarketVALUE(ka, kb)'의 의미는 ka번째 거래월에 있어서 kb번째 개별주식의 시장가치이다. 각 개별주식별로 계산된 시장가치기준의 가중치 결과를 새로운 변수 'StockWGT(ka, kb)'에 대입한다.

▷ ⑦~⑩, 지정된 ka번째 거래월에 있어서 개별주식별 시장가치기준의 가중치('StockWGT(ka, :)')를 이용하여 가치가중 포트폴리오 수익률을 계산한다.

▷ ⑦, 누적방법을 이용하여 합계를 계산하는데 이용될 도구 변수 'SUM'의 초기값 '0'을 설정한다.

▷ ⑧, ⑨, ⑩, **'명령어, for...end'**를 이용하여 각 개별주식들의 시장가치 비중(가중치)과 수익률을 이용하여 가치가중 포트폴리오 수익률('가중치×수익률')을 누적방법으로 계산한다. 즉, 구분자 변수 'kc'를 이용하여 첫 번째('kc=1') 개별주식에서 마지막('kc=FirmN') 개별주식까지를 반복한다. ⑨는 누적방법에 의한 가치가중 포트폴리오 수익률을 계산한다. 즉, ②에서 지정한 ka번째 거래월에 있어서 kc번째 개별주식의 비중(가중치)을 갖는 변수 'MarketVALUE(ka, kc)'와 수익률을 갖는 변수 'StockDATA(ka, kc)'를 이용한다. 예를 들어, 고정된 'ka=1'번째 거래월에 있어서, 'kc=1'번째 개별주식의 비중('MarketVALUE(1, 1)')과 수익률('StockDATA(1, 1)')을 곱한 후에, ⑦에서 설정한 변수 'SUM=0'에 합산한다. 그리고 그 결과를 동일한 이름을 갖는 변수 'SUM'에 대입한다. 즉, 'SUM=SUM+MarketVALUE(1, 1)*StockDATA(1, 1)'. 따라서 새롭게 계산된 값을 갖는 변수 'SUM'은 'kc=1'번째 개별주식의 시장가치비중을 고려한 수익률('가중치×수익률')을 갖는다. 다음으로, 'kc=2'번째 개별주식의 비중('Market VALUE(1, 2)')과 수익률('StockDATA(1, 2)')을 곱한 후에 그 결과를 직전의 변수 'SUM'에 더한다. 여기서 변수 'SUM'은 직전의 계산과정에서 kc=1번째 개별주식

의 시장가치비중을 고려한 수익률('가중치×수익률')을 수록하고 있다. 새롭게 계산된 변수 'SUM'은 'kc=1'번째 개별주식과 'kc=2'번째 개별주식의 시장가치비중을 고려한 수익률('가중치×수익률')를 갖는다. 이와 같은 계산과정은 마지막 'kc=FirmN'번째 개별주식까지 반복되고, 마지막 단계에서 산출되는 변수 'SUM'은 'kc=1'번째부터 'kc=FirmN'번째까지의 모든 개별주식의 시장가치비중을 고려한 포트폴리오 수익률('가중치×수익률')을 갖는다. 즉, 누적방법에 의한 가치가중 포트폴리오 수익률을 계산하는 방법이다.

▷ ⑪, 가치가중 포트폴리오 수익률을 시계열적으로 기록한다. 즉, 전체 프로그램을 묶고 있는 ②의 **'for...end'**에서 지정한 'ka'번째 거래월에 있어서 앞의 ⑨에서 산출된 모든 개별주식들의 시장가치를 고려한 수익률을 수록한 변수 'SUM'의 값을 새로운 변수 'VWR(ka, :)'에 대입한다. 여기서 변수 'VWR'의 자료구조는 'ka×1'이다. 만약 ②에서 시계열의 구분자 변수 'ka'는 'ka=1'번째 거래월에서 'ka=TimeN'번째 거래월까지 변하기 때문에, 마지막 단계('ka=TimeN')에서의 변수 'VWR'의 자료구조는 'TimeN×1'이 된다.

▷ ⑫, **'명령어, clear'**를 이용하여 지정된 변수를 메모리에서 지운다. 즉, 동일한 이름으로 반복적 사용을 위하여 변수 'total_MarketVALUE'를 지운다.

그림 6-8 단순회귀분석의 독립변수 [2]: 시장베타

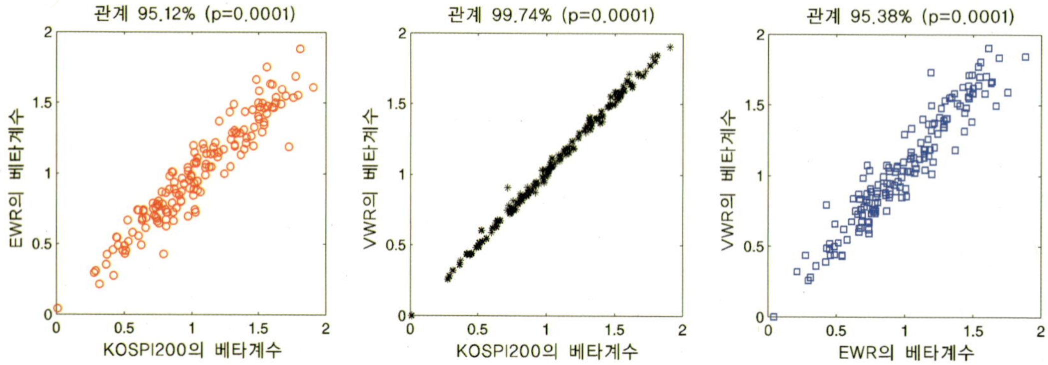

그림6-8 그림은 2003년 1월부터 2012년 12월까지의 기간에서 KOSPI 200을 구성하는 155개 개별주식의 월별수익률을 종속변수로 하고 독립변수는 시장요인의 속성을 갖는 3가지 공통요인의 수익률을 각각 이용하여 단순회귀분석으로부터 산출된 베타계수들 간의 관계를 나타낸 것이다. 여기서 시장요인의 속성을 갖는 3가지 공통요인은 동일가중수익률(EWR), 가치가중수익률(VWR), 시장지수수익률(KOSPI200)이다. 즉, 위 그림에서 왼쪽은 동일가중수익률로부터의 베타계수(Y축)와 시장지수수익률로부터의 베타계수(X축)간의 산포도이고, 중간은 가치가중수익률로부터의 베타계수(Y축)와 시장지수수익률로부터의 베타계수(X축)간의 산포도이며, 그리고 오른쪽은 가치가중수익률(Y축)과 동일가중수익률(X축) 각각으로부터의 베타계수들 간의 산포도이다.

1 | 목적

- 시장요인의 속성을 갖는 공통요인으로 동일가중수익률, 가치가중수익률, 시장지수의 수익률의 3가지가 사용된다.
- 3가지 종류의 시장속성을 갖는 공통요인은 산출방법(가중치를 부여하는 방법)에서 상이한 점들이 있지만, 방법별로 산출된 모든 수익률은 시장요인의 속성을 갖는 공통요인의 대용변수로 이용된다. 즉, 회귀분석에서 각 공통요인을 독립변수로 하여 추정된 베타계수는 유사한 속성을 갖게 된다.
- 따라서 단순회귀분석에서 개별주식의 월별수익률을 종속변수로 하고, 산출된 3가지 공통요인의 대용변수 수익률을 독립변수로 하여 추정된 회귀계수들 간의 관계를 비교 관찰한다.

2 | 자료, 기간 및 방법

- 자료: KOSPI 200 시장지수의 월별수익률, 그리고 동일한 기간에 모든 가격정보를 갖는 155개 개별주식들의 월별수익률을 이용

- 기간: 2003년 1월부터 2012년 12월까지 120개월 동안의 기간
- 방법:

▸ 시장요인의 속성을 갖는 3가지 공통요인의 수익률 산출 방법

▹ 첫째, KOSPI 200 시장지수의 수익률, $R_{m,t}$

▹ 둘째, 동일가중수익률, $R_{p,t} = \sum_{j=1}^{N} w_{,t} R_{j,t}$, $t = 1,2,...,120$, $j = 1,2,...,155$

여기서 가중치는 $w_{j,t} = \frac{1}{N} = w_{i,t}$

▹ 셋째, 가치가중수익률, $R_{p,t} = \sum_{j=1}^{N} w_{j,t} R_{j,t}$,

여기서 가중치는 $w_{j,t} = \frac{MV_{j,t}}{\sum_{j=1}^{N} MV_{j,t}}$, (시장가치, MV_j = 주식가격 × 상장주식수)

▸ 최소자승법(OLS)에 의한 단순회귀분석으로부터 베타계수 추정:

▹ 시장모형, $R_{j,t} = \alpha_j + \beta_j R_{m,t}^{(k)} + \epsilon_{j,t}$, $(j = 1,2,...,155)$

→ $k = 1$, KOSPI 200 시장지수수익률

→ $k = 2$, 동일가중수익률

→ $k = 3$, 가치가중수익률

▹ 개별주식의 베타계수, $\beta_j = \frac{\sigma_{j,M}}{\sigma_M^2}$,

여기서, $\sigma_{j,M}$는 개별주식과 시장요인 간의 공분산, σ_M^2은 시장요인의 분산.

3 | 관찰결과

- 그림은 KOSPI 200을 구성하는 155개 개별주식의 월별수익률을 종속변수로 하고, 독립변수는 시장요인의 속성을 갖는 3가지 공통요인인 동일가중수익률, 가치가중수익률, 시장지수수익률을 각각 이용하여 단순회귀분석으로부터 산출된 베타계수들 간의 관계를 나타낸 것이다. 그림에서 왼쪽 그림은 동일가중수익률로부터의 베타계수(Y축)와 시장지수수익률로부터의 베타계수(X축) 간의 산포도이고, 중간 그림은 가치가중수익률로부터의 베타계수(Y축)와 시장지수수익률로부터의 베타계수(X축) 간의 산포도이며, 그리고 오른쪽 그림은 가치가중수익률(Y축)과 동일가중수익률(X

축) 각각으로부터의 베타계수들 간의 산포도이다.

- 관찰결과에서, KOSPI 200 시장지수의 수익률을 독립변수로 이용한 단순회귀분석으로부터 추정된 개별주식별 베타계수(X축)과 동일가중수익률로부터 추정된 개별주식별 베타계수(Y축) 간에는 통계적으로 유의적인 95.12% (p값=0.0)의 상관관계를 갖고, 시장지수수익률로부터의 베타계수(X축)와 가치가중수익률로부터의 베타계수(Y축) 간에는 유의적인 99.74% (p값=0.0)의 상관관계를 가지며, 그리고 동일가중수익률(X축)과 가치가중수익률(Y축)으로부터 산출된 베타계수 간에는 유의적인 95.38% (p값=0.0)의 상관관계를 갖는다. 따라서 시장요인의 대용변수로 사용되는 3가지 공통요인은 모두 시장요인의 속성을 갖기 때문에, 이들 공통요인으로부터 추정된 베타계수도 역시 매우 높은 유사성을 갖는다는 것을 알 수 있다.

4 Matlab을 이용한 분석팁

- MATLAB 기본 코드: '시장요인별 개별주식의 시장베타'

```
① ModelTYPE = 'Linear';
   % KOSPI 200
② X = MarketDATA;
③ for k = 1 : FirmN
④     STATS = regstats(StockDATA(:,k), X, ModelTYPE);
⑤     BETA1(k,:) = STATS.beta(2,1);
⑥     clear STATS;
⑦ end
⑧ clear X;
   % Equal-Weighted Return, EWR
⑨ X = EWR;
   for k = 1 : FirmN
       STATS = regstats(StockDATA(:,k), X, ModelTYPE);
       BETA2(k,:) = STATS.beta(2,1);
       clear STATS;
   end
   clear X;
   % Value-Weighted Return, VWR
⑩ X = VWR;
   for k = 1 : FirmN
       STATS = regstats(StockDATA(:,k), X, ModelTYPE);
       BETA3(k,:) = STATS.beta(2,1);
       clear STATS;
  end
  clear X;
```

▷ ①, 단순회귀모형의 형태를 지정한다. 즉, 변수 'ModelTYPE'에 선형 회귀모형을 지정하기 위하여 **'명령어, regstats()'**의 옵션인 'Linear'를 대입한다.

▷ ②, 단순회귀분석의 독립변수('X')를 설정한다. 즉, KOSPI 시장지수의 월별수익률을 수록하는 변수 'MarketDATA'를 새로운 변수 'X'에 대입한다.

▷ ③~⑦, **'명령어, for...end'**를 이용하여 반복적으로 명령어를 실행한다. 즉, 구분자 변수 'k'를 이용하여 첫 번째 개별주식('k=1')에서 마지막 개별주식('k=FirmN')까지를 반복한다.

▷ ④, ⑤, ⑥, **'명령어, regstats()'**를 이용하여 회귀분석을 한다. 입력요소는 첫째, 회귀모형의 종속변수('StockDATA'), 둘째, 회귀모형의 독립변수('X'), 셋째, 회귀모형의 형태 지정('ModelTYPE')이다. 즉, k번째 개별주식의 수익률('StockDATA(:, k)')을 종속변수로 하고, KOSPI 시장지수의 수익률('X=MarketDATA')을 독립변수로 하여, 앞의 ①에서 지정한 'ModelTYPE=Linear'에 따라 회귀분석을 실시한다. 그리고 **'명령어, regstats()'**는 많은 결과를 동시에 제공하고, 그 결과를 새로운 변수 'STATS'대입한다. ⑤에서 단순회귀분석의 모든 결과를 수록하고 있는 변수 'STATS'에서, 회귀식의 기울기인 베타계수에 대한 회귀계수를 추출한다. 즉, STATS. beta(2, 1). 그리고 새로운 변수 'BETA1(ka, :)'에 대입한다. 여기서 베타계수인 변수 'BETA1'의 자료구조는 'k×1'이다. 따라서 마지막 'k=FirmN'번째 개별주식까지 반복과정이 완료되면, 변수 'BETA1'의 자료구조는 'FirmN×1'이 된다. ⑥은 **'명령어, clear'**를 이용하여 단순회귀분석에서 동일한 이름으로 반복 사용되는 변수 'STATS'를 지운다.

▷ ⑧, **'명령어, clear'**을 이용하여 지정한 변수를 메모리에서 지운다. 즉, 동일한 이름으로 반복사용을 위하여 변수 'X'를 지운다.

▷ ⑨, ⑩, 앞의 ③~⑦의 동일한 계산과정에 단순회귀분석의 독립변수만을 ⑧의 동일가중수익률('X=EWR')과 ⑨의 가치가중수익률('X=VWR')로 변경하여 사용한다.

그림 6-9 다중회귀분석 [1]: 주요 결과와 그 해석

[사례1] 단일요인모형, '요인1'

$$R_{j,t} = 0.0012 + 0.0217F_{1,t} + \epsilon_{j,t}$$

(t:2.20) (t:38.36)
(p:0.03) (p:0.00)

F : 1471.59 (p:0.00)
R^2 37.2%

```
# 단순회귀분석: 요인1
-----------------------------------
 회귀계수        t값          p값
 0.0012        2.1950       0.0283
 0.0217       38.3581       0.0000
-----------------------------------
 설명력(R2) : 37.2%
 통계량 F값 : 1471.35      |   p값 : 0
-----------------------------------
```

[사례2] 단일요인모형, '요인2'

$$R_{j,t} = 0.0012 + 0.0086F_{2,t} + \epsilon_{j,t}$$

(t:1.79) (t:11.67)
(p:0.07) (p:0.00)

F : 136.13 (p:0.00)
R^2 5.2%

```
# 단순회귀분석: 요인2
-----------------------------------
 회귀계수        t값          p값
 0.0012        1.7865       0.0741
 0.0086       11.6671       0.0000
-----------------------------------
 설명력(R2) : 5.2%
 통계량 F값 : 136.13       |   p값 : 0
-----------------------------------
```

[사례3] 2요인모형, '요인1+요인2'

$$R_{j,t} = 0.0012 + 0.0212F_{1,t} + 0.0068F_{2,t} + \epsilon_{j,t}$$

(t:2.25) (t:38.36) (t:11.69)
(p:0.02) (p:0.00) (p:0.00)

F : 844.2 (p:0.00)
R^2 40.43%

```
# 다중회귀분석: 요인1+요인2
-----------------------------------
 회귀계수        t값          p값
 0.0012        2.2541       0.0243
 0.0212       38.3624       0.0000
 0.0068       11.6910       0.0000
-----------------------------------
         설명력(R2) : 40.48%
   조정된 설명력(R2) : 40.43%
         통계량 F값 : 844.2 | p값 : 0
-----------------------------------
```

그림6-9 ▌ 그림은 2003년 1월부터 2012년 12월까지의 기간에서 KOSPI 100 시장지수에 속하는 개별주식의 일별 수익률을 이용하여 통계적 방법(요인분석)으로부터 생성된 요인1(F_1)과 요인2(F_2)의 2가지를 독립변수로 하여 개별 주식수익률의 변화를 설명하는 회귀분석의 주요결과를 보여준다. 즉, 요인1과 요인2를 각각 독립변수로 이용한 단순회귀분석과 요인1과 요인2의 2가지를 모두 독립변수로 이용한 다중회귀분석으로 구분하였다.

1 | 목적

- 다중회귀분석은 2개 이상의 독립변수를 이용하여 종속변수의 변화를 보다 잘 설명하기 위한 방법으로, 단순회귀분석에서 종속변수 변화에 대한 설명력을 개선할 수 있다. 따라서 다중회귀분석과 단순회귀분석의 주요 결과간의 차이점을 비교 관찰한다.

2 | 자료, 기간 및 방법

- 자료: KOSPI 100 시장지수에 속하는 개별주식들 중에서 설정된 기간에 모든 가격정보를 갖는 80개 개별주식들의 일별수익률을 이용
- 기간: 2003년 1월부터 2012년 12월까지 120개월 동안의 2, 486거래일
- 방법:

▶ 통계적 방법에 의한 회귀분석의 독립변수 생성 방법

▷ 개별주식의 일별수익률 자료를 이용하여 다변량통계분석 방법들인 요인분석(factor analysis)[17] 으로부터 2가지 요인 F_1과 F_2의 시계열자료를 생성하여 이용.

▶ 단순회귀분석(1-요인모형)과 다중회귀분석(2-요인모형)의 모형들

▷ 1-요인모형(one-factor model), $R_{j,t} = \alpha_j + \beta_{j,1} F_{1,t} + \epsilon_{j,t}$,

$$R_{j,t} = \alpha_j + \beta_{j,2} F_{2,t} + \epsilon_{j,t},$$

▷ 2-요인모형(two-factor model), $R_{j,t} = \alpha_j + \beta_{j,1} F_{1,t} + \beta_{j,2} F_{2,t} + \epsilon_{j,t}$

▷ 여기서, $R_{j,t}$는 개별주식의 일별수익률, $F_{1,t}$과 $F_{2,t}$는 요인분석을 통하여 생성된 요인 시계열자료, 그리고 α_j, $\beta_{j,1}$, $\beta_{j,2}$는 회귀분석에서 추정된 회귀계수들.

3 | 관찰결과

- 그림은 단순회귀분석과 다중회귀분석으로부터의 주요 결과들을 나타낸다. 위 그림은 독립변수 1개에 대한 단순회귀분석의 단일요인모형이고, 아래 그림은 독립변수 2개

17) 재무 분야에서의 요인분석은 주식수익률 자료 속에 포함되어 있는 다양한 속성들 중에서 공통적인 속성을 중심으로 시계열자료를 재구성하는 방법들 중에 하나이다. 즉, 요인분석은 대용량의 자료를 동질적 속성을 갖는 몇가지의 집단으로 분류한 후, 각 집단의 공통적인 속성을 요인의 시계열자료로 추출하는 방법이다. 예를 들어, 요인분석으로부터 추출되는 첫 번째 요인은 분석에 포함된 개별주식들에 있어서 가장 많은 주식들이 공통적으로 갖는 속성을 포함한 시계열자료이고, 두 번째 요인은 그 다음으로 많은 주식들이 공통적으로 갖는 속성을 포함한 시계열자료이며, 이러한 방법에 의하여 마지막 요인은 가장 작은 주식들이 갖는 개별적 속성을 포함한 시계열자료가 된다. 재무 분야에서 요인분석을 이용하여 추출하는 의미있는 요인의 숫자는 분석에 이용되는 주식의 숫자에 어느 정도 영향을 받지만, 대략 5~7개 수준의 요인들이 추출되며, 이들 요인들은 시장요인, 산업요인, 경제요인 등의 경제적 의미를 사후적으로 정의할 수 있는 공통적 속성을 갖는 것으로 알려져 있다. 한편, 요인분석과 유사한 목적을 갖는 다변량통계분석방법으로는 주성분분석(principal component analysis), 군집분석(cluster analysis) 등이 있다. 그리고 Matlab을 이용하여 요인분석을 실행하는 경우엔 **'명령어, factoran()'**을 사용할 수 있지만, 요인분석과 같은 다변량통계분석방법을 본 학습주제에서 설명하는 것은 범위를 벗어나기 때문에 재무 분야의 다른 연구주제를 다루는 책자에서 구체적인 설명 및 예제를 통하여 학습을 기대한다.

에 대한 다중회귀분석의 2-요인모형이다. 그리고 그림의 오른쪽은 회귀분석의 주요 검증결과를 보여주고, 왼쪽은 주요결과를 모형의 형식으로 정리후 표시한 것이다.

- 관찰결과에서, 독립변수 1개를 이용한 단순회귀분석으로부터의 종속변수 변화에 대한 설명력에 비교하여, 독립변수 2개를 이용한 다중회귀분석으로부터의 설명력이 높아졌음을 알 수 있다.
- 〔사례1〕 단순회귀분석('1요인')의 검증결과를 통계적으로 해석하면 다음과 같다. 첫째, 회귀모형의 회귀계수 α_j와 $\beta_{j,1}$는 모두 통계적으로 유의적인 결과를 갖는다. 즉, $\beta_{j,1}$은 1% 유의수준에서 유의적인 0.0217 (t=38.36)이고, α_j는 5% 유의수준에서 유의적인 0.0012 (t:2.20)이다. 둘째, 종속변수와 독립변수간의 회귀적 관계를 확인한 통계량 F값은 p값 기준으로 1% 유의수준에서 유의적인 1471.59의 높은 값을 갖는다. 즉, 독립변수 $F_{1,t}$은 종속변수 $R_{j,t}$의 변화를 의미 있게 설명할 수 있는 회귀적 관계를 갖는다. 셋째, 독립변수에 의한 종속변수의 설명부분인 R^2는 37.2%이다. 즉, 독립변수는 종속변수 변화의 37.2%를 설명한다.
- 〔사례2〕 단순회귀분석('2요인')의 검증결과를 통계적으로 해석하면 다음과 같다. 첫째, 회귀모형의 회귀계수 α_j와 $\beta_{j,2}$는 모두 통계적으로 유의적인 결과를 갖는다. 즉, $\beta_{j,2}$은 1% 유의수준에서 유의적인 0.0086 (t=11.67)이고, α_j는 10% 유의수준에서 유의적인 0.0012 (t:1.79)이다. 둘째, 종속변수와 독립변수간의 회귀적 관계를 확인한 통계량 F값은 p값 기준으로 1% 유의수준에서 유의적인 136.13을 갖는다. 즉, 독립변수 $F_{2,t}$은 종속변수 $R_{j,t}$의 변화를 의미 있게 설명할 수 있는 회귀적 관계를 갖는다. 셋째, 독립변수에 의한 종속변수의 설명부분인 R^2는 5.2%이다. 즉, 독립변수는 종속변수 변화의 5.2%를 설명한다.
- 〔사례3〕 다중회귀분석('1요인+2요인')의 검증결과를 통계적으로 해석하면 다음과 같다. 첫째, 2요인모형의 회귀계수 α_j, $\beta_{j,1}$, $\beta_{j,2}$는 모두 통계적으로 유의적인 결과를 갖는다. 즉, 독립변수 $F_{1,t}$에 대한 회귀계수 $\beta_{j,1}$은 1% 유의수준에서 유의적인 0.0212 (t=38.36)이고, $F_{2,t}$에 대한 회귀계수 $\beta_{j,2}$도 1% 유의수준에서 유의적인 0.0068 (t=11.69)이다. 그리고 절편 회귀계수 α_j는 5% 유의수준에서 유의적인 0.0012 (t:2.25)이다. 둘째, 종속변수와 2가지 독립변수들 간의 회귀적 관계를 확인하는 통계량 F값은 p값 기준으로 1% 유의수준에서 유의적인 844.2를 갖는다. 셋째, 2가지 독립변수에 의한 종속변수의 설명부분인 조정된 R^2는 40.43%이고, 이는 앞의 사례1(37.2%)과 사례2(5.2%)의 단순회귀분석에 의한 설명력을 개선하였다.

4 | Matlab을 이용한 분석팁

■ MATLAB 기본 코드: '다중회귀분석의 주요 결과'

```
   % Two-factor multiple regression model
① Y = StockRET(:,10);
② X = FactorSCORE(:,1:2);
   % Model type
③ ModelTYPE = 'Linear';
④ STATS = regstats(Y, X, ModelTYPE);
   % Intercept: alpha
⑤ ALPHA = STATS.beta(1,1);
⑥ ALPHA_T = STATS.tstat.t(1,1);
⑦ ALPHA_P = STATS.tstat.pval(1,1);
   % Slope: beta 1
⑧ BETA1 = STATS.beta(2,1);
⑨ BETA1_T = STATS.tstat.t(2,1);
⑩ BETA1_P = STATS.tstat.pval(2,1);
   % Slope: beta 2
⑪ BETA2 = STATS.beta(3,1);
⑫ BETA2_T = STATS.tstat.t(3,1);
⑬ BETA2_P = STATS.tstat.pval(3,1);
   % F-statistic
⑭ FVALUE = STATS.fstat.f;
⑮ FVALUE_P = STATS.fstat.pval;
   % Explanation power, R2
⑯ RSQUARE1 = STATS.rsquare;
⑰ RSQUARE2 = STATS.adjrsquare;
```

▹ ①, ②, 다중회귀분석의 독립변수(X)와 종속변수(Y)를 설정한다. 즉, ①에서 KOSPI 100 시장지수에 속하는 개별주식들의 수익률자료를 수록한 변수 'StockRET'에 있어서, 임의로 선정된 '10번째' 개별주식의 일별 수익률자료('StockRET(:, 10)')를 새로운 종속변수 'Y'에 대입한다. ②에서 통계적 방법(요인분석)에 의하여 생성된 요인들의 시계열자료를 수록한 변수 'FactorSCORE'에서 선택된 2가지 요인의 자료('FactorSCORE(:, 1:2)')를 새로운 독립변수 'X'에 대입한다. 즉, 독립변수의 숫자가 2개로 다중회귀분석을 위한 설정이다.

▹ ③, ④, **'명령어, regstats()'**를 이용하여 회귀분석을 한다. 입력요소는 첫째, 회귀모형의 종속변수('Y'), 둘째, 회귀모형의 독립변수('X'), 셋째, 회귀모형의 형태 지정('ModelTYPE')이다. 즉, 종속변수는 앞의 ①에서 선택된 개별주식의 수익률 자료 변수 'Y'이고, 독립변수는 앞의 ②에서 선택된 2가지 요인 시계열자료의 변수 'X'이다. 그리고 회귀모형의 형태는 ③에서 지정한 변수 'ModelTYPE='Linear''로 선형회귀모형이다. **'명령어, regstats()'**는 많은 결과를 동시에 제공하고, 그 결과를 새로운 변

수 'STATS'대입한다.

- ⑤, ⑥, ⑦, 다중회귀분석의 결과를 모두 수록한 변수 'STATS'에서, 회귀식의 절편인 알파계수에 대한 회귀계수, 통계량 t값과 p값을 추출한다. 첫째, ⑤에서, 회귀계수는 변수 'STATS'에서 **옵션 'beta'**를 이용한다. 즉, STATS. beta (1, 1). 여기서 **옵션 'beta'**는 행 구조로 독립변수의 숫자에 '1'을 더한 숫자이고, 사용된 독립변수는 2개이기 때문에 절편을 포함하여 3개의 회귀계수를 갖는다. 추정된 절편의 결과는 새로운 변수 'ALPHA=STATS. beta (1, 1)'에 대입한다. 둘째, ⑥과 ⑦에서, 회귀계수의 통계량 t값과 p값의 **옵션 'tstat.t'**와 **옵션 'tstat.pval'**이다. 즉, t값의 'STATS. tstat. t (1, 1)'와 p값의 'STATS. tstat. pval (1, 1)'이다. 여기서 **옵션 'tstat'**와 **옵션 'tstat.pval'** 역시 행 구조로 독립변수의 숫자에 '1'을 더한 숫자를 수록한다. 추정된 결과는 새로운 변수 'ALPHA_T = STATS. tstat. t (1, 1)'와 변수 'ALPHA_P = STATS. tstat. pval (1, 1)'에 대입한다.
- ⑧, ⑨, ⑩, 다중회귀분석의 결과를 모두 수록한 변수 'STATS'에서, 요인1에 대한 회귀식의 기울기인 베타계수의 계수값, t값, p값 등을 추출한다. 첫째, ⑧에서, 회귀계수는 변수 'STATS'에서 **옵션 'beta'**를 이용한다. 즉, STATS. beta (2, 1). 앞의 ⑤에서 절편의 회귀계수는 '(1, 1)'이고, 요인1의 독립변수 회귀계수는 '(2, 1)'이다. 추정된 베타계수의 결과는 새로운 변수 'BETA1 = STATS. beta (2, 1)'에 대입한다. 둘째, ⑨과 ⑩에서, 회귀계수 베타의 t값과 p값의 **옵션 'tstat.t'**와 **옵션 'tstat.pval'**이다. 즉, 베타계수의 t값 'STATS. tstat. t (2, 1)'와 p값 'STATS. tstat. pval (2, 1)'이다. 역시 앞의 ⑥과 ⑦에서 절편의 t값과 p값은 '(1, 1)'이고, 요인1의 독립변수인 베타계수의 t값과 p값은 '(2, 1)'이다. 추정된 결과는 새로운 변수 'BETA1_T = STATS. tstat. t (2, 1)'와 변수 'BETA1_P = STATS. tstat. pval (2, 1)'에 대입한다.
- ⑪, ⑫, ⑬, 다중회귀분석의 결과를 모두 수록한 변수 'STATS'에서, 요인2에 대한 회귀식의 기울기인 베타계수의 계수값, t값, p값 등을 추출한다. 첫째, ⑪에서, 회귀계수는 변수 'STATS'에서 **옵션 'beta'**를 이용한다. 즉, STATS. beta (3, 1). 추정된 베타계수의 결과는 새로운 변수 'BETA2 = STATS. beta (3, 1)'에 대입한다. 둘째, ⑫과 ⑬에서, 회귀계수 베타의 t값과 p값의 **옵션 'tstat.t'**와 **옵션 'tstat.pval'**이다. 즉, 베타계수의 t값 'STATS. tstat. t (3, 1)'와 p값 'STATS. tstat. pval (3, 1)'이다. 추정된 결과는 새로운 변수 'BETA2_T = STATS. tstat. t (2, 1)'와 변수 'BETA2_P = STATS. tstat. pval (2, 1)'에 대입한다.

▷ ⑭, ⑮, 다중회귀분석의 결과를 모두 수록한 변수 'STATS'에서, 2가지 독립변수들과 종속변수 간의 회귀적 관계에 대한 평가를 위한 통계량 F값과 p값을 추출한다. 첫째, ⑭에서, 통계량 F값은 변수 'STATS'에서 **옵션 'fstat'**의 **'fstat.f'**를 이용한다. 즉, 'STATS. fstat. f'. 회귀분석에서 회귀적 관계를 평가하는 통계량 F값은 1개이다. 측정된 통계량 F값은 새로운 변수 'FVALUE = STATS. fstat. f'에 대입한다. 둘째, ⑮에서 통계량 F값에 대한 p값의 옵션은 **옵션 'fstat'**의 **'fstat.pval'**을 이용하여, 'STATS. fstat. pval'이다. 따라서 추정된 결과는 새로운 변수 'FVALUE_P = STATS. fstat. pval'에 대입한다.

▷ ⑯, ⑰, 다중회귀분석의 결과를 모두 수록한 변수 'STATS'에서, 2가지 독립변수에 의하여 설명되는 종속변수의 설명력 (R^2) 을 추출한다. 독립변수에 의한 종속변수의 설명력은 변수 'STATS'에서 **옵션 'rsquare'**와 **옵션 'adjrsquare'**를 이용한다. 즉, 종속변수에 대한 1개의 독립변수에 일반적 설명력 (R^2) 은 ⑯의 'RSQUARE1 = STATS. rsquare'을 통하여 구한다. 반면에, 다중회귀분석에서 이용된 독립변수의 숫자를 고려하여 조정된 설명력 (조정된 R^2) 은 ⑰의 'RSQUARE2 = STATS. adjrsquare'를 통하여 구한다. 다중회귀분석은 종속변수의 변화를 보다 잘 설명하기 위하여 추가적인 독립변수를 이용하고, 보다 많은 독립변수를 사용할수록 보다 높은 설명력으로 종속변수의 변화를 설명할 수 있다. 따라서 다중회귀분석에서는 일반적으로 독립변수의 숫자를 설명력에 대하여 조정한 크기 (조정된 R^2) 를 이용한다. 물론, 일반적 설명력인 R^2에 비교하여 조정된 R^2는 항상 작은 값을 갖는다.

그림 6-10 다중회귀분석 [2]: 독립변수 숫자와 설명력의 관계

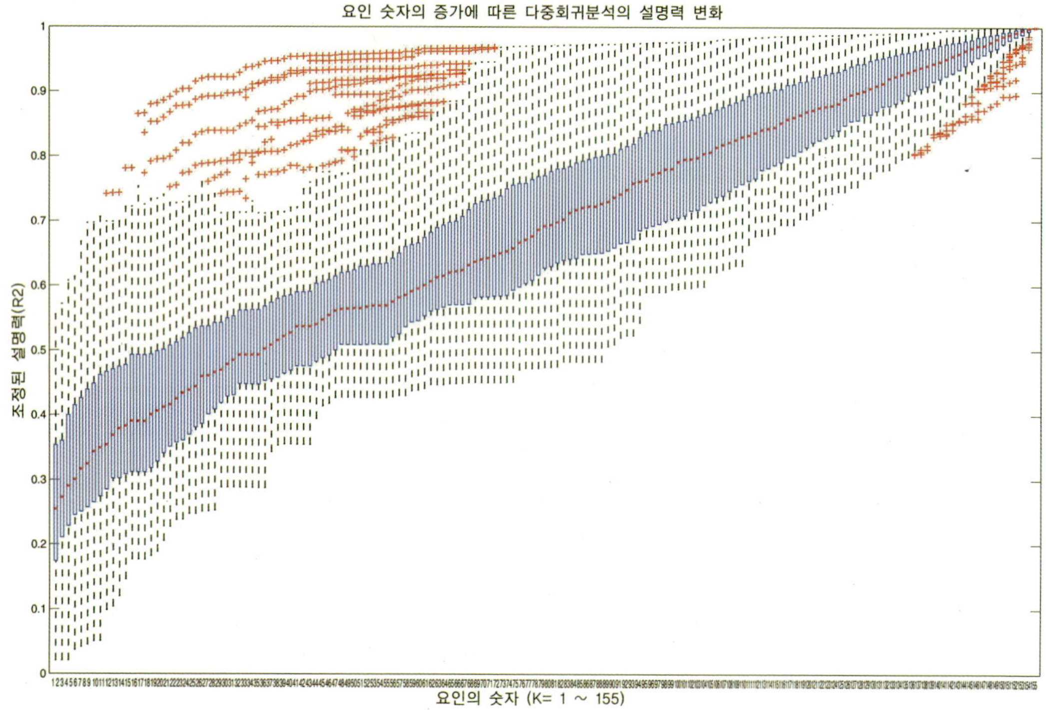

그림6-10 ▌ 그림은 2003년 1월부터 2012년 12월까지의 기간에 KOSPI 200 시장지수를 구성하는 N=155개 개별 주식의 일별수익률을 이용하여 통계적 방법(주성분분석)으로부터 산출된 K=155개 요인들을 다중회귀분석의 독립변수로 이용한 결과이다. 즉 생성된 요인(독립변수)의 숫자를 최소 1개에서 최대 155개로 순차적으로 증가시킴에 따라, 종속변수인 155개 개별주식들 각각에 대한 다중회귀분석으로부터 관찰된 설명력(조정된 R^2)을 Box-plot 그래프로 나타내었다. 그림에서 X축은 다중회귀분석에서 사용된 독립변수(요인)의 숫자이고, Y축은 지정된 독립변수 숫자에 대하여 개별주식별로 산출된 설명력의 Box-plot분포이다.

1 | 목적

- 다중회귀분석은 2개 이상의 독립변수를 이용하여 종속변수의 변화를 설명하기 위한 방법으로, 단순회귀분석으로부터의 종속변수 변화에 대한 설명력을 개선할 수 있다. 즉, 추가적으로 독립변수의 숫자를 증가시킴에 따라 다중회귀분석을 통한 종속변수의 설명력의 크기는 평균적으로 증가한다.
- 따라서 통계적 방법에 의하여 생성된 요인들을 독립변수로 이용하여, 다중회귀분석에서 독립변수(요인)의 숫자를 증가시킴에 따른 종속변수의 변화에 대한 설명력의 변화를 비교 관찰한다.

2 | 자료, 기간 및 방법

- 자료: KOSPI 100 시장지수에 속하는 개별주식들 중에서 설정된 기간에 모든 가격정보를 갖는 80개 개별주식들의 일별수익률을 이용
- 기간: 2003년 1월부터 2012년 12월까지 120개월 동안의 2, 486거래일
- 방법:
  - ▶ 통계적 방법에 의한 회귀분석의 독립변수 생성 방법
    - ▷ 개별주식의 일별수익률 자료를 이용하여 다변량통계분석방법인 주성분분석(principle component analysis, PCA)[18]으로부터 K=155개의 요인 시계열자료(F_1, F_2, . . . , F_K)를 생성하여 이용한다.
    - ▷ 다변량통계분석방법인 주성분분석으로부터 생성할 수 있는 요인의 숫자(K)는 분석에 이용된 자료의 숫자(N)와 일치한다. 즉, '요인 숫자(K)=개별주식 숫자(N)'.
  - ▶ 다중회귀분석에 의한 K-요인모형,

$$R_{j,t} = \alpha + \sum_{k=1}^{K} \beta_{j,k} F_{k,t} + \epsilon_{j,t}, \quad (k = 1, 2, ..., K(=155))$$

    - ▷ 다음의 방법에 의하여 독립변수인 요인의 숫자를 순차적으로 증가시킨다.
    - ▷ 1-요인모형, $R_{j,t} = \alpha_j + \beta_{j,1} F_{1,t} + \epsilon_{j,t}$, $(j = 1, 2, ..., N(=155))$
    - ▷ 2-요인모형, $R_{j,t} = \alpha_j + \beta_{j,1} F_{1,t} + \beta_{j,2} F_{2,t} + \epsilon_{j,t}$,
    - ▷ 3-요인모형, $R_{j,t} = \alpha_j + \beta_{j,1} F_{1,t} + \beta_{j,2} F_{2,t} + \beta_{j,3} F_{3,t} + \epsilon_{j,t}$,

      . . . .
    - ▷ K-요인모형, $R_{j,t} = \alpha_j + \beta_{j,1} F_{1,t} + \beta_{j,2} F_{2,t} + ... + \beta_{j,K} F_{K,t} + \epsilon_{j,t}$
  - ▶ 각 모형별로 종속변수인 155개 개별주식 각각에 대하여 조정된 설명력(R^2)를 산출하고, 155개의 조정된 설명력의 분포를 확인하기 위하여 Box-plot그래프를 이용.

---

18) 재무 분야에서의 주성분분석은 앞의 [그림6-9]에서 설명한 요인분석과 유사하게, 주식수익률 자료 속에 포함되어 있는 다양한 속성들 중에서 공통적인 속성을 갖는 시계열자료를 생성하는 방법들 중에 하나이다. 즉, 주성분분석도 대용량의 자료를 집단으로 분류한 후, 각 집단의 공통적인 속성을 요인으로 추출하는 방법이다. Matlab에서 주성분분석에 대한 것은 **'명령어, princomp()'**을 통하여 확인할 수 있다. 그리고 주성분분석은 요인분석, 군집분석 등과 유사하며, 다변량통계분석방법을 본 학습주제에서 설명할 수 있는 것은 범위를 벗어나기 때문에 재무 분야의 다른 연구주제를 다루는 책자에서 구체적인 설명 및 예제를 통한 학습을 기대한다.

3 | 관찰결과

- 그림은 다중회귀분석에서 독립변수의 숫자가 증가함에 따라 종속변수의 변화에 대한 설명력의 변화를 관찰한 것이다. 즉, 통계적 방법(주성분분석)으로부터 생성된 K=155개 요인들을 독립변수로 하고, 선택된 N=155개 개별주식의 일별수익률을 각각 종속변수로 한 다중회귀분석이다. 독립변수의 숫자는 최소 1개에서 최대 155개로 순차적으로 증가시키며, 요인 숫자별로 개별주식수익률에 대한 설명력의 크기를 비교 관찰한 것이다. 그림에서 X축은 155개 독립변수인 요인의 숫자($k=1,2,...155$)이고, Y축은 155개 개별주식들($j=1,2,...,155$)로부터 관찰된 조정된 설명력의 Box-plot분포[19]이다.
- 관찰결과에 의하면, 다중회귀분석에서 독립변수의 숫자가 증가함에 따라 개별주식의 수익률 변화에 대한 모형의 설명력(조정된 R^2)은 추가되는 독립변수의 숫자에 대하여 평균적으로 증가하는 추세를 갖는다. 즉, 독립변수를 추가함으로서 다중회귀분석을 통한 종속변수의 설명력 정도는 증가한다는 것을 알 수 있다.
- 한편, 생성된 요인으로부터의 설명되는 평균적 크기는 처음의 몇몇 요인들($k=1,2,...,5$)에 의하여 높은 수준이고, 나머지 많은 요인들이 추가적인 부분을 설명한다. 즉, 주식수익률의 변화는 대표적인 몇몇 요인들(5~7개)에 의하여 상당부분 설명된다는 것을 의미한다.

4 | Matlab을 이용한 분석팁

- MATLAB 기본 코드: '다중회귀분석의 설명력 반복실험 시뮬레이션 '

```
  % Simulation
① number_of_variable = 1;
② total_number_of_variable = FirmN;
  %
③ mbc = 0;
④ while number_of_variable <= total_number_of_variable
    % 1.
⑤   mbc = mbc + 1;
    % 2. Multiple Regression
```

19) Boxplot방법은 앞의 [2-19]에서 설명하였듯이, 빈도분포가 갖는 분포적 속성을 간단하게 확인할 수 있는 방법으로, 빈도분포에서 6가지의 값을 이용한다. 즉, 자료의 최솟값과 최댓값, 25% 분위수 지점, 중위수, 75% 분위수 지점, 확률 약 0.5%와 약 99.5% 지점, 그리고 분포의 약 99% 중간영역의 범위에 포함되지 않은 자료들을 '+'로 구분 표시한다.

```
⑥   X = FactorSCORE(:,1:number_of_variabe);
⑦   ModelTYPE = 'Linear';
⑧   for k = 1 : FirmN
⑨       STATS = regstats(StockRET(:,k), X, ModelTYPE);
⑩       RSQUARE(k,:) = STATS.adjrsquare;    % adjusted R2
⑪       clear STATS;
⑫   end
⑬   clear X;
    % 3. Result
⑭   RESULT(:,mbc) = RSQUARE;
⑮   clear RSQUARE;
    % 0. LOOP
⑯   number_of_variable = number_of_variable + 1;
⑰ end
```

▷ ①, 다중회귀분석의 설명력 시뮬레이션을 위한 진행 구분자 변수 'number_of_variable'를 초기화한다. 즉, 다중회귀분석에 포함되는 독립변수의 숫자이다. 그리고 ⑯에서 독립변수의 숫자는 명령어 'number_of_variable=number_of_variable+1'에 의하여 순차적으로 1씩 증가시킨다.

▷ ②, 다중회귀분석의 설명력 시뮬레이션에서 사용될 최대 독립변수의 숫자를 지정한다. 즉, 시뮬레이션에 이용된 개별수식수익률의 자료는 'TimeN×FirmN'의 구조를 갖고, 개별주식의 숫자 변수 'FirmN'는 155개이다. 그리고 다변량통계분석방법인 주성분분석을 이용하여 개별주식수익률('FirmN=155')로부터 생성된 요인의 숫자인 'FirmN=155'를 새로운 변수 'total_number_of_variable'에 대입한다.

▷ ④~⑯, **'명령어, while...end'**를 이용하여, 조건에 부합하는 동안에 포함된 명령어들을 실행한다. 즉, 조건은 앞의 ①과 ②에서 설정한 반복실험 시뮬레이션의 변수 'number_of_variable'과 'total_number_of_variable'간의 크기 비교('number_of_variable <= total_number_of_variable')이다. 예를 들어, 첫 번째 실험 'number_of_variable=1'은 최종실험인 'total_number_of_variable=155'보다 작기 때문에 **'while...end'**에 포함된 모든 명령어를 실행한다. 그리고 ⑯의 명령어 'number_of_variable=number_of_variable+1'에 따라 구분자 변수 'number_of_variable=2'을 산출하고, 조건의 비교를 통한 **'while...end'**에 포함된 명령어 실행 등을 판단한다. 따라서 최종실험인 155회를 마무리 한 단계에서 구분자 변수 'number_of_variable'은 ⑯의 명령어에 의하여 'number_of_variable=156'이 되고, 이는 조건을 만족시키지 못하기 때문에 ⑰의 **'end'**로 빠져나온다.

▷ ⑤, 반복실험 시뮬레이션의 진행단계에 대한 구분자 변수 'mbc'이다. 즉, ③에서 구분자 변수 'mbc=0'는 초기화 되었고, ⑤에서 명령어 'mbc=mbc+1'에 의하여 시뮬레이

션이 실행될 때마다 '1'씩 증가한다. 따라서 반복실험 시뮬레이션이 모두 종료된 후에 변수 'mbc'에 기록된 값은 총 시뮬레이션의 실행 횟수이다.

▷ ⑥, 다중회귀분석의 독립변수(X)를 설정한다. 즉, 통계적 방법(주성분분석)에 의하여 생성된 요인들의 시계열자료를 수록한 변수 'FactorSCORE'에서 선택된 요인의 자료('FactorSCORE(:, 1:number_of_variable)')를 새로운 독립변수 'X'에 대입한다. 예를 들어, 첫 번째 시뮬레이션에서 변수 'number_of_variable'은 ①에서 설정된 '1'의 값을 갖기 때문에, 독립변수('FactorSCORE(:, 1:1)')의 숫자는 1개이다. 그리고 두 번째 시뮬레이션은 ⑮의 명령어에 의하여 변수 'number_of_ variable=2'이기 때문에 ⑥에서 사용되는 독립변수('FactorSCORE(:, 1:2)')의 숫자는 2개가 된다. 동일한 방법으로 마지막 시뮬레이션에서 ⑥에서 변수 'number_of _variable=155'이기 때문에 사용되는 독립변수('FactorSCORE(:, 1:155)')의 숫자는 155개이다. 그리고 ⑬의 동일한 이름으로 독립변수 사용을 위하여 **'명령어, clear'**를 이용하여 변수 'X'를 지운다.

▷ ⑧~⑫, **'명령어, for...end'**를 이용하여 반복적으로 명령어를 실행한다. 즉, 구분자 변수 'k'를 이용하여 첫 번째 개별주식('k=1')에서 마지막 개별주식('k=FirmN')까지를 반복한다.

▷ ⑨, **'명령어, regstats()'**를 이용하여 회귀분석을 한다. 입력요소는 첫째, 회귀모형의 종속변수('StockRET'), 둘째, 회귀모형의 독립변수('X'), 셋째, 회귀모형의 형태 지정('ModelTYPE')이다. 즉, k번째 개별주식의 수익률('StockRET(:, k)')을 종속변수로 하고, 생성된 요인들('X')을 독립변수하여, 앞의 ⑦에서 지정한 'ModelTYPE=Linear'에 따라 회귀분석을 실시한다. 그리고 **'명령어, regstats()'**는 많은 결과를 동시에 제공하고, 그 결과를 새로운 변수 'STATS'대입한다.

▷ ⑩, 회귀분석의 결과를 모두 수록한 변수 'STATS'에서 회귀식의 조정된 설명력을 추출한다. 모든 결과를 수록하고 있는 변수 'STATS'에서 조정된 설명력의 **옵션 'adjrsquare'**을 이용하여 추출한다. 즉, 'STATS. adjrsquare'. 그리고 산출된 조정된 설명력은 변수 'RSQUARE(k, :)'에 기록한다. 예를 들어, 첫 번째(k=1) 개별주식으로부터의 조정된 설명력을 변수 'RSQUARE(1, :)'에 기록하고, 두 번째(k=2) 개별주식의 조정된 설명력을 변수 'RSQUARE(2, :)'에 기록하며, 그리고 마지막 (k=FirmN) 개별주식의 조정된 설명력을 변수 'RSQUARE(FirmN, :)'에 기록한다.

▷ ⑪, **'명령어, clear'**를 이용하여 지정된 변수를 지운다. 즉, 동일한 이름으로 반복적인 사용을 위하여 변수 'STATS'를 지운다.

▷ ⑭, 반복실험 시뮬레이션에서 다중회귀분석에 이용된 독립변수의 숫자에 따라 산출

된 조정된 설명력을 구분 기록한다. 즉, 반복실험 시뮬레이션 과정에서 사용될 최대 독립변수의 숫자('total_number_of_variable')는 155개이고, 순차적으로 증가하는 독립변수의 숫자는 진행 구분자 변수 'mbc'에 기록된다. 즉, mbc=1, 2, . . . , 155. 따라서 앞의 ⑩에서 산출된 특정한 독립변수의 숫자('number_of_variable')에 대한 조정된 설명력의 결과를 수록하는 변수 'RSQUARE'는 'FirmN×1'의 자료구조를 갖는다. 조정된 설명력의 결과를 새로운 변수 'RESULT'에 열 구조('RESULT(:, mbc)')로 기록한다. 만약 모든 독립변수의 숫자가 적용된 경우에, 변수 'RESULT'의 자료구조는 'FirmN×FirmN'이 된다. 여기서, 앞의 변수 'FirmN'은 개별주식의 숫자(N=155)이고, 뒤의 변수 'FirmN'은 독립변수의 숫자(K=155)를 나타낸다.

▷ ⑮, **'명령어, clear'**를 이용하여 지정된 변수를 지운다. 즉, 동일한 이름으로 반복적인 사용을 위하여 변수 'RSQUARE'를 지운다.

그림 6-11 다중회귀분석의 가정 [1]: 독립변수와 잔차

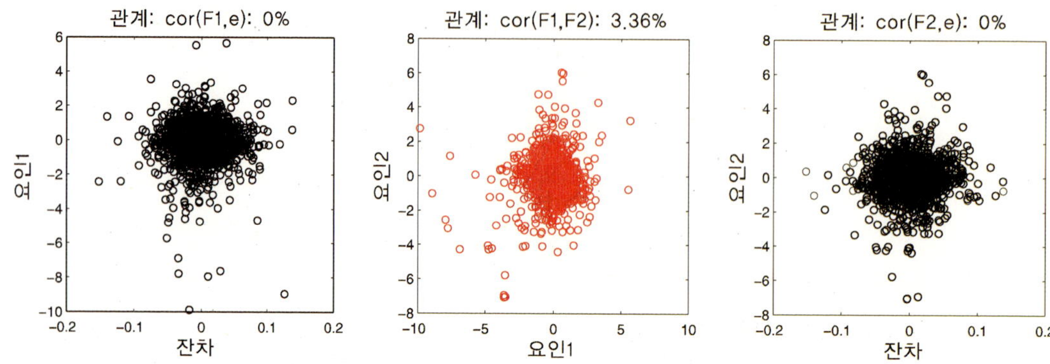

그림6-11 ▌ 그림은 2003년 1월부터 2012년 12월까지의 기간에서 KOSPI 시장지수를 구성하는 개별주식의 일별수익률을 종속변수로 하고, 통계적 방법(요인분석)으로부터 생성된 2가지 요인을 독립변수로 한 다중회귀분석으로부터 추정된 잔차자료를 이용하여 독립변수와의 관계를 산포도로 나타내었다. 그리고 다중회귀분석에 이용된 2가지 독립변수들 간의 관계로 산포도로 함께 나타내었다. 그림에서 왼쪽은 2요인모형으로부터 산출된 잔차자료(X축)와 독립변수로 사용된 요인1(Y축)간이 산포도를, 중간은 독립변수로 이용된 요인1(X축)과 요인2(Y축)간의 산포도를, 그리고 오른쪽은 모형으로부터 산출된 잔차자료(X축)와 독립변수로 사용된 요인2(Y축)간의 산포도를 나타낸다.

1 | 목적

- 다중회귀분석에서는 독립변수와 모형으로부터 추정된 잔차자료 간의 공분산(상관관계)은 독립관계($cov(F_k, \epsilon_j) = 0$ 혹은 $cor(F_k, \epsilon_j) = 0$)임을 가정한다. 즉, 최소자승법에 의한 다중회귀분석에서 독립변수의 종속변수에 대한 반영 부분은 모두 추정된 회귀계수에 포함되었기 때문에, 잔차자료 속에는 모형에 사용된 독립변수의 속성이 존재하지 않는다는 것을 의미한다.
- 다중회귀분석에서는 모형에 이용된 독립변수들 간의 공분산(상관관계)은 독립관계($cov(F_i, F_j) = 0$ 혹은 $cor(F_i, F_j) = 0$)임을 가정한다. 독립변수간의 높은 상관관계는 다중회귀분석에서 중요하게 고려하는 다중공선성 문제점을 야기할 수 있기 때문이다. 즉, 모형에 사용된 독립변수는 종속변수에 대한 고유한 영향 부분을 베타계수에 충분히 반영한다. 만약 독립변수 간에 높은 상관관계를 갖는다면, 각 독립변수로부터 추정되는 베타계수는 각 독립변수에 국한된 고유한 영향 부분만을 베타계수에 반영하였다고 보기 어렵다.
- 본 예제는 다중회귀모형에서 독립변수들 간의 관계와 독립변수와 잔차자료 간의 관계의 2가지 가정들을 산포도를 이용하여 비교 관찰한다.

2 | 자료, 기간 및 방법

- 자료: KOSPI 시장지수에 속하는 개별주식들 중에서 설정된 기간에 모든 가격정보를 갖는 553개 개별주식들의 일별수익률을 이용
- 기간: 2003년 1월부터 2012년 12월까지 120개월 동안의 2,486거래일
- 방법: 통계적 방법에 의한 회귀분석의 독립변수 생성 방법

▷ 개별주식의 일별수익률 자료를 이용하여 다변량통계분석인 요인분석으로부터 2가지 요인 F_1과 F_2의 시계열자료를 생성하여 이용.

▶ 다중회귀모형(2-요인 모형)을 이용

▷ $R_{j,t} = \alpha_j + \beta_{j,1} F_{1,t} + \beta_{j,2} F_{2,t} + \epsilon_{j,t}$

▷ 여기서, $R_{j,t}$는 개별주식의 일별수익률, $F_{1,t}$과 $F_{2,t}$는 요인분석을 통하여 생성된 요인 시계열자료, 그리고 α_j, $\beta_{j,1}$, $\beta_{j,2}$는 회귀분석에서 추정된 회귀계수들.

▶ 다중회귀분석에서 설정된 가정들

▷ 가정1: 독립변수와 잔차자료 간의 상관관계는 없다.
즉, $cor(F_1, \epsilon_j) = 0$와 $cor(F_2, \epsilon_j) = 0$

▷ 가정2: 독립변수들 간의 상관관계는 없다. 즉, $cor(F_1, F_2) = 0$

3 | 관찰결과

- 그림은 다중회귀분석의 대표적 가정인 독립변수와 잔차간의 관계와 독립변수들 간의 관계를 관찰한 것이다. 즉, 왼쪽 그림은 독립변수인 요인1과 잔차자료간의 관계를 관찰한 산포도이고, 중간 그림은 독립변수 요인1과 요인2 간의 관계를 관찰한 산포도이며, 그리고 오른쪽 그림은 독립변수 요인2와 잔차간의 관계를 관찰한 산포도이다.
- 관찰결과에서, 다중회귀분석에서 요구되는 가정들 즉, 독립변수와 잔차간의 관계와 독립변수들 간의 관계를 만족시킨다는 것을 알 수 있다. 가정1 '$cor(F_k, \epsilon_j) = 0$'에 대한 관찰결과에서, 2가지 요인들과 잔차 간의 각 상관관계는 모두 '0.0%'의 값을 갖는다. 즉, 요인1과 잔차 간의 왼쪽 산포도와 요인2와 잔차 간의 오른쪽 산포도로부터 방향성을 확인할 수 있는 움직임이 없다. 그리고 가정2 '$cor(F_i, F_j) = 0$'에 대한 관찰결과에서, 2가지 요인간의 상관관계는 3.36%이지만, 중간 그림의 산포도에서 2가지 요인간의 분명한 방향성을 확인할 수 없다. 즉, 다중회귀모형에 독립변수로 사용되

는 요인들 간의 상관관계 크기는 이론적 가정과 같이 완전한 독립관계($cor(F_i, F_j) = 0$)를 갖지 않지만, 그림에서 알 수 있듯이, 2가지 요인들 간에 의미 있는 관계를 갖는다고 판단하기에 매우 작은 값(3.36%)이다.

4 | Matlab을 이용한 분석팁

■ MATLAB 기본 코드: '다중회귀모형의 가정들'

```
① Y = StockRET(:,StockCODE);
② X = FactorSCORE(:,1:2);
③ ModelTYPE = 'Linear';
④ STATS = regstats(Y, X, ModelTYPE);
⑤ RESIDUAL = STATS.r;
   % cor(F1, e)
⑥ [COR_Temp, P_Temp] = corrcoef(FactorSCORE(:,1), RESIDUAL);
⑦ COR1 = COR_Temp(1,2);
⑧ P1 = P_Temp(1,2);
⑨ clear COR_Temp;   clear P_Temp;
   % cor(F2, e)
⑩ [COR_Temp, P_Temp] = corrcoef(FactorSCORE(:,2), RESIDUAL);
⑪ COR2 = COR_Temp(1,2);
⑫ P2 = P_Temp(1,2);
⑬ clear COR_Temp;   clear P_Temp;
   % cor(F1, F2)
⑭ [COR_Temp, P_Temp] = corrcoef(FactorSCORE(:,1), FactorSCORE(:,2));
⑮ COR3 = COR_Temp(1,2);
⑯ P3 = P_Temp(1,2);
⑰ clear COR_Temp;   clear P_Temp;
```

▷ ①~⑤, 다중회귀분석으로부터 잔차자료를 추출한다. 즉, ①과 ②에서 다중회귀분석의 독립변수(X)와 종속변수(Y)를 설정한다. ①에서 KOSPI 시장지수에 속하는 개별주식들의 수익률자료를 수록한 변수 'StockRET'에 있어서, 임의로 선정된 'StockCODE' 개별주식의 일별 수익률자료('StockRET(:, StockCODE)')를 새로운 종속변수 'Y'에 대입한다. ②에서 통계적 방법(요인분석)에 의하여 생성된 요인들의 시계열자료를 수록한 변수 'FactorSCORE'에서 선택된 2가지 요인의 자료('FactorSCORE(:, 1:2)')를 새로운 독립변수 'X'에 대입한다. 그리고 ④의 **'명령어, regstats()'**를 이용하여 회귀분석을 한다. 입력요소는 첫째, 회귀모형의 종속변수('Y'), 둘째, 회귀모형의 독립변수('X'), 셋째, 회귀모형의 형태 지정('ModelTYPE')이다. 즉, 종속변수는 앞의 ①에서 선택된 개별주식의 수익률 자료 변수 'Y'이고, 독립변수는 앞의 ②에서 선택된

2가지 요인 시계열자료의 변수 'X'이다. 그리고 회귀모형의 형태는 ③에서 지정한 변수 'ModelTYPE='Linear''로 선형회귀모형이다. 그리고 결과를 새로운 변수 'STATS' 대입한다. ⑤에서 모든 결과를 수록한 변수 'STATS'에서 회귀식의 잔차를 추출한다. 회귀식으로부터의 잔차는 **옵션 'r'**을 이용하여 'STATS. r' 추출한다. 그리고 산출된 잔차자료는 변수 'RESIDUAL'에 대입한다.

▷ ⑥~⑨, 요인1에 대한 다중회귀분석의 가정 $cor(F_1, \epsilon_j) = 0$을 검증한다. 즉, ⑥의 **'명령어, corrcoef()'**를 이용하여 2가지 자료간의 상관관계를 계산한다. 즉, 잔차자료의 변수 'RESIDUAL'와 요인 1의 독립변수 변수 'FactorSCORE(:, 1)'를 이용하여 상관관계를 계산하고, 그 결과는 새로운 변수 'COR_Temp'와 'P_Temp'에 대입한다. 여기서, 변수 'COR_Temp'는 상관관계의 값을 수록하고, 변수 'P_Temp'는 산출된 상관관계에 대한 유의성 검증의 p값을 수록한다. ⑦과 ⑧에서 산출된 상관관계 결과들 중에서 비대각선부분의 구성요소만을 별도로 추출하여 기록한다. 즉, ⑦에서 변수 'COR_Temp'에서 비대각선 구성요소 ('1×2')를 변수 'COR1'에 대입하고, ⑧변수 'P_Temp'에서 비대각선 구성요소만을 변수 'P1'에 대입한다. 그리고 ⑨에서 **'명령어, clear'**을 이용하여 지정된 변수를 메모리에서 지운다. 즉, 동일한 이름으로 반복적 사용을 위하여 변수 'COR_Temp'와 변수 'P_Temp'를 지운다.

▷ ⑩~⑬, 요인2에 대한 다중회귀분석의 가정 $cor(F_2, \epsilon_j) = 0$을 앞의 요인1에 대한 ⑥~⑨의 검증과정과 동일하게 진행한다. 즉, 잔차자료의 변수 'RESIDUAL'와 요인 2의 독립변수 변수 'FactorSCORE(:, 2)'를 이용하여 상관관계를 계산하고, 그 결과는 새로운 변수 'COR_Temp'와 'P_Temp'에 대입한다. 그리고 산출된 결과들의 비대각선부분의 구성요소만을 별도로 추출하여 변수 'COR2'와 변수 'P2'에 대입하고, **'명령어, clear'**을 이용하여 동일한 이름으로 반복적 사용을 위하여 변수 'COR_Temp'와 변수 'P_Temp'를 지운다.

▷ ⑭~⑰, 요인1과 요인2에 대한 다중회귀분석의 가정 $cor(F_1, F_2) = 0$을 앞의 검증과정과 동일하게 진행한다. 즉, 요인1의 변수 'FactorSCORE(:, 1)'와 요인2의 변수 'FactorSCORE(:, 2)'를 이용하여 상관관계를 계산하고, 그 결과는 새로운 변수 'COR_Temp'와 'P_Temp'에 대입한다. 그리고 산출된 결과들의 비대각선부분의 구성요소만을 별도로 추출하여 변수 'COR3'와 변수 'P3'에 대입하고, **'명령어, clear'**을 이용하여 동일한 이름으로 반복적 사용을 위하여 변수 'COR_Temp'와 변수 'P_Temp'를 지운다.

그림 6-12 다중회귀분석의 가정 [2]: 잔차자료 간 관계

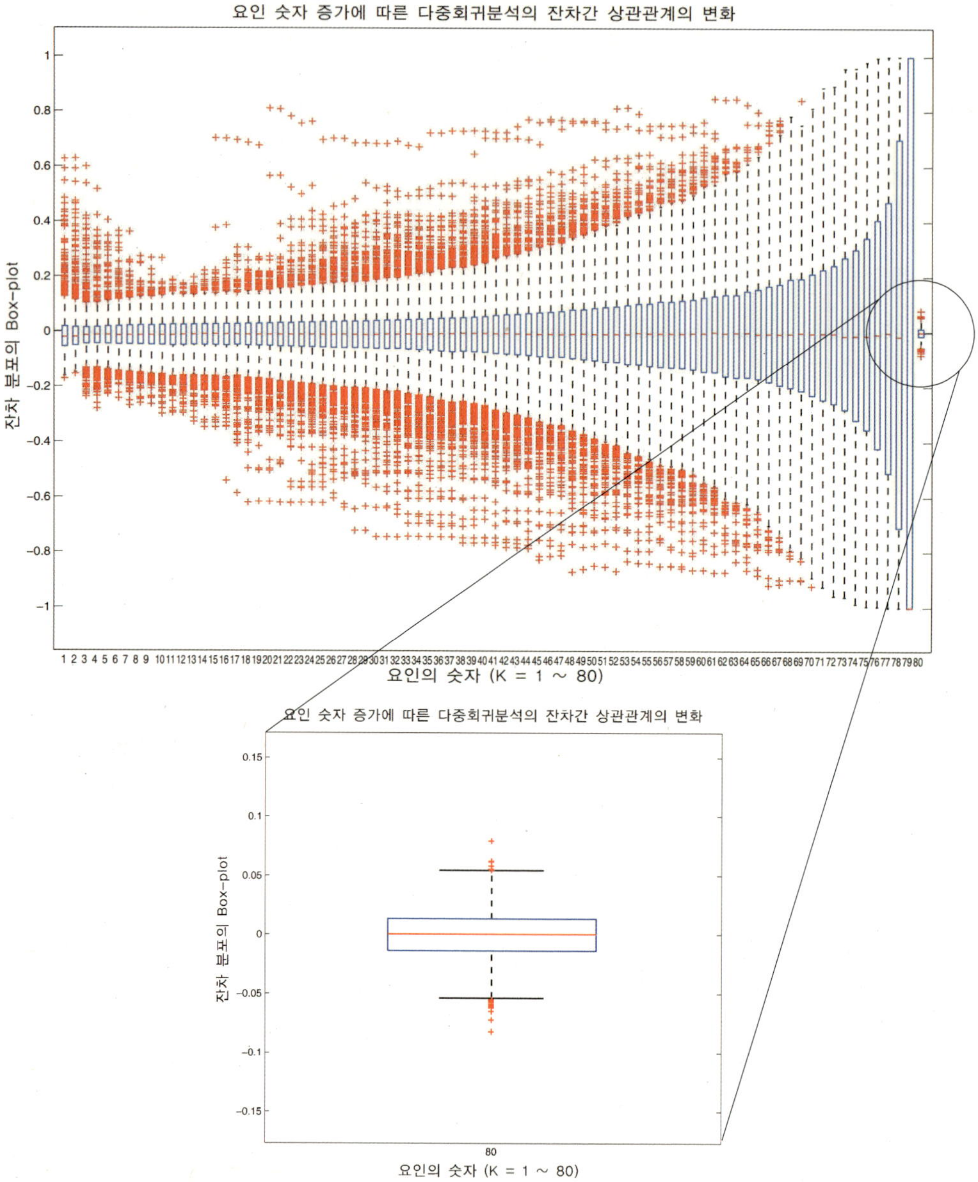

그림6-12 ▌ 그림은 2003년 1월부터 2012년 12월까지의 기간에 KOSPI 100 시장지수를 구성하는 $N=80$개 개별주식의 일별수익률을 이용하여 통계적 방법(주성분분석)으로부터 산출된 K=80개 요인들을 독립변수로 이용한 다중회귀분석에서 추정된 잔차자료들의 상관관계행렬을 Box-plot그래프로 나타낸 것이다. 즉, 다중회귀분석에서 독립변수(요인)의 숫자를 최소 k=1개에서 최대 k=80로 순차적으로 증가시킴에 따라, 각 독립변수 숫자에서의 N=80개 개별주식들에 대한 잔차자료의 상관관계행렬의 분포 변화를 나타낸다. 그림에서 X축은 다중회귀분석에서 사용된 독립변수(요인)의 숫자이고, Y축은 지정된 독립변수 숫자에 대하여 개별주식별 잔차자료의 상관관계행렬의 비대각선 구성요소들에 대한 분포(Box-plot)이다. 그리고 아래 그림은 모든 요인들(k=1,2,...,80)이 다중회귀분석에 포함되었을 때, 개별주식의 잔차자료에 대한 상관관계행렬의 Box-plot그래프 부분을 확대하여 별도로 표시한 것이다.

1 | 목적

- 다중회귀분석에서의 가정들 중에서 모형으로부터 추정된 잔차자료 간의 공분산(상관관계)은 독립관계($cov(\epsilon_i,\epsilon_j)=0$ 혹은 $cor(\epsilon_i,\epsilon_j)=0$)임을 가정한다. 잔차에 대한 의미는 추정된 회귀선에서 벗어난 오류 혹은 종속변수의 변화를 설명할 수 있는 생략된 독립변수들의 집합 등이다. 따라서 잔차간의 독립관계에 대한 가정이 갖는 의미는 잔차자료 속에 종속변수의 변화를 설명할 수 있는 추가적인 공통요인(독립변수)가 존재하지 않는 것이다.
- 본 예제는 다중회귀분석의 가정인 잔차자료 간의 상관관계가 없다는 것을 모형에 추가적인 독립변수의 숫자를 증가시킴에 따라 변화하는 추세를 통하여 비교 관찰한다.

2 | 자료, 기간 및 방법

- 자료: KOSPI 100 시장지수에 속하는 개별주식들 중에서 설정된 기간에 모든 가격정보를 갖는 80개 개별주식들의 일별수익률을 이용
- 기간: 2003년 1월부터 2012년 12월까지 120개월 동안의 2,486거래일
- 방법: 통계적 방법에 의한 회귀분석의 독립변수 생성 방법
  - ▷ 개별주식의 일별수익률 자료를 이용하여 다변량통계분석인 주성분분석으로부터 K=80개의 요인 시계열자료(F_1, F_2, ... , F_K)를 생성하여 이용.
  - ▷ 다변량통계분석방법인 주성분분석으로부터 생성할 수 있는 요인의 숫자(K)는 분석에 이용된 자료의 숫자(N)와 일치한다. 즉, '요인 숫자(K)=개별주식 숫자(N)'.

▸ 다중회귀분석에 의한 K-요인모형,

$$R_{j,t}=\alpha+\sum_{k=1}^{K}\beta_{j,k}F_{k,t}+\epsilon_{j,t},\quad (k=1,2,...,K(=80))$$

▷ 다음의 방법에 의하여 독립변수인 요인의 숫자를 순차적으로 증가시킨다.

▷ 1-요인모형, $R_{j,t}=\alpha_j+\beta_{j,1}F_{1,t}+\epsilon_{j,t},\qquad (j=1,2,...,N(=80))$

▷ 2-요인모형, $R_{j,t}=\alpha_j+\beta_{j,1}F_{1,t}+\beta_{j,2}F_{2,t}+\epsilon_{j,t},$

▷ 3-요인모형, $R_{j,t}=\alpha_j+\beta_{j,1}F_{1,t}+\beta_{j,2}F_{2,t}+\beta_{j,3}F_{3,t}+\epsilon_{j,t},$

....

▷ K-요인모형, $R_{j,t}=\alpha_j+\beta_{j,1}F_{1,t}+\beta_{j,2}F_{2,t}+...+\beta_{j,K}F_{K,t}+\epsilon_{j,t}$

▷ 상기의 각 모형별(즉, 독립변수 숫자별)로 분석대상 80개 개별주식 각각에 대한 잔차 시계열자료('$\epsilon_{j,t}$')를 구할 수 있고, 생성된 80개 잔차자료들간의 상관관계행렬을 산출한 후에 비대각선 구성요소에 대한 분포를 Box-plot그래프로 나타냄.

3 | 관찰결과

- 그림은 다중회귀모형의 독립변수 숫자가 증가함에 따라 추정된 잔차자료 간의 상관관계 분포의 변화를 나타낸 것이다. 즉, N=80개 개별주식의 일별수익률로부터 생성된 K=80개 요인자료를 다중회귀모형의 독립변수로 이용하여, 각 독립변수의 숫자별(k=1, 2, . . . , 80(=K))로 80개 개별주식에 대한 각각의 잔차자료를 추정하고, 이들 잔차자료간의 상관관계행렬의 분포를 관찰한 것이다. 그림에서 X축은 독립변수(요인)의 숫자로 최소 1개에서 최대 80개까지를 구분 표시하였다. 여기서 k=2의 의미는 독립변수로 요인1과 요인2를 독립변수로 함께 이용하였음을 나타내고, k=80은 독립변수로 요인1부터 요인80까지를 모두 이용하였음을 나타낸다. Y축은 80개 개별주식에 대한 잔차자료들간의 상관관계행렬의 분포를 Box-plot그래프로 표시하였다. 그리고 아래 그림은 모든 요인들(k=1, 2, . . . , 80)이 다중회귀분석에 포함되었을 때, 개별주식의 잔차자료에 대한 상관관계행렬의 Box-plot그래프 부분을 확대하여 별도로 표시한 것이다.
- 관찰결과에 의하면, 독립변수인 요인의 숫자를 증가시킴에도 불구하고 잔차자료 간의 분포는 정규분포와 상이한 형태를 나타낸다. 주식수익률의 모형으로부터 추정된 잔차자료 간에 관련성이 없다는 것은 잔차자료 간의 상관관계행렬 분포가 정규분포에 근접하는지 여부를 통하여 평가할 수 있다. 즉, 모든 요인의 숫자(K=80)가 독립변수로 다중회귀모형에 모두 포함되었을 때(아래 확대된 그림), 잔차자료 간의 상관관계행렬 분포는 정규분포와 일치하는 것을 알 수 있다. 하지만, 잔차자료 간의 상관관계행렬 분포가 정규분포와 분명한 차이가 있다면, 이는 다중회귀분석에서 종속변수인 개별주식의 변화를 설명하기 위하여 선택된 독립변수이외에 모형에서 고려하지 못한 독립변수(공통요인)가 잔차자료에 포함되어 있을 수 있다는 것을 나타낸다.
- 평가기준으로 정규분포를 이용하는 이유는 다음과 같다. 독립적 관계를 갖는 난수자료로부터의 표준정규분포는 모수인 평균과 표준편차가 각각 '0'과 '1'의 값을 갖는다. 따라서 잔차자료 간의 상관관계행렬에 대한 분포가 정규분포에 접근한다는 것은 잔차자료 간에 독립적 관계에 있고, 상관관계가 '0'에 접근한다는 것을 의미한다. 따라

서 잔차자료 간에 완전히 독립적인 관계를 갖는 경우, 종속변수의 변화를 설명할 수 있는 공통요인의 속성이 더 이상 잔차자료 속에 없다는 것을 나타낸다.

4 | Matlab을 이용한 분석팁

- MATLAB 기본 코드: '다중회귀분석의 잔차간 상관관계 반복실험 시뮬레이션'

```
   % Simulation
①  number_of_variable = 1;
②  total_number_of_variable = FirmN;
   %
③  mbc = 0;
④  while number_of_variable <= total_number_of_variable
      % 1.
⑤     mbc = mbc + 1;
      % 2. Multiple Regression
⑥     X = FactorSCORE(:,1:number_of_variabe);
⑦     ModelTYPE = 'Linear';
⑧     for k = 1 : FirmN
⑨         STATS = regstats(Y, X, ModelTYPE);
⑩         RESIDUAL(k,:) = STATS.r;    % residuals
⑪         clear STATS;
⑫     end
⑬     clear X;
      % 3. Result
⑭     RESULT(:,mbc) = RESIDUAL;
⑮     clear RESIDUAL;
      % 0. LOOP
⑯     number_of_variable = number_of_variable + 1;
⑰  end
```

▹ ①, 다중회귀분석에서 잔차자료간의 상관관계를 관찰하기 위한 시뮬레이션의 진행 구분자 변수 'number_of_variable'를 초기화한다. 즉, 다중회귀분석에 포함되는 독립변수의 숫자이다. 그리고 ⑯에서 독립변수의 숫자는 명령어 'number_of_variable= number_of_variable+1'에 의하여 순차적으로 1씩 증가시킨다.

▹ ②, 반복실험 시뮬레이션에서 사용될 최대 독립변수의 숫자를 지정한다. 즉, 시뮬레이션에 이용된 개별주식수익률의 자료는 'TimeN×FirmN'의 구조를 갖고, 개별주식의 숫자 변수 'FirmN'는 80개이다. 그리고 다변량통계분석방법인 주성분분석을 이용하여, 개별주식수익률('FirmN=80')로부터 생성된 요인의 숫자인 'FirmN=80'를 새로운 변수 'total_number_of_variable'에 대입한다.

▹ ④~⑯, **'명령어, while...end'**를 이용하여, 조건에 부합하는 동안에 포함된 명령어들을

실행한다. 즉, 조건은 앞의 ①과 ②에서 설정한 반복실험 시뮬레이션의 변수 'number_of_variable'과 'total_number_of_variable'간의 크기 비교('number_of_variable <= total_number_of_variable')이다. 예를 들어, 첫 번째 실험 'number_of_variable=1'은 최종 실험인 'total_number_of_variable=80'보다 작기 때문에 **'while...end'**에 포함된 모든 명령어를 실행한다. 그리고 ⑯의 명령어 'number_of_variable=number_of_variable+1'에 따라 구분자 변수 'number_of_variable=2'을 산출하고, 조건의 비교를 통한 **'while...end'**에 포함된 명령어 실행 등을 판단한다. 따라서 최종실험인 80회를 마무리 한 단계에서 구분자 변수 'number_of_variable'은 ⑯의 명령어에 의하여 'number_of_variable=81'이 되고, 이는 조건을 만족시키지 못하기 때문에 ⑰의 **'end'**로 빠져나온다.

▷ ⑤, 반복실험 시뮬레이션의 진행단계에 대한 구분자 변수 'mbc'이다. 즉, ③에서 구분자 변수 'mbc=0'는 초기화 되었고, ⑤에서 명령어 'mbc=mbc+1'에 의하여 시뮬레이션이 실행될 때마다 '1'씩 증가한다. 따라서 반복실험 시뮬레이션이 모두 종료된 후에 변수 'mbc'에 기록된 값은 총 시뮬레이션의 실행 횟수이다.

▷ ⑥, 다중회귀분석의 독립변수(X)를 설정한다. 즉, 통계적 방법(주성분분석)에 의하여 생성된 요인들의 시계열자료를 수록한 변수 'FactorSCORE'에서 선택된 요인의 자료('FactorSCORE(:, 1:number_of_variable)')를 새로운 독립변수 'X'에 대입한다. 예를 들어, 첫 번째 시뮬레이션에서 변수 'number_of_variable'은 ①에서 설정된 '1'의 값을 갖기 때문에, 독립변수의 숫자는 1개이다. 그리고 두 번째 시뮬레이션은 ⑮의 명령어에 의하여 변수 'number_of_ variable=2'이기 때문에 ⑥에서 사용되는 독립변수의 숫자는 2개가 된다. 동일한 방법으로 마지막 시뮬레이션에서 ⑥에서 사용되는 독립변수의 숫자는 변수 'number_of_ variable=80'이다. 그리고 ⑬의 동일한 이름으로 독립변수 사용을 위하여 **'명령어, clear'**를 이용하여 변수 'X'를 지운다.

▷ ⑧~⑫, **'명령어, for...end'**를 이용하여 반복적으로 명령어를 실행한다. 즉, 구분자 변수 'k'를 이용하여 첫 번째 개별주식('k=1')에서 마지막 개별주식('k=FirmN')까지를 반복한다.

▷ ⑨, **'명령어, regstats()'**를 이용하여 회귀분석을 한다. 입력요소는 첫째, 회귀모형의 종속변수('StockRET'), 둘째, 회귀모형의 독립변수('X'), 셋째, 회귀모형의 형태 지정('ModelTYPE')이다. 즉, k번째 개별주식의 수익률('StockRET(:, k)')을 종속변수로 하고, 생성된 요인들('X')을 독립변수하여, 앞의 ⑦에서 지정한 'ModelTYPE=Linear'에 따라 회귀분석을 실시한다. 그리고 **'명령어, regstats()'**는 많은 결과를 동시

에 제공하고, 그 결과를 새로운 변수 'STATS'대입한다.

▷ ⑩, 회귀분석의 결과를 모두 수록한 변수 'STATS'에서 회귀식으로부터의 잔차자료를 추출한다. 모든 결과를 수록하고 있는 변수 'STATS'에서 잔차자료의 **옵션 'r'**을 이용하여 'STATS. r' 추출한다. 그리고 산출된 잔차자료는 변수 'RESIDUAL(k, :)'에 기록한다. 예를 들어, 첫 번째(k=1) 개별주식으로부터의 잔차자료을 변수 'RESIDUAL(1, :)'에 기록하고, 두 번째(k=2) 개별주식의 잔차자료를 변수 'RESIDUAL(2, :)'에 기록하며, 그리고 마지막 (k=FirmN) 개별주식의 잔차자료을 변수 'RESIDUAL(FirmN, :)'에 기록한다.

▷ ⑪, **'명령어, clear'**를 이용하여 지정된 변수를 지운다. 즉, 동일한 이름으로 반복적인 사용을 위하여 변수 'STATS'를 지운다.

▷ ⑭, 반복실험 시뮬레이션에서 다중회귀분석에 이용된 독립변수의 숫자에 따라 산출된 잔차자료를 구분 기록한다. 즉, 반복실험 시뮬레이션 과정에서 사용될 최대 독립변수의 숫자('total_number_of_variable')는 80개이고, 순차적으로 증가하는 독립변수의 숫자는 진행 구분자 변수 'mbc'에 기록된다. 즉, mbc=1, 2, . . . , 80. 따라서 앞의 ⑩에서 산출된 특정한 독립변수의 숫자('number_of_variable')에 대한 잔차자료의 결과를 수록하는 변수 'RESIDUAL'는 'FirmN×1'의 자료구조를 갖는다. 잔차자료를 새로운 변수 'RESULT'에 열 구조('RESULT(:, mbc)')로 기록한다. 만약 모든 독립변수의 숫자가 적용된 경우에, 변수 'RESULT'의 자료구조는 'FirmN×FirmN'이 된다. 여기서, 앞의 변수 'FirmN'은 개별주식의 숫자(N=80)이고, 뒤의 변수 'FirmN'은 독립변수의 숫자(K=80)를 나타낸다.

▷ ⑮, **'명령어, clear'**를 이용하여 지정된 변수를 지운다. 즉, 동일한 이름으로 반복적인 사용을 위하여 변수 'RESIDUAL'를 지운다.

그림 6-13 다중회귀분석의 문제점: 다중공선성

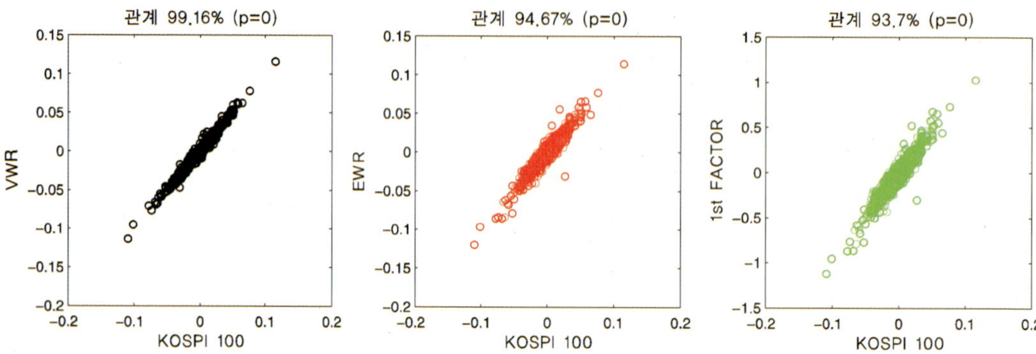

단순회귀분석: '1-요인 모형'

<사례1: 요인1>

\# 단순회귀분석:요인1(VWR)

회귀계수	t값	p값
-0.0001	-0.4549	0.6492
1.0415	63.2511	0.0000

설명력(R2) : 61.7%
통계량 F값 : 4000.7 | p값 : 0

<사례2: 요인2>

\# 단순회귀분석:요인2(EWR)

회귀계수	t값	p값
0.0001	0.2731	0.7848
0.8085	39.6749	0.0000

설명력(R2) : 38.79%
통계량 F값 : 1574.11 | p값 : 0

<사례3: 요인3>

\# 단순회귀분석:요인3(1st Factor)

회귀계수	t값	p값
0.0006	1.9272	0.0541
0.0834	37.8947	0.0000

설명력(R2) : 36.64%
통계량 F값 : 1436.01 | p값 : 0

다중회귀분석: '2-요인 모형'

<사례4: 요인1 + 요인2>

\# 다중회귀분석:요인1+요인2(VWR,EWR)

회귀계수	t값	p값
-0.0002	-0.7846	0.4328
2.6154	64.3852	0.0000
-1.6627	-40.8051	0.0000

조정된 설명력(R2):77.06%
통계량 F값:4172.94 | p값:0

<사례5: 요인1 + 요인3>

\# 다중회귀분석:요인1+요인3(VWR,1st Factor)

회귀계수	t값	p값
-0.0012	-5.8505	0.0000
2.4947	66.6342	0.0000
-0.1605	-41.2557	0.0000

조정된 설명력(R2):77.26%
통계량 F값:4221.21 | p값:0

<사례6: 요인2+요인3>

\# 다중회귀분석:요인2+요인3(EWR,1st Factor)

회귀계수	t값	p값
-0.0015	-4.3784	0.0000
3.2064	14.4957	0.0000
-0.2556	-10.8850	0.0000

조정된 설명력(R2):41.53%
통계량 F값:883.52 | p값:0

다중회귀분석: '3-요인 모형'

<사례7: 요인1 + 요인2 + 요인3>

\# 다중회귀분석:요인1+요인2+요인3(VWR,EWR,1st Factor)

회귀계수	t값	p값
-0.0008	-3.5033	0.0005
2.5699	62.8496	0.0000
-0.6756	-4.4840	0.0000
-0.0964	-6.5124	0.0000

조정된 설명력(R2): 77.43%
통계량 F값: 2842.5 | p값:0

그림 6-13 ‖ 그림은 2003년 1월부터 2012년 12월까지의 기간에서 KOSPI 100 시장지수를 구성하는 개별주식들의 일별수익률을 종속변수로 하고, KOSPI 100 시장지수를 구성하는 모든 개별주식의 일별수익률을 이용하여 산출된 동일가중수익률(EWR), 가치가중수익률(VWR), 그리고 통계적 방법(주성분분석, PCA)에 의한 요인1(1st Factor)을 독립변수로 이용한 회귀분석의 주요 결과이다. 위 그림은 KOSPI 100 시장지수의 수익률을 포함한 3가지 독립변수 자료들 간의 관계를 산포도로 나타낸 것이다. 아래 그림은 3가지 요인들을 독립변수로 단순회귀분석의 결과와 다중회귀분석의 결과를 보여준다.

1 | 목적

- 다중회귀분석은 2개 이상의 독립변수를 이용하여 종속변수의 변화를 설명하는 방법으로, 단순회귀분석으로부터의 종속변수 변화에 대한 설명력을 개선할 수 있다. 즉, 추가적으로 독립변수의 숫자를 증가시킴에 따라 다중회귀분석을 통한 종속변수의 설명력의 크기는 평균적으로 증가한다. 한편, 다중회귀모형에서는 추가적으로 모형에 독립변수들을 포함할 때, 포함되는 독립변수들 간의 공분산(상관관계)이 독립관계임을 가정한다. 만약, 독립변수간의 관계가 독립적이지 못하면 다중회귀분석으로부터 도출되는 검증결과는 다중공선성(multicollinearity)의 문제점에 기인하여 의심스러운 결과를 도출할 수 있다.
- 따라서 설정된 실험목적을 위하여 높은 상관관계를 갖는 독립변수들을 이용하여 다중공선선 문제점이 다중회귀분석의 주요 검증결과에 미치는 영향을 비교 관찰한다. 이러한 실험목적을 위하여 높은 상관관계를 갖는 독립변수로 KOSPI 100을 구성하는 모든 개별주식의 수익률자료로부터 산출된 동일가중수익률, 가치가중수익률, 통계적 방법(PCA)에 의하여 추출된 요인1의 3가지 자료를 이용한다. 이들 3가지 자료는 앞의 〔그림6-7〕과 〔그림6-8〕에서 확인하였듯이 모두 공통적으로 시장요인의 속성을 갖는다.

2 | 자료, 기간 및 방법

- 자료: KOSPI 100 시장지수에 속하는 개별주식들 중에서 설정된 기간에 모든 가격정보를 갖는 80개 개별주식들의 일별수익률을 이용
- 기간: 2003년 1월부터 2012년 12월까지 120개월 동안의 2,486거래일
- 방법:
  - ▷ 시장요인의 속성을 갖는 3가지 공통요인의 수익률 산출
  - ▷ 첫째, 동일가중수익률, $R_{p,t} = \sum_{j=1}^{N} w_{,t} R_{j,t}$, $t = 1,2,...,120$, $j = 1,2,...,155$

    여기서 가중치는 $w_{j,t} = \frac{1}{N} = w_{i,t}$
  - ▷ 둘째, 가치가중수익률, $R_{p,t} = \sum_{j=1}^{N} w_{j,t} R_{j,t}$,

    여기서 가중치는 $w_{j,t} = \frac{MV_{j,t}}{\sum_{j=1}^{N} MV_{j,t}}$, (시장가치, MV_j = 주식가격 × 상장주식수)

▷ 셋째, 통계적 방법에 의한 회귀분석의 독립변수 생성 방법: 개별주식수익률의 일별 수익률 자료를 이용하여 다변량통계분석인 주성분분석으로부터 생성된 K=80개 요인들 중에서 가장 큰 고유치(eigenvalue)를 갖는 요인1을 이용.

▷ 그리고, 실험목적에 따라 분석에 이용되는 3가지 자료가 모두 공통적으로 시장요인의 속성을 갖는다는 것을 확인하기 위하여 KOSPI 100 시장지수의 수익률과의 산포도를 이용하여 비교 관찰.

▶ 회귀분석의 각 사례별 모형들

▶ 1-요인 모형

▷ 〈사례1: 요인1〉 모형1: $R_{j,t} = \alpha_0 + \beta_1 R_{VWR,t} + \epsilon_{j,t}$

▷ 〈사례2: 요인2〉 모형2: $R_{j,t} = \alpha_0 + \beta_1 R_{EWR,t} + \epsilon_{j,t}$

▷ 〈사례3: 요인3〉 모형3: $R_{j,t} = \alpha_0 + \beta_1 R_{Factor,t} + \epsilon_{j,t}$

▶ 2-요인모형

▷ 〈사례4: 요인1+요인2〉 모형4: $R_{j,t} = \alpha_0 + \beta_1 R_{VWR,t} + \beta_2 R_{EWR,t} + \epsilon_{j,t}$

▷ 〈사례5: 요인1+요인3〉 모형5: $R_{j,t} = \alpha_0 + \beta_1 R_{VWR,t} + \beta_2 R_{Factor,t} + \epsilon_{j,t}$

▷ 〈사례6: 요인2+요인3〉 모형6: $R_{j,t} = \alpha_0 + \beta_1 R_{EWR,t} + \beta_2 R_{Factor,t} + \epsilon_{j,t}$

▶ 3-요인 모형

▷ 〈사례7: 요인1+요인2+요인3〉 모형7:

$R_{j,t} = \alpha_0 + \beta_1 R_{VWR,t} + \beta_2 R_{EWR,t} + \beta_3 R_{Factor,t} + \epsilon_{j,t}$

▷ 여기서, $R_{j,t}$는 개별주식의 일별수익률, R_{VWR}은 가치가중수익률, R_{EWR}은 동일가중수익률, $R_{Factror}$는 통계적방법(PCA)으로부터 생성된 요인1이다. 그리고 α_j, $\beta_{j,1}$, $\beta_{j,2}$, $\beta_{j,3}$는 회귀분석에서 추정된 회귀계수들이다.

3 | 관찰결과

■ 그림은 개별주식수익률을 종속변수로 하고 동일한 시장속성을 갖는 3가지 자료들을 독립변수로 한 회귀분석의 결과를 나타낸다. 여기서 3가지 독립변수는 동일가중수익률(EWR), 가치가중수익률(VWR), 통계적 요인(1st Factor)이다. 그림에는 7가지 사례에 대한 각각의 회귀분석 주요 검증결과와 함께, 독립변수로 사용된 3가지 요인

들과 KOSPI 100 시장지수 수익률간의 관계를 산포도를 이용하여 나타내었다. 왼쪽 그림은 KOSPI 100 시장지수수익률(X축)과 가치가중수익률(Y축) 간의 산포도이고, 중간 그림은 KOSPI 100 시장지수수익률(X축)과 동일가중수익률(Y축) 간의 산포도이며, 마지막 오른쪽 그림은 KOSPI 100 시장지수수익률(X축)과 통계적 요인(Y축) 간의 산포도이다.

- 산포도에 대한 관찰결과에서, 독립변수로 이용된 3가지 자료들과 KOSPI 100 시장지수간에 약 94%이상의 매우 높은 양(+)의 관계가 있음을 알 수 있다. 즉, 독립변수로 사용된 3가지 독립변수는 모두 공통적으로 시장요인(KOSPI 100)의 속성을 갖는다는 것을 알 수 있다. 따라서 높은 상관관계를 갖는 독립변수들을 다중회귀분석에 이용하였을 때에 발생하는 다중공선성의 문제점을 관찰할 수 있다.
- 1-요인모형에 대한 단순회귀분석(사례1~3)의 관찰결과를 보면, 모든 회귀모형에서 종속변수는 동일한 개별주식수익률이고, 독립변수는 가치가중수익률(사례1, VWR), 동일가중수익률(사례2, EWR), 통계적 요인(사례3, Factor)이다. 각각의 회귀식 및 주요 결과는 다음과 같다.

▷ 사례1: $R_{j,t} = -0.0001 + 1.0415\,VWR_t + \epsilon_{j,t}$, R^2=61.7%, F=4000.7 (p:0.0)
(t:-0.45) (t:63.25)

▷ 사례2: $R_{j,t} = 0.0001 + 0.8085\,EWR_t + \epsilon_{j,t}$, R^2=38.8%, F=1574.1 (p:0.0)
(t:0.27) (t:39.67)

▷ 사례3: $R_{j,t} = 0.0006 + 0.0834\,FACTOR_t + \epsilon_{j,t}$, R^2=36.6%, F=1436.0 (p:0.0)
(t:1.93) (t:37.89)

▶ 주요 검증결과에서, 3가지 독립변수의 회귀계수(β_j)는 모두 통계적으로 1% 유의수준에서 유의적인 양(+)의 값을 갖는다. 또한 독립변수와 종속변수간의 회귀적 관계를 평가하는 통계량 F값은 매우 유의적으로 높은 값을 갖는다. 그리고 설명력(R^2)의 경우는 가치가중수익률(VWR)을 독립변수로 이용한 경우에 61.7%로 가장 높고, 동일가중수익률과 요인1을 통하여 각각 38.8%와 36.6%의 설명력을 갖는다.

- 2-요인모형에 대한 다중회귀분석(사례4~6)의 관찰결과는 다음과 같다. 동일한 속성을 갖는 3가지 독립변수들을 2개씩 조합하여 다중회귀분석의 독립변수로 포함한다. 즉, 높은 상관관계를 갖는 독립변수들을 포함함으로써 다중공선성의 문제점을 야기하고 그 영향을 확인할 수 있다. 각각의 회귀식 및 주요 결과는 다음과 같다.

▷ 사례4: $R_{j,t} = -0.0002 + 2.6154\,VWR_t - 1.6227\,EWR_t + \epsilon_{j,t}$,

(t:-0.78)　(t:64.39)　(t:-40.81)

R^2=77.1%, F=4172.9 (p:0.0)

▷ 사례5: $R_{j,t} = -0.0012 + 2.4947\,VWR_t - 0.1605\,FACTOR_t + \epsilon_{j,t}$,

(t:-5.85)　(t:66.63)　(t:-41.26)

R^2=77.3%, F=4221.2 (p:0.0)

▷ 사례6: $R_{j,t} = -0.0015 + 3.2064\,EWR_t - 0.2556\,FACTOR_t + \epsilon_{j,t}$,

(t:-4.38)　(t:14.50)　(t:-10.89)

R^2=41.5%, F=883.5 (p:0.0)

▶ 3가지 다중회귀모형으로부터의 주요 결과들을 앞의 사례 1~3에서 확인된 주요결과와의 비교를 통하여 다중공선성의 문제점으로부터 야기된 영향을 확인한다.

▷ 먼저, 동일한 속성을 갖는 3가지 독립변수를 2개씩 조합한 다중회귀분석에서 베타계수에 대한 영향을 확인한다. 첫째, 가치가중수익률(VWR)에 대한 베타계수(사례4&5)는 모두 1%의 유의수준에서 앞의 사례1에서와 같이 유의적인 양(+)의 값을 갖는다. 둘째, 동일가중수익률(EWR)에 대한 베타계수(사례4&6)는 모두 유의수준 1%에서 유의적이지만 앞의 사례2와 달리 음(-)의 값과 양(+)의 값을 갖는다. 셋째, 통계적 요인(FACTOR)에 대한 베타계수(사례5&6)는 모두 1% 유의수준에서 유의적이지만 앞의 사례 3과 달리 음(-)의 값을 갖는다. 즉, 다중공선성의 문제점으로 인하여, 1-요인모형에서 관찰된 독립변수들에 대한 회귀계수의 통계적 유의성과 그 부호의 결과와 상이한 결과를 2-요인모형에서 확인할 수 있다. 특히 사례1~3에서 확인되었듯이 3가지 독립변수들 중에서 가장 높은 민감도를 갖는 가치가중수익률이 사례4와 5에서 다른 독립변수들로부터의 영향을 대부분 흡수하는 경향을 알 수 있다. 이러한 관찰은 사례6에서 동일가중수익률과 통계적 요인간의 베타계수에 대한 민감도 크기의 변화에서도 1요인모형에서 민감도가 높은 동일가중수익률이 상대적으로 민감도가 낮은 통계적 요인의 영향을 흡수한 것을 동일하게 관찰할 수 있다. 이상의 관찰에서, 동일한 속성을 갖는 독립변수들을 함께 다중회귀분석에 포함하게 되면 3가지 독립변수들 중에서 가장 높은 민감도(영향력)를 갖는 독립변수로 다른 독립변수들의 속성이 흡수되고, 이로 인하여 다른 독립변수들의 민감도는 현저하게 감소하면서 상이한 부호를 갖는 경향을 보인다.

▷ 다음으로, 동일한 속성을 갖는 3가지 독립변수를 2개씩 조합한 다중회귀분석에서 설명력에 대한 영향을 확인한다. 즉, 사례1~3에서 확인된 단일요인모형으로부터의 설명력 크기에 근거하여, 다중회귀분석으로부터 확인된 설명력의 크기는 예상수준에 비교하여 낮다. 즉, 사례1~3에서 3가지 독립변수별로 확인된 설명력의 크기는 각각 61.7%, 38.8%, 36.6%이다. 따라서 독립변수들 간의 다중공선성 문제점이 없다면, 독립변수 2개씩 포함한 다중회귀모형으로부터 예상되는 설명력은 약 90% 수준(VWR, EWR), 약 90%수준 (VWR, FACTOR), 약 65%수준 (EWR, FACTOR)이다. 하지만 확인된 설명력은 예상수준과 큰 차이를 갖는다. 즉, 사례4(VWR, EWR)는 77%, 사례5(VWR, FACTOR)는 77%, 사례6(EWR, FACTOR)은 42%이다. 이상의 관찰에서 독립변수들 간의 다중공선성의 문제점은 독립변수의 추가를 통한 다중회귀모형의 설명력 개선에서 기대수준에 미치지 못하는 결과를 야기한다.

■ 3-요인모형에 대한 단순회귀분석(사례7)의 관찰결과는 다음과 같다. 즉, 동일한 시장속성을 갖는 3가지 독립변수를 모두 다중회귀분석의 독립변수로 포함한다. 즉, 높은 상관관계를 갖는 독립변수들을 모두 모형에 포함함으로써 앞의 2-요인 모형에서 확인된 다중공선성의 문제점을 다시금 확인할 수 있다. 각각의 회귀식 및 주요 결과는 다음과 같다.

▷ 사례7: $R_{j,t} = -0.0008 + 2.5699\,VWR_t - 0.6756\,EWR_t - 0.0964\,FACTOR_t + \epsilon_{j,t}$,

(t:-3.50) (t:62.85) (t:-4.48) (t:-6.51)

R^2=77.43%, F=28842.5 (p:0.0)

▶ 다중회귀모형으로부터의 주요 결과들을 앞의 사례에서 확인된 결과와의 비교를 통하여 다중공선성의 문제점으로부터 야기된 영향을 확인한다.

▷ 먼저, 동일한 속성을 갖는 3가지 독립변수를 모두 포함한 다중회귀분석에서 베타계수에 대한 영향을 확인한다. 앞의 사례1~3에서 동일한 시장속성을 갖는 3가지 독립변수들 중에서 가장 높은 민감도를 갖는 가치가중수익률에 대한 베타계수는 매우 유의적인 높은 양(+)의 값을 갖지만, 다른 독립변수들은 사례1~3에서 확인된 결과와 달리 유의적인 음(-)의 값을 갖는다. 즉, 1-요인모형에서 확인된 독립변수와 종속변수간의 민감도 및 회귀계수의 부호가 3-요인모형에서 다르게 나타난다. 이는 동일한 속성을 갖는 독립변수들을 함께 다중회귀분석에 포함하게 되면 3가지 독립변수들 중에서 가장 높은 민감도(영향력)를 갖는 독립변수로 다른 독립변수들의 영향이 흡수되고, 이로 인하여 다른 독립변수들의 민감도는 현저하게 감소하면서 상이한 부호를 갖는 경향에 기인한다.

▷ 다음으로, 동일한 속성을 갖는 3가지 독립변수를 모두 포함한 다중회귀분석에서 설명력에 대한 영향을 확인한다. 즉, 사례1~3에서 확인된 단일요인모형으로부터의 설명력 크기에 근거하여, 다중회귀분석으로부터 확인된 설명력의 크기는 예상수준에 비교하여 매우 낮다. 즉 1-요인모형에서 3가지 독립변수별로 확인된 설명력은 각각 61.7%, 38.8%, 36.6%로 기대수준은 100%에 가까운 설명력이 될 것이다. 그런데 높은 설명력을 갖는 각각의 독립변수를 모두 포함했음에도 불구하고 예상과 달리 기대수준에 미치지 못하는 77.43%에 불과하다. 이는 독립변수들 간의 다중공선성의 문제점은 독립변수의 추가를 통한 다중회귀모형의 설명력 개선에서 기대수준에 미치지 못하는 결과를 야기한다.

■ 이상의 관찰결과에서 확인할 수 있듯이, 다중회귀분석에서 사용하는 독립변수들은 독립관계 $(cor(F_i, F_j) = 0)$ 혹은 가능한 낮은 상관관계를 갖는 경우에 도출되는 결과로부터 신뢰성과 견고성을 얻을 수 있다. 따라서 다중회귀분석에서 독립변수들을 선택하고 포함하는 경우에는 독립변수들 간의 상관관계 정도를 사전적으로 조사하는 과정이 요구된다.

4 | Matlab을 이용한 분석팁

■ MATLAB 기본 코드: '3-요인 다중회귀분석의 주요결과'

```
① Y = StockRET(:,StockCODE);
② X = [VWR, EWR, FACTOR];
③ ModelTYPE = 'Linear';
④ STATS = regstats(Y, X, ModelTYPE);
  %
⑤ ALPHA = STATS.beta(1,1);
⑥ ALPHA_T = STATS.tstat.t(1,1);
⑦ ALPHA_P = STATS.tstat.pval(1,1);
  %
⑧ BETA1 = STATS.beta(2,1);
⑨ BETA1_T = STATS.tstat.t(2,1);
⑩ BETA1_P = STATS.tstat.pval(2,1);
  %
⑪ BETA2 = STATS.beta(3,1);
⑫ BETA2_T = STATS.tstat.t(3,1);
⑬ BETA2_P = STATS.tstat.pval(3,1);
  %
⑭ BETA3 = STATS.beta(4,1);
⑮ BETA3_T = STATS.tstat.t(4,1);
```

```
⑯ BETA3_P = STATS.tstat.pval(4,1);
   %
⑰ FVALUE = STATS.fstat.f;
⑱ FVALUE_P = STATS.fstat.pval;
   %
⑲ RSQUARE1 = STATS.rsquare;
⑳ RSQUARE2 = STATS.adjrsquare;
```

▷ ①, ②, 다중회귀분석의 독립변수(X)와 종속변수(Y)를 설정한다. 즉, ①에서 KOSPI 100 시장지수에 속한 개별주식들의 수익률자료 변수 'StockRET'에 있어서, 임의로 선정된 'StockCODE' 개별주식의 일별수익률자료('StockRET(:, StockCODE)')를 새로운 종속변수 'Y'에 대입한다. ②에서 실험목적에 따른 동일한 시장속성을 갖는 3가지 독립변수들을 하나의 변수로 묶는다. 즉, 가치가중수익률의 변수 'VWR', 동일가중수익률의 변수 'EWR', 그리고 통계적 방법(주성분분석)에 의하여 생성된 요인1의 변수 'FACTOR'이다. 그리고 3가지 독립변수는 '대괄호 [ ]'를 이용하여 하나로 묶은 후에 그 결과를 새로운 변수 'X'에 대입한다.

▷ ③, ④, **'명령어, regstats()'**를 이용하여 회귀분석을 한다. 입력요소는 첫째, 회귀모형의 종속변수('Y'), 둘째, 회귀모형의 독립변수('X'), 셋째, 회귀모형의 형태 지정('ModelTYPE')이다. 즉, 종속변수는 앞의 ①에서 선택된 개별주식의 수익률 자료 변수 'Y'이고, 독립변수는 앞의 ②에서 선택된 3가지 독립변수들의 변수 'X'이다. 그리고 회귀모형의 형태는 ③에서 지정한 변수 'ModelTYPE='Linear"로 선형회귀모형이다. **'명령어, regstats()'**는 많은 결과를 동시에 제공하고, 그 결과를 새로운 변수 'STATS'대입한다.

▷ ⑤, ⑥, ⑦, 다중회귀분석의 결과를 모두 수록한 변수 'STATS'에서, 회귀식의 절편인 알파계수에 대한 회귀계수, 통계량 t값과 p값을 추출한다. 첫째, ⑤에서, 회귀계수는 변수 'STATS'에서 **옵션 'beta'**를 이용한다. 즉, STATS. beta(1, 1). 여기서 옵션 'beta'는 행 구조로 독립변수의 숫자에서 '1'을 더한 숫자이고, 사용된 독립변수는 3개이기 때문에 절편을 포함하여 4개의 회귀계수를 갖는다. 추정된 절편의 결과는 새로운 변수 'ALPHA=STATS. beta(1, 1)'에 대입한다. 둘째, ⑥과 ⑦에서, 회귀계수의 통계량 t값과 p값의 **옵션 'tstat.t'**와 **옵션 'tstat.pval'**이다. 즉, t값의 'STATS. tstat. t(1, 1)'와 p값의 'STATS. tstat. pval(1, 1)'이다. 여기서 옵션 'tstat'와 'tstat. pval' 역시 행 구조로 독립변수의 숫자에서 '1'을 더한 숫자를 수록한다. 추정된 결과는 새로운 변수 'ALPHA_T = STATS. tstat. t(1, 1)'와 변수 'ALPHA_P = STATS. tstat. pval(1, 1)'에 대입한다.

▷ ⑧, ⑨, ⑩, 다중회귀분석의 결과를 모두 수록한 변수 'STATS'에서, 첫 번째 독립변수 (가치가중수익률, VWR)에 대한 회귀식의 기울기인 베타계수의 계수값, t값, p값 등을 추출한다. 첫째, ⑧에서, 회귀계수는 **옵션 'beta'**를 이용하여 'STATS. beta(2, 1)' 이다. 앞의 ⑤에서 절편의 회귀계수는 '(1, 1)'이고, 요인1의 독립변수 회귀계수는 '(2, 1)'이다. 추정된 베타계수의 결과는 새로운 변수 'BETA1 = STATS. beta(2, 1)'에 대입한다. 둘째, ⑨과 ⑩에서, 회귀계수 베타의 t값과 p값의 **옵션 'tstat.t'**와 **옵션 'tstat.pval'**이다. 즉, 베타계수의 t값 'STATS. tstat. t(2, 1)'와 p값 'STATS. tstat. pval (2, 1)'이다. 역시 앞의 ⑥과 ⑦에서 절편의 t값과 p값은 '(1, 1)'이고, 요인1의 독립변수인 베타계수의 t값과 p값은 '(2, 1)'이다. 추정된 결과는 새로운 변수 'BETA1_T = STATS. tstat. t(2, 1)'와 변수 'BETA1_P = STATS. tstat. pval(2, 1)'에 대입한다.

▷ ⑪, ⑫, ⑬, 다중회귀분석의 결과를 모두 수록한 변수 'STATS'에서, 두 번째 독립변수 (동일가중수익률, EWR)에 대한 회귀식의 기울기인 베타계수의 계수값, t값, p값 등을 추출한다. 첫째, ⑪에서, 회귀계수는 변수 'STATS'에서 **옵션 'beta'**를 이용한다. 즉, STATS. beta(3, 1). 추정된 베타계수의 결과는 새로운 변수 'BETA2 = STATS. beta(3, 1)'에 대입한다. 둘째, ⑫과 ⑬에서, 회귀계수 베타의 t값과 p값의 **옵션 'tstat.t'**와 **옵션 'tstat.pval'**이다. 즉, 베타계수의 t값 'STATS. tstat. t(3, 1)'와 p값 'STATS. tstat. pval(3, 1)'이다. 추정된 결과는 새로운 변수 'BETA2_T = STATS. tstat. t(2, 1)'와 변수 'BETA2_P = STATS. tstat. pval(2, 1)'에 대입한다.

▷ ⑭, ⑮, ⑯, 다중회귀분석의 결과를 모두 수록한 변수 'STATS'에서, 세 번째 독립변수 (통계적 요인, FACTOR)에 대한 회귀식의 기울기인 베타계수의 계수값, t값, p값 등을 추출한다. 첫째, ⑭에서, 회귀계수는 **옵션 'beta'**를 이용하여 'STATS. beta(4, 1)' 이다. 결과는 새로운 변수 'BETA2 = STATS. beta(3, 1)'에 대입한다. 둘째, ⑮과 ⑯에서, 회귀계수 베타의 t값과 p값의 **옵션 'tstat.t'**와 **옵션 'tstat.pval'**이다. 즉, 베타계수의 t값 'STATS. tstat. t(4, 1)'와 p값 'STATS. tstat. pval(4, 1)'이다. 결과는 새로운 변수 'BETA3_T = STATS. tstat. t(4, 1)'와 변수 'BETA3_P = STATS. tstat. pval(4, 1)'에 대입한다.

▷ ⑰, ⑱, 다중회귀분석의 결과를 모두 수록한 변수 'STATS'에서, 3가지 독립변수들과 종속변수 간의 회귀적 관계에 대한 평가를 위한 통계량 F값과 p값을 추출한다. 첫째, ⑰에서, 통계량 F값은 변수 'STATS'에서 **옵션 'fstat'**의 **'fstat.f'**를 이용한다. 즉, 'STATS. fstat. f'. 회귀분석에서 회귀적 관계를 평가하는 통계량 F값은 1개다. 측정된 통계량 F값은 새로운 변수 'FVALUE = STATS. fstat. f'에 대입한다. 둘째, ⑱에서, 통

계량 F값에 대한 p값은 **옵션 'fstat'**의 **'fstat.pval'**을 이용하여, 'STATS. fstat. pval'이다. 따라서 추정된 결과는 새로운 변수 'FVALUE_P = STATS. fstat. pval'에 대입한다.

▷ ⑲, ⑳, 다중회귀분석의 결과를 모두 수록한 변수 'STATS'에서, 3가지 독립변수에 의하여 설명되는 종속변수의 설명력(R^2)을 추출한다. 독립변수에 의한 종속변수의 설명력은 변수 'STATS'에서 **옵션 'rsquare'**와 **옵션 'adjrsquare'**를 이용한다. 즉, 종속변수에 대한 독립변수에 일반적 설명력(R^2)은 ⑲의 'RSQUARE1 = STATS. rsquare'을 통하여 구한다. 반면에, 다중회귀분석에서 이용된 독립변수의 숫자를 고려하여 조정된 설명력(조정된 R^2)은 ⑳의 'RSQUARE2 = STATS. adjrsquare'를 통하여 구한다. 다중회귀분석은 종속변수의 변화를 보다 잘 설명하기 위하여 추가적인 독립변수를 이용하고, 보다 많은 독립변수를 사용할수록 보다 높은 설명력으로 종속변수의 변화를 설명할 수 있다. 따라서 다중회귀분석에서는 일반적으로 독립변수의 숫자를 설명력에 대하여 조정한 크기(조정된 R^2)를 이용한다. 물론, 일반적 설명력인 R^2에 비교하여 조정된 R^2는 항상 작은 값을 갖는다.

저자 **엄 철 준**

부산대학교 경영학과 학사 · 부산대학교 대학원 재무관리전공 석사·박사 · 포항공과대학교 (POSTECH) 전산수학연구센터/뇌연구센터 박사후연구원 · 현대투자신탁증권(주) 리서치센터 종합자산관리시스템 개발팀 · 부산가톨릭대학교 병원경영학과 조교수 · 미국 신시네티주립대학교 금융·부동산·보험&위험관리 교환교수 · (현) 부산대학교 경영대학 교수

MATLAB을 이용한 재무 · 투자론 실증 사례
계량금융: 그림이야기

초판 1쇄 인쇄 2015년 8월 25일
초판 1쇄 발행 2015년 8월 31일

저 자 엄 철 준

발 행 인 김 기 섭
펴 낸 곳 부산대학교 출판부
주소 – 부산광역시 금정구 부산대학로63번길 2(장전동)
전화 – (051) 510 – 1932~3
전송 – (051) 512 – 7812
등록 – 제카 11-2 1992. 9. 10.

* 잘못된 책은 구입한 서점에서 교환해 드립니다.

정가 30,000원

ISBN 978-89-7316-506-3 93320

이 책은 2013년도 부산대학교출판부 교수저술지원사업비로 출간한 것입니다.